338.5
MIC
Ld 15201
Ld 15201

PREMIER CYCLE UNIVERSITAIRE

GRAND AMPHI ÉCONOMIE

AF855895

MICROÉCONOMIE

D MON 2

Vous devez rendre
ce document pour le :

30 NOV 2007
21 OCT. 2008
05 NOV. 2008
03 DEC. 2008
16 DEC. 2008
12 JAN. 2009
9 MARS 2009
07 OCT.
2009
16 NOV. 2009
03 DEC. 2009
07 JAN. 2010
MAI

ATTENTION
Tout retard entraîne une suspension
de prêt et une interruption de
l'accès aux ressources électroniques

RAGE
USSÉ
MIAN
RAND
ENOT
RRARI
K. HUYNH

DE DOCUMENTATION
PILON

Bréal 1, rue de Rome - 93561 - Rosny Cedex

P36067

© Bréal 2007
Toute reproduction même partielle interdite.
ISBN 978 2 7495 0749 1

Couverture : Joëlle Parreau.
Composition : Insolencre.

LES AUTEURS

Frédéric APRAHAMIAN	Maître de conférences à l'université du Sud Toulon-Var ; GREQAM (CNRS), universités d'Aix-Marseille II et III
André BERTRAND	Maître de conférences à l'université du Sud Toulon-Var
Damien BESANCENOT	Professeur à l'université Paris XIII
Jean-Baptiste FERRARI	Maître de conférences ; laboratoire d'économie appliquée au développement, université du Sud Toulon-Var ; GREQAM (CNRS), universités d'Aix-Marseille II et III
Kim HUYNH	Maître de conférences à l'université Paris II

AVANT-PROPOS

Les sciences économiques rencontrent un grand succès parmi les étudiants. La réussite de ceux-ci repose sur la connaissance et la méthode. L'une ne va pas sans l'autre : il est vain d'opposer savoir et savoir-faire. C'est ce constat qui sert de guide à la présente collection.

Les auteurs ont donc voulu mettre à la disposition des étudiants à la fois l'essentiel des connaissances à acquérir et un instrument de travail permettant de se familiariser avec les principaux exercices qui leur sont demandés à l'université. Notre objectif est de réaliser un manuel de référence complet composé d'un cours clair et accessible (qui n'utilise l'outil mathématique que lorsque c'est nécessaire) et d'apports méthodologiques indispensables ; connaissances et exercices dialoguent ainsi dans leur complémentarité. Rédigé par une équipe d'éminents spécialistes, à la fois économistes, chercheurs et enseignants expérimentés passionnés par leur métier, cet ouvrage est un outil commode pour la révision des examens et des partiels.

Le bon usage de ce livre réside dans l'articulation des connaissances avec les applications proposées aux lecteurs, dont on attend qu'ils prennent une part active à la démarche. En plus du cours, chaque chapitre comprend un QCM et de nombreux exercices corrigés ou simplement proposés (avec toutefois les conseils pour la démarche et les résultats). Ainsi, après avoir travaillé sur les exercices corrigés, l'étudiant pourra s'essayer sur les exercices proposés et acquérir progressivement la maîtrise des mécanismes et problèmes microéconomiques.

Cet ouvrage est d'abord destiné aux étudiants de premier cycle de sciences économiques (et d'AES pour les premiers chapitres), mais il pourra aussi être utilisé avec profit par les étudiants de second cycle qui, à l'occasion d'un concours ou d'une réactivation de leurs connaissances, ont besoin de travailler de nouveau les fondements de l'analyse microéconomique. Les étudiants pourront examiner pour approfondir connaissances et mécanismes les livres plus spécialisés que nous proposons dans les bibliographies de chapitre. Nous espérons avoir ainsi réalisé un guide intéressant et opérationnel.

Marc Montoussé
Directeur d'ouvrage

SOMMAIRE

Conclusion

INTRODUCTION

La **microéconomie** est une conception de l'économie bâtie par les néoclassiques, eux-mêmes inspirés par Adam Smith. Pour ce dernier, une «**main invisible**» conduit l'économie : en recherchant leur intérêt propre, les individus œuvrent pour l'intérêt collectif. En effet, c'est grâce à la volonté des individus de s'enrichir que la production et donc les possibilités de consommation s'accroissent. De ce fait, un chef ou une puissance publique est inutile et par conséquent absent de l'économie. L'économie se réduit alors à des producteurs et des consommateurs individuels et à des échanges libres entre eux. Ceci reste valable aussi longtemps qu'est vérifiée la main invisible, c'est-à-dire en l'absence d'externalités ou de biens publics. La microéconomie est **utilitariste** car elle part de l'hypothèse que des individus rationnels cherchent à maximiser leur utilité, c'est-à-dire à maximiser leur satisfaction et à minimiser leurs coûts.

La microéconomie étudie le **comportement** des principaux agents économiques (essentiellement les consommateurs et les producteurs) et postule que c'est l'agrégation de leurs comportements qui forme l'économie. Ces agents économiques rationnels évoluent dans une économie de marché régulée par la variation des prix.

Pour que la **régulation par les prix** soit optimale et donc pour que l'économie soit réellement et totalement une économie de marché, il est nécessaire que les **conditions de la concurrence pure et parfaite** soient respectées : l'atomicité du marché (multitude d'offreurs et de demandeurs) est nécessaire pour qu'aucun des agents ne puisse à lui seul maîtriser les prix ou le niveau de la production ; grâce à l'homogénéité des produits (ceux-ci sont semblables afin d'être comparables) la concurrence s'effectue sur le prix et non sur la qualité du produit ; la libre entrée et la libre sortie du marché permettent de fluidifier ce dernier ; la transparence du marché permet à tous les agents d'obtenir toutes les informations nécessaires.

On le comprend, la concurrence pure et parfaite n'est qu'un modèle que la réalité ne peut qu'approcher. Malgré cette restriction, la théorie microéconomique traditionnelle considère que la situation de concurrence pure et parfaite doit servir de modèle de base pour l'étude d'une économie libérale. Mais l'hypothèse fondamentale sur laquelle se fonde toute la construction néoclassique est, rappelons-le, la **rationalité d'agents économiques** mus par la maximisation de leur intérêt personnel.

L'originalité de la théorie microéconomique néoclassique, parfois dénommée «**marginalisme**» est de ne pas raisonner sur des quantités globales, mais sur des quantités additionnelles (appelées marginales). À un moment donné, le consommateur se demande s'il consomme une unité supplémentaire et le producteur se demande s'il embauche un salarié supplémentaire ou s'il produit une unité en plus. On le comprend, l'analyse microéconomique privilégie la courte période puisque ce qui est analysé est la **microdécision** d'un instant donné qui succède à un grand nombre d'autres microdécisions.

Dans une première partie, l'examen du comportement du consommateur permettra d'analyser sa **fonction d'utilité** (chapitre 1) puis d'étudier sa **demande en biens** (chapitre 2).

La seconde partie sera consacrée à l'analyse du producteur en présentant tout d'abord la production en **concurrence pure et parfaite** (chapitre 3) puis, toujours en concurrence pure et parfaite, **les coûts et la fonction d'offre** (chapitre 4) ; enfin, le chapitre 5 portera sur l'**analyse du monopole et de la concurrence imparfaite**.

La troisième partie exposera l'équilibre du marché résultant de la confrontation de l'offre et de la demande en analysant de façon approfondie l'**équilibre général et la formation des prix** (chapitre 6), l'**optimum économique et l'inefficience du marché** (chapitre 7) et **les extensions du modèle walrasien** (chapitre 8).

Pour finir, un chapitre conclusif exposera les **nouveaux développements de la microéconomie** (chapitre 9).

RAPPELS MATHÉMATIQUES

Le concept mathématique le plus souvent utilisé dans ce livre est le concept de dérivée. Il permet de résoudre tous les problèmes de maximisation ou de minimisation avec ou sans contrainte.

1 - Les dérivées

La dérivée première mesure la pente de la fonction. Lorsque sa dérivée est nulle, sa pente l'est aussi : on est à un extremum, ce qui indique un optimum économique : maximum ou minimum. À partir de ce point, une dérivée seconde indique alors que la fonction s'accroît et donc remonte : on est alors à un minimum. Si, au contraire, la dérivée seconde est négative, la fonction décroît et donc redescend : on est alors à un maximum.

La **dérivée d'une fonction** $y = f(x)$ est le taux moyen de variation de y pour un accroissement infiniment petit de x :

$$\frac{dy}{dx} = \frac{df(x)}{dx} = f'(x) = \lim_{\Delta x \to 0} \frac{f(x + \Delta x) - f(x)}{\Delta x}$$

Les formules de dérivations les plus couramment utilisées sont :

$$f(x) = c = constante\,;\, f'(x) = 0$$

$$f(x) = x^n\,;\, f'(x) = nx^{n-1}$$

$$f(x) = g(x) \times h(x)\,;\, f'(x) = [g'(x) \times h(x)] + [g(x) \times h'(x)]$$

$$f(x) = \frac{g(x)}{h(x)}\,;\, f'(x) = \frac{[g'(x) \times h(x)] - [g(x) \times h'(x)]}{[h(x)]^2}$$

$$f(x) = g[h(x)]\,;\, f'(x) = g'[h(x)] \times h'(x)$$

$$f(x) = \ln[g(x)]\,;\; f'(x) = \frac{g'(x)}{g(x)}$$

$$f(x) = e^{g(x)}\,;\, f'(x) = g'(x)e^{g(x)}$$

La **dérivée seconde** de la même fonction est la dérivée de sa dérivée :

$$\frac{d^2y}{dx^2} = \frac{d^2f(x)}{dx^2} = f''(x) = \frac{df'(x)}{dx}$$

La dérivée seconde permet de déterminer la nature concave ou convexe de la fonction.

La **dérivée partielle** d'une fonction n'intervient que dans le cadre d'une fonction à plusieurs variables de type $y = f(x_1, x_2, \ldots, x_n)$. Comme la dérivée d'une fonction à une variable, elle représente le taux moyen de variation de y pour un accroissement infiniment petit de la variable considérée x_i (dans le cas de la fonction à une variable, une seule variable pouvait être considérée) toutes les autres variables restant constantes :

$$\frac{\partial y}{\partial x_i} = \frac{\partial f(x_1, x_2, \ldots x_n)}{\partial x_i} = f_i(x_1, x_2, \ldots x_n)$$

$$= \lim_{\Delta x \to 0} \frac{f(x_1, x_2, \ldots x_i + \Delta x_1, \ldots x_n) - f(x_1, x_2, \ldots, x_n)}{\Delta x_i}$$

La dérivée partielle de y par rapport à x_i est donc simplement la dérivée de la fonction par rapport à x_i lorsque les autres variables $x_{j, j \neq i}$ sont maintenues à un niveau constant. Elle peut être notée $f_i'(x_1, x_2, \ldots, x_n)$ ou encore simplement f_i en abrégé. Une fonction de n variables présente n dérivées partielles. Les dérivées partielles ont les mêmes propriétés que la dérivée d'une fonction à une variable et les règles de dérivation sont également les mêmes.

2 - L'optimisation sans contrainte

Fonction à une seule variable : La fonction $y = f(x)$ atteint un maximum en x^* si on a :

$$f(x^*) \geq f(x) \quad \forall x$$

On peut montrer que si la fonction $y = f(x)$ est une fonction deux fois dérivable, elle atteint un **maximum** si les conditions de premier et de second ordre sont respectées :

$$\text{condition de premier ordre : } \frac{df(x^*)}{dx} = f'(x) = 0$$

$$\text{condition de second ordre : } \frac{d^2f(x^*)}{dx^2} = f''(x) \leq 0$$

La fonction $y = f(x)$ atteint un **minimum** en x^* si on a :

$$f(x^*) \leq f(x) \quad \forall x$$

Les conditions de premier et de second ordre sont alors :

$$\text{condition de premier ordre : } \frac{df(x^*)}{dx} = 0$$

$$\text{condition de second ordre : } \frac{d^2f(x^*)}{dx^2} \geq 0$$

Fonction à n variables : Lorsque la fonction dépend de plusieurs variables, ces conditions sont modifiées. Ainsi la fonction $y = f(x_1, x_2, \ldots, x_n)$ atteint un optimum lorsque les conditions de premier ordre suivantes sont vérifiées :

$$\begin{cases} \dfrac{\partial f(x_1, x_2, \ldots x_n)}{\partial x_1} = f_1 = 0 \\ \dfrac{\partial f(x_1, x_2, \ldots x_n)}{\partial x_2} = f_2 = 0 \\ \\ \dfrac{\partial f(x_1, x_2, \ldots x_n)}{\partial x_n} = f_n = 0 \end{cases}$$

Les conditions de second ordre pour un maximum sont vérifiées si les mineurs principaux de la **matrice hessienne**[1] sont alternativement négatifs puis positifs, soit si les différents déterminants respectent les conditions suivantes :

$$f_{11} < 0 ; \quad \begin{vmatrix} f_{11} & f_{12} \\ f_{21} & f_{22} \end{vmatrix} > 0 ; \quad \begin{vmatrix} f_{11} & f_{12} & f_{13} \\ f_{21} & f_{22} & f_{23} \\ f_{31} & f_{32} & f_{33} \end{vmatrix} > 0 ; \cdots ; (-1)^n \begin{vmatrix} f_{11} & f_{12} & \cdots & f_{1n} \\ f_{21} & f_{22} & \cdots & f_{2n} \\ \vdots & \vdots & \ddots & \\ f_{n1} & f_{n2} & & f_{nn} \end{vmatrix} > 0$$

où f_{ij} indique la dérivée seconde $\dfrac{\partial^2 f(x_1, x_2, \ldots x_n)}{\partial x_i \partial x_j}$.

Les conditions de second ordre pour un minimum sont vérifiées lorsque les mineurs principaux sont tous positifs.

---

1. La **matrice hessienne** correspond à la matrice des dérivées secondes :

$$\begin{pmatrix} f_{11} & f_{12} & \cdots & f_{1n} \\ f_{21} & f_{22} & \cdots & f_{2n} \\ \vdots & \vdots & \ddots & \vdots \\ f_{1n} & f_{n2} & \cdots & f_{nn} \end{pmatrix}$$

3 - L'optimisation sous contrainte

Beaucoup de problèmes microéconomiques prennent la forme d'une optimisation sous contrainte, on cherche alors à maximiser ou à minimiser une fonction objectif $f(x_1, x_2, \ldots, x_n)$ tout en respectant une contrainte notée $g(x_1, x_2, \ldots, x_n) = 0$:

$$\begin{cases} Max\ ou\ Min\ y = f(x_1, x_2, \ldots, x_n) \\ s.c. \quad g(x_1, x_2, \ldots, x_n) = 0 \end{cases}$$

Il existe deux méthodes pour résoudre ce type de problème.

La méthode de substitution consiste à exprimer une variable en fonction des autres à partir de la contrainte $g(x_1, x_2, \ldots, x_n) = 0$ et à remplacer cette variable dans la fonction objectif $f(x_1, x_2, \ldots, x_n)$ par son expression en fonction des autres variables. Le problème se transforme alors en un problème d'optimisation sans contrainte.

Une méthode plus générale est la **méthode de Lagrange**. Il faut dans ce cas écrire dans un premier temps la fonction de Lagrange :

$$L(x_1, x_2, \ldots, x_n, \lambda) = f(x_1, x_2, \ldots, x_n) + \lambda g(x_1, x_2, \ldots, x_n)$$

où λ est un réel appelé multiplicateur de Lagrange.

La fonction de Lagrange L est une fonction à $n + 1$ variables. L'optimum sous contrainte, s'il existe, est donné par l'annulation des dérivées premières de cette fonction. On obtient alors $n + 1$ conditions du premier ordre :

$$\begin{cases} L_1 = f_1 + \lambda g_1 = 0 \\ L_2 = f_2 + \lambda g_2 = 0 \\ \\ L_n = f_n + \lambda g_n = 0 \\ L_\lambda = g(x_1, x_2, \ldots, x_n) = 0 \end{cases}$$

La résolution de ce système par rapport aux variables $(x_1, x_2, \ldots, x_n)$ permet d'isoler la solution optimale. Les conditions du second ordre pour un maximum sont vérifiées lorsque les $n - 1$ déterminants suivants sont alternativement positifs puis négatifs :

$$\begin{vmatrix} L_{11} & L_{12} & L_{1\lambda} \\ L_{21} & L_{22} & L_{2\lambda} \\ L_{\lambda 1} & L_{\lambda 2} & 0 \end{vmatrix} > 0 ; \begin{vmatrix} L_{11} & L_{12} & L_{13} & L_{1\lambda} \\ L_{21} & L_{22} & L_{23} & L_{2\lambda} \\ L_{31} & L_{32} & L_{33} & L_{3\lambda} \\ L_{\lambda 1} & L_{\lambda 2} & L_{\lambda 3} & 0 \end{vmatrix} < 0 ; \cdots ; (-1)^n \begin{vmatrix} L_{11} & L_{12} & \cdots & L_{1n} & L_{1\lambda} \\ L_{21} & L_{22} & \cdots & L_{2n} & L_{2\lambda} \\ \vdots & \vdots & \ddots & \vdots & \vdots \\ L_{n1} & L_{n2} & \cdots & L_{nn} & L_{n\lambda} \\ L_{\lambda 1} & L_{\lambda 2} & \cdots & L_{\lambda n} & 0 \end{vmatrix} > 0$$

Les conditions du second ordre pour un minimum sont respectées lorsque ces déterminants sont tous négatifs.

PARTIE 1

LE CONSOMMATEUR ET LA DEMANDE

La théorie du consommateur vise à expliquer les fondements de la demande globale de chaque bien. Pour cela, elle étudie la façon dont se forment les demandes individuelles en décrivant le comportement d'un consommateur représentatif évoluant dans un univers de concurrence pure et parfaite (*cf.* rappel page suivante).

Les conditions de la CPP imposent certaines contraintes au consommateur. Ainsi, l'hypothèse d'atomicité a pour conséquence d'empêcher un consommateur unique d'avoir une quelconque influence sur le prix : la modification de sa demande individuelle pour un bien a un impact négligeable à l'échelle du marché et ne peut donc influencer le prix. L'hypothèse d'homogénéité implique que tous les vendeurs d'un bien proposent exactement le même bien, de sorte que le consommateur ne se soucie pas de la personne à qui il va acheter ce bien. L'hypothèse de transparence a comme conséquence d'empêcher le vendeur d'offrir son bien à un prix plus élevé : tous les consommateurs connaissent le prix du marché et aucun n'accepterait de payer plus. L'hypothèse de fluidité suppose l'absence de coût de transport et d'accès aux marchés. Ces trois hypothèses combinées impliquent l'unicité du prix du bien.

Dans ce contexte, le comportement du consommateur est fondé sur un postulat de rationalité : on admet généralement que le consommateur cherche à retirer la plus grande satisfaction possible de sa consommation en prenant en compte à la fois son revenu et les prix des biens qu'il consomme. On peut alors déterminer la demande du consommateur pour chaque bien (*cf.* chapitre 1).

Pour que l'analyse soit complète, la théorie du consommateur étudie également les propriétés des demandes individuelles ainsi que la façon dont elles se modifient lorsque les conditions de revenu et de prix changent (*cf.* chapitre 2). De ces demandes individuelles on peut alors déduire la demande globale des consommateurs et les confronter à l'offre globale des producteurs pour en dégager les équilibres de marché pour chaque bien.

LA CONCURRENCE PURE ET PARFAITE (CPP)

La notion de concurrence pure et parfaite suppose que soient satisfaites quatre hypothèses.

Atomicité : chaque offreur et chaque demandeur a un poids négligeable sur le marché car le nombre d'acheteurs et de vendeurs est très grand et chaque participant est petit à l'échelle du marché.

Homogénéité : les biens vendus par les différents producteurs sont parfaitement identiques et substituables.

Transparence : l'information doit être parfaite au sens où les acheteurs et les vendeurs sont parfaitement informés de l'ensemble des prix proposés sur le marché.

Fluidité : chaque intervenant potentiel doit pouvoir entrer ou se retirer du marché s'il le désire et sans contrainte.

1

LA FONCTION D'UTILITÉ

En microéconomie, le comportement du consommateur est représenté simplement : son problème est réduit au choix du nombre d'unités de chaque bien disponible qu'il veut acheter. Cette décision est prise de manière à maximiser sa satisfaction – désignée sous le terme d'**utilité**[1] – en fonction de ses goûts et étant donné son niveau de revenu et les prix de ces biens.

Cette approche du comportement du consommateur, très simplificatrice, est facilement critiquable.

La critique porte tout d'abord sur le contexte dans lequel le consommateur prend sa décision. L'analyse microéconomique retient généralement le cadre de l'économie marchande dans lequel les quantités disponibles sont données et négociées sur le marché à un prix positif. Or, le consommateur pourrait chercher d'autres motifs de satisfaction que la seule consommation de ces biens. Il peut désirer des satisfactions associées à des biens non marchands : satisfactions morales ou consommation de biens gratuits, ou biens libres, tels que l'air qu'il respire.

Ensuite, la vie du consommateur ne se réduit certainement pas aux seuls aspects décrits par l'analyse microéconomique. L'influence du milieu, des normes sociales, des institutions sont autant de facteurs négligés dans l'étude élémentaire du consommateur. Le silence de l'analyse microéconomique sur ces paramètres n'empêche pas leur existence. Ce silence suppose une condition usuelle : selon la formule épistémologique consacrée, le raisonnement se fait « toutes choses égales par ailleurs » (en latin : *ceteris paribus*). Le cadre dans lequel évolue le consommateur est supposé constant de sorte que l'influence des variables négligées par l'analyse est nulle lors de la détermination du comportement de l'agent représentatif.

Enfin, l'hypothèse selon laquelle le consommateur cherche un maximum absolu de satisfaction induit des comportements qui sont peu conformes aux comportements réellement observés chez les consommateurs. C'est pourquoi Herbert Simon[2] a proposé de remplacer cet objectif par celui de “ satisficing ” : le consommateur s'assigne un certain niveau d'utilité à atteindre et se satisfait du premier résultat conforme à ce niveau. En outre, Simon décrit le comportement du consommateur selon une autre démarche, moins formelle et plus empirique mais plus proche de celle suivie en pratique par les consommateurs individuels dans leurs achats quotidiens. Cette critique semble confirmée par les travaux d'auteurs comme Kahneman et Tversky qui soulignent l'existence empirique de nombreuses violations de la rationalité stricte des consommateurs telle qu'elle est représentée par l'analyse microéconomique.

Malgré ces critiques, le modèle du consommateur reste très utile pour caractériser les fonctions de demande et ainsi évaluer l'impact des prix sur ces demandes. Ce chapitre expose en plusieurs étapes le modèle qui permet de montrer comment le consommateur résout son problème de choix de quantités de biens à consommer.

La première étape conduit à la définition de notions élémentaires (le consommateur, les biens, le revenu ou le prix des biens…) et de la relation de préférence, c'est-à-dire la relation qui permet au consommateur d'affirmer qu'il préfère tel ou tel ensemble de biens (par exemple, un consommateur doit pouvoir dire s'il préfère 1 orange et 2 pommes à 2 oranges et 1 pomme) ainsi que des propriétés particulières qu'elle doit vérifier pour que le consommateur puisse être qualifié de rationnel. Cette relation de préférence sera ensuite résumée par la fonction d'utilité.

Enfin, la prise en compte du prix des biens ainsi que du niveau de revenu permettra la résolution formelle du problème de choix du consommateur.

---

1. Le terme d'***utilité*** ne doit pas être entendu au sens restreint de ce qui est utilitaire. Au contraire il s'agit du sens le plus large qu'on puisse donner à ce mot. Est utile toute consommation que le consommateur perçoit de façon positive. Aucune connotation morale n'est attachée à ces mots. L'utilité d'un bien peut être objective (le bien rend un service) ou subjective (le bien n'est pas directement utile mais sa jouissance augmente la satisfaction de son propriétaire). « Satisfaction » et « utilité » désignent ici strictement la même chose. On peut donc indifféremment employer l'un ou l'autre.

2. ***Herbert Simon*** (Prix Nobel d'économie) a proposé une notion de rationalité limitée dans laquelle le consommateur n'adopte plus un comportement de stricte maximisation.

BIBLIOGRAPHIE DU CHAPITRE

BLAUG (M.), *La Pensée économique, origine et développement*, Économica, 1986.
KAHNEMAN (D.) ET TVERSKY (A.), « Rational Choice and the Framing of Decisions », dans HOGARTH et REDER, *Rational Choice : the Contrast Between Economics and Psychology*, University of Chicago Press, 1986.
PICARD (P.), *Éléments de microéconomie*, Montchrestien, 1994.
SIMON (H.), *Models of Bounded Rationality*, Cambridge, Mass. : the MIT Press, 2 vol., 1982.

A

LE CONSOMMATEUR

1 - Notions élémentaires

a. Le consommateur

Le consommateur est un *agent économique** dont la caractéristique dans l'économie est l'acquisition et la **consommation** de biens à partir d'une richesse donnée.

La notion d'***agent économique*** correspond à peu de choses près aux « personnes » en droit et aux « acteurs » en sociologie.

Ce consommateur entretient des relations avec d'autres agents économiques par diverses opérations. Il est relié aux producteurs par son travail et les rémunérations qui en découlent mais aussi par l'achat de produits et le prix qu'il accepte de payer en échange. Le consommateur qui dispose d'un revenu doit décider de son utilisation en définissant la structure de sa dépense.

Le **consommateur** peut être une personne seule, une « personne physique » dans des termes juridiques, ou un « foyer » au sens de foyer fiscal. Un ménage, avec ou sans enfants, ou encore une communauté, peuvent également être désignés, comme un consommateur. Dans ces divers cas, on prendra en compte le revenu total et la dépense globale du ménage ou de la communauté. Pour plus de simplicité, nous raisonnerons comme s'il s'agissait d'une personne seule.

Le consommateur utilise son revenu pour acheter et consommer des biens en certaines quantités et retire une satisfaction de cette consommation. Le problème qui se pose à lui est de choisir quelles quantités acheter des différents biens proposés en fonction de ses goûts et préférences et de son **budget**.

En microéconomie, on désigne par « **budget** » ou par « **revenu** », le montant dont dispose le consommateur pour acheter son panier de consommation.

b. Les besoins économiques

Parmi les différents besoins que le consommateur peut éprouver, l'analyse microéconomique ne s'intéresse qu'à ses besoins économiques. Le **besoin économique** est un besoin qui peut être satisfait par une opération économique. Avoir envie de voyager dans le temps n'est pas un besoin économique car il s'agit d'un désir qui ne peut être assouvi. En revanche, avoir envie d'un jus d'orange est un besoin économique car il peut être assouvi par la consommation de ce jus d'orange.

L'analyse microéconomique suppose que la satisfaction de tout besoin économique exprimé par un consommateur se réalise par la consommation d'un bien dont le seul mode d'acquisition est l'achat libre et volontaire sur un marché.

Il faut alors s'interroger sur la notion de bien et plus particulièrement de bien économique.

c. Les biens économiques

La notion de bien économique qui sera retenue dans ce chapitre est la suivante : un bien économique est un bien qui peut faire l'objet d'une production en série. Cette définiton (qui n'est pas la seule) a le mérite d'exclure à la fois les biens libres et les biens non reproductibles.

L'ensemble des ***biens libres*** évolue dans le temps. Par exemple, l'air pur est encore un bien libre mais, si la pollution s'aggrave, il peut devenir un bien rare qui aura alors un prix et pourra donc faire l'objet d'une transaction. Il sera devenu un bien économique.

Les biens libres sont les biens disponibles en quantité illimitée et à prix nul et dont la jouissance procure une satisfaction qui n'est pas négligeable. L'air, l'eau, le sable sur une plage sont des biens libres. Ces biens ne font pas l'objet de transactions. Or, dans la mesure où l'un des objectifs essentiels de la microéconomie est d'étudier comment se forme l'équilibre sur un marché, ces biens sortent de son champ d'analyse.

Les biens non reproductibles, comme les œuvres d'art ou les vins millésimés, font eux aussi l'objet d'analyses spécifiques, dans la mesure où le rationnement de leur offre entre dans la définition même de ces biens.

Dans ce chapitre, les biens dont il sera question ne seront donc ni des biens libres ni des biens non reproductibles. Dans l'ensemble de ces biens, on peut opérer certaines distinctions.

Il n'est pas toujours facile de distinguer un ***bien de consommation*** d'un ***bien de production***. Par exemple, une vis est un bien de consommation si elle est acquise par un consommateur qui s'en sert pour accrocher un tableau. Si cette vis est utilisée dans la fabrication d'une table ou dans celle de la machine qui fabriquera la table, cette vis devient un bien de production.

Tout d'abord, distinguons le *bien de consommation**, qui permet la satisfaction immédiate du besoin d'un consommateur (comme un bien alimentaire ou un meuble), du *bien de production** qui sert à la production des biens de consommation et ne satisfont le besoin du consommateur que de façon indirecte. La consommation dont il est question dans ce chapitre est la consommation finale ; on ne s'intéressera donc qu'aux biens de consommation.

Distinguons également les **biens durables** des **biens non durables**. Un bien est dit « non durable » lorsqu'il est détruit à la première utilisation. Il sera dit « durable » lorsqu'il sert plusieurs fois à la satisfaction du besoin correspondant. Dans le cas des biens de consommation, un bien alimentaire est un bien non durable, un meuble est un bien durable.

Enfin, distinguons les **biens dits « substituables »** des **biens dits « complémentaires ».** Deux biens sont **substituables** s'ils peuvent satisfaire le même besoin, comme le beurre et la margarine. Par conséquent, si le prix de l'un augmente, la quantité demandée de l'autre augmente. Dans l'exemple, si le prix du beurre augmente fortement, le consommateur préférera acheter de la margarine. Deux biens sont **complémentaires** si c'est la combinaison des deux biens qui satisfait un besoin, comme le beurre et le pain. Dans ce cas, l'augmentation du prix de l'un entraîne la diminution de la quantité demandée de l'autre bien. Si le prix du beurre augmente, le consommateur de tartines de beurre achètera moins de beurre et moins de pain.

Parmi les biens économiques exclus parce que hors marché, outre les biens libres figurent aussi les services publics, financés par prélèvements obligatoires (impôts et taxes) et mis en usage libre ou à un prix forfaitaire.

d. Les paniers de consommation

Le consommateur qui doit définir les quantités de chaque bien qu'il veut acheter et consommer va faire son choix dans l'ensemble des options qui lui sont ouvertes. Ces options correspondent à toutes les combinaisons possibles de quantités de biens de consommation. Chacune des combinaisons est appelée un **panier de consommation.** Il existe une infinité de paniers à la disposition des consommateurs.

Ainsi, en supposant qu'il existe n biens de consommation dans l'économie, les différents paniers de consommations P^i prendront la forme :

$$P^i = (x_1^i, x_2^i \dots, x_n^i)$$

où x_j^i, (avec $j = 1, \dots, n$) représente la quantité de bien j contenue dans le panier i.

e. L'ensemble de consommation

L'ensemble des paniers sur lesquels le consommateur émet des préférences est appelé « **ensemble de consommation** ».

La théorie microéconomique fait usuellement l'hypothèse que cet ensemble n'est pas limité. Il intègre tous les paniers composés de quantités positives ou nulles des différents biens disponibles (des quantités négatives n'auraient pas de sens dans le cadre de l'analyse de la consommation).

Cette hypothèse est simplificatrice. Tout d'abord, les marchés ne présentent pas des quantités illimitées de marchandises. Il faudrait donc théoriquement considérer des limites supérieures à la disponibilité des biens et envisager des possibilités de rationnements. Cependant, comme le consommateur évolue dans un univers de concurrence pure et parfaite, son poids sur le marché est négligeable. De ce fait, les quantités disponibles sur le marché sont considérablement supérieures à ses possibilités d'achat et on admet qu'il n'y a aucune limite dans les possibilités d'acquisition des différents biens. À l'opposé, un souci de réalisme devrait nous conduire à envisager une consommation minimale du fait des exigences associées à un minimum vital. Cette consommation constituerait alors la limite inférieure des consommations possibles. Pour faciliter l'analyse, nous supposerons cependant que le consommateur ne ressent jamais de minimum vital.

Afin de simplifier la présentation, il est utile de réduire la dimension de l'ensemble des paniers disponibles en raisonnant sur une économie dans laquelle deux biens seulement sont disponibles : l'ensemble de consommation est représenté par un repère à deux dimensions, plus maniable qu'un repère à n dimensions, et l'analyse algébrique des choix du consommateur se réduit ainsi aux choix des quantités de deux biens (*cf.* encadré ci-dessous). Bien évidemment, l'ensemble de l'analyse des choix du consommateur est généralisable à n biens.

On suppose aussi implicitement que la quantité d'un bien puisse toujours varier de façon continue, comme l'achat et la consommation au mètre ou au poids (biens à la coupe par ex.) ou au volume (eau, gaz...) et non par unités comme pour un appareil, un vêtement.

Toujours dans un souci de simplification, on suppose que tout bien acheté est consommé. Il n'y a pas de stock.

L'ensemble de consommation. Dans le cas de deux biens, l'ensemble de consommation est confondu avec le premier quadrant des axes. Plus formellement, un ensemble de consommation non limité correspond graphiquement à l'orthant non négatif de R^2 dans le cas de 2 biens et de R^n dans le cas de n biens. Supposer qu'il existe une limite aux quantités disponibles de bien 1, $\overline{x_1}$, et un minimum vital sur le bien 2, $\underline{x_2}$ impose des contraintes à l'ensemble de consommation comme le montre la figure 1.
Ainsi, dans ce cas, le panier A composé de 20 unités de bien 1 et 25 unités de bien 2 appartient à l'ensemble de consommation, tandis que le panier B composé de 5 unités de bien 1 et 5 unités de bien 2 n'appartient pas à l'ensemble de consommation.

Fig. 1

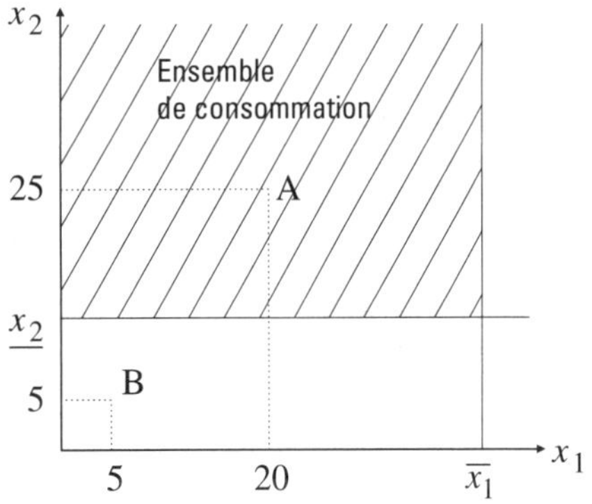

2 - La relation de préférence du consommateur

a. Définition de la relation de préférence

Afin de déterminer les quantités de biens qu'il va acheter et consommer, le consommateur doit classer tous les paniers de biens de l'ensemble de consommation par ordre de préférence. Pour traduire formellement ce classement, on définit la relation de préférence et d'indifférence.

La relation de préférence stricte permet de comparer deux paniers de biens et de déterminer le panier qui est préféré à l'autre. Ainsi, si l'on compare deux paniers de biens A et B, la relation :

$$A \succ B$$

se lit « le panier de biens A est préféré au panier de biens B ».

La relation d'indifférence établit que deux paniers de biens apportent exactement la même satisfaction au consommateur qui est donc « indifférent » entre les deux paniers de biens. Ainsi, lorsque le consommateur est indifférent entre le panier de biens A et le panier de biens B, on le note :

$$A \sim B$$

Les deux relations peuvent être combinées en une seule indiquant qu'un panier de biens est « préféré ou indifférent » ou « au moins aussi désiré » à un autre panier de biens. Ainsi, lorsque le panier A est « préféré ou indifférent » au panier B, on écrit :

$$A \succsim B$$

Cette relation va permettre à un consommateur de classer l'ensemble des paniers de consommation. Chaque agent possède une structure de préférences qui lui est propre, mais la relation de préférence doit vérifier un certain nombre d'hypothèses pour que le consommateur puisse être considéré comme rationnel au sens strict.

b. Le préordre complet

L'analyse microéconomique impose des contraintes particulières à la relation de préférence « $\succsim$ ». Elle suppose en particulier que cette relation satisfait les propriétés d'un préordre complet.

En pratique ces contraintes prennent la forme d'hypothèses invérifiables (ou infalsifiables) que l'on ne pourra confirmer ou infirmer à partir de l'observation des comportements des agents. C'est pourquoi ces contraintes sont posées sous forme d'axiomes. L'ensemble de ces axiomes constitue l'axiomatique des préférences. Au contraire d'*hypothèses scientifiques**, ces axiomes ne sont pas soumis au jugement de l'observation mais soumettent l'observation à leurs jugements. Ces axiomes fonctionnent comme critères de jugement du comportement de chaque agent quant à sa rationalité : tout consommateur qui à travers son comportement transgresse au moins une fois au moins un de ces axiomes est déclaré « non rationnel ». On précise parfois « non rationnel au sens de l'analyse microéconomique ». Tout consommateur qui à travers son comportement respecte intégralement et sans défaillance tous les axiomes est reconnu « rationnel ».

Suivant Popper, une démarche est ***scientifique*** si elle intègre des éléments vérifiables et réfutables (falsifiables dans le vocabulaire popperrien). En ce sens, la démarche microéconomique n'est pas strictement scientifique.

• *Axiome de totalité*

L'axiome de totalité énonce que le consommateur doit être capable de comparer tout panier à tout autre panier de l'ensemble de consommation. Autrement dit, il n'y a pas de panier inclassable par un consommateur. Si un tel panier existe, on admettra qu'il est en dehors de l'ensemble de consommation.

Plus formellement, un consommateur qui considère deux paniers de biens A et B doit pouvoir affirmer que l'une des deux situations suivantes est vérifiée :

$$A \succsim B \text{ ou } B \succsim A$$

• *Axiome de réflexivité*

Tout panier étant indifférent à lui-même, on peut affirmer que tout panier est préféré ou indifférent à lui-même :

$$A \succsim A$$

Cet axiome présente un intérêt purement mathématique.

• *Axiome de transitivité*

L'*axiome de transitivité** énonce que si un panier A est préféré ou indifférent à un panier B, lui-même préféré ou indifférent à un panier C, alors le panier A est préféré ou indifférent au panier C :

$$(A \succsim B \text{ et } B \succsim C) \Rightarrow A \succsim C$$

Si la relation de préférence n'était pas transitive cela pourrait conduire à des situations de préférences telles que : $A \succsim B \succsim C \succsim A$. Un consommateur serait alors incapable de dire quel panier il préfère : il donnerait l'impression de « tourner en rond » (*cf.* exercice 1.3).

C'est sur l'***axiome de transitivité*** que portent les plus fréquentes critiques de l'axiomatique microéconomique. De nombreux travaux empiriques soulignent de fréquentes violations de la transitivité des préférences.

B

LA NOTION D'UTILITÉ

La fonction d'utilité U associe à chaque panier de biens un « indice d'utilité » ou encore un « degré d'utilité » qui indique la satisfaction du consommateur. Formellement, cette fonction dépend des quantités de biens intégrées dans le panier de consommation :

$$U = U(x_1, x_2, \cdots, x_n)$$

Cette fonction est censée refléter les préférences du consommateur qu'elle représente. Historiquement, deux interprétations de cette fonction ont été proposées.

1 - Les deux approches de la notion d'utilité

Les premiers marginalistes (Jevons, Menger et Walras) avaient une **vision cardinale de l'utilité**. Selon cette approche, l'utilité correspond à une mesure quantitative de la satisfaction retirée de la consommation de biens. L'indice d'utilité indique de façon absolue la satisfaction du consommateur. Le consommateur est donc capable de déterminer pour chaque panier de biens le degré d'utilité correspondant. Il peut ainsi comparer la satisfaction associée à la consommation de deux paniers distincts et en déduire le panier qu'il préfère. Si l'utilité du premier panier est le double de celle du second, il peut en outre affirmer qu'il préfère deux fois plus le premier panier au second.

Depuis les travaux de Pareto, Slutsky, Hicks et Samuelson, les auteurs modernes ont abandonné le concept d'utilité cardinale au profit de celui, moins restrictif, d'**utilité ordinale**, et cela pour au moins deux raisons.

Tout d'abord, il paraît improbable qu'un consommateur soit capable de mesurer avec précision l'utilité que lui procure un panier de biens. On pourrait imaginer plusieurs façons d'estimer cette utilité avec la précision requise par l'approche cardinaliste : par exemple, on pourrait affirmer qu'un panier est deux fois préféré à un autre si le consommateur était prêt à le payer deux fois plus cher ou à attendre deux fois plus longtemps ou encore à aller deux fois plus loin pour l'obtenir ; l'argent, le temps ou la distance sont des grandeurs quantifiables qui permettraient de donner une bonne estimation de l'utilité ressentie par le consommateur. Ces critères n'ont pas paru convaincants aux yeux des économistes modernes parce qu'ils sont associés chacun à une interprétation particulière du désir d'acquérir un panier de bien.

Ensuite, un tel effort d'estimation de l'utilité est sans objet dans la mesure où ce qui importe pour décrire les choix du consommateur est de savoir quel panier de biens est préféré à tous les autres et non de mesurer précisément les écarts d'utilité entre les paniers de biens.

La **théorie ordinale de l'utilité** constitue donc l'approche contemporaine de la théorie du consommateur. La fonction d'utilité d'un consommateur est alors uniquement la traduction algébrique de sa relation de préférence. Comme la fonction d'utilité cardinale, la fonction d'utilité ordinale affecte à chaque panier de biens un « indice d'utilité », et s'écrit de la même façon : $U = U(x_1, x_2, \dots, x_n)$. Cependant, l'indice donné par cette fonction est ici relatif et non absolu. Il n'a pas de sens en lui-même. Il n'a de sens que par sa valeur relative (inférieure ou supérieure) par rapport aux indices correspondant à d'autres paniers de biens. Ainsi, en raisonnant sur deux paniers de biens A et B, on aura :

$$A \succ B \text{ si et seulement si } U(A) > U(B)$$

$$A \sim B \text{ si et seulement si } U(A) = U(B)$$

En exprimant les quantités de biens, cela revient à :

$$(x_1^A, x_2^A, \dots, x_n^A) \succ (x_1^B, x_2^B, \dots, x_n^B) \text{ si et seulement si } U(x_1^A, x_2^A, \dots, x_n^A) > U(x_1^B, x_2^B, \dots, x_n^B)$$

$$(x_1^A, x_2^A, \dots, x_n^A) \sim (x_1^B, x_2^B, \dots, x_n^B) \text{ si et seulement si } U(x_1^A, x_2^A, \dots, x_n^A) = U(x_1^B, x_2^B, \dots, x_n^B)$$

où x_i^j indique la quantité de bien i dans le panier j.

Dans ces conditions, plusieurs fonctions d'utilité différentes peuvent représenter le même ordre de préférence. Il suffit que ces fonctions classent de la même façon les différents paniers de biens. Par exemple, considérons la fonction d'utilité U(P) associant respectivement aux paniers A et B un indice d'utilité de 10 et 5. Le panier A est donc préféré au panier B ; la fonction d'utilité V(P) qui associe au panier P une utilité U(P) + 1 conduit à l'indice d'utilité de 11 pour A et 6 pour B. Elle indique la même relation de préférence entre le panier A et le panier B. Les deux fonctions d'utilité U(P) et V(P) représentent le même ordre de préférence.

Une ***transformation monotone croissante*** est une fonction $f(u)$ qui à chaque nombre u associe un nombre $f(u)$ de telle sorte que le classement entre les nombres soit respecté, on a donc : $u > u' \Leftrightarrow f(u) > f(u')$

Formellement, un même ordre de préférence peut être représenté par une infinité de fonctions d'utilité. Ainsi peut-on démontrer le principe suivant : « Une fonction d'utilité est définie à une *transformation monotone croissante près**. » (*cf.* exercice 1.10).

La fonction d'utilité est définie à une transformation monotone croissante près. Soit f une transformation monotone croissante, U une fonction d'utilité quelconque et deux paniers de biens A et B. On a par définition :

$$f[U(A)] > f[U(B)] \Leftrightarrow U(A) > U(B)$$

Or on sait que :

$$U(A) > U(B) \Leftrightarrow A \succ B$$

Par conséquent on peut vérifier :

$$f[U(A)] > f[U(B)] \Leftrightarrow A \succ B$$

La fonction U et la composée de fonctions $f(U)$ représentent le même ordre de préférence.

2 - Utilité marginale et TMS

a. Définition de l'utilité marginale

On appelle «utilité marginale d'un bien» le supplément d'utilité procuré par la consommation d'une unité supplémentaire de ce bien, toutes choses étant égales par ailleurs (en particulier les quantités consommées des autres biens). Formellement l'utilité marginale U_{xi} du bien i s'écrit :

$$U_{xi} = \frac{\Delta U(x_1, x_2, \cdots, x_n)}{\Delta x_i} = \frac{U(x_1, x_2, \cdots, x_i + \Delta x_i, \cdots, x_n) - U(x_1, x_2, \cdots, x_n)}{\Delta x_i}$$

Lorsque la quantité de biens est mesurée en unités suffisamment petites, il est alors possible d'utiliser le calcul différentiel :

$$U_{xi} = \frac{\partial U(x_1, x_2, \cdots, x_n)}{\partial x_i}$$

De par sa définition même, le concept d'utilité marginale est un concept cardinal : pour l'utiliser, il faut pouvoir mesurer le supplément d'utilité engendré par la consommation d'une unité supplémentaire de bien.

b. Le principe de l'utilité marginale décroissante

C'est l'Allemand *Gossen** qui énonce ce principe en 1854. Dans une approche cardinale de l'utilité, il établit que l'utilité marginale procurée par la consommation d'une unité supplémentaire d'un bien par un individu décroît à mesure que l'individu augmente la consommation de ce bien. L'exemple classique du verre d'eau illustre ce principe : un verre d'eau procure une grande utilité à un voyageur perdu dans le désert, un deuxième verre d'eau lui procure une utilité supplémentaire moindre bien qu'encore importante, le centième verre d'eau ne lui apporte plus qu'une utilité supplémentaire très faible, voire négative si le voyageur a dépassé le seuil de satiété. L'utilité marginale de l'eau est décroissante et, selon Gossen, ce principe s'applique à tous les biens.

Cette propriété est intéressante en ce qu'elle permet, comme nous allons le voir, de simplifier l'interprétation des conditions d'optimalité du consommateur. Dans une approche ordinale, en revanche, l'hypothèse d'une utilité marginale décroissante n'a aucun sens (cf. encadré ci-dessous).

Dans l'histoire de la pensée économique, ***Gossen*** apparaît comme un auteur malheureux. Précurseur dans le développement de la théorie de l'utilité il sera complètement ignoré à son époque. Frustré de ne pas avoir reçu le succès qu'il pensait mériter, il détruira les exemplaires invendus de son ouvrage et ne sera redécouvert qu'en 1878 par Jevons et Walras après le développement de leur propres travaux sur la théorie de l'utilité.

Utilité marginale décroissante et utilité ordinale. Considérons la fonction d'utilité $U(x_1, x_2) = x_1^{1/2} x_2^{1/2}$.

L'utilité marginale du bien x_1 est donnée par la fonction $\frac{\partial U(x_1, x_2)}{\partial x_1} = \frac{1}{2} x_1^{-1/2} x_2^{1/2}$. On vérifie que l'utilité marginale est une fonction décroissante des quantités consommées de bien 1.

Dans une approche ordinale, la fonction d'utilité est définie à une transformation monotone croissante près. Considérons alors la transformation croissante $f(u) = u^2$ et appliquons-la à notre fonction d'utilité, celle-ci devient $V(x_1, x_2) = x_1 x_2$. Sous cette forme, la fonction d'utilité conserve l'ordre de préférence. On vérifie cependant que l'utilité marginale est maintenant constante : $\frac{\partial V(x_1, x_2)}{\partial x_1} = x_2$. Appliquons à nouveau notre transformation croissante, l'utilité devient : $W(x_1, x_2) = x_1^2 x_2^2$ et l'utilité marginale qui s'écrit $\frac{\partial W(x_1, x_2)}{\partial x_1} = 2x_1 x_2^2$ est une fonction croissante de x_1.

Dans une approche ordinale, la décroissance de l'utilité marginale n'a pas de signification.

c. Le taux marginal de substitution ou TMS

Le taux marginal de substitution (TMS) est défini comme le taux auquel un consommateur peut échanger deux biens sans modifier sa satisfaction. Autrement dit, il mesure le nombre d'unités supplémentaires de bien 2 qu'il faut donner au consommateur pour qu'il accepte de renoncer à une unité de bien 1.

Ainsi, si $-\Delta x_1$ représente la quantité de bien 1 à laquelle le consommateur renonce, et Δx_2 la quatité de bien 2 qu'il doit obtenir en échange pour conserver la même satisfaction, alors le TMS s'écrit comme le rapport de ces deux variations :

On note U_{x1} la dérivée de U par rapport à x_1 et U_{x2} la dérivée de U par rapport à x_2.

$$TMS = -\frac{\Delta x_2}{\Delta x_1}$$

En considérant des variations infinitésimales, le calcul différentiel peut être utilisé, le TMS peut alors s'écrire :

$$TMS = -\frac{dx_2}{dx_1}$$

Or, pour maintenir l'utilité à un niveau constant, on doit vérifier $dU(x_1, x_2) = 0$. Comme par différenciation on a :

$$dU(x_1, x_2) = U_{x_1}dx_1 + U_{x_2}dx_2 = 0,$$

on obtient la relation entre les variations dx_1 et dx_2 qui laissent inchangée la satisfaction du consommateur. Dans le repère (x_1, x_2), le TMS devient finalement :

$$TMS_{(x_1, x_2)} = -\frac{dx_2}{dx_1} = \frac{U_{x_1}}{U_{x_2}}$$

Si la notion d'utilité marginale n'a pas de sens dans une approche ordinale de l'utilité, le rapport des utilités marginales en a un : le TMS décrit un aspect du comportement du consommateur. Ainsi, on peut vérifier que le TMS n'est pas modifié par une transformation monotone croissante de la fonction d'utilité.

Théorie ordinale et TMS. Considérons les fonctions d'utilité $U(x_1, x_2)$ et $V(x_1, x_2)$ avec $V(x_1, x_2) = f(U(x_1, x_2))$ où $f(U)$ est une transformation monotone croissante.

Le TMS pour la fonction U s'écrit : $TMS(x_1, x_2) = -\frac{dx_2}{dx_1} = \frac{U_{x_1}}{U_{x_2}}$.

Pour la fonction V, il prend la valeur : $TMS(x_1, x_2) = -\frac{dx_2}{dx_1} = \frac{f'(U)U_{x_1}}{f'(U)U_{x_2}} = \frac{U_{x_1}}{U_{x_2}}$.

Le TMS n'est pas modifié par l'application d'une transformation monotone à la fonction d'utilité.

C

LES COURBES D'INDIFFÉRENCE

1 - Définition des courbes d'indifférence

Lorsque la fonction d'utilité du consommateur dépend des quantités de n biens, il est vain de chercher à la représenter graphiquement. Si l'utilité ne dépend que des quantités de deux biens, la représentation graphique est plus simple. Ainsi, la fonction d'utilité $U(x_1, x_2)$ se représente dans un repère à trois dimensions comme le montre la figure 2 : la surface U représente le niveau d'utilité procuré par chaque panier de biens (x_1, x_2), c'est-à-dire pour chaque point du plan (x_1, x_2). Sur cette surface sont représentées les « courbes de niveaux » U_1 et U_2. Chacune de ces courbes correspond à l'ensemble des points de la surface ayant la même « altitude », c'est-à-dire donnant lieu à un même degré d'utilité.

Fig. 2

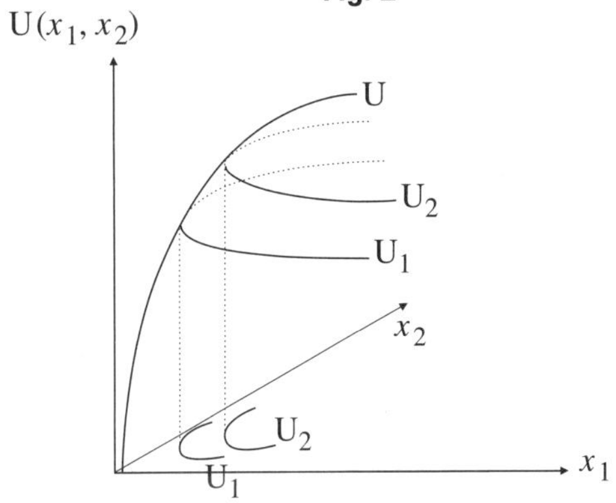

Cette représentation graphique reste difficile à gérer. C'est pour cette raison que les économistes ont recours aux **courbes d'indifférence**. Une courbe d'indifférence représente l'ensemble de tous les points (x_1, x_2) qui procurent un même niveau d'utilité. Un consommateur sera donc indifférent entre tous les paniers de biens représentés sur une même courbe d'indifférence (*cf.* exercice 1.4). Graphiquement, cette courbe correspond à la projection d'une « courbe de niveau » dans le plan (x_1, x_2).

La figure 3 représente les projections des courbes de niveaux U_1 et U_2 dans le cas de deux biens substituables. Parce que la fonction d'utilité est supposée continue, les courbes d'indifférence sont continues. Il existe une infinité de courbes d'indifférence. Leur représentation permet de donner une carte d'indifférence.

Fig. 3

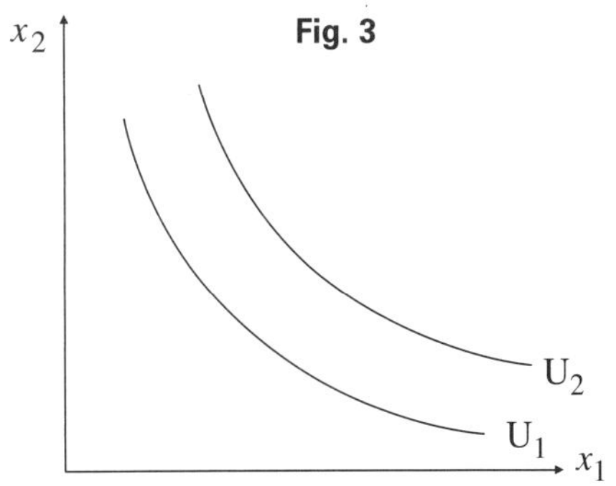

À ce stade, il est usuel de poser certaines hypothèses complémentaires. Les hypothèses de **monotonicité** et de **convexité** portent sur les préférences et définissent un comportement « normal » au sens économique du terme. L'hypothèse de **substituabilité** porte sur les biens.

2 - Hypothèses complémentaires sur les préférences

a. Monotonicité

Cette hypothèse traduit une idée simple : le consommateur est supposé être insatiable. Ainsi, aucune quantité d'aucun bien ne peut assouvir son besoin : toute

On distingue l'hypothèse de ***monotonicité forte*** de celle de ***monotonicité faible***. Dans le premier cas, le panier A est préféré au panier B si au moins un bien est en quantité supérieure. Dans le second cas le panier A est préféré *ou indifférent* au panier B si au moins un bien est en quantité supérieure.

quantité supplémentaire d'un bien présente pour le consommateur une utilité supplémentaire positive. En conséquence, il ne peut jamais parvenir à une situation de saturation. La *monotonicité forte** implique que si un panier A contient des biens en quantités égales ou supérieures à un autre panier B et intègre au moins un bien en quantité strictement supérieure, alors ce panier A est préféré au panier B (*cf.* exercice 1.1).

Cette hypothèse de monotonicité a plusieurs conséquences.

Tout d'abord elle implique que plus une courbe d'indifférence est éloignée de l'origine, plus le niveau d'utilité auquel elle correspond est élevé.

Fig. 4

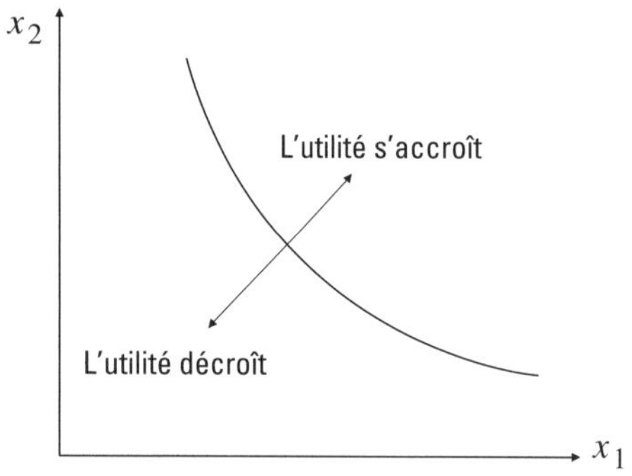

Corollaire de ce premier point, la pente des courbes d'indifférence est nécessairement négative. En effet, partant d'un point de l'espace de consommation appartenant à une courbe d'indifférence particulière, on sait qu'en se déplaçant vers le nord-est les quantités des deux biens augmentent et la monotonicité implique que le niveau d'utilité s'accroisse. En faisant le raisonnement symétrique, on comprend qu'en se dirigeant vers le sud-ouest, le niveau d'utilité décroît. Partant de là, pour que le consommateur soit indifférent il faut se diriger soit vers le nord-ouest soit vers le sud-est : **la pente de la courbe d'indifférence est négative** (*cf.* figure 4).

Enfin, l'hypothèse de monotonicité induit que d**eux courbes d'indifférence ne peuvent pas se couper :** l'hypothèse de monotonicité implique que plus une courbe d'indifférence est éloignée de l'origine, plus l'utilité est importante; or, si deux courbes d'indifférence se coupaient, la courbe la plus éloignée de l'origine ne serait pas la même à droite et à gauche du point d'intersection.

Carte d'indifférence et hypothèse de saturation. Quand l'hypothèse de monotonicité n'est pas vérifiée, une situation de saturation devient possible (*cf.* exercices 1.2 et 1.6). Dans cette situation, un panier (x_1^*, x_2^*) est préféré à tous les autres et plus le consommateur s'en rapproche, plus il est satisfait. La forme des courbes d'indifférence est alors celle de la figure 5.

Fig. 5

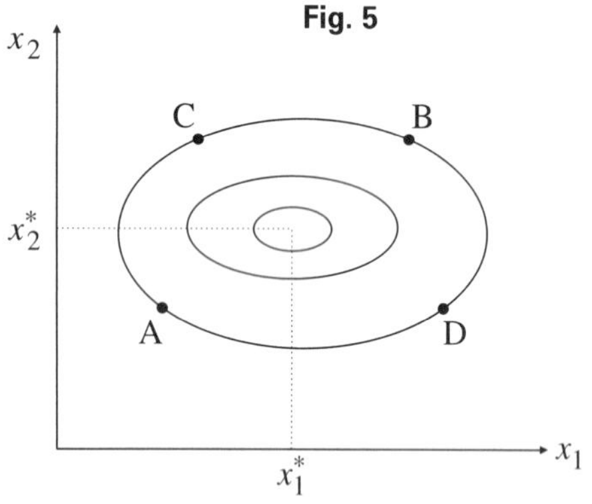

En effet, lorsque le consommateur dispose de quantités supérieures ou inférieures des deux biens à celles du panier idéal (points A et B), une augmentation de la quantité de l'un des deux biens n'est compatible avec une utilité constante que si la quantité de l'autre bien est plus faible : la pente de la courbe d'indifférence est négative. À l'inverse, lorsque le consommateur dispose d'une quantité inférieure pour un bien et supérieure pour l'autre bien aux quantités du panier idéal (points C et D), augmenter la quantité du bien « indésirable » et maintenir l'utilité à un niveau constant n'est possible que si la quantité du bien désiré est augmentée : la pente de la courbe d'indifférence est positive.

b. Convexité des préférences

La seconde hypothèse usuelle est celle de **convexité des préférences**. Cette hypothèse établit que le consommateur aime la diversification : en considérant deux paniers, A et B, appartenant à une même courbe d'indifférence, le consommateur préfère à ces paniers tous les paniers « intermédiaires », c'est-à-dire les paniers composés à partir d'une moyenne pondérée des deux paniers.

Formellement, en considérant les paniers (x_1^A, x_2^A) et (x_1^B, x_2^B), tels que $(x_1^A, x_2^A) \sim (x_1^B, x_2^B)$ où x_i^j indique la quantité de bien i dans le panier j, cela revient à affirmer que le consommateur préfère toutes les combinaisons linéaires formées à partir de ces deux paniers (*cf.* exercice 1.5) :

$$(tx_1^A + (1-t)\,x_1^B, tx_2^A + (1-t)\,x_2^B) \succ (x_1^A, x_2^A) \quad \forall t \in]0,1[$$

$$(tx_1^A + (1-t)\,x_1^B, tx_2^A + (1-t)\,x_2^B) \succ (x_1^B, x_2^B) \quad \forall t \in]0,1[$$

Graphiquement, cette hypothèse implique que les courbes d'indifférence soient convexes. Comme le montre la figure 6, tous les paniers situés sur la droite reliant les deux paniers A et B sont situés sur une courbe d'indifférence supérieure et sont donc préférés au panier A ou au panier B.

Fig. 6

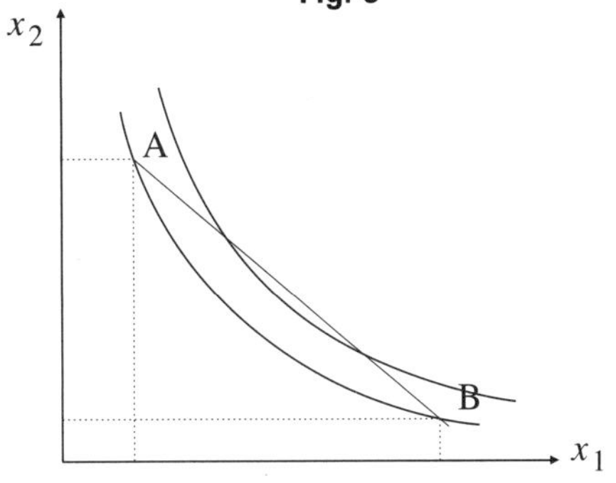

Carte d'indifférence et concavité des préférences. Quand l'hypothèse de convexité n'est pas vérifiée, on peut avoir dans le cas extrême, des courbes d'indifférence concaves (*cf.* fig. 7).

Fig. 7

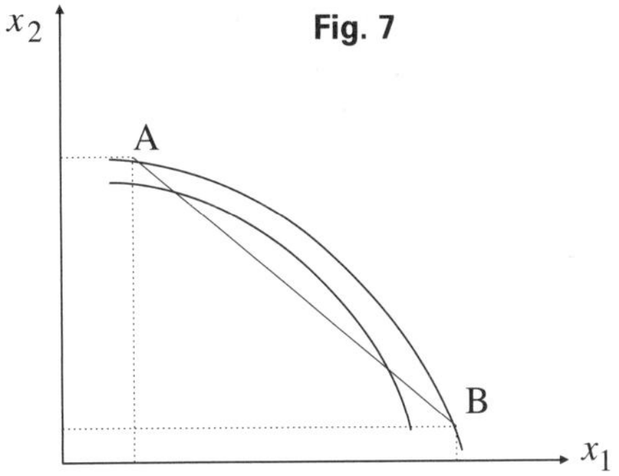

Sur de telles courbes d'indifférence les paniers extrêmes A et B sont cette fois préférés aux paniers intermédiaires. En raisonnant à partir de la première bissectrice, on note que si le consommateur dispose de plus de bien 1 que de bien 2 il est prêt à échanger une grande quantité du bien 2 dont il est peu pourvu contre une petite quantité du bien qu'il détient majoritairement. Le consommateur préfère détenir une grande quantité d'un seul des deux biens à une combinaison de ces biens. Il est monomaniaque (*cf.* exercices 1.4 et 1.6).

c. Substituabilité des biens

Enfin, le raisonnement porte habituellement sur des biens substituables. Si les biens étaient complémentaires, les courbes d'indifférence auraient l'allure suivante (*cf.* fig. 8).

On reconnaît en effet la complémentarité des deux biens : le panier A apporte une utilité de U_1. Si la quantité d'un seul des deux biens est augmentée par rapport aux quantités du panier A, comme dans le panier B, l'utilité ne s'accroît pas. Pour que l'utilité augmente, il faut accroître simultanément les quantités des deux biens, comme dans le panier C.

Fig. 8

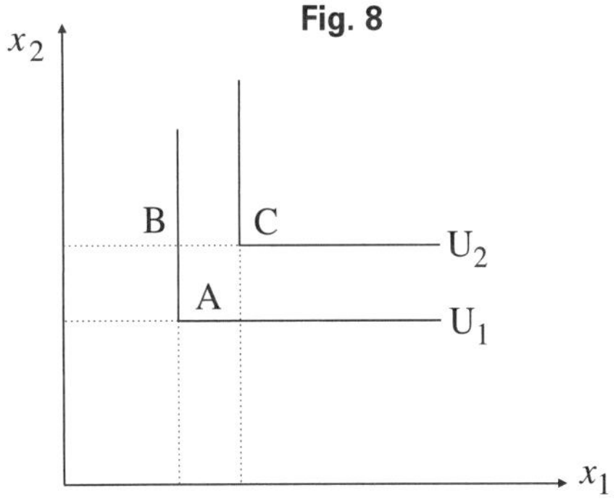

D

L'OPTIMUM DU CONSOMMATEUR

1 - La contrainte de revenu

Le revenu (ou le budget) R est le nombre d'unités de monnaie dont dispose le consommateur pour acheter son panier de consommation. Le prix p d'un bien est le nombre d'unités de monnaie qui s'échangent contre une unité de ce bien.

Jusqu'ici, le fait que le consommateur dispose d'un revenu limité n'a pas été pris en compte. Or, il paraît logique de supposer que notre consommateur ne pourra pas acquérir des biens à l'infini : il est contraint par son revenu ou son budget. Notons R ce revenu. Nous admettrons que cette valeur est une variable exogène, c'est-à-dire une variable qui s'impose au consommateur indépendamment de son comportement. Par ailleurs, la dépense, D, du consommateur s'écrit comme la valeur des biens consommés. Elle s'établit comme la somme des quantités de biens multipliées par leur prix, soit dans le cas de n biens :

$$D = p_1x_1 + p_2x_2 + \dots + p_nx_n$$

Dans le cas de deux biens 1 et 2, la dépense s'écrit :

$$D = p_1x_1 + p_2x_2$$

Dans la mesure où le consommateur ne peut dépenser plus que son revenu le lui permet, l'inégalité suivante doit être vérifiée :

$$R \geq D \Leftrightarrow R \geq p_1x_1 + p_2x_2$$

Les paniers (x_1, x_2) de l'ensemble de consommation qui respectent cette condition forment l'ensemble des paniers accessibles au consommateur. Cependant, l'hypothèse de monotonicité implique que le consommateur va chercher à obtenir la quantité maximale de biens ; il va donc dépenser tout son revenu. On dit que le consommateur sature sa contrainte de revenu et l'inégalité devient donc égalité :

$$R = p_1x_1 + p_2x_2$$

Partant de cette égalité, il est simple d'en faire la représentation graphique dans le repère (x_1, x_2). En effet, il suffit d'exprimer x_2 en fonction de x_1, pour obtenir ce que l'on appelle l'équation de la droite de budget ou droite de revenu :

$$R = p_1x_1 + p_2x_2 \Leftrightarrow x_2 = -\frac{p_1}{p_2}x_1 + \frac{R}{p_2}$$

Fig. 9

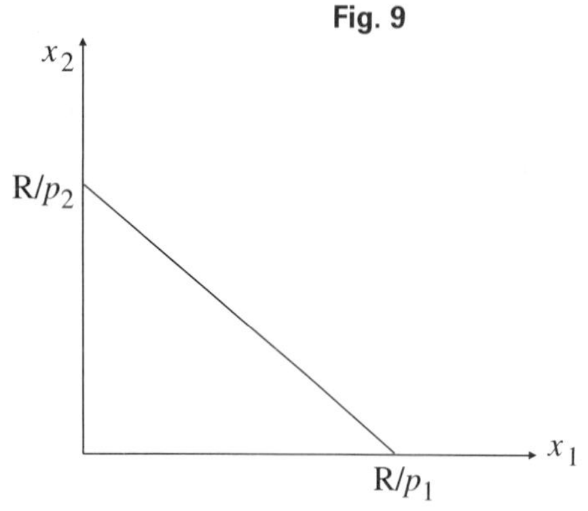

Cette droite de budget de pente $(-p_1/p_2)$ est représentée sur la figure 9.

Tous les paniers de biens situés sur ou en dessous de la droite sont accessibles au consommateur : il a les moyens de les acheter. En revanche, tous ceux qui sont au-dessus de la droite sont au-dessus de ses moyens. Compte tenu de cette contrainte, le problème du consommateur consiste à choisir parmi l'ensemble des paniers accessibles celui qui maximise sa satisfaction. Techniquement, ce problème se ramène à un problème de maximisation sous contrainte.

La représentation graphique de la droite de budget et celle de la fonction d'utilité vont permettre de donner une première intuition du choix du consommateur à travers la résolution graphique du problème.

2 - Résolution graphique

Pour résoudre le problème du consommateur de façon graphique, il suffit de représenter dans un même repère (x_1, x_2) les courbes d'indifférence et la droite de budget, comme le montre la figure 10.

On sait que les paniers au-dessus de la droite de budget ne sont pas accessibles au consommateur. Par ailleurs, on sait également que le consommateur sature sa contrainte de revenu (du fait de l'hypothèse de monotonicité) : par conséquent, le panier de biens qu'il va choisir se situe nécessairement sur la droite de budget. Les paniers A et B appartiennent à cette droite, mais ils ne procurent pas le niveau d'utilité le plus élevé. Le panier qui procure le niveau d'utilité le plus important, tout en respectant la contrainte de revenu, est le panier C. Il correspond au **point de tangence entre la courbe d'indifférence U_2 et la droite de budget**. Ce point caractérise le panier de bien qui maximise l'utilité du consommateur.

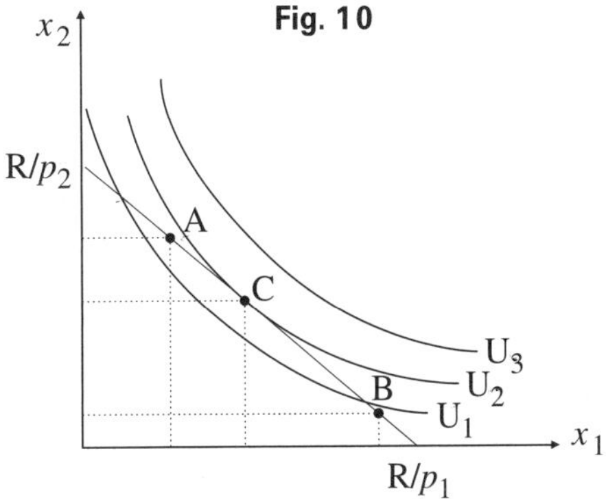

Fig. 10

3 - Résolution algébrique

Le consommateur (s'il est rationnel) veut maximiser son utilité sous la contrainte d'un budget limité afin de déterminer les quantités x_1 de bien 1 et x_2 de bien 2 qu'il va demander. Mathématiquement ce problème s'écrit :

$$\begin{cases} \underset{x_1, x_2}{Max}\ U(x_1, x_2) \\ s.c. \quad R = p_1 x_1 + p_2 x_2 \end{cases}$$

s.c. : sous contrainte

Quatre méthodes peuvent être utilisées pour résoudre ce programme, la méthode de substitution et la méthode de Lagrange (*cf.* exercice 1.10).

a. Méthode de substitution

Cette méthode consiste à transformer le programme de maximisation d'une fonction à deux variables sous contrainte en un programme de maximisation d'une fonction à une variable sans contrainte.

La première étape de résolution est d'exprimer une des variables en fonction de l'autre (par exemple x_2 en fonction de x_1) à partir de la contrainte :

$$R = p_1 x_1 + p_2 x_2 \Leftrightarrow x_2 = \frac{R}{p_2} - \frac{p_1}{p_2} x_1$$

Il faut ensuite reporter cette expression dans la fonction d'utilité qui devient donc fonction d'une seule variable (ici x_1) :

$$U(x_1, x_2) = U[x_1, x_2(x_1)] = U\left(x_1, \frac{R}{p_2} - \frac{p_1}{p_2} x_1\right)$$

Il suffit ensuite de calculer la condition de premier ordre pour trouver la valeur optimale de x_1 :

$$\frac{dU}{dx_1} = U_{x_1} = 0$$

Par différenciation, on obtient :

$$dU[x_1, x_2(x_1)] = U_{x1}\,dx_1 + U_{x2}\,dx_2,$$

or,

$$x_2 = \frac{R}{p_2} - \frac{p_1}{p_2}x_1 \Leftrightarrow dx_2 = -\frac{p_1}{p_2}dx_1$$

on peut donc écrire :

$$dU\ [x_1, x_2(x_1)] = U_{x1}\,dx_1 + U_{x2}\,dx_2 = U_{x1}\,dx_1 - U_{x2}\frac{p_1}{p_2}dx_1 = 0$$

La condition d'optimalité prend alors la forme :

$$\frac{dU}{dx_1} = U_{x1} - U_{x2}\frac{p_1}{p_2} = 0 \Leftrightarrow \frac{U_{x1}}{U_{x2}} = \frac{p_1}{p_2}$$

Interprétation de la condition d'optimalité. La condition d'optimalité s'interprète facilement si on l'écrit sous la forme suivante :

$$\frac{U_{x1}}{p_1} = \frac{U_{x2}}{p_2}$$

En effet, l'utilité marginale d'un bien pondérée par son prix correspond au supplément d'utilité ressentie par le consommateur lorsqu'il achète pour une unité monétaire supplémentaire de ce bien. Si cette égalité n'était pas vérifiée à l'optimum, on aurait par exemple :

$$\frac{U_{x1}}{p_1} > \frac{U_{x2}}{p_2}$$

Dans ces conditions, le consommateur pourrait dépenser une unité monétaire en moins en bien 2, la quantité consommée diminue d'un montant $dx_2 = -\frac{1}{p_2}$, sa perte d'utilité serait alors égale à $dU = U_{x2}\,dx_2 = -\frac{U_{x2}}{p_2}$. S'il utilise cette unité monétaire pour acheter du bien 1, la consommation de ce bien augmente d'un montant $dx_1 = \frac{1}{p_1}$, son utilité augmente pour un montant $dU = U_{x_1}dx_1 = \frac{U_{x_1}}{p_1}$.

L'effet de ces deux variations sur l'utilité sera finalement : $dU = U_{x_1}dx_1 + U_{x_2}dx_2 = \frac{U_{x_1}}{p_1} - \frac{U_{x_2}}{p_2}$

soit finalement comme $\frac{U_{x_1}}{p_1} > \frac{U_{x_2}}{p_2}$, on vérifie : $dU = \frac{U_{x_1}}{p_1} - \frac{U_{x_2}}{p_2} > 0$

Or, s'il est possible d'augmenter l'utilité, c'est que le point de départ n'est pas le point optimal. L'optimum impose

$$\frac{U_{x_1}}{p_1} = \frac{U_{x_2}}{p_2}.$$

L'hypothèse d'utilité marginale décroissante permet d'expliquer le processus de convergence vers l'optimum. En effet, dans l'hypothèse $\frac{U_{x_1}}{p_1} > \frac{U_{x_2}}{p_2}$ nous venons de voir que le consommateur augmente son utilité en diminuant sa consommation du bien 2 et en augmentant celle du bien 1. Or, en cas de décroissance de l'utilité marginale, l'augmentation de la consommation du bien 1 réduit l'utilité marginale de ce bien alors que la réduction de la quantité de bien 2 consommée accroît l'utilité marginale de ce bien. Le terme $\frac{U_{x_1}}{p_1}$ diminue alors que $\frac{U_{x_2}}{p_2}$ augmente.
Le processus se poursuit jusqu'à obtention de l'équilibre.

À l'optimum du consommateur le rapport des utilités marginales doit être égal au rapport des prix. La condition d'optimalité permet alors de trouver la valeur optimale de x_1^* de x_1. La valeur optimale de x_2^* de x_2 s'écrit alors :

$$x_2^* = \frac{R}{p_2} - \frac{p_1}{p_2} x_1^*$$

La condition de second ordre permet enfin de vérifier que l'optimum trouvé correspond à un maximum. On doit vérifier :

$$\frac{d^2U[x_1, x_2(x_1)]}{dx_1^2} < 0$$

b. Méthode du Lagrangien

La méthode de Lagrange permet de résoudre directement le programme de maximisation sous contrainte. La première étape consiste à écrire la fonction de Lagrange (ou Lagrangien) :

$$L(x_1, x_2, \lambda) = U(x_1, x_2) + \lambda(R - p_1 x_1 - p_2 x_2)$$

où λ représente le multiplicateur de Lagrange.

Par convention, on notera que la contrainte budgétaire est définie comme l'écart entre le revenu et la dépense. Modifier cette écriture ne change pas le résultat algébrique mais nous priverait d'une interprétation du multiplicateur de Lagrange.

Les conditions de premier ordre sont obtenues par annulation des dérivées partielles premières de la fonction de Lagrange par rapport à ses trois variables :

$$\begin{cases} \dfrac{\partial L(x_1, x_2, \lambda)}{\partial x_1} = U_{x_1} - \lambda p_1 = 0 \\ \dfrac{\partial L(x_1, x_2, \lambda)}{\partial x_2} = U_{x_2} - \lambda p_2 = 0 \\ \dfrac{\partial L(x_1, x_2, \lambda)}{\partial \lambda} = R - p_1 x_1 - p_2 x_2 = 0 \end{cases}$$

On obtient donc un système de trois équations à trois inconnues, x_1, x_2 et λ. Les deux premières conditions permettent de retrouver la condition d'optimalité obtenue dans le cadre de la méthode de substitution :

$$\left.\begin{array}{l} U_{x_1} = \lambda p_1 \\ U_{x_2} = \lambda p_2 \end{array}\right\} \Leftrightarrow \frac{U_{x_1}}{U_{x_2}} = \frac{p_1}{p_2}$$

La troisième condition assure que la contrainte est bien saturée. Cette condition permet de confirmer la solution graphique précédente. En effet, à l'optimum, la pente de la courbe d'indifférence $-U_{x_1}/U_{x_2}$ doit être identique à celle de la contrainte de budget $-p_1/p_2$. La solution optimale qui appartient à la droite de budget doit correspondre à un point de tangence entre les deux courbes.

La condition de second ordre pour un maximum est vérifiée si le déterminant suivant est positif :

$$\begin{vmatrix} L_{11} & L_{12} & L_{1\lambda} \\ L_{21} & L_{22} & L_{2\lambda} \\ L_{\lambda 1} & L_{\lambda 2} & L_{\lambda\lambda} \end{vmatrix} > 0$$

où L_{ij} correspond à la dérivée partielle seconde : $\frac{\partial^2 L(x_1, x_2, \lambda)}{\partial i \partial j}$, avec $i = x_1, x_2, \lambda$ et $j = x_1, x_2, \lambda$.

Cette condition de second ordre peut se réécrire :

$$\begin{vmatrix} U_{11} & U_{12} & -p_1 \\ U_{21} & U_{22} & -p_2 \\ -p_1 & -p_2 & 0 \end{vmatrix} > 0 \Leftrightarrow -p_2^2 U_{11} + p_1 p_2 U_{21} + p_1 p_2 U_{12} - p_1^2 U_{22} > 0$$

Interprétation du multiplicateur de Lagrange λ. Dans une approche cardinaliste, le multiplicateur de Lagrange λ a une signification particulière : à l'optimum, il peut s'interpréter comme l'utilité marginale du revenu, c'est-à-dire le supplément d'utilité procuré par la dépense d'une unité supplémentaire de revenu. En effet, la différentielle totale de la fonction d'utilité s'écrit :

$$dU = U_{x_1} dx_1 + U_{x2} dx_2$$

Or, d'après les deux premières conditions de premier ordre on peut écrire :

$$\begin{cases} U_{x_1} = \lambda p_1 \\ U_{x_2} = \lambda p_2 \end{cases}$$

La différentielle totale de la fonction d'utilité devient donc :

$$dU = \lambda p_1 dx_1 + \lambda p_2 dx_2 = \lambda\ (p_1 dx_1 + p_2 dx_2)$$

Or, la différentielle totale du revenu est égale à :

$$dR = p_1 dx_1 + p_2 dx_2 + x_1 dp_1 + x_2 dp_2$$

En supposant que les prix soient constants, on a $dp_1 = dp_2 = 0$, et cette différentielle se réécrit :

$$dR = p_1 dx_1 + p_2 dx_2$$

On peut alors remplacer cette expression dans la différentielle totale de la fonction d'utilité, ce qui permet de montrer que le multiplicateur de Lagrange correspond bien à l'utilité marginale du revenu :

$$dU = \lambda dR \Leftrightarrow \frac{dU}{dR} = \lambda$$

À l'optimum, le consommateur définit les quantités de biens qui maximisent sa satisfaction. La demande qui en résulte apparaît comme une fonction des prix et du revenu du consommateur. On parle alors de **fonctions de demande.** L'étude des fonctions de demande fait l'objet du chapitre suivant.

Questions à choix multiples

(Pour chaque question, une ou plusieurs réponses sont possibles)

1 - L'ensemble de consommation correspond à :

a. l'ensemble des biens de l'économie.

b. l'ensemble des combinaisons de quantités de biens disponibles dans l'économie.

c. l'ensemble des quantités de biens choisies par le consommateur.

d. l'ensemble des quantités de biens accessibles au consommateur.

2 - Le panier de consommation A est « au moins aussi désiré » que le panier de consommation B se note :

a. $A \succ B$

b. $A \prec B$

c. $A \succsim B$

d. $A \precsim B$

3 - Un consommateur comparant des paniers A, B, C, et D exprime les préférences suivantes : $A \succsim B$; $A \succsim C$; $C \succsim D$. L'axiome de transitivité permet d'affirmer :

a. $B \succsim C$

b. $A \succsim D$

c. $B \succsim D$

d. $B \succsim A$

4 - Une courbe d'indifférence est :

a. l'ensemble des paniers de consommation accessibles au consommateur disposant d'un revenu donné.

b. l'ensemble des paniers de consommation pour lesquels la relation de préférence vérifie les trois axiomes de totalité, réflexivité et transitivité.

c. l'ensemble des paniers de consommation procurant une même satisfaction au consommateur.

d. la projection de la fonction d'utilité dans le repère des biens de consommation pour une valeur donnée de U.

5 - Au vu des courbes d'indifférence représentées sur la figure 11 (l'utilité s'accroît dans le sens de la flèche) peut-on affirmer que :

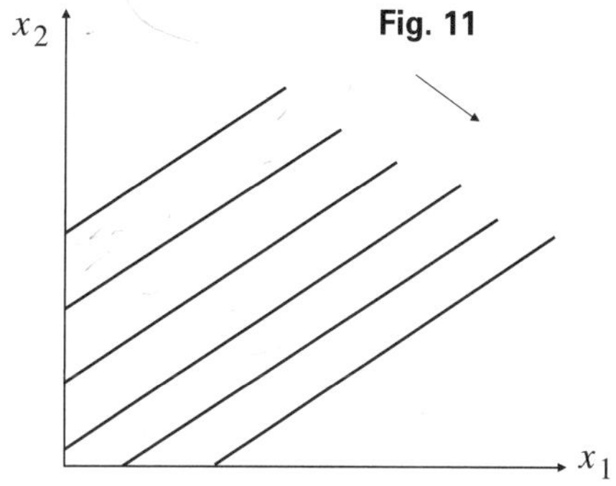

Fig. 11

a. les biens 1 et 2 procurent une désutilité.

b. les biens 1 et 2 procurent une utilité.

c. le bien 1 procure une désutilité tandis que le bien 2 apporte une utilité.

d. le bien 2 apporte une désutilité tandis que le bien 1 apporte une utilité.

6 - L'hypothèse de monotonicité des préférences implique :

a. que la fonction d'utilité est définie à une transformation monotone croissante près.

b. que deux courbes d'indifférence ne peuvent pas se couper.

c. que plus une courbe d'indifférence est proche de l'origine, plus le niveau d'utilité auquel elle correspond est faible.

d. que la pente des courbes d'indifférence est négative.

7 - La fonction d'utilité d'un consommateur est $U(x_1, x_2) = x_1x_2$. La fonction $U(x_1, x_2) = (x_1x_2)^a$ représente le même ordre de préférence si :

a. $a < 0$

b. $0 < a < 1$

c. $a = 1$

d. $a > 1$

8 - Le TMS est égal :

a. au rapport des prix des biens.

b. au rapport des utilités marginales.

c. au rapport des variations de quantités de biens.

d. à l'opposé du rapport des variations de quantités de biens sur une courbe d'indifférence.

9 - L'égalité $\frac{U_1}{U_2} = \frac{p_1}{p_2}$ correspond :

a. à la définition du TMS.

b. à l'équation de la contrainte de budget.

c. à la condition d'optimalité du consommateur.

d. à l'équation des courbes d'indifférence.

10 - La fonction d'utilité d'un consommateur est $U(x_1, x_2) = x_1x_2^2$. Si les prix des deux biens sont égaux à 1, quelle fraction de son revenu ce consommateur va-t-il consacrer à l'achat de bien 2 ?

a. un quart de son revenu.

b. un tiers de son revenu.

c. la moitié de son revenu.

d. les deux tiers de son revenu.

(Les réponses se trouvent en fin d'ouvrage, page 384.)

EXERCICE CORRIGÉ 1.1

Monotonicité (A,2 ; C,2)

L'observation du comportement d'un consommateur envers les quantités de deux biens, le bien 1 et le bien 2, conduit aux préférences suivantes :

$$(5,9) \sim (4,10) \qquad (2,10) \succ (0,12)$$
$$(5,10) \succ (5,9) \qquad (4,10) \succ (3,11)$$
$$(3,11) \succ (4,9)$$

Par transitivité, trouver 5 relations de préférence vérifiant l'hypothèse de monotonicité.

CORRIGÉ

1 - La relation $(5,10) \succ (5,9)$ vérifie immédiatement la monotonicité.

2 - En utilisant les relations $(5,10) \succ (5,9)$ et $(5,9) \sim (4,10)$, on obtient par transitivité :

$$\left.\begin{matrix}(5,10) \succ (5,9)\\(5,9) \sim (4,10)\end{matrix}\right\} \Rightarrow (5,10) \succ (4,10)$$

ce qui vérifie l'hypothèse de monotonicité.

3 - De même, en utilisant les relations $(4,10) \succ (3,11)$ et $(3,11) \succ (4,9)$, on obtient par transitivité :

$$\left.\begin{matrix}(4,10) \succ (3,11)\\(3,11) \succ (4,9)\end{matrix}\right\} \Rightarrow (4,10) \succ (4,9)$$

4 - En utilisant les relations $(4,10) \sim (5,9)$, $(4,10) \succ (3,11)$ et $(3,11) \succ (4,9)$, on obtient par transitivité :

$$\left.\begin{matrix}(4,10) \sim (5,9)\\(4,10) \succ (3,11)\end{matrix}\right\} \Rightarrow (5,9) \succ (3,11)$$

On peut alors écrire :

$$\left.\begin{matrix}(5,9) \succ (3,11)\\(3,11) \succ (4,9)\end{matrix}\right\} \Rightarrow (5,9) \succ (4,9)$$

5- En utilisant la relation que l'on vient de trouver $(5,9) > (4,9)$ et la relation $(5,10) > (5,9)$ on obtient par transitivité :

$$\left.\begin{array}{l}(5,9) > (4,9)\\(5,10) > (5,9)\end{array}\right\} \Rightarrow (5,10) > (4,9)$$

ce qui, encore une fois, vérifie l'hypothèse de monotonicité.

EXERCICE CORRIGÉ 1.2

Absence de monotonicité (A,2 ; C,2)

On peut déduire du comportement d'un consommateur les préférences concernant les quantités de bien 1 et de bien 2 suivantes :

$$(4,10) > (6,9) \qquad (5,10) > (5,9)$$

$$(4,10) \sim (3,11) \qquad (5,9) \sim (4,10)$$

Prouver par transitivité, la violation de l'axiome de monotonicité par cet agent.

CORRIGÉ

$$\left.\begin{array}{l}(5,9) \sim (4,10)\\(4,10) > (6,9)\end{array}\right\} \Rightarrow (5,9) > (6,9)$$

EXERCICE CORRIGÉ 1.3

Transitivité et monotonicité (A,2 ; C,2)

On peut compléter ainsi les relations de préférence du consommateur précédent :

$$(4,10) > (6,9) \qquad (5,10) > (5,9) \qquad (6,9) > (3,11)$$

$$(4,10) \sim (3,11) \qquad (5,9) \sim (4,10)$$

1- Montrer que les préférences de ce consommateur ne vérifient pas l'axiome de transitivité.

2- Cet agent transgresse-t-il l'hypothèse de monotonicité ?

CORRIGÉ

1- Si les préférences étaient transitives on pourrait écrire :

$$\left.\begin{array}{l}(6,9) > (3,11)\\(4,10) \sim (3,11)\end{array}\right\} \Rightarrow (6,9) > (4,10)$$

Or, cette conclusion contredit la première relation de préférence $(4,10) > (6,9)$. Les préférences ne sont donc pas transitives.

2- La relation (5,10) $\succ$ (5,9) pourrait indiquer que l'hypothèse de monotonicité est respectée. Cependant, la comparaison des paniers (5,9) et (6,9) ainsi que des paniers (4,10) et (5,10) ne peut se faire qu'en utilisant la propriété de transitivité. Or, on sait que cette propriété n'est pas vérifiée, on ne peut donc pas comparer ces paniers. Par conséquent, on ne peut pas faire de conclusion quant à l'hypothèse de monotonicité.

EXERCICE CORRIGÉ 1.4

Représentation d'une courbe d'indifférence (C,1 ; C,2)

Un consommateur exprime les préférences envers les quantités de deux biens suivantes :

$$(0,5) \sim (5,0) \quad (0,5) \sim (3,4) \quad (4,3) \sim (3,4)$$

$$(0,5) \succ (3,2) \quad (3,5) \succ (4,3)$$

1- Représenter l'ensemble des paniers et dégager une courbe d' indifférence composée de 4 paniers.

2- Tracer graphiquement cette courbe et commenter.

3- Démontrer formellement la concavité des courbes d'indifférence.

CORRIGÉ

1- Une courbe d'indifférence relie l'ensemble des paniers procurant un même niveau d'utilité au consommateur. Ici le consommateur est indifférent entre les paniers (0,5), (5,0), (3,4), et (4,3). Ils lui procurent donc un même niveau d'utilité et par conséquent appartiennent à la même courbe d'indifférence.

2- Cet agent exprime des préférences concaves, comme le montre la figure 12, ce qui ne correspond pas à l'hypothèse classique de convexité des préférences. Ce consommateur préfère donc les paniers composés de quantités « extrêmes » aux paniers composés de quantités intermédiaires.

Fig. 12

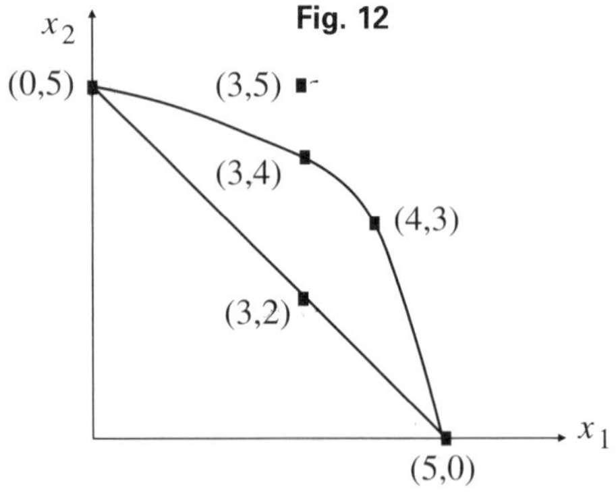

3- Pour le montrer mathématiquement, il suffit de trouver parmi les paniers donnés dans l'énoncé, un panier qui soit une combinaison linéaire de deux autres paniers et qui soit moins préféré que ces deux paniers. Ainsi, on peut voir sur le graphique que le panier (3,2) est combinaison linéaire des paniers (0,5) et (5,0) puisque ces trois paniers appartiennent à la même droite. Mathématiquement l'ensemble des combinaisons linéaires des deux paniers (0,5) et (5,0) s'écrit :

$$([t \times 0 + (1-t) \times 5], [t \times 5 + (1-t) \times 0]) = (5(1-t), 5t)$$

avec $0 < t < 1$

On vérifie aisément que pour t égal à 2/5, on obtient les coordonnées du panier (3,2). Il est donc bien une combinaison linéaire des paniers (0,5) et (5,0). Or, on sait que :

$$\left.\begin{array}{l}(0,5) \succ (3,2)\\(0,5) \sim (5,0)\end{array}\right\} \Rightarrow (5,0) \succ (3,2)$$

Le consommateur préfère donc les paniers « extrêmes » (0,5) et (5,0) au panier intermédiaire (3,2).

EXERCICE CORRIGÉ 1.5

Axiome de convexité (C,2)

Un consommateur exprime une indifférence entre les deux paniers de biens suivants :

$$(4,12) \sim (12,4)$$

Quelle relation de préférence doit-il y avoir avec le panier (8,8) pour respecter l'axiome de convexité ?

CORRIGÉ

Le panier (8,8) est une combinaison linéaire des paniers (12,4) et (4,12) puisque :

$$(8,8) = ([(0,5 \times 12) + (0,5 \times 4)], [(0,5 \times 4) + (0,5 \times 12)])$$

Par conséquent, le panier (8,8) doit être préféré aux paniers (12,4) et (4,12) pour respecter l'axiome de convexité, soit :

$$(8,8) \succ (12,4)$$

$$(8,8) \succ (4,12)$$

EXERCICE CORRIGÉ 1.6

Monotonicité et convexité (C,2)

Un consommateur exprime les préférences suivantes :

$$(3,8) \sim (8,3) \qquad (8,3) \succ (5,10)$$

$$(5,6) \succ (3,8)$$

1- Montrer que l'hypothèse de monotonicité n'est pas vérifiée.

2- Montrer que l'hypothèse de convexité est vérifiée.

CORRIGÉ

1- L'hypothèse de non-saturation n'est pas vérifiée puisque par transitivité on a :

$$\left.\begin{array}{l}(5,6) \succ (3,8)\\(3,8) \sim (8,3)\end{array}\right\} \Rightarrow (5,6) \succ (8,3)$$

$$\left.\begin{array}{l}(5,6) \succ (8,3)\\(8,3) \succ (5,10)\end{array}\right\} \Rightarrow (5,6) \succ (5,10)$$

2- L'hypothèse de convexité est vérifiée puisque le panier (5,6), combinaison linéaire des paniers (3,8) et (8,3), est préféré à ces deux derniers paniers :

$$(5,6) = ([(0,6 \times 3) + (0,4 \times 8)], [(0,6 \times 8) + (0,4 \times 3)])$$

$$\left.\begin{array}{l}(5,6) \succ (3,8)\\(3,8) \sim (8,3)\end{array}\right\} \Rightarrow (5,6) \succ (8,3)$$

EXERCICE CORRIGÉ 1.7

Représentation des paniers de consommation et de la contrainte de budget (A,1 ; D,1)

Soient les paniers de bien 1 et de bien 2 suivants :

(10,5) (5,10) (4,7)

(8,4) (5,5) (2,3)

1 - En supposant qu'il n'existe pas de contrainte à l'ensemble de consommation autre que la positivité des quantités de biens, représenter l'ensemble de consommation et les 6 paniers de biens ci-dessus.

2 - Si le revenu est de 30 unités de compte (u.c.) et si les prix des biens sont de 2 u.c. pour le bien 1 et de 5 u.c. pour le bien 2, quelle est l'équation de la droite de budget ? Représenter la contrainte de budget sur le même graphique.

3 - Quel est l'ensemble des paniers accessibles au consommateur ? Parmi les 6 paniers ci-dessus quels sont les paniers accessibles ?

CORRIGÉ

1 - La représentation graphique de l'ensemble de consommation correspond à l'orthant positif de R^2. Les paniers de consommation correspondent aux points dont les coordonnées sont les quantités de biens 1 et 2 (*cf.* fig. 13)

2 - L'équation de la droite de budget est obtenue en égalisant le revenu R à la dépense :

$$30 = 2x_1 + 5x_2 \Leftrightarrow x_2 = -\frac{2}{5}x_1 + 6$$

3 - L'ensemble des paniers accessibles au consommateur est représenté par la surface hachurée sous la droite de budget en y incluant la droite de budget elle-même (*cf.* fig. 13). Seul le panier (2,3) appartient à cet ensemble.

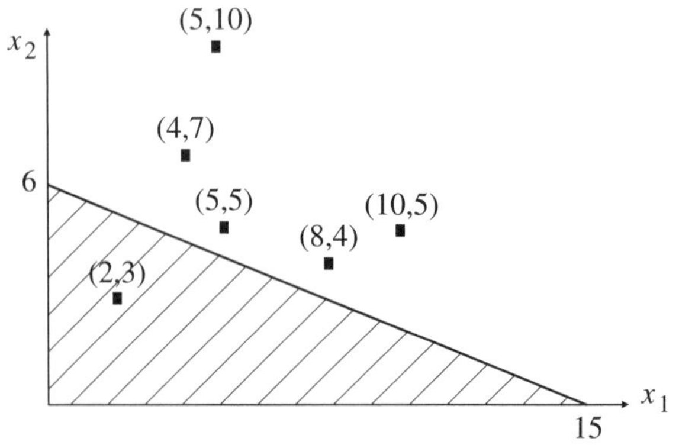

Fig. 13

EXERCICE CORRIGÉ 1.8

Quantités demandées optimales (fonction d'utilité linéaire) (C,1 ; D,1 ; D,2)

Les préférences d'un consommateur se traduisent formellement par la fonction d'utilité suivante :

$$U(x_1, x_2) = 3x_1 + 4x_2$$

où x_1 et x_2 indiquent respectivement les quantités de bien 1 et de bien 2.

1 - Représenter les trois courbes d'indifférence correspondant à des niveaux d'utilité de 30, 40 et 50.

2 - En supposant que le revenu R de ce consommateur est de 10 u.c. et les prix des deux biens égaux à 1 u.c., représenter la contrainte de budget sur le même graphique.

3 - Résoudre graphiquement en justifiant le raisonnement.

CORRIGÉ

1 - Pour obtenir l'équation d'une courbe d'indifférence quelconque, il suffit de fixer l'utilité à un niveau quelconque $\bar{U}$ et d'exprimer x_2 en fonction de x_1 et du niveau $\bar{U}$:

$$\bar{U} = 3x_1 + 4x_2 \Leftrightarrow x_2 = 0{,}25\bar{U} - 0{,}75x_1$$

Ainsi pour les trois niveaux d'utilité 30, 40 et 50, on obtient les équations de courbes d'indifférence suivantes :

$$\bar{U} = 30 \Rightarrow x_2 = 7{,}5 - 0{,}75x_1$$

$$\bar{U} = 40 \Rightarrow x_2 = 10 - 0{,}75x_1$$

$$\bar{U} = 50 \Rightarrow x_2 = 12{,}5 - 0{,}75x_1$$

2 - L'équation de la droite de budget se déduit de l'égalité entre le revenu et la dépense :

$$R = p_1x_1 + p_2x_2 \Leftrightarrow 10 = x_1 + x_2 \Leftrightarrow x_2 = 10 - x_1$$

Graphiquement on obtient la figure 14 :

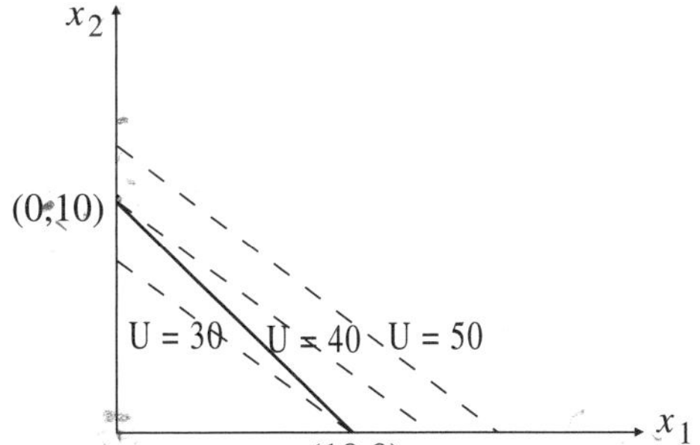

Fig. 14

3 - On sait que plus les paniers sont composés de quantités importantes de biens, plus l'utilité procurée est importante (la fonction d'utilité vérifie l'hypothèse de monotonicité). Or, les paniers accessibles au consommateur dont les quantités sont les plus importantes sont sur la droite de budget ; le point optimal se situe donc nécessairement sur cette droite. La courbe d'indifférence la plus élevée ayant un point commun avec cette droite est la courbe correspondant à un niveau d'utilité de 40. Le panier optimal est donc (0,10). Il s'agit de ce que l'on appelle un « optimum en coin ».

EXERCICE PROPOSÉ 1.9

Quantités demandées optimales (fonction d'utilité linéaire) (C,1 ; D,1 ; D,2)

Les préférences d'un consommateur se traduisent formellement par la fonction d'utilité suivante :

$$U(x_1, x_2) = x_1 + x_2$$

où x_1 et x_2 indiquent respectivement les quantités de bien 1 et de bien 2.

1 - Représenter les trois courbes d'indifférence correspondant à des niveaux d'utilité de 40, 50 et 60.

2 - En supposant que le revenu R de ce consommateur est de 50 u.c., que le prix du bien 1 est de 5 u.c. et que celui du bien 2 de 1 u.c., représenter la contrainte de budget sur le même graphique.

3 - Résoudre graphiquement en justifiant le raisonnement.

DÉMARCHE

1 - Il faut, pour représenter une courbe d'indifférence, fixer le niveau d'utilité à une valeur donnée et exprimer ensuite x_2 en fonction de x_1.

2 - L'équation de la droite de budget s'obtient en égalisant le revenu R à la dépense, c'est-à-dire à la somme des quantités de biens multipliées par leur prix.

3 - Le point optimal va correspondre à un optimum en coin donné par la courbe d'indifférence la plus élevée présentant une intersection dans l'ensemble de consommation avec la droite de budget.

RÉSULTATS

1 - Les équations des courbes d'indifférence correspondant à des niveaux d'utilité de 40, 50 et 60 sont respectivement :

$$40 = x_1 + x_2 \Leftrightarrow x_2 = 40 - x_1$$

$$50 = x_1 + x_2 \Leftrightarrow x_2 = 50 - x_1$$

$$60 = x_1 + x_2 \Leftrightarrow x_2 = 60 - x_1$$

2 - L'équation de la droite de budget s'écrit :

$$50 = 5x_1 + x_2 \Leftrightarrow x_2 = 50 - 5x_1$$

3 - *cf.* fig. 15

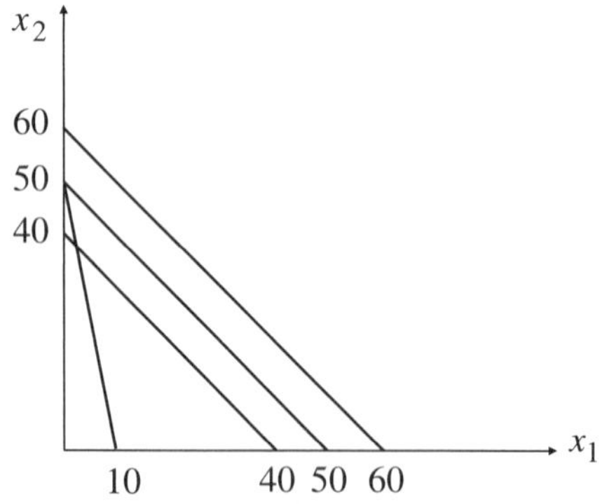

Fig. 15

L'optimum est le point (0,50).

EXERCICE CORRIGÉ 1.10

Quantités demandées optimales (B,1 ; D,3)

Les préférences envers les quantités de biens 1 et 2 d'un consommateur peuvent se traduire mathématiquement par la fonction d'utilité suivante :

$$U(x_1, x_2) = x_1^{0,3}\, x_2^{0,7}$$

où x_1 et x_2 indiquent respectivement les quantités de bien 1 et 2.

Le revenu de ce consommateur s'élève à 50 u.c. et les prix des biens sont $p_1 = 2$ pour le bien 1 et $p_2 = 5$ pour le bien 2.

1- Calculer le TMS.

2- Écrire formellement le problème du consommateur.

3- Trouver par la méthode de substitution le panier qui maximise l'utilité.

4- Retrouver le résultat par la méthode de Lagrange.

5- Soit la transformation monotone croissante de $U(x_1, x_2)$ suivante :

$$V(U) = LnU$$

En utilisant la méthode de Lagrange, montrer que l'on retrouve le même résultat.

6- Représenter graphiquement le point optimal.

CORRIGÉ

1- Le TMS s'écrit comme le rapport des dérivées premières de la fonction d'utilité :

$$TMS = \frac{U_{x_1}}{U_{x_2}} = \frac{0{,}3x_1^{-0,7}x_2^{0,7}}{0{,}7x_1^{0,3}x_2^{-0,3}} = \frac{3x_2}{7x_1}$$

2- Le consommateur cherche à maximiser son utilité sous contrainte de son revenu, soit formellement :

$$\begin{cases} \underset{x_1, x_2}{\text{Max}}\; U(x_1, x_2) = x_1^{0,3}x_2^{0,7} \\ s.c. \quad 50 = 2x_1 + 5x_2 \end{cases}$$

3- *Méthode de substitution.*

La première étape est d'exprimer une variable en fonction de l'autre à partir de la contrainte (ici x_2 en fonction de x_1) :

$$50 = 2x_1 + 5x_2 \Leftrightarrow x_2 = -\,0{,}4x_1 + 10$$

La seconde étape est de remplacer x_2 par cette expression dans la fonction d'utilité :

$$U(x_1, x_2(x_1)) = x_1^{0,3}[x_2(x_1)]^{0,7} = x_1^{0,3}(-\,0{,}4x_1 + 10)^{0,7}$$

La dernière étape est de maximiser sans contrainte cette nouvelle fonction d'utilité qui ne dépend que d'une seule variable, la variable x_1. La condition de premier ordre pour un maximum correspond à l'annulation de la dérivée première de la fonction :

$$\begin{aligned} \frac{dU(x_1, x_2(x_1))}{dx_1} &= 0{,}3x_1^{-0,7}(-\,0{,}4x_1 + 10)^{0,7} - 0{,}28(-\,0{,}4x_1 + 10)^{-0,3}x_1^{0,3} = 0 \\ &\Leftrightarrow 0{,}3x_1^{-0,7}(-\,0{,}4x_1 + 10)^{0,7} = 0{,}28(-\,0{,}4x_1 + 10)^{-0,3}x_1^{0,3} \\ &\Leftrightarrow 0{,}3\frac{(-\,0{,}4x_1 + 10)^{0,7}}{(-\,0{,}4x_1 + 10)^{-0,3}} = 0{,}28\frac{x_1^{0,3}}{x_1^{-0,7}} \\ &\Leftrightarrow 0{,}3(-\,0{,}4x_1 + 10) = 0{,}28x_1 \\ &\Leftrightarrow x_1 = 7{,}5 \end{aligned}$$

La valeur optimale de x_2 se déduit en utilisant l'expression obtenue à partir de l'équation de la droite de budget :

$$x_2 = 10 - (0{,}4 \times 7{,}5) = 7$$

Enfin, il faut vérifier la condition de second ordre :

$$\frac{d^2U(x_1, x_2(x_1))}{dx_1^2} = -0{,}21x_1^{-1,7}(-0{,}4x_1+10)^{0,7} - 0{,}084(-0{,}4x_1+10)^{-0,3}x_1^{-0,7} - 0{,}0336(-0{,}4x_1+10)^{-1,3}x_1^{0,3} - 0{,}084x_1^{-0,7}(-0{,}4x_1+10)^{-0,3} < 0$$

La valeur optimale de x_1, étant positive et inférieure à 25, on constate que cette dérivée seconde est une somme de termes négatifs; par conséquent elle est elle-même nécessairement négative. La condition de second ordre pour un maximum sans contrainte est vérifiée.

4- Méthode de Lagrange : La première étape consiste à écrire la fonction de Lagrange.

$$L(x_1, x_2, \lambda) = x_1^{0,3}x_2^{0,7} + \lambda(50 - 2x_1 - 5x_2)$$

Les conditions de premier ordre requièrent alors l'annulation des dérivées partielles premières :

$$\begin{cases} L_1 = \dfrac{\partial L(x_1, x_2, \lambda)}{\partial x_1} = 0{,}3x_1^{-0,7}x_2^{0,7} - 2\lambda = 0 \\ L_2 = \dfrac{\partial L(x_1, x_2, \lambda)}{\partial x_2} = 0{,}7x_1^{0,3}x_2^{-0,3} - 5\lambda = 0 \\ L_\lambda = \dfrac{\partial L(x_1, x_2, \lambda)}{\partial \lambda} = 50 - 2x_1 - 5x_2 = 0 \end{cases}$$

Les deux premières équations de ce système permettent d'écrire :

$$\begin{cases} 0{,}3x_1^{-0,7}x_2^{0,7} = 2\lambda \\ 0{,}7x_1^{0,3}x_2^{-0,3} = 5\lambda \end{cases} \Leftrightarrow \frac{0{,}3x_1^{-0,7}x_2^{0,7}}{0{,}7x_1^{0,3}x_2^{-0,3}} = \frac{2}{5} \Leftrightarrow \frac{x_2}{x_1} = \frac{14}{15} \Leftrightarrow x_2 = \frac{14}{15}x_1$$

En remplaçant x_2 par cette expression dans la troisième équation du système des conditions de premier ordre, on obtient :

$$50 = 2x_1 + 5\left(\frac{14}{15}\right)x_1 \Leftrightarrow x_1 = 7{,}5$$

La valeur optimale de x_2 est donc :

$$x_2 = \frac{14}{15} \times 7{,}5 = 7$$

On retrouve les résultats de la question précédente : pour un revenu de 50 u.c. et des prix de 2 u.c. pour le bien 1 et de 5 u.c. pour le bien 2, le consommateur choisit de consommer 7,5 unités de bien 1 et 7 unités de bien 2.

Les conditions de second ordre permettent de vérifier que cet optimum correspond à un maximum. Pour que ces conditions soient remplies il faut que le déterminant suivant soit positif :

$$\begin{vmatrix} L_{11} & L_{12} & L_{1\lambda} \\ L_{21} & L_{22} & L_{2\lambda} \\ L_{\lambda 1} & L_{\lambda 2} & L_{\lambda\lambda} \end{vmatrix} = \begin{vmatrix} (-0{,}7)\cdot 0{,}3x_1^{-1,7}x_2^{0,7} & 0{,}7\cdot 0{,}3x_1^{-0,7}x_2^{-0,3} & -2 \\ 0{,}3\cdot 0{,}7x_1^{-0,7}x_2^{-0,3} & (-0{,}3)\cdot 0{,}7x_1^{0,3}x_2^{-1,3} & -5 \\ -2 & -5 & 0 \end{vmatrix}$$

$$= -2\begin{vmatrix} 0{,}7\cdot 0{,}3x_1^{-0,7}x_2^{-0,3} & -2 \\ (-0{,}3)\cdot 0{,}7x_1^{0,3}x_2^{-1,3} & -5 \end{vmatrix} + 5\begin{vmatrix} (-0{,}7)\cdot 0{,}3x_1^{-1,7}x_2^{0,7} & -2 \\ 0{,}3\cdot 0{,}7x_1^{-0,7}x_2^{-0,3} & -5 \end{vmatrix}$$

$$= 2{,}1x_1^{-0,7}x_2^{-0,3} + 0{,}84x_1^{0,3}x_2^{-1,3} + 5{,}25x_1^{-1,7}x_2^{0,7} + 2{,}1x_1^{-0,7}x_2^{-0,3}$$

Le déterminant correspond à une somme de termes positifs, il est donc lui-même positif. L'optimum trouvé est un maximum.

5- On utilise la transformation monotone croissante de U suivante :

$$V[U(x_1, x_2)] = \mathrm{Ln}U(x_1, x_2) = \mathrm{Ln}(x_1^{0,3}x_2^{0,7}) = 0{,}3\mathrm{Ln}x_1 + 0{,}7\mathrm{Ln}x_2$$

La fonction à maximiser est donc maintenant :

$$V(x_1, x_2) = 0{,}3\text{Ln}x_1 + 0{,}7\text{Ln}x_2$$

De sorte que le programme du consommateur devient :

$$\begin{cases} \underset{x_1,\, x_2}{\text{Max}}\, V(x_1, x_2) = 0{,}3\text{Ln}x_1 + 0{,}7\text{Ln}x_2 \\ s.c.\ \ 50 = 2x_1 + 5x_2 \end{cases}$$

La fonction de Lagrange s'écrit :

$$L(x_1, x_2, \lambda) = 0{,}3\text{Ln}x_1 + 0{,}7\text{Ln}x_2 + \lambda(50 - 2x_1 - 5x_2)$$

Les conditions de premier ordre correspondent à l'annulation des dérivées premières de cette fonction :

$$\begin{cases} L_1 = \dfrac{\partial L(x_1, x_2, \lambda)}{\partial x_1} = \dfrac{0{,}3}{x_1} - 2\lambda = 0 \\ L_2 = \dfrac{\partial L(x_1, x_2, \lambda)}{\partial x_2} = \dfrac{0{,}7}{x_2} - 5\lambda = 0 \\ L_\lambda = \dfrac{\partial L(x_1, x_2, \lambda)}{\partial \lambda} = 50 - 2x_1 - 5x_2 = 0 \end{cases}$$

Les deux premières équations permettent d'écrire :

$$\left.\begin{aligned} \frac{0{,}3}{x_1} &= 2\lambda \\ \frac{0{,}7}{x_2} &= 5\lambda \end{aligned}\right\} \Rightarrow \frac{\frac{0{,}3}{x_1}}{\frac{0{,}7}{x_2}} = \frac{2}{5} \Leftrightarrow \frac{0{,}3}{x_1}\frac{x_2}{0{,}7} = \frac{2}{5} \Leftrightarrow x_2 = \frac{0{,}4 \times 0{,}7}{0{,}3}x_1 = \frac{28}{30}x_1$$

On peut alors remplacer x_2 par cette expression dans la troisième condition de premier ordre, c'est-à-dire dans la contrainte de revenu pour obtenir la valeur optimale de x_1 :

$$50 - 2x_1 - 5\frac{28}{30}x_1 = 0 \Leftrightarrow 50 = (2 + \frac{14}{3})x_1 \Leftrightarrow x_1 = 7{,}5$$

La valeur optimale de x_2 est alors :

$$x_2 = \frac{28}{30} \times 7{,}5 = 7$$

On obtient donc les mêmes résultats pour les quantités demandées, ce qui est logique, puisque l'on sait que la fonction d'utilité est définie à une transformation monotone croissante près.

6- Représentation graphique : *cf.* fig. 16.

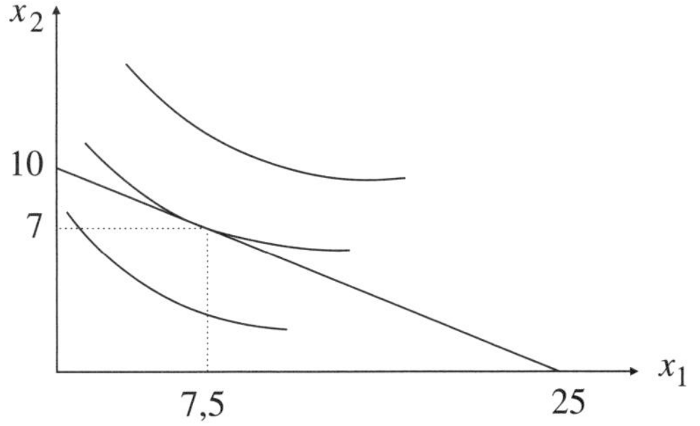

Fig. 16

EXERCICE PROPOSÉ 1.11

Quantités demandées optimales (B,1 ; D,3)

Les préférences envers les quantités de biens 1 et 2 d'un consommateur peuvent se traduire mathématiquement par la fonction d'utilité suivante :

$$U(x_1, x_2) = x_1^{0,5} x_2^{0,5}$$

où x_1 et x_2 indiquent respectivement les quantités de biens 1 et 2.

Le revenu de ce consommateur s'élève à 100 u.c. et les prix des biens sont $p_1 = 3$ pour le bien 1 et $p_2 = 1$ pour le bien 2.

1 - Calculer le TMS.

2 - Trouver par la méthode de substitution le panier qui maximise l'utilité.

3 - Trouver une transformation monotone croissante de la fonction d'utilité.

4 - En utilisant cette transformation monotone croissante et la méthode de Lagrange, montrer que l'on retrouve le même résultat que dans la question 2.

DÉMARCHE

1 - Le TMS s'écrit comme le rapport des dérivées premières de la fonction d'utilité.

2 - La méthode de substitution consiste à exprimer une des variables de la fonction d'utilité en fonction de l'autre variable à partir de la contrainte de budget. Il est facile ensuite, en utilisant cette expression, de transformer le problème de maximisation sous contrainte d'une fonction de deux variables en un problème de maximisation sans contrainte d'une fonction à une seule variable. La condition de premier ordre consiste en l'annulation de la dérivée première de la fonction objectif obtenue et la condition de second ordre est vérifiée lorsque la dérivée seconde de cette même fonction est négative.

3 - Une transformation monotone croissante est une fonction qui ne modifie pas l'ordre de préférence.

4 - Dans la mesure où l'ordre de préférence n'est pas modifié, la méthode de Lagrange appliquée à la transformation monotone croissante ne devrait pas changer les résultats. Pour un exemple d'utilisation de la méthode de Lagrange, se reporter à l'exercice corrigé 1.10.

RÉSULTATS

1 - Le TMS s'écrit :

$$TMS = \frac{\dfrac{\partial U(x_1, x_2)}{\partial x_1}}{\dfrac{\partial U(x_1, x_2)}{\partial x_2}} = \frac{0,5x_1^{-0,5}x_2^{0,5}}{0,5x_1^{0,5}x_2^{-0,5}} = \frac{x_2}{x_1}$$

2 - Les quantités demandées sont :

$$x_1 = 50/3 \,;\, x_2 = 50$$

3 - La transformation monotone croissante Ln(U) est souvent utilisée pour transformer les fonctions de type Cobb-douglas parce qu'elle facilite les calculs :

$$V(U(x_1, x_2)) = V(x_1, x_2) = \text{Ln}U(x_1, x_2) = \text{Ln}[x_1^{0,5}x_2^{0,5}] = 0,5\text{Ln}x_1 + 0,5\text{Ln}x_2$$

4- Les conditions de premier ordre s'écrivent :

$$\begin{cases} L_1 = \dfrac{0,5}{x_1} - 3\lambda = 0 \\ L_2 = \dfrac{0,5}{x_2} - \lambda = 0 \\ L_\lambda = 100 - 3x_1 - x_2 = 0 \end{cases}$$

Les quantités demandées sont toujours :

$$x_1 = 50/3\,;\; x_2 = 50$$

EXERCICE CORRIGÉ 1.12

Fonction d'utilité et fonction de demande (D,3)

La fonction d'utilité d'un consommateur est la suivante :

$$U(x_1, x_2) = (1 + x_1)x_2$$

Les prix des biens sont p_1, pour le bien 1 et p_2 pour le bien 2. Le revenu du consommateur est noté R. On supposera que le prix du bien 1 est toujours inférieur au revenu du consommateur : $R > p_1$.

Calculer les fonctions de demande de ce consommateur.

CORRIGÉ

Pour calculer les fonctions de demande, on peut utiliser indifféremment la méthode de substitution ou la méthode de Lagrange. On utilise ici la méthode de substitution. Le programme du consommateur s'écrit :

$$\begin{cases} \underset{x_1,\, x_2}{\text{Max}}\, U(x_1, x_2) = (1 + x_1)x_2 \\ s.c. \quad R = p_1x_1 + p_2x_2 \end{cases}$$

Il faut tout d'abord exprimer une variable en fonction de l'autre à partir de la contrainte de budget (ici x_1 en fonction de x_2) :

$$R = p_1x_1 + p_2x_2 \Leftrightarrow x_1 = \frac{R}{p_1} - \frac{p_2}{p_1}x_2$$

Le programme du consommateur se réduit alors à un programme de maximisation sans contrainte :

$$\underset{x_2}{\text{Max}}\, U(x_1(x_2), x_2) = (1 + \frac{R}{p_1} - \frac{p_2}{p_1}x_2)x_2$$

La condition de premier ordre revient à annuler la dérivée première de la fonction objectif U :

$$\frac{dU(x_1(x_2), x_2)}{dx_2} = \frac{-p_2}{p_1}x_2 + 1 + \frac{R}{p_1} - \frac{p_2}{p_1}x_2 = 0$$

Cette équation permet de trouver la valeur optimale de x_2 :

$$\frac{-p_2}{p_1}x_2 + 1 + \frac{R}{p_1} - \frac{p_2}{p_1}x_2 = 0 \Leftrightarrow 1 + \frac{R}{p_1} = 2\frac{p_2}{p_1}x_2 \Leftrightarrow x_2 = \frac{R + p_1}{2p_2}$$

La valeur optimale de x_1 est alors :

$$x_1 = \frac{R}{p_1} - \frac{p_2}{p_1}x_2 \Leftrightarrow x_1 = \frac{R}{p_1} - \frac{p_2}{p_1}\frac{R + p_1}{2p_2} \Leftrightarrow x_1 = \frac{R - p_1}{2p_1}$$

Pour que la condition de second ordre pour un maximum soit vérifiée, il faut que la dérivée seconde de la fonction objectif U soit négative :

$$\frac{d^2U(x_1(x_2), x_2)}{dx_2^2} = \frac{-2p_2}{p_1} < 0$$

Les prix étant positifs, la condition de second ordre est vérifiée, les fonctions de demande calculées correspondent bien à un maximum. On remarque que les demandes de biens dépendent naturellement du revenu du consommateur mais surtout du prix des **deux** biens, ce qui représente un cas plus général que ceux étudiés jusqu'ici où la demande d'un bien ne dépend que du prix de ce bien (en plus du revenu).

Exercice proposé 1.13

Fonctions de demande à partir d'une fonction d'utilité (D,3)

1 - Établir les fonctions de demande du consommateur dont la fonction d'utilité est $U(x_1, x_2) = x_1 + x_2$.

2 - Établir les fonctions de demande du consommateur dont la fonction d'utilité est $U(x_1, x_2) = x_1^{0,5}x_2^{0,5}$.

Démarche

1 - L'optimum correspondant à une fonction d'utilité linéaire est un optimum en coin. Par conséquent, la demande du consommateur porte toujours sur un seul bien : il dépensera tout son revenu dans l'achat d'un seul bien, la demande pour l'autre bien étant nulle. Le choix du bien acheté dépend du rapport des prix. *Cf.* exercices 1.8 et 1.9.

2 - Pour obtenir les fonctions de demande de biens, il suffit de résoudre le programme du consommateur en conservant sous forme de paramètres les prix des biens et le revenu du consommateur.

Résultats

1 - Les fonctions de demande sont :

$$\begin{cases} x_1 = \dfrac{R}{p_1}\,;\ x_2 = 0 & \text{si } p_1 < p_2 \\[2ex] x_1 = 0\,;\ x_2 = \dfrac{R}{p_2} & \text{si } p_2 < p_1 \end{cases}$$

2 - Les fonctions de demande sont :

$$x_1 = \frac{0{,}5R}{p_1}\,;\ x_2 = \frac{0{,}5R}{p_2}$$

EXERCICE PROPOSÉ 1.14

Fonctions de demande de trois biens (D,3)

La fonction d'utilité d'un consommateur est la suivante :

$$U(x_1, x_2, x_3) = x_1^a x_2^b x_3^c$$

où x_i représente la quantité de bien i ($i = 1, 2, 3$) et a, b et c sont des réels positifs. Déterminer les fonctions de demande pour chacun des trois biens.

DÉMARCHE

La démarche ne change pas par rapport à une fonction d'utilité à deux biens. Il faut tout d'abord calculer les conditions de premier ordre puis vérifier les conditions de second ordre. Le programme s'écrit :

$$\begin{cases} \max\limits_{x_1, x_2, x_3} U(x_1, x_2, x_3) = x_1^a x_2^b x_3^c \\ s.c. \quad R = p_1 x_1 + p_2 x_2 + p_3 x_3 \end{cases}$$

Méthode de substitution

On exprime une des variables en fonction des autres à partir de la contrainte (ici x_3) :

$$R = p_1 x_1 + p_2 x_2 + p_3 x_3 \Leftrightarrow x_3 = \frac{R}{p_3} - \frac{p_1}{p_3} x_1 - \frac{p_2}{p_3} x_2$$

En remplaçant x_3 par cette expression dans la fonction objectif, le programme du consommateur devient :

$$\max\limits_{x_1, x_2} V(x_1, x_2) = U(x_1, x_2, x_3(x_1, x_2)) = x_1^a x_2^b \left(\frac{R}{p_3} - \frac{p_1}{p_3} x_1 - \frac{p_2}{p_3} x_2\right)^c$$

Les conditions du premier ordre correspondent alors à l'annulation des dérivées premières de la fonction objectif :

$$\begin{cases} \dfrac{\partial V(x_1, x_2)}{\partial x_1} = 0 \\ \dfrac{\partial V(x_1, x_2)}{\partial x_2} = 0 \end{cases}$$

Pour que les conditions de second ordre pour un maximum soit vérifiées, il faut que les mineurs principaux du déterminant hessien soient alternativement négatifs puis positifs :

$$\begin{cases} \dfrac{\partial^2 V(x_1, x_2)}{\partial x_1^2} < 0 \\ \begin{vmatrix} \dfrac{\partial^2 V(x_1, x_2)}{\partial x_1^2} & \dfrac{\partial^2 V(x_1, x_2)}{\partial x_1 \partial x_2} \\ \dfrac{\partial^2 V(x_1, x_2)}{\partial x_2 \partial x_1} & \dfrac{\partial^2 V(x_1, x_2)}{\partial x_2^2} \end{vmatrix} > 0 \end{cases}$$

Méthode de Lagrange

La fonction de Lagrange s'écrit :

$$L(x_1, x_2, x_3, \lambda) = x_1^a x_2^b x_3^c + \lambda(R - p_1 x_1 - p_2 x_2 - p_3 x_3)$$

Les conditions de premier ordre sont :

$$\begin{cases} \dfrac{\partial L(x_1, x_2, x_3, \lambda)}{\partial x_1} = 0 \\ \dfrac{\partial L(x_1, x_2, x_3, \lambda)}{\partial x_2} = 0 \\ \dfrac{\partial L(x_1, x_2, x_3, \lambda)}{\partial x_3} = 0 \\ \dfrac{\partial L(x_1, x_2, x_3, \lambda)}{\partial x_\lambda} = 0 \end{cases}$$

Les conditions du second ordre pour un maximum sont vérifiées si on a :

$$\begin{vmatrix} L_{11} & L_{12} & L_{1\lambda} \\ L_{21} & L_{22} & L_{2\lambda} \\ L_{\lambda 1} & L_{\lambda 2} & L_{\lambda\lambda} \end{vmatrix} > 0 \text{ et } \begin{vmatrix} L_{11} & L_{12} & L_{13} & L_{1\lambda} \\ L_{21} & L_{22} & L_{23} & L_{2\lambda} \\ L_{31} & L_{32} & L_{33} & L_{3\lambda} \\ L_{\lambda 1} & L_{\lambda 2} & L_{\lambda 3} & L_{\lambda\lambda} \end{vmatrix} < 0$$

où L_{ij} indique la dérivée seconde de la fonction de Lagrange par rapport aux variables i et j.

RÉSULTATS

$$x_1 = \frac{aR}{(a+b+c)\,p_1} \; ; \; x_2 = \frac{bR}{(a+b+c)\,p_2} \; ; \; x_3 = \frac{cR}{(a+b+c)\,p_3}$$

EXERCICE CORRIGÉ 1.15

Optimum du consommateur et fonction de demande (D,3)

Les préférences d'un consommateur envers deux biens, le bien 1 et le bien 2, peuvent se traduire formellement par la fonction d'utilité suivante :

$$U(x_1, x_2) = x_1 x_2$$

Les prix des biens seront notés p_1 pour le bien 1 et p_2 pour le bien 2. Le revenu de l'individu sera noté R.

1- Calculer le TMS.

2- Calculer les fonctions de demande.

3- Pour un revenu de 40 u c. et des prix égaux à 2 u.c., quelles quantités de bien 1 et de bien 2 le consommateur va-t-il demander ?

4- Si le prix du bien 2 augmente et devient égal à 6 u.c., la quantité demandée de bien 2 sera t-elle la même que dans la question précédente ?

5- On suppose maintenant que le prix du bien 1 et le revenu augmentent également, de sorte que l'on a :

$$R = 120$$
$$p_1 = p_2 = 6$$

Quelles sont alors les quantités demandées de bien 1 et de bien 2 ? Quelle conclusion peut-on en tirer ?

CORRIGÉ

1 - Le TMS s'écrit comme le rapport des dérivées partielles de la fonction d'utilité :

$$\text{TMS} = \frac{\dfrac{\partial \text{U}(x_1, x_2)}{\partial x_1}}{\dfrac{\partial \text{U}(x_1, x_2)}{\partial x_2}} = \frac{x_2}{x_1}$$

2 - Les fonctions de demande peuvent se calculer par la méthode de substitution ou par celle de Lagrange. On utilisera ici la méthode de Lagrange.

La fonction de Lagrange s'écrit :

$$\text{L}(x_1, x_2, \lambda) = x_1 x_2 + \lambda(\text{R} - p_1 x_1 - p_2 x_2)$$

Le point optimal doit vérifier les conditions de premier ordre, c'est-à-dire l'annulation des dérivées premières de la fonction de Lagrange :

$$\begin{cases} \dfrac{\partial \text{L}(x_1, x_2, \lambda)}{\partial x_1} = x_2 - \lambda p_1 = 0 \\ \dfrac{\partial \text{L}(x_1, x_2, \lambda)}{\partial x_2} = x_1 - \lambda p_2 = 0 \\ \dfrac{\partial \text{L}(x_1, x_2, \lambda)}{\partial \lambda} = \text{R} - p_1 x_1 - p_2 x_2 = 0 \end{cases}$$

Les deux premières équations de ce système permettent d'écrire :

$$\begin{cases} x_2 - \lambda p_1 = 0 \\ x_1 - \lambda p_2 = 0 \end{cases} \Leftrightarrow \begin{cases} x_2 = \lambda p_1 \\ x_1 = \lambda p_2 \end{cases} \Leftrightarrow \frac{x_2}{x_1} = \frac{p_1}{p_2} \Leftrightarrow p_1 x_1 = p_2 x_2$$

On peut alors déduire de la troisième équation la valeur optimale de x_1 :

$$\text{R} - p_1 x_1 - p_2 x_2 = 0 \Leftrightarrow \text{R} - p_1 x_1 - p_1 x_1 = 0 \Leftrightarrow \text{R} - 2p_1 x_1 = 0 \Leftrightarrow x_1 = \frac{\text{R}}{2p_1}$$

La valeur optimale de x_2 est alors :

$$p_1 x_1 = p_2 x_2 \Leftrightarrow p_1 \frac{\text{R}}{2p_1} = p_2 x_2 \Leftrightarrow x_2 = \frac{\text{R}}{2p_2}$$

Pour que les conditions de second ordre pour un maximum soient vérifiées, il faut que le déterminant suivant soit positif :

$$\begin{vmatrix} \text{L}_{11} & \text{L}_{12} & \text{L}_{1\lambda} \\ \text{L}_{21} & \text{L}_{22} & \text{L}_{2\lambda} \\ \text{L}_{\lambda 1} & \text{L}_{\lambda 2} & \text{L}_{\lambda\lambda} \end{vmatrix} = \begin{vmatrix} 0 & 1 & -p_1 \\ 1 & 0 & -p_2 \\ -p_1 & -p_2 & 0 \end{vmatrix} = - \begin{vmatrix} 1 & -p_1 \\ -p_2 & 0 \end{vmatrix} - p_1 \begin{vmatrix} 1 & -p_1 \\ 0 & -p_2 \end{vmatrix} = 2p_1 p_2$$

Comme les prix sont positifs, le déterminant est également positif et les fonctions de demandes optimales obtenues correspondent à un maximum d'utilité.

3 - Lorsque le revenu du consommateur est de 40 u.c. et les prix des deux biens égaux à 2 u.c., on a :

$$x_1 = \frac{\text{R}}{2p_1} = \frac{40}{4} = 10$$

$$x_2 = \frac{\text{R}}{2p_2} = \frac{40}{4} = 10$$

Le consommateur va demander 10 unités de chaque bien.

4 - Le prix du bien 2 augmente et devient égal à 6 u.c. Cette augmentation n'a aucune incidence sur la demande de bien 1 puisque celle-ci ne dépend pas du prix du bien 2. En revanche, la demande de bien 2 est modifiée :

$$x_2 = \frac{R}{2p_2} = \frac{40}{12} = \frac{10}{3}$$

La consommation de l'agent est maintenant de 10 unités de bien 1 et de 3,33 unités de bien 2.

5 - Les paramètres sont maintenant :

$$R = 120$$

$$p_1 = p_2 = 6$$

Les demandes sont donc :

$$x_1 = \frac{R}{2p_1} = \frac{120}{12} = 10$$

$$x_2 = \frac{R}{2p_2} = \frac{120}{12} = 10$$

On remarque que par rapport à la question 3, le revenu et les prix ont augmenté de façon proportionnelle (ils ont été multipliés par 3) et que les demandes de bien 1 et 2 n'ont pas changé. On peut en conclure que le consommateur raisonne en pouvoir d'achat. Il est conscient que la hausse des prix est compensée par l'augmentation de son revenu. On dit qu'il n'est pas victime de l'illusion monétaire.

EXERCICE CORRIGÉ 1.16

Arbitrage consommation / loisirs (D,3)

On considère un consommateur dont la fonction d'utilité dépend de la consommation du bien 1 et du temps de loisirs dont il peut profiter :

$$U(x_1, l) = x_1^{0,5} l^{0,5}$$

Dans cette fonction d'utilité, x_1 représente la quantité de bien 1 consommée et l la quantité de « bien » loisir exprimée en heures.

On suppose que le consommateur partage son temps total disponible, T, en temps de travail, t et en temps de loisirs, l. La rémunération d'une heure de travail est égale à w.

1 - Exprimer mathématiquement la dépense en bien 1 [le prix du bien sera noté (p_1)] de ce consommateur.

2 - Exprimer la contrainte de temps qui pèse sur le consommateur.

3 - Exprimer mathématiquement la rémunération de ce consommateur, compte tenu de la contrainte de temps.

4 - Enfin, exprimer et représenter dans le repère (x_1, l) la contrainte de budget de ce consommateur.

5 - Écrire le programme de ce consommateur et calculer les fonctions de demande de bien 1 et de temps de loisirs l.

6 - On suppose que la valeur maximale de T est de 24. Dans ce cas, quelles sont les quantités demandées de bien 1 et de temps de loisirs si la rémunération du travail est de 10 unités de compte par heure et le prix du bien 1 de 2 unités de compte ?

CORRIGÉ

1 - La dépense, D, en bien du consommateur s'écrit comme la quantité consommée de bien 1 multipliée par le prix de ce bien, soit mathématiquement :

$$D = p_1 x_1$$

2 - Le consommateur partage son temps total disponible en temps de travail et en temps de loisirs. Sa contrainte de temps s'écrit donc :

$$T = t + l$$

3 - La rémunération, R, du consommateur correspond à son temps de travail, t (mesuré en heures), multiplié par le taux de salaire horaire w, soit :

$$R = tw = (T - l)w$$

4 - La contrainte de budget du consommateur correspond à l'égalisation de sa rémunération à sa dépense, soit :

$$R = D \Leftrightarrow (T - l)w = p_1 x_1 \Leftrightarrow Tw = p_1 x_1 + wl$$

Cette droite se représente de la façon suivante : *cf.* fig. 17.

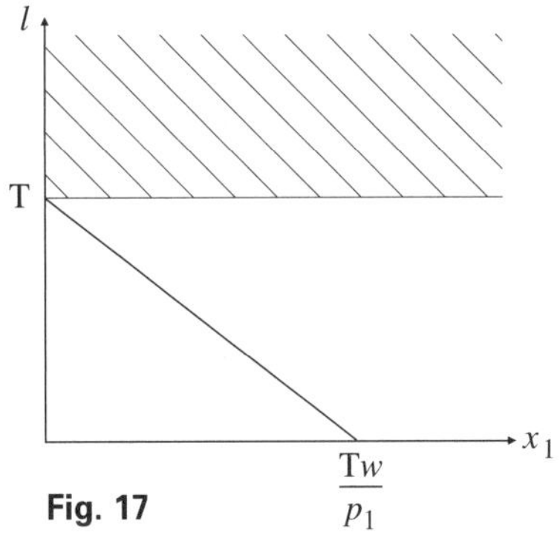

Fig. 17

5 - Le programme du consommateur s'écrit :

$$\begin{cases} \underset{x_1,\, l}{\text{Max}}\, U(x_1, l) = x_1^{0,5} l^{0,5} \\ s.c. \quad wT = p_1 x_1 + wl \end{cases}$$

La résolution de ce programme peut se faire à l'aide des deux méthodes habituelles, la méthode de substitution et la méthode de Lagrange. Nous utiliserons ici cette dernière. La fonction de Lagrange s'écrit :

$$L(x_1, l, \lambda) = x_1^{0,5} l^{0,5} + \lambda(wT - p_1 x_1 - wl)$$

Les conditions de premier ordre pour un maximum correspondent à l'annulation des dérivées premières de cette fonction :

$$\begin{cases} \dfrac{\partial L(x_1, l, \lambda)}{\partial x_1} = 0,5 x_1^{-0,5} l^{0,5} - \lambda p_1 = 0 \\ \dfrac{\partial L(x_1, l, \lambda)}{\partial l} = 0,5 x_1^{0,5} l^{-0,5} - \lambda w = 0 \\ \dfrac{\partial L(x_1, l, \lambda)}{\partial \lambda} = wT - p_1 x_1 - wl = 0 \end{cases}$$

Les deux premières équations de ce système permettent d'écrire :

$$\left.\begin{aligned} 0,5 x_1^{-0,5} l^{0,5} = \lambda p_1 \\ 0,5 x_1^{0,5} l^{-0,5} = \lambda w \end{aligned}\right\} \Leftrightarrow \frac{0,5 x_1^{-0,5} l^{0,5}}{0,5 x_1^{0,5} l^{-0,5}} = \frac{\lambda p_1}{\lambda w} \Leftrightarrow \frac{l}{x_1} = \frac{p_1}{w} \Leftrightarrow l = \frac{p_1}{w} x_1$$

En remplaçant l par cette expression dans la troisième équation du système, on obtient :

$$wT - p_1x_1 - p_1x_1 = 0 \Leftrightarrow x_1 = \frac{wT}{2p_1}$$

La valeur optimale de l s'écrit alors :

$$l = \frac{p_1}{w}\frac{wT}{2p_1} = 0{,}5T$$

Les conditions du second ordre pour un maximum sont vérifiées lorsque le déterminant suivant est positif :

$$\begin{vmatrix} \frac{\partial^2 L(x_1, l, \lambda)}{\partial x_1^2} & \frac{\partial^2 L(x_1, l, \lambda)}{\partial x_1 \partial l} & \frac{\partial^2 L(x_1, l, \lambda)}{\partial x_1 \partial \lambda} \\ \frac{\partial^2 L(x_1, l, \lambda)}{\partial l \partial x_1} & \frac{\partial^2 L(x_1, l, \lambda)}{\partial l^2} & \frac{\partial^2 L(x_1, l, \lambda)}{\partial l \partial \lambda} \\ \frac{\partial^2 L(x_1, l, \lambda)}{\partial \lambda \partial x_1} & \frac{\partial^2 L(x_1, l, \lambda)}{\partial \lambda \partial l} & \frac{\partial^2 L(x_1, l, \lambda)}{\partial \lambda^2} \end{vmatrix} > 0$$

On montre que ce déterminant s'écrit comme la somme de termes tous positifs, de sorte qu'il est lui-même positif :

$$\begin{vmatrix} -0{,}5^2x_1^{-1{,}5}l^{0{,}5} & 0{,}5^2x_1^{-0{,}5}l^{-0{,}5} & -p_1 \\ 0{,}5^2x_1^{-0{,}5}l^{-0{,}5} & -0{,}5^2x_1^{0{,}5}l^{-1{,}5} & -w \\ -p_1 & -w & 0 \end{vmatrix} = -p_1\begin{vmatrix} 0{,}5^2x_1^{-0{,}5}l^{-0{,}5} & -p_1 \\ -0{,}5^2x_1^{0{,}5}l^{-1{,}5} & -w \end{vmatrix} + w\begin{vmatrix} -0{,}5^2x_1^{-1{,}5}l^{0{,}5} & -p_1 \\ 0{,}5^2x_1^{-0{,}5}l^{-0{,}5} & -w \end{vmatrix}$$

$$= 0{,}5^2\,p_1wx_1^{-0{,}5}l^{-0{,}5} + 0{,}5^2\,p_1^2x_1^{0{,}5}l^{-1{,}5} + 0{,}5^2\,w^2x_1^{-1{,}5}l^{0{,}5} + 0{,}5^2\,p_1wx_1^{-0{,}5}l^{-0{,}5} > 0$$

L'optimum trouvé correspond à un maximum.

6 - Le temps maximal disponible est de 24 heures. Si le taux de salaire horaire est de 10 u.c. et que le prix du bien 1 est de 2 u.c., la quantité demandée de bien 1 est :

$$x_1 = \frac{10 \times 24}{2 \times 2} = 60$$

La quantité demandée de temps de loisirs est de 12 heures (0,5T). On remarque que cette quantité ne dépend pas de la rémunération du travail, ce qui ne correspond pas au cas général.

(Sur cet exercice, on pourra aussi se reporter au chapitre 2, partie C.)

2

LA DEMANDE DU CONSOMMATEUR

Le rôle économique du consommateur est tout naturellement la consommation de biens. La quantité consommée d'un bien dépend de son utilité et de sa rareté relative. Dans une économie de marchés libres, cette rareté relative s'exprime à travers un revenu alloué au consommateur et des prix impersonnels caractérisant chaque unité de biens. La consommation s'exprime de façon intentionnelle sur les marchés par l'intermédiaire de demandes.

La demande d'un consommateur représente l'ensemble de ses intentions d'achats pour un bien. Elle indique donc la quantité optimale du bien que le consommateur a l'intention d'acheter en fonction de son revenu (ou alternativement de sa satisfaction) et des prix des biens, parmi lesquels on distingue le prix du bien en question et, s'il y a lieu, les prix des biens qui lui sont liés.

La quantité consommée est, d'après la théorie microéconomique, la quantité optimale déterminée par le calcul du consommateur. C'est pourquoi nous partirons des axiomes, hypothèses et résultats déterminés au chapitre précédent pour analyser cette demande (A). Connaître comment les demandes sont fonctions des prix, du revenu ou de la satisfaction du consommateur, c'est comprendre le comportement économique du consommateur sur les marchés. L'analyse de la demande permettra de comprendre les différents caractères économiques des biens (B). Il nous restera à expliquer les déterminants de l'offre de travail du consommateur (C).

BIBLIOGRAPHIE DU CHAPITRE

BEGG (D.), FISHER (S.), DORNBUSH (R.), BERNIER (B.) ET VEDIE (H.-L.), *Microéconomie,* Édiscience international, 2e édition 1996, 429 pages.

Ouvrage à la pédagogie inductive, typiquement anglo-saxonne, partant de questions concrètes pour progressivement en dégager une abstraction, il est très peu formalisé mathématiquement mais très détaillé.

PICARD (P.), *Éléments de microéconomie,* Montchrestien, 3e édition en 1992, 2 tomes : 1 - Théorie et applications 2 - Exercices et corrigés.

Approche réaliste avec applications fréquentes, peu formalisé et très complet.

PERCHERON (S.), *Exercices de microéconomie,* collection Cursus, Armand Colin / Masson, Paris, 6e édition en 1996.

Ouvrage d'exercices assez formalisés.

BERGSTROM (T.), VARIAN (H.-R.), *Exercices de microéconomie,* collection Balises, De Boeck Université, Paris 1997.

Ouvrage d'exercices très concrets.

VARIAN H.-R., *Analyse Microéconomique,* collection Balises, De Boeck Université, Bruxelles 1995.

Ouvrage analytique complet et rigoureux. Niveau avancé de formalisation. S'adresse à des étudiants de 2e cycle.

A

FONCTION DE DEMANDE ET ÉLASTICITÉ

1 - La fonction de demande

a. Présentation générale

La demande du consommateur pour un bien est fonction du revenu nominal, du prix du bien et des prix des biens liés. Si Dx_1 (notée aussi x_1) est la demande du consommateur en bien X_1, R son revenu nominal, p_1 le prix du bien X_1 et p_2, p_3... les prix des biens X_2, X_3... liés à X_1, on peut écrire :

$$x_1 = f(R, p_1, p_2, p_3...)$$

Une telle demande est plus précisément appelée **demande marshallienne.** On la distingue de la **demande hicksienne** ou **demande compensée** dans laquelle le revenu est remplacé par le niveau de satisfaction ou d'utilité (noté U) du consommateur : $x_1 = f(U, p_1, p_2, p_3...)$. Lorsqu'on traite les demandes sans autre précision, il s'agit toujours de demandes marshalliennes.

Économiste néoclassique anglais, ***A. Marshall*** (1842-1924) a fondé l'école de Cambridge. Il fut le professeur d'économistes illustres comme A. C. Pigou et J. M. Keynes. Il a notamment écrit *Principes d'économie politique* en 1890.

Économiste britannique, ***J. Hicks*** (1904-1989) a reçu le prix Nobel d'économie en 1972. Il a exposé son analyse de la demande dans *Valeur et Capital* (1938).

Il est nécessaire de rappeler certains axiomes vus au premier chapitre :
– le bien demandé est toujours réputé **homogène** : le consommateur est censé ne faire aucune différence entre les unités en vente ;
– pour un grand nombre de biens, la consommation n'a de sens que par unités entières : on n'utilise pas une fraction de lave-linge, d'automobile, de sac, etc., mais des unités entières de ces biens. Les variations par unités entières sont dites « variations discrètes ». Mais ici, comme dans le chapitre précédent, pour des raisons de traitements algébriques, nous supposerons que tous les biens que nous étudions varient de façon continue (comme tous les services mesurés au temps passé ou les fluides, etc.). C'est pourquoi, au chapitre 1, nous avions posé l'**axiome de continuité.** Dans ce cas la valeur de la variation élémentaire du bien tend vers zéro ;
– le revenu qui figure dans la fonction de demande est le **revenu nominal.** Il s'agit du montant monétaire du revenu du consommateur.

Nous n'étudierons que des cas où le consommateur n'a aucune incidence sur le prix : on dit que le consommateur est **« preneur de prix »** (ou, en anglais, *price taker*). Le prix est une variable libre, une donnée exogène. Ne pouvant modifier ni les prix ni les qualités des biens, on dit encore que le consommateur est un **« adaptateur de quantités ».**

Au sens courant, la demande est la quantité achetée en fonction du seul prix du bien. Cette demande n'est pas toujours **solvable.** Elle ne dispose pas toujours du revenu permettant d'acheter le bien. En analyse microéconomique, la demande est réputée être toujours « **solvable** » car le revenu qui lui correspond est précisé ; ce revenu constitue en effet une des variables déterminant la demande au même titre que le prix du bien.

La courbe de ***demande au prix*** représente la fonction de la demande par rapport au prix (à revenu constant) et la courbe de ***demande au revenu*** représente la fonction de la demande par rapport au revenu (à prix constant).

Pour toutes ces raisons, *la demande** exprimée sur le marché dépend de trois types de variables : prix du bien, revenu du consommateur et prix d'autres biens économiquement liés au bien étudié. Pour analyser et comprendre les phénomènes qui agissent sur la demande, il convient de faire varier une à une chacune des variables en supposant constantes les autres variables et les autres paramètres. C'est le principe du *ceteris paribus* ou « toutes choses égales par ailleurs ». On peut alors étudier précisément l'effet de chaque variable sur la demande effective.

Les demandes hicksiennes.

Définitions comparées des demandes de type Marshall et de type Hicks.

La demande marshallienne exprime la quantité optimale à consommer, en fonction du revenu et des prix donnés par le marché : $x_1 = f(R, p_1, p_2, p_3...)$. Le consommateur marshallien ajuste sa satisfaction maximale (U max) aux fluctuations de ces variables. Ainsi, il compense une hausse de prix par une baisse de sa satisfaction. C'est l'utilité (ou satisfaction) qui lui sert – à la hausse comme à la baisse – de compensation.

La fonction de demande hicksienne exprime la quantité optimale à consommer, en fonction de la satisfaction et des prix, dans le but de minimiser le revenu : $x_1 = f(U, p_1, p_2, p_3...)$. Le consommateur hicksien ajuste son revenu minimal pour chaque bien (R min) aux fluctuations de ces variables. Il compense une hausse de prix par une hausse du revenu minimal qu'il alloue à l'obtention du niveau de satisfaction qu'il s'est choisi. C'est le revenu qu'il consacre à cette satisfaction qui lui sert – à la hausse comme à la baisse – de compensation.

Comment déterminer les demandes hicksiennes?

La détermination la plus simple s'opère par la méthode de la pente des tangentes.

Il suffit d'exprimer la courbe d'indifférence à partir de la fonction d'utilité : $U = f(x_1, x_2) \Rightarrow x_1 = f(U, x_2)$ puis d'égaliser sa pente à la pente de la droite de budget, c'est-à-dire au rapport des prix :

$f'x_2(U, x_2) = - p_2/p_1$. On en tire directement $x_2 = f(U, p_1, p_2)$.

On peut aussi déterminer les fonctions de demande hicksienne par les méthodes vues à propos des demandes marshalliennes. C'est la démarche du consommateur visant à minimiser son revenu R pour un niveau donné de satisfaction U_o. On pose $R = p_1.x_1 + p_2.x_2$ sous contrainte que $U = f(x_1, x_2) = U_o$. (*cf.* exercices 2.14, 2.15, 2.16.)

b. Variations sur la courbe de demande et variations de la courbe de demande

Il faut distinguer les **variations « sur la courbe »** de demande et les **variations « de la courbe »** de demande. Cette distinction s'applique à toute courbe et notamment à la courbe d'offre.

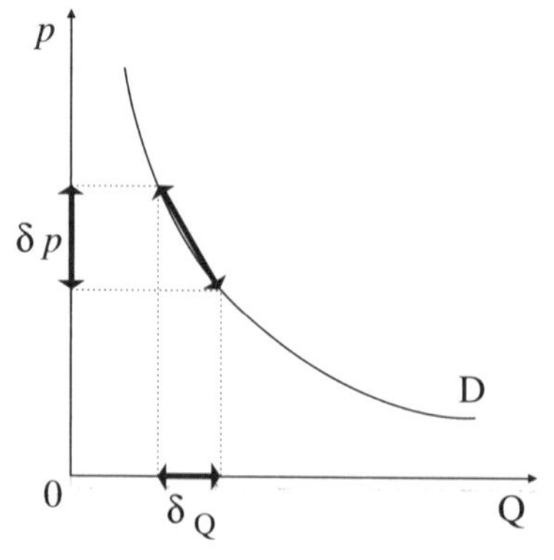

Fig.1 : Variation ou déplacement *sur* la courbe (de demande au prix)

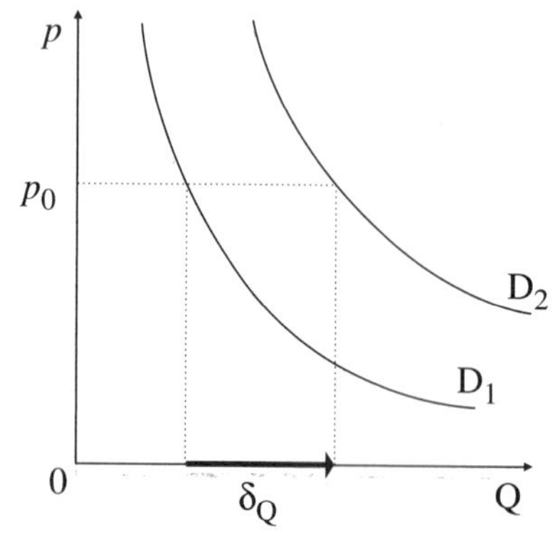

Fig.2 : Variation ou déplacement *de* la courbe (de demande au prix)

Il y a variation **sur** la courbe si la cause de la variation (de la demande) est due à l'augmentation ou à la diminution de la variable libre (qui figure normalement en abscisses mais ici en ordonnées). Ainsi on observe à la figure 1 une variation sur la demande au prix consécutive à une variation du prix.

Il y a variation **de** la courbe si la cause de la variation est un paramètre (un paramètre ne figure ni en abscisses ni en ordonnées) de la fonction de demande dont la valeur a été modifiée. Ainsi à la figure 2, la variation de la demande au prix est consécutive à une variation autre que le prix. Elle peut être provoquée par trois facteurs : une variation de la fonction de satisfaction (consécutive à un changement de goût du consommateur), une hausse de revenu du consommateur ou un changement de prix d'un bien lié.

c. De la demande individuelle à la demande globale sur un marché

La demande qui concerne un bien pour un consommateur est appelée **demande individuelle**, par opposition à la demande de tous les consommateurs présents sur le marché du bien, appelée **demande globale (sur le marché)** ou, plus rarement, **demande collective (au marché).**

Sur le marché d'un bien, pour passer des demandes individuelles des consommateurs à la demande globale du marché, il suffit d'**agréger** les demandes individuelles, c'est-à-dire d'additionner, pour chaque niveau de prix, les quantités correspondantes demandées par tous les consommateurs. On obtient : $D_G = \Sigma D_i$, pour $i = 1$ à $i = n$ (*cf.* fig. 3).

Remarque : un graphique illustrant la relation entre la demande d'un bien et un prix comporte l'axe des prix en ordonnées et l'axe des quantités demandées en abscisses, comme si le prix était fonction de la quantité. On le désigne parfois comme un système d'axes marshallien. C'est en effet Marshall, l'économiste auquel les demandes fonctions du revenu et des prix doivent leur nom, qui, par bévue, serait à l'origine de cette malheureuse inversion graphique entre les prix et les quantités.

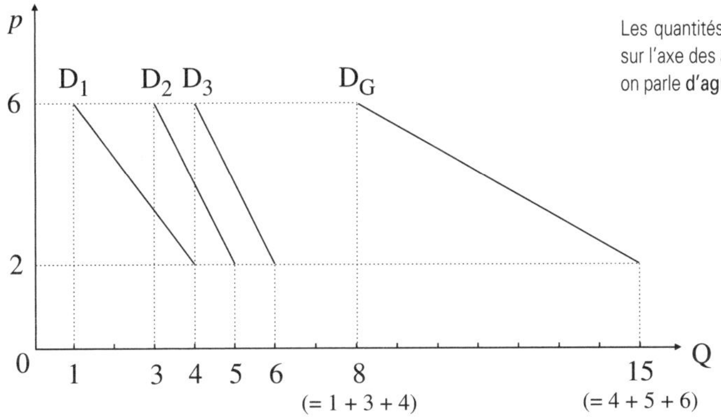

Les quantités demandées étant ici sur l'axe des abscisses (horizontal), on parle **d'agrégation horizontale.**

Fig. 3 : Agrégation des demandes au prix de 3 consommateurs individuels

Par simplification et si l'on considère que les agents sont représentatifs, on suppose généralement dans la théorie microéconomique que tous les phénomènes individuels sont identiques. Dans ce cas on obtient : $D_G = n.D_i$.

Ainsi, sur un marché composé de trois demandes individuelles identiques, la demande globale vaudra, à prix donnés, trois fois la demande individuelle. Si on relève trois valeurs de la demande individuelle qui sont 10 unités demandées pour un prix de 8, 15 unités pour un prix de 4 et 25 unités pour un prix de 2, la demande globale est (3 × 10) 30 unités pour le prix de 8, (3 × 15) 45 pour le prix de 4 et (3 × 25) 75 pour le prix de 2. Ce qui donne la figure 4.

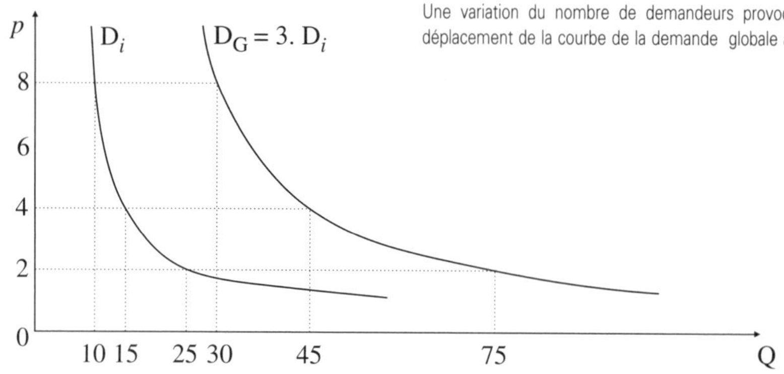

Une variation du nombre de demandeurs provoque un déplacement de la courbe de la demande globale au prix.

cf. exercice 2.2

Fig. 4 : Agrégation de trois demandes individuelles identiques

Le *prix intentionnel* ou *prix de retrait* est pour chaque unité marginale d'un bien, le prix maximum que le consommateur est disposé à payer cette unité. C'est le prix qui figure sur sa courbe de demande individuelle pour cette unité.

d. Le surplus du consommateur

Un consommateur est normalement disposé à payer moins cher ; les intentions d'achat à un prix donné sont donc réalisées lorsque le prix du marché est inférieur ou égal au prix intentionnel. S'il est inférieur, la différence de prix entre le prix maximum intentionnel et le prix payé constitue pour le consommateur un bonus que les économistes nomment **surplus.** Lorsque le prix baisse, le surplus augmente, la « **variation du surplus** » est positive. Prix et surplus varient donc en sens opposé.

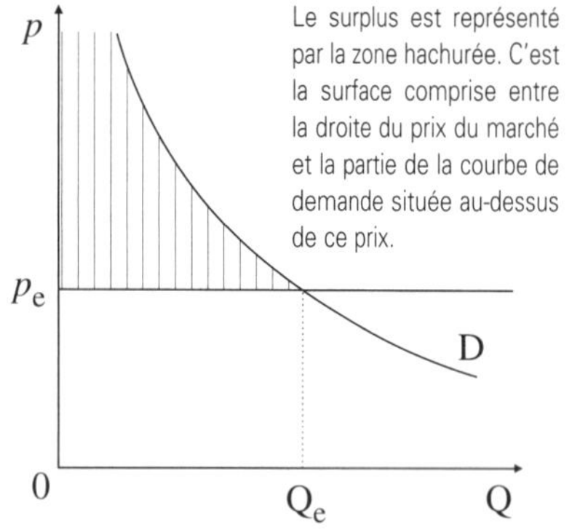

Le surplus est représenté par la zone hachurée. C'est la surface comprise entre la droite du prix du marché et la partie de la courbe de demande située au-dessus de ce prix.

Fig. 5 : Surplus du consommateur

Si par exemple une demande rigide de 4 unités d'un bien s'exprime à partir d'un prix intentionnel de 10, on aura pour un prix effectif de 7 un surplus de 3 (10 – 7) par unité et de 12 (3 × 4) pour les 4 unités demandées. Si le prix remonte à 8 le surplus ne sera plus respectivement que de 2 par unité (10 – 8) et de 8 pour la demande (2 × 4). La variation du surplus sera égale à – 1 (= 2 – 3 ou 7 – 8) par unité et à – 4 (8 – 12) pour la demande (*cf.* fig. 5).

Dans le cas d'une hausse de prix, la variation du surplus est négative et peut s'interpréter comme le revenu supplémentaire qu'il faudrait donner au consommateur pour compenser la hausse de prix afin de revenir à la satisfaction précédente. Ce montant de monnaie permettrait en effet au consommateur de racheter le panier précédent. On retrouve ici la variation compensatoire du revenu sur le critère de Slustky que nous verrons plus loin. Par agrégation, la somme des surplus de chaque consommateur constitue le **surplus des consommateurs.**

cf. exercice 2.17

2 - LES ÉLASTICITÉS

a. La mesure des élasticités

Lorsque l'on veut mesurer l'effet d'une variation d'un phénomène sur un autre, on peut calculer la « **sensibilité** » en faisant le rapport entre les deux variations. Mais cela a peu de sens lorsque les ordres de grandeur des deux phénomènes sont très différents.

Pour résoudre ce problème, il suffit de comparer non pas les variations absolues comme le font les sensibilités mais les variations relatives, ce qui neutralise les différences de grandeurs puisque chaque niveau de variation est rapporté à son niveau de grandeur. On appelle de telles mesures les « **élasticités** ».

Prenons un exemple : existe-t-il une relation de cause à effet entre la fluctuation du cours de la pomme de terre et la fluctuation de sa demande et, si oui, cette incidence est-elle forte et dans quel sens joue-t-elle ?

$$\frac{\text{V.R. Effet}}{\text{V.R. Cause}} = \frac{\dfrac{\text{V.A. Effet}}{\text{Effet}}}{\dfrac{\text{V.A. Cause}}{\text{Cause}}} = \frac{\dfrac{\delta \text{D}}{\text{D}}}{\dfrac{\delta \text{p}}{\text{p}}} = \frac{\delta \text{D}}{\delta \text{p}} \cdot \frac{\text{p}}{\text{D}}$$

cf. exercice 2.1

(avec V.A. pour variation absolue et V.R. pour variation relative).

En faisant le rapport des extrêmes et des moyens, le rapport des variations relatives revient à multiplier le rapport des variations absolues par l'inverse du rapport des grandeurs.

$$\frac{\dfrac{\partial y}{y}}{\dfrac{\partial x}{x}} = \frac{(\partial y)\, x}{(\partial x)\, y} \text{ ou encore : } \frac{\partial y}{\partial x} \times \frac{x}{y}$$

Comparaisons. Généralement la comparaison est obtenue par une des divisions ci-dessous.

– La **sensibilité** est la comparaison des variations d'un effet et de sa cause : $S = \dfrac{\partial \text{ effet}}{\partial \text{ cause}}$. Elle sert à comparer les sens de variations.

– Les **dérivées** mesurent les sensibilités marginales lorsque les relations sont algébriques.

– L'**élasticité** est la comparaison des variations relatives d'un effet et de sa cause. Elle sert à comparer à la fois les sens de variations et leurs taux.

b. Élasticités d'arc et élasticités point

Lorsqu'on ne dispose que de données empiriques, **la mesure** de l'élasticité se fait en mesurant les variations et en les rapportant à leurs grandeurs :

$$\frac{\dfrac{\text{variation de } y}{\text{valeur initiale de } y}}{\dfrac{\text{variation de } x}{\text{valeur initiale de } x}} \text{ ou } \frac{\dfrac{\text{valeur finale \textbf{moins} valeur initiale de } y}{\text{valeur finale \textbf{plus} valeur initiale de } y}}{\dfrac{\text{valeur finale \textbf{moins} valeur initiale de } x}{\text{valeur finale \textbf{plus} valeur initiale de } x}}$$

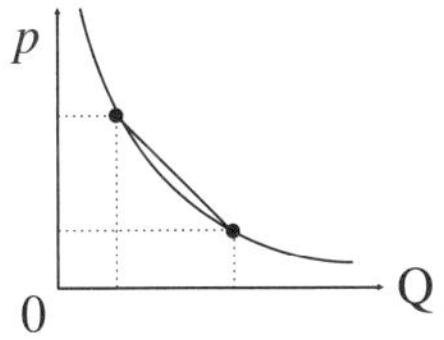

Cette élasticité mesure l'arc de la courbe compris entre les deux valeurs. D'où son nom d'élasticité d'arc.

cf. exercice 2.5

Lorsqu'on dispose d'une fonction algébrique, la variation de y rapportée à la variation de x correspond à la dérivée de y par rapport à x. On **calcule :**

$$\frac{\dfrac{\text{variation de } y}{\text{valeur initiale de } y}}{\dfrac{\text{variation de } x}{\text{valeur initiale de } x}} = \frac{\text{variation de } y}{\text{variation de } x} \cdot \frac{\text{valeur de } x}{\text{valeur de } y} \text{ devient } \frac{\partial y}{\partial x} \cdot \frac{x}{y}$$

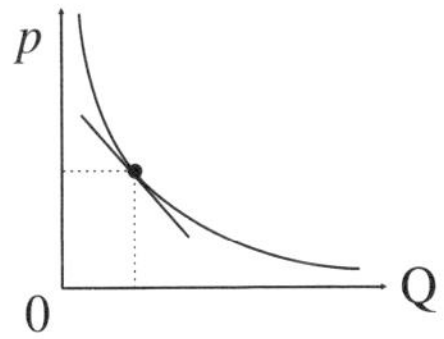

Cette élasticité se calcule pour une valeur ponctuelle de x ; d'où son nom d'**élasticité point.**

cf. exercice 2.9

c. L'analyse des élasticités

Pour analyser les biens dont on soumet les demandes aux élasticités, il faut tirer de chaque élasticité deux types de résultats : le signe et la valeur absolue de l'élasticité.
Le **signe de l'élasticité** indique si la demande varie dans le même sens que la variable étudiée :
– si elles sont toutes deux de **même sens,** l'**élasticité** sera toujours **positive ;**
– si elles sont de **sens opposés,** l'**élasticité** sera toujours **négative.**

La **valeur absolue de l'élasticité** indique si l'incidence est faible ou forte :
– si la demande et la variable étudiée évoluent au même taux ou d'un même pourcentage, les deux variations relatives seront égales et l'élasticité vaudra 1 **(l'unité est la valeur pivot des élasticités) ;**
– si la demande varie relativement plus que la variable, l'élasticité sera supérieure à 1 ;
– si la demande varie relativement moins que la variable, l'élasticité sera inférieure à 1.

Les différents degrés d'élasticité.
– la demande est parfaitement élastique lorsque l'élasticité est infinie ;
– la demande est relativement élastique ou très élastique et l'élasticité est forte lorsque l'élasticité est sensiblement supérieure à un ;
– la demande est élastique et l'élasticité est moyenne lorsqu'elle est autour de un ;
– la demande est peu élastique ou relativement inélastique et l'élasticité est faible si l'élasticité est sensiblement inférieure à un ;
– la demande est rigide ou parfaitement inélastique si l'élasticité est nulle.

Sauf exception, l'élasticité d'une demande n'est pas constante en tout point de sa courbe car la considération du consommateur à l'égard du bien peut dépendre du niveau du prix du bien ou du niveau de son revenu personnel ou des deux à la fois. Par conséquent, les élasticités s'entendent généralement pour des niveaux de prix et de revenus donnés. Des changements de ceux-ci peuvent traduire ou induire des changements dans la caractérisation d'un bien. C'est particulièrement flagrant pour les biens inférieurs, comme on le verra plus loin. Dans le cas contraire, si l'élasticité est constante on parle d'**isoélasticité.**

cf. exercices 2.3, 2.4, 2.11, 2.12

Pour interpréter les élasticités, il faut aussi prendre en compte quatre considérations :

– le sens de l'observation. L'élasticité d'une demande n'est pas la même à la hausse ou à la baisse car le consommateur est plus enclin à augmenter sa consommation qu'à la diminuer ;

– la période d'observation. La valeur absolue d'une élasticité n'a pas la même signification selon que la variation s'étale sur du court, du moyen ou du long terme. Une demande est d'autant plus élastique à son prix et à des prix de produits concurrents que la période de temps est longue.

– le nombre d'observations. Une observation ne suffit pas à établir une relation causale entre deux phénomènes ; ce peut être une corrélation fortuite, accidentelle car provoquée par d'autres causes exogènes. Seule une longue série d'observations permet de dégager une **« loi tendancielle ».**

– Le degré d'abstraction du bien étudié. Plus le bien analysé est concret, plus il possède de concurrents et plus sa demande est élastique à son prix. Par exemple, pour les motocyclettes le pétrole n'a pas de substitut immédiat alors que l'essence est concurrencée par le diesel et chaque marque d'essence a plusieurs concurrents.

Il existe autant d'élasticités que de variables dans la fonction de demande :
- élasticité de la demande au revenu ;
- élasticité directe de la demande au prix ;
- élasticité croisée de la demande au prix.

Chaque type d'élasticité pourra être positif ou négatif et sa valeur absolue pourra être supérieure, égale ou inférieure à 1 qui est, nous l'avons vu, la valeur pivot des élasticités. Nous obtiendrons ainsi autant de types différents de biens que nous dégagerons de types significatifs d'élasticités.

B

ANALYSE DES DEMANDES ET DES BIENS CORRESPONDANTS

À travers les élasticités, nous allons successivement analyser les demandes marshalliennes par rapport à chacune de leurs variables : revenu, prix du bien, prix des biens liés. Cela nous conduira à dégager ce que l'analyse microéconomique considère être différents types de **biens.** En réalité l'objet de ces analyses ne sont pas des biens mais les **demandes** relatives à ces biens. Et ces demandes dépendent des préférences du ou des consommateurs, non de la nature intrinsèque du bien. C'est pourquoi un même bien pourra apparaître de façon tout à fait différente selon la fonction de préférence et par conséquent selon le consommateur chez lequel on l'analyse.

1 - Analyse de la demande par rapport au revenu

a. Courbe d'Engel et chemin d'expansion

Lorsqu'on se pose le problème des relations entre une demande et le revenu qui correspond, on parle de demande par rapport au revenu ou par abréviation de la « **demande-revenu** ». L'expression graphique de cette demande est appelée **courbe** *d'Engel**.

Économiste et statisticien allemand, ***Ernst Engel*** (1821-1896) a réalisé une étude sur le budget des familles.

cf. exercices 2.12, 2.13

L'évolution du panier demandé en fonction du revenu est appelée **courbe de consommation-revenu, chemin d'expansion du revenu** ou encore **sentier d'expansion du revenu.** Le chemin d'expansion du revenu décrit l'évolution du panier consommé en fonction de l'évolution du revenu.

Dans le cas de deux biens, les valeurs du revenu sont figurées par les droites de revenu (elles sont parallèles car leur pente est égale au rapport des prix qui reste inchangé) et les diverses demandes des biens du panier sont les coordonnées des paniers consommés. Cette courbe part de l'origine des axes puisque par hypothèse, le consommateur ne peut rien acheter lorsque son revenu est nul.

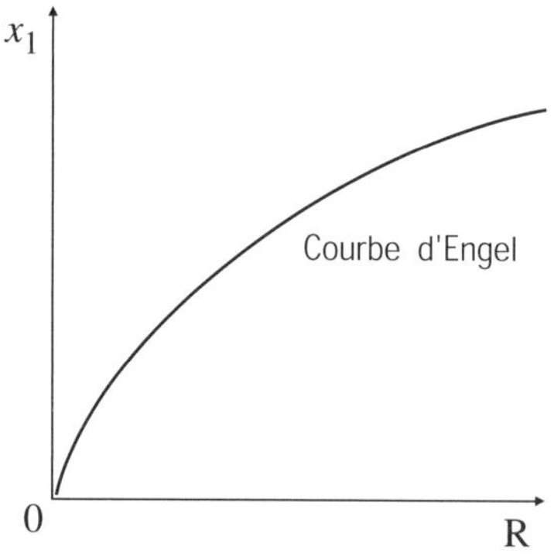

Fig. 6 : Courbe d'Engel (ou demande par rapport au revenu) dans le cas le plus fréquent d'un bien normal dont la demande augmente avec le revenu.

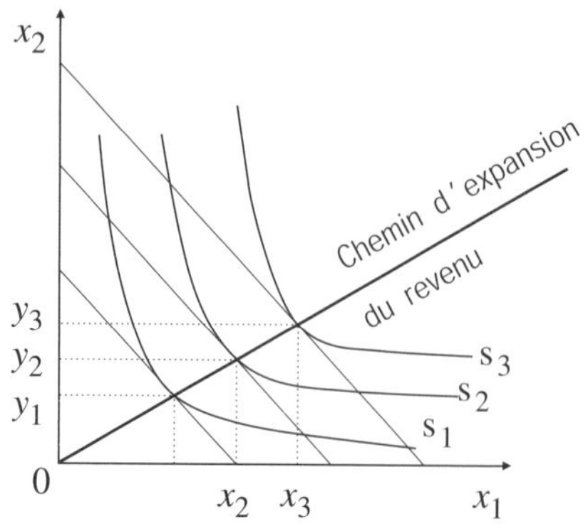

Fig. 7 : Chemin d'expansion du revenu dans le cas le plus simple (évolution linéaire) de deux biens normaux.

L'élasticité de la demande au revenu. Si on note $e_{x/R}$ l'élasticité de la demande au revenu, x la demande du bien X et R le revenu, on obtient :

$$e_{x/R} = \frac{\frac{\partial x}{x}}{\frac{\partial R}{R}} = \frac{\partial x}{\partial R} \cdot \frac{R}{x} \quad \left(= \frac{\text{Propension marginale à consommer X}}{\text{Propension moyenne à consommer X}} \right)$$

L'analyse de cette élasticité s'effectue sur le critère de son signe (biens normaux *versus* biens inférieurs) et sur le critère de sa valeur autour de la valeur pivot de 1 (biens de luxe *versus* biens nécessaires pour les biens normaux).

b. Biens normaux / biens inférieurs ; biens de luxe / biens nécessaires

Lorsque l'élasticité de la demande au revenu est positive, la consommation du bien varie dans le même sens que le revenu et le bien est dit **normal**. Les biens normaux représentent la très grande majorité des biens ; on les trouve dans tous les domaines de la consommation. En revanche, lorsque l'élasticité est négative le bien est dit **inférieur** car il est inférieur à d'autres au goût des consommateurs. Les biens inférieurs sont peu nombreux comparés aux biens normaux ; ils connaissent le paradoxe d'une variation de leurs quantités demandées en sens inverse de la variation du revenu. En effet, dès que son revenu s'élève au-dessus du nécessaire, le consommateur détourne sa consommation vers des biens plus chers qu'il apprécie plus. Ainsi, le bien inférieur souffre-t-il de la comparaison avec des produits qui lui sont substituables et plus appréciés. Le pain et le vin ordinaires constituent actuellement en France des biens inférieurs pour de larges catégories de consommateurs. Pour éviter que leurs produits ne soient des biens inférieurs, les producteurs essaient soit de revaloriser l'image de leurs produits, soit de produire des biens de substitution mieux considérés. Ainsi les boulangers multiplient les variétés de pains non ordinaires et les producteurs de vins, les vins d'appellation.

cf. exercice 2.7

Dans un panier de deux biens, lorsqu'un bien A est relativement plus cher et plus apprécié qu'un bien B, il doit avoir une élasticité de sa demande au revenu relativement plus forte puisque à toute hausse de son revenu, le consommateur sera tenté de partiellement substituer A à B. C'est ainsi que les « **biens de luxe** » ont une élasticité revenu supérieure à 1 alors que les « **biens de première nécessité** » – appelés encore **biens nécessaires** – ont une élasticité de leur demande au revenu dont la valeur est inférieure à 1.

Plus précisément, les biens nécessaires dont l'élasticité revenu est comprise entre 1 et 0 sont des **biens nécessaires normaux** et ceux dont l'élasticité est inférieure à 0 donc négative sont des **biens nécessaires inférieurs.**

S'il existe un seul ***bien substituable*** à un bien inférieur, ce bien est un bien de luxe car son élasticité- revenu est largement supérieure à 1 ; en effet sa demande compense la baisse de demande du bien inférieur. À l'inverse, si un bien de luxe a un unique substitut, celui-ci est un bien nécessaire.

Classification des biens en fonction de l'élasticité par rapport au revenu.

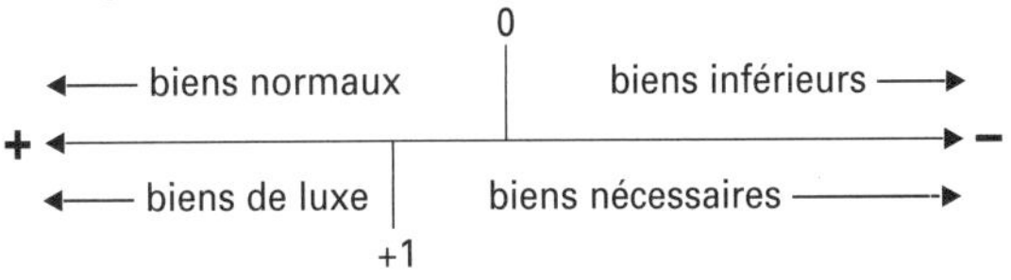

Les biens de luxe voient leur consommation croître plus vite que les revenus ($e > +1$) : leur part augmente dans le budget des ménages ; les biens normaux nécessaires, voient aussi leurs consommations croître avec les revenus mais moins vite que ces revenus ($0 < e < +1$) : leurs dépenses augmentent mais leur part de budget diminue. Quant aux biens inférieurs, leurs consommations ont tendance à baisser avec l'élévation du niveau de vie des consommateurs concernés ($e < 0$).

Représentations graphiques des biens et de leurs biens liés.

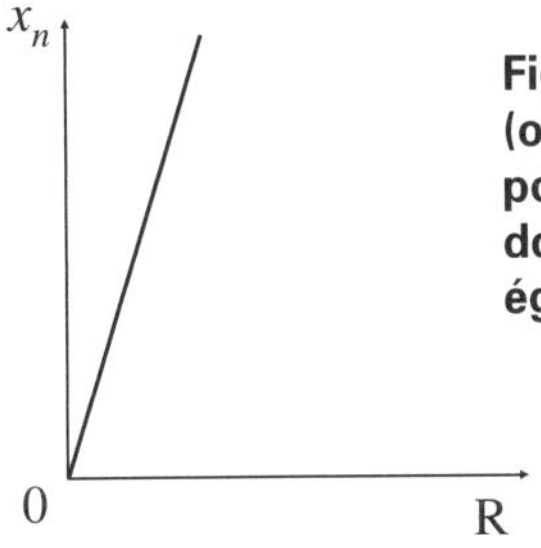

Fig. 8 : Courbe d'Engel (ou demande au revenu) pour un bien normal dont l'élasticité est égale à un.

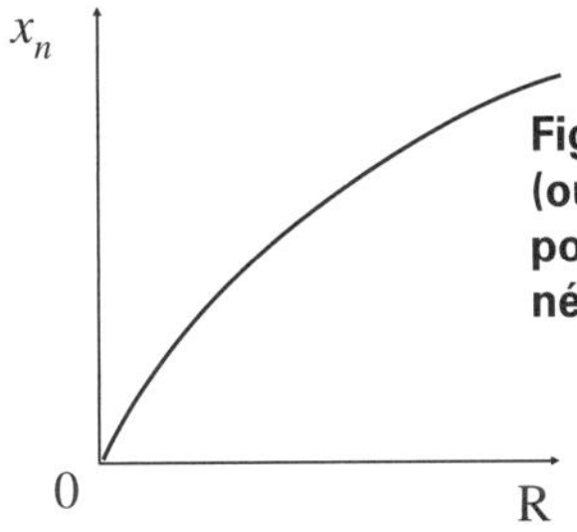

Fig. 9 : Courbe d'Engel (ou demande au revenu) pour un bien normal nécessaire.

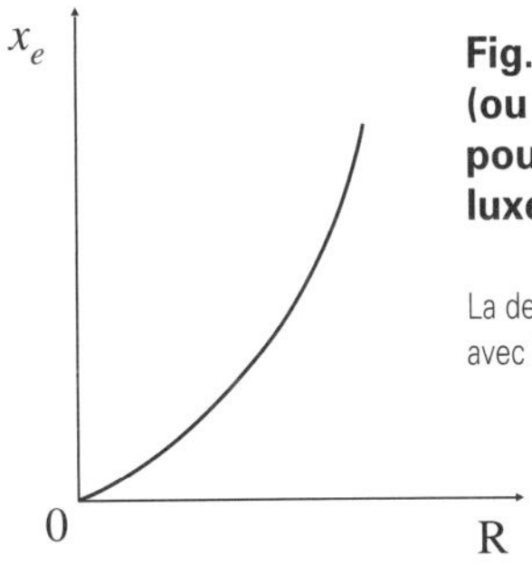

Fig. 10 : Courbe d'Engel (ou demande au revenu) pour un bien normal de luxe.

La demande d'un bien normal croît avec le revenu.

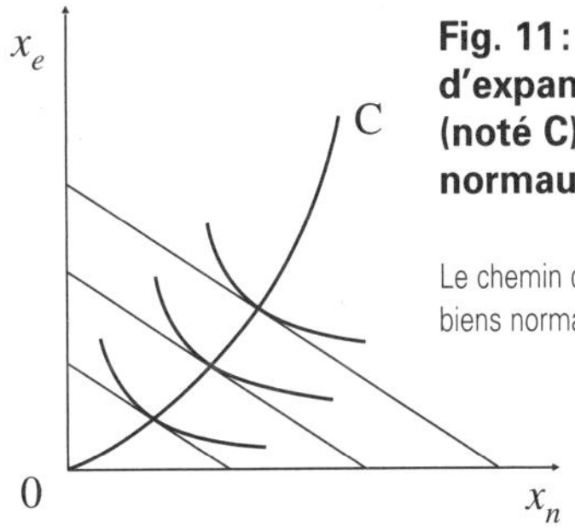

Fig. 11 : Chemin d'expansion du revenu (noté C) de deux biens normaux liés.

Le chemin d'expansion de deux biens normaux croît avec le revenu.

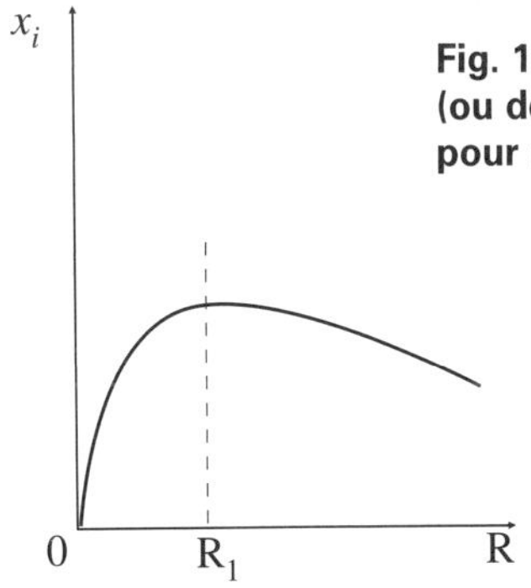

Fig. 12 : Courbe d'Engel (ou demande-revenu) pour un bien inférieur.

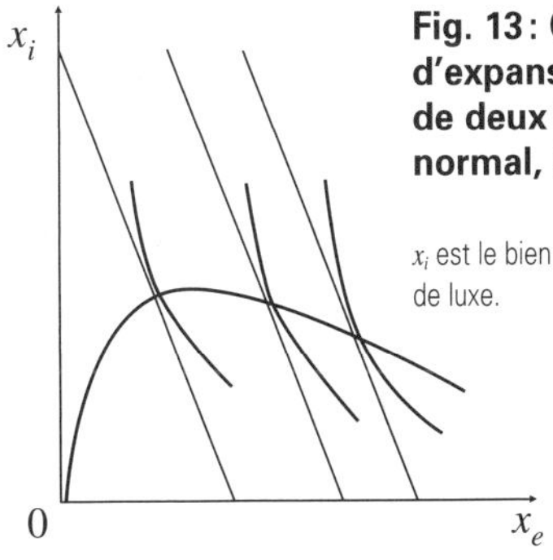

Fig. 13 : Chemin d'expansion du revenu de deux biens liés, l'un normal, l'autre inférieur.

x_i est le bien inférieur, x_e est le bien de luxe.

c. La nature des biens évolue

Dans les figures 12 et 13, le chemin d'expansion entre X*i* et X_e ainsi que la courbe d'Engel de X*i* montrent que X*i* est un bien inférieur pour les revenus au delà de R1. Mais pour des revenus sensiblement inférieurs à R1, X*i* n'est pas un bien nécessaire inférieur mais un bien nécessaire normal. Tout bien actuellement inférieur a été antérieurement un bien normal.

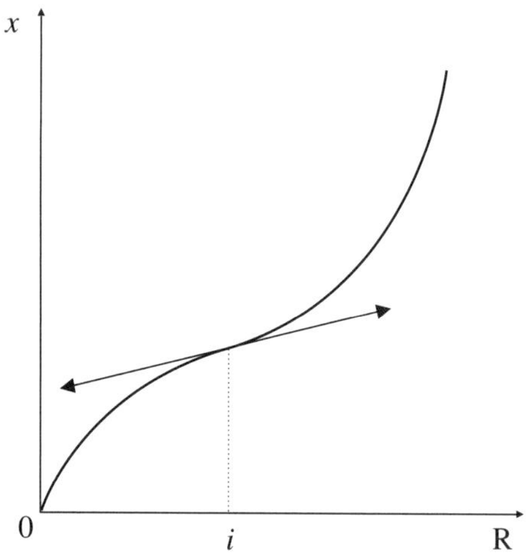

Fig. 14 : Courbe d'Engel (ou demande au revenu) d'un bien normal X_1 nécessaire puis de luxe.

La nature des biens change donc selon l'évolution des revenus (ou selon l'évolution des prix). La bicyclette, par exemple, a sans doute été, au fil de son histoire, un bien de luxe à ses débuts comme divertissement, avant de devenir un bien nécessaire permettant à chacun de se déplacer puis un bien inférieur avec les progrès de la motorisation, et à nouveau un bien de luxe pour un usage de loisir, etc.

Le changement de statut d'un bien normal se traduit par un point d'inflexion sur la courbe (*cf.* fig. 14). Ce point d'inflexion (*i*) correspond algébriquement à une dérivée seconde nulle de la demande par rapport au revenu.

D'autres biens normaux ne changent pas de statut. Pour autant leur élasticité peut légèrement varier de valeur. Mais elle peut aussi rester inchangée, tout au moins durant une période suffisamment courte. Dans ce cas les biens sont dits « **isoélastiques** » au revenu. Une courbe de demande isoélastique au revenu peut être représentée par une fonction exponentielle. Une telle fonction est du type : $x = A.R^n$. (*cf.* exercices 2.3, 2.11, 2.12).

Fig. 15 : Exemples de courbes de demande ayant une élasticité au revenu…

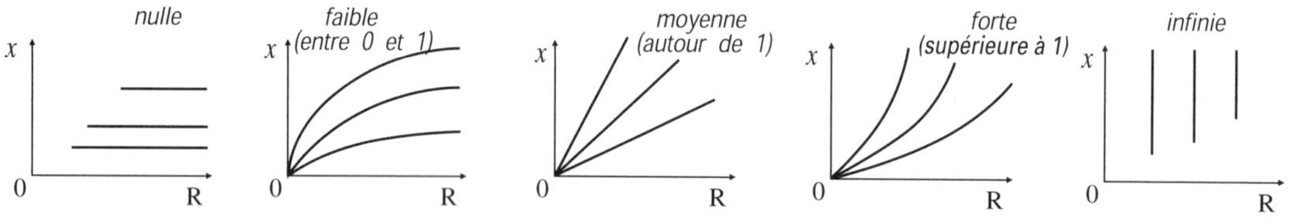

Sur le long terme, l'élasticité au revenu (e) des principaux postes des budgets des ménages respecte l'ordre croissant suivant :
1. alimentation ($e < +1$); 2. habillement (e autour de+ 1); 3. habitation (e autour de + 1); 4. transport et (télé) communications ($e > +1$); 5. Hygiène et santé; 6. Culture, loisirs et tourisme.
Sur le court-moyen terme, on peut assister à des modifications du classement dues à des innovations (téléphones portables, télématique…) ou à des effets de mode. Enfin, quelque soit l'élasticité de chaque poste, on y trouve des biens nécessaires et des biens de luxe. Ainsi dans l'alimentation, le champagne est-il un produit de luxe alors que le vin ordinaire est un bien inférieur.

2 - Analyse de la demande par rapport au prix du bien

Lorsque l'élasticité de la demande au prix est **négative** (variations de sens opposés), le bien est dit **typique** et lorsqu'elle est **positive** (variations de même sens), le bien est dit **atypique.**

L'élasticité de la demande par rapport au prix du bien.

Si on note $e_{x/p}$ l'élasticité directe de la demande au prix, x la demande du bien X et p le prix du bien X, on obtient :

$$e_{x/p} = (\partial x/x)/(\partial p/p) = (\partial x/\partial p).(p/x)$$

a. Les biens typiques

La quasi-totalité des biens est typique. Certains économistes doutent même de l'existence durable de biens atypiques. En effet, le consommateur est toujours prêt à acheter moins cher un bien. De ce fait, une intention d'achat exprimée à un prix donné se cumulera sur le marché avec les intentions exprimées à des prix inférieurs. On dit que les demandes se cumulent à la baisse (sous-entendu « à la baisse du prix »). Les intentions se cumulant avec la baisse du prix, la demande augmente avec la baisse du prix. On trouve des illustrations concrètes de ce phénomène dans les ordres d'achats que les spéculateurs émettent sur les marchés boursiers. Ainsi un ordre libellé : « Achat de x unités du bien X au prix p_0» est interprété par les courtiers comme l'ordre d'acheter les x unités du bien X au prix maximum p_0 et *a fortiori* à tout autre prix inférieur. Cet ordre se cumule à la baisse avec les autres ordres sur le marché boursier et peut être « exécuté » à un prix inférieur. Ainsi, la demande augmente par cumul avec la baisse du prix.

Seul un bien ayant une demande isoélastique possède un caractère strictement invariant quel que soit son prix. Pour un bien typique, une courbe de demande isoélastique au prix est une hyperbole équilatère, telle que $x = \frac{K}{p^n} = K.\, p^{-n}$.

cf. exercices 2.4, 2.6, 2.11, 2.12

Fig. 16: Biens typiques ayant une élasticité directe de la demande au prix...

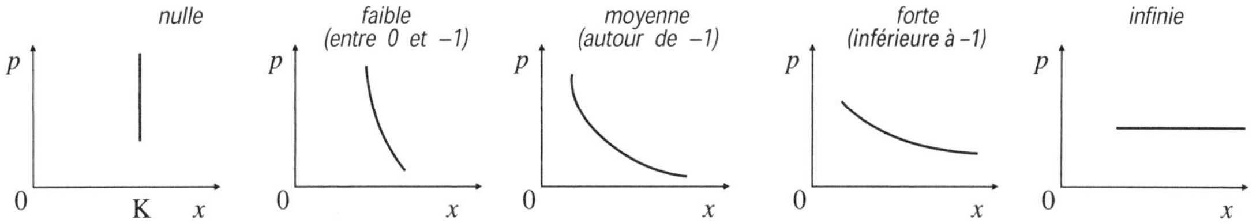

Lorsque la demande d'un bien typique est peu élastique au prix, toute baisse du prix ne provoque qu'une plus faible hausse des quantités demandées; ainsi, les offreurs voient-ils leurs recettes baisser avec les prix. Cet effet s'appelle « l'**effet King** ». Gregory King formula cette loi en 1696 en remarquant qu'un déficit de la récolte de blé provoque un accroissement plus que proportionnel du prix du blé. Plus tard, le même phénomène sera observé lors des surproductions de produits agricoles : une surproduction limitée provoque un effondrement des prix et des recettes des producteurs.

cf. exercice 2.5

Au contraire, certains produits comme les produits informatiques ont une demande très élastique par rapport aux prix.

b. Les biens atypiques

Dans certains cas, la demande n'est pas fonction décroissante du prix; prix et quantités tendent alors à varier dans le même sens. De tels biens sont dits atypiques. Les deux effets les plus reconnus sont, de part et d'autre de la hiérarchie sociale des biens:

– l'effet **Giffen** concerne les biens inférieurs les plus marqués et est expliqué ci-après dans la conjonction des effets de revenu et de substitution;

Effet Giffen : En France au XXe siècle, on a constaté des baisses tendancielles à la fois du prix relatif du pain blanc et de sa consommation.

Effet snob (dans l'effet Veblen). À la fin des années 1960, Rolls Royce a augmenté sensiblement ses prix afin de se démarquer de la concurrence et a ainsi relancé ses ventes.

– l'effet **Veblen** concerne les biens de luxe les plus marqués pour lesquels certains demandeurs préfèrent des achats à prix élevé, signes d'une qualité supérieure ou, selon Veblen, de leur statut social.

Classification des biens en fonction des élasticités-prix et revenu de la demande.

élasticité-prix > 0	élasticité-prix < 0	élasticité-prix > 0
effet Veblen	biens typiques	biens Giffen

0

← biens normaux | biens inférieurs →

+ ← (élasticité revenu) → –

← biens de luxe | biens nécessaires →

+ 1

Une analyse rigoureuse des biens typiques et atypiques passe nécessairement par la distinction entre l'effet de revenu et l'effet de substitution, dans l'effet total qui est provoqué sur une demande par une variation du prix du bien.

cf. exercices 2.6 à 2.13

3 - Effets de revenu et de substitution

a. Présentation des deux effets

Une modification d'un prix des deux biens modifie l'optimum du consommateur. En effet, un changement de prix a deux effets : un effet de revenu qui modifie le pouvoir d'achat et un effet de substitution qui modifie les prix relatifs. Ainsi, par exemple, la baisse du prix du produit X_1 augmente le pouvoir d'achat du consommateur ce qui lui permettra d'augmenter son utilité et de monter de courbe d'indifférence, mais elle modifie aussi les prix relatifs et par conséquent, la combinaison de consommation.Normalement, le consommateur choisira une proportion plus forte que précédemment du bien X_1 par rapport au bien X_2 dont le prix relativement à X_1 a augmenté.

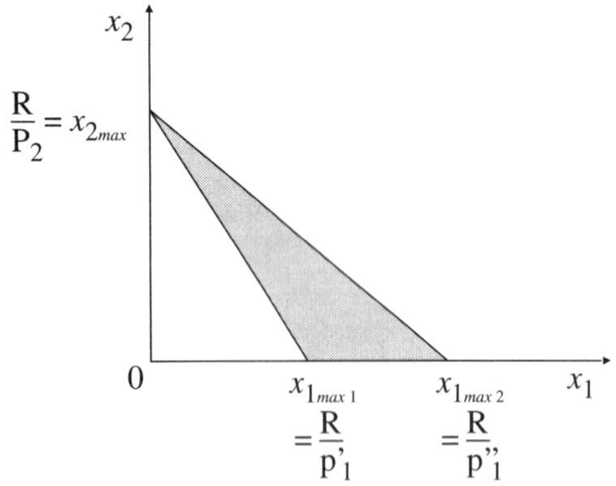

Fig. 17 : Effet d'une variation de prix sur le pouvoir d'achat ou revenu réel.

L'ensemble de budget représente ce que le consommateur peut acheter, autrement dit son pouvoir d'achat sur l'ensemble des biens du panier (revenu réel). Cet ensemble de budget est délimité par la droite de budget passant par les quantités maximales de X_1 (ici x_1 max) et de X_2 (ici x_2 max). Si p_1, le prix de X_1, baisse de P_1'à P_1'' , le pouvoir d'achat maximal de X_1 va s'éloigner de l'origine et passer de x_1 max$_1$ à x_1 max$_2$, dégageant ainsi une zone supplémentaire de revenu réel : celle qui est ici représentée en grisé. Ainsi, la baisse du prix d'un bien permet d'acheter des quantités supplémentaires des deux biens.

L'effet de revenu doit être compris au sens de **revenu réel.** Le revenu réel (R/p) est le **pouvoir d'achat** du consommateur sur l'ensemble des biens du panier ; c'est le revenu nominal (R) rapporté aux prix. Si un des prix varie, le revenu réel (ce qu'il peut demander) varie en proportion inverse.

La variation du prix d'un des biens modifie le **prix relatif** de ce bien **ou** le **rapport du prix** de ce bien aux prix des autres biens (p_1/p_i). Le bien dont le prix est modifié devient relativement plus cher ou moins cher face à la concurrence. L'**effet de substitution** exprime la modification de la structure de consommation résultant de la baisse du prix relatif d'un des biens : le consommateur achète proportionnellement plus du bien dont le prix relatif a baissé. Ainsi, l'effet de substitution **tend toujours à** faire varier la demande en sens inverse de son prix.

b. La distinction des effets de substitution et de revenu

Lors d'une modification de panier consécutive à la variation du prix d'un bien, quelle est la part de l'**effet de revenu** et la part de l'**effet de substitution** dans l'**effet total** ?

Fig. 18 : L'effet total (effet de revenu et effet de substitution).

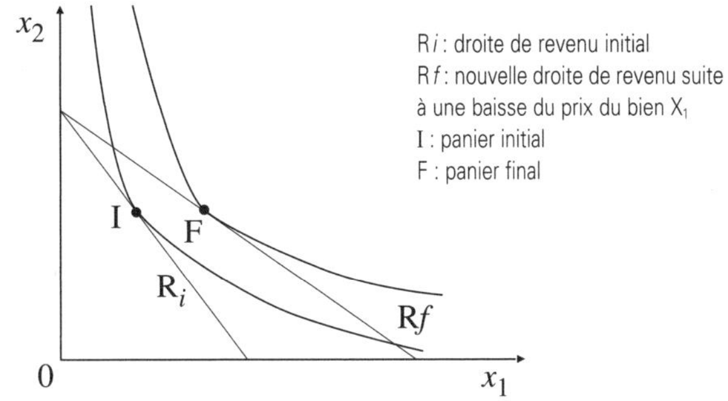

L'absence d'illusion monétaire signifie que seules les variations relatives d'une variable par rapport aux autres modifient la demande. Si les prix et le revenu varient dans une même proportion, l'effet sur la demande est nul. Mathématiquement on parle alors de *fonction de demande homogène de degré zéro*. *Cf.* exercices 2.7 et 2.9. On a pu vérifier ce phénomène lors du passage à l'euro où prix et revenus ont été divisés par 6,55957 sans incidence notable sur les demandes.

Le passage du point I au point F (*cf.* fig. 18) est dû à deux effets : l'effet de revenu et l'effet de substitution. Pour décomposer ces deux effets, on peut utiliser la méthode de Slutsky-Samuelson ou la méthode de Hicks.

– Selon le **critère budgétaire de Slutsky-Samuelson** (ou méthode de la différence de coût), le revenu étant un pouvoir d'achat, on considère la variation de revenu compensée si, avec les nouveaux prix, le revenu achète le panier optimal précédent. Par conséquent on va faire pivoter la droite de revenu initiale autour de ce panier en lui donnant pour pente le nouveau rapport des prix.

– Selon le **critère hédoniste de Hicks** (ou méthode de la variation compensée), la finalité du consommateur étant sa satisfaction, la variation de revenu sera compensée si on reste au même niveau de satisfaction c'est-à-dire sur la courbe d'indifférence initiale. Par conséquent, on va faire glisser la droite de revenu en tangence de la courbe d'indifférence jusqu'à ce qu'elle ait pour pente le nouveau rapport des prix.

Dans un cas comme dans l'autre, on obtient ainsi une droite de revenu intermédiaire. Par tangence avec une courbe d'indifférence, on obtient le panier optimal intermédiaire purement issu de l'effet de substitution. Le passage du panier intermédiaire au panier final, par déplacement parallèle de la droite de revenu, illustre le seul effet de revenu.

La conjonction des effets de substitution et de revenu sur l'effet total.

L'**effet de substitution** tend **toujours** à faire varier la demande d'un bien **en sens inverse** de son prix.

L'**effet de revenu d'un bien normal** (élasticité au revenu positive) tend à faire varier la demande de ce bien **en sens inverse** de son prix. Au contraire, l'**effet de revenu d'un bien inférieur** (élasticité au revenu négative) tend à faire varier la demande de ce bien **dans le sens** de son prix.

Par conséquent :

• Effets de revenu et de substitution **se cumulent pour un bien normal** puisqu'ils entraînent tous deux la demande dans le sens inverse de son prix. Toutes choses égales d'ailleurs, le bien est alors **typique**.

• Effets de revenu et de substitution **se contrarient pour un bien inférieur** puisque l'effet de substitution entraîne la demande en sens inverse de son prix alors que l'effet de revenu l'entraîne dans le même sens. Dès lors :

- si l'effet de substitution l'emporte sur l'effet de revenu, la demande du bien inférieur varie en sens inverse du prix et le bien reste **typique** ;
- si l'effet de revenu l'emporte sur l'effet de substitution, la demande du bien inférieur varie dans le même sens que le prix et le bien devient **atypique**. On parle dans ce cas de **bien Giffen** ou bien de Giffen.

En pratique les biens inférieurs sont rares et les biens Giffen exceptionnels.

Fig. 19 : Détermination du revenu compensé.

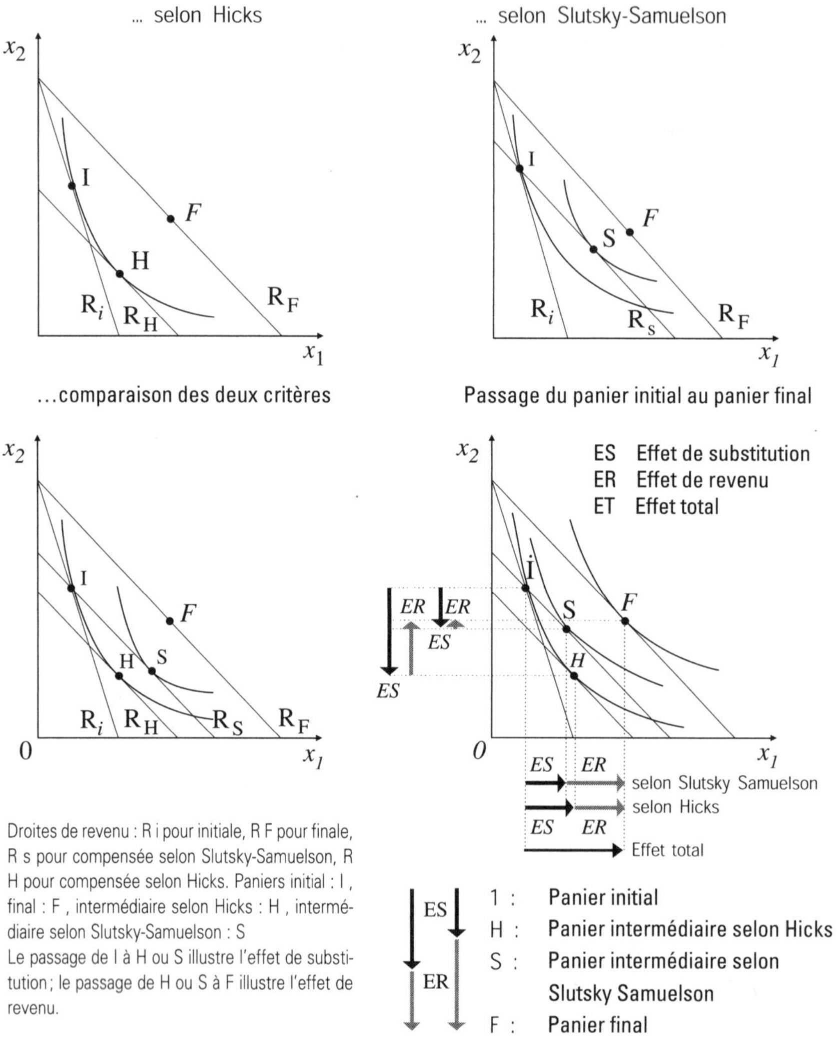

cf. exercice 2.15

Droites de revenu : R i pour initiale, R F pour finale, R s pour compensée selon Slutsky-Samuelson, R H pour compensée selon Hicks. Paniers initial : I, final : F, intermédiaire selon Hicks : H, intermédiaire selon Slutsky-Samuelson : S
Le passage de I à H ou S illustre l'effet de substitution ; le passage de H ou S à F illustre l'effet de revenu.

Pour déterminer algébriquement les deux effets selon le critère de Hicks, il suffit de déterminer le panier initial (à partir du système de prix initial, le revenu étant donné, de calculer le niveau d'utilité de ce panier, puis de déterminer le panier intermédiaire (nouveau système de prix, revenu indéterminé, mais niveau d'utilité équivalent à celui du panier initial), puis le panier final (nouveau système de prix, revenu initial).

4 - ANALYSE DE LA DEMANDE PAR RAPPORT AUX PRIX DES BIENS LIÉS

On appelle la demande d'un bien X_1 au prix d'un autre bien X_2 une « **demande indirecte** » ou « **demande croisée** », plus précisément la « **demande croisée de X_1 au prix de X_2** ». Sa forme varie en fonction de la relation économique que le bien entretient avec le prix du bien lié.

L'élasticité croisée de la demande par rapport au prix d'un bien lié.

Si on note e_{x_1/p_2} pour l'élasticité croisée de la demande du bien X_1 au prix du bien X_2, x_1 pour la demande du bien X_1 et p_2 pour le prix du bien X_2, on obtient :

$$e_{x_1/p_2} = \frac{\frac{\partial x_1}{x_1}}{\frac{\partial p2}{p2}} = \frac{\partial x_1}{\partial p_2} \cdot \frac{p_2}{x_1}$$

Lorsque l'élasticité croisée est positive, le bien est dit «substituable» ou concurrent; lorsqu'elle est négative le bien est dit «complémentaire».

a. Les biens substituables ou concurrents

La demande d'un **bien X_1 substituable à un bien X_2** varie en sens opposé à la demande de X_2 puisque la consommation de X_1 se substitue à celle de X_2. **Une variation du prix de X_2 entraîne** une variation de sens opposé de la demande de X_2 donc **une variation de même sens de la demande de X_1.**

Un bien substituable est encore appelé «un **bien concurrent**». En effet, ce bien concurrence un autre bien dès lors qu'il peut se substituer à lui et apporter au consommateur la même satisfaction. En conséquence, si le prix de l'autre bien augmente, le bien étudié va être mieux placé et sa demande va augmenter. La consommation du bien substituable varie dans le même sens que le prix de l'autre bien. Toutefois, sa demande croisée sera moins élastique que sa demande directe sauf si la substituabilité et la concurrence sont très fortes.

cf. exercices 2.8, 2.9, 2.10

b. Les biens complémentaires

La demande d'un **bien X_1 complémentaire d'un bien X_2** varie dans le même sens que la demande de X_2 puisque sa consommation est proportionnelle à celle de X_2. Or la demande de X_2 varie en sens inverse de son prix. Par conséquent **la demande de X_1 varie aussi en sens inverse du prix de X_2.**

Deux **biens strictement complémentaires** sont tels que leurs consommations sont liées par une proportion précise. Si les biens sont complémentaires, leur substituabilité est nulle, ce qu'on peut écrire : $\frac{\partial x_1}{\partial x_2} = 0$; donc x_1 est une constante; c'est alors une droite parallèle à son axe. Même raisonnement et même résultat pour x_2. La courbe d'indifférence se présente ainsi « en arêtes de poisson » orthogonales. En fait, le TMS peut aussi être positif et évolutif. Dans ce cas, les arêtes ont une pente positive : le consommateur sature au point de voir décroître sa satisfaction en s'éloignant de la proportion idéale. Les arêtes forment entre elles un angle aigu (*cf.* fig. 20).

En général, la demande croisée est moins élastique que la demande directe sauf si les biens sont indissociables. Dans ce cas, le bien accessoire a généralement une faible élasticité directe de la demande à son prix car son prix importe moins que le prix de son complément.

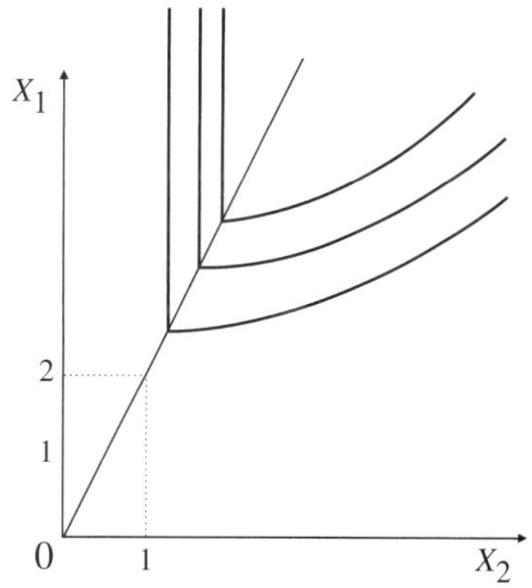

Fig. 20 : Carte d'indifférence de 2 biens strictement complémentaires

Ici la consommation est dans une proportion de $2x_1$ par unité de x_2, ce qui induit une demande double de X_1 par rapport à celle de X_2. Utiliser plus de $2x_1$ par unité de X_2, n'augmente pas l'utilité, en utiliser moins la diminue (il faut compenser plus de X_2 par plus de X_1 pour rester indifférent).

C

DEMANDE DE LOISIR ET OFFRE DE TRAVAIL

1 - L'ARBITRAGE TRAVAIL-LOISIR

L'offre de travail provient des consommateurs qui vendent leur travail sur le marché du travail en échange d'un salaire.

En microéconomie, le ***loisir*** correspond approximativement à ce qu'on appelle en langage courant «le *repos*» et le temps de «***repos***».

En théorie économique, on appelle **loisir** le temps de non-travail. Par conséquent, le temps de loisir (noté ci-dessous l) est le complément du temps de travail noté L pour toute période de temps donnée. Par exemple, pour une période de temps disponible notée N, on pourra écrire la **contrainte de budget-temps** sous la forme : $L + l = N$. N peut par exemple être égal à 24 en considérant la journée comme période de temps et en prenant l'heure comme unité ou à 1 de façon à montrer qu'il représente 100 % du temps disponible ; L et l représentent alors les fractions de temps disponibles consacrées respectivement au travail et au loisir.

L'**arbitrage travail-loisir** revient à déterminer le panier optimal du consommateur pour une satisfaction particulière qui est l'utilisation de son temps disponible. Ce panier est composé de deux biens possibles qui sont substituables et qui sont exprimés en unité de temps : le travail (L) et le loisir (l).

En fait, la satisfaction procurée par L provient non pas du plaisir de travailler mais du revenu que ce travail procure. Le consommateur confronte donc le loisir au revenu du travail (noté ici R). Il faudra ainsi maximiser $U = f(R, l)$ avec $R = w.L$ où U désigne l'utilité (ou satisfaction) et w le prix de l'unité de temps de travail sous contrainte que : $L + l = N$ ou $L + l = 1$.

Pour chaque niveau de satisfaction, R° est le salaire à partir duquel le consommateur est disposé à travailler ; le consommateur ne travaille pas pour moins que ce revenu ; c'est pourquoi ce salaire minimal est appelé « salaire de réservation ». La combinaison associant un travail nul et R° est indifférente à d'autres combinaisons associant du travail et (par conséquent) des revenus plus élevés.

Fig. 21 : Courbes d'indifférence

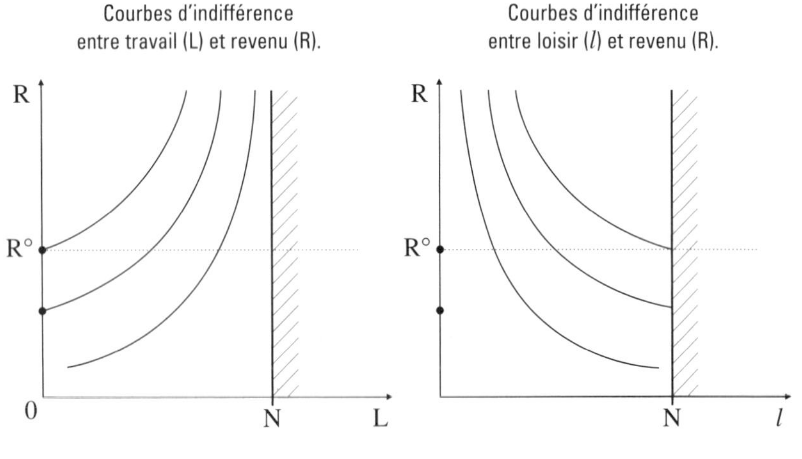

La principale particularité du travail et du loisir est de disposer d'ensembles de consommation bornés.

Si le consommateur ne dispose pas d'autre revenu que celui de son travail, pour L = 0 il aura R = 0 et pour L = N il aura R = *w*.N ; le revenu passe par ces 2 points. Si le consommateur dispose d'un revenu hors travail égal à K, son revenu global sera déplacé vers le haut d'un montant K et il s'écrira R = *w*.L + K ; il passera par K pour L = 0 et par *w*.N + K pour L = N. On obtient alors les différents cas de figure suivants :

Fig. 22

Optimum avec le seul revenu du travail. — Optimum avec le revenu du travail plus un revenu hors travail.

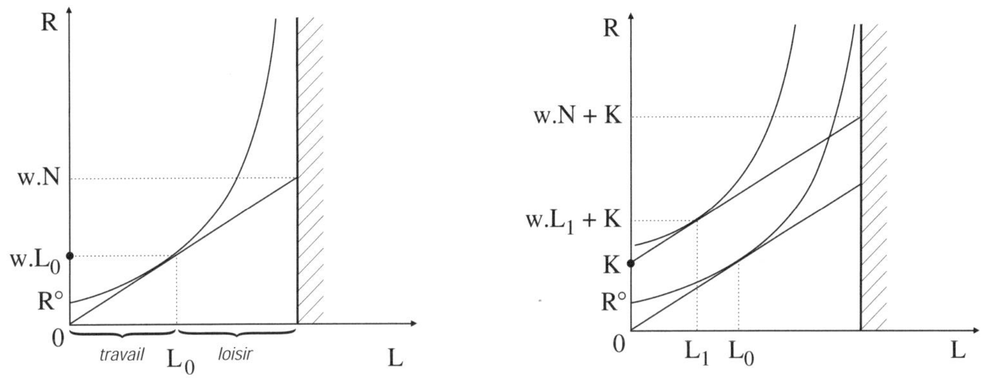

On a un optimum en coin si le salaire est insuffisant pour inciter l'agent à travailler, c'est-à-dire s'il est inférieur à son salaire de réservation.

Fig. 23

Optimum en coin.

Les revenus hors travail sont suffisants pour constituer le salaire de réservation car le taux de rénumération n'est pas assez relevé pour inciter à travailler.

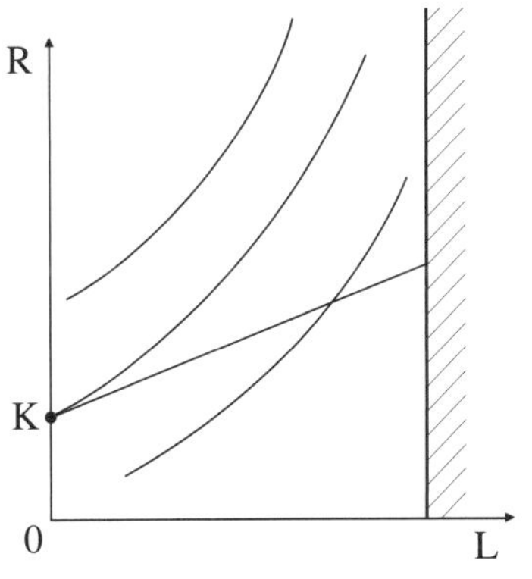

Passage d'un optimum en coin à un optimum classique par augmentation du taux de rémunération.

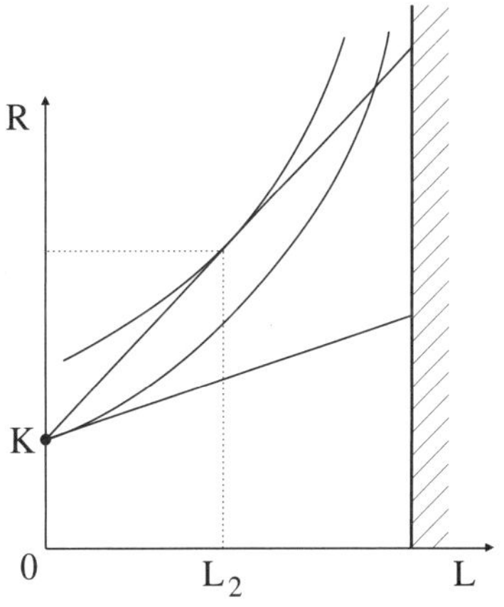

2 - Effets de revenu et de substitution dans l'arbitrage travail-loisir

Il n'est pas possible de prévoir *a priori* la réponse d'un travailleur face à une variation du prix de son travail. En effet, si l'**effet de revenu** l'emporte sur l'effet de substitution, le travailleur cherchera à compenser une baisse de sa rémunération par une hausse de son temps de travail (une baisse de son loisir) ; si au contraire, l'**effet de substitution** l'emporte, le travailleur préférera dans ce cas travailler moins, estimant que l'utilité marginale du travail (à savoir le taux de rémunération) ne vaut plus, à ce prix, la satisfaction marginale que lui apporte le loisir.

Fig. 24

Offre de travail
à effet de revenu dominant.

Offre de travail à effet de revenu dominant. Le chemin d'expansion a une pente négative. *Une baisse* du taux de rémunération entraîne *une hausse* de l'offre de travail (et une hausse, une baisse).

Offre de travail
à effet de substitution dominant.

Le chemin d'expansion a une pente positive. *Une baisse* du taux de rémunération entraîne *une baisse* de l'offre de travail (et une hausse, une hausse).

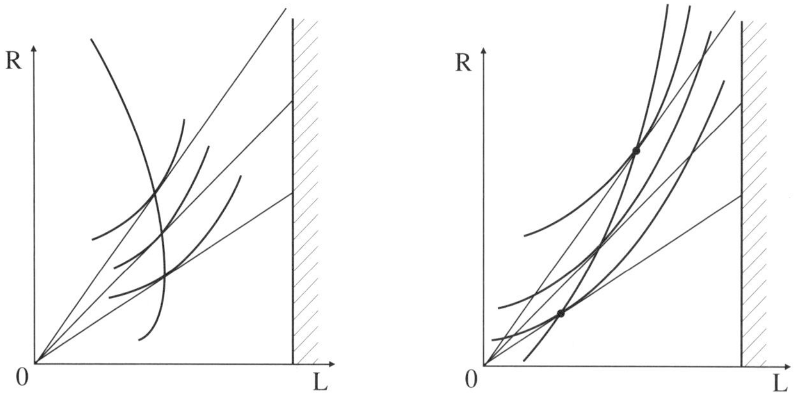

Arbitrage travail-consommation de biens. Une autre façon de formuler le problème travail-loisir est de comparer le travail ou son complément, le loisir, avec la consommation de l'ensemble des biens, représentée par la consommation Q d'un seul autre bien global. On pose alors : Max $U = f(Q, L)$ sous contrainte que $p.Q = w.L + K$. *p* représente le prix du bien global et K l'ensemble des revenus hors du travail (loyers du patrimoine, revenus sociaux, plus-values, etc.). On a ici l'égalité entre la dépense et les revenus puisqu'on néglige l'épargne.
Nous avons $p.Q = w.L + K$ et nous savons que $L + l = N$ ou encore $L = N - l$. On peut alors écrire : $w.L = w.N - w.l$. On obtient : $p.Q + w.l = w.N + K$. En d'autres termes, tout se passe comme si le consommateur répartissait l'ensemble maximal de ses revenus possibles (K et $w.N$), obtenus en travaillant tout le temps disponible, entre l'achat $p.Q$ des biens sur le marché et l'achat de loisirs l au prix exact que lui coûte ce « renoncement au travail » c'est-à-dire au taux de rémunération. Dans cette conception, w apparaît comme le prix du loisir pour le consommateur.
Les courbes d'indifférence ont les mêmes formes que celles ci-dessus. Il suffit de remplacer R par Q. (*cf.* exercices 2.18, 2.19)

En pratique l'existence du chômage prouve à l'évidence que l'arbitrage travail-loisir n'est pas du ressort de tous les travailleurs puisque le chômage est, par définition, un arbitrage non conforme au choix du travailleur, en faveur exclusive du loisir.

*
* *

Le consommateur n'est pas seul sur le marché, sa demande de biens se confronte à l'offre de biens provenant des producteurs. L'objet de la deuxième partie sera donc l'étude du comportement du producteur.

Questions à choix multiples

(Pour chaque question, plusieurs réponses sont possibles.)

1 - Un consommateur ne dispose que de deux biens pour une certaine satisfaction. Un des deux biens est Giffen. Comment est l'autre bien ?
a. Giffen.
b. inférieur.
c. de luxe.

2 - Un bien inférieur peut être un bien :
a. typique.
b. atypique.
c. snob.
d. de luxe.
e. normal.
f. nécessaire.
g. Giffen.

3 - L'élasticité croisée de la demande de X_1 au prix de X_2 est égale à – 0,2 tandis que le prix de X_1 n'apparaît pas dans la fonction de demande de X_2.
a. X_1 n'est pas lié à X_2.
b. X_2 n'est pas lié à X_1.
c. X_1 est substituable à X_2.
d. X_2 est substituable à X_1.
e. X_1 est complémentaire de X_2.
f. X_2 est complémentaire de X_1.

4 - L'effet de substitution fait varier la demande d'un bien :
a. dans le sens inverse de son prix.
b. dans le même sens que son prix.
c. dans un sens variable selon la nature du bien.

5 - L'effet de revenu fait varier la demande d'un bien :
a. dans le sens inverse de son prix.
b. dans le même sens que son prix.
c. dans un sens variable selon la nature du bien.

6 - Un individu qui n'est pas entrepreneur demande :
a. du loisir.
b. du loisir et, complémentairement, du travail.
c. du travail pour s'offrir du loisir.

7 - La demande d'un bien s'exprime algébriquement sour la forme : $x_1 = R/p_1$. Selon la variable choisie, cette fonction exprime une demande :
a. hicksienne.
b. marshallienne.
c. croisée.
d. solvable.
e. compensée.
f. directe au prix.
g. indirecte au prix.
h. au revenu.

8 - Un marché est composé de 8 demandes identiques qui peuvent s'écrire : $p = -3q + 40$.
La demande globale s'écrit :
a. $p = -24q + 40$.
b. $p = -3q + 40$.
c. $p = -\frac{3q}{8} + 40$.
d. $p = -\frac{3q}{8} + 5$.
e. $p = -24q + 320$.
f. $p = -3q + 320$.

9 - La hausse du prix d'un bien diminue à la fois les recettes de ses producteurs et les dépenses des consommateurs pour ce bien :
a. si sa demande au prix est rigide.
b. si le bien est peu élastique au revenu imparti.
c. si le bien est très élastique à son prix.
d. si le bien est peu élastique à son prix.
e. à condition que le bien soit typique.
f. à condition que le bien soit atypique.
g. s'il y a effet King.
h. s'il y n'a pas effet King.
i. jamais.

10 - Il y a absence d'illusion monétaire si, lors d'une inflation :
a. les prix nominaux ne varient pas.
b. les prix réels ne varient pas.
c. les quantités demandées ne varient pas.
d. les revenus nominaux ne varient pas.
e. les revenus réels ne varient pas.

EXERCICE CORRIGÉ 2.1

Usage des élasticités (A ; B)

Quels types d'élasticités permettraient d'étudier les cinq questions suivantes :

1 - Y a-t-il une relation entre le prix de l'essence et les ventes d'automobiles ?

2 - Les ventes d'automobiles dépendent-elles de leurs prix ?

3 - Quel est le degré de concurrence du TGV sur l'avion pour se rendre de Paris sur la Côte d'Azur ?

4 - Quelle est l'influence du prix des péages sur la fréquentation des autoroutes ?

5 - La margarine est-elle un bien inférieur ?

CORRIGÉ

1 - L'élasticité croisée de la demande d'automobiles au prix de l'essence.

Il s'agit d'établir des élasticités d'arc comparant les taux de variations du nombre des immatriculations durant des périodes semblables, aux prix respectifs de l'essence durant chaque période, en essayant de corriger des variations des autres paramètres (conjoncture, etc.)

2 - L'élasticité directe de la demande au prix des automobiles.

Pour divers modèles, comparer par des élasticités d'arc, les taux de variation des ventes et des prix pratiqués, en essayant d'évaluer et d'annuler les autres influences.

3 - Les élasticités croisées des demandes de billets d'avion au prix des billets de train sur les lignes de Paris à Toulon-Hyères et de Paris à Nice.

4 - L'élasticité directe de la demande au prix des autoroutes pour leurs usagers ; à savoir comparer les taux de variations des prix des péages à leur fréquentation en corrigeant des variations saisonnières et conjoncturelles.

5 - Enquête auprès de ménages-types, classés par niveaux de revenu, sur la consommation de margarine. Calculs d'élasticités d'arc de la consommation au revenu.

EXERCICE CORRIGÉ 2.2

Élasticités de demandes individuelles et globales (A,1,c ; A,2,a)

Un marché a une demande globale composée de n demandes individuelles toutes identiques. Quelles sont les relations entre les élasticités individuelles et les élasticités globales de ce marché ?

CORRIGÉ

Pour passer des élasticités-prix individuelles aux globales, il faut multiplier la variation des quantités et la quantité par n, ce qui s'annule. Les prix ne sont pas affectés. Par conséquent, les élasticités individuelles et globales aux prix seront identiques.

Pour les élasticités-revenu, en supposant que tous les revenus soient identiques, il faut multiplier par n les quatre termes de l'élasticité (quantités, revenus et leurs variations), ce qui, dans ce cas, s'annule aussi.

Si les revenus diffèrent, les élasticités individuelles aux revenus différeront, sauf si les demandes sont isoélastiques au revenu.

EXERCICE CORRIGÉ 2.3

Isoélasticités des demandes au revenu (A,2,c ; B,1,c)

– Vérifier qu'une fonction exponentielle est conforme à une demande-revenu isoélastique d'un bien normal.

– Vérifier au passage que la valeur de l'élasticité est égale à l'exposant du revenu.

– Montrer que cette fonction passe par l'origine des axes. En donner la raison économique.

– Dans quel cas cette fonction peut-elle être une droite ?

CORRIGÉ

Distinguons 6 étapes :

1 - S'il s'agit d'une **demande-revenu**, il s'agit d'une fonction mettant en relation la quantité demandée d'un bien et le revenu de ce bien : $x = f\,(\mathrm{R})$

2 - S'il s'agit d'une **fonction exponentielle,** il s'agit (comme nous l'avons vu dans la partie cours), d'une fonction du type : $x = \mathrm{K.R}^n$

Remarque : L'habituelle variable du prix (p) est ici un paramètre puisque nous étudions la demande exclusivement en fonction du revenu. p en tant que paramètre est ici inclus dans la constante K.

3 - S'il s'agit d'un bien normal, la demande varie dans le même sens que le revenu. Par conséquent, la dérivée première doit être positive. Vérifions si une fonction de ce type possède une dérivée première positive.

$x = \mathrm{K.R}^n ;\ \dfrac{\partial x}{\partial \mathrm{R}} = n.\mathrm{K.R}^{(n-1)}$; K, R et n étant positifs, la dérivée première est bien positive.

4 - Pour vérifier qu'une telle **demande** est **isoélastique**, déterminons la formule de l'élasticité.

$$\mathrm{e}\ x/\mathrm{R} = \frac{\partial x}{\partial \mathrm{R}} \cdot \frac{\mathrm{R}}{x} = n.\mathrm{K.R}^{(n-1)} \cdot \frac{\mathrm{R}}{\mathrm{K.R}^n} = n.\mathrm{K.R}^n \cdot \frac{1}{\mathrm{K.R}^n} = n$$

On constate que l'élasticité est constante quel que soit le revenu : il y a une isoélasticité au revenu égale à n ; n étant l'exposant du revenu.

5 - *Cette fonction passe par l'origine des axes* puisque si on pose R = 0, on obtient également $x = 0$.

Ce point remarquable est dû au fait que pour un revenu nul alloué à cette satisfaction, le consommateur ne peut rien acheter ; sa demande est nulle.

6 - *Cette fonction peut être une droite* dans le cas où n est égal à 1.

On a alors une droite $x = \mathrm{K.R}$, croissante, passant par l'origine des axes et de pente égale à K.

EXERCICE CORRIGÉ 2.4

Isoélasticités des demandes au prix (A,2,c ; B,2,a)

– Vérifier qu'une hyperbole équilatère est conforme à une demande-prix isoélastique d'un bien typique.

– Vérifier au passage que la valeur de l'élasticité est égale à l'exposant du prix.

Procéder par étapes.

CORRIGÉ

Distinguons 4 étapes :

1 - S'il s'agit d'une **demande-prix,** il s'agit d'une fonction mettant en relation la quantité optimale demandée d'un bien et le prix de ce bien : $x = f(p)$

2 - S'il s'agit d'une **hyperbole équilatère,** il s'agit (comme nous l'avons vu dans la partie cours), d'une fonction du type : $x = \frac{K}{p^n}$; ce qui revient à écrire : $x = K.p^{-n}$

Remarque : L'habituelle variable du revenu (R) est ici un paramètre puisque nous étudions la demande exclusivement en fonction du prix. R en tant que paramètre est ici inclus dans la constante K.

3 - S'il s'agit d'un **bien typique,** la demande varie en sens inverse de la variation du prix. Par conséquent, la dérivée première doit être négative. Vérifions si une fonction de ce type possède une dérivée première négative.

$$x = K.p^{-n} \; ; \; \frac{\partial x}{\partial p} = -n.K.p^{(-n-1)} = -\, n.\frac{K}{p^{n+1}}$$

K, p et n étant positifs, la dérivée première est bien négative.

4 - Déterminons la **formule de l'élasticité.**

$$e\,x/p = \frac{\partial x}{\partial p}\cdot\frac{p}{x} = -\,n.\frac{K}{p^{n+1}}.p.\frac{p^n}{K} = -\,n.\frac{K.p^{n+1}}{K.p^{n+1}} = -\,n$$

On constate que l'élasticité est constante quel que soit le prix (isoélasticité au prix) et égale à $-n$, qui est l'exposant du prix.

EXERCICE CORRIGÉ 2.5

Élasticités d'arc et effet King (A,2,b ; B,2,a)

La demande globale d'un bien passe de 100 à 105 pendant que le prix passe de 100 à 70.

1 - Étudier et commenter l'influence de la variation du prix sur la demande. Comment s'appelle précisément l'instrument utilisé ?

2 - Quel type d'effet votre analyse permet-elle d'anticiper dans l'économie ?

3 - Confirmer ces prévisions en analysant l'évolution des dépenses des consommateurs (ou des recettes des producteurs) ?

4 - Les producteurs ont-ils intérêt à augmenter globalement leur production ?

CORRIGÉ

1- L'instrument utilisé ici est l'élasticité directe de la demande au prix. Elle est mesurée par une élasticité d'arc.

Les deux formules de calcul des élasticités d'arc.

$$\frac{\dfrac{\text{variation de la demande}}{\text{valeur de la demande}}}{\dfrac{\text{variation du prix}}{\text{valeur du prix}}} = e_1 = \frac{\dfrac{\text{valeur finale } \textbf{moins} \text{ valeur initiale de la demande}}{\text{valeur initiale de la demande}}}{\dfrac{\text{valeur finale } \textbf{moins} \text{ valeur initiale du prix}}{\text{valeur initiale du prix}}}$$

$$\text{ou } e_2 = \frac{\dfrac{\text{valeur finale } \textbf{moins} \text{ valeur initiale de la demande}}{\text{valeur finale } \textbf{plus} \text{ valeur initiale de la demande}}}{\dfrac{\text{valeur finale } \textbf{moins} \text{ valeur initiale du prix}}{\text{valeur finale } \textbf{plus} \text{ valeur initiale du prix}}}$$

On obtient :

$e_1 = ((105 - 100)/100)/((70 - 100)/100) = 5\,\% / -30\,\% \simeq -0{,}17$

$e_2 = ((105 - 100)/(105 + 100))/((70 - 100)/(70 + 100) = (5/205)/(-30/170) \simeq -0{,}14$

Les deux formules diffèrent dans leurs calculs et leurs résultats mais leur type de résultat est identique ; il s'agit toujours d'une élasticité négative et très faible : le bien est typique et très peu élastique à son prix.

2- Une élasticité de la demande au prix particulièrement faible permet de prévoir un effet King, effet dans lequel les dépenses des consommateurs et les recettes des producteurs pour ce bien varient dans le même sens que le prix du bien.

3- R1 = P1. Q1 = 100 × 100 = 10 000
R2 = P2. Q2 = 70 × 105 = 7 350 ⇒ ∂ R/R = (7350 – 10 000)/10 000 = – 26,50 %

R (recettes ou dépenses) varie bien dans le sens du prix puisque :

∂ P/P1 = ((70 – 100)/100) = – 30 %

4- Non, les producteurs ont intérêt à s'entendre de façon à faire de la rétention concertée de production car l'augmentation globale de leurs ventes provoque, à cause de l'inélasticité de la demande, une chute des cours entraînant une baisse de leurs recettes.

Il faut toutefois signaler que, dans une économie de libres marchés, les ententes sont interdites.

EXERCICE CORRIGÉ 2.6

La nature économique des biens solitaires (B,1 ; B,2)

Un seul bien X est disponible pour une certaine satisfaction U à laquelle un consommateur C affecte un budget R.

– Déterminer de façon précise la nature économique de ce bien.

CORRIGÉ

1- Si le bien est seul pour une certaine satisfaction, le budget lui sera intégralement attribué, ce qui s'écrit : R = $p.\,x$

Par conséquent, la demande est $x = \dfrac{R}{p}$

Élasticité de cette demande à son revenu : $e = \dfrac{1}{p} \cdot \dfrac{R}{x} = \dfrac{1}{p} \cdot R \cdot \dfrac{p}{R} = +1$

Ce résultat signifie que sa part dans le budget reste constante avec l'évolution du budget, ce qui est logique puisque sa part est constamment de 100 % du budget !

Par conséquent, le bien peut être dit « normal », à mi-chemin entre bien nécessaire et bien de luxe et sa demande est isoélastique au revenu.

Élasticité de cette demande à son prix : $e = -\dfrac{R}{p^2} \cdot p \cdot \dfrac{p}{R} = -1$

Le bien est typique, il est isoélastique et son élasticité au prix est moyenne, ce qui est aussi la conséquence de son caractère unique.

Bien sûr il n'y a pas d'élasticité croisée et ce bien est sans lien puisqu'il est le seul utile à la satisfaction U et seul affecté au revenu R qui lui correspond.

EXERCICE CORRIGÉ 2.7

Bien inférieur (B,1)

La fonction de demande du bien X, définie pour un revenu R compris entre 0 et $\dfrac{b}{a}$, se présente sous la forme algébrique :

$x = \dfrac{-a R^2 + b R}{p}$, où p est le prix de X et a et b sont des paramètres positifs.

1 - Faire les dérivées première et seconde par rapport au revenu, de cette fonction de demande. Que peut-on en déduire ?

2 - Trouver la formule de l'élasticité par rapport au revenu.

En prenant $b = 4$ et $a = 1$, que vaut l'élasticité de la demande au revenu successivement pour R = 1 puis R = 2 puis R = 3 ?

Ces résultats confirment-ils ceux de la question précédente ? Expliquer.

3 - Calculer la valeur de l'élasticité directe de la demande au prix. Que peut-on en déduire ?

4 - Quelle est l'extrapolation économique la plus vraisemblable de la courbe au-delà de $\dfrac{b}{a}$?

Que peut-on dire dans ce cas de X vis-à-vis de l'ensemble de ses biens concurrents ?

5 - Votre conclusion est-elle conforme à l'absence d'illusion monétaire ?

CORRIGÉ

1 - $x = \dfrac{-a R^2 + b R}{p}$; $\dfrac{\partial x}{\partial R} = \dfrac{-2 a R + b}{p} = 0 \Rightarrow R = \dfrac{b}{2a}$

$\dfrac{\partial_2 x}{\partial R^2} = \dfrac{-2a}{p} < 0$

La dérivée seconde étant négative, le revenu $R = \dfrac{b}{2a}$ correspond à une demande maximale de X.

Autrement dit x augmente pour des revenus compris entre 0 et $\frac{b}{2a}$ et diminue pour des revenus compris entre $\frac{b}{2a}$ et $\frac{b}{a}$ ($\frac{b}{a}$ étant la valeur maximale de R permettant de définir cette fonction de demande).

X est un bien nécessaire normal jusqu'au revenu $\frac{b}{2a}$ et un bien nécessaire inférieur entre $\frac{b}{2a}$ et $\frac{b}{a}$.

2 - Déterminons l'élasticité par rapport au revenu :

$$ex/R = \frac{\partial x}{\partial R} \cdot \frac{R}{x} = \frac{-2aR + b}{p} \cdot R \cdot \frac{p}{-aR^2 + bR} = \frac{-2aR^2 + bR}{-aR^2 + bR}$$

Posons $b = 4$ et $a = 1$, on obtient : $ex/R = \frac{-2R^2 + 4R}{-R^2 + 4R}$

Valeurs successives de l'élasticité de la demande au revenu pour R = 1 puis R = 2 puis R = 3 :

$$R = 1 \Rightarrow e_{x/R} = +\frac{2}{3}\,;\ R = 2 \Rightarrow ex/R = 0\,;\ R = 3 \Rightarrow e_{x/R} = -2.$$

Ces résultats confirment les résultats précédents d'une façon moins générale. En effet :

– pour un revenu R = 1, inférieur à $R = 2 = \frac{b}{2a}$, l'élasticité est égale à $+\frac{2}{3}$, c'est-à-dire inférieure à 1 mais positive (bien nécessaire mais normal);

– pour un revenu égal à 2 l'élasticité est nulle (point de renversement);

– pour un revenu de 3 compris entre $\frac{b}{2a} = 2$ et $\frac{b}{a} = 4$, l'élasticité $ex/R = -2$; elle est inférieure à 1 et négative : le bien nécessaire est désormais inférieur.

Remarque : L'analyse par les dérivées s'avère ici plus simple et plus explicite que l'analyse par les élasticités. Ce fait tient à l'expression algébrique de cette demande pour laquelle la formule de l'élasticité de la demande au revenu ne se simplifie pas.

3 - *Valeur de l'élasticité directe de la demande au prix*

$$e_{x/p} = \frac{\partial x}{\partial p} \cdot \frac{p}{x} = \frac{-(-aR^2 + bR)}{p^2} \cdot p \cdot \frac{p}{-aR^2 + bR} = -1$$

On peut en déduire que X est un bien typique (non-Giffen). Par conséquent, son effet de revenu, lorsqu'il est négatif, ne l'emporte pas sur son effet de substitution, positif.

4 - Pour R = (b/a), la demande x devient nulle. Au-delà, x ne peut pas économiquement devenir négative mais peut rester nulle. L'hypothèse de voir le bien X redevenir normal est invraisemblable puisqu'en R = (b/a) le consommateur n'en veut plus. Il est vraisemblable qu'à partir de ce niveau de revenu, le consommateur ne veuille plus de ce bien et, sauf à changer ses préférences, il devrait consacrer son revenu à la consommation exclusive de l'ensemble des autres biens.

Par conséquent, dans le panier formé par X et l'ensemble des autres biens, à partir d'un revenu R = (b/a) et ce quels que soient les prix, la solution sera en coin avec une demande exclusive de l'ensemble des autres biens.

5- Cette conclusion n'est pas conforme à l'absence d'illusion monétaire car le comportement de demande de ce consommateur pour une solution en coin prend en compte le niveau du revenu sans prendre en compte les niveaux de prix. Le consommateur se fie uniquement à son revenu nominal et non pas à son pouvoir d'achat (revenu réel).

On peut vérifier cela en déterminant l'homogénéité de la fonction de demande :

$$x = \frac{-a\,R^2 + b\,R}{p}\;;\; x_\lambda = \frac{-a\,(\lambda R)^2 + b\,(\lambda R)}{(\lambda p)} = \frac{-a\,\lambda^2 R^2 + b\,\lambda R}{\lambda p}$$

$x_\lambda = \dfrac{-a\,\lambda R^2 + b\,R}{p}$. La fonction n'est pas homogène. On constate que lors d'une variation λ des prix et du revenu, la demande x_λ diffère de la demande x, ce qui confirme une illusion monétaire sur le critère du revenu.

Fig. 25 : Courbe d'Engel de X

De par l'illusion monétaire, la courbe varie si on fait varier *p*.

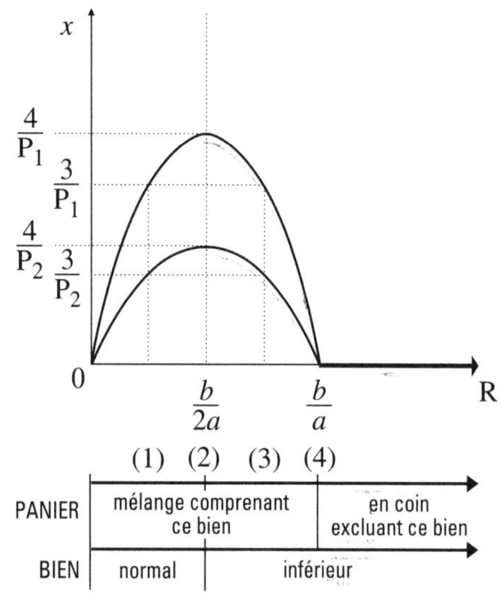

Fig. 26 : Courbe de demande au prix de X (forme approximative)

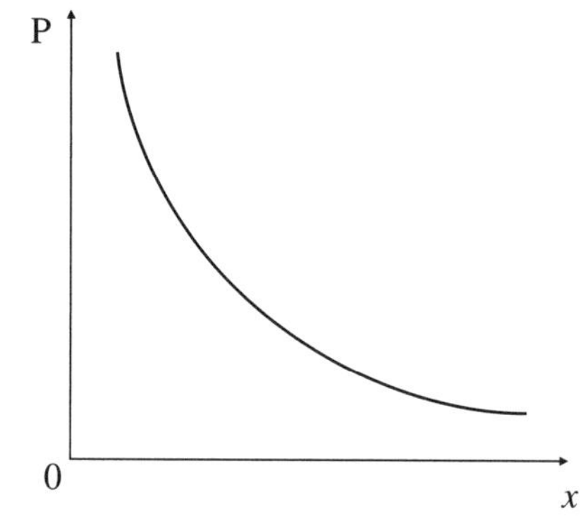

Exercice proposé 2.8

Un bien complémentaire et substituable (B,4)

Le bien X_1 a une demande $x_1 = \dfrac{R^2}{2\,p_1 + 0{,}5\,p_2 - 0{,}2\,p_3}$; p_1 et le prix de X_1, p_2 celui de X_2, p_3 celui de X_3.

– Étudier la nature de X_1 et ses relations avec ses biens liés.

DÉMARCHE

Afin d'étudier la nature de ce bien, il faut déterminer les élasticités de la demande au revenu et de la demande directe à son prix.

Afin d'étudier ses relations avec ses biens liés, il convient d'étudier ses élasticités croisées.

RÉSULTATS

Élasticité de la demande au revenu : $e_{d/R} = +2$: X_1 est un bien normal de luxe de façon isoélastique.

Élasticité directe de la demande au prix : $e_{d/p_1} = -\dfrac{R^2}{2\,p_1 \,.\, x_1} < 0$: X_1 est un bien typique non isoélastique.

Élasticité croisée de la demande au prix de X_2 : $e_{c/p_2} = -\dfrac{R^2}{0{,}5\,p_2 \,.\, x_1} < 0$: X_1 est un bien complémentaire à X_2, de façon non isoélastique.

Élasticité croisée de la demande au prix de X_3 : $e_{c/p_3} = +\dfrac{R^2}{0{,}2\,p_3 \,.\, x_1} > 0$: X_1 est un substitut de X_3, de façon non isoélastique.

EXERCICE CORRIGÉ 2.9

Analyse empirique, élasticités d'arc et élasticités points (A,2,b ; B)

À propos de deux biens dont un seul a une relation à l'autre.

On observe successivement les cinq situations suivantes :

Situation	Revenu	Prix de X_1	Prix de X_2	Demande de X_1	Demande de X_2
initiale	10	1	1	4,5	5,5
2e	20	2	2	4,5	5,5
3e	20	1	1	9,5	10,5
4e	10	1	2	4	3
5e	10	2	1	2,25	5,5

1 - De façon empirique, comparer successivement les situations 2 puis 3 puis 4 puis 5, à la situation initiale.

2 - De façon arithmétique, faire de même en calculant les degrés ponctuels d'homogénéité des demandes et les élasticités d'arc.

3 - De façon algébrique, on s'aperçoit que dans l'intervalle étudié ces variations sont conformes à une fonction de satisfaction $U = x_1(x_2 - 1)$.

– Déterminer les fonctions de demande correspondantes.

– Remplacer dans les fonctions de demande les prix et le revenu par leurs valeurs et vérifier que les demandes trouvées sont bien conformes au tableau ci-dessus.

– Retrouver les conclusions des analyses précédentes en déterminant les degrés d'homogénéité des demandes et leurs élasticités-points.

CORRIGÉ

1 - Analyse empirique

a. *Comparaison de la 2e situation à la situation initiale*

R, p_1 et p_2 doublent ; du coup ni le pouvoir d'achat ni les prix relatifs ne changent ; seules les valeurs nominales sont affectées.

Or, les demandes sont inchangées ce qui traduit une absence d'illusion monétaire.

b. *Comparaison de la 3e situation à la situation initiale*

Seul le revenu double. Or, les demandes augmentent. Donc X_1 et X_2 sont des biens normaux.

x_1 fait un peu plus que doubler : bien (à tendance) de luxe ; x_2 fait un peu moins que doubler : bien (à tendance) nécessaire.

c. *Comparaison de la 4e situation à la situation initiale*

Seul p_2 double. Or, les deux demandes diminuent. Donc X_2 est un bien typique et X_1 lui est complémentaire.

d. *Comparaison de la 5e situation à la situation initiale*

Seul p_1 double. x_1 diminue donc c'est un bien typique. x_2 ne varie pas. Il est donc indépendant du prix de X_1.

(Rappel : X_2 peut avoir un effet de substitution avec X_1 mais cet effet est annulé par l'effet de revenu et rend X_2 indépendant du prix de X_1. À ce sujet, *cf.* effet de revenu et effet de substitution.)

2 - Analyse arithmétique

a. *Comparaison de la 2e situation à la situation initiale*

On ne peut pas utiliser les élasticités car on n'a pas le *ceteris paribus* ; en effet il y a deux causes simultanées de variations : prix et revenu.

En dehors des élasticités, on peut toutefois calculer la variation d'échelle et les degrés d'homogénéité des deux demandes.

Si on pose $x = f(R, p_1, p_2)$, on peut écrire pour x_1 et par rapport à la situation initiale ($x_{1.i}$) :

$$x_{1.2} = f(20, 2, 2) = f(\lambda 10, \lambda 1, \lambda 1) = f(2.\ 10, 2.1, 2.1) \Rightarrow \lambda = 2$$

La variation d'échelle est de 2 (doublement du niveau général des prix et du revenu).

$$x_{12} = \lambda^k.\ x_{1i} = 2^k.x_{1,i} = x_{1i} = 2^0.\ x_{1i} \Rightarrow k = 0$$

La demande est homogène et son degré d'homogénéité est 0 : la fonction de demande ne varie pas ; il y a absence d'illusion monétaire.

Même calcul et même résultat pour x_2.

Pour les comparaisons suivantes, l'instrument utilisé est l'élasticité d'arc. Les deux formules figurent dans l'encadré du corrigé de l'exercice 2.5.

b. *Comparaison de la 3e situation à la situation initiale*

Seul le revenu varie. Les prix restent inchangés. On calcule donc les élasticités au revenu selon une des deux formules e_1 ou e_2 en remplaçant ici le prix par le revenu.

$$e_1\ x_1/R = \frac{\dfrac{5}{4,5}}{\dfrac{10}{10}} \neq +1,11 \qquad e_2\ x_1/R = \frac{\dfrac{5}{14}}{\dfrac{10}{30}} \neq +1,07$$

X_1 est un bien normal (à tendance) de luxe car son élasticité est positive et légèrement supérieure à 1.

$$e_1\ x_2 / R = \frac{\frac{5}{5{,}5}}{\frac{10}{10}} \simeq +0{,}91 \qquad e_2\ x_2 / R = \frac{\frac{5}{16}}{\frac{10}{30}} \simeq +0{,}94\,;$$

X_2 est un bien normal (à tendance) nécessaire car son élasticité est positive et légèrement inférieure à 1.

c. *Comparaison de la 4ᵉ situation à la situation initiale*

Seul p_2 varie. On calcule donc les élasticités au prix de X_2 selon une des deux formules e_1 ou e_2.

$$e_1\ x_1 / p_2 = \frac{\frac{-0{,}5}{4{,}5}}{\frac{1}{1}} \simeq -0{,}11\,; \qquad e_2\ x_1 / p_2 = \frac{\frac{-0{,}5}{8{,}5}}{\frac{1}{3}} \simeq -0{,}18\,;$$

X_1 est un bien complémentaire à X_2 car son élasticité croisée au prix de X_2 est négative.

$$e_1\ x_2 / p_2 = \frac{\frac{-2{,}5}{5{,}5}}{\frac{1}{1}} \simeq -0{,}45\,; \qquad e_2\ x_2 / p_2 = \frac{\frac{-2{,}5}{8{,}5}}{\frac{1}{3}} \simeq -0{,}88\,;$$

X_2 est un bien typique car son élasticité directe à son prix est négative.

d. *Comparaison de la 5ᵉ situation à la situation initiale*

Seul p_1 varie. On calcule donc les élasticités au prix de X_1 selon une des deux formules.

$$e_2\ x_1 / p_1 = \frac{\frac{-2{,}25}{4{,}5}}{\frac{1}{1}} = -0{,}5 \qquad e_2\ x_1 / p_1 = \frac{\frac{-2{,}25}{6{,}75}}{\frac{1}{3}} = -1\,;$$

X_1 est un bien typique car son élasticité directe au prix est négative.

$e_1 x_2 / p_1 = e_2\ x_2 / p_1 = 0$; X_2 est un bien non lié au prix de X_1 car son élasticité croisée au prix de X_1 est nulle.

3- Analyse algébrique

$$U = x_1(x_2 - 1) = x_1 . x_2 - x_1$$

– Déterminons les fonctions de demande :

$$\text{TMS}\ (x_1, x_2) = = \frac{\frac{\delta U}{\delta x_1}}{\frac{\delta U}{\delta x_2}} = \frac{x_2 - 1}{x_1} = \frac{p_1}{p_2} \Rightarrow p_1 . x_1 = p_2 . x_2 - p_2$$

$$R = p_1 . x_1 + p_2 . x_2 = 2p_2 . x_2 - p_2 = 2p_1 . x_1 + p_2$$

$$x_2 = \frac{R + p_2}{2\,p_2} \qquad x_1 = \frac{R - p_2}{2\,p_1}$$; x_1 est définie pour $R - p_2 > 0$ ou $R > p_2$

Remplaçons dans les fonctions de demande les prix et le revenu par leurs valeurs afin de vérifier que les demandes trouvées sont bien conformes au tableau ci-dessus.

Situation initiale : $x_2.i = \frac{R + p_2}{2\,p_2} = \frac{10 + 1}{2.\ 1} = 5{,}5$; $x_1.i = \frac{R - p_2}{2\,p_1} = \frac{10 - 1}{2.\ 1} = 4{,}5$

Et de même pour les autres situations…

– Déterminons maintenant si les fonctions de demande sont homogènes et, si oui, quels sont leurs degrés d'homogénéité, en faisant varier d'un facteur λ le niveau général de leurs variables :

$$x_1 = \frac{R - p_2}{2\,p_1} \text{ devient } x_{1,\lambda} = \frac{\lambda R - \lambda p_2}{2\,\lambda p_1} = \frac{\lambda(R - p_2)}{2\,\lambda p_1} = \frac{R - p_2}{2\,p_1} = x_1 = \lambda^{\circ} x_1$$

La fonction de demande x_1 est homogène de degré 0. On retrouve le résultat des analyses empirique et arithmétique.

Même démarche et résultat pour x_2.

– Déterminons enfin les élasticités-points des demandes :

Procédons pour X_1 puis pour X_2.

Élasticité de la demande au revenu de $X_1 = \dfrac{\partial x_1}{\partial R} \cdot \dfrac{R}{x_1} = \dfrac{1}{2\,p_1} \cdot R \cdot \dfrac{2\,p_1}{R - p_2} = \dfrac{R}{R - p_2}$.

Cette élasticité est positive puisque la demande est définie pour $R > p_2$; elle est supérieure à 1 car le numérateur est plus grand que le dénominateur. Donc X_1 est un bien normal de luxe.

Élasticité directe de la demande au prix de $X_1 = \dfrac{\partial x_1}{\partial p_1} \cdot \dfrac{p_1}{x_1} = \dfrac{R - p_2}{-2\,p_1^2} \cdot p_1 \cdot \dfrac{2\,p_1}{R - p_2} = -1$

On retrouve le résultat de la deuxième élasticité d'arc. Il s'agit d'une isoélasticité moyenne d'un bien typique.

Élasticité croisée de la demande de X_1 au prix de $X_2 = \dfrac{\partial x_1}{\partial p_2} \cdot \dfrac{p_2}{x_1} = -\dfrac{1}{2\,p_1} \cdot \dfrac{p_2}{x_1} < 0$

L'élasticité croisée étant négative, X_1 est complémentaire à X_2.

Élasticité de la demande au revenu de $X_2 = \dfrac{\partial x_2}{\delta R} \cdot \dfrac{R}{x_2} = \dfrac{1}{2\,p_2} \cdot R \cdot \dfrac{2\,p_2}{R + p_2} = \dfrac{R}{R + p_2}$

Cette élasticité est positive mais inférieure à un car le numérateur est plus petit que le dénominateur. Donc X_2 est un bien normal nécessaire.

Élasticité directe de la demande au prix de $X_2 = \dfrac{\partial x_2}{\partial p_2} \cdot \dfrac{p_2}{x_2}$

$= \dfrac{1.\,2p_2 - 2(R + p_2)}{4\,p_2^2} \cdot p_2 \cdot \dfrac{2\,p_2}{R + p_2} = -\dfrac{R}{(R + p_2)} < 0$; X_2 est un bien typique.

Élasticité croisée de la demande de X_2 au prix de $X_1 = \dfrac{\delta x_2}{\delta p_1} \cdot \dfrac{p_1}{x_2} = 0$; X_2 est non lié à X_1.

Remarque :

Dans cet exercice comme dans les suivants, on suppose vérifiée la condition de second ordre lors de la détermination des fonctions de demande.

Pour la vérification de cette condition, se reporter aux exercices du chapitre 1. Le respect de cette condition assure une utilité maximale pour le revenu imparti (cas d'une demande marshallienne) ou une dépense minimale pour le niveau d'utilité (cas d'une demande hicksienne).

EXERCICE PROPOSÉ 2.10

Deux biens dont les relations à l'autre diffèrent (B,4)

Un consommateur exprime une fonction de préférence telle que : $U = (x_1 + 1)(x_2 - 1)$

Étudiez économiquement les biens X_1 et X_2 et leurs relations.

DÉMARCHE

On procède de la même manière qu'à la 3e question de l'exercice précédent, à savoir déterminer les fonctions de demande puis leurs éventuelles homogénéités et leurs élasticités et enfin commenter les résultats.

RÉSULTATS

Fonctions de demande

$x_1 = \dfrac{R - (p_1 + p_2)}{2\,p_1} = \dfrac{R}{2p_1} - \dfrac{p_2}{2p_1} - \dfrac{1}{2}$; $x_2 = \dfrac{R + (p_1 + p_2)}{2p_2} = \dfrac{R}{2p_2} + \dfrac{p_1}{2p_2} + \dfrac{1}{2}$; x_1 est défini pour

$R > p_1 + p_2$.

Homogénéités : Les fonctions de demande sont homogènes de degré 0 : elles ne varient pas si le niveau général des prix et du revenu varie.

Élasticités

– Élasticité au revenu de $x_1 = \dfrac{R}{R - (p_1 + p_2)} > +1$ pour l'espace où x_1 est défini. X_1 est un bien normal de luxe.

– Élasticité directe au prix de $x_1 = - \dfrac{(R - p_2)}{(R - (p_1 + p_2))} < -1$. X_1 est un bien typique fortement élastique.

– Élasticité croisée de x_1 au prix de $x_2 = - \dfrac{p_2}{(R - (p_1 + p_2))} < 0$. X_1 est un bien complémentaire à X_2.

– Élasticité au revenu de $x_2 = \dfrac{R}{R + p_1 + p_2} > 0$ mais inférieur à 1. X_2 est un bien normal nécessaire.

– Élasticité directe au prix de $x_2 = - \left(\dfrac{R + p_1}{R + p_1 + p_2}\right) < 0$ mais supérieur à moins 1. X_2 est un bien typique faiblement élastique.

– Élasticité croisée de x_2 au prix de $X_1 = \dfrac{p_1}{R + p_1 + p_2} > 0$. X_2 est un bien substituable à X_1.

EXERCICE CORRIGÉ 2.11

Demandes et élasticités (A1a, B1b, B2a)

Les préférences d'un consommateur sont représentées par la fonction d'utilité :

$$U(x_1, x_2) = 6\, x_1^{1/4} \,.\, x_2^{3/4}$$

1- Donner les fonctions de demande des biens X_1 et X_2.

2- Calculer l'élasticité au revenu de la demande x_1 et déduire si X_1 est un bien normal.

3- Calculer l'élasticité au prix de la demande x_2 et déduire si X_2 est un bien typique.

CORRIGÉ

1- Utilisons la méthode du TMS pour déterminer les fonctions de demandes.

À l'optimum le TMS est égal au rapport des prix :

$$\text{TMS} = \frac{\partial U/\partial x_1}{\partial U/\partial x_2} = \frac{6 \,.\, 0{,}25\, x_1^{-0{,}75} .\, x_2^{0{,}75}}{6 \,.\, 0{,}75\, x_1^{0{,}25} .\, x_2^{-0{,}25}} = \frac{x_2}{3\, x_1} = \text{rapport des prix} = \frac{p_1}{p_2}$$

$$\Rightarrow\ 3\, x_1 .\, p_1 = x_2 .\, p_2$$

$$R = x_1 .\, p_1 + x_2 .\, p_2 = 4\, x_1 .\, p_1 = \frac{4}{3}\, x_2 .\, p_2 \Rightarrow \text{fonctions de demande : } x_1 = \frac{R}{4p_1} \text{ et } x_2 = \frac{3R}{4p_2}$$

2- Élasticité au revenu de la demande de $x_1 = \dfrac{\partial x_1}{\partial R} \,.\, R .\, \dfrac{1}{x_1} = \dfrac{1}{4p_1} \,.\, R .\, \dfrac{4p_1}{R} = +\, 1 < 0$

X_1 est un bien normal à isoélasticité unitaire donc moyennement élastique au revenu quel que soit le montant de ce revenu.

3- Élasticité directe au prix de la demande de $x_2 = \dfrac{\partial x_2}{\partial p_2} \,.\, p_2 .\, \dfrac{1}{x_2} = -\, \dfrac{3R}{4p_2^2} \,.\, p_2 .\, \dfrac{4p_2}{3R} = -\, 1 < 0$

X_2 est un bien typique à isoélasticité unitaire donc moyennement élastique au prix quelque soit le niveau de son prix.

EXERCICE CORRIGÉ 2.12

Courbes d'indifférence et chemin d'expansion, élasticités et nature des biens (A2c, B1a)

Un consommateur dispose d'une fonction de consommation du type : $U = x_1^{\alpha} \,.\, x_2^{\beta}$ où U représente la satisfaction (*output*), x_1 et x_2 les deux biens utiles à cette satisfaction.

1- Trouver la formule des courbes d'indifférence (exprimer x_1 en fonction de x_2). Commenter.

2- Trouver la formule du chemin d'expansion du revenu (exprimer x_1 en fonction de x_2).

3- Déterminer la fonction de demande marshallienne de X_1.

4- Trouver ses élasticités.

5- Déduire la nature économique de X_1.

CORRIGÉ

1 - Pour déterminer la courbe d'indifférence, il suffit, à partir de la fonction de satisfaction $U = f(x_1, x_2)$, d'exprimer $x_1 = f(U, x_2)$

$$U = x_1^{\alpha} \,.\, x_2^{\beta} \Rightarrow x_1^{\alpha} = \frac{U}{x_2^{\beta}} \Rightarrow x_1 = \frac{U^{1/\alpha}}{x_2^{\beta/\alpha}}$$

Exprimée avec x_1 en fonction de x_2, la courbe d'indifférence est une hyperbole de degré β / α. Elle se déplace alors parallèllement à elle même en fonction de la valeur de U.

2 - Pour trouver la formule du chemin d'expansion du revenu, il faut poser le TMS (ou le Lagrangien) et en tirer x_1 en fonction de x_2.

$$\text{TMS}_{(x_1, x_2)} = \frac{\alpha . x_1^{(\alpha-1)} . x_2^{\beta}}{\beta . x_1^{\alpha} . x_2^{(\beta-1)}} = \frac{\alpha x_2}{\beta x_1} = \frac{p_1}{p_2} \Rightarrow \beta .\, p_1 . x_1 = \alpha .\, p_2 . x_2$$

On en tire le chemin d'expansion du revenu : $x_1 = \dfrac{\alpha}{\beta} \cdot \dfrac{p_2}{p_1} \cdot x_2$

C'est une courbe qui passe par l'origine des axes et qui est croissante. C'est une droite si et seulement si les paramètres $(\alpha, \beta, p_1, p_2)$ sont constants.

Pour x_2 constant, x_1 est fonction de son attractivité relativement à l'attractivité de l'autre bien $(\dfrac{\alpha}{\beta})$ et de l'inverse de son prix relativement au prix de l'autre bien $(\dfrac{p_2}{p_1})$. Sa demande relative augmente si son attractivité relative augmente, et elle diminue si son prix relatif (à l'autre prix) augmente.

3 - Pour déterminer la fonction de demande marshallienne de x_1, on part de l'expression de $p_1 . x_1$ en fonction de $p_2 . x_2$ et on la reporte dans la droite de revenu $R = p_1 . x_1 + p_2 . x_2$. On a alors le revenu en fonction d'une seule variable et des prix $R = f(p_1, p_2, x_2)$. On en tire la fonction inverse : $x_1 = f(R, p_1, p_2)$. C'est la fonction de demande marshallienne.

$$\beta .\, p_1 . x_1 = \alpha .\, p_2 . x_2 \;;\; R = p_1 . x_1 + p_2 . x_2 = p_1 . x_1 + \frac{\beta}{\alpha} . p_1 . x_1 = (1 + \frac{\beta}{\alpha}) . p_1 . x_1$$

$$x_1 = \frac{R}{p_1 (1 + \beta/\alpha)} = (\frac{\alpha}{\alpha + \beta}) \cdot \frac{R}{p_1}$$ (*cf.* également l'exercice 1.14.)

La demande marshallienne de X_1 est en fonction directe du revenu du consommateur, en fonction inverse du prix de X_1 et en fonction directe de son attractivité relativement à l'attractivité totale du consommateur pour ce type de satisfaction $(\dfrac{\alpha}{\alpha + \beta})$.

Cette fonction de demande ne dépend pas du prix de l'autre produit ce qui, en pratique, la rend peu réaliste. Il est difficile en effet de supposer qu'un bien n'ait ni concurrent ni complément.

4 - La fonction de demande ne comportant que le prix de son propre bien, il n'y a pas de bien lié ni, en conséquence, d'élasticité croisée.

Pour l'élasticité de la demande au revenu et pour l'élasticité directe de la demande au prix :

$$e\, x_1/R = \frac{\partial x_1}{\partial R} . R . \frac{1}{x_1} = (\frac{\alpha}{\alpha + \beta}) \cdot \frac{1}{p_1} . R . (\frac{\alpha + \beta}{\alpha}) \cdot \frac{p_1}{R} = +1$$: isoélasticité unitaire.

$$e\, x_1/p_1 = \frac{\partial x_1}{\partial p_1} . p_1 . \frac{1}{x_1} = -(\frac{\alpha}{\alpha + \beta}) \cdot \frac{R}{p_1^2} . p_1 . (\frac{\alpha + \beta}{\alpha}) \cdot \frac{p_1}{R} = -1$$: isoélasticité unitaire.

5 - X_1 est indépendant de X_2. X_1 est un bien normal et typique, d'isoélasticités moyennes à son prix et au revenu.

Applications : ces deux résultats valent quels que soient α et β : on trouve toujours une isoélasticité unitaire, positive pour la demande au revenu et négative pour la demande directe au prix dès lors qu'on a une fonction de satisfaction qui est le produit des 2 biens (du type : $U = x_1^{\alpha} . x_2^{\beta}$ ou $x_1^{\alpha} . x_2$ ou $x_1 . x_2^{\beta}$ ou $x_1 . x_2 \ldots$).

Même si vous devez retrouver ce résultat, c'est une sécurité de savoir ce que l'on doit trouver.

EXERCICE PROPOSÉ 2.13

Courbes d'indifférence, chemin d'expansion du revenu, élasticités et nature des biens (A2c, B1a)

Refaire l'exercice précédent pour X_2.

DÉMARCHE

Pour chaque question, reprendre la démarche de l'exercice précédent.

RÉSULTATS

1- Formule de la courbe d'indifférence (expression de x_2 en fonction de x_1) : $x_2 = \dfrac{U^{1/\beta}}{x_1^{\alpha/\beta}}$

2- Formule du chemin d'expansion du revenu (x_2 en fonction de x_1) : $x_2 = \dfrac{\beta}{\alpha} \cdot \dfrac{p_1}{p_2} \cdot x_1$

3- Fonction de demande marshallienne de X_2 : $x_2 = (\dfrac{\beta}{\alpha + \beta}) \cdot \dfrac{R}{p_2}$

4- Ses élasticités :

$$e\, x_2/R = \frac{\partial x_2}{\partial R} . R . \frac{1}{x_2} = (\frac{\beta}{\alpha + \beta}) . \frac{1}{p_2} . R . (\frac{\alpha + \beta}{\beta}) . \frac{p_2}{R} = +1 \text{ : isoélasticité unitaire.}$$

$$e\, x_2/p_2 = \frac{\partial x_2}{\partial p_2} . p_2 . \frac{1}{x_2} = -(\frac{\beta}{\alpha + \beta}) . \frac{R}{p_2^2} . p_2 . (\frac{\alpha + \beta}{\beta}) . \frac{p_2}{R} = -1 \text{ : isoélasticité unitaire.}$$

Pas de prix de bien lié ni, en conséquence, d'élasticité croisée.

5- La nature économique de X_2 est identique à celle de X_1 puisque les résultats sont identiques.

EXERCICE CORRIGÉ 2.14

Le Lagrangien et les demandes (A1a)

Soit une fonction de satisfaction $U = x_1 . x_2$

Les prix sont : $p_1 = 2$ et $p_2 = 1$

Utiliser la méthode du Lagrangien pour répondre à chaque question.

1- Comparer la façon d'appliquer le Lagrangien dans les demandes marshalliennes et hicksiennes.

2- Panier marshallien : soit un consommateur « marshallien ». Calculer son panier optimal pour un budget de 8.

3- Demande marshallienne : généraliser la réponse précédente en trouvant la fonction de demande de ce consommateur pour tous prix de X_1 et de X_2 et pour tous niveaux de budget R.

4- Panier hicksien : un consommateur de type « hicksien » désire absolument atteindre un certain degré de satisfaction $U = 18$ dans ce type de consommation. Trouver sa consommation optimale et le budget qu'il doit y consacrer avec les prix ci-dessus.

5- Demande hicksienne : Généraliser la réponse en trouvant la fonction de demande de ce consommateur pour tous prix de X_1 et de X_2 et pour tous niveaux de satisfaction U.

CORRIGÉ

1- Méthode générale

$L(x_1, x_2, \lambda) =$ Formule de la fonction à optimiser

$+ \lambda$ fois (valeur de la contrainte – formule de la contrainte)

Demandes marshalliennes

$L(x_1, x_2, \lambda) =$ Formule de U + λ (valeur de R – formule de R)

Demandes hicksiennes

$L(x_1, x_2, \lambda) =$ Formule de R + λ (valeur de U – formule de U)

2- *Maximisation de U pour un niveau de R donné*

$L(x_1, x_2, \lambda) =$ formule de U + λ (valeur de R – formule de R)

$L(x_1, x_2, \lambda) = U + \lambda (R_o - R) = x_1 . x_2 + \lambda (8 - 2 x_1 - x_2)$

$\partial L/\partial x_1 = x_2 - 2 \lambda = 0 \Rightarrow \lambda = 0{,}5 \ x_2$

$\partial L/\partial x_2 = x_1 - \lambda = 0 \Rightarrow \lambda = x_1$ $\quad \Rightarrow x_1 = \lambda = 0{,}5 \ x_2 \ ; \ x_1 = 0{,}5 \ x_2$

$\partial L/\partial \lambda = 8 - 2 x_1 - x_2 = 0 = 8 - x_2 - x_2 = 8 - 2 x_2 = 0 \Rightarrow x_2 = +4 \Rightarrow x_1 = +2$

3- Même méthode que pour la question précédente mais en laissant les prix et le revenu sous forme de variables.

$L(x_1, x_2, \lambda) = U + \lambda (R_o - R) = x_1 \cdot x_2 + \lambda (R - p_1 x_1 - p_2 x_2)$

$\partial L/\partial x_1 = x_2 - \lambda p_1 = 0 \Rightarrow \lambda = x_2/p_1$

$\partial L/\partial x_1 = x_1 - \lambda p_2 = 0 \Rightarrow \lambda = x_1/p_2$

$\Rightarrow \lambda = x_2/p_1 = x_1/p_2 \Rightarrow p_1 x_1 = p_2 x_2$

$\partial L/\partial \lambda = R - p_1 x_1 - p_2 x_2 = 0 = R - 2 p_1 x_1 = R - 2 p_2 x_2 = 0 \Rightarrow x_2 = \dfrac{R}{2p_2}$ et $x_1 = \dfrac{R}{2p_1}$

4- *Minimisation de R pour un niveau de U donné*

$L(x_1, x_2, \lambda) =$ formule de R + λ (valeur de U – formule de U)

$= p_1 x_1 + p_2 x_2 + \lambda (U_o - U) = 2 x_1 + x_2 + \lambda (18 - x_1 . x_2)$

$\partial L/\partial x_1 = p_1 - \lambda (\partial U/\partial x_1) = 0 = 2 - \lambda x_2 \quad \Rightarrow \lambda = 2/x_2$

$\partial L/\partial x_2 = p_2 - \lambda (\partial U/\partial x_2) = 0 = 1 - \lambda x_1 \quad \Rightarrow \lambda = 1/x_1 \quad \Rightarrow x_2 = 2x_1$

$\partial L/\partial \lambda = U_o - U = 0 = 18 - x_1 . x_2 \Rightarrow x_1 . x_2 = 2 x_1^2 = 18 \Rightarrow x_1^2 = 9 \Rightarrow x_1 = 3$

$x_2 = 2 x_1 = 6 \Rightarrow R = 2 x_1 + x_2 = 2. 3 + 1. 6 = 12$ et (pour vérification) $U = 3. 6 = 18$

5- Même méthode que pour la question précédente mais en laissant les prix et le revenu sous forme de variables.

$$L(x_1, x_2, \lambda) = \text{formule de R} + \lambda \text{ (valeur de U – formule de U)}$$
$$= p_1 x_1 + p_2 x_2 + \lambda (U_o - U) = p_1 x_1 + p_2 x_2 + \lambda (U_o - x_1 . x_2)$$

$$\left.\begin{array}{l} \partial L/\partial x_1 = p_1 - \lambda x_2 = 0 \quad \Rightarrow \lambda = p_1/x_2 \\ \partial L/\partial x_2 = p_2 - \lambda x_1 = 0 \quad \Rightarrow \lambda = p_2/x_1 \end{array}\right| \Rightarrow x_1 = \frac{p_2}{p_1} . x_2$$

$$\partial L/\partial \lambda = U - x_1 . x_2 = 0 \Rightarrow x_1 . x_2 = x_2^2 . \frac{p_2}{p_1} = U \Rightarrow x_2^2 = \frac{p_1}{p_2} \cdot U \Rightarrow x_2 = (\frac{p_1}{p_2} \cdot U)^{1/2}$$

$$x_1 = \frac{p_2}{p_1} \cdot x_2 = \frac{p_2}{p_1} \cdot (\frac{p_1}{p_2} \cdot U)^{1/2} = (\frac{p_2}{p_1} \cdot U)^{1/2}$$

On remarque que pour ce type de fonction de satisfaction, la demande hicksienne comporte le prix de l'autre bien alors que la demande marshallienne ne le comporte pas. Il en va fréquemment de même pour d'autres fonctions de satisfaction.

EXERCICE CORRIGÉ 2.15

Analyse graphique (A1a, B3b) effets de revenu et de substitution et comparaison des demandes marshallienne et hicksienne

Voici un graphique :

Le panier optimal passe de I à F.

1- Compléter la figure en plaçant les deux paniers intermédiaires théoriques permettant de dissocier effet de revenu et effet de substitution selon la méthode de la différence de coût et selon la méthode de la variation compensée.

2- Commenter les résultats.

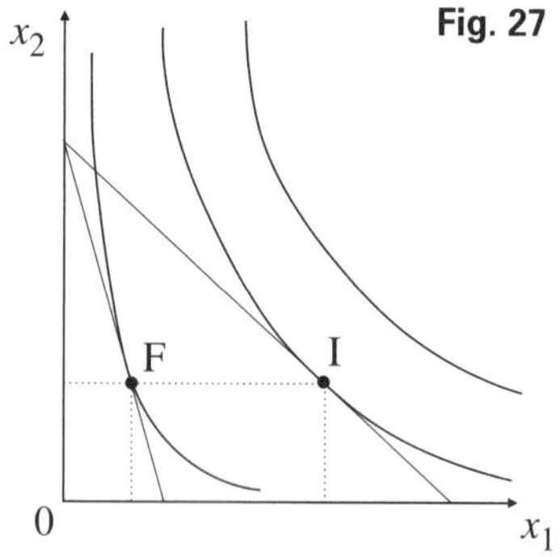

Fig. 27

CORRIGÉ

Effets de revenu et de substitution

La méthode de la différence de coût est celle de Slutsky Samuelson, la méthode de la variation compensée est celle de Hicks.

Le panier théorique de Slutsky est noté S, il est obtenu en faisant pivoter la première droite de budget autour du premier panier optimal I parallèlement à la nouvelle droite de budget (afin d'avoir le nouveau rapport des prix). S est alors le point de tangence entre la droite obtenue et une courbe d'indifférence.

Le panier théorique de Hicks est noté H, il est obtenu en traçant une droite (de budget) tangente à U*i* (même satisfaction) et parrallèle à la nouvelle droite de budget (nouveau rapport des prix).

Le graphique complété représente l'effet d'une hausse considérable du prix de X_1 : + 380 % en faisant le rapport *a*/*b* des quantités maximales de X pouvant être achetées avant et aprés. On a en effet :

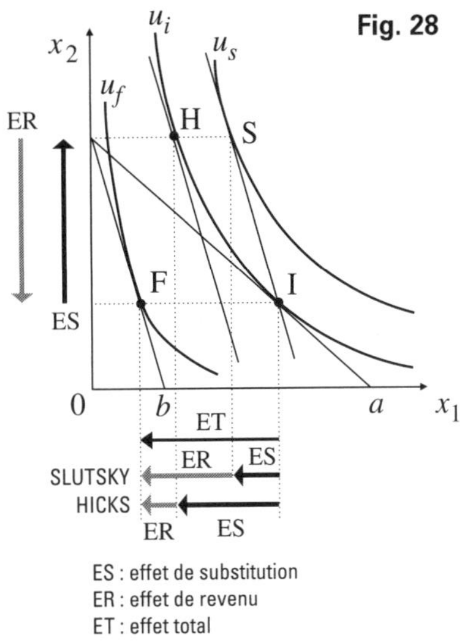

Fig. 28

$$\frac{a}{b} = \frac{\dfrac{R}{p_1 i}}{\dfrac{R}{p_1 f}} = \frac{p_1 f}{p_1 i}.$$ Le rapport des distances mesure le rapport des prix.

Analyse du bien

Pour ce consommateur, le bien X_1 est un bien normal puisque l'effet de revenu est positif (la baisse du revenu réel provoque une baisse de sa demande). Effets de revenu et de substitution cumulent donc une baisse de sa demande pour une hausse de son prix : X_1 est un bien typique.

Comparaison des demandes marshalliennes et hicksiennes

Cette hausse du prix de X_1 occasionne le passage du panier optimal de I à F pour la demande marshallienne et de I à H pour la demande hicksienne qui conserve la satisfaction constante sous le nouveau rapport des prix en compensant la baisse du revenu réel par un revenu complémentaire alloué à cette satisfaction.

Dans la demande marshallienne, les effets de revenu et de substitution se compensent (ER = – ES) pour X_2 ; ce qui fait que x_2 ne varie pas dans le passage du panier I au panier F.

Le prix de X_1 ne figure pas dans la demande marshallienne de X_2 puisque sa hausse n'a aucun effet sur cette demande.

En revanche, dans la demande hicksienne de X_2, le prix de X_1 figure comme bien substituable car x_2 augmente considérablement en passant du panier I au panier H final (ER est supprimé).

Exercice corrigé 2.16

Les demandes hicksiennes par trois méthodes (A,1,a)

Un consommateur rationnel se fixe un certain niveau de satisfaction à atteindre U = 8 , à travers une fonction de la forme : $U = x_1^2 . x_2$ où x_1 et x_2 représentent les deux seuls biens consommés.

Trouver l'optimalité pour $p_1 = 2$ et $p_2 = 1$.

Utiliser successivement trois méthodes.

CORRIGÉ

Résolution par le point de tangence

Démarche de cette méthode

Le panier optimal est au point de tangence entre la courbe d'indifférence et la droite de revenu. Au point de tangence les pentes, données par les dérivées, sont égales.
On va exprimer la courbe d'indifférence et égaliser sa dérivée à la pente de la droite de budget qui est le rapport négatif des prix.

Calculs

$U = x_1^2 . x_2 \Rightarrow x_2 = \frac{U}{x_1^2} = \frac{8}{x_1^2}$: c'est la courbe d'indifférence pour une satisfaction de 8.

$$\frac{\partial x_2}{\partial x_1} = -2\,\frac{8}{x_1^3} = -\frac{p_1}{p_2} = -\frac{2}{1} = -2 \Rightarrow x_1^3 = 8 \Rightarrow x_1 = 2\ ;\ x_2 = \frac{8}{x_1^2} = \frac{8}{4} = 2$$

$\Rightarrow R = 2x_1 + x_2 = 4 + 2 = 6$

Résolution par le TMS

$$\text{TMS}\,(x_1, x_2) = (\partial\, U/\partial x_1)/(\partial\, U/\partial x_2) = \frac{2\,x_1 . x_2}{x_1^2} = \frac{2\,x_2}{x_1} = \frac{p_1}{p_2} = \frac{2}{1} = 2$$

$\frac{2\,x_2}{x_1} = 2 \Rightarrow 2x_2 = 2x_1 \Rightarrow x_1 = x_2$

$U = x_1^2 . x_2 = x_1^3 = x_2^3 = 8 \Rightarrow x_1 = x_2 = 2$

$\Rightarrow R = 2x_1 + x_2 = 4 + 2 = 6$

Résolution par le Lagrangien

$L(x_1, x_2, \lambda) = 2\,x_1 + x_2 + \lambda\,(8 - x_1^2 . x_2)$

$$\left.\begin{array}{l} \frac{\partial L}{\partial x_1} = 2 - \lambda\, 2\, x_1 . x_2 = 0 \Rightarrow \lambda = \frac{1}{x_1 . x_2} \\ \frac{\partial L}{\partial x_2} = 1 - \lambda\, x_1^2 \quad = 0 \Rightarrow \lambda = \frac{1}{x_1^2} \end{array}\right| \Rightarrow \lambda = \frac{1}{x_1 . x_2} = \frac{1}{x_1^2} \Rightarrow \frac{1}{x_2} = \frac{1}{x_1} \Rightarrow x_1 = x_2$$

$$\frac{\partial L}{\partial \lambda} = 8 - x_1^2 . x_2 = 0 \Rightarrow x_1^2 . x_2 = 8 \Rightarrow x_1^3 = x_2^3 = 8 \Rightarrow x_1 = x_2 = 2$$

$\Rightarrow R = 2\,x_1 + x_2 = 4 + 2 = 6$

Par les trois méthodes, on trouve le panier optimal (2 ; 2) pour un revenu minimal de 6.

Vérification : $U = x_1^2 . x_2 = 2^2 . 2 = 4 . 2 = 8$

Exercice corrigé 2.17

Surplus du consommateur (A,1,a ; A,1,d)

Pour un bien X et un revenu donné, un consommateur possède une demande au prix telle que

$$x = -\frac{1}{2}\,p + 6\,.$$

1- Pourquoi cette demande n'est-elle pas conforme à l'axiome de monotonicité ?

2- Donner l'intervalle d'application économique de cette fonction.

3- Déterminer la formule du surplus de ce consommateur.

4- Comment varie le surplus en fonction du prix dans l'intervalle de définition économique de cette demande ?

5- Vérifier ce résultat si le prix passe de 4 à 2 .

CORRIGÉ

1- Cette demande n'est pas conforme à l'axiome de monotonicité ou de non-saturation car l'agent sature puisque sa demande est linéaire.

Pour le démontrer, calculons la quantité maximale de X pour l'espace possible des prix à savoir le premier quadrant positif.

Si on fait la dérivée on obtient $\partial x / \partial p = -\frac{1}{2}$. La fonction est donc constamment décroissante quel que soit la valeur de p. Prenons alors la valeur minimale de p soit $p = 0$, on obtient $x = 6$. Le consommateur sature pour une quantité de 6. Au-delà, il faudrait lui offrir de la monnaie (prix négatif) pour compenser une consommation supérieure. Une telle hypothèse n'a pas de sens dans une économie de libres marchés.

Ainsi ce consommateur n'est pas rationnel au sens de l'analyse microéconomique. Cette conclusion vaut pour tout consommateur exprimant une demande linéaire.

2- Sa consommation est comprise dans des limites positives de prix et de quantités, soit pour $p = 0$, $x = 6$ et pour $x = 0$, $p/2 = 6$ d'où $p = 12$. Au-dessus d'un prix de 12, on considère économiquement que sa demande reste nulle.

$0 \leq p \leq 12$ et $6 \geq x \geq 0$ est l'intervalle où cette fonction exprime la demande au prix du consommateur.
6 est la quantité maximale de x (au-delà notre consommateur sature).
Au-dessus d'un prix de 12, la demande reste nulle.

3- Le surplus du consommateur est la zone comprise entre la droite du niveau de prix et la partie supérieure de la courbe de demande dans un système d'axes marshallien où le prix est fonction de la quantité. Cette zone graphique est une surface. Cette surface correspond à l'intégrale de la fonction de demande pour le prix maximal moins l'intégrale pour le prix considéré.

Fig. 30

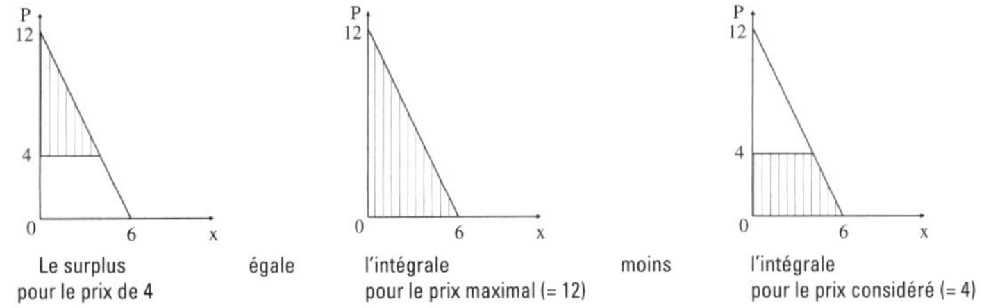

L'intégrale I de la fonction de demande $x = -\frac{1}{2}\ p + 6$ est égale à : $\mathrm{I} = -\frac{1}{4}\ p^2 + 6\,p + k$; k est nul car il n'y a pas de surface pour un prix nul, donc : $\mathrm{I} = -\frac{1}{4}\ p^2 + 6\,p$

Pour le prix maximal $p = 12$, on a : $\mathrm{I} = -\frac{144}{4} + 72 = 72 - 36 = +36$

Le surplus est alors : $\mathrm{S} = 36 - \mathrm{I}(p) = 36 + \frac{1}{4}\,p^2 - 6\,p = \frac{1}{4}\ p^2 - 6\,p + 36$

4- La dérivée première peut nous renseigner au sujet de la variation du surplus :
$\frac{\partial S}{\partial p} = \frac{1}{2}\ p - 6$; or $\frac{1}{2}\ p - 6 = -\ x$; et x, la demande, est toujours positive. Dans l'intervalle de définition économique, soit $0 \leq p \leq 12$, cette dérivée est négative ce qui signifie que prix et surplus varient en sens inverse. Une hausse de prix diminue le surplus du consommateur, une baisse de prix l'augmente.

5- Pour $p = 2$, on a $\mathrm{S} = 36 + \frac{1}{4}\,p^2 - 6\,p = 36 + 1 - 12 = 25$ (situation finale).

Pour $p = 4$, on a $S = 36 + \frac{1}{4}p^2 - 6p = 36 + 4 - 24 = 16$ (situation initiale).

Si le prix passe de 4 à 2, le surplus varie de $25 - 16 = +9$. Le surplus augmente de 9.

Fig. 31

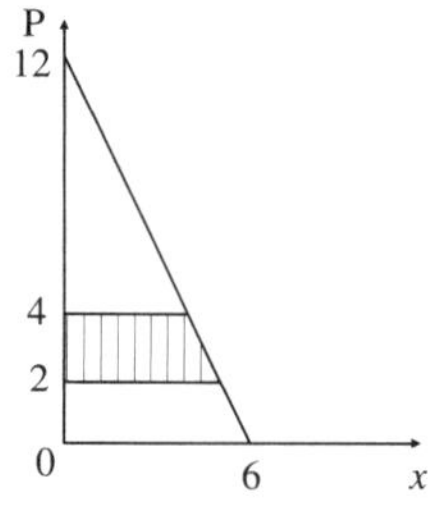

Variation positive
du surplus de cette demande
(zone hachurée)

Exercice corrigé 2.18

Arbitrage entre travail et loisir (C)

Un consommateur dispose d'un temps (N) qu'il consacre au travail pour une durée (L) et au loisir (l) pour le reste.

Il dispose également d'un montant (K) de revenus, obtenu sans travailler (revenus tirés du patrimoine, etc.)

Il tire sa satisfaction (U) du loisir (l) en lui-même et de la consommation d'un bien global pour une quantité Q, selon la formule $U = Q^{\alpha} . l^{\beta}$ (où α et β représentent l'attractivité relative de chaque élément).

Son travail lui est payé à un prix w tandis que le bien global lui coûte un prix p.

1 - Trouver la formule lui permettant de connaître, en toutes circonstances, son temps optimal de loisir et commenter les aspects significatifs de la formule.

2 - Faire de même pour le temps de travail.

3 - Application :
– son revenu annuel hors travail s'élève à 3 650 euros ;
– son attractivité relative pour la consommation de biens Q est double de celle de son loisir ;
– son temps disponible quotidien est de 15 heures.
Calculer son salaire horaire de réservation.

CORRIGÉ

1 - Pour trouver la formule de l'optimalité du loisir, il nous faut identifer la variable objectif et ses contraintes puis poser le Lagrangien.

Nous cherchons à connaître la durée optimale de loisir pour notre consommateur. Cette durée s'assimile à une demande de loisir. Le problème revient donc à chercher la formule de la demande de loisir. Dans ce cas, la variable objectif est la maximisation de la satisfaction U qui dépend du loisir l et du bien global Q.

La contrainte n'est pas, comme on pourrait s'y attendre, formulée en tant que contrainte de temps. (La contrainte de temps est certes bien présente mais sous jacente.) La contrainte est formulée comme une contrainte de revenu… monétaire ! (Nous somme en économie de marché !!)

Exprimons cette contrainte de revenu :

Le revenu de notre consommateur est formé du revenu hors travail, égal à K, et du revenu du travail égal à w. L. Ce revenu est utilisé pour consommer Q au prix p pour un montant p. Q.

On obtient ainsi : $p.\ Q = w.\ L + K$

Puisque nous avons le temps de loisir l dans la fonction de satisfaction, et non pas le temps de travail L, exprimons L en fonction de l. On sait que l et L sont complémentaires vis-à-vis du temps disponible, ce qui s'écrit : $N = l + L$; donc : $L = N - l$.

Pour passer de cette contrainte temporelle $L = N - l$, à la contrainte monétaire, multiplions chaque terme par le prix du travail : $w.\ L = w.\ N - w.l$.

On voit dans cette formule, que le loisir l coûte du temps de travail ; le loisir apparaît comme un bien marchand dont le prix est le prix du travail.

Revenons à la contrainte de budget : $p.\ Q = w.\ L + K = w.\ N - w.\ l + K$ ou, plus exactement, en mettant formation et utilisation du revenu de part et d'autre : $w.\ N + K = p.\ Q + w.\ l$. Les revenus du et hors travail permettent d'acheter les deux biens (Q et l) à leurs prix respectifs !

On peut maintenant poser le Lagrangien :

$$L(Q, l, \lambda) = = Q^{\alpha}.\ l^{\beta} + \lambda\,(w.\ N + K - p.\ Q - w.\ l)$$

$$\frac{\partial L}{\partial Q} = \alpha.\ Q^{(\alpha-1)}.\ l^{\beta} - \lambda\, p = O \Rightarrow \lambda = \frac{\alpha.\ Q^{(\alpha-1)}.\ l^{\beta}}{p}$$

$$\frac{\partial L}{\partial l} = \beta.\ Q^{\alpha}.\ l^{(\beta-1)} - \lambda\, w = O \Rightarrow \lambda = \frac{\beta.\ Q^{\alpha}.\ l^{(\beta-1)}}{w}$$

$$\lambda = \frac{\alpha.\ Q^{(\alpha-1)}.\ l^{\beta}}{p} = \frac{\beta.\ Q^{\alpha}.\ l^{(\beta-1)}}{w} \Rightarrow \frac{\alpha.\ Q^{(\alpha-1)}.\ l^{\beta}}{\beta.Q^{\alpha}.\ l^{(\beta-1)}} = \frac{p}{w} = \frac{\alpha}{\beta}\cdot\frac{l}{Q} \Rightarrow p.\ Q = \frac{\alpha}{\beta}.\ w.\ l$$

$$\frac{\partial L}{\partial \lambda} = w.\ N + K - p.\ Q - w.\ l = O = w.\ N + K - \frac{\alpha}{\beta}.\ w.\ l - w.\ l$$

$$w.\ N + K = \frac{\alpha}{\beta}.\ w.\ l + w.\ l = \left(\frac{\alpha}{\beta} + 1\right).\ w.\ l$$

$$N + \frac{K}{w} = \frac{\alpha + \beta}{\beta}.\ l \Rightarrow l = \left(\frac{\beta}{\alpha + \beta}\right).\left(N + \frac{K}{w}\right)$$

Commentaires

Le temps l imparti au loisir est proportionnel :

– à la durée de la période de temps N. Un quart de gros gâteau est plus important qu'un quart de petit gâteau. De même ici la fraction de temps impartie au loisir sera d'autant plus longue que le temps disponible N est long.

– au(x) revenu(s) K autres que le travail. Pourquoi travailler si on dispose déjà par ailleurs de revenus élevés ?

– à l'inverse du prix du travail $1/w$. Une heure de loisir, c'est une heure de travail en moins et c'est d'autant plus coûteux que le taux horaire du travail est élevé. Une bonne rémunération incite ce consommateur à moins de loisir.

– à l'attractivité relative du loisir $(\frac{\beta}{\alpha+\beta})$. Face à la consommation marchande (qui oblige à travailler pour pouvoir l'acheter), plus la préférence relative pour le loisir est forte, plus le consommateur consacre du temps au loisir.

Il est intéressant de faire l'élasticité directe au prix du loisir, à savoir ici l'élasticité du loisir par rapport au prix du travail $e(l/w)$.

$$e(l/w) = \frac{\partial l}{\partial w} \cdot \frac{w}{l} = -\frac{K}{w^2} \cdot (\frac{\beta}{\alpha+\beta}) \cdot \frac{w}{l} = -\frac{K}{w} \cdot (\frac{\beta}{\alpha+\beta}) \cdot \frac{1}{l} < 0$$

Si on considère le loisir comme un bien qui coûte w, le loisir apparaît comme un bien typique pour ce consommateur (car $e l/w < 0$) . Si la rémunération de son travail varie, son loisir varie en sens inverse. Notons que ce résultat n'est pas généralisable à tous consommateurs.

2- Analysons maintenant le travail :

$$L = N - l = N - (\frac{\beta}{\alpha+\beta}) \cdot (N + \frac{K}{w}) = \frac{(\alpha+\beta).\ N - \beta.\ N}{\alpha+\beta} - \frac{\beta.\ K}{(\alpha+\beta)\ w} = (\frac{\alpha}{\alpha+\beta}) \cdot N - (\frac{\beta}{\alpha+\beta}) \cdot \frac{K}{w}$$

Commentaires

Le temps imparti au travail :

– augmente avec l'attractivité relative pour la consommation marchande $(\frac{\alpha}{\alpha+\beta})$ multipliée par le temps global disponible N. En effet, le travail a pour fonction ici de permettre d'acquérir le bien de consommation : plus ce bien est attractif, plus le consommateur travaille pour l'acquérir. Et ce temps sera d'autant plus long que le temps globalement disponible est long ;

– diminue avec l'attractivité relative du loisir $(\frac{\beta}{\alpha+\beta})$ multipliée par les revenus (K) autres que le travail (pourquoi travailler si on dispose déja de revenus élevés ?) comparés au prix du travail (w).

– si on fait l'élasticité directe de l'offre de travail à son prix, soit $e(L/w)$, on obtient :

$$e(L/w) = \frac{\partial L}{\partial w} \cdot \frac{w}{L} = -(-\frac{K}{w^2} \cdot (\frac{\beta}{\alpha+\beta})) \cdot \frac{w}{L} = +\frac{K}{w} \cdot (\frac{\beta}{\alpha+\beta}) \cdot \frac{1}{L} > 0$$

L'élasticité directe de l'offre de travail à son prix est positive. Ce qui signifie que, pour cet agent, son offre de travail, comme toute offre normale, varie dans le même sens que son prix.

3- Rappel de la partie cours : le salaire horaire de réservation est le prix de son travail en dessous duquel l'agent préfère ne plus travailler et, inversement, au-dessus duquel il offre du travail. Notons le $w°$. Son revenu hors travail K est annuellement de 3 650 euros soit 10 euros par jour.

Son attractivité relative α est le double de β. $\alpha = 2\beta$. Donc : $\frac{\beta}{\alpha+\beta} = \frac{\beta}{3\beta} = \frac{1}{3}$

De même : $\frac{\alpha}{\alpha+\beta} = \frac{2\beta}{3\beta} = \frac{2}{3}$

Son temps disponible quotidien est N = 15.

Au salaire de réservation, il ne travaille pas. Donc L = 0 et l = N = 15

Dès lors, nous avons deux moyens de calculer $w°$:

– soit on pose $l = 15 = (\frac{\beta}{\alpha+\beta}) \cdot (N + \frac{K}{w°}) = \frac{1}{3} \cdot (15 + \frac{10}{w°}) \Rightarrow 45 - 15 = \frac{10}{w°} = 30$

$\Rightarrow w° = 0{,}33$ euros par heure.

– soit on pose $L = 0 = (\frac{\alpha}{\alpha+\beta}).\ N - (\frac{\beta}{\alpha+\beta}) \cdot \frac{K}{w°} \Rightarrow (\frac{\alpha}{\alpha+\beta}) \cdot N = (\frac{\beta}{\alpha+\beta}) \cdot \frac{K}{w°} = \frac{2}{3} \cdot 15 = 10$

$= \frac{1}{3} \cdot \frac{10}{w°} \Rightarrow w° = 0{,}33.$

EXERCICE PROPOSÉ 2.19

Arbitrage travail loisir (C)

Un individu rêve d'une vie de loisir en y consommant un bien Q dont il est insatiable. Sa fonction de satisfaction est : $U = Q.\ l$ où U désigne son niveau de satisfaction, Q la quantité du bien Q et l le temps de loisir dont il dispose.

Malheureusement ce bien Q n'est pas libre mais vendu à un prix p.

Il dispose toutefois d'un petit revenu journalier d'un montant Ro et, comme tout un chacun, de 24 heures chaque jour.

S'il travaille, il vend son travail au prix de w euros de l'heure.

1- Trouver sa fonction de demande en bien Q et sa fonction de loisir.

2- Le loisir et le bien Q sont-ils des biens typiques pour cet individu ?

3- Trouver son salaire de réservation.

DÉMARCHE

La démarche est la même qu'à l'exercice précédent.

RÉSULTATS

1- On pose $R_{max.} = 24\ w + Ro = w.\ l + p.\ Q$

Par la méthode du TMS ou du Lagrangien, on trouve que $w.\ l = p.\ Q$ et donc que $24\ w + Ro$ $= 2\ w.\ l = 2\ p.\ Q$; d'où on tire que $Q = \frac{12\ w + 0{,}5\ Ro}{p}$ et $l = \frac{Ro}{2\ w} + 12$

2- Inutile de faire les élasticités pour trouver le signe des élasticités directes aux prix ; les dérivées premières par rapport aux prix suffisent. Sans les simplifier, elles apparaissent toutes deux négatives : loisir et bien Q sont assimilables chez notre individu à des biens typiques.

– On peut remarquer par ailleurs qu'au minimum cet individu s'octroie un loisir de 12 heures !

3- Son salaire de réservation est celui à partir duquel il n'est plus assez rémunéré pour être incité à travailler. C'est donc celui pour lequel $l = 24$. En posant $l = \frac{Ro}{2\ w} + 12 = 24$, on obtient $w = \frac{Ro}{24}$.

On peut vérifier qu'alors sa consommation du bien Q vaut $\frac{Ro}{p}$, basée sur son seul revenu hors travail.

SCD
LILLE 2

PARTIE 2

LE PRODUCTEUR ET L'OFFRE

L'analyse du producteur constitue le second pilier de la théorie microéconomique. Quand l'analyse du comportement du consommateur définit la demande sur le marché, l'étude de celui des firmes permet d'expliciter l'offre et, par confrontation avec la demande, de justifier la formation des prix sur un marché.

Le comportement du producteur est cependant difficile à caractériser car cet agent adopte des attitudes différentes suivant le contexte dans lequel il se trouve. Ainsi, une firme en situation de monopole – elle est le seul offreur sur le marché – ne prendra pas les même décisions qu'une entreprise immergée dans un univers de compétition et de concurrence.

La concurrence pure et parfaite, ou CPP (pour les conditions de la CPP *cf.* première partie), constitue un cadre théorique adéquat pour débuter l'analyse du producteur. Dans ce contexte en effet, le producteur prend sa décision sans en envisager les conséquences sur l'équilibre du marché. Il se comporte comme si les prix des différents biens et services qu'il produit ou utilise étaient fixés par une main invisible sur le marché. Il est alors possible d'expliquer simplement certaines règles de comportement du producteur : choix de la quantité à produire et des ressources à mobiliser pour réaliser cette production.

Pourtant cette approche est insatisfaisante puisqu'elle suppose un cadre théorique dont on peut facilement remettre en cause la pertinence pratique. Il est en effet difficile de trouver un exemple de marché sur lequel la concurrence est parfaite. L'analyse devra alors s'étendre pour envisager la décision optimale d'une firme en concurrence imparfaite.

Cette partie suivra la logique suivante : nous envisagerons dans un premier temps le principe de rationalité du producteur en étudiant la combinaison optimale de travail, de capital et de tout autre élément entrant dans le processus de production. Le comportement du producteur en concurrence pure et parfaite sera spécifié dans un second chapitre où l'on étudiera le choix optimal de la quantité produite. Enfin, un troisième chapitre montrera comment, hors d'une situation de concurrence pure et parfaite, les producteurs vont être amenés à réaliser un arbitrage optimal entre le prix de leur produit et le niveau de leur production.

RAPPEL

La CPP. La notion de concurrence pure et parfaite suppose que soient satisfaites quatre hypothèses :
Atomicité : le nombre d'acheteurs et de vendeurs est très grand et chaque participant est petit à l'échelle du marché.
Fluidité : chaque intervenant potentiel doit pouvoir entrer ou se retirer du marché s'il le désire et sans contrainte.
Homogénéité : les biens vendus par les différents producteurs sont parfaitement identiques et substituables.
Transparence : l'information doit être parfaite au sens où les acheteurs et les vendeurs sont parfaitement informés de l'ensemble des prix proposés sur le marché.
L'hypothèse d'atomicité interdit à un quelconque agent d'exercer une influence sur le prix, chaque consommateur et chaque producteur est isolé sur le marché. Cette interdiction est renforcée au cours du temps par l'hypothèse de fluidité qui garantit la présence à long terme d'un grand nombre d'opérateurs. Les deux dernières hypothèses imposent l'existence d'un prix unique sur le marché. En effet, comme les biens sont parfaitement substituables, si une entreprise affichait un prix plus bas que les autres, tous les consommateurs parfaitement informés de ce prix s'adresseraient exclusivement à elle et les autres firmes seraient contraintes d'aligner leur prix. En CPP, un prix unique se fixe sur chaque marché concurrentiel et s'impose à tous les intervenants de l'économie.

3

LA PRODUCTION EN CPP

Le rôle des entreprises dans l'économie est fondamental. Ce sont elles qui embauchent des travailleurs et utilisent du capital afin de produire les biens et services qui seront consommés par les ménages. La compréhension du comportement des entreprises permet donc de progresser dans celle du système économique.

Naturellement, le fonctionnement des entreprises est extrêmement complexe : il comporte de nombreux aspects et il est vain de vouloir pleinement en rendre compte ici. Des simplifications sont nécessaires et la théorie microéconomique traditionnelle ne considère qu'un aspect - essentiel au demeurant - du comportement de l'entreprise, à savoir la production de biens ou de services.

L'entreprise ne sera donc représentée que par sa seule **fonction de production,** et c'est à partir de cette fonction de production que l'on pourra décrire **le comportement du producteur**. Cette simplification semble au premier abord excessive : en réalité, l'entrepreneur n'est pas uniquement un producteur. Par exemple, les rôles de coordinateur des différentes tâches productives, ou d'innovateur (amélioration de cette coordination ou création de nouveaux marchés) de l'entrepreneur ne sont pas pris en compte lorsque la fonction de production est la seule description de l'entreprise. Pourtant des questions fondamentales telles que : « Comment l'entrepreneur décide-t-il de la quantité de biens qu'il va produire ? » ou son corollaire : « Quelles quantités de travail, de matières premières ou de capital va-t-il employer ? » ou encore : « Combien cette production va-t-elle lui coûter ? », trouvent des réponses grâce au modèle microéconomique de comportement du producteur.

La méthodologie de présentation du producteur suit très largement celle retenue pour l'analyse du consommateur : le consommateur est censé maximiser une fonction d'utilité sous contrainte de budget, le producteur va maximiser sa production sous une contrainte de coût. Dans les deux cas, le traitement du problème de l'agent passe par la résolution d'un programme de maximisation sous contrainte. La fonction de production tient alors pour le producteur le rôle de la fonction d'utilité du consommateur. Du fait de cette analogie, un grand nombre de concepts ou de méthodes analytiques développés autour du consommateur seront repris dans le cadre du producteur. Cette similitude de traitement est cependant trompeuse. En effet, la fonction d'utilité ne recouvre qu'une relation de préférence, elle est donc ordinale et n'est définie qu'à une transformation monotone croissante près.

Ce n'est pas le cas de la fonction de production qui indique des niveaux physiques de production et est une fonction cardinale.

Notons enfin que le comportement du producteur est plus complexe que celui du consommateur en ce qu'il intègre une dimension intertemporelle plus marquée, le comportement du producteur sera spécifié de façon différente suivant l'intervalle de temps envisagé – court, moyen ou long terme.

BIBLIOGRAPHIE DU CHAPITRE

CORIAT (B.) et WEINSTEIN (O.), *Les Nouvelles Théories de l'entreprise,* références, Livre de Poche, 1995.
HENDERSON (J.M.) et QUANDT (R.E.), *Microéconomie,* Dunod, 1972.
PICARD (P.), *Éléments de microéconomie,* Montchrestien,1994.

A

DÉFINITION ET PROPRIÉTÉS DE LA FONCTION DE PRODUCTION

1 - Les facteurs de production

Les **facteurs de production**, que l'on appelle également les *inputs*, sont les biens ou services utilisés par le producteur dans l'objectif de fabriquer le produit. Les quantités de facteurs vont donc être les déterminants de la quantité produite.

De nombreux facteurs participent à l'activité productive : les matières premières, les machines, le travail... Qu'il s'agisse de biens ou de services, de *consommations intermédiaires** ou de *facteurs primaires**, dans la mesure où la production est réalisée sur une période de temps donnée, on sépare généralement ces facteurs en deux classes distinctes : les facteurs fixes et les facteurs variables.

Les consommations intermédiaires sont des biens ou des services produits par d'autres entreprises (papier pour un éditeur).

Les facteurs primaires sont des biens disponibles à l'état brut dans la nature (la terre pour un agriculteur, mais aussi le travail).

Les facteurs fixes sont les facteurs dont le producteur ne peut modifier les quantités durant la période sur laquelle est réalisée la production. Par opposition, **les facteurs variables** sont les facteurs dont le producteur peut modifier les quantités afin de changer son niveau de production s'il estime que cela est nécessaire. En d'autres termes, les facteurs variables sont les facteurs de production sur lesquels le producteur exerce un contrôle sur la période considérée.

Certains facteurs, fixes sur la courte période, peuvent devenir variables si l'horizon temporel augmente. Ainsi, une entreprise ne peut ajuster sa production à court terme qu'en modulant le nombre d'heures de travail et en adaptant le volume de ses consommations intermédiaires. À moyen terme, la firme peut également agir sur le nombre de ses machines-outils, le capital devient un facteur variable. À court et moyen termes, les infrastructures –taille des bureaux et des ateliers– restent fixes. En revanche, sur la longue période, l'entreprise peut ajuster la taille de ses infrastructures en fonction de ses intérêts. L'horizon temporel considéré modifie donc le cadre d'analyse de la firme.

2 - La fonction de production

La *fonction de production** traduit la façon dont le processus de production s'effectue à partir d'une technologie fixe.

On peut donc voir la fonction de production comme une boîte noire qui permet de convertir une quantité de facteurs en un volume de production. Supposons que l'entreprise utilise n facteurs de production et notons $x_1, x_2, \ldots, x_n$ les quantités respectives de chaque facteur mis en œuvre par la firme. La production Q qui en résulte s'écrit comme une fonction des différentes quantités de facteurs :

$$Q = Q(x_1, x_2, \ldots, x_n)$$

La fonction de production est une relation technique qui indique, à partir de la quantité de facteurs mis en œuvre par le producteur –les *inputs*–, la quantité maximale de produit –ou *output*– qu'il peut obtenir.

L'entreprise organisation. La représentation de l'entreprise par sa seule fonction de production est restrictive. En effet, non seulement elle omet les différents rôles de l'entrepreneur – coordination des tâches à l'intérieur de la firme ou recherche de nouveaux marchés - mais, de plus, elle conduit à l'identification de l'entreprise à son entrepreneur. Dans la théorie usuelle, « l'entrepreneur-producteur » va décider seul des quantités à produire et du nombre de facteurs à mettre en œuvre pour réaliser cette production.

Or, une entreprise n'est pas une personne seule mais un ensemble de personnes qui coopèrent pour produire. De cette multiplicité des acteurs peuvent naître des conflits quand chacun poursuit un objectif personnel. Ce type de considération conduit à analyser l'entreprise comme une entité, une organisation, composée de différents groupes – ou coalitions. Envisager la firme sous cet aspect impose de considérer des décisions autres que celles concernant la production. Il faudra, par exemple, étudier les mesures visant à instituer et à maintenir une certaine harmonie entre les détenteurs de facteurs (par exemple entre les employés, détenteurs du facteur travail, ou entre les employés et les actionnaires, détenteurs du facteur capital), décisions impératives sous peine de voir l'entreprise perdre de sa cohérence et finalement disparaître.

Les processus menant à de telles décisions ne peuvent plus être considérés comme impliquant seulement « l'entrepreneur-producteur ». Ils impliquent nécessairement plusieurs personnes et s'accompagnent d'une discussion ou d'une négociation. La théorie des organisations et la théorie des incitations explorent ces champs d'analyse microéconomique.

Rien n'est spécifié quant à la façon dont sont organisés les différents facteurs entre eux. On supposera cependant que l'organisation productive à l'intérieur de la firme est optimale, chaque *input* étant utilisé de la façon la plus efficace possible ; il n'existe pas de facteurs sous-employés.

La fonction de production n'est ***jamais décroissante*** : lorsque l'on augmente les quantités de l'un ou des deux facteurs utilisés dans le processus de production, la quantité produite ne diminue pas.

La fonction de production est définie sur une période de temps donnée. Cette période doit être suffisante pour que les processus techniques puissent être accomplis. En revanche, elle est définie sur un intervalle suffisamment court pour refléter un niveau technologique donné (si la technologie venait à évoluer, à la suite d'une découverte scientifique par exemple, la fonction de production devrait changer).

Les notions de très court terme et de ***court terme***, se réfèrent ici au nombre de facteurs dont le producteur contrôle la quantité. À très court terme, le producteur ne peut modifier aucune quantité de facteur, le niveau de production est fixé. À court terme, il peut contrôler la quantité d'un facteur.

Enfin, chaque intervalle de temps permettant de considérer un nombre plus ou moins grand de facteurs variables, nous considérerons dans ce chapitre une période d'analyse telle que le producteur ne peut agir que sur le travail et le capital, dont les quantités mises en œuvre par le producteur seront respectivement notées L et K par la suite. La fonction de production, *jamais décroissante**, s'écrit formellement :

$$Q = Q(K,L)$$

3 - La représentation de la fonction de production : les isoquantes, le TMST et l'élasticité de substitution technique

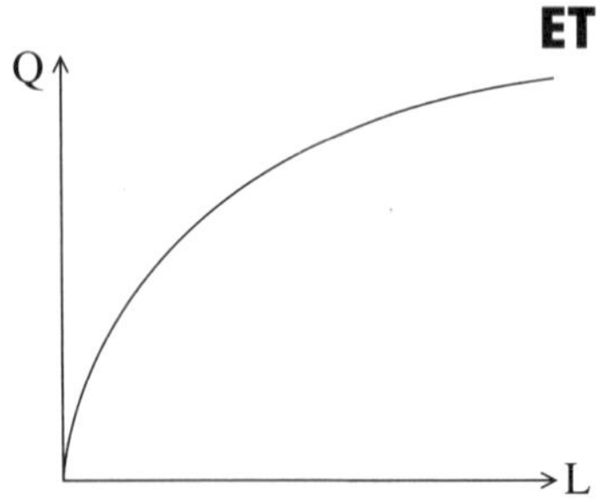

Fig. 1

La représentation de la fonction de production est simple lorsqu'elle ne dépend que d'un seul facteur (*cf.* exercice 3.1). Par exemple, si l'on considère l'entreprise sur le *court terme** (par exemple, une semaine), le stock de capital à la disposition du producteur peut être considéré comme une donnée exogène et la production ne dépend plus que de la quantité de travail utilisée, comme le montre la figure 1.

Sur le court terme, le producteur ne peut ajuster la production qu'en employant des heures de travail supplémentaires. Pour chaque heure de travail en plus, la production s'accroît. La fonction de production est donc bien croissante.

À *moyen terme**, il est possible pour un producteur désireux d'augmenter sa production d'arbitrer entre une augmentation de la quantité de travail utilisé et un accroissement du stock de capital. La représentation d'une fonction de production à deux facteurs impose alors le recours à un repère à trois dimensions, Q, K et L :

Le moyen terme correspond à un horizon temporel suffisamment long pour que le producteur puisse modifier les quantités d'un nombre donné de facteurs (ici deux). À long terme, le producteur contrôle l'ensemble des facteurs.

Sur la figure 2, la surface Q représente la quantité produite pour chaque combinaison de facteurs (K,L), c'est-à-dire pour chaque point du plan (K,L). Sur cette surface sont représentées des courbes de niveaux Q_1, Q_2 et Q_3. Chacune de ces courbes correspond à l'ensemble des points de la surface ayant la même « altitude », c'est-à-dire conduisant à un même niveau de production.

Fig. 2

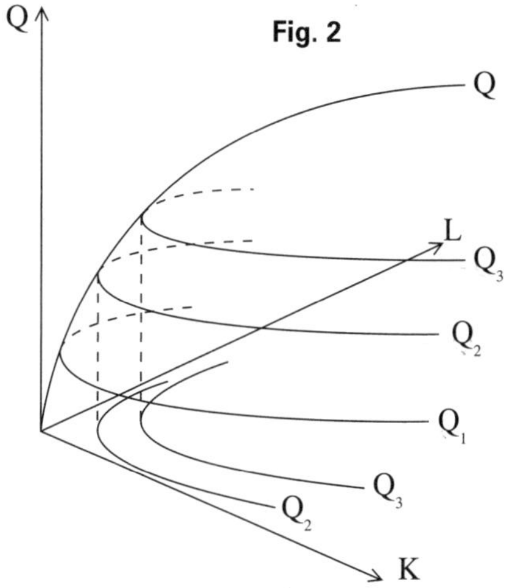

a. Les isoquantes

Parce que la représentation en deux dimensions d'une surface définie sur un espace à trois dimensions est difficile à gérer, on travaille le plus souvent sur la projection des courbes de niveaux précédentes dans le repère (K,L). On obtient ce que l'on appelle les **isoquantes**. Sur la figure 2, les isoquantes correspondant aux courbes de niveaux Q_2 et Q_3 sont représentées dans le repère (K,L) et portent le même nom.

Les isoquantes sont à la fonction de production ce que les courbes d'indifférence sont à la fonction d'utilité. Une isoquante représentera l'ensemble des *combinaisons productives** (capital, travail) permettant d'obtenir un niveau particulier de production. Plus la distance entre l'isoquante et l'origine est grande, plus elle traduit une production importante.

Une combinaison productive correspond à l'association de quantités données de facteurs de production permettant d'obtenir un niveau de production particulier.

b. Fonctions de production à facteurs substituables et à facteurs complémentaires

Dans la fonction de production, les deux facteurs, capital et travail, peuvent être complémentaires ou substituables. En d'autres termes, la production du bien peut réclamer l'utilisation d'une combinaison particulière des deux facteurs (facteurs complémentaires, *cf.* exercice 3.3), ou au contraire l'utilisation de l'un ou l'autre des deux facteurs en quantités variables (facteurs substituables).

L'analyse microéconomique utilise de nombreuses spécifications de fonctions de production à facteurs substituables ou complémentaires, les deux plus connues sont respectivement la fonction Cobb-Douglas et la fonction de Leontieff :

Fonction Cobb-Douglas (facteurs substituables) :

$$Q(K,L) = AK^{\alpha}L^{\beta}$$

où A, α et β sont des paramètres positifs donnés.

Fonction Leontieff (facteurs complémentaires) :

$$Q(K,L) = \text{Min}\left\{\frac{K}{a}, \frac{L}{b}\right\}$$

où a et b sont des paramètres donnés.

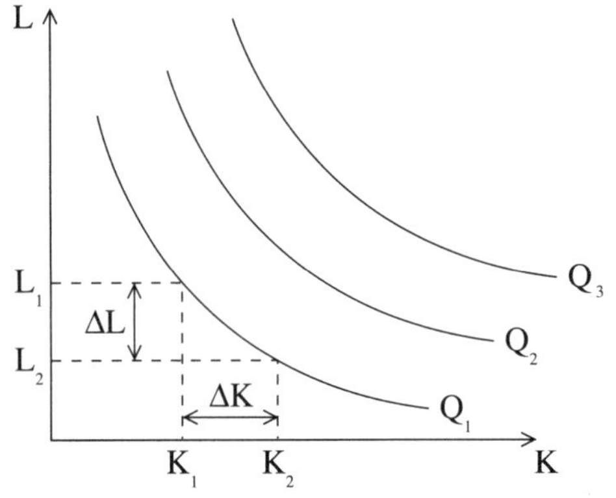

Fig. 3

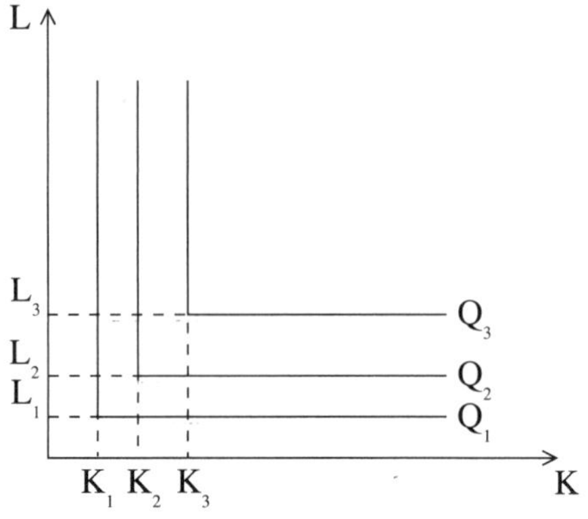

Fig. 4

La substituabilité des facteurs est illustrée par la figure 3 : il est possible d'obtenir le même niveau de production avec la combinaison (K_1, L_1) ou avec la combinaison (K_2, L_2), c'est-à-dire en utilisant moins de travail et plus de capital : capital et travail sont des facteurs substituables. (La figure 2 supposait également une fonction de production à facteurs substituables.)

La figure 4 présente les isoquantes d'une fonction à facteurs complémentaires. La complémentarité des facteurs est facile à reconnaître : pour obtenir le niveau de production Q_1, il faut mettre en œuvre K_1 unités de capital et L_1 unités de travail. À partir de ce point, augmenter l'une ou l'autre de ces quantités n'accroît pas le niveau de production. Ainsi la combinaison productive (K_1, L_2) conduit à la production Q_1 également réalisable à partir de la combinaison (K_1, L_1). Par conséquent, pour augmenter le niveau de production, il faut accroître simultanément et dans un rapport fixé les quantités de capital et de travail.

c. Le taux marginal de substitution technique ou TMST

Si la fonction de production présente des facteurs complémentaires, il est impossible de substituer du capital à du travail pour obtenir la même production. En revanche, une fonction à facteurs substituables autorise de telles substitutions. Dans ce dernier cas, une question se pose alors : dans quelles proportions peut-on substituer un facteur à l'autre ? C'est ce que nous indique le taux marginal de substitution technique (TMST).

Dans un repère (capital, travail), **le $TMST_{(K,L)}$ correspond à la quantité de travail supplémentaire nécessaire pour maintenir le niveau de production lorsqu'une unité de capital en moins est utilisée** (*cf.* exercice 3.2).

L'interprétation graphique du TMST peut se faire à partir de la figure 3 : si la quantité de capital augmente de K_1 à K_2, la quantité de travail doit diminuer de L_1 à L_2 pour conserver le même niveau de production Q_1. La forme mathématique du TMST s'écrit donc :

$$TMST_{(K,L)} = -\frac{(L_2 - L_1)}{(K_2 - K_1)} \quad \text{ou} \quad TMST_{(K,L)} = -\frac{\Delta L}{\Delta K}$$

En raisonnant sur des variations infiniment petites, le calcul marginal peut être utilisé et le $TMST_{(K,L)}$ peut être défini comme l'opposé de la dérivée en un point d'une isoquante, $TMST_{(K,L)} = -dL/dK$, soit encore comme l'opposé de la pente de la tangente de l'isoquante en ce point.

On peut alors montrer (*cf.* encadré page suivante) que le TMST est égal au rapport des dérivées partielles par rapport au capital et au travail de la fonction de production :

$$TMST_{(K,L)} = \frac{\partial Q / \partial K}{\partial Q / \partial L}$$

Il serait également possible de faire le raisonnement symétrique et de calculer le $TMST_{(L,K)}$ pour savoir dans quelles proportions doit augmenter la quantité de travail pour compenser une baisse de la quantité de capital et maintenir le niveau de production.

Le TMST est le rapport des dérivées partielles de la fonction de production.

L'effet d'une variation simultanée de la quantité de capital et de la quantité de travail sur le niveau de production est donné par la différentielle totale de la fonction de production :

$$dQ(K,L) = \frac{\partial Q}{\partial K}dK + \frac{\partial Q}{\partial L}dL$$

Lors du calcul du TMST, on s'intéresse à la variation de la quantité de travail nécessaire pour compenser une variation infinitésimale de la quantité de capital, à niveau de production constant, par conséquent, la différentielle totale de la fonction de production $dQ(K,L)$ doit être nulle :

$$dQ(K,L) = \frac{\partial Q}{\partial K}dK + \frac{\partial Q}{\partial L}dL = 0$$

On en déduit aisément que le $TMST_{(K,L)} = -\frac{dL}{dK}$ est égal au rapport des dérivées partielles de la fonction de production :

$$TMST_{(K,L)} = -\frac{dL}{dK} = \frac{\partial Q / \partial K}{\partial Q / \partial L}$$

d. Élasticité de substitution

Le degré de substitution des facteurs peut être également estimé à l'aide de l'élasticité de substitution. Alors que le TMST mesure la pente de la tangente en un point d'une isoquante, l'élasticité de substitution se rapporte quant à elle à la courbure de l'isoquante. Formellement l'élasticité de substitution, notée σ, s'écrit comme le rapport de la variation proportionnelle du rapport des facteurs sur la variation proportionnelle du TMST (*cf.* exercice 3.2) :

$$\sigma = \frac{\dfrac{d(L/K)}{L/K}}{\dfrac{dTMST}{TMST}}$$

L'élasticité de substitution mesure l'impact sur la combinaison productive (mesurée par le rapport L/K) d'une modification de la pente d'une isoquante.

La figure 5 présente l'effet sur deux isoquantes d'une même modification du TMST. Le passage de A à B et de A' à B' est provoqué sur les deux graphiques par une même modification du TMST (c'est-à-dire $TMST_A = TMST_{A'}$ et $TMST_B = TMST_{B'}$). Le rapport travail/capital est donné par la pente des courbes en pointillés. On note que la modification du rapport L/K est beaucoup plus importante sur le second graphique que sur le premier. L'élasticité de substitution est donc plus faible dans le premier cas que dans le second.

Comme nous le verrons, l'optimum du producteur impose l'égalité entre le TMST et le rapport des prix des facteurs. L'élasticité de substitution permet alors de mesurer l'impact sur la combinaison capital - travail d'une modification du prix relatif des facteurs.

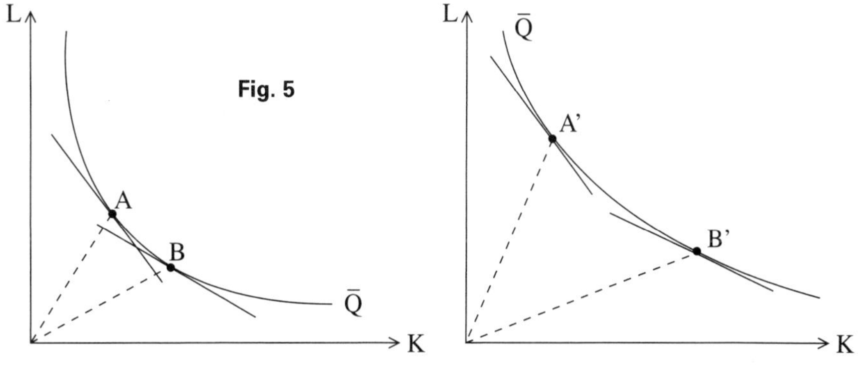

Fig. 5

4 - Productivité et rendements

Un certain nombre de concepts ont été développés pour préciser les caractéristiques de la fonction de production. On calcule ainsi des mesures de productivité et de rendement.

a. Les mesures de productivité

La productivité d'un facteur indique l'influence de ce facteur sur la production quand les quantités des autres facteurs restent à un niveau constant. On définit généralement la productivité moyenne et la productivité marginale (*cf.* exercices 3.1 et 3.4).

La **productivité moyenne** d'un facteur est la production par unité de ce facteur, toutes choses égales par ailleurs. Les productivités moyennes du capital (PM_K) et du travail (PM_L) s'écrivent donc mathématiquement :

$$PM_K = \frac{Q(K,L)}{K} \qquad PM_L = \frac{Q(K,L)}{L}$$

La productivité est qualifiée de « ***marginale*** » par référence à l'école des « marginalistes ». Les marginalistes ont inauguré l'utilisation du calcul à la marge en économie. En d'autres termes, ils ont appliqué le calcul différentiel à des raisonnements économiques.

La productivité marginale (Pm_x) d'un facteur X, $Pm_x = \Delta Q \ / \ \Delta X$, indique, toutes choses égales par ailleurs, la quantité supplémentaire de produit (ΔQ) obtenue à partir d'une unité supplémentaire de ce facteur.

Mathématiquement, si l'unité de compte retenue est suffisamment petite, infinitésimale, on peut identifier la productivité marginale à la dérivée partielle de la fonction de production par rapport au facteur *j* étudié :

$$Pm_K = \frac{\partial Q(K,L)}{\partial K} = Q_K \qquad Pm_L = \frac{\partial Q(K,L)}{\partial L} = Q_L$$

L'**élasticité factorielle** mesure l'effet de la variation de la quantité d'un facteur sur la production quand les variations de l'*input* et de l'*output* sont exprimées en pourcentages. Formellement, elle correspond au rapport de la variation relative de la quantité produite et de celle de la quantité de facteur. Par exemple, l'élasticité factorielle du capital $\varepsilon_{Q/K}$ s'écrit :

$$\varepsilon_{Q/K} = \frac{dQ(K,L)/Q(K,L)}{dK/K}$$

Dans la mesure où la quantité de facteur travail n'est pas modifiée, l'élasticité factorielle peut également s'écrire comme le rapport de la productivité marginale et de la productivité moyenne du facteur concerné. En reprenant l'exemple du capital, on peut en effet écrire :

$$\varepsilon_{Q/K} = \frac{dQ(K,L)/Q(K,L)}{dK/K} = \frac{\partial Q(K,L)}{\partial K} \cdot \frac{K}{Q(K,L)} = \frac{Pm_K}{PM_K}$$

b. Les mesures de rendement

Proche de la notion de productivité marginale, la notion de **rendements factoriels** étudie la modification de la quantité produite résultant de la modification de la quantité utilisée d'un facteur. La différence réside en ce que l'on s'intéresse non à l'effet d'une unité supplémentaire de facteur sur la production mais au rapport qui existe entre l'accroissement de la production et celui de la quantité de facteur. En d'autres termes, on cherche à savoir si multiplier la quantité d'un facteur par un nombre λ supérieur à 1 conduit à une multiplication de la production par un facteur supérieur, inférieur ou égal à λ.

Formellement, la nature du rendement factoriel du capital dépend du signe de la différence :

$$Q(\lambda K,L) - \lambda Q(K,L)$$

Si cette différence est positive, le rendement factoriel du capital est croissant, si elle est nulle, le rendement factoriel est constant et si elle est négative, le rendement factoriel est décroissant.

La notion de **rendements d'échelle** spécifie la façon dont va évoluer la production lorsque les quantités de tous les facteurs sont augmentées dans les mêmes proportions. Ainsi, les rendements d'échelle sont dits « croissants », « constants » ou « décroissants » selon que la multiplication de toutes les quantités de facteurs par un même nombre réel supérieur à 1 entraîne une production plus que proportionnelle, proportionnelle ou moins que proportionnelle. Mathématiquement, on traduit cette mesure en calculant le signe de l'écart (*cf.* exercice 3.2) :

$$Q(\lambda K, \lambda L) - \lambda Q(K, L)$$

À nouveau, si cette différence est positive, les rendements d'échelle sont croissants, si elle est nulle, les rendement d'échelle sont constants et si elle est négative, les rendements d'échelle sont décroissants.

c. Productivités marginales décroissantes et loi des rendements décroissants

On considère généralement que les fonctions de production vérifient ce que l'on appelle « *la loi des rendements décroissants** », c'est-à-dire que la productivité marginale de chaque facteur doit être décroissante.

Une des premières formulations de ***la loi des rendements décroissants*** a été donnée par Turgot (1727-1781), dans le cadre de l'agriculture.

On sait que la production augmente lorsque l'on augmente la quantité d'un facteur mis en œuvre dans le processus de production : la fonction de production est croissante ; suivant la loi des rendements décroissants, l'accroissement de la production résultant d'une augmentation répétée et identique de *la quantité de facteur** doit être de plus en plus faible. Ainsi, la production additionnelle du dernier employé embauché sera d'autant plus faible que le nombre de travailleurs de l'entreprise sera grand.

Il faut souligner que le cas étudié ici est implicitement le cas de facteurs substituables puisque dans le cas d'une fonction à facteurs complémentaires, augmenter la ***quantité d'un seul facteur*** n'augmente pas la production.

Pour illustrer cette loi, prenons l'exemple d'un étudiant de microéconomie qui prépare une interrogation écrite. Il envisage de passer un nombre variable de jours sur son cours et s'attend aux résultats présentés dans le tableau suivant pour chaque durée de révision :

Temps de travail	Note prévue	Productivité marginale
1 jour	3/20	3
2 jours	8/20	5
3 jours	12/20	4
4 jours	15/20	3
5 jours	16,5/20	1,5
6 jours	17,5/20	1
7 jours	18/20	0,5

Si l'on exclut la phase initiale de rendements croissants - pour les deux premiers jours de travail -, on constate qu'à partir du deuxième jour les rendements sont décroissants. Chaque jour de travail supplémentaire permet d'améliorer la note finale mais le gain marginal est de plus en plus faible.

B

LE COMPORTEMENT DU PRODUCTEUR

La fonction de production va nous être utile pour formaliser le comportement du producteur : on pourra ainsi expliquer le choix du nombre d'unités de produit qu'il va élaborer, et, par conséquent, les quantités de facteurs qu'il va employer.

1 - Le coût de production

Une droite d'isocoût indique l'ensemble des combinaisons productives conduisant à un même niveau de coût.

w et r sont exogènes pour le producteur car ils sont déterminés sur le marché du travail et sur le marché des capitaux dans un cadre de concurrence parfaite. L est mesuré en unités de temps et K en unités de compte.

La fonction de production exprime l'utilisation des facteurs et le produit qui en résulte. Un autre élément important dans la décision du producteur est le coût qu'il devra supporter pour pouvoir accomplir sa production.

En effet, pour pouvoir produire, l'entrepreneur va devoir payer les facteurs de production qu'il utilise. Il va donc subir un coût. Le coût de production s'exprime mathématiquement comme la somme des rémunérations de chaque facteur.

Notons w (pour *wage* en anglais) le salaire versé pour chaque unité de travail utilisée et r (pour *rate*) le taux de rémunération normal du capital. Si le travail et le capital sont les deux seuls facteurs variables, le coût de production s'écrit :

$$C(K,L) = wL + rK + f$$

où f représente la rémunération de l'ensemble des facteurs fixes de l'entreprise.

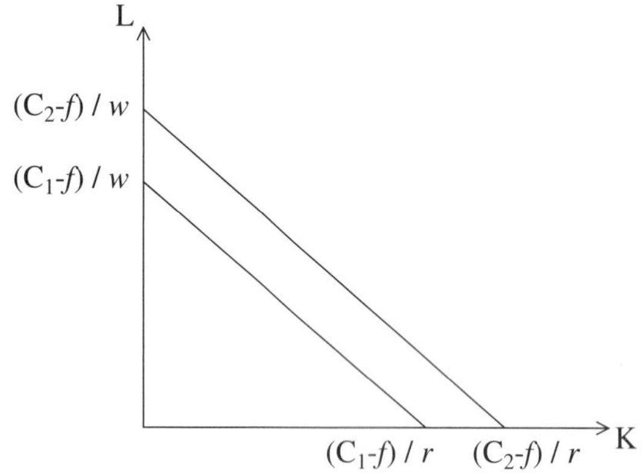

Fig. 6

Dans le repère (K,L), le coût peut être représenté à l'aide des *droites d'isocoût** : sur la figure 6 sont représentées deux droites d'isocoût particulières, correspondant à deux niveaux de coûts, C_1 et C_2. Pour obtenir l'équation d'une droite d'isocoût il suffit de fixer le coût à un niveau donné. Par exemple, si on considère que le coût est de C_1, on a :

$$C_1 = wL + rK + f \Leftrightarrow L = \frac{C_1 - f}{w} - \frac{r}{w}K$$

La pente de la droite d'isocoût dans le repère (K, L) est donc égale à l'opposé du rapport des prix des facteurs soit $-r/w$. On notera que la position de la courbe d'isocoût est d'autant plus élevée dans le quadrant nord-est que le coût considéré est élevé.

2 - Les différents comportements du producteur

Pour caractériser le comportement du producteur, l'analyse microéconomique suppose que l'objectif principal de celui-ci consiste à rendre son profit maximal. Le profit étant défini comme la différence entre le chiffre d'affaires réalisé et les coûts, il s'écrit mathématiquement :

$$\pi(K,L) = pQ(K,L) - wL - rK - f$$

où p représente le prix du bien ou du service produit.

Avec le profit, on voit apparaître une nouvelle variable, le prix du bien ou du service produit. Cette variable est exogène et s'impose au producteur. Le producteur ne pense avoir aucune influence possible sur le prix parce que la firme évolue dans un environnement de concurrence pure et parfaite : les producteurs sont très nombreux sur le marché et chaque producteur pris séparément est trop « petit » par rapport à l'ensemble du marché pour pouvoir agir sur le prix. On peut donc envisager le prix comme une contrainte imposée au producteur.

Le comportement du producteur peut alors être appréhendé de façons différentes selon qu'il rencontre ou non une contrainte sur la quantité à produire ou sur le coût qu'il peut supporter.

a. Le producteur contraint par son marché

Supposons dans un premier temps que le producteur connaisse le niveau maximal de production qu'il peut écouler sur le marché. Il est donc contraint par les quantités et connaît à l'avance le montant de sa recette $pQ(K,L)$. Dans ce cas, la maximisation du profit implique la minimisation des coûts. Le problème du producteur se réduit à la recherche de l'utilisation optimale des facteurs de façon à minimiser le coût de production.

Le problème s'exprime mathématiquement sous la forme d'un programme de minimisation des coûts ($\underset{K,L}{\text{Min}}C$) sous contrainte (*s.c.**) d'un niveau de production ($\bar{Q}$).

s. c. : sous contrainte

Ce programme s'écrit :

$$\text{programme 1 :} \begin{cases} \underset{K,L}{\text{Min}} & C(K,L) = wL + rK + f \\ s.c. & Q(K,L) = \bar{Q} \end{cases}$$

La résolution de ce programme permet de définir la demande de facteurs (capital et travail) la plus économique pour le producteur.

La figure 7 propose la résolution graphique de ce problème dans le cas où le producteur doit produire une quantité $\bar{Q}$.

On voit sur la figure que le coût minimal que le producteur devra supporter pour produire la quantité $\bar{Q}$ est C_1. Une production au coût C_2 (au point A ou B), ou à tout autre niveau de coût supérieur à C_1 est possible, mais serait moins rentable. Produire cette quantité à un coût inférieur à C_1 est impossible.

La situation optimale est donc caractérisée par la tangence entre la droite d'isocoût et l'isoquante qui correspond à la production recherchée. Au point de tangence, le coût est minimal : il n'existe pas de niveau de coût inférieur à C_1 tel que la droite d'isocoût présente un point commun avec l'isoquante de la production $\bar{Q}$. Par conséquent, le producteur va produire la quantité $\bar{Q}$, au coût C_1, et utilisera les quantités de facteurs K* et L*.

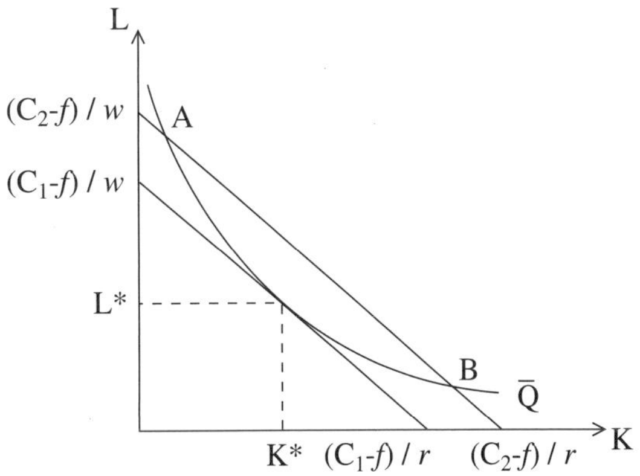

Fig. 7

Résolution du programme du producteur et interprétation des conditions de 1er ordre :

Programme 1 : $\begin{cases} \underset{K,L}{\text{Min}}\, C = wL + rK + f \\ s.c. \quad Q(K,L) = \bar{Q} \end{cases}$

La fonction de Lagrange correspondant à ce programme s'écrit :

$$L(K, L, \lambda) = wL + rK + f + \lambda[\bar{Q} - Q(K,L)]$$

Les conditions du premier ordre s'obtiennent en annulant les dérivées partielles premières de cette fonction :

Il en résulte les conditions du premier ordre suivantes : $\begin{cases} L_K = r - \lambda Q_K = 0 \\ L_L = w - \lambda Q_L = 0 \\ L_\lambda = \bar{Q} - Q(K,L) = 0 \end{cases}$

où L_K, L_L, L_λ indiquent respectivement les dérivées partielles premières de la fonction de Lagrange par rapport à K,L et λ.

Les conditions du second ordre permettent ensuite de déterminer si l'optimum trouvé (K^*, L^*) correspond bien au minimum du coût. Ces conditions sont vérifiées si le déterminant suivant est négatif :

$$\begin{vmatrix} L_{KK} & L_{KL} & L_{K\lambda} \\ L_{LK} & L_{LL} & L_{L\lambda} \\ L_{\lambda K} & L_{\lambda L} & L_{\lambda\lambda} \end{vmatrix} < 0 \Rightarrow C(K^*, L^*) = \text{Min } C(K,L)$$

où L_{ij}, avec $i = K, L, \lambda$ et $j = K, L, \lambda$, représente la dérivée seconde de la fonction L par rapport à i et j, $\frac{\partial^2 L}{\partial i \partial j}$

Si ce déterminant était positif, l'optimum trouvé correspondrait à un maximum du coût.

Les deux premières équations du système des conditions de premier ordre permettent de définir la condition d'optimalité du producteur :

$$r/w = Q_K/Q_L$$

À l'optimum, le prix relatif des facteurs r/w doit donc être égal au $TMST_{(K,L)}$.

Comme le rapport r/w est l'opposé de la pente de la contrainte de coût, cette équation, combinée à la troisième condition de premier ordre, implique que la droite d'isocoût qui passe par l'optimum est tangente à l'isoquante définie pour le niveau de production $\bar{Q}$.

b. Le producteur contraint par son budget

Le producteur peut se trouver dans une configuration alternative où il connaît son budget maximal. Les coûts ne pouvant excéder cette somme, le coût maximal de production est connu et la recherche du profit le plus élevé possible passe par la maximisation de la recette. Le producteur va donc chercher la combinaison productive (capital, travail) qui maximise le volume de production tout en respectant la contrainte de coût.

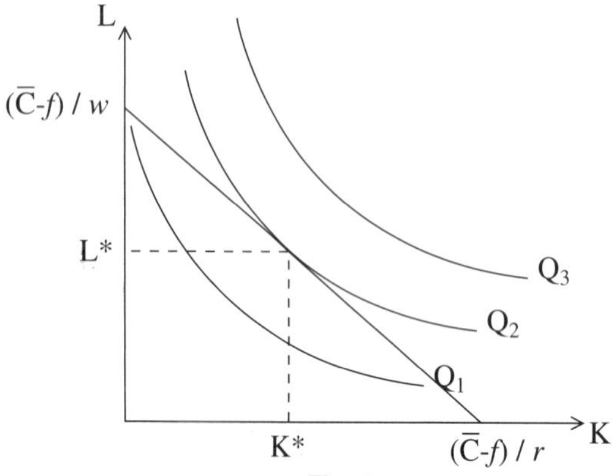

Fig. 8

Ce problème s'exprime mathématiquement sous la forme d'un programme de maximisation de la production sous contrainte d'un niveau de coût. Ce programme s'écrit :

programme 2 : $\begin{cases} \underset{K,L}{\text{Max}} \quad Q(K,L) \\ s.c. \quad \bar{C} = wL + rK + f \end{cases}$

La figure 8 propose la résolution graphique de ce second problème. Le producteur est contraint par le budget qu'il peut allouer à la production. Ce budget ne peut dépasser $\bar{C}$. Pour ce budget toutes les quantités inférieures à Q_2 peuvent être produites ; en revanche, une production supérieure à Q_2 induirait un coût qui franchirait le plafond $\bar{C}$.

Le producteur qui désire maximiser sa recette cherche à obtenir la production la plus élevée parmi toutes les productions réalisables pour le coût $\bar{C}$. Il retiendra le niveau maximal Q_2. Sa demande de facteurs sera donc logiquement K^* et L^*.

Résolution du programme du producteur et interprétation des conditions de 1er ordre

$$\text{programme 2 :} \begin{cases} \max\limits_{K,L} \quad Q(K,L) \\ s.c. \quad \bar{C} = wL + rK + f \end{cases}$$

À partir de ce programme on écrit la fonction de Lagrange :

$$L(K,L,\lambda) = Q(K,L) + \lambda[\bar{C} - rK - wL - f]$$

La maximisation de cette fonction suivant ses arguments conduit aux conditions du premier ordre suivantes :

$$\begin{cases} L_K = Q_K - \lambda r = 0 \\ L_L = Q_L - \lambda w = 0 \\ L_\lambda = \bar{C} - rK - wL - f = 0 \end{cases}$$

Les conditions du second ordre pour un maximum sont satisfaites si :

$$\begin{vmatrix} L_{KK} & L_{KL} & L_{K\lambda} \\ L_{LK} & L_{LL} & L_{L\lambda} \\ L_{\lambda K} & L_{\lambda L} & L_{\lambda\lambda} \end{vmatrix} > 0$$

Les deux premières équations du système de conditions de premier ordre permettent de retrouver la condition d'optimalité du producteur :

$$r / w = Q_K / Q_L$$

À l'optimum, le prix relatif des facteurs r/w doit être égal au $TMST_{(K,L)}$. Cette équation implique que l'isoquante qui passe par l'optimum est tangente à la droite d'isocoût définie pour le niveau de coût $\bar{C}$.

c. Interprétation des conditions d'optimalité

La résolution des deux problèmes posés au producteur (*cf.* encadrés ci-dessus et page précédente) permet d'établir qu'au point optimal, le rapport des prix des facteurs doit être égal au rapport des productivités marginales. Sous une autre forme, cette condition d'optimalité s'écrit :

$$Q_K / r = Q_L / w$$

En d'autres termes, **les productivités marginales des facteurs rapportées aux prix des facteurs doivent être égales.**

Cette égalité s'explique simplement : la productivité marginale d'un facteur rapportée à son prix correspond à la production supplémentaire obtenue en consacrant une unité de compte (un euro par exemple) à l'achat de ce facteur. Par conséquent, si cette égalité n'était pas vérifiée, reporter la dépense de cette unité de compte d'un facteur à l'autre permettrait de produire plus, ce qui signifierait que la combinaison initiale n'était pas optimale.

Condition d'optimalité non vérifiée. Si la condition d'optimalité $Q_K / r = Q_L / w$ n'était pas vérifiée, on aurait par exemple :

$$Q_K / r > Q_L / w$$

Dans ces conditions, le producteur pourrait reporter un euro de la dépense en facteur travail et le dépenser en facteur capital. Avec un euro de plus en capital, l'entrepreneur peut mobiliser $1/r$ unités de capital supplémentaire (soit $dK=1/r$). En contrepartie, l'euro prélevé sur le travail en réduit le volume pour un montant $-1/w$ (soit $dL=-1/w$).

Au voisinage du point initial, la production additionnelle qui en résulte s'écrit :

$$dQ = Q_L dL + Q_K dK = -Q_L / w + Q_K / r > 0$$

Le gain serait alors positif. Notons que cette modification de l'utilisation des facteurs fait converger la firme vers un équilibre avec diversification des facteurs si les productivités marginales sont décroissantes. En effet, dans ce cas, l'augmentation du capital utilisé réduit la productivité marginale de ce facteur alors que la diminution de l'utilisation du facteur travail en augmente la productivité marginale. De ce fait, Q_L / w augmente et Q_K / r diminue. Les deux grandeurs se rapprochent. L'optimum est obtenu lorsqu'il n'est plus possible d'accroître la production en modifiant l'utilisation des facteurs, soit quand $Q_K / r = Q_L / w$.

3 - Sentier d'expansion

Il a été supposé jusqu'à présent que le producteur subissait une contrainte, soit par la quantité, soit par les coûts. Il est également possible qu'il ne connaisse aucune contrainte et donc qu'il puisse choisir à la fois le niveau des coûts et celui de la production. Dans ce cas, le producteur a théoriquement la possibilité de choisir parmi une infinité de combinaisons (produit - coût).

Remarquons alors que le choix des niveaux de coût et de production ne sont pas indépendants. Pour un niveau de coût donné, le producteur doit reconnaître qu'il n'existe qu'une seule combinaison des facteurs qui maximise le niveau de production. De même, s'il désire choisir un niveau de production, la combinaison des facteurs efficace doit minimiser le coût de production et celle-ci est unique. Or, nous avons vu que quel que soit le problème envisagé, sa solution optimale passe par la définition de la condition d'optimalité du producteur :

$$\frac{Q_K}{Q_L} = \frac{r}{w}$$

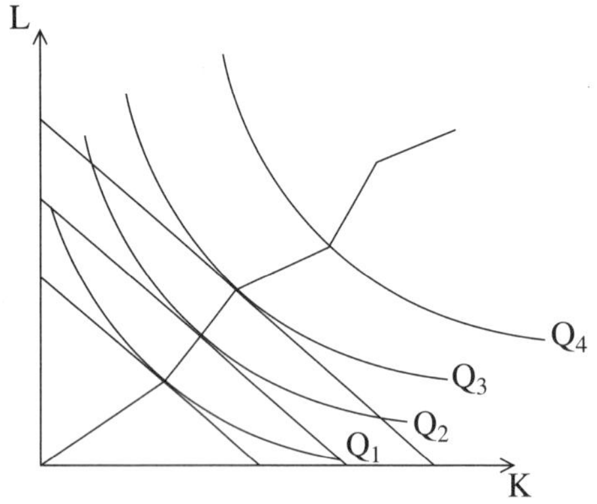

Fig. 9

Cette relation implicite entre le capital et le travail définit l'ensemble des combinaisons optimales pour le producteur et forme ce que l'on appelle « le sentier d'expansion »(*cf.* exercice 3.12).

Graphiquement, **le sentier d'expansion réunit l'ensemble des combinaisons productives optimales** (*cf.* fig. 9). Il relie donc l'ensemble des points de tangence entre les droites d'isocoût et les isoquantes. Il donne pour chaque niveau de production (et par conséquent de coût) envisageable la structure optimale de la combinaison des facteurs.

Lorsque le producteur ne rencontre aucune contrainte lors de sa prise de décision, il va choisir un point du sentier d'expansion de façon à maximiser son profit.

4 - La maximisation du profit

L'objectif du producteur lorsqu'aucune contrainte ne s'impose à lui est donc de choisir la combinaison (capital, travail) qui rend son profit maximal (*cf.* exercice 3.12). Le problème du producteur s'écrit formellement sous la forme d'un programme de maximisation sans contrainte :

$$\underset{K,L}{\text{Max}}\,\pi(K,L) = pQ(K,L) - wL - rK - f$$

Les ***conditions de premier ordre*** correspondent à l'annulation des dérivées premières du profit : $\pi_K = 0$ et $\pi_L = 0$.

Le rôle du prix va être fondamental : il va permettre de déterminer la combinaison de quantités de facteurs qui maximise le profit. Calculons les *conditions de premier ordre** :

$$\begin{cases} \dfrac{\partial\pi(K,L)}{\partial K} = pQ_K - r = 0 \\ \\ \dfrac{\partial\pi(K,L)}{\partial L} = pQ_L - w = 0 \end{cases}$$

Les conditions de second ordre pour un maximum seront satisfaites si :

$$\frac{\partial^2\pi}{\partial K^2} < 0 \text{ et } \begin{vmatrix} \frac{\partial^2\pi}{\partial K^2} & \frac{\partial^2\pi}{\partial K \partial L} \\ \frac{\partial^2\pi}{\partial L \partial K} & \frac{\partial^2\pi}{\partial L^2} \end{vmatrix} > 0$$

En réorganisant les conditions de premier ordre on retrouve la condition d'optimalité :

$$\frac{Q_K}{Q_L} = \frac{r}{w}$$

La solution optimale qui résulte de ce nouveau problème appartient donc au sentier d'expansion.

On vérifie également qu'à l'optimum du profit, la productivité marginale en valeur de chaque facteur doit être égale à son prix.

$$pQ_K = r \text{ et } pQ_L = w$$

Le produit de la productivité marginale d'un facteur par le prix du produit s'interprète comme le gain monétaire issu de l'utilisation d'une unité supplémentaire de ce facteur. Tant que ce gain monétaire est supérieur au coût qu'il engendre, c'est-à-dire au prix unitaire du facteur, le producteur réalise un profit pour l'emploi de chaque unité supplémentaire du facteur. Le producteur a donc intérêt à augmenter les quantités de facteurs. Or, quand la fonction de production présente des rendements décroissants, la productivité marginale décroît avec l'utilisation des facteurs. Par conséquent, au fur et à mesure que le producteur augmente les quantités d'un facteur, le gain monétaire qui en résulte décroît et se rapproche du prix de ce facteur. Le processus se poursuit jusqu'à ce que le gain monétaire supplémentaire engendré par l'utilisation de quantités additionnelles de facteur soit exactement égal au prix des facteurs.

La demande optimale de facteurs permet de définir pour chaque prix du produit le point du sentier d'expansion qui maximise le profit du producteur.

Le cas de la fonction Cobb-Douglas. La fonction Cobb-Douglas est de la forme : $Q(K,L) = AK^{\alpha}L^{\beta}$

• **Le TMST et l'élasticité de substitution :**

$$TMST = \frac{Q_K}{Q_L} = \frac{A\alpha K^{\alpha-1}L^{\beta}}{AK^{\alpha}\beta L^{\beta-1}} = \frac{\alpha L}{\beta K}$$

$$\sigma = \frac{\frac{d(L/K)}{L/K}}{\frac{dTMST}{TMST}} = \frac{d(L/K)}{L/K} \times \frac{TMST}{dTMST} = \frac{d(L/K)}{L/K} \times \frac{\alpha L/\beta K}{d(\alpha L/\beta K)} = \frac{d(L/K)}{L/K} \times \frac{(\alpha/\beta)(L/K)}{(\alpha/\beta)d(L/K)} = 1$$

• **Les productivités :**

$$PM_K = \frac{Q(K,L)}{K} = AK^{\alpha-1}L^{\beta} \qquad PM_L = \frac{Q(K,L)}{L} = AK^{\alpha}L^{\beta-1}$$

$$Pm_K = \alpha AK^{\alpha-1}L^{\beta} = \alpha\frac{Q(K,L)}{K} = \alpha PM_K \qquad Pm_L = \beta AK^{\alpha}L^{\beta-1} = \beta\frac{Q(K,L)}{L} = \beta PM_L$$

• **Les élasticités factorielles :**

$$\varepsilon_{Q/K} = \frac{dQ(K,L)/Q(K,L)}{dK/K} = \frac{\partial Q(K,L)}{\partial K}\frac{K}{Q(K,L)} = \alpha\frac{Q(K,L)}{K}\frac{K}{Q(K,L)} = \alpha$$

$$\varepsilon_{Q/L} = \frac{dQ(K,L)/Q(K,L)}{dL/L} = \frac{\partial Q(K,L)}{\partial L}\frac{L}{Q(K,L)} = \beta\frac{Q(K,L)}{L}\frac{L}{Q(K,L)} = \beta$$

• Les rendements factoriels :

Pour le capital, on a (avec $\lambda > 1$) :

$$Q(\lambda K,L) - \lambda Q(K,L) = A(\lambda K)^{\alpha}L^{\beta} - \lambda AK^{\alpha}L^{\beta} = \lambda^{\alpha}Q(K,L) - \lambda Q(K,L)$$

Le rendement factoriel du capital sera donc croissant si $\alpha > 1$, constant si $\alpha = 1$ et décroissant si $\alpha < 1$.

Pour le travail :

$$Q(K,\lambda L) - \lambda Q(K,L) = AK^{\alpha}(\lambda L)^{\beta} - \lambda AK^{\alpha}L^{\beta} = \lambda^{\beta}Q(K,L) - \lambda Q(K,L)$$

La nature croissante ou décroissante du rendement factoriel du travail dépendra donc non plus de la valeur de α mais de celle de β par rapport à 1.

• Les rendements d'échelle :

$$Q(\lambda K,\lambda L) - \lambda Q(K,L) = A(\lambda K)^{\alpha} (\lambda L)^{\beta} - \lambda Q(K,L) = \lambda^{\alpha+\beta} AK^{\alpha}L^{\beta} - \lambda Q(K,L) = \lambda^{\alpha+\beta}Q(K,L) - \lambda Q(K,L)$$

La nature des rendements d'échelle dépend alors de la somme des exposants $k = \alpha + \beta$: ils seront croissants si $k>1$, constants si $k = 1$ et décroissants si $0<k<1$.

Cet exemple illustre la notion de fonction de production homogène. Une fonction de production $Q(K,L)$ est homogène de degré k (k est un nombre réel positif) si elle vérifie : $Q(\lambda K,\lambda L) = \lambda^{k}Q(K,L)$, où λ est un réel positif quelconque. Ici, la fonction est homogène de degré $k = \alpha + \beta$. Par conséquent, pour un nombre $\lambda >1$, la nature des rendements d'échelle est bien déterminée par la valeur du degré d'homogénéité.

• Le programme de minimisation du coût sous contrainte de production et sa résolution :

$$\begin{cases} \underset{K,L}{\text{Min}}\ C(K,L) = rK + wL + f \\ s.c.\quad Q(K,L) = AK^{\alpha}L^{\beta} = \bar{Q} \end{cases}$$

La condition d'optimalité s'écrit $\beta rK = \alpha wL$ et la demande optimale de facteurs devient :

$$K^* = \left[\frac{\bar{Q}}{A\left(\frac{r\beta}{w\alpha}\right)^{\beta}} \right]^{\frac{1}{\alpha+\beta}} ;\ L^* = \left[\frac{\bar{Q}}{A\left(\frac{w\alpha}{r\beta}\right)^{\alpha}} \right]^{\frac{1}{\alpha+\beta}}$$

• Le programme de maximisation de la production sous contrainte de coût et sa résolution :

$$\begin{cases} \underset{K,L}{\text{Max}}\ Q(K,L) = AK^{\alpha}L^{\beta} \\ s.c.\quad C(K,L) = rK + wL + f = \bar{C} \end{cases}$$

La condition d'optimalité s'écrit $\beta rK = \alpha wL$ et la demande optimale de facteurs est :

$$K^* = \frac{\alpha(\bar{C}-f)}{(\alpha+\beta)r} \quad ; \quad L^* = \frac{\beta(\bar{C}-f)}{(\alpha+\beta)w}$$

• Le sentier d'expansion :

L'équation du sentier d'expansion se déduit de la condition d'optimalité :

$$\beta rK = \alpha wL \Leftrightarrow L = \frac{\beta r}{\alpha w}K$$

• Programme de maximisation du profit et sa résolution :

$$\underset{K,L}{\text{Max}}\ \pi(K,L) = pQ(K,L) - C(K,L) = pAK^{\alpha}L^{\beta} - rK - wL - f$$

On retrouve la condition d'optimalité $\beta rK = \alpha wL$ et les demandes optimales de facteurs sont :

$$K^* = \left[\frac{\alpha^{\beta-1}w^{\beta}}{pA\beta^{\beta}r^{\beta-1}} \right]^{\frac{1}{\alpha+\beta-1}} \quad ; \quad L^* = \left[\frac{\beta^{\alpha-1}r^{\alpha}}{pA\alpha^{\alpha}w^{\alpha-1}} \right]^{\frac{1}{\alpha+\beta-1}}$$

Questions à choix multiples

(Chaque question peut avoir une ou plusieurs réponses)

1 - Une isoquante correspond à :

a. un niveau de capital.

b. un niveau de travail.

c. un niveau de production.

d. un niveau de coût.

2 - L'égalité du rapport des productivités marginales des facteurs au rapport des prix des facteurs correspond :

a. à l'équation du sentier d'expansion.

b. à l'équation d'une droite d'isocoût.

c. à la condition d'optimalité du producteur.

d. à l'équation d'une isoquante.

3 - La fonction de production d'une entreprise est : Q(K,L) = Min [3K,2L]. Si l'entreprise adopte un comportement rationnel, pour produire 12 unités de bien elle utilise :

a. 4 unités de capital et 4 unités de travail.

b. 6 unités de capital et 4 unités de travail.

c. 4 unités de capital et 6 unités de travail.

d. 6 unités de capital et 6 unités de travail.

4 - Les isoquantes d'une fonction de production sont les suivantes :

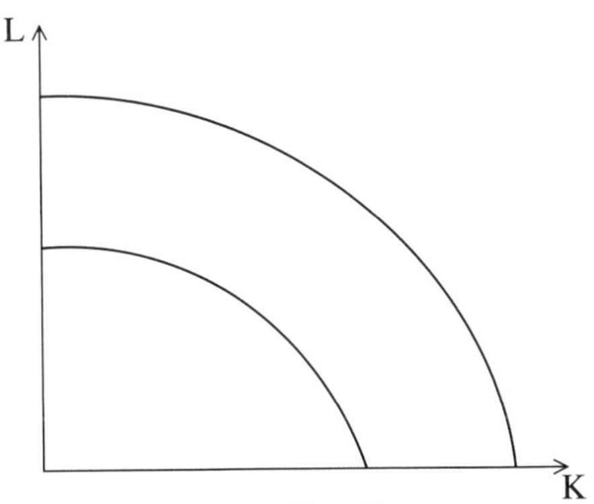

Fig. 10

Sachant que les prix des facteurs sont égaux, le producteur, s'il est rationnel, utilisera :

a. une combinaison des deux facteurs, capital et travail.

b. uniquement du facteur travail.

c. uniquement du facteur capital.

d. tout dépend du budget dont il dispose.

5 - L'élasticité factorielle d'un facteur est égale :

a. au rapport de la variation relative de la quantité de ce facteur à celle du taux marginal de substitution technique.

b. au rapport de la productivité marginale de ce facteur au taux marginal de substitution technique.

c. au rapport de la variation relative de la quantité produite à celle de la quantité de ce facteur.

d. au rapport de la productivité marginale à la productivité moyenne de ce facteur.

6 - La fonction de production $Q(K,L) = 2K^aL^b$ (type Cobb-Douglas) présente des rendements d'échelle croissants si :

a. $\frac{a}{b} > 1$

b. $ab > 1$

c. $a + b > 1$

d. $a - b > 1$

7 - Dans la même fonction de production, on considère que $a = b = 1$. Si on multiplie les quantités de tous les facteurs par 2, par combien la production sera-t-elle multipliée ?

a. 1

b. 2

c. 3

d. 4

8 - Le sentier d'expansion correspond à :

a. l'ensemble des points qui maximisent le profit

b. l'ensemble des points d'intersection entre les droites d'isocoût et les isoquantes.

c. l'ensemble des points de tangence entre les droites d'isocoût et les isoquantes.

d. l'ensemble des points pour lesquels la productivité marginale est décroissante.

9 - Le TMST est égal :

a. au rapport des prix des facteurs.

b. au rapport des productivités marginales.

c. au rapport des variations de quantités de facteurs.

d. à l'opposé du rapport des variations de quantités de facteurs sur une isoquante.

10 - Lorsque le producteur ne rencontre aucune contrainte, l'optimum de profit correspond :

a. à l'annulation des dérivées premières (par rapport à chacun des facteurs) de la fonction de production.

b. à l'annulation des dérivées premières (par rapport à chacun des facteurs) de la fonction de profit.

c. à l'égalité des productivités marginales de chaque facteur en valeur à leur prix.

d. à l'égalité des dérivées premières (par rapport à chacun des facteurs) de la fonction de profit.

(Les réponses se trouvent en fin d'ouvrage, page 384)

Exercice corrigé 3.1

Productivité dans le cas d'une fonction discrète (A, 3 ; A, 4)

On suppose qu'un bien est produit à l'aide de deux facteurs de production, du travail et du capital. En courte période, on considère que l'entreprise qui fabrique ce bien n'a pas la possibilité de changer son stock de capital K. La production du bien varie alors en fonction du nombre d'unités de facteur travail, une unité de travail correspondant à une heure de travail. La production réalisée en fonction de la quantité de travail est donnée par le tableau suivant :

Heures de travail (L)	**Production (Q)**
0	0
1	5
2	14
3	24
4	32
5	35
6	36

Calculer les valeurs de la productivité moyenne du travail et de la productivité marginale du travail. Représenter graphiquement les trois courbes.

CORRIGÉ

La productivité moyenne du travail se définit comme la production par unité de travail. Elle s'obtient donc en divisant le niveau de production par le nombre d'unités de travail mises en œuvre pour obtenir ce niveau de production :

$$PM_L = \frac{Q}{L}$$

La productivité marginale du travail est définie comme l'effet sur la production de l'utilisation d'une unité supplémentaire de travail. Dans cet exercice, la fonction n'est pas continue mais discrète. La productivité marginale du travail est donc mesurée par l'accroissement de la production rapporté à l'accroissement du nombre d'unités de travail. Ici, l'accroissement du nombre d'unités de travail est systématiquement de 1 :

$$Pm_L = \frac{Q(L+1) - Q(L)}{1} = Q(L+1) - Q(L)$$

On obtient donc le tableau suivant :

Heures de travail (L)	Production (Q)	Productivité moyenne	Productivité marginale
0	0	-	-
1	5	5	5
2	14	7	9
3	24	8	10
4	32	8	8
5	35	7	3
6	36	6	1

Représentation graphique :

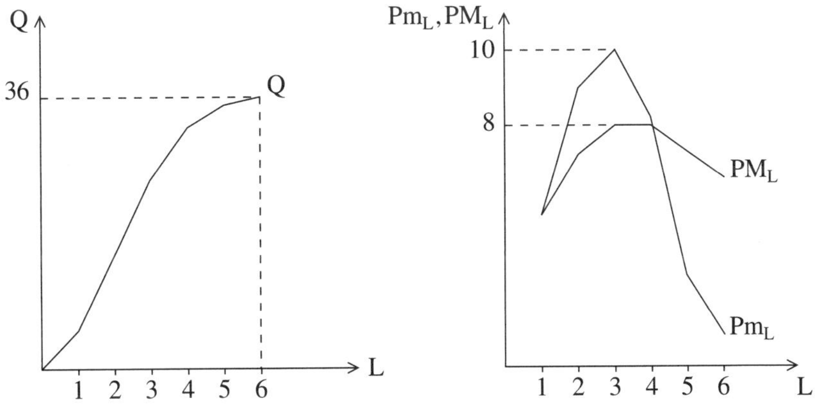

Fig. 11

Exercice corrigé 3.2

Productivités, rendements et substituabilité des facteurs dans le cas d'une fonction CES (Constant Elasticity of Substitution)

(A, 3 ; A, 4)

Soit la fonction de production :

$$Q(K,L) = (3K^{0,5} + 2L^{0,5})^2$$

1-Quelles sont les productivités moyennes des facteurs ?

2-Quelles sont les productivités marginales des facteurs ?

3-Les rendements d'échelle sont-ils croissants, décroissants ou constants ?

4-Calculer le TMST.

5-Vérifier que l'élasticité de substitution est constante.

CORRIGÉ

Cette fonction de production fait partie de la famille des fonctions de type CES. Ces fonctions ont la forme générale suivante :

$$Q(K,L) = (\alpha K^{\rho} + \beta L^{\rho})^{1/\rho}$$

avec $\alpha > 0$, $\beta > 0$ et $\rho < 1$.

Ces fonctions sont caractérisées par le fait qu'elles sont homogènes de degré 1 (les rendements d'échelle sont donc constants) et qu'elles ont une élasticité de substitution constante.

1-Pour obtenir la productivité moyenne d'un facteur, il suffit de diviser la production totale par la quantité de facteur. Par conséquent, la productivité moyenne du capital est :

$$PM_K = \frac{Q(K,L)}{K} = \frac{(3K^{0,5} + 2L^{0,5})^2}{K}$$

La productivité moyenne du travail est :

$$PM_L = \frac{Q(K,L)}{L} = \frac{(3K^{0,5} + 2L^{0,5})^2}{L}$$

2-La productivité marginale d'un facteur correspond à la dérivée partielle de la fonction de production par rapport à la quantité de ce facteur. La productivité marginale du capital est donc :

$$Pm_K = \frac{\partial Q(K,L)}{\partial K} = 2(3K^{0,5} + 2L^{0,5})1,5K^{-0,5} = 3K^{-0,5}(3K^{0,5} + 2L^{0,5})$$

La productivité marginale du travail se calcule de la même façon :

$$Pm_L = \frac{\partial Q(K,L)}{\partial L} = 2L^{-0,5}(3K^{0,5} + 2L^{0,5})$$

3-Pour connaître la nature des rendements d'échelle, il faut déterminer le signe de la différence suivante :

$$Q(\lambda K, \lambda L) - \lambda Q(K,L)$$

où λ est un nombre réel supérieur à 1 quelconque.

Avec la fonction de production de cet exercice, cette différence s'écrit :

$$[3(\lambda K)^{0,5} + 2(\lambda L)^{0,5}]^2 - \lambda(3K^{0,5} + 2L^{0,5})^2$$
$$= [3\lambda^{0,5}K^{0,5} + 2\lambda^{0,5} L^{0,5}]^2 - \lambda(3K^{0,5} + 2L^{0,5})^2$$
$$= [\lambda^{0,5} (3K^{0,5} + 2L^{0,5})]^2 - \lambda(3K^{0,5} + 2L^{0,5})^2$$
$$= \lambda(3K^{0,5} + 2L^{0,5})^2 - \lambda(3K^{0,5} + 2L^{0,5})^2 = 0$$

Les rendements d'échelle sont donc constants.

4-Le TMST correspond au rapport des productivités marginales :

$$\text{TMST}_{(K,L)} = \frac{Pm_K}{Pm_L} = \frac{3K^{-0,5}(3K^{0,5}+2L^{0,5})}{2L^{-0,5}(3K^{0,5}+2L^{0,5})} = \frac{3K^{-0,5}}{2L^{-0,5}} = 1{,}5K^{-0,5}L^{0,5}$$

5-La formule de l'élasticité de substitution est la suivante :

$$\sigma = \frac{\dfrac{d(L/K)}{L/K}}{\dfrac{dTMST}{TMST}}$$

En développant le numérateur, on obtient :

$$\frac{d(L/K)}{L/K} = \frac{KdL - LdK}{K^2} \times \frac{K}{L} = \frac{dL}{L} - \frac{dK}{K}$$

Par ailleurs, le dénominateur peut s'écrire de la façon suivante :

$$\frac{dTMST}{TMST} = \frac{1{,}5 \times (-0{,}5)\,K^{-1,5}L^{0,5}dK + 1{,}5 \times 0{,}5K^{-0,5}L^{-0,5}dL}{1{,}5K^{-0,5}L^{0,5}} = 0{,}5\left(\frac{dL}{L} - \frac{dK}{K}\right)$$

Par conséquent, l'élasticité de substitution est constante et égale à :

$$\sigma = \frac{1}{0{,}5} = 2$$

EXERCICE CORRIGÉ 3.3

Le producteur contraint par son budget, le cas de facteurs complémentaires (A, 3 ; B, 2)

Une entreprise utilise une technologie de production qui peut se traduire par la fonction suivante :

$$Q(K,L) = \text{Min}\,[2K, 4L]$$

1-Représenter graphiquement dans un repère (K,L) les isoquantes de cette fonction de production correspondant à une quantité produite de 40, 80 et 120.

2-On suppose que cette entreprise dispose d'un budget de 1100 unités de compte (u.c.) pour produire, qu'elle utilise un facteur fixe qui lui coûte 100 u.c. et que les prix des facteurs sont de 20 u.c. pour le capital et 10 u.c. pour le travail. Représenter la droite de coût dans le même repère.

3-Quel sera finalement le niveau de production optimal et quelles quantités de facteurs seront demandées pour obtenir ce niveau de production ?

CORRIGÉ

1-La fonction de production Q = Min (2K, 4L) peut s'écrire :

$$\begin{cases} Q(K,L) = 2K \text{ si } K \le 2L \\ Q(K,L) = 4L \text{ si } K \ge 2L \end{cases}$$

Pour un niveau de production quelconque $\bar{Q}$ on a donc :

$$\begin{cases} \bar{Q} = 2K \text{ si } K \le 2L \\ \bar{Q} = 4L \text{ si } K \ge 2L \end{cases}$$

Ce qui revient à :

$$\begin{cases} 0{,}5\,\bar{Q} = K \text{ si } 0{,}5K \leq L \\ 0{,}25\,\bar{Q} = L \text{ si } K \geq 2L \end{cases}$$

Ainsi, pour un niveau de production de 40, on a $K = 0{,}5 \times 40 = 20$, pour toute valeur de L supérieure à 0,5 K. En revanche, pour les valeurs de K supérieures à 2L, on a $L = 0{,}25 \times 40 = 10$.

Sur la figure 12, on a représenté la droite d'équation :

$$K = 2L \Leftrightarrow L = 0{,}5\,K$$

Au dessus de la droite, l'isoquante correspondant à une quantité produite de $\bar{Q}$ est donnée par l'équation $K = 0{,}5\,\bar{Q}$, tandis qu'en dessous de la droite c'est l'équation $L = 0{,}25\,\bar{Q}$ qui doit être prise en compte.

2-La droite de coût est d'équation :

$$1100 = 20K + 10L + 100$$
$$\Leftrightarrow L = -2K + 100$$

Si on la représente sur le même graphique, on obtient la figure 13:

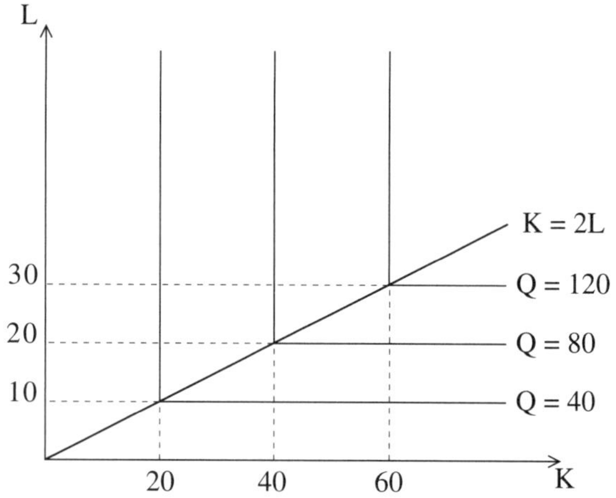

Fig. 12

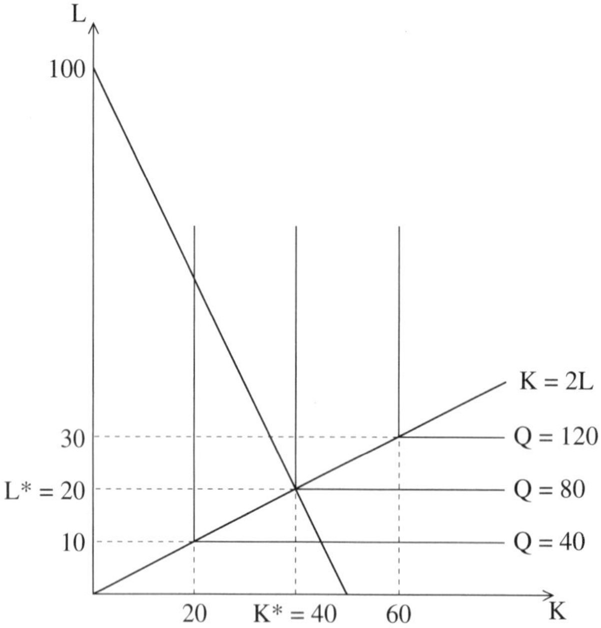

Fig. 13

3-On observe que l'isoquante la plus élevée présentant un point commun avec la droite de coût correspond à une production de 80 unités de biens. Par conséquent, pour un budget de 1100 u.c., la demande optimale de capital est de 40 unités, la demande optimale de travail est de 20 unités et la production maximale est de 80 unités.

EXERCICE CORRIGÉ 3.4

Le producteur contraint par son budget (Cobb-Douglas) (B, 2)

La fonction de production d'un entrepreneur est la suivante :

$$Q(K,L) = 2K^{0,7}L^{0,3}$$

Quel niveau de production le producteur va-t-il choisir s'il est rationnel, sachant que les coûts fixes sont nuls et :

1- qu'il dispose d'un budget de 1000 unités de compte (u.c.), le taux de salaire étant de 30 u.c. et le prix du capital, de 50 u.c. ?

2- qu'il dispose d'un budget de 1500 u.c., les prix des facteurs restant inchangés ?

3- qu'il dispose d'un budget de 1000 u.c., le taux de salaire ayant augmenté de 10 u.c., le prix du capital restant inchangé ?

Le taux de salaire sera noté w et le prix du capital r.

Les trois cas seront représentés sur un même graphique dans un repère (K, L).

CORRIGÉ

Cet exercice illustre la situation d'un producteur contraint par son budget : il ne peut pas consacrer à la production plus de 1000 u.c. dans le premier et le troisième cas et 1500 u.c. dans le second. S'il est rationnel, le producteur va donc maximiser la production sous la contrainte d'un budget $\bar{C}$ donné. Formellement, son programme est :

$$\begin{cases} \max\limits_{K,L} Q(K,L) = 2K^{0,7}L^{0,3} \\ s.c.\ rK + wL = \bar{C} \end{cases}$$

La résolution d'un programme de maximisation sous contrainte peut s'effectuer par la méthode de Lagrange. La fonction de Lagrange s'écrit :

$$L(K,L,\lambda) = 2K^{0,7}L^{0,3} + \lambda(\bar{C} - rK - wL)$$

Les conditions de premier ordre exigent l'annulation des dérivées premières de la fonction de Lagrange par rapport au capital (L_K), au travail (L_L) et par rapport au multiplicateur de Lagrange $\lambda(L_\lambda)$, ce qui conduit au système d'équations suivant :

$$\begin{cases} L_K = 2 \times 0,7K^{-0,3}L^{0,3} - \lambda r = 0 & (1) \\ L_L = 2 \times 0,3K^{0,7}L^{-0,7} - \lambda w = 0 & (2) \\ L_\lambda = \bar{C} - rK - wL = 0 & (3) \end{cases}$$

Les équations (1) et (2) permettent d'écrire :

$$\frac{2 \times 0,7K^{-0,3}L^{0,3}}{2 \times 0,3K^{0,7}L^{-0,7}} = \frac{\lambda r}{\lambda w} \Leftrightarrow \frac{0,7L}{0,3K} = \frac{r}{w} \Leftrightarrow L = \frac{0,3r}{0,7w}K$$

En substituant L par son expression en K dans l'équation (3), on obtient la quantité optimale de capital K* :

$$\bar{C} - rK - w\frac{0,3r}{0,7w}K = \bar{C} - (1 + \frac{0,3}{0,7})rK = 0 \Leftrightarrow K^* = \frac{0,7\bar{C}}{r}$$

La quantité optimale de travail se déduit alors en remplaçant K par sa valeur optimale dans l'expression de L en fonction de K :

$$L^* = \frac{0,3r}{0,7w}K^* = \frac{0,3r}{0,7w} \times \frac{0,7\bar{C}}{r} = \frac{0,3\bar{C}}{w}$$

La production optimale Q* est donc :

$$Q^* = Q(K^*,L^*) = 2\left(\frac{0{,}7\bar{C}}{r}\right)^{0,7}\left(\frac{0{,}3\bar{C}}{w}\right)^{0,3} = 2\left(\frac{0{,}7}{r}\right)^{0,7}\left(\frac{0{,}3}{w}\right)^{0,3}\bar{C}$$

Les conditions du second ordre pour un maximum sont vérifiées si le déterminant suivant est positif :

$$\begin{vmatrix} L_{KK} & L_{KL} & L_{K\lambda} \\ L_{LK} & L_{LL} & L_{L\lambda} \\ L_{\lambda K} & L_{\lambda L} & L_{\lambda\lambda} \end{vmatrix} = \begin{vmatrix} 2\times 0{,}7\times(-0{,}3)K^{-1,3}L^{0,3} & 2\times 0{,}7\times 0{,}3K^{-0,3}L^{-0,7} & -r \\ 2\times 0{,}3\times 0{,}7K^{-0,3}L^{-0,7} & 2\times 0{,}3\times(-0{,}7)K^{0,7}L^{-1,7} & -w \\ -r & -w & 0 \end{vmatrix}$$

$$= -r\begin{vmatrix} 2\times 0{,}7\times 0{,}3K^{-0,3}L^{-0,7} & -r \\ 2\times 0{,}3\times(-0{,}7)K^{0,7}L^{-1,7} & -w \end{vmatrix} + w\begin{vmatrix} 2\times 0{,}7\times(-0{,}3)K^{-1,3}L^{0,3} & -r \\ 2\times 0{,}3\times 0{,}7K^{-0,3}L^{-0,7} & -w \end{vmatrix}$$

$$= 0{,}42rwK^{-0,3}L^{-0,7} + 0{,}42r^2K^{0,7}L^{-1,7} + 0{,}42w^2K^{-1,3}L^{0,3} + 0{,}42rwK^{-0,3}L^{-0,7}$$

où L_{ij}, $i, j = K, L, \lambda$ représente la dérivée seconde de la fonction de Lagrange par rapport à i et j.

Le déterminant s'écrit comme la somme de termes positifs, il est donc nécessairement positif ; l'optimum trouvé grâce à la résolution des conditions de premier ordre est donc bien un maximum.

Il est possible maintenant d'appliquer les données numériques proposées dans cet exercice.

1 - Dans le premier cas, on sait que $\bar{C} = 1000$, $r = 50$ et $w = 30$, ce qui conduit aux valeurs optimales suivantes :

$$K^* = \frac{0{,}7\bar{C}}{r} = \frac{0{,}7\times 1\,000}{50} = 14 \quad L^* = \frac{0{,}3\bar{C}}{w} = \frac{0{,}3\times 1\,000}{30} = 10 \quad Q^* = 2\times(14)^{0,7}(10)^{0,3} \approx 25{,}31$$

Le producteur va choisir de produire approximativement 25,31 unités de biens en utilisant 14 unités de capital et 10 unités de travail.

2 - Dans le deuxième cas, seule la valeur du budget change, on a donc $\bar{C} = 1500$, $r = 50$ et $w = 30$. Les valeurs optimales deviennent :

$$K^* = \frac{0{,}7\bar{C}}{r} = \frac{0{,}7\times 1\,500}{50} = 21 \quad L^* = \frac{0{,}3\bar{C}}{w} = \frac{0{,}3\times 1\,500}{30} = 15 \quad Q^* = 2\times(21)^{0,7}(15)^{0,3} \approx 37{,}96$$

En augmentant son budget de 500 u.c. l'entrepreneur est amené à accroître sa production et donc les quantités de facteurs utilisées. En effet, sa production est maintenant de 37,96 unités, cependant que les quantités de capital et de travail nécessaires pour atteindre ce niveau de production sont respectivement de 21 et 15.

3 - Enfin dans le troisième cas, l'entrepreneur revient à un budget de 1 000 u.c., le prix du capital est toujours de 50 u.c., mais le prix du travail augmente de 10 u.c.. On a donc $\bar{C} = 1000$, $r = 50$ et $w = 40$. Les quantités optimales de capital, de travail et de biens sont donc :

$$K^* = \frac{0{,}7\bar{C}}{r} = \frac{0{,}7\times 1\,000}{50} = 14$$

$$L^* = \frac{0{,}3\bar{C}}{w} = \frac{0{,}3\times 1\,000}{40} = 7{,}5$$

$$Q^* = 2\times(14)^{0,7}(7{,}5)^{0,3} \approx 23{,}21$$

Par rapport au premier cas, le prix du travail a augmenté de 10 u.c., ce qui a pour effet de diminuer la quantité optimale de travail à utiliser et donc le niveau de production optimal.

Représentation graphique : *cf.* fig. 14.

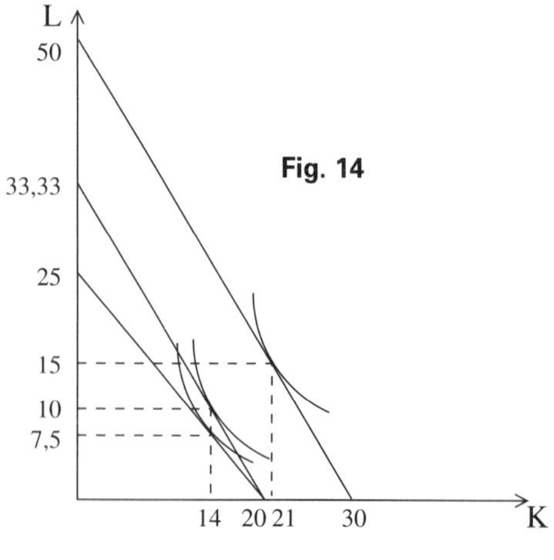

Fig. 14

EXERCICE PROPOSÉ 3.5

Le producteur contraint par son budget, le cas de la fonction Cobb-Douglas (B, 2)

Une entreprise utilise une technologie de production que l'on peut traduire mathématiquement sous la forme suivante :

$$Q(K,L) = 3K^{0,6}L^{0,5}$$

1 - Les rendements d'échelle de cette fonction de production sont-ils croissants, décroissants ou constants ?

2 - On suppose que cette entreprise dispose d'une « enveloppe » de 1500 euros, que le taux de salaire est de 50 euros et le taux de rémunération du capital de 12 euros. Quelle est dans ces conditions le niveau de production optimal si le coût fixe est de 400 euros ? Ce niveau de production correspond-il bien à un maximum de profit ?

3 - Faites une représentation graphique de la situation optimale.

DÉMARCHE

1 - Pour démontrer que les rendements d'échelle sont croissants, il suffit de montrer que l'inéquation suivante est toujours vérifiée, pour tout λ réel supérieur à 1 :

$$Q(\lambda K, \lambda L) - \lambda Q(K,L) > 0$$

2 - Il faut résoudre un programme de maximisation de la production sous contrainte de coût en utilisant la méthode du Lagrangien. Il faut ensuite vérifier les conditions de second ordre.

RÉSULTATS

1 - Les rendements sont croissants.

2 - $K^* = 50$, $L^* = 10$, $Q^* \approx 99$

3 - Représentation graphique :

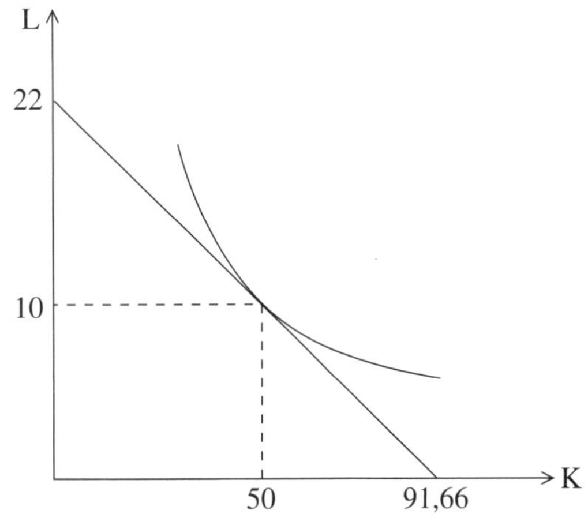

Fig. 15

EXERCICE CORRIGÉ 3.6

Le producteur contraint par son marché (Cobb-Douglas) (B, 2)

Un producteur utilise une technologie de production dont la traduction mathématique correspond à la fonction de production suivante :

$$Q(K,L) = 5K^{0,6}L^{0,4}$$

Calculer les quantités de travail et de capital que le producteur va utiliser s'il est rationnel ainsi que le coût correspondant, sachant :

1 - qu'il ne pourra écouler que 50 unités de bien et que le taux de salaire est de 30, le prix du capital de 50 et le coût fixe de 130.

2 - que la demande qui s'adresse à lui augmente et passe à 80 unités de bien, les prix des facteurs et le coût fixe restant inchangés.

3 - qu'avec cette demande de 80 unités de bien, le taux de salaire est de 40, le prix du capital et le coût fixe restant inchangés.

4 - Que se passe-t-il dans ces trois cas, si le coût fixe baisse et devient égal à 100 ?

CORRIGÉ

Dans cet exercice, le producteur est contraint par la quantité de biens qu'il peut écouler sur le marché : il ne pourra vendre que 50 unités de bien dans le premier cas et 80 unités dans le second et le troisième cas. Pour maximiser son profit, le producteur, connaissant d'emblée sa recette, doit minimiser ses coûts sous la contrainte d'un niveau de production donné, $\bar{Q}$. Formellement, il doit donc résoudre le programme suivant :

$$\begin{cases} \underset{K.L}{\text{Min}} \ C(K,L) = rK + wL + f \\ s.c. \ \ Q(K,L) = 5K^{0,6}L^{0,4} = \bar{Q} \end{cases}$$

où r, w, $\bar{Q}$ et f représentent respectivement le prix du capital, le prix du travail, le niveau de production fixé et le niveau des coût fixes.

La résolution de ce programme requiert l'utilisation de la méthode de Lagrange. La fonction de Lagrange s'écrit :

$$L(K,L,\lambda) = rK + wL + f + \lambda(\bar{Q} - 5K^{0,6}L^{0,4})$$

Les conditions du premier ordre consistent en l'annulation des dérivées premières de la fonction de Lagrange :

$$\begin{cases} L_K = r - \lambda 5 \times 0{,}6K^{-0,4}L^{0,4} = 0 & (1) \\ L_L = w - \lambda 5 \times 0{,}4K^{0,6}L^{-0,6} = 0 & (2) \\ L_\lambda = \bar{Q} - 5K^{0,6}L^{0,4} = 0 & (3) \end{cases}$$

En combinant les équations (1) et (2), on obtient :

$$\frac{r}{w} = \frac{0{,}6L}{0{,}4K} \Leftrightarrow L = \frac{0{,}4r}{0{,}6w}K \qquad (4)$$

En remplaçant L par son expression en K dans l'équation (3), il vient :

$$\bar{Q} - 5K^{0,6}\left(\frac{0{,}4r}{0{,}6w}\right)^{0,4} K^{0,4} = 0 \Leftrightarrow \bar{Q} - 5\left(\frac{0{,}4r}{0{,}6w}\right)^{0,4} K = 0$$

La valeur optimale de K est donc :

$$K^* = \frac{\bar{Q}}{5\left(\dfrac{0{,}4r}{0{,}6w}\right)^{0{,}4}}$$

La valeur optimale de L est alors obtenue en remplaçant K* par son expression dans l'équation (4) :

$$L^* = \frac{0{,}4r}{0{,}6w} \times \frac{\bar{Q}}{5\left(\dfrac{0{,}4r}{0{,}6w}\right)^{0{,}4}} = \frac{\bar{Q}}{5\left(\dfrac{0{,}4r}{0{,}6w}\right)^{-0{,}6}}$$

Le niveau optimal du coût pour une production $\bar{Q}$, un coût fixe de f et des prix des facteurs r et w est par conséquent :

$$C^* = rK^* + wL^* + f = r\frac{\bar{Q}}{5\left(\dfrac{0{,}4r}{0{,}6w}\right)^{0{,}4}} + w\frac{\bar{Q}}{5\left(\dfrac{0{,}4r}{0{,}6w}\right)^{-0{,}6}} + f \approx 0{,}392\bar{Q}r^{0{,}6}w^{0{,}4} + f$$

Pour que les conditions de second ordre soient vérifiées, il faut que le déterminant suivant soit négatif :

$$D = \begin{vmatrix} L_{KK} & L_{KL} & L_{K\lambda} \\ L_{LK} & L_{LL} & L_{L\lambda} \\ L_{\lambda K} & L_{\lambda L} & L_{\lambda\lambda} \end{vmatrix} = \begin{vmatrix} 1{,}2\lambda K^{-1{,}4}L^{0{,}4} & -1{,}2\lambda K^{-0{,}4}L^{-0{,}6} & -3K^{-0{,}4}L^{0{,}4} \\ -1{,}2\lambda K^{-0{,}4}L^{-0{,}6} & 1{,}2\lambda K^{0{,}6}L^{-1{,}6} & -2K^{0{,}6}L^{-0{,}6} \\ -3K^{-0{,}4}L^{0{,}4} & -2K^{0{,}6}L^{-0{,}6} & 0 \end{vmatrix}$$

Ce déterminant est donc égal à :

$$D = -3K^{-0{,}4}L^{0{,}4}\begin{vmatrix} -1{,}2\lambda K^{-0{,}4}L^{-0{,}6} & -3K^{-0{,}4}L^{0{,}4} \\ 1{,}2\lambda K^{0{,}6}L^{-1{,}6} & -2K^{0{,}6}L^{-0{,}6} \end{vmatrix} + 2K^{0{,}6}L^{-0{,}6}\begin{vmatrix} 1{,}2\lambda K^{-1{,}4}L^{0{,}4} & -3K^{-0{,}4}L^{0{,}4} \\ -1{,}2\lambda K^{-0{,}4}L^{-0{,}6} & -2K^{0{,}6}L^{-0{,}6} \end{vmatrix}$$

d'où :

$$D = -3K^{-0{,}4}L^{0{,}4}(2{,}4\lambda K^{0{,}2}L^{-1{,}2} + 3{,}6\lambda K^{0{,}2}L^{-1{,}2}) + 2K^{0{,}6}L^{-0{,}6}(-2{,}4\lambda K^{-0{,}8}L^{-0{,}2} - 3{,}6\lambda K^{-0{,}8}L^{-0{,}2})$$

Comme λ est positif (d'après les conditions de premier ordre, $\lambda = \frac{Q_K}{r} = \frac{Q_L}{w}$), les deux termes de cette expression sont négatifs, le déterminant est donc négatif et les conditions requises pour un minimum sont bien vérifiées.

Il est possible maintenant de reprendre les différentes situations auxquelles est confronté le producteur.

1-Dans le premier cas, le producteur sait qu'il ne pourra vendre plus de 50 unités de bien et il connaît les prix des facteurs et le niveau de son coût fixe, ce que l'on peut traduire formellement par : $\bar{Q} = 50$, $r = 50$, $w = 30$ et $f = 130$. Par conséquent, les quantités optimales de capital et de travail que le producteur va demander sont :

$$K^* = \frac{50}{5\left(\dfrac{0{,}4\times 50}{0{,}6\times 30}\right)^{0{,}4}} \approx 9{,}58 \quad ; \quad L^* = \frac{50}{5\left(\dfrac{0{,}4\times 50}{0{,}6\times 30}\right)^{-0{,}6}} \approx 10{,}65$$

Le coût minimal que devra supporter le producteur pour élaborer 50 unités de bien est :

$$C^* = C(K^*, L^*) \approx 50 \times 9{,}58 + 30 \times 10{,}65 + 130 \approx 928{,}50$$

2-Dans le deuxième cas, on a : $\bar{Q} = 80$, $r = 50$, $w = 30$ et $f = 130$. Le producteur va donc demander les quantités de facteurs suivantes :

$$K^* = \frac{80}{5\left(\dfrac{0{,}4\times 50}{0{,}6\times 30}\right)^{0{,}4}} \approx 15{,}34 \quad ; \quad L^* = \frac{80}{5\left(\dfrac{0{,}4\times 50}{0{,}6\times 30}\right)^{-0{,}6}} \approx 17{,}04$$

Par conséquent, le coût de production minimal est :

$$C^* = C(K^*,L^*) \approx (50 \times 15{,}34) + (30 \times 17{,}04) + 130 \approx 1\,408{,}20$$

On constate que pour produire 30 unités de bien supplémentaires, il faut supporter un coût additionnel de 1408,20 – 928,50 = 479,70.

3-Dans le troisième cas, les données sont les suivantes : $\bar{Q} = 80$, $r = 50$, $w = 40$ et $f = 130$.

En reprenant les expressions des quantités optimales de facteurs, on obtient :

$$K^* = \frac{80}{5\left(\frac{0{,}4 \times 50}{0{,}6 \times 40}\right)^{0{,}4}} \approx 17{,}21 \quad ; \quad L^* = \frac{80}{5\left(\frac{0{,}4 \times 50}{0{,}6 \times 40}\right)^{-0{,}6}} \approx 14{,}34$$

Le coût engendré par une production de 80 unités avec un salaire ayant augmenté de 10 unités est plus important :

$$C^* = C(K^*,L^*) \approx (50 \times 17{,}21) + (40 \times 14{,}34) + 130 \approx 1\,564{,}10$$

4-Enfin, la modification des coûts fixes n'a aucun effet sur les quantités demandées de facteurs. Ils n'interviennent que dans le calcul du coût finalement supporté par le producteur. Ce résultat est tout à fait logique puisque ces coûts fixes correspondent à un ou plusieurs facteurs dont le producteur ne peut contrôler les quantités et sont payés quel que soit le niveau de la production. Par conséquent, une baisse du coût fixe de 30 unités n'aura comme conséquence qu'une diminution du coût total de 30 unités.

EXERCICE PROPOSÉ 3.7

Le producteur contraint par son marché, le cas de la fonction Cobb-Douglas (B, 2)

La fonction de production d'une entreprise est la suivante :

$$Q(K,L) = 10K^{0{,}4}L^{0{,}1}$$

1-Calculer le TMST

2-Quel est le budget minimal nécessaire à une production de 80 unités, sachant que le taux de rémunération du capital est de 10 francs l'unité, le taux de salaire de 80 francs et le coût du facteur fixe de 50 francs.

DÉMARCHE

1-Le TMST est égal au rapport des productivités marginales des facteurs.

2-Il s'agit ici de résoudre un programme de minimisation du coût sous la contrainte d'une production donnée :

$$\begin{cases} \underset{K,L}{\text{Min}}\, C(K,L) = 10K + 80L + 50 \\ s.c. \;\; 10K^{0{,}4}L^{0{,}1} = 80 \end{cases}$$

La méthode de Lagrange permet de résoudre ce programme. Les conditions de second ordre doivent ensuite être vérifiées.

RÉSULTATS

1-TMST $= 4\frac{L}{K}$

2-K* = 128, L* = 4, C* = 1 650

EXERCICE CORRIGÉ 3.8

Le producteur contraint par son budget (C.E.S.) (B, 2)

La fonction de production d'une entreprise est la suivante :

$$Q(K,L) = (3K^{0,5} + 2L^{0,5})^2$$

1-Quelle quantité maximale cette entreprise peut-elle produire si elle dispose d'un budget de 250 unités de compte (u.c.), sachant que le facteur fixe lui coûte 10 u.c., le travail 20 u.c. l'unité et le capital 15 u.c. l'unité ?

2-Faire une représentation graphique de la situation optimale trouvée.

CORRIGÉ

1-L'entreprise doit maximiser la quantité à produire sous une contrainte de coût (elle ne doit pas dépasser un budget de 250 u.c.). Formellement on peut donc considérer qu'elle doit résoudre le programme suivant :

$$\begin{cases} \underset{K,\,L}{\text{Max}}\, Q(K,L) = (3K^{0,5} + 2L^{0,5})^2 \\ s.c.\quad 250 = 15K + 20L + 10 \end{cases}$$

La méthode de Lagrange s'applique à ce type de problème. Écrivons donc la fonction de Lagrange :

$$L(K,L,\lambda) = (3K^{0,5} + 2L^{0,5})^2 + \lambda(250 - 15K - 20L - 10)$$

Les conditions de premier ordre correspondent à l'annulation des dérivées premières de la fonction de Lagrange :

$$\begin{cases} L_K = 2(3K^{0,5} + 2L^{0,5})\,\frac{3}{2}\,K^{-0,5} - 15\lambda = 0 \\ L_L = 2(3K^{0,5} + 2L^{0,5})\,L^{-0,5} - 20\lambda = 0 \\ L_\lambda = 250 - 15K - 20L - 10 = 0 \end{cases}$$

où $L_i, i = K, L, \lambda$ représente la dérivée première de la fonction de Lagrange par rapport à i.

Les deux premières équations de ce système permettent d'écrire :

$$\frac{3L^{0,5}}{2K^{0,5}} = \frac{3}{4} \Leftrightarrow 3L^{0,5} = \frac{3}{4}\,2K^{0,5} \Leftrightarrow L^{0,5} = \frac{1}{2}K^{0,5} \Leftrightarrow L = \left(\frac{1}{2}\right)^2 K$$

En remplaçant L par son expression en K dans la troisième équation, on obtient :

$$250 - 15K - 20\left(\frac{1}{2}\right)^2 K - 10 = 0 \Leftrightarrow 240 = \left[15 + 20\left(\frac{1}{2}\right)^2\right]K \;\Leftrightarrow K^* = 12$$

Par conséquent, on a :

$$L^* = \frac{1}{4} \times 12 = 3$$

La production optimale est donc :

$$Q^* = [(3 \times 12^{0,5}) + (2 \times 3^{0,5})]^2 = 192$$

Cette production correspond-elle bien à un maximum ? Pour le savoir, il faut vérifier les conditions de second ordre, c'est-à-dire s'assurer que le déterminant suivant est bien positif ($L_{ij}, i, j = K, L, \lambda$ représente la dérivée seconde de la fonction de Lagrange par rapport à i et j) :

$$\begin{vmatrix} L_{KK} & L_{KL} & L_{K\lambda} \\ L_{LK} & L_{LL} & L_{L\lambda} \\ L_{\lambda K} & L_{\lambda L} & L_{\lambda\lambda} \end{vmatrix} = \begin{vmatrix} -3K^{-1,5}L^{0,5} & 3K^{-0,5}L^{-0,5} & -15 \\ 3K^{-0,5}L^{-0,5} & -3K^{0,5}L^{-1,5} & -20 \\ -15 & -20 & 0 \end{vmatrix}$$

Ce déterminant est égal à :

$$-15 \begin{vmatrix} 3K^{-0,5}L^{-0,5} & -15 \\ -3K^{0,5}L^{-1,5} & -20 \end{vmatrix} + 20 \begin{vmatrix} -3K^{-1,5}L^{0,5} & -15 \\ 3K^{-0,5}L^{-0,5} & -20 \end{vmatrix} =$$

$$-15(-60K^{-0,5}L^{-0,5} - 45K^{0,5}L^{-1,5}) + 20(60K^{-1,5}L^{0,5} + 45K^{-0,5}L^{-0,5})$$

Chacun des termes de ce déterminant étant positif, celui-ci est positif, les demandes de facteurs optimales obtenues en résolvant les conditions de premier ordre correspondent donc bien à un maximum de production.

2-Représentation graphique (fig. 15).

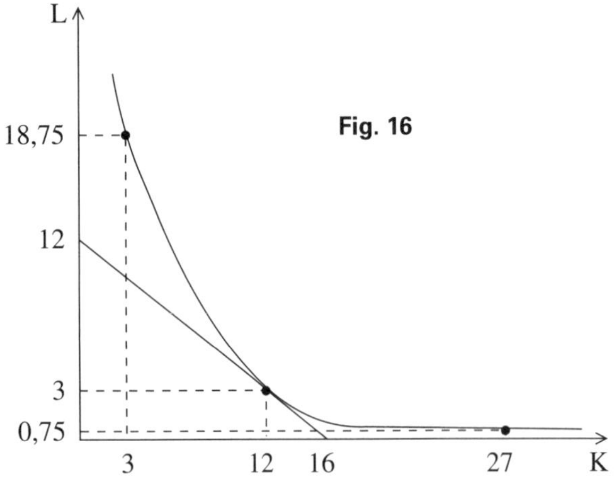

Fig. 16

La fonction de coût est une fonction linéaire qui peut s'écrire :

$250 = 15K + 20L + 10 \Leftrightarrow 240 - 15K = 20L \Leftrightarrow L = 12 - 0,75K$

On remarque que cette fonction passe par les trois points suivants : (0 ; 12), (16 ; 0) et le point optimal (12 ; 3).

Pour représenter le point optimal, il faut tracer l'isoquante qui correspond à un niveau de production de 192, soit la fonction d'équation :

$$(3K^{0,5} + 2L^{0,5})^2 = 192$$

On constate que cette fonction passe par les trois points suivants : (3 ; 18,75), (27 ; 0,75) et le point optimal (12 ; 3).

EXERCICE PROPOSÉ 3.9

Le producteur contraint par son budget, le cas de la fonction CES (B, 2)

La technologie de production d'une entreprise se traduit formellement par la fonction de production suivante :

$$Q(K,L) = (K^4 + L^4)^{0,25}$$

1-Calculer le TMST de cette fonction de production.

2-Calculer l'élasticité de substitution, σ, de cette fonction de production.

3-Quel sera le niveau de production si l'entreprise ne peut pas consacrer à la production plus de 1070 francs, sachant que les prix des facteurs sont de 10 unités de compte (u.c.) pour le capital, de 80 u.c. pour le travail et de 50 u.c. pour le facteur fixe.

DÉMARCHE

1-Le TMST est égal au rapport des productivités marginales.

2-L'élasticité de substitution est égale au rapport de la variation relative de (L/K) sur celle du TMST.

3-Le programme à résoudre est un programme de maximisation de la production sous une contrainte de coût :

$$\begin{cases} \underset{KL}{\text{Max}}\, Q(K,L) = (K^4 + L^4)^{0,25} \\ s.c.\ C(K,L) = 10K + 80L + 50 = 1\,070 \end{cases}$$

La méthode de Lagrange permet de résoudre ce programme. La vérification des conditions de second ordre permet ensuite de s'assurer que l'optimum trouvé est bien un maximum.

RÉSULTATS

1-$\text{TMST} = \dfrac{K^3}{L^3}$

2-$\sigma = -1/3$

3-$K^* = 6$, $L^* = 12$, $Q^* = 12{,}2$

EXERCICE CORRIGÉ 3.10

Le producteur contraint par son marché (CES) (B, 2)

On suppose que la même entreprise que dans l'exercice 3.8 n'a plus de limite à son budget. En revanche, elle sait qu'elle ne pourra pas vendre plus de 1600 unités du bien qu'elle produit. Combien lui coûtera cette production, sachant que les prix des facteurs ainsi que le coût fixe n'ont pas changé ?

CORRIGÉ

Pour maximiser son profit, l'entreprise doit ici résoudre un programme de minimisation du coût sous contrainte de production :

$$\begin{cases} \underset{K,L}{\text{Min}}\, C(K,L) = 15K + 20L + 10 \\ s.c.\ (3K^{0,5} + 2L^{0,5})^2 = 1\,600 \end{cases}$$

La méthode de Lagrange permet de résoudre ce programme. La fonction de Lagrange s'écrit :

$$L(K,L,\lambda) = 15K + 20L + 10 + \lambda[1600 - (3K^{0,5} + 2L^{0,5})^2]$$

Les conditions de premier ordre sont vérifiées lorsque les dérivées premières (L_K, L_L et L_λ) sont nulles :

$$\begin{cases} L_K = 15 - \lambda \left[2(3K^{0,5} + 2L^{0,5})\frac{3}{2}K^{-0,5}\right] = 0 \\ L_L = 20 - \lambda\,[2(3K^{0,5} + 2L^{0,5})L^{-0,5}] = 0 \\ L_\lambda = 1\,600 - (3K^{0,5} + 2L^{0,5})^2 = 0 \end{cases}$$

Les deux premières équations de ce système permettent d'écrire :

$$\frac{15}{20} = \frac{3L^{0,5}}{2K^{0,5}} \Leftrightarrow K^{0,5} = 2L^{0,5}$$

On peut alors remplacer $2L^{0,5}$ par $K^{0,5}$ dans la troisième équation du système :

$$1\,600 - (3K^{0,5} + K^{0,5})^2 = 0 \Leftrightarrow 1\,600 - (4K^{0,5})^2 = 0 \Leftrightarrow 1\,600 - 16K = 0 \Leftrightarrow K^* = 100$$

D'autre part, on a :

$$K^{0,5} = 2L^{0,5} \Leftrightarrow 100^{0,5} = 2L^{0,5} \Leftrightarrow 10 = 2L^{0,5} \Leftrightarrow L^{0,5} = 5 \Leftrightarrow L^* = 25$$

Le coût optimal étant fonction des valeurs optimales des quantités de capital et de travail demandées, on peut écrire :

$$C^* = C(K^*, L^*) = C(100{,}25) = (15 \times 100) + (20 \times 25) + 10 = 2\,010$$

Les conditions du second ordre pour un minimum sont vérifiées si le déterminant suivant est négatif :

$$D = \begin{vmatrix} L_{KK} & L_{KL} & L_{K\lambda} \\ L_{LK} & L_{LL} & L_{L\lambda} \\ L_{\lambda K} & L_{\lambda L} & L_{\lambda\lambda} \end{vmatrix} = L_{\lambda K}\begin{vmatrix} L_{KL} & L_{K\lambda} \\ L_{LL} & L_{L\lambda} \end{vmatrix} - L_{\lambda L}\begin{vmatrix} L_{KK} & L_{K\lambda} \\ L_{LK} & L_{L\lambda} \end{vmatrix} + L_{\lambda\lambda}\begin{vmatrix} L_{KK} & L_{KL} \\ L_{LK} & L_{LL} \end{vmatrix}$$

$$= L_{\lambda K}(L_{KL}L_{L\lambda} - L_{LL}L_{K\lambda}) - L_{\lambda L}(L_{KK}L_{L\lambda} - L_{LK}L_{K\lambda}) + L_{\lambda\lambda}(L_{KK}L_{LL} - L_{LK}L_{KL})$$

Comme $L_{\lambda\lambda}$ est égal à 0, ce déterminant s'écrit :

$$D = L_{\lambda K}(L_{KL}L_{L\lambda} - L_{LL}L_{K\lambda}) - L_{\lambda L}(L_{KK}L_{L\lambda} - L_{LK}L_{K\lambda})$$

Les dérivées secondes permettant de calculer cette expression sont :

$$L_{KK} = 3\lambda K^{-1,5}L^{0,5} > 0$$

$$L_{KL} = L_{LK} = -3\lambda K^{-0,5}L^{-0,5} < 0$$

$$L_{K\lambda} = L_{\lambda K} = -3(3 + 2L^{0,5}K^{-0,5}) < 0$$

$$L_{LL} = 3\lambda K^{0,5}L^{-1,5} > 0$$

$$L_{L\lambda} = L_{\lambda L} = -2(3K^{0,5}L^{-0,5} + 2) < 0$$

On déduit facilement du signe de ces dérivées secondes celui du déterminant : celui-ci est bien négatif, l'optimum trouvé correspond donc à un minimum.

Représentation graphique :

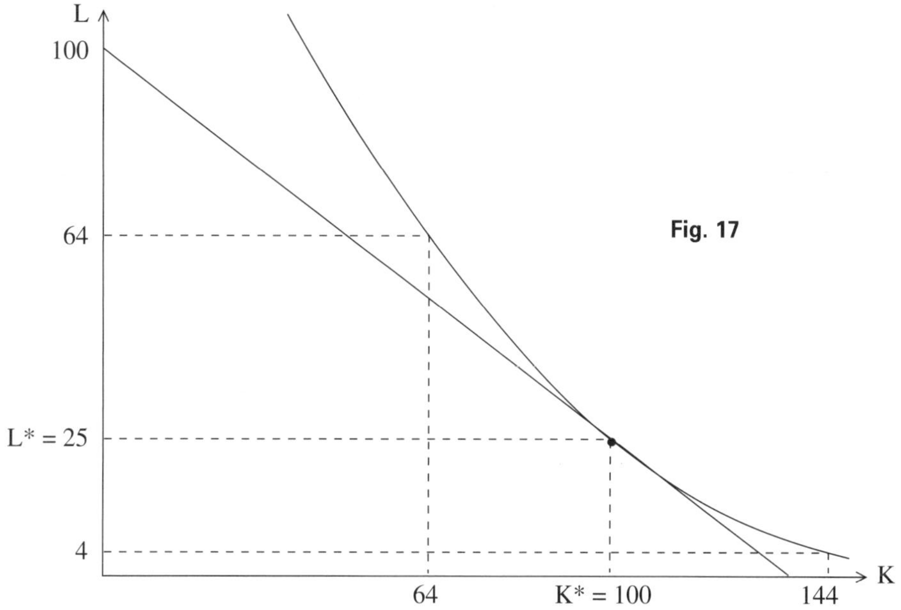

Fig. 17

L'équation de la droite de coût est donnée par la formule du coût :

$$2\,010 = 15K + 20L + 10 \Leftrightarrow L = -\,0{,}75K + 100$$

L'équation de l'isoquante est obtenue en égalisant la fonction de production au niveau fixé, c'est-à-dire 1 600 :

$$1\,600 = (3K^{0,5} + 2L^{0,5})^2$$

On remarque que trois points vérifient cette équation : les points (64,64), (144,4) et le point optimal (100,25).

EXERCICE PROPOSÉ 3.11

Le producteur contraint par son marché, le cas de la fonction CES (B, 2)

La même entreprise que celle étudiée dans l'exercice proposé 3.9 sait qu'elle ne pourra vendre plus d'une certaine quantité de biens, mais ne connaît pas avec exactitude cette quantité limite.

On vous demande d'établir une relation entre cette quantité limite et les demandes optimales de facteurs, sachant que les prix des facteurs variables sont égaux et que le coût du facteur fixe est toujours de 50 u.c.

DÉMARCHE

Le programme à résoudre est un programme de minimisation du coût sous contrainte d'une production donnée, que l'on notera $\overline{Q}$:

$$\begin{cases} \underset{K,L}{\text{Min}}\ C(K,L) = rK + wL + 50 \\ s.c.\ Q(K,L) = (K^4 + L^4)^{0,25} = \bar{Q} \end{cases}$$

où r indique le taux de rémunération du capital et w celui du travail.

La méthode de Lagrange permet de résoudre ce programme.

RÉSULTATS

1 - $K^* = \left(\frac{r}{w}\right)^{\frac{1}{3}} \frac{\bar{Q}}{\left[1 + \left(\frac{r}{w}\right)^{\frac{4}{3}}\right]^{\frac{1}{4}}}$; $L^* = \frac{\bar{Q}}{\left[1 + \left(\frac{r}{w}\right)^{\frac{4}{3}}\right]^{\frac{1}{4}}}$

Dans la mesure où les prix des facteurs variables sont égaux, on a $r = w$, d'où :

$$K^* = L^* = \frac{\bar{Q}}{2^{\frac{1}{4}}}$$

EXERCICE CORRIGÉ 3.12

Maximisation du profit (Cobb-Douglas) (B, 3 ; B, 4)

La technologie de production d'une entreprise se traduit par la fonction de type Cobb-Douglas suivante :

$$Q(K,L) = 5K^{0,2}L^{0,4}$$

1 - Montrer que cette fonction de production présente des rendements d'échelle décroissants.

2 - Calculer le taux marginal de substitution technique dans le repère (K,L).

3 - Donner l'expression du profit et exprimer les demandes optimales de facteur en fonction du prix du bien (qui sera noté p), sachant qu'une unité de capital coûte 1 unité de compte (u.c.), qu'une unité de travail en coûte de 2 et qu'il existe un coût fixe de 5 u.c.

4 - Représenter dans un repère (K,L) le sentier d'expansion après avoir énoncé son équation.

5 - Si le prix du bien est de 4 u.c. ($p = 4$), quel sera le niveau de production optimal ? Représenter sur le même graphique l'isoquante et la droite de coût relatives à cet optimum.

CORRIGÉ

1 - Pour montrer que les rendements d'échelle de cette fonction de production sont décroissants, il suffit de montrer que l'inégalité suivante est vérifiée :

$$Q(\lambda K, \lambda L) < \lambda Q(K,L)$$

où λ est un réel supérieur à 1.

Or, la première partie de l'inégalité s'écrit :

$$Q(\lambda K, \lambda L) = 5\lambda^{0,2}\,K^{0,2}\,\lambda^{0,4}\,L^{0,4} = \lambda^{0,6}\,5K^{0,2}\,L^{0,4} = \lambda^{0,6}\,Q(K,L)$$

L'inégalité est donc bien vérifiée puisqu'on a toujours, quel que soit λ supérieur à 1 :

$$\lambda^{0,6}\, Q(K,L) < \lambda Q(K,L)$$

2 - Le taux marginal de substitution technique est donné par le rapport des productivités marginales des facteurs (notées Q_K pour le capital et Q_L pour le travail) :

$$TMST_{(K,L)} = \frac{Q_K}{Q_L} = \frac{0,2 \times 5K^{-0,8}\, L^{0,4}}{0,4 \times 5K^{0,2}\, L^{-0,6}} = 0,5\, \frac{L}{K}$$

3 - Le profit π est égal à la différence entre le chiffre d'affaires $pQ(K,L)$ et le coût :

$$\begin{aligned}\pi(K,L) &= pQ(K,L) - K - 2L - 5 \\ &= 5pK^{0,2}\, L^{0,4} - K - 2L - 5\end{aligned}$$

Les demandes optimales de facteurs résultent de la maximisation du profit. Or, le profit est optimal si les conditions de premier ordre sont vérifiées, c'est-à-dire si les dérivées partielles premières (notées π_K et π_L) de la fonction de profit sont nulles :

$$\begin{cases} \pi_K = pK^{-0,8}\, L^{0,4} - 1 = 0 \\ \pi_L = 2pK^{0,2}\, L^{-0,6} - 2 = 0 \end{cases}$$

Ces deux équations permettent d'écrire l'équation du sentier d'expansion :

$$\frac{pK^{-0,8}\, L^{0,4}}{2pK^{0,2}\, L^{-0,6}} = \frac{1}{2} \Leftrightarrow \frac{L}{2K} = \frac{1}{2} \Leftrightarrow K = L$$

En remplaçant K par L dans l'une des deux équations (ici dans la deuxième), on obtient les demandes optimales de facteurs :

$$2pK^{0,2}\, K^{-0,6} - 2 = 0 \Leftrightarrow pK^{-0,4} = 1 \Leftrightarrow K^* = p^{2,5} = L^*$$

Cet optimum correspond à un maximum uniquement si les conditions de second ordre sont vérifiées. Il faut pour cela que la matrice hessienne de la fonction de profit soit définie négative et, par conséquent, que les mineurs principaux du déterminant hessien D_H soit alternativement négatifs puis positifs. Le déterminant hessien s'écrit :

$$D_H = \begin{vmatrix} \pi_{KK} & \pi_{KL} \\ \pi_{LK} & \pi_{LL} \end{vmatrix}$$

où $\pi_{ij}, i = K,L$ et $j = K,L$ représente la dérivée partielle seconde de la fonction de profit par rapport à i et à j, $\dfrac{\partial^2 \pi}{\partial_i \partial_j}$.

Le premier mineur principal du déterminant D_H est en fait la dérivée seconde de la fonction de profit par rapport au capital. Il est bien négatif :

$$\pi_{KK} = -\,0,8pK^{-1,8}\, L^{0,4} < 0$$

Le second mineur principal est égal au déterminant D_H lui même :

$$\begin{aligned} D_H &= \begin{vmatrix} -\,0,8pK^{-1,8}\, L^{0,4} & 0,4pK^{-0,8}\, L^{-0,6} \\ 0,4pK^{-0,8}\, L^{-0,6} & -\,1,2pK^{0,2}\, L^{-1,6} \end{vmatrix} \\ &= 0,96p^2K^{-1,6}L^{-1,2} - 0,16p^2K^{-1,6}L^{-1,2} \\ &= 0,8p^2K^{-1,6}L^{-1,2} > 0 \end{aligned}$$

Le second mineur principal est donc bien positif, les conditions de second ordre pour un maximum sont vérifiées.

4 - L'équation du sentier d'expansion est obtenue à partir des conditions de premier ordre (*cf.* 3) :

$$\frac{Q_K}{Q_L} = \frac{r}{w} \Leftrightarrow K = L$$

Le sentier d'expansion se présente donc sous la forme d'une droite de pente égale à 1, il s'agit de la première bissectrice dans le plan (K,L) :

Fig. 18

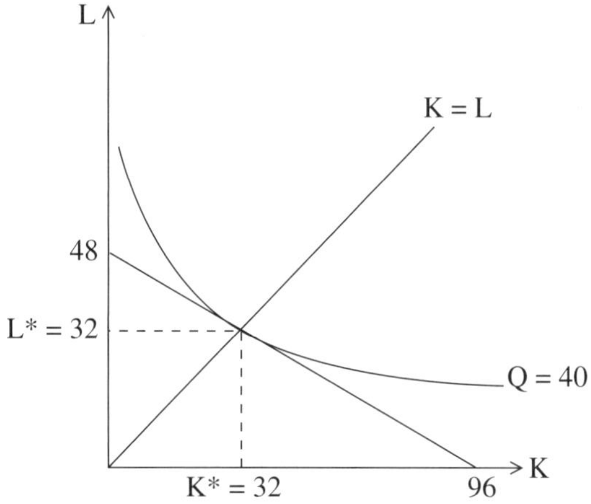

5- Si le prix du bien est égal à 4, les demandes optimales de facteurs deviennent :

$$K^* = L^* = 4^{2,5} = 32$$

La production optimale est donc :

$$Q^* = Q(K^*,L^*) = Q(32,32) = 5 \times 32^{0,2} \times 32^{0,4} = 40$$

L'équation de l'isoquante correspondant à un niveau de production de 40 s'obtient en égalisant la fonction de production à ce niveau :

$$5K^{0,2}L^{0,4} = 40 \iff L = \frac{8^{2,5}}{K^{0,5}}$$

4

COÛT ET FONCTION D'OFFRE EN CPP

Le chapitre précédent étudie le choix de la combinaison optimale des facteurs pour chaque niveau de production. Comme l'emploi de ces facteurs s'accompagne d'un coût, il est maintenant possible d'associer à chaque niveau de produit le coût minimal de production.

Ce chapitre est consacré au développement de la fonction de coût, fonction qui traduit le coût minimal engendré par la production d'une certaine quantité d'*output*. Nous admettrons alors que pour tout niveau de production, le producteur choisit la combinaison optimale de facteurs.

Étudier le comportement du producteur à travers la fonction de coût permet de résumer la décision du producteur au choix d'une quantité optimale de bien à produire. Alors que dans le chapitre précédent, l'analyse se posait en termes de demande de facteurs, l'approche par la fonction de coût autorise une approche en termes d'offre sur le marché.

Sous l'hypothèse de concurrence pure et parfaite, la confrontation de l'offre et de la demande globales donne alors une première approche de l'équilibre de marché et de la formation des prix sur la courte ou la longue période. L'approche par les coûts est ensuite facilement généralisable à l'étude des marchés en concurrence imparfaite.

BIBLIOGRAPHIE DU CHAPITRE

PICARD (P.), *Éléments de microéconomie*, Montchrestien, 1994
VARIAN (H.R.), *Introduction à la microéconomie*, De Boeck Université, 1994

A

LA FONCTION DE COÛT TOTAL ET SES PROPRIÉTÉS

Pour tout niveau de production, il existe une combinaison optimale des facteurs et un niveau minimal du coût de production. La **fonction de coût total** qui résume cette relation indique pour chaque niveau de production le coût minimal supporté par l'entreprise. Formellement, ce coût minimal s'écrit comme une fonction des quantités produites Q :

$$CT = CT(Q)$$

Les caractéristiques de cette fonction sont fortement dépendantes de l'horizon temporel considéré.

1 - LA FONCTION DE COÛT À COURT TERME

Quand la période de production est courte, l'horizon temporel ne permet pas au producteur d'ajuster de manière optimale les quantités de tous les facteurs. Certains facteurs – taille des hangars, équipement lourd des ateliers... – sont considérés comme fixes et leur rémunération apparaît comme une constante. À ces facteurs fixes correspond donc un **coût fixe** CF que le producteur doit payer indépendamment de la quantité produite.

Par opposition, **le coût variable** CV(Q) dépend du niveau de production, il correspond à la dépense entraînée par l'utilisation des facteurs variables — capital et travail — c'est-à-dire les facteurs dont le producteur peut au cours de la période ajuster la quantité en fonction de la production.

Le coût total se définit comme la somme du coût fixe CF et du coût variable CV(Q) :

$$CT(Q) = CV(Q) + CF$$

a. Caractérisation de la fonction de coût

La fonction de coût résulte des conditions de premier ordre du programme de minimisation du coût sous contrainte de production :

$$\begin{cases} \underset{K,L}{Min} C(K,L) = rK + wL + f \\ s.c.\ Q = Q(K,L) \end{cases} \Rightarrow \begin{cases} r - \lambda Q_K = 0 \\ w - \lambda Q_L = 0 \\ Q = Q(K,L) \end{cases}$$

où r et w représentent le prix du capital et du travail, tandis que Q_K et Q_L sont les productivités marginales du capital et du travail.

Les quantités optimales de facteurs (K*,L*) qui résultent des conditions de premier ordre sont des fonctions de Q et des prix des facteurs, de sorte que l'on peut écrire :

$$K^* = K^*(w,r,Q) \text{ et } L^* = L^*(w,r,Q)$$

Il suffit ensuite de remplacer K* et L* par leur expression dans l'équation du coût pour obtenir la fonction de coût total CT :

$$CT = C(K^*,L^*) = rK^* + wL^* + f = rK^*(w,r,Q) + wL^*(w,r,Q) + f = CT(Q,r,w)$$

où f représente le niveau des coûts fixes (CF = f).

Comme les prix des facteurs r et w sont des variables qui s'imposent au producteur, le coût devient une fonction de la seule variable Q : CT = CT(Q)

b. Forme de la fonction de coût total

Le coût total est la somme du coût variable et du coût fixe, étudions la forme de ces derniers pour en déduire celle du coût total (*cf.* fig. 1).

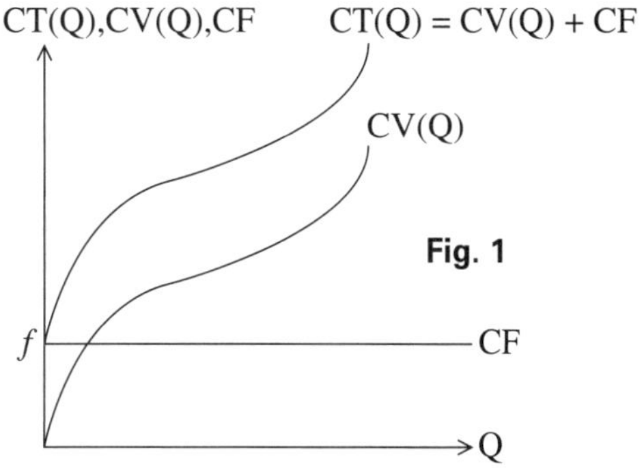

Fig. 1

Quelle que soit la quantité produite, le producteur supporte le coût fixe CF constant et égal à f. Sa représentation graphique prend la forme d'une droite parallèle à l'axe des abscisses.

Le coût variable est croissant : lorsque la production est nulle, le coût variable est égal à zéro et plus la quantité que le producteur veut produire est importante, plus les quantités de facteurs à mettre en œuvre sont importantes et plus le coût variable est grand.

Fonction de coût associée à la fonction Cobb-Douglas.

Si la fonction de production est de type Cobb-Douglas : $Q(K,L) = AK^{\alpha}L^{\beta}$, les conditions de premier ordre s'écrivent :

$$\begin{cases} r - \lambda A\alpha K^{\alpha-1}L^{\beta} = 0 \\ w - \lambda A\beta K^{\alpha}L^{\beta-1} = 0 \\ Q = AK^{\alpha}L^{\beta} \end{cases}$$

Les valeurs optimales de K et L vérifiant ces conditions sont :

$$K^* = \left[\frac{Q}{A\left(\frac{\beta r}{\alpha w}\right)^{\beta}}\right]^{\frac{1}{\alpha+\beta}} \text{ et } L^* = \left[\frac{Q}{A\left(\frac{\alpha w}{\beta r}\right)^{\alpha}}\right]^{\frac{1}{\alpha+\beta}}$$

En remplaçant K* et L* par leur expression dans le coût, on obtient un polynôme en Q de degré $\frac{1}{\alpha+\beta}$:

$$CT(Q) = \left[\frac{w}{A_{\frac{1}{\alpha+\beta}}\left(\frac{\alpha w}{\beta r}\right)^{\frac{\alpha}{\alpha+\beta}}} + \frac{r}{A_{\frac{1}{\alpha+\beta}}\left(\frac{\beta r}{\alpha w}\right)^{\frac{\beta}{\alpha+\beta}}}\right]Q^{\frac{1}{\alpha+\beta}} + f$$

Le coût moyen s'obtient en divisant le coût total par la quantité produite :

$$CM(Q) = \frac{CT(Q)}{Q}$$

$$= \left[\frac{w}{A^{\frac{1}{\alpha+\beta}}\left(\frac{\alpha w}{\beta r}\right)^{\frac{\alpha}{\alpha+\beta}}} + \frac{r}{A^{\frac{1}{\alpha+\beta}}\left(\frac{\beta r}{\alpha w}\right)^{\frac{\beta}{\alpha+\beta}}}\right]Q^{\frac{1}{\alpha+\beta}-1} + \frac{f}{Q}$$

Le coût marginal correspond à la dérivée du coût total par rapport à Q :

$$Cm(Q) = \frac{\partial CT(Q)}{\partial Q}$$

$$= \frac{1}{\alpha+\beta}\left[\frac{w}{A^{\frac{1}{\alpha+\beta}}\left(\frac{\alpha w}{\beta r}\right)^{\frac{\alpha}{\alpha+\beta}}} + \frac{r}{A^{\frac{1}{\alpha+\beta}}\left(\frac{\beta r}{\alpha w}\right)^{\frac{\beta}{\alpha+\beta}}}\right]Q^{\frac{1}{\alpha+\beta}-1}$$

(*cf.* exercices 4.1 et 4.2)

De plus, la forme de la fonction de coût variable dépend de la forme de la fonction de production. En effet, dire que le coût marginal est croissant, c'est dire que le supplément de coût engendré par la production d'une unité supplémentaire est de plus en plus important, c'est donc supposer que les productivités marginales des facteurs sont décroissantes. La figure 1 illustre une hypothèse usuelle : elle consiste à supposer que pour de petites quantités produites les productivités marginales sont croissantes, mais qu'au-delà d'un certain seuil elles deviennent décroissantes – une hypothèse illustrée par l'exemple numérique du chapitre précédent. La courbe de coût variable est donc croissante, à taux croissant pour de petites quantités et à taux décroissant pour de grandes quantités. Il est possible maintenant de caractériser le coût moyen et le coût marginal dans le cadre de cette hypothèse.

Enfin, la fonction de coût total est obtenue par simple addition des deux courbes.

c. Fonction de coût moyen

La **fonction de coût moyen**, CM(Q), indique le coût par unité produite, pour chaque niveau de production. Mathématiquement, il correspond au coût total divisé par le nombre d'unités produites :

$$CM(Q) = \frac{CT(Q)}{Q}$$

Comme le coût total, le coût moyen se décompose en coût variable moyen CVM(Q) et en coût fixe moyen CFM :

$$CM(Q) = \frac{CT(Q)}{Q} = \frac{CV(Q)}{Q} + \frac{CF}{Q} = CVM(Q) + CFM$$

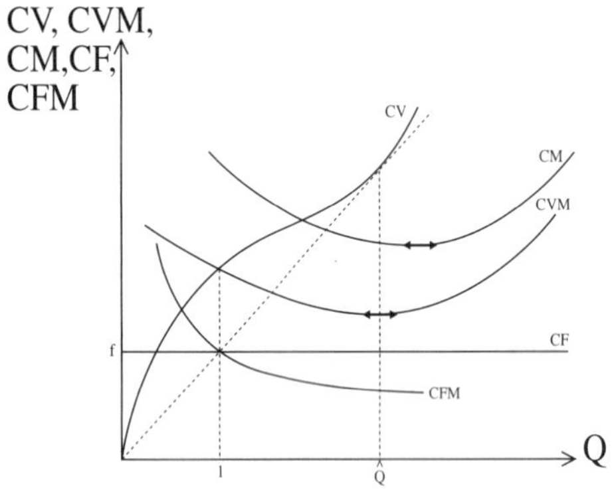

Fig. 2

Les caractéristiques du **coût fixe moyen** s'obtiennent facilement. Pour une production unitaire, Q = 1, le coût fixe moyen est égal au coût fixe. Pour des quantités produites inférieures, plus la quantité se rapproche de zéro, plus le coût fixe moyen est élevé et tend vers l'infini. Pour des quantités produites supérieures à une unité, le coût fixe moyen décroît et tend vers zéro lorsque les quantités produites tendent vers l'infini.

La forme du **coût variable moyen** dépend de celle du coût variable. Dans l'hypothèse de productivités marginales croissantes puis décroissantes, on obtient une courbe en U, comme l'illustre la figure 2.

Le coût variable moyen est égal au coût variable pour Q = 1. Par ailleurs, on sait par hypothèse que pour de petites quantités produites (respectivement de grandes quantités) le coût variable augmente à un taux de plus en plus faible (respectivement élevé). On peut donc en conclure que le coût variable moyen est décroissant puis croissant, son minimum étant atteint pour la valeur de Q qui rend le rapport CV/Q le plus faible, en l'occurence $\hat{Q}$ (la pente de la tangente à CV est la plus faible en ce point).

Finalement, en additionnant les courbes de coût fixe moyen et de coût variable moyen, on obtient la courbe de coût moyen. Comme le montre la figure 4, elle a une forme en U comme le coût variable moyen.

d. Fonction de coût marginal

La **fonction de coût marginal** indique pour chaque niveau de production le coût additionnel qu'il faut supporter pour produire une unité supplémentaire d'*output.* Mathématiquement, en considérant des variations infinitésimales de la quantité produite, le coût marginal, Cm(Q), correspond à la dérivée du coût total :

$$\mathrm{Cm(Q)} = \frac{\mathrm{dCT(Q)}}{\mathrm{dQ}} = \frac{\partial \mathrm{CT(Q)}}{\partial \mathrm{Q}}$$

Dans ces conditions, comme la courbe de coût variable est toujours croissante, le coût marginal est toujours positif. D'autre part lorsque le coût variable est croissant à taux croissant (respectivement décroissant), le coût marginal qui lui est associé est croissant (respectivement décroissant). Par conséquent, la courbe de coût marginal a, comme la courbe de coût variable moyen, une forme en U.

Il est intéressant de situer la courbe de coût marginal par rapport au coût moyen et au coût variable moyen. Un calcul simple (*cf.* encadré ci-dessous) permet de montrer que **la courbe de coût marginal coupe les courbes de coût moyen et de coût variable moyen en leur minimum respectif**. Les positions relatives du coût marginal, du coût variable moyen et du coût moyen sont représentées sur la figure 3.

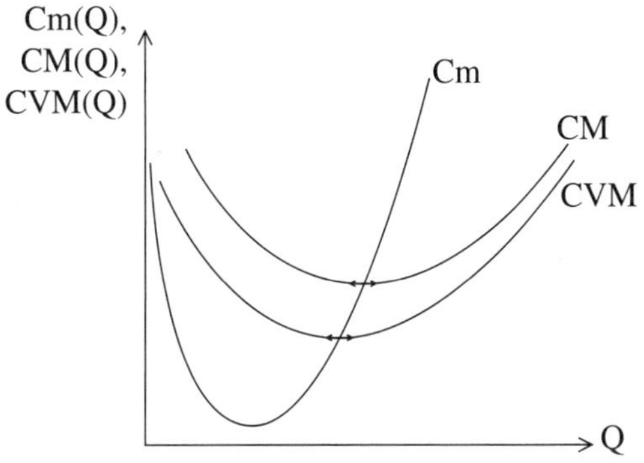

Fig. 3

Intersections entre coût marginal et coûts moyens. Le calcul de la dérivée du coût moyen permet de mettre en parallèle les courbes de coût moyen et de coût marginal :

$$\frac{\mathrm{dCM\ (Q)}}{\mathrm{dQ}} = \frac{\mathrm{d[CT(Q)/Q]}}{\mathrm{dQ}} = \frac{\mathrm{QCm(Q) - CT(Q)}}{\mathrm{Q^2}}$$

Au minimum du coût moyen, la dérivée s'annule et on vérifie :

$$\frac{\mathrm{dCT\ (Q)}}{\mathrm{dQ}} = 0 \Leftrightarrow \mathrm{Cm(Q) = CM(Q)}$$

Le coût marginal coupe le coût moyen en son minimum.

Pour les quantités de produit correspondant à la partie croissante du coût moyen ($\mathrm{dCM/dQ} > 0$), le coût marginal est supérieur au coût moyen :

$$\frac{\mathrm{dCM\ (Q)}}{\mathrm{dQ}} > 0 \Leftrightarrow \frac{\mathrm{QCm(Q) - CT(Q)}}{\mathrm{Q^2}} > 0 \Leftrightarrow \mathrm{QCm(Q) - CT(Q)} > 0$$

$$\Leftrightarrow \mathrm{Cm(Q)} > \frac{\mathrm{CT(Q)}}{\mathrm{Q}} \Leftrightarrow \mathrm{Cm(Q) > CM(Q)}$$

Par un raisonnement symétrique, il est possible de montrer que le coût marginal est inférieur au coût moyen pour toutes les quantités correspondant à la partie décroissante du coût moyen.

On obtient les mêmes considérations en raisonnant par rapport au coût variable moyen. En effet, il suffit de remarquer que le coût marginal est non seulement la dérivée du coût total mais aussi celle du coût variable puisque la seule différence réside en l'existence du coût fixe, dont la dérivée est nulle. On a donc :

$$\frac{\mathrm{dCVM\ (Q)}}{\mathrm{dQ}} = \left[\frac{\mathrm{d[CV(Q)/Q]}}{\mathrm{dQ}}\right] = \frac{\mathrm{QCm(Q) - CV(Q)}}{\mathrm{Q^2}} = 0 \Rightarrow \mathrm{Cm(Q) = CVM(Q)}$$

2 - La fonction de coût de long terme

À long terme le producteur a la possibilité de modifier la quantité de tous les facteurs à sa disposition. Les facteurs qui étaient fixes à court terme deviennent maintenant variables. Ainsi, l'équipement de production, fixe à court terme, peut être modifié à long terme par le producteur s'il veut modifier le niveau de la production.

a. Fonction de coût de court terme et fonction de coût de long terme

La fonction de production doit être modifiée pour prendre en compte l'influence des facteurs fixes de court terme. Pour formaliser cette influence, elle intègre un facteur supplémentaire, que l'on notera h :

$$Q = Q(K, L, h)$$

L'expression du coût devient alors :

$$CT(K, L, h) = rK + wL + g(h)$$

où $g(h)$ représente la rémunération du facteur fixe. Cette rémunération est une fonction croissante et continue du nouveau facteur. En effet, le coût fixe est d'autant plus important que la quantité de facteur fixe est importante. On peut admettre par exemple que plus la taille de l'équipement de production est importante, plus la maintenance de l'équipement sera coûteuse.

Ces modifications conduisent à une redéfinition du coût de court terme.

$$CT = CT[Q, h]$$

La détermination de la fonction de coût de long terme correspond à une interprétation géométrique du ***théorème de l'enveloppe***. Ce théorème établit que dans le cas d'une fonction dépendant d'une variable et d'un paramètre, la dérivée totale de la fonction optimisée est égale à la dérivée partielle de la fonction non optimisée lorsque la variable est évaluée à son niveau optimal.

L'expression précédente permet de définir une « famille » de fonctions de coût de court terme. Pour chaque valeur de h, on obtient une fonction particulière de coût total de court terme et on retrouve l'analyse du paragraphe précédent.

La fonction de **coût total de long terme** indique le coût minimal de production correspondant à chaque niveau de production lorsqu'il est possible de modifier la quantité de facteur fixe. On peut alors établir que la fonction de coût total de long terme est la *courbe enveloppe** des fonctions de coût de court terme (*cf.* fig. 4).

Sur la figure 4 sont représentées trois fonctions de court terme appartenant à la même famille de fonctions de court terme, $CT = CT(Q, h)$: $CT(Q, h_1)$, $CT(Q, h_2)$ et $CT(Q, h_3)$. Pour produire la quantité Q_1, différents niveaux de coûts sont possibles. Cependant, le coût minimal est donné par la courbe de coût $CT(Q, h_1)$. En revanche pour un niveau de production égal à Q_2, c'est la courbe $CT(Q, h_2)$ qui donne le coût minimal. Par conséquent, pour produire la quantité Q_1, le producteur choisira la quantité h_1 de facteur fixe, tandis que pour produire la quantité Q_2, il préférera adopter la quantité h_2 de facteur fixe. En généralisant ce raisonnement à l'ensemble des fonctions de court terme et des niveaux de production, on vérifie que le coût total de long terme est donné par la courbe enveloppe des courbes de court terme.

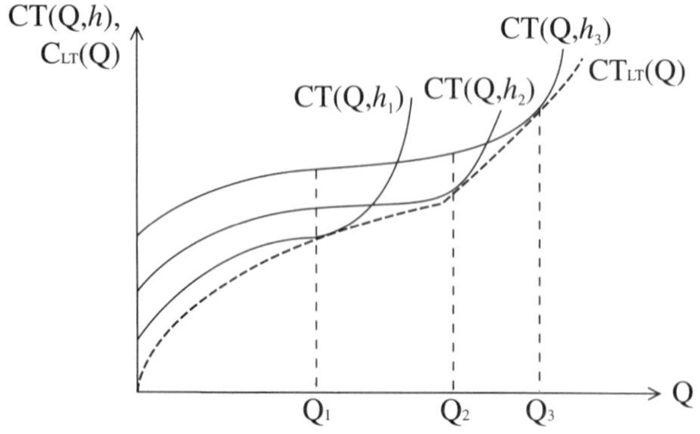

Fig. 4

Algébriquement, la fonction de coût de long terme correspond au minimum des fonctions de court terme :

$$CT_{LT}(Q) = \min_h CT(Q, h)$$

Pour chaque niveau de production, il existe une taille unique de l'équipement h qui minimise le coût de production. Comme à long terme l'équipement devient variable, le producteur peut installer pour chaque niveau de production la taille optimale du facteur h. Par conséquent, pour obtenir la fonction de long terme, il suffit de résoudre la condition de premier ordre relative à cette minimisation et de remplacer h par sa valeur optimale dans l'équation de la famille de fonction de coût de court terme :

$$\frac{\partial CT(Q,h)}{\partial h} = 0 \Rightarrow h^* = h^*(Q)$$

On obtient alors la fonction de coût de long terme, qui ne dépend plus que du niveau de production (*cf.* exercice 4.4) :

$$CT_{LT} = CT_{LT}(Q) = CT[Q, h^*(Q)]$$

Un exemple de famille de fonctions de coût de court terme.

Examinons la fonction $CT(Q,h) = aQ^2 - bhQ + h^2$, où a et b sont des paramètres, représentative d'une famille de fonctions de coût de court terme.

Pour une valeur donnée de h, on obtient une fonction de court terme particulière. Par exemple, avec $h = 1$, la fonction de coût de court terme s'écrit :

$$CT(Q) = aQ^2 - bQ + 1$$

En revanche, rechercher la valeur optimale de h permet d'exprimer la demande optimale d'équipement pour chaque niveau de production :

$$\frac{\partial CT(Q,h)}{\partial h} = -bQ + 2h = 0 \Leftrightarrow h^* = \frac{b}{2}Q$$

d'où la fonction de coût de long terme :

$$CT_{LT}(Q) = aQ^2 - b\left(\frac{b}{2}Q\right)Q + \left(\frac{b}{2}Q\right)^2 = (a - \frac{b^2}{4})Q^2$$

b. Coût moyen de long terme et coût marginal de long terme

Le **coût moyen de long terme** se déduit logiquement de la fonction de coût de long terme :

$$CM_{LT}(Q) = \frac{CT[Q, h^*(Q)]}{Q}$$

Il est intéressant d'étudier le lien entre coût moyen de long terme et coût moyen de court terme. En examinant l'expression précédente, on vérifie :

$$CM_{LT}(Q) = \frac{CT[Q,h^*(Q)]}{Q} = \frac{\underset{h}{\text{Min}}\, CT[Q,h]}{Q} = \underset{h}{\text{Min}}\left[\frac{CT[Q,h]}{Q}\right] = \underset{h}{\text{Min}}\, CM[Q,h]$$

En d'autres termes, la courbe de coût moyen de long terme est donnée, pour chaque niveau de production, par la valeur du plus faible des coûts moyens de court terme. La figure 5 représente les courbes de coût de court terme pour cinq dimensions possibles de h. Pour une production inférieure à Q_1, la dimension optimale de h est h_1, le coût moyen de long terme est donné par $CM(h_1)$. Pour toute production comprise entre Q_1 et Q_2, la taille optimale du facteur fixe est h_2 et le coût moyen de long terme est donné par le tronçon du coût

Fig. 5

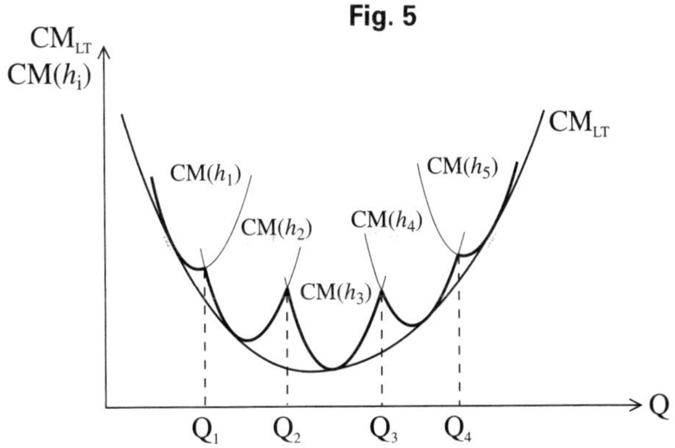

moyen défini à court terme par cet équipement. En poursuivant le raisonnement pour toutes les valeurs possibles de Q, le coût moyen de long terme apparaît comme l'assemblage de tronçons des courbes de coût moyen de court terme. Chaque point de la courbe de long terme correspond à la courbe de court terme qui associe à la production le coût moyen le plus faible.

Par généralisation, en considérant toutes les valeurs possibles de h, on vérifie que la courbe de coût moyen de long terme est la **courbe enveloppe** des courbes de coût moyen de court terme comme le montre la figure 5.

Le **coût marginal de long terme** correspond à la variation de coût associée à long terme à la production d'une unité additionnelle du bien. Le coût marginal de long terme est donc donné par la dérivée de la fonction de coût de long terme.

On peut alors montrer (*cf.* encadré page suivante) que la fonction de coût marginal de long terme est construite à partir des différentes fonctions de coût marginal de court terme : pour chaque niveau de production Q, la fonction de coût marginal de long terme est égale à la fonction particulière de coût marginal de court terme relative à la valeur optimale $h^*(Q)$. Ainsi, en ne retenant qu'un petit nombre de valeurs possibles de h, et donc un petit nombre de fonctions de coût de court terme, on peut construire graphiquement la fonction de coût marginal de long terme.

Fig. 6

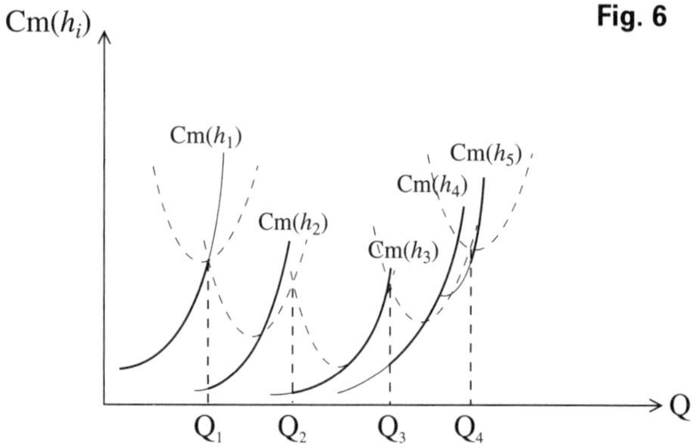

Sur la figure 6 sont représentées les courbes de coût moyen (en pointillé) et de coût marginal correspondant à cinq valeurs de h possibles. On remarque que pour tout niveau de production inférieur à Q_1, la valeur de h qui minimise le coût moyen est h_1, l'entrepreneur va donc installer cette quantité de facteur fixe de sorte que le coût marginal de long terme soit égal au coût marginal Cm(h_1). Pour les quantités comprises entre Q_1 et Q_2, la valeur optimale de h change et devient h_2; par conséquent, la courbe de coût marginal de long terme s'identifie à la courbe Cm(h_2). En poursuivant le raisonnement, on comprend que la courbe de coût marginal de long terme soit composée des différents segments en gras des courbes de coût marginal de court terme. Lorsque le nombre des valeurs possibles de h n'est pas limité, la généralisation du raisonnement précédent conduit à une courbe de coût marginal de long terme continue.

Enfin, on peut également montrer (*cf.* encadré page suivante) qu'au minimum du coût moyen de long terme, le coût moyen est égal au coût marginal. Finalement, les courbes de coût marginal et de coût moyen de long terme se représentent comme le montre la figure 7.

Fig. 7

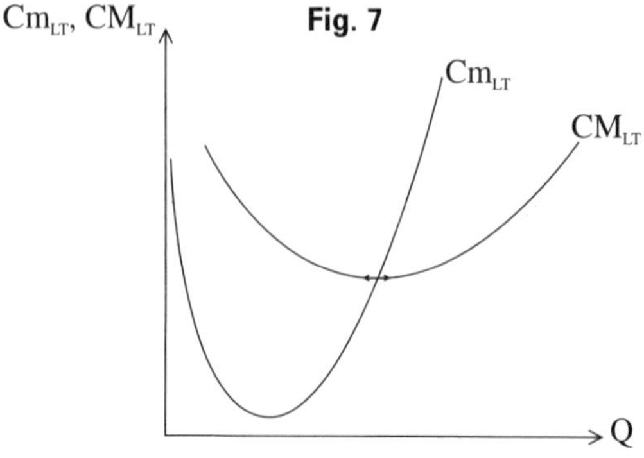

Construction du coût marginal de long terme. Le coût marginal de long terme correspond à la dérivée du coût total de long terme par rapport à Q :

$$Cm_{LT}(Q) = \frac{dCT[Q,h^*(Q)]}{dQ} = \frac{\partial CT[Q,h^*(Q)]}{\partial Q} + \frac{\partial CT[Q,h^*(Q)]}{\partial h^*(Q)} \frac{dh^*(Q)}{dQ}$$

Par ailleurs, on sait que h^* est la valeur de h telle que :

$$\frac{\partial CT[Q,h]}{\partial h} = 0$$

Le terme de droite est donc nul et, après simplification, on peut écrire :

$$Cm_{LT}(Q) = Cm[Q,h^*(Q)]$$

La fonction de coût marginal de long terme se compose donc des différentes fonctions de coût marginal de court terme.

D'autre part, la courbe de coût marginal de long terme coupe la courbe de coût moyen de long terme en son minimum. En effet, le coût moyen de long terme atteint son minimum lorsque :

$$\frac{dCM_{LT}(Q)}{dQ} = \frac{d\left[\frac{C[Q,h^*(Q)]}{Q}\right]}{dQ} = \frac{\frac{dC[Q,h^*(Q)]}{dQ}Q - C[Q,h^*(Q)]}{Q^2} = \frac{Cm_{LT}(Q)Q - C[Q,h^*(Q)]}{Q^2} = 0$$

Ce qui est équivalent à :

$$Cm_{LT}(Q) = \frac{C[Q,h^*(Q)]}{Q} = CM_{LT}(Q)$$

B

L'OFFRE INDIVIDUELLE OPTIMALE EN CPP

La définition de la fonction de coût permet de réexaminer le problème du producteur. Puisque la combinaison optimale des facteurs a été définie pour chaque niveau de production lors du chapitre précédent, ce problème peut être réduit au choix des quantités optimales à produire.

En régime de concurrence pure et parfaite, l'entrepreneur n'est jamais contraint. Le marché des capitaux est censé permettre d'obtenir toutes les ressources nécessaires à la formation du capital, le marché du travail fournit toute la main-d'œuvre nécessaire et l'entrepreneur est confronté à une demande qui lui permet d'écouler toute sa production. Le producteur non contraint va donc chercher à définir son volume de production de façon à maximiser son profit. Il est alors possible de définir l'offre optimale du producteur sur le *marché** et, par confrontation avec la demande, on obtient les caractéristiques de l'équilibre en concurrence.

Un ***marché*** consiste en un groupe d'individus, composé d'acheteurs et de vendeurs, cherchant à effectuer une transaction portant sur un bien ou un service particulier.

1 - Prix et demande adressée à la firme

En situation de concurrence, l'entrepreneur individuel n'a aucune influence sur le prix de vente de son produit. Du fait de l'*atomicité**, il est petit par rapport au marché et il doit admettre qu'une variation de sa production ne se traduira que par

L'hypothèse d'***atomicité*** établit que les vendeurs et les acheteurs, tels les atomes d'un corps, sont suffisamment nombreux sur le marché, pour qu'aucun d'entre eux individuellement ne puisse avoir une influence sur le marché dans sa globalité, en particulier sur le prix.

un déplacement imperceptible du prix de marché. Parce que les demandeurs sont très nombreux, il pense alors pouvoir écouler toutes les quantités qu'il est capable de produire au prix qui prévaut sur le marché.

Plus formellement, et quel que soit l'horizon temporel considéré, à court terme ou à long terme, la courbe de demande qui s'adresse à une entreprise individuelle apparaît à celle-ci comme une droite horizontale d'équation :

$$p = constante, \forall Q \text{ (cf. fig. 8)}$$

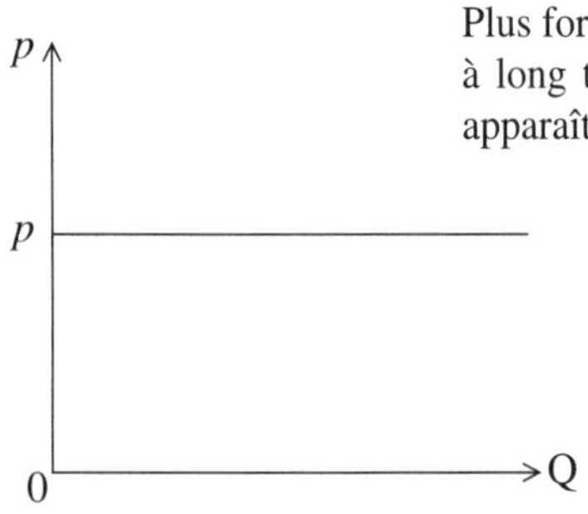

Fig. 8

Sous cette hypothèse il est possible d'étudier les recettes de la firme en concurrence. La **recette totale** du producteur RT(Q) s'écrit comme le produit de la production écoulée Q par le prix unitaire du bien p, soit :

$$RT(Q) = pQ$$

La **recette marginale**, Rm(Q), correspond à l'accroissement de recette lié à la vente d'une unité supplémentaire du bien. En supposant que les variations considérées sont infinitésimales, elle se calcule comme le rapport entre l'accroissement de la recette et un accroissement infime des ventes, ce qui correspond mathématiquement à la dérivée de la recette totale par rapport à Q :

$$Rm(Q) = dRT(Q)/dQ = \partial RT(Q)/\partial Q = p$$

La **recette moyenne** RM(Q) est la recette par unité vendue, soit :

$$RM(Q) = \frac{RT(Q)}{Q} = p$$

En régime de concurrence, la recette moyenne est égale à la recette marginale et au prix.

$$RM(Q) = Rm(Q) = p$$

Recette marginale et concurrence parfaite. Supposer que l'offre n'affecte pas le prix est essentiel en régime de concurrence. En effet, calculons la différentielle totale de la recette RT(Q) :

$$dRT(Q,p) = pdQ + Qdp$$

Il en résulte :

$$\frac{dRT(Q,p)}{dQ} = p + Q\,\frac{dp}{dQ} = Rm(Q)$$

En cas de variation de la production, la recette totale subit deux effets : une tendance à la hausse du fait de l'augmentation des ventes et, si le prix diminue suite à l'augmentation de l'offre, une baisse de la recette pour chaque unité vendue. Comme en concurrence parfaite l'offre du producteur individuel n'a aucune influence sur le prix, le second terme devient nul et la recette marginale est identique au prix :

$$Rm(Q) = p \text{ car } Q\,\frac{dp}{dQ} = 0$$

2 - Le court terme

a. L'optimum du producteur

En situation de concurrence pure et parfaite, le prix de marché p s'impose au producteur qui peut écouler toute sa production à ce prix. S'il ne connaît aucune contrainte, le producteur maximise son profit π défini comme la différence entre les recettes RT(Q) et les coûts CT(Q). Puisque dorénavant ces deux grandeurs sont des fonctions de la production, le producteur peut maximiser son profit en choisissant directement le niveau optimal de production Q.

Le programme du producteur s'écrit :

$$\underset{Q}{\text{Max}}\ \pi(Q) = RT(Q) - CT(Q)$$

Il en résulte la condition du premier ordre :

$$\pi'_Q(Q) = Rm(Q) - Cm(Q) = 0$$

En régime de concurrence pure et parfaite, le prix et la recette marginale coïncident, **le comportement optimal du producteur consiste donc à choisir une production telle que le prix soit égal au coût marginal :**

$$p = Cm(Q)$$

Vérifions les conditions de second ordre. Pour que l'optimum soit un maximum, la dérivée seconde du profit doit être négative :

$$\pi''_{QQ}(Q) < 0 \Leftrightarrow - Cm_Q'(Q) < 0 \Leftrightarrow Cm'_Q(Q) > 0$$

Le coût marginal doit donc être croissant pour que la production retenue maximise le profit (si tel n'était pas le cas, l'égalité du prix au coût marginal donnerait un point pour lequel le profit serait minimal, cette situation n'est pas inconcevable, nous reviendrons sur ce cas lors de l'analyse du monopole public).

Les conditions de premier et second ordre permettent une interprétation facile de la condition d'optimalité du producteur : tant que la production d'une unité supplémentaire induit un accroissement du chiffre d'affaires supérieur au coût marginal, le producteur qui augmente sa production va enregistrer une hausse de son profit. Parce que le coût marginal est croissant, l'augmentation de la production va alors progressivement élever le coût marginal. C*m*(Q) converge vers le niveau de prix *p*. À l'égalité entre prix et coût marginal, le coût de production supplémentaire est exactement couvert par le gain supplémentaire. Augmenter la production générerait un coût supérieur au gain. À ce niveau, la production est donc optimale. L'optimum du producteur en concurrence parfaite est représenté sur la figure 9.

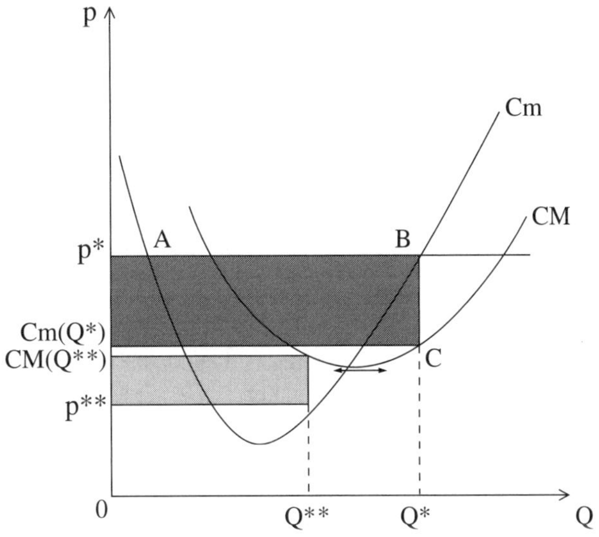

Fig. 9

Pour le niveau de prix p^*, deux niveaux de production conduisent à un coût marginal égal au prix. On notera cependant que le premier niveau, défini au point A, correspond à une phase de coût marginal décroissant. Le profit en ce point est alors à son minimum. Au point B, en revanche, l'égalité entre le prix et le coût marginal est obtenue dans une situation de coût marginal croissant. La quantité Q* qui lui correspond maximise donc le profit du producteur.

Ce graphique permet de donner une représentation du profit (*cf.* exercice 4.7) : il suffit pour cela de faire apparaître la différence entre la recette totale et le coût total. Le chiffre d'affaires est donné par le produit p^*Q^*, il correspond donc à l'aire $0 - p^* - B - Q^*$. Le coût total est mesuré par le produit entre le coût moyen CM(Q*) et la quantité optimale Q*, sa représentation graphique est donnée par l'aire rectangulaire 0 – CM(Q*) – C – Q*. La différence entre les deux surfaces permet de mesurer le profit du producteur (surface gris foncé CM(Q*) – p* – B – C).

On peut remarquer que si le prix était inférieur au coût moyen, le producteur enregistrerait une perte et non un profit. Ainsi, en suivant un raisonnement symétrique on voit sur le graphique que le prix p** conduit à la perte donnée par l'aire grisée.

b. L'offre du producteur

La fonction d'offre d'une entreprise indique la production de la firme en fonction du prix du marché. Or, pour chaque prix de marché, il existe un volume unique de production qui maximise le profit d'une firme. La relation entre prix et offre du producteur se déduit donc de la condition de premier ordre relative à la maximisation du profit $p = \text{Cm}(Q)$. Pour chaque niveau de prix, l'abscisse de la partie croissante de la courbe de coût marginal indique l'offre qui maximise le profit du producteur et la fonction d'offre s'écrit donc formellement comme la fonction inverse (appelée aussi « fonction réciproque ») de la fonction de coût marginal :

$$Q(p) = \text{Cm}^{-1}(p) \text{ pour } (\text{Cm})' > 0$$

Cette condition n'est cependant valable que si le producteur ne produit pas à perte et il devient nécessaire d'étudier le niveau du prix au-dessous duquel il sera préférable de ne pas produire. On notera alors que la situation est différente suivant que l'entreprise est déjà installée sur le marché ou si elle s'interroge sur une entrée potentielle.

Le seuil d'entrée. Considérons le cas d'une entreprise extérieure au marché. En cas d'entrée, elle devra payer un coût d'installation – le coût fixe – plus le coût de production – le coût variable. L'entrée n'est rentable que si la firme perçoit une recette permettant de couvrir l'ensemble de ces coûts. Ce sera le cas si la recette moyenne est supérieure au coût moyen. Comme tout prix supérieur au minimum du coût moyen – noté CM_{min} – entraîne une production optimale satisfaisant cette propriété, la firme décidera d'entrer sous la condition élémentaire :

$$p \geq \text{CM}_{\text{min}}$$

L'hypothèse de libre entrée établit que les entreprises sont libres d'entrer (et donc de produire) ou de sortir (et donc d'arrêter la production) sans qu'aucun obstacle d'aucune sorte ne puisse les gêner.

Elle refusera d'entrer sur le marché dans le cas inverse. Le prix $p = \text{CM}_{\text{min}}$ constitue le seuil d'entrée sur le marché ou seuil de rentabilité ou encore point mort. Si le prix d'équilibre est supérieur à ce seuil, $p > \text{CM}_{\text{min}}$, les firmes présentes sur le marché vont réaliser des profits et, sous *l'hypothèse de libre entrée**, de nouvelles firmes seront attirées sur le marché.

Le seuil de fermeture. Considérons maintenant une firme déjà engagée sur le marché, son implantation lui impose le paiement des coûts fixes CF quel que soit son volume de production. Elle décidera alors de produire si le profit qu'elle enregistre en réalisant une production positive est supérieur à la perte – CF – qu'elle encoure en cas de production nulle (formellement $p\text{Q} - \text{CF} - \text{CV(Q)} > - \text{CF}$). Ce sera le cas si le prix est associé à une production dont le coût variable moyen est inférieur à la recette moyenne ($p > \text{CVM(Q)}$). On vérifie graphiquement que cette condition impose un prix supérieur au minimum du coût variable moyen CVM_{min} (*cf.* fig. 11 page suivante).

Une firme ne restera sur le marché que si :

$$p \geq \text{CVM}_{\text{min}}$$

Dans le cas inverse, la rentabilité est insuffisante et la firme ne couvrant ni ses coûts fixes ni ses coûts variables devra quitter le marché. Le prix $p = \text{CVM}_{\text{min}}$ constitue le seuil de fermeture de la firme.

Notons que pour tout prix compris entre le minimum du coût variable moyen et celui du coût moyen, l'entreprise ne peut couvrir l'intégralité de ses coûts fixes. Elle réalise donc une perte globale. Pour une entreprise qui est déjà sur le marché, il est cependant rentable de produire puisque les coûts fixes ont déjà été engagés. Une production positive génère un surplus qui permet de financer une partie des coûts fixes et de limiter les pertes. Toutefois cette situation ne peut être que temporaire : si elle perdure, l'entreprise est amenée à quitter le marché.

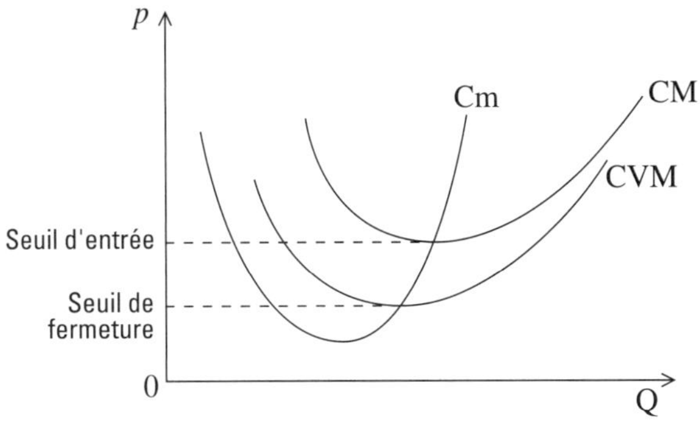

Fig. 10

En définitive, la production n'est possible sur un marché que si le prix est supérieur au minimum du coût variable moyen. L'offre est nulle pour des prix inférieurs à ce seuil. La fonction d'offre de l'entreprise i — notée S_i — s'écrit finalement (*cf.* exercice 4.5) :

$$\begin{cases} S_i = S_i(p) = Cm^{-1}(p) \text{ pour } p \geq CVM_{min} \\ S_i = 0 \text{ pour } p \leq CVM_{min} \end{cases}$$

c. L'offre agrégée sur le marché

La courbe d'offre sur le marché est obtenue comme la somme « horizontale » des courbes d'offres individuelles. Elle s'établit en calculant pour chaque niveau de prix la somme des offres individuelles (*cf.* exercice 4.9).

Envisageons le cas simplifié d'un marché intégrant trois firmes, chacune disposant d'une technologie propre et d'une fonction de coût spécifique. La figure 11 présente l'agrégation des offres individuelles des trois firmes A, B et C.

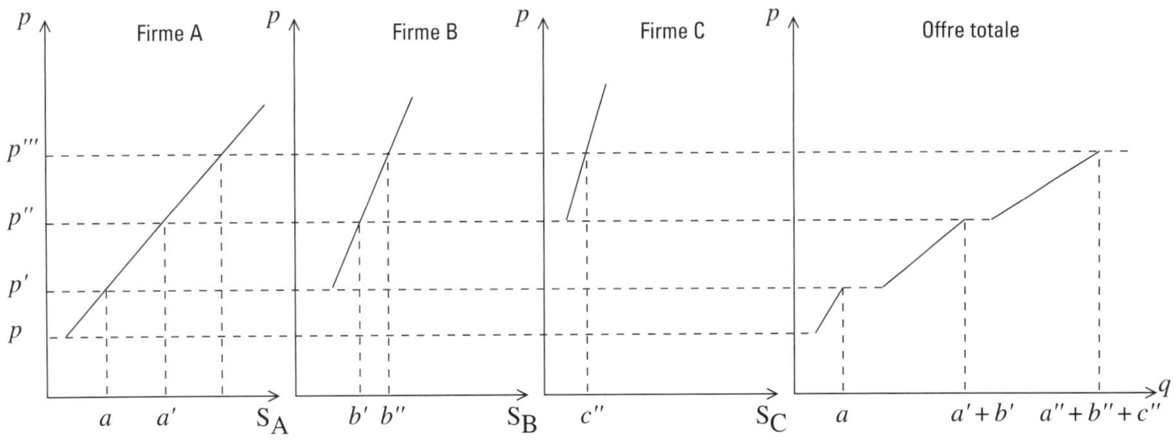

Fig. 11

Pour tout prix inférieur à p, l'offre totale S est nulle sur le marché. Pour un prix compris entre p et p', seule la firme A produit l'offre totale est identique à l'offre individuelle de cette firme. Pour un prix compris dans l'intervalle compris entre p' et p'', l'offre de la firme B vient renforcer celle de A. La firme C commence à produire pour tout prix supérieur ou égal à p''. Ainsi, au prix p''' les trois firmes réalisent une offre positive. L'offre totale est alors obtenue par sommation simple des trois offres individuelles.

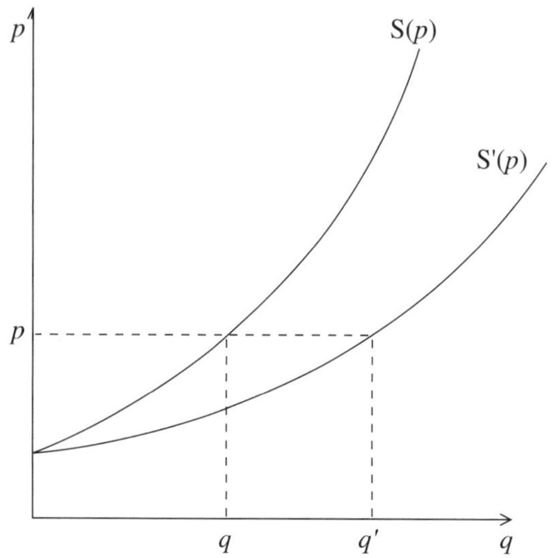

Fig. 12

Dans un équilibre de concurrence parfaite, le marché présente un grand nombre de firmes. L'offre totale sur le marché prend alors la forme d'une courbe croissante. Cette courbe est définie pour un niveau de technologie fixe et pour un nombre constant de firmes.

En cas d'accroissement du nombre d'entreprises, l'offre totale augmente. Pour chaque niveau de prix p, l'augmentation du nombre de producteurs accroît l'offre de q à q'. Sur la figure 12, cette augmentation se traduit par un déplacement vers la droite de la courbe d'offre et comme l'accroissement de l'offre est d'autant plus importante que le prix est fort, le déplacement est plus marqué pour des prix élevés.

d. Le prix d'équilibre à court terme

L'équilibre sur le marché (*cf.* exercice 4.10) est obtenu par confrontation de l'offre et de la *demande**. Le prix se fixe à un niveau p^* tel que l'offre $S(p^*)$ soit égale à la **demande** $D(p^*)$. Il s'impose alors aux différents acteurs du marché. Du coté de l'offre, les producteurs décident de leur production $Q_i^* = Q_i^*(p^*)$. Du coté de la demande, les consommateurs établissent leur demande optimale pour ce prix. Le prix d'équilibre p^* doit alors être compatible avec l'égalité entre la somme de ces offres individuelles et la somme de ces demandes individuelles (*cf.* fig. 13).

La fonction de ***demande*** $D(p)$ indique la quantité de bien demandée par l'ensemble des consommateurs, pour chaque niveau de prix. Elle correspond à la somme des demandes individuelles (*cf.* chapitre 2).

Graphiquement, le prix et la quantité d'équilibre sont donnés par l'intersection de la courbe d'offre $S(p)$ et de la courbe de demande $D(p)$.

Fig. 13

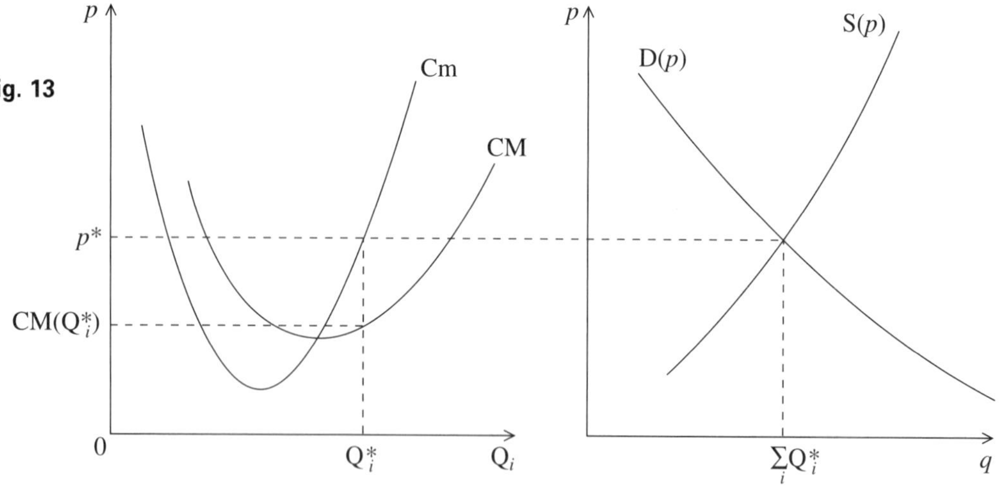

3 - Le long terme

La rationalité du producteur est identique à court et à long terme : le producteur non contraint maximise son profit. Cependant, comme les notions de coût n'ont plus le même sens à court et à long terme, l'analyse de l'offre est modifiée quand la période de temps permet d'envisager tous les ajustements possibles des quantités de facteurs.

L'hypothèse de *fluidité** va alors prendre un rôle important en permettant également l'ajustement du nombre de producteurs sur le marché. Dans la mesure où, à long terme, une firme peut entrer ou sortir du marché en fonction des profits et pertes que l'on y réalise, le nombre de producteurs devient endogène. Le prix d'équilibre qui résulte de l'entrée (ou de la sortie) de nouvelles firmes sur le marché va se fixer à long terme à un niveau pour lequel le profit des firmes est nul.

L'hypothèse de libre entrée porte aussi le nom d'hypothèse de ***fluidité***.

a. Les fonctions d'offre à long terme

L'offre individuelle est déterminée, à l'optimum du producteur, par l'égalité du prix au coût marginal de long terme. Conformément à l'analyse développée précédemment, la fonction d'offre de long terme d'un producteur est donnée par le tronçon de son coût marginal pour lequel le profit est positif ou nul (à long terme les entreprises dont le profit était négatif ont quitté le marché). Comme à long terme tous les facteurs sont variables, il n'existe plus de coût fixe et la différence entre coût moyen et coût variable moyen disparaît. La fonction d'offre d'une entreprise coïncide avec la courbe de coût marginal à long terme pour sa partie supérieure au minimum du coût moyen de long terme :

$$\begin{cases} S_i^{LT} = S_i^{LT}(p) = Cm_{LT}^{-1}(p) \text{ pour } p \geq CM_{LTmin} \\ S_i^{LT} = 0 \text{ pour } p < CM_{LTmin} \end{cases}$$

L'offre totale de long terme sur le marché est obtenue par sommation des offres individuelles. Cependant comme l'augmentation de l'horizon temporel permet aux firmes d'obtenir la meilleure organisation productive possible, toutes les entreprises disposent à long terme des mêmes technologies de production. L'offre totale $S^{LT} = S^{LT}(p)$ réalisée par un nombre n d'entreprises présente la même forme que l'offre individuelle.

$$S^{LT} = S^{LT}(p) = nS_i^{LT}(p)$$

b. L'équilibre à long terme en concurrence

À long terme, l'équilibre sur le marché est donné par l'intersection des courbes d'offre et de demande de longue période. Le prix d'équilibre qui en résulte doit alors permettre à chaque firme de rémunérer l'ensemble des facteurs à un taux normal. Ce taux est défini sur le marché des facteurs : le salaire est défini sur le marché du travail, la rémunération du capital est déterminée sur le marché financier.

Si le prix d'équilibre permet aux entreprises de réaliser une recette supérieure à la rémunération normale des facteurs, les firmes vont réaliser des profits (excédent des recettes sur les coûts normaux de production). De nouveaux chefs d'entreprise intéressés par cette possibilité de profit seront incités à entrer sur le marché. En concurrence pure et parfaite, l'hypothèse de libre entrée établit que de nouvelles firmes peuvent à tout moment accéder au marché, si elles le désirent, et en fonction de leur intérêt personnel. Les nouveaux producteurs ajouteront alors leurs offres individuelles à celle déjà existante, et, pour un même prix, l'offre totale augmentera.

À l'équilibre, cette augmentation de l'offre va se traduire par une diminution du prix. Au fil des entrées des nouveaux producteurs, le profit de chaque firme va alors progressivement s'éroder. Or, tant que les profits seront supérieurs au profit normal, de nouveaux producteurs continueront d'entrer sur le marché. Le processus se poursuit donc jusqu'à annulation des profits.

Dans le cas opposé où les entreprises du marché réalisent une perte, le raisonnement est symétrique. Certaines entreprises vont progressivement se retirer du marché, l'offre totale diminuera et le prix s'élevant progressivement va diminuer les pertes. Les entreprises vont se retirer du marché jusqu'à ce que le prix d'équilibre annule les pertes.

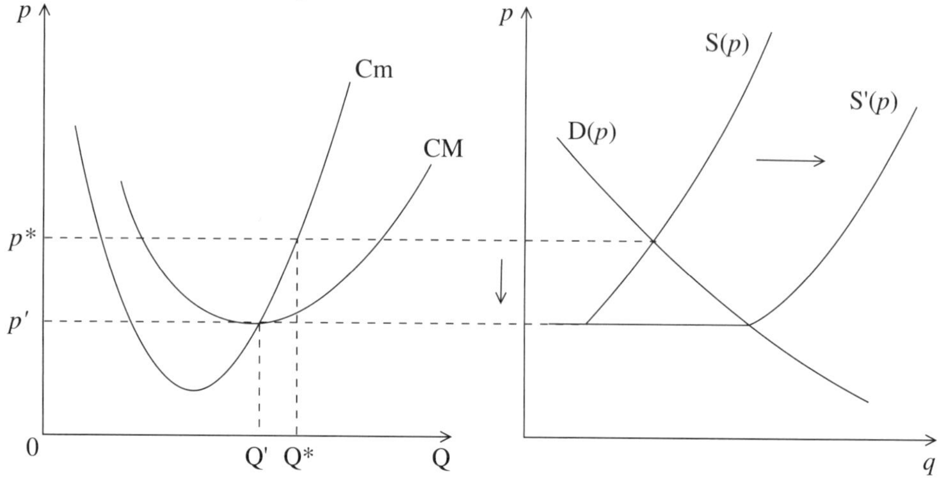

Fig. 14

L'ajustement en cas de profits positifs est illustré par la figure 14. La partie gauche du graphique représente les courbes de coût d'une entreprise représentative. La partie droite représente les courbes d'offre et de demande de marché (l'échelle en abscisses a été comprimée). La courbe d'offre totale S(p) tient compte des offres faites à court terme par les entreprises sur le marché, elle n'inclut pas celles des producteurs potentiels intéressés par des éventuels profits. Or, dans la situation caractérisée par la courbe d'offre S(p), les entreprises réalisent des profits positifs. De nouvelles entreprises vont donc entrer sur le marché et la courbe d'offre se déplace vers la droite. Ce déplacement continuera jusqu'en S'(p). L'intersection avec la courbe de demande détermine alors un prix pour lequel les profits sont nuls (prix p').

Du point de vue du chef d'entreprise, l'équilibre est atteint lorsque le prix p est égal au coût marginal. En ce point, l'égalité $p = \mathrm{Cm}_{\mathrm{LT}}(\mathrm{Q})$ assure un comportement optimal du producteur.

Du point de vue de la branche, l'équilibre final est déterminé par l'intersection des courbes d'offre et de demande, à un niveau tel que les profits soient nuls, **l'égalité $p = \mathrm{CM}_{\mathrm{LT}}(\mathrm{Q}) = \mathrm{Cm}_{\mathrm{LT}}(\mathrm{Q})$ garantit l'annulation des profits** (*cf.* exercice 4.6).

Plus formellement, notons D = D(p) la fonction de demande globale. L'équilibre en longue période s'obtient en écrivant, en plus de l'égalité de l'offre et de la demande, une condition d'annulation des profits pour chaque entreprise :

$$\begin{cases} \mathrm{D}(p) = \mathrm{S}(p) = n\mathrm{S}_i(p) \\ p = \mathrm{Cm}_{\mathrm{LT}}(\mathrm{S}_i) = \mathrm{CM}_{\mathrm{LT}}(\mathrm{S}_i) \end{cases}$$

Notons enfin que ce système d'équations permet de caractériser le nombre n de firmes sur le marché à l'équilibre de long terme (*cf.* exercice 4.13). En effet, le prix qui annule les profits et l'offre optimale qui en résulte pour chaque producteur peuvent être obtenus en ne considérant que les caractéristiques des firmes. Ils apparaissent respectivement comme l'ordonnée et l'abscisse de l'intersection entre les fonctions de coût moyen et de coût marginal de long terme. Puisque pour le prix d'équilibre, l'offre totale est égale à la demande totale, ce prix permet de définir la production totale offerte sur le marché et absorbée par les consommateurs. Le nombre de producteurs est alors donné en rapportant l'offre totale et l'offre individuelle optimale, c'est-à-dire en répondant à la question : combien de firmes produisant chacune individuellement $S_i(p)$ sont nécessaires à la satisfaction de la demande totale $D(p)$.

c. Le surplus du producteur

Considérons une entreprise fabriquant un bien non divisible et présentant le coût marginal suivant :

Production	1	2	3	4	5	6	7	8	9	10
Cm	3	4	5	6	7	8	9	10	11	12

Pour un prix égal à 3, la production optimale consiste à offrir une seule unité du bien. Si le prix passe à 4, le producteur va offrir 2 unités de bien. Il réalise alors un profit de 1 pour la première unité et un profit nul pour la seconde. Quand le prix passe à 5, le profit est de 2 francs pour la première unité, de 1 franc pour la seconde et de 0 pour la troisième, etc.

Par analogie avec le consommateur, on parlera alors de surplus (ou historiquement de rente) du producteur pour caractériser la somme des marges qu'il réalise sur chaque unité vendue. Le surplus correspond à l'écart entre le prix de vente et le coût marginal de toutes les unités produites. Dans le cas général, le surplus du producteur accepte la représentation graphique donnée par la figure 15.

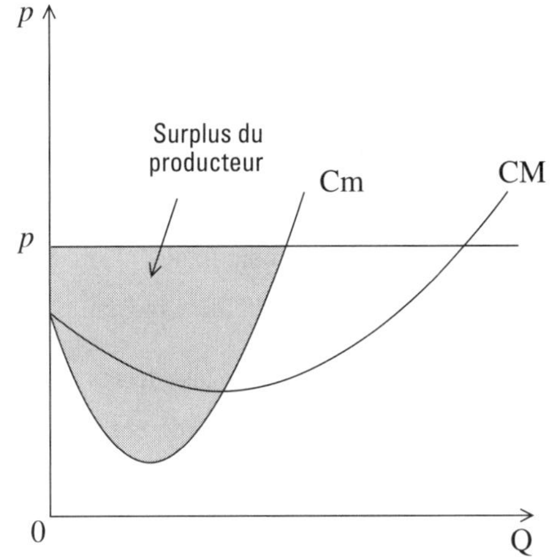

Fig. 15

Au niveau agrégé, le surplus de l'ensemble des firmes est donnée par la somme des surplus de chaque firme. En cas de baisse de prix (passage de p à p'), les surfaces grisées de la figure 16 représentent les baisses individuelles et collectives du surplus des producteurs.

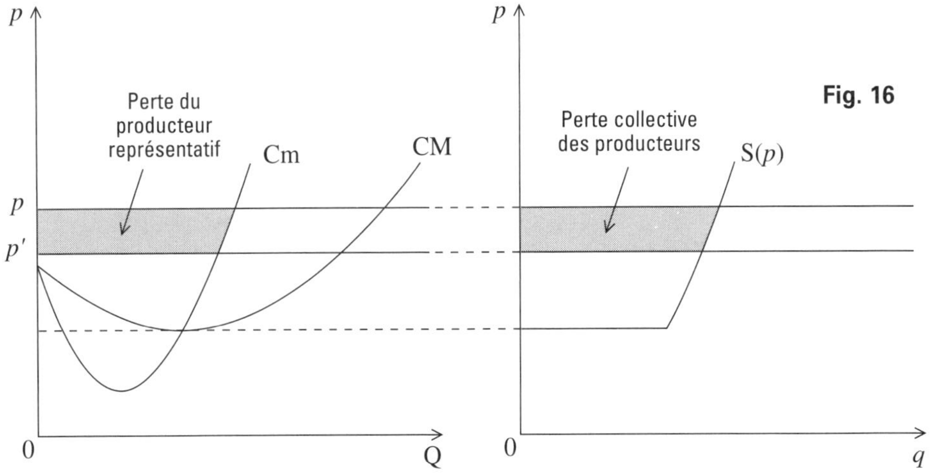

Fig. 16

La notion de surplus du producteur est utile pour juger de l'efficacité de l'équilibre concurrentiel par comparaison avec les autres organisations de marché. Nous reviendrons sur ce point lors de l'analyse du monopole.

QUESTIONS À CHOIX MULTIPLES

(Pour chaque question, une ou plusieurs réponses sont possibles)

1 - Si les productivités marginales des facteurs d'une entreprise sont décroissantes, son coût total est :

a. décroissant à taux croissant.

b. décroissant à taux décroissant.

c. croissant à taux croissant.

d. croissant à taux décroissant.

2 - La fonction de coût marginal coupe en son minimum :

a. la fonction de coût moyen.

b. la fonction de coût variable moyen.

c. la fonction de coût total.

d. la fonction de coût fixe moyen.

3 - La fonction de coût de long terme correspond à :

a. une fonction de coût de court terme particulière.

b. la courbe enveloppe des fonctions de court terme.

c. la fonction de coût de court terme sans les coûts fixes.

d. la fonction de coût de court terme où le facteur fixe est évalué à son niveau optimal.

4 - En concurrence pure et parfaite, la recette moyenne est égale :

a. à la recette marginale.

b. au profit moyen.

c. au prix.

d. au coût moyen.

5 - La condition d'optimalité du producteur correspond à :

a. l'égalité du prix à la recette marginale.

b. l'égalité du prix au coût marginal.

c. l'égalité de la recette marginale au coût marginal.

d. l'égalité du prix à la recette moyenne.

6 - La fonction de coût d'une entreprise est $C(Q) = 6Q + Q^2$. **La fonction d'offre de l'entreprise sera donc :**

a. $Q(p) = 3$

b. $Q(p) = 0{,}5p - 3$

c. $Q(p) = 0$

d. $Q(p) = 2$

7 - Le producteur enregistre une perte si :

a. le prix est inférieur au minimum du coût moyen.

b. le prix est inférieur au minimum du coût marginal.

c. le prix est inférieur au minimum du coût variable moyen.

d. le prix est inférieur au minimum du coût total.

8 - À court terme, l'entreprise produit si le prix est supérieur :

a. au coût fixe.

b. au minimum du coût moyen.

c. au minimum du coût variable moyen.

d. au coût fixe moyen.

9 - Le profit optimal correspond à un maximum de profit si :

a. la dérivée seconde de la fonction de coût total est positive.

b. la dérivée seconde de la fonction de coût total est négative.

c. la dérivée seconde de la fonction de profit est négative.

d. la dérivée seconde de la fonction de profit est positive.

10 - À l'équilibre de long terme, le prix est égal :

a. au coût marginal de long terme.

b. au coût moyen de long terme.

c. à zéro.

d. à la recette moyenne de long terme.

(Les réponses se trouvent en fin d'ouvrage, page 384)

EXERCICE CORRIGÉ 4.1

La fonction de coût à partir d'une fonction de production de type Cobb-Douglas (A,1)

Une entreprise utilise une technologie de production formalisée par la fonction de production suivante :

$$Q(K,L) = 2K^{0,25}L^{0,25}$$

1-Calculer l'équation du sentier d'expansion, sachant que le taux de rémunération du capital, *r*, est de 1 unité de compte (u.c.), le taux de rémunération du travail, *w*, de 16 u.c. et que les facteurs fixes conduisent à un coût de 10 u.c.

2-Calculer la fonction de coût de cette entreprise.

3-Calculer le coût marginal et le coût moyen de cette entreprise.

CORRIGÉ

1-L'équation du sentier d'expansion est définie par l'égalité du rapport des productivités marginales au rapport des prix des facteurs :

$$\frac{Q_K}{Q_L} = \frac{r}{w}$$

Ici, elle s'écrit donc :

$$\frac{2 \times 0{,}25K^{-0{,}75}L^{0{,}25}}{2 \times 0{,}25K^{0{,}25}L^{-0{,}75}} = \frac{1}{16} \Leftrightarrow \frac{L}{K} = \frac{1}{16} \Leftrightarrow L = \frac{1}{16}K$$

2-La fonction de coût de l'entreprise s'obtient à partir de l'équation du sentier d'expansion, de l'équation du coût et de la fonction de production :

$$\begin{cases} L = \frac{1}{16}K \\ C(K,L) = rK + wL + f \\ Q = Q(K,L) \end{cases}$$

En remplaçant L par son expression en K dans la fonction de production, on peut exprimer K en fonction de Q :

$$Q = 2K^{0,25}\left(\frac{1}{16}K\right)^{0,25} = K^{0,5} \Leftrightarrow K = Q^2$$

On peut alors en déduire L :

$$L = \frac{1}{16}K = \frac{1}{16}Q^2$$

On peut enfin écrire la fonction de coût en utilisant l'équation du coût :

$$C(Q) = C[K(Q),L(Q)] = Q^2 + 16\,\frac{1}{16}Q^2 + 10 = 2Q^2 + 10$$

3-Le coût marginal correspond à la dérivée de la fonction de coût :

$$Cm(Q) = \frac{\partial C(Q)}{\partial Q} = 4Q$$

Le coût moyen est simplement le coût par unité produite :

$$CM(Q) = \frac{C(Q)}{Q} = 2Q + \frac{10}{Q}$$

EXERCICE PROPOSÉ 4.2

La fonction de coût à partir d'une fonction de production de type Cobb-Douglas (A,1)

Une entreprise utilise une technologie de production pouvant se traduire formellement par la fonction suivante :

$$Q(K,L) = 5KL^{0,5}$$

Les prix des facteurs sont de 30 u.c. pour le capital (r) et 15 u.c. pour le travail (w). Les coûts fixes sont nuls.

1 - Déterminer l'équation du sentier d'expansion.

2 - Déterminer la fonction de coût de cette entreprise.

3 - Déterminer le coût moyen et le coût marginal de cette entreprise.

DÉMARCHE

1 - Il faut dans un premier temps calculer les conditions de premier ordre pour en déduire l'équation du sentier d'expansion.

2 - La fonction de coût s'obtient ensuite en utilisant l'équation du sentier d'expansion, la fonction de production et l'équation de coût.

3 - Enfin, le coût moyen correspond au coût divisé par le niveau de production, tandis que le coût marginal est égal à la dérivée de la fonction de coût.

RÉSULTATS

1 - $K = L$

2 - $C(Q) = 45(1/5)^{2/3}Q^{2/3}$

3 - $CM(Q) = 45(1/5)^{2/3}Q^{-1/3}$

$Cm(Q) = 30(1/5)^{2/3}Q^{-1/3}$

EXERCICE CORRIGÉ 4.3

La fonction de coût à partir d'une fonction de production de type CES (Constant Elasticity of Substitution) (A,1)

Soit la fonction de production de type CES suivante :

$$Q(K,L) = (2K^2 + 2L^2)^{0,5}$$

1 - Quelle est la fonction de coût correspondant à cette fonction de production, si le taux de rémunération du capital, r, est de 70 unités de compte (u.c.), le taux de rémunération du travail, w, de 10 u.c. et le coût fixe de 30 u.c. ?

2 - Calculer le coût marginal et le coût moyen.

CORRIGÉ

1 - La fonction de coût se déduit de l'équation du sentier d'expansion, de la fonction de production et de l'équation du coût.

Ici, le sentier d'expansion s'écrit :

$$\frac{Q_K}{Q_L} = \frac{70}{10} \Leftrightarrow \frac{0{,}5(2K^2 + 2L^2)^{-0{,}5}\,4K}{0{,}5(2K^2 + 2L^2)^{-0{,}5}\,4L} = 7 \Leftrightarrow \frac{K}{L} = 7 \Leftrightarrow K = 7L$$

On remplace K par son expression en L dans l'équation de la fonction de production :

$$Q = Q[K(L), L] = [2(7L)^2 + 2L^2]^{0{,}5} \Leftrightarrow Q = (98L^2 + 2L^2)^{0{,}5} \Leftrightarrow Q = 10L \Leftrightarrow L = 0{,}1Q$$

On en déduit K en fonction de Q :

$$K = 7 \times 0{,}1Q = 0{,}7Q$$

On peut maintenant écrire la fonction de coût à partir de l'équation du coût :

$$C(Q) = C[K(Q), L(Q)] = (70 \times 0{,}7Q) + (10 \times 0{,}1Q) + 30 = 50Q + 30$$

2 - Il est très simple ensuite de calculer le coût marginal et le coût moyen :

$$Cm(Q) = \frac{\partial C(Q)}{\partial Q} = 50$$

$$CM(Q) = \frac{C(Q)}{Q} = \frac{50\,Q + 30}{Q} = 50 + \frac{30}{Q}$$

EXERCICE CORRIGÉ 4.4

Production optimale à court et long terme (A,2 ; B,2 ; B,3)

La technologie de production d'une entreprise est telle que pour produire une quantité Q, supérieure à 4, de biens elle doit supporter un coût C(Q, F) défini par la fonction suivante :

$$C(Q, F) = Q^2 - (F + 2)Q + 0{,}5F^2 \qquad \forall Q > 4$$

où F représente la taille de l'équipement utilisé, taille qui peut être ajustée dans le long terme.

Pour des raisons techniques, il n'est pas possible de produire une quantité inférieure à 4, la fonction de coût n'est donc pas définie dans ce cas.

Aujourd'hui, l'entretien de l'équipement, qui constitue la totalité des coûts fixes, est évalué à 60 francs et 50 centimes.

Par ailleurs, le prix du bien est de 7 francs.

1 - Quelle est la taille de l'équipement utilisé par l'entreprise à court terme ?

2 - Quelle est la taille de l'équipement utilisé par l'entreprise à long terme ?

3 - Calculer la fonction de coût de court terme, le coût marginal de court terme et le coût moyen de court terme.

4 - Calculer la fonction de coût de long terme, le coût marginal de long terme et le coût moyen de long terme.

5 - Quel est le niveau de profit à court terme de l'entreprise ?

6 - Quel est le niveau de profit à long terme de l'entreprise ?

7 - Représenter sur un même graphique les deux équilibres de court terme et de long terme.

CORRIGÉ

1- Les coûts fixes de l'entreprise étant de 60 francs et 50 centimes, on peut écrire :

$$0{,}5F^2 = 60{,}50 \Leftrightarrow F = 11$$

On peut donc en déduire que la taille de l'équipement à court terme est de 11.

2- À long terme, l'entreprise va utiliser la taille de l'équipement qui minimise son coût. Il faut donc que la taille de l'équipement vérifie la condition de premier ordre pour un minimum :

$$\frac{\partial C(Q,F)}{\partial F} = -Q + F = 0 \Leftrightarrow F = Q$$

La taille de l'équipement de l'entreprise à long terme sera donc exactement égale au nombre d'unités produites.

3- La fonction de coût de court terme s'obtient simplement en remplaçant F par 11 dans l'équation de la famille de fonctions de coût de court terme :

$$C(Q, 11) = Q^2 - (11 + 2)Q + 0{,}5(11)^2 = Q^2 - 13Q + 60{,}50$$

On en déduit le coût marginal de court terme et le coût moyen de court terme :

$$Cm(Q) = \frac{\partial C(Q)}{\partial Q} = 2Q - 13$$

$$CM(Q) = \frac{C(Q)}{Q} = Q - 13 + \frac{60{,}50}{Q}$$

4- À long terme, la taille de l'équipement optimale est égale au nombre d'unités produites; par conséquent, la fonction de coût de long terme est :

$$C_{LT}(Q) = Q^2 - (Q + 2)Q + 0{,}5Q^2 = 0{,}5Q^2 - 2Q$$

Le coût marginal de long terme s'écrit donc :

$$Cm(Q) = \frac{\partial C_{LT}(Q)}{\partial Q} = Q - 2$$

On en déduit également le coût moyen de long terme :

$$CM(Q) = \frac{C_{LT}(Q)}{Q} = 0{,}5Q - 2$$

5- L'entreprise cherche à maximiser son profit de court terme. La condition de premier ordre pour un maximum de profit correspond à l'annulation de la dérivée première de la fonction de profit. Or, la fonction de profit est :

$$\pi(Q) = 7Q - Q^2 + 13Q - 60{,}50 = -Q^2 + 20Q - 60{,}50$$

D'où la condition de premier ordre :

$$\frac{\partial \pi}{\partial Q} = -2Q + 20 = 0 \Leftrightarrow Q^* = 10$$

Le niveau de profit à court terme est donc :

$$\pi^* = \pi(10) = -(10)^2 + (20 \times 10) - 60{,}50 = 39{,}50$$

La condition de second ordre étant vérifiée, ce niveau de profit est bien le niveau maximal :

$$\frac{\partial \pi^2}{\partial Q^2} = -2 < 0$$

6- Comme à court terme, l'entreprise maximise son profit. Cependant il s'agit ici du profit de long terme :

$$\pi(Q) = 7Q - 0{,}5Q^2 + 2Q = -0{,}5Q^2 + 9Q$$

La condition de premier ordre s'écrit donc :

$$\frac{\partial \pi(Q)}{\partial Q} = -Q + 9 = 0 \Leftrightarrow Q^* = 9$$

On en déduit le niveau de profit de long terme :

$$\pi^* = \pi(9) = -0{,}5(9)^2 + (9 \times 9) = 40{,}50$$

Ce niveau de profit correspond à un maximum car la condition de second ordre est vérifiée :

$$\frac{\partial^2 \pi}{\partial Q^2} = -1 < 0$$

On remarque que le niveau de profit est plus important à long terme qu'à court terme, ce qui est tout à fait logique, l'entreprise ayant ajusté la taille de son équipement de façon optimale.

7 - Représentation graphique des deux équilibres (*cf.* fig. 17) :

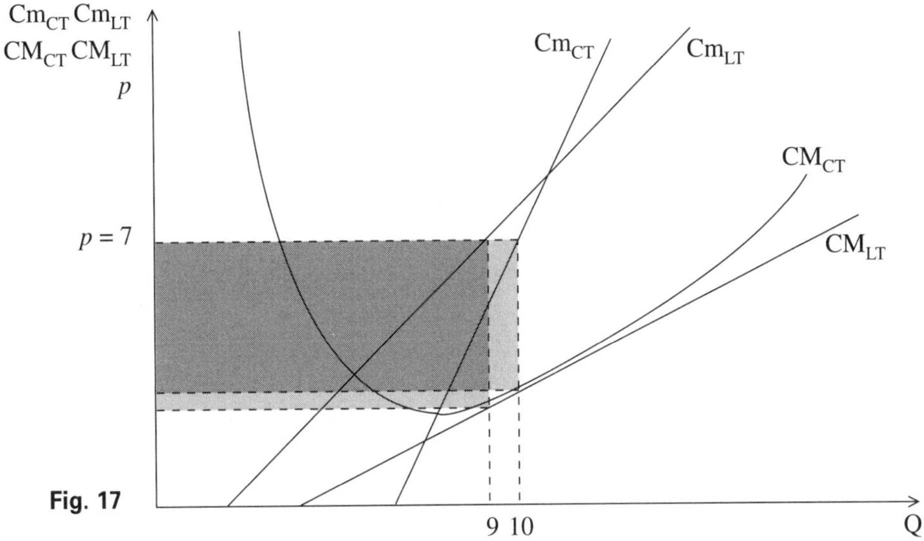

Fig. 17

Les zones grisées représentent les profits à court et long terme.

EXERCICE CORRIGÉ 4.5

Fonction d'offre de court terme (B,2)

La fonction de coût de court terme d'une entreprise est la suivante :

$$C(Q) = Q^3 - 3Q^2 + 4Q + 2$$

1 - Calculer le coût marginal, le coût variable moyen et le coût moyen.

2 - Quelle est la fonction d'offre de cette entreprise ?

CORRIGÉ

1 - Le coût marginal correspond à la dérivée première de la fonction de coût :

$$Cm(Q) = \frac{\partial C(Q)}{\partial Q} = 3Q^2 - 6Q + 4$$

Le coût variable moyen est égal au coût variable par unité de produit :

$$CVM(Q) = \frac{CV(Q)}{Q} = \frac{Q^3 - 3Q^2 + 4Q}{Q} = Q^2 - 3Q + 4$$

Enfin, le coût moyen est égal au coût total par unité de produit :

$$CM(Q) = \frac{C(Q)}{Q} = \frac{Q^3 - 3Q^2 + 4Q + 2}{Q} = Q^2 - 3Q + 4 + \frac{2}{Q}$$

2- La fonction d'offre de l'entreprise résulte de la maximisation du profit :

$$\underset{Q}{\text{Max}}\, \pi(Q) = pQ - C(Q) = pQ - Q^3 + 3Q^2 - 4Q - 2$$

La condition de premier ordre impose l'annulation de la dérivée première de la fonction objectif, c'est-à-dire la fonction de profit :

$$\frac{\partial \pi}{\partial Q} = p - 3Q^2 + 6Q - 4 = 0$$

Il faut donc résoudre une équation du second degré, dont le discriminant Δ est :

$$\Delta = 6^2 - 4(-3)(-4 + p) = 36 - 48 + 12p = 12p - 12$$

On en déduit les racines :

$$Q_1 = \frac{-6 + \sqrt{12p - 12}}{-6} = 1 - \frac{\sqrt{12p - 12}}{6}$$

$$Q_2 = \frac{-6 - \sqrt{12p - 12}}{-6} = 1 + \frac{\sqrt{12p - 12}}{6}$$

Pour qu'une racine corresponde à un maximum de profit, il faut qu'elle vérifie la condition de second ordre pour un maximum :

$$\frac{\partial^2 \pi}{\partial Q^2} = -6Q + 6 < 0 \Leftrightarrow Q > 1$$

Par conséquent, seule la racine Q_2 vérifie la condition de premier ordre pour un maximum.

Cependant, l'entreprise ne produit que si le prix est supérieur au seuil de fermeture, c'est-à-dire le minimum du coût variable moyen. Le coût variable moyen atteint son minimum lorsque la condition de premier ordre pour un minimum est vérifiée. En d'autres termes, la dérivée du coût variable moyen doit être nulle en ce point :

$$\frac{\partial CVM(Q)}{\partial Q} = 2Q - 3 = 0 \Leftrightarrow Q = \frac{3}{2}$$

La condition de second ordre pour un minimum établit que la dérivée seconde de la fonction objectif, c'est-à-dire la fonction de coût variable moyen, doit être positive, ce qui est toujours vrai dans notre cas :

$$\frac{\partial^2 CVM(Q)}{\partial Q^2} = 2 > 0$$

Par conséquent, le minimum du coût variable moyen est :

$$CVM_{Min} = CVM\left(\frac{3}{2}\right) = \left(\frac{3}{2}\right)^2 - 3\left(\frac{3}{2}\right) + 4 = \frac{7}{4} = 1{,}75$$

L'entreprise ne produira que si le prix est supérieur à 1,75 franc, sinon elle ne produira pas. La fonction d'offre peut donc s'écrire :

$$\begin{cases} Q(p) = 1 + \dfrac{\sqrt{12p - 12}}{6} & \text{si } p \geq 1{,}75 \\ Q(p) = 0 & \text{si } p < 1{,}75 \end{cases}$$

EXERCICE CORRIGÉ 4.6

Fonction d'offre de court et long terme (B,2 ; B,3)

Une entreprise utilise une technologie de production qui conduit à l'équation de la famille de fonctions de coût de court terme suivante :

$$C(Q,F) = 2Q^2 - 2FQ + 8F^2$$

où F représente le poids du facteur fixe à court terme.

On suppose par ailleurs que la technologie de production ne permet pas de produire de quantité inférieure à la quantité de facteur fixe, de sorte que cette équation n'est vérifiée que pour $Q \geq F$.

1-À court terme, la valeur de F est égale à 0,5. Quelle est la fonction de coût de court terme de l'entreprise ?

2-Quelle est la fonction d'offre de court terme de l'entreprise ?

3-Quelle est la demande de facteur fixe F pour chaque valeur de production possible ?

4-Quelle est la fonction de coût de long terme de l'entreprise ?

5-Quelle est la fonction d'offre de long terme de l'entreprise ?

6-Si l'entreprise étudiée est une « entreprise représentative », vers quelle valeur tend l'offre de l'entreprise compte tenu des ajustements du marché et de l'hypothèse de fluidité ?

CORRIGÉ

1-La fonction de coût de court terme s'obtient en remplaçant F par sa valeur dans l'équation de la famille de fonctions de court terme :

$$C_{CT}(Q) = 2Q^2 - 2(0{,}5)Q + 8(0{,}5)^2 = 2Q^2 - Q + 2$$

2-La fonction d'offre de court terme de l'entreprise résulte de la maximisation du profit. Or, le profit de court terme s'écrit comme la différence entre la recette pQ et les coûts de court terme :

$$\pi_{CT}(Q) = pQ - 2Q^2 + Q - 2$$

Le niveau de production qui maximise le profit doit vérifier la condition de premier ordre, à savoir l'annulation de la dérivée première de la fonction de profit :

$$\frac{\partial \pi_{CT}(Q)}{\partial Q} = p - 4Q + 1 = 0$$

On obtient donc la fonction d'offre de court terme de l'entreprise :

$$Q_{CT} = Q_{CT}(p) = \frac{p+1}{4}$$

(Le coût variable moyen est ici linéaire, son minimum « économique » est en zéro. La fonction d'offre de court terme est donc définie pour tout prix positif.)

Il reste à vérifier que cet optimum correspond bien à un maximum de profit et non à un minimum. La condition de second ordre s'écrit :

$$\frac{\partial^2 \pi_{CT}(Q)}{\partial Q^2} = -4$$

La dérivée seconde de la fonction de profit de court terme est négative, la solution trouvée correspond bien à un maximum de profit.

3-La demande optimale de facteur F à long terme s'obtient à partir de la minimisation du coût par rapport à ce facteur. Il suffit donc d'écrire la condition de premier ordre :

$$\frac{\partial C(Q,F)}{\partial F} = -2Q + 16F = 0$$

Il est facile ensuite d'en déduire la demande optimale de facteur F pour chaque valeur possible de Q :

$$F = F(Q) = \frac{1}{8}Q$$

4-Il suffit de remplacer dans l'équation de la famille de fonctions de coût F par F(Q) pour obtenir la fonction de coût de long terme :

$$C_{LT}(Q) = 2Q^2 - 2\left(\frac{1}{8}Q\right)Q + 8\left(\frac{1}{8}Q\right)^2 = 1{,}875Q^2$$

5-La fonction d'offre de long terme de l'entreprise découle de la maximisation du profit de long terme. Le profit de long terme est égal à la différence entre la recette pQ et les coûts de long terme :

$$\pi_{LT}(Q) = pQ - 1{,}875Q^2$$

Par conséquent, la condition de premier ordre s'écrit :

$$\frac{\partial \pi_{LT}(Q)}{\partial Q} = p - 3{,}75Q = 0$$

La fonction d'offre de long terme de l'entreprise est donc :

$$Q_{LT} = Q_{LT}(p) = \frac{p}{3{,}75}$$

La condition de second ordre étant vérifiée et le coût moyen étant linéaire, cette fonction d'offre est définie pour tout prix positif.

6-Tant que les profits restent positifs, des entreprises vont pénétrer le marché pour en bénéficier, ce qui a pour effet de faire tendre le prix vers le coût moyen et les profits vers zéro. La condition de premier ordre correspondant à l'égalité du coût marginal au prix, ce processus d'ajustement conduit le coût marginal à tendre vers le coût moyen. Par conséquent, 3,75Q doit tendre vers 1,875Q, ce qui n'est possible que si Q tend vers zéro.

EXERCICE PROPOSÉ 4.7

Fonction d'offre optimale de court terme et de long terme (B,2 ; B,3)

La fonction de coût d'une entreprise appartient à la famille de fonctions de coût suivante :

$$C(Q,F) = Q^2 - 2FQ + \frac{3}{2}F^2$$

où F représente l'incidence de la taille de l'équipement de production.

1-Sachant qu'à court terme F = 1 et qu'il n'est pas possible de produire une quantité inférieure à 2 pour des raisons techniques, déterminer la fonction d'offre optimale et calculer la production optimale et le profit optimal de court terme si le prix du bien est de 7 u.c.

2-Déterminer ensuite la fonction d'offre de long terme et calculer la production optimale de long terme en précisant la valeur de F et le profit réalisé si le prix du bien n'a pas changé.

3-Représenter graphiquement le coût variable moyen de court terme, le coût marginal de court terme, le coût moyen et le coût marginal de long terme et mettre en évidence les profits réalisés.

DÉMARCHE

1- On obtient la fonction de court terme en remplaçant F par 1 dans l'équation de la famille de fonctions de coût. Ensuite, pour déterminer la fonction d'offre optimale, il faut annuler la dérivée de la fonction de profit. Il faut ensuite vérifier la condition de second ordre pour un maximum : la dérivée seconde de la fonction de profit doit être négative.

La production optimale est ensuite obtenue en remplaçant p par 7 dans la fonction d'offre de court terme. Le calcul du profit se fait enfin simplement : il suffit de remplacer Q par la valeur trouvée et p par 7 dans la fonction de profit.

2- Pour calculer la fonction d'offre de long terme, il faut dans un premier temps déterminer la fonction de coût de long terme. Pour cela, il faut minimiser le coût par rapport à F : la dérivée par rapport à F de la fonction de coût paramétrée par F doit être nulle. Cette équation permet d'exprimer F en fonction de Q. La fonction de coût de long terme est alors égale à l'équation de la famille des fonctions de coût dans laquelle F est remplacé par son expression en Q.

La fonction d'offre optimale est ensuite obtenue à partir des conditions de premier ordre (dérivée de la fonction de profit nulle) et les conditions de second ordre garantissent que cette fonction d'offre correspond à un maximum de profit.

Le prix n'ayant pas changé, on obtient la production optimale en remplaçant le prix par 7 dans la fonction de production. Le profit est égal à la fonction de profit dans laquelle le prix est égal à 7 et la production au niveau trouvé précédemment.

RÉSULTATS

1-

$$C_{CT}(Q) = Q^2 - 2Q + 1{,}5$$

$$Q(p) = \frac{p+2}{2}$$

$$Q^* = 4{,}5$$

$$\pi^* = 18{,}75$$

2-

$$C_{LT}(Q) = \frac{1}{3}Q^2$$

$$Q(p) = \frac{3}{2}p$$

$$Q^* = 10{,}5$$

$$F^* = 7$$

$$\pi^* = 36{,}75$$

3-

Fig. 18

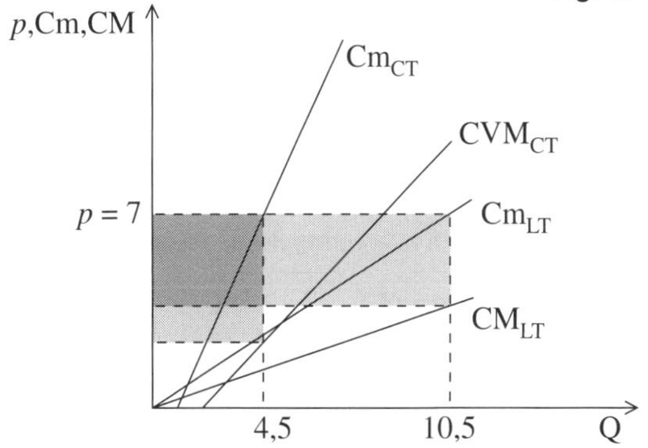

EXERCICE CORRIGÉ 4.8

Fonction d'offre de long terme (B,3)

La fonction de coût de court terme d'une entreprise appartient à la classe de fonctions suivantes :

$$C(Q,F) = Q^3 - 2Q^2 + (10 - 6F)\,Q + 3\,F^2$$

où Q représente le niveau de production et F, l'impact du facteur fixe sur le coût total.

1 - Quelle est la fonction de coût de long terme ?

2 - Calculer le coût moyen de long terme et le coût marginal de long terme.

3 - Quelle sera la fonction d'offre optimale de cette entreprise ?

4 - Si le prix du produit est égal à 7 francs, quel sera le niveau de production optimal ?

CORRIGÉ

1 - La fonction de coût de long terme correspond à la fonction de coût de court terme lorsqu'elle est à son minimum par rapport à F. Pour trouver la valeur optimale de F, il suffit d'annuler la dérivée première de la fonction de court terme par rapport à F :

$$\frac{\partial C(Q,F)}{\partial F} = -\,6Q + 6F = 0 \Leftrightarrow F = Q$$

La fonction de coût de long terme correspond donc à la fonction de coût court terme où F est remplacé par son expression en Q :

$$C_{LT}(Q) = Q^3 - 2Q^2 + 10Q - 6Q^2 + 3Q^2 = Q^3 - 5Q^2 + 10Q$$

2 - Le coût moyen de long terme est égal au coût total de long terme par unité produite. Formellement, il s'agit donc du coût de long terme divisé par le nombre d'unités produites :

$$CM_{LT}(Q) = \frac{C_{LT}(Q)}{Q} = \frac{Q^3 - 5Q^2 + 10Q}{Q} = Q^2 - 5Q + 10$$

Le coût marginal de long terme correspond au coût supplémentaire nécessaire pour produire une unité supplémentaire de produit à long terme. Formellement, le coût marginal de long terme est égal à la dérivée de la fonction de coût de long terme :

$$Cm_{LT}(Q) = \frac{\partial C_{LT}(Q)}{\partial Q} = 3Q^2 - 10Q + 10$$

3 - Le niveau de production est optimal lorsque le profit est maximal. Le programme à résoudre est donc un programme de maximisation du profit, sans contrainte :

$$\underset{Q}{\mathrm{Max}}\,\pi_{LT}(Q) = pQ - Q^3 + 5Q^2 - 10Q$$

La condition de premier ordre correspond à l'annulation de la dérivée première du profit :

$$\frac{\partial \pi_{LT}(Q)}{\partial Q} = p - 3Q^2 + 10Q - 10 = 0$$

Il faut donc résoudre une équation du second degré. On calcule tout d'abord le discriminant :

$$\Delta = (10)^2 - 4(-3)(p - 10) = 100 + 12(p - 10)$$

La fonction d'offre de l'entreprise est donc égale à la solution de l'équation :

$$Q_{LT} = Q(p) = \frac{10 \mp \sqrt{100 + 12\,(p - 10)}}{6}$$

C'est la condition de second ordre qui va permettre de déterminer la solution qui correspond à un maximum de profit.

La condition de second ordre pour un maximum est vérifiée lorsque la dérivée seconde de la fonction de profit est négative :

$$\frac{\partial^2 \pi_{LT}(Q)}{\partial Q^2} = -6Q + 10 < 0 \Leftrightarrow Q > \frac{10}{6}$$

La racine de l'équation et donc la fonction d'offre correspondant à un maximum de profit est donc :

$$Q(p) = \frac{10 + \sqrt{100 + 12\,(p - 10)}}{6}$$

Toutefois l'entreprise ne produit que s'il est rentable de le faire. Pour que cela soit le cas, il faut que le prix soit supérieur au minimum du coût variable moyen qui est ici égal au coût moyen (puisqu'à long terme il n'y a plus de coût fixe). Calculons le minimum du coût moyen :

$$\frac{\partial CM_{LT}(Q)}{\partial Q} = 2Q - 5 = 0 \Rightarrow Q = \frac{5}{2} \Rightarrow \text{Min } CM_{LT} = \left(\frac{5}{2}\right)^2 - 5\left(\frac{5}{2}\right) + 10 = 3{,}75$$

La fonction d'offre de l'entreprise est finalement :

$$\begin{cases} Q(p) = 0 & \text{si } p < 3{,}75 \\ Q(p) = \dfrac{10 + \sqrt{100 + 12\,(p - 10)}}{6} & \text{si } p \geq 3{,}75 \end{cases}$$

4 - Lorsque le prix du produit est égal à 7 francs, le niveau de production est :

$$Q(7) = \frac{10 + \sqrt{100 + 12\,(7 - 10)}}{6} = 3$$

EXERCICE CORRIGÉ 4.9

Production de la branche et condition de coûts différenciés (B,2 ; B,3)

On considère deux types d'entreprises : les entreprises de type 1 sont au nombre de 60 et présentent la fonction de coût individuel de long terme suivante :

$$C_1(Q) = 0{,}05Q^3 - 0{,}6Q^2 + 15Q$$

Les entreprises de type 2 sont au nombre de 40 et leur fonction de coût individuel de long terme est :

$$C_2(Q) = 0{,}05Q^3 - 0{,}6Q^2 + 8Q$$

1 - Quel vous semble être de prime abord le type d'entreprise le plus rentable ?

2 - Calculer les coûts moyens et marginaux des deux types d'entreprises.

3 - Quelles sont leurs fonctions d'offre individuelle ?

4 - Déterminer la fonction d'offre de la branche.

5 - Compte tenu de l'hypothèse de fluidité, quelle sera la production individuelle une fois les ajustements de marché réalisés, si on suppose qu'il n'existe que les deux technologies de production correspondant aux deux fonctions de coût ci-dessus ?

CORRIGÉ

1 - Il semble que les entreprises de type 2 soient plus rentables au sens où leur coût sera toujours plus faible (c'est-à-dire quel que soit le niveau de production) que celui des entreprises de type 1. On s'en aperçoit d'autant plus aisément que les deux fonctions sont quasiment identiques, seul le dernier terme diffère et c'est pour les entreprises de type 2 qu'il est le plus faible.

2 - Les coûts moyens correspondent au coût par unité produite :

$$CM_1(Q) = \frac{C_1(Q)}{Q} = \frac{0{,}05Q^3 - 0{,}6Q^2 + 15Q}{Q} = 0{,}05Q^2 - 0{,}6Q + 15$$

$$CM_2(Q) = \frac{C_2(Q)}{Q} = \frac{0{,}05Q^3 - 0{,}6Q^2 + 8Q}{Q} = 0{,}05Q^2 - 0{,}6Q + 8$$

Les coûts marginaux sont donnés par la dérivée première de la fonction de coût :

$$Cm_1(Q) = \frac{\partial C_1(Q)}{\partial Q} = 0{,}15Q^2 - 1{,}2Q + 15$$

$$Cm_2(Q) = \frac{\partial C_2(Q)}{\partial Q} = 0{,}15Q^2 - 1{,}2Q + 8$$

3 - Les fonctions d'offre individuelle résultent de la maximisation du profit.

Pour les entreprises de type 1, le profit s'écrit :

$$\pi_1(Q) = pQ - 0{,}05Q^3 + 0{,}6Q^2 - 15Q$$

La fonction d'offre optimale doit vérifier la condition de premier ordre :

$$\frac{\partial \pi_1(Q)}{\partial Q} = p - 0{,}15Q^2 + 1{,}2Q - 15 = 0$$

Il faut donc résoudre cette équation du second degré pour obtenir la fonction d'offre individuelle des entreprises de type 1. Le discriminant Δ de cette équation s'écrit :

$$\Delta = (1{,}2)^2 - 4(-0{,}15)(-15 + p) = 1{,}44 + 0{,}6(p - 15)$$

Les racines de l'équation sont donc :

$$Q_1 = Q_1(p) = \frac{-1{,}2 \pm \sqrt{1{,}44 + 0{,}6\,(p - 15)}}{-0{,}3} = \frac{1{,}2 \mp \sqrt{1{,}44 + 0{,}6\,(p - 15)}}{0{,}3}$$

La condition de second ordre permet de savoir laquelle de ces deux racines rend le profit maximal :

$$\frac{\partial^2 \pi_1(Q)}{\partial Q^2} = -0{,}3Q + 1{,}2 < 0 \Leftrightarrow Q > \frac{1{,}2}{0{,}3} \Leftrightarrow Q > 4$$

La fonction d'offre individuelle des entreprises de type 1 est donc :

$$Q_1 = Q_1(p) = \frac{1{,}2 + \sqrt{1{,}44 + 0{,}6\,(p - 15)}}{0{,}3}$$

Cette fonction d'offre ne vaut que si le prix est tel qu'il soit rentable de produire. Pour que ce soit le cas, il faut que le prix soit supérieur au minimum du coût moyen. Le minimum du coût moyen est atteint pour la valeur de Q qui annule la dérivée première du coût moyen :

$$\frac{\partial CM_1(Q)}{\partial Q} = 0{,}1Q - 0{,}6 = 0 \Rightarrow Q = 6$$

Le minimum du coût moyen est donc :

$$\text{Min } CM_1(Q) = CM_1(6) = 0{,}05(6)^2 - 0{,}6(6) + 15 = 13{,}20$$

La fonction d'offre individuelle des entreprises de type 1 est donc finalement :

$$\begin{cases} Q_1(p) = \dfrac{1{,}2 + \sqrt{1{,}44 + 0{,}6\,(p - 15)}}{0{,}3} & \text{si } p \geq 13{,}20 \\ Q_1(p) = 0 & \text{si } p < 13{,}20 \end{cases}$$

Pour les entreprises de type 2, le profit s'écrit :

$$\pi_2(Q) = pQ - 0{,}05Q^3 + 0{,}6Q^2 - 8Q$$

La fonction d'offre optimale doit vérifier la condition de premier ordre :

$$\frac{\partial \pi_2(Q)}{\partial Q} = p - 0{,}15Q^2 + 1{,}2Q - 8 = 0$$

Il faut donc résoudre cette équation de second degré pour obtenir la fonction d'offre individuelle des entreprises de type 2. Le discriminant Δ de cette équation s'écrit :

$$\Delta = (1{,}2)^2 - 4(-0{,}15)(-8 + p) = 1{,}44 + 0{,}6\,(p - 8)$$

Les racines de l'équation sont donc :

$$Q_2 = Q_2(p) = \frac{-1{,}2 \pm \sqrt{1{,}44 + 0{,}6\,(p-8)}}{-0{,}3} = \frac{1{,}2 \mp \sqrt{1{,}44 + 0{,}6\,(p-8)}}{0{,}3}$$

La condition de second ordre permet de savoir laquelle de ces deux racines rend le profit maximal :

$$\frac{\partial^2 \pi_2(Q)}{\partial Q^2} = -0{,}3Q + 1{,}2 < 0 \Leftrightarrow Q > \frac{1{,}2}{0{,}3} \Leftrightarrow Q > 4$$

La fonction d'offre individuelle des entreprises de type 2 est donc :

$$Q_2 = Q_2(p) = \frac{1{,}2 + \sqrt{1{,}44 + 0{,}6\,(p-8)}}{0{,}3}$$

Pour qu'il soit rentable de produire il faut que le prix soit supérieur au minimum du coût moyen :

$$\frac{\partial CM_2(Q)}{\partial Q} = 0{,}1Q - 0{,}6 = 0 \Rightarrow Q = 6$$

Le minimum du coût moyen est donc :

$$\text{Min } CM_2(Q) = CM_2(6) = 0{,}05(6)^2 - 0{,}6(6) + 8 = 6{,}20$$

La fonction d'offre individuelle des entreprises de type 2 est donc finalement :

$$\begin{cases} Q_2(p) = \dfrac{1{,}2 + \sqrt{1{,}44 + 0{,}6\,(p-8)}}{0{,}3} & \text{si } p \geq 6{,}20 \\ Q_2(p) = 0 & \text{si } p < 6{,}20 \end{cases}$$

4-La fonction d'offre de la branche se déduit des offres individuelles des entreprises : pour un prix inférieur à 6,20, il n'est rentable de produire ni pour les entreprises de type 1 ni pour celles du type 2, par conséquent la production globale est nulle; pour un prix supérieur à 6,20 mais inférieur à 13,20, seules les entreprises de type 2 trouvent un intérêt à produire ; enfin pour un prix supérieur à 13,20, les deux types d'entreprises rentabilisent leur production. Ainsi, la fonction d'offre globale de la branche se présente de la façon suivante :

$$\begin{cases} Q(p) = 0 & \text{si } p < 6{,}20 \\ Q(p) = 40Q_2(p) = 40\,\dfrac{1{,}2 + \sqrt{1{,}44 + 0{,}6\,(p-8)}}{0{,}3} & \text{si } 6{,}20 \leq p < 13{,}20 \\ Q(p) = 60Q_1(p) + 40Q_2(p) = 400 + \dfrac{40\sqrt{1{,}44 + 0{,}6\,(p-8)} + 60\sqrt{1{,}44 + 0{,}6(p-15)}}{0{,}3} & \text{si } p \geq 13{,}20 \end{cases}$$

Tant que les profits sont positifs, des entreprises entrent sur le marché et, leur offre s'ajoutant à celle existante, font baisser le prix. À terme, les entreprises les moins rentables sortent du marché (en l'occurrence les entreprises de type 1) parce que le prix devient trop faible pour rentabiliser leur production ($p < 13{,}20$). Seules les entreprises de type 2 continuent d'entrer sur le marché et y restent, jusqu'à ce que leur profit soit nul, c'est-à-dire que le prix, égal au coût marginal (condition de premier ordre), soit aussi égal au coût moyen. On peut donc écrire :

$$\begin{aligned} Cm_2(Q) = CM_2(Q) &\Leftrightarrow 0{,}15Q^2 - 1{,}2Q + 8 = 0{,}05Q^2 - 0{,}6Q + 8 \\ &\Leftrightarrow 0{,}1Q^2 - 0{,}6Q = 0 \end{aligned}$$

On constate qu'à long terme, le seul niveau de production positif possible pour une entreprise est de 6 unités.

EXERCICE CORRIGÉ 4.10

Fonction d'offre et équilibre (B,2 ; B,3)

1-La fonction de coût individuelle d'une entreprise est la suivante :

$$C(Q) = 2Q^2 + 10Q$$

Calculer le coût moyen et le coût marginal de cette entreprise.

2-Calculer la fonction d'offre de cette entreprise.

3-On sait que la fonction inverse de demande individuelle est donnée par l'équation suivante :

$$p(Q) = -2Q + 16$$

On sait par ailleurs que sur le marché le nombre d'acheteurs est exactement égal au nombre d'entreprises.

Calculer le prix d'équilibre.

4-Déduire du prix d'équilibre, la quantité d'équilibre et le profit individuel d'une entreprise.

5-Représenter graphiquement le coût moyen et le coût marginal. Sur le même graphique, représenter la demande individuelle et mettre en évidence l'équilibre et le profit individuel.

CORRIGÉ

1-Le coût moyen est égal au coût par unité produite :

$$CM(Q) = \frac{C(Q)}{Q} = 2Q + 10$$

Le coût marginal est donné par la dérivée première de la fonction de coût :

$$Cm(Q) = \frac{\partial C(Q)}{\partial Q} = 4Q + 10$$

2-La fonction d'offre de l'entreprise résulte de la maximisation de son profit. Le profit est donné par l'équation suivante :

$$\pi(Q) = pQ - 2Q^2 - 10Q$$

La condition de premier ordre impose l'annulation de la dérivée première de la fonction de profit :

$$\frac{\partial \pi}{\partial Q} = p - 4Q - 10 = 0$$

La fonction d'offre de l'entreprise est donc la suivante :

$$Q(p) = 0{,}25p - 2{,}5$$

Le coût moyen de cette entreprise étant linéaire, son minimum est en zéro (un coût moyen négatif n'aurait pas de sens économique, de sorte qu'il n'existe pas de prix positif pour lequel il ne soit pas rentable de produire).

Par ailleurs, cette fonction d'offre correspond bien à un maximum de profit puisque la condition de second ordre est toujours vérifiée :

$$\frac{\partial^2 \pi}{\partial Q^2} = -4 < 0$$

3-Le prix d'équilibre est celui qui égalise l'offre globale et la demande globale. Or, la fonction de demande individuelle s'écrit :

$$p(Q) = -2Q + 16 \Leftrightarrow Q^D(p) = -0{,}5p + 8$$

La fonction d'offre individuelle est donnée par la fonction trouvée dans la question précédente :

$$Q^O(p) = 0{,}25p - 2{,}5$$

Dans la mesure où le nombre de demandeurs et d'offreurs est le même, on peut caractériser l'équilibre par l'équation suivante :

$$Q^D(p) = Q^O(p)$$
$$\Leftrightarrow\ -0{,}5p + 8 = 0{,}25p - 2{,}5$$
$$\Leftrightarrow\ p^* = 14$$

4-La quantité individuelle d'équilibre se calcule à partir de la fonction d'offre ou de la fonction de demande :

$$Q^* = Q^D(p^*) = Q^O(p^*) = -0{,}5(14) + 8 = 0{,}25(14) - 2{,}5 = 1$$

On peut alors facilement calculer le profit d'une entreprise à l'équilibre :

$$\pi^* = (14 \times 1) - 2(1)^2 - 10(1) = 2$$

5-Représentation graphique (fig. 19) :

Sur le graphique, l'équilibre est caractérisé par l'intersection de la fonction de demande et du coût marginal. La zone hachurée correspond au profit.

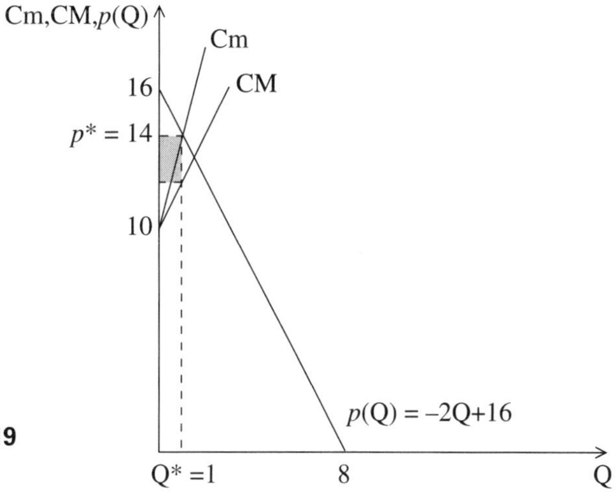

Fig. 19

EXERCICE CORRIGÉ 4.11

Coûts différenciés et équilibre (B,2 ; B,3)

Deux types d'entreprises se partagent un marché sur lequel il existe une contrainte institutionnelle : le prix du bien ne peut être inférieur à 7. Le coût moyen des entreprises de type 1 est le suivant :

$$CM_1(Q) = Q + 5$$

Le coût moyen des entreprises de type 2 est le suivant :

$$CM_2(Q) = 0{,}5Q + 7$$

1-Déterminer les fonctions de coût total et de coût marginal.

2-Déterminer les fonctions d'offre individuelle.

3-Sachant qu'il y a cent entreprises de chaque type, déterminer la fonction d'offre globale.

4-Déterminer le prix et la quantité d'équilibre et en déduire les quantités offertes par chaque entreprise et les profits individuels, sachant qu'il y a cent demandeurs sur le marché, exprimant chacun la demande suivante :

$$p(Q) = -4Q + 18$$

5-Représenter graphiquement.

CORRIGÉ

1-Les fonctions de coût total s'obtiennent en multipliant le coût moyen par la quantité produite Q, soit pour les entreprises de type 1 :

$$C_1(Q) = CM_1(Q) \times Q = Q^2 + 5Q$$

Pour les entreprises de type 2, la fonction de coût est :

$$C_2(Q) = CM_2(Q) \times Q = 0{,}5Q^2 + 7Q$$

La fonction de coût marginal correspond à la dérivée première de la fonction de coût, soit pour les entreprises de type 1 :

$$Cm_1(Q) = \frac{\partial C_1(Q)}{\partial Q} = 2Q + 5$$

Le coût marginal des entreprises de type 2 est :

$$Cm_2(Q) = \frac{\partial C_2(Q)}{\partial Q} = Q + 7$$

2-La fonction d'offre individuelle d'une entreprise résulte de la maximisation de son profit. Le profit d'une **entreprise de type 1** s'écrit :

$$\pi_1(Q) = pQ - Q^2 - 5Q$$

La condition de premier ordre impose l'annulation de la dérivée première de la fonction de profit :

$$\frac{\partial \pi_1(Q)}{\partial Q} = p - 2Q - 5 = 0$$

Par conséquent, la fonction d'offre $Q_1(p)$ est :

$$Q_1(p) = \frac{p-5}{2}$$

Cette fonction d'offre correspond à un maximum de profit puisque la condition de second ordre est vérifiée :

$$\frac{\partial^2 \pi_1(Q)}{\partial Q^2} = -2 < 0$$

Le minimum de coût moyen pour une production positive est égal à 5 (CM(0) = 5); or, le prix est par hypothèse supérieur à 7, de sorte qu'il est toujours rentable pour ce type d'entreprise de produire.

Le profit d'une **entreprise de type 2** s'écrit :

$$\pi_2(Q) = pQ - 0{,}5Q^2 - 7Q$$

Pour obtenir la fonction d'offre optimale, il suffit d'annuler la dérivée première de la fonction de profit :

$$\frac{\partial \pi_2(Q)}{\partial Q} = p - Q - 7 = 0$$

Par conséquent, la fonction d'offre $Q_2(p)$ est :

$$Q_2(p) = p - 7$$

La vérification de la condition de second ordre permet de s'assurer que cette fonction d'offre correspond à un maximum de profit :

$$\frac{\partial^2 \pi_2(Q)}{\partial Q^2} = -1 < 0$$

Le minimum du coût moyen pour une production positive est égal à 7, borne minimale du prix du bien par hypothèse, la fonction d'offre est donc bien définie pour tout prix supérieur à 7.

3-La fonction d'offre globale est simplement égale à la somme des offres individuelles, soit :

$$Q^O(p) = 100Q_1(p) + 100Q_2(p) = 100\left(\frac{p-5}{2} + p - 7\right) = 100\,(1{,}5p - 9{,}5)$$

4 - L'équilibre est réalisé lorsque la demande globale est égale à l'offre globale. Comme la demande individuelle est :

$$p(Q) = -4Q + 18 \Leftrightarrow Q(p) = -0{,}25p + 4{,}5$$

la demande globale s'écrit :

$$Q^D(p) = 100(-0{,}25p + 4{,}5)$$

L'équilibre est donc caractérisé par l'égalité suivante :

$$100(-0{,}25p + 4{,}5) = 100(1{,}5p - 9{,}5)$$

La résolution de cette équation permet de dégager le prix d'équilibre :

$$p^* = 8$$

On en déduit la quantité d'équilibre :

$$Q^* = Q^D(p^*) = Q^O(p^*) = 100[-0{,}25(8) + 4{,}5] = 100[1{,}5(8) - 9{,}5] = 250$$

Cette quantité globale se répartit entre les entreprises de type 1 et les entreprises de type 2 de la façon suivante :

– chaque entreprise de type 1 produit :

$$Q_1^* = Q_1(8) = \frac{8-5}{2} = 1{,}5$$

– chaque entreprise de type 2 produit :

$$Q_2^* = Q_2(8) = 8 - 7 = 1$$

– enfin, les profits individuels sont les suivants :

$$\pi_1^* = (8 \times 1{,}5) - (1{,}5)^2 - (5 \times 1{,}5) = 2{,}25$$

$$\pi_2^* = (8 \times 1) - 0{,}5(1)^2 - (7 \times 1) = 0{,}5$$

5 - Représentation graphique : *cf.* fig. 20.

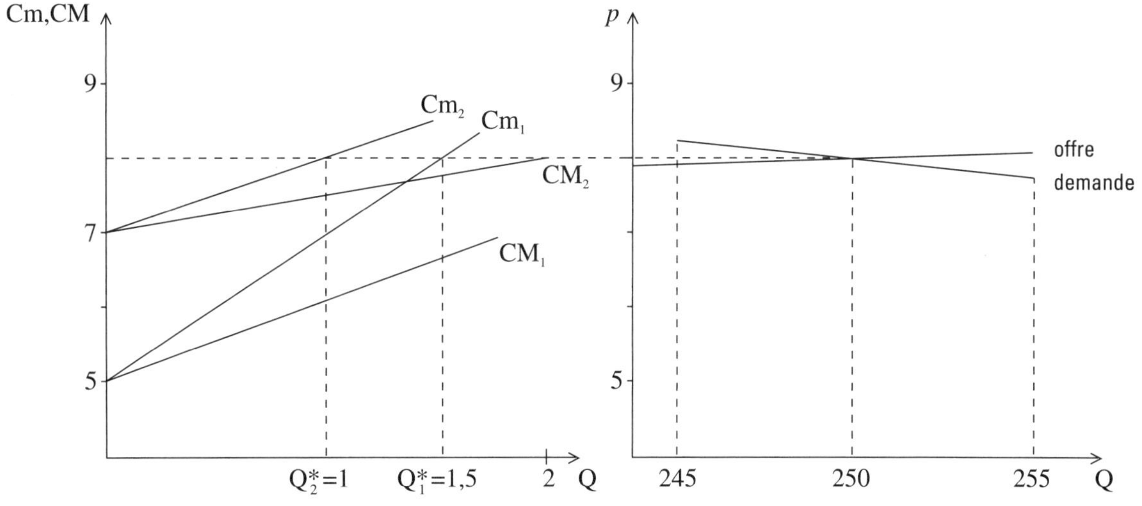

Fig. 20

EXERCICE PROPOSÉ 4.12

Équilibre et conditions de coûts différenciés (B,2 ; B,3)

On considère un marché composé de 10 entreprises et 50 acheteurs. Les dix entreprises sont de deux types : 6 entreprises sont de type 1 et leurs coûts de long terme se traduisent formellement par la fonction de coût suivante :

$$C_1(Q) = \frac{1}{3}Q^2$$

Les 4 entreprises restantes, de type 2, présentent la fonction de coût de long terme suivante :

$$C_2(Q) = \frac{1}{4}Q^2 + Q$$

Les 50 demandeurs ont la même fonction de demande individuelle :

$$Q^d(p) = -2p + 6{,}86$$

1-Déterminer la fonction d'offre globale.

2-Déterminer la fonction de demande globale.

3-Calculer le prix et la quantité globale d'équilibre.

4-Calculer les quantités individuelles demandées et offertes à l'équilibre.

5-Représenter graphiquement l'équilibre du marché.

DÉMARCHE

1-Pour déterminer la fonction d'offre globale, il faut tout d'abord déterminer les fonctions d'offre individuelle. La fonction d'offre individuelle des entreprises de type 1, Q_1 a été déterminée dans l'exercice proposé 4.7. En utilisant la même façon de procéder, on obtient facilement la fonction d'offre individuelle des entreprises de type 2, Q_2. La fonction d'offre globale est alors la somme des offres individuelles, soit la production des 6 entreprises de type 1 à laquelle on ajoute la production des 4 entreprises de type 2.

2-La fonction de demande globale est facile à déterminer dans la mesure où la fonction de demande individuelle des 50 demandeurs est la même : elle est égale à 50 fois la demande individuelle.

3-Le prix et la quantité d'équilibre se calculent en « réalisant l'équilibre », c'est à dire en égalisant la fonction de demande globale et la fonction d'offre globale.

4-Pour obtenir les quantités individuelles offertes et demandées à l'équilibre, il suffit de remplacer le prix par sa valeur d'équilibre dans les fonctions de demande et d'offre individuelles.

RÉSULTATS

1-

$$Q_1(p) = \frac{3}{2}p$$

$$Q_2(p) = 2(p-1)$$

$$Q^O(p) = \left(6 \times \frac{3}{2}p\right) + 4\left[2\,(p-1)\right] = 17p - 8$$

2-

$$Q^D(p) = 50Q^d(p) = 50(-2p + 6{,}86) = -100p + 343$$

3-

$$p^* = 3\,;\ Q^* = 43$$

4-

$$Q_1^* = 4{,}5\,;\ Q_2^* = 4$$

On vérifie que $6Q_1^* + 4Q_2^* = Q^*$: $(6 \times 4{,}5) + (4 \times 4) = 43$

$$Q^d = 0{,}86$$

5-

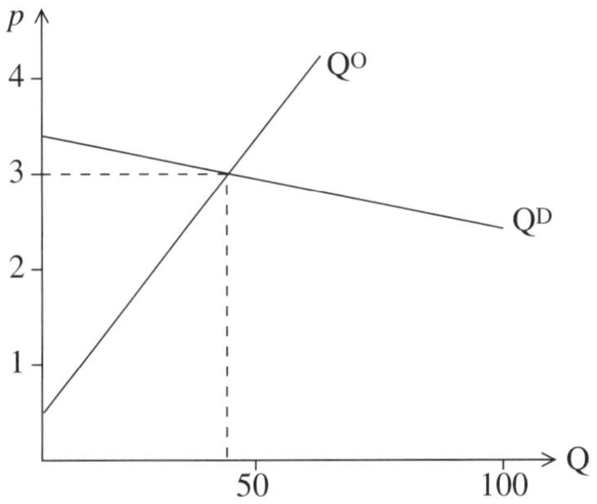

Fig. 21

EXERCICE CORRIGÉ 4.13

Équilibre concurrentiel (B,3)

La fonction de coût de long terme d'une entreprise est :

$$C(Q) = Q^3 - 5Q^2 + 10Q$$

La fonction d'offre de cette entreprise, calculée dans l'exercice 4.8, est :

$$\begin{cases} Q(p) = 0 & \text{si } p < 3{,}75 \\ Q(p) = \dfrac{10 + \sqrt{100 + 12\,(p - 10)}}{6} & \text{si p} \geq 3{,}75 \end{cases}$$

On sait maintenant que cette entreprise est représentative et que la demande sur le marché est donnée par la fonction suivante :

$$Q^D = -8p + 155$$

Compte tenu de l'hypothèse de fluidité du marché, calculer la quantité offerte par chaque entreprise et le prix une fois que les ajustements de marché sont réalisés.

Calculer le nombre d'entreprises qui interviendront finalement sur le marché

CORRIGÉ

À long terme, tant que les profits restent positifs, des entreprises entrent sur le marché, ce qui a pour effet de faire baisser le prix. Le processus s'arrête lorsque le prix est égal au coût moyen, lui-même égal au coût marginal :

$$Cm(Q) = CM(Q) = p \Leftrightarrow 3Q^2 - 10Q + 10 = Q^2 - 5Q + 10 = p$$

On vérifie que la seule quantité produite positive possible est Q = 2,5, de sorte que le prix de long terme est p = Cm(2,5) = CM(2,5) = 3,75.

L'équilibre du marché est réalisé lorsque la demande est égale à l'offre. Par conséquent, en notant n le nombre d'entreprises, on peut écrire :

$$n \times 2{,}5 = (-\,8 \times 3{,}75) + 155$$

On en déduit aisément le nombre de firmes intervenant sur le marché : $n = 50$.

5

MONOPOLE ET CONCURRENCE IMPARFAITE

La notion de **concurrence parfaite** utilisée lors des deux chapitres précédents suppose que soient satisfaites quatre conditions fondamentales : atomicité des participants au marché, homogénéité du produit, libre entrée et sortie des intervenants et information parfaite. **Quand l'une de ces hypothèses fait défaut, la concurrence devient imparfaite.** Sauf exception (comme le montre la théorie des marchés contestables ou celle de l'oligopole selon Bertrand. *Cf.* infra), les prix et quantités d'équilibre sur le marché s'écartent alors durablement de ceux de l'équilibre concurrentiel.

Supposons ainsi que des barrières réglementaires ou technologiques interdisent l'entrée de nouvelles entreprises dans un secteur industriel (par exemple, en cas de brevet conférant à son titulaire le monopole d'exploitation d'une technologie). Les firmes du marché peuvent durablement bénéficier de rentes de situation, rentes qui seront d'autant plus importantes que le nombre de firmes sera faible. En outre, l'intervention d'un nombre restreint de firmes confère à chacune la capacité d'influencer les caractéristiques du marché. Contrairement à la situation de concurrence parfaite, des entreprises en petit nombre sur un marché vont pouvoir en influencer le prix. De même, sur un marché intégrant deux entreprises, ces dernières peuvent s'entendre pour limiter leur production de façon à obtenir un prix qui leur soit mutuellement avantageux. La logique de concurrence s'efface donc avec la disparition de l'atomicité et de la libre entrée.

Les caractéristiques de la concurrence seront également fortement modifiées si les produits réalisés par des entreprises concurrentes ne sont pas totalement substituables (par exemple, Coca et Pepsi ou McDonald's et Quick). Chaque producteur est alors détenteur d'un monopole sur sa propre marque. La substituabilité des produits entre eux impose une certaine concurrence entre les producteurs mais le mécanisme de cette concurrence est fort éloigné du jeu de la concurrence parfaite.
Ce chapitre propose une exploration rapide des champs principaux de la concurrence imparfaite.

BIBLIOGRAPHIE DU CHAPITRE

GABSZEWICZ (J.), *La Concurrence imparfaite,* Coll. Repères, La Découverte, 1994.
MORVAN (I.), *Fondements d'économie industrielle,* Économica, 1985.
PICARD (P.), *Éléments de microéconomie,* Montchrestien, 1994.
TIROLE (J.), *Théorie de l'organisation industrielle,* Économica, 1995.

A

LES ORIGINES DE LA CONCENTRATION INDUSTRIELLE

L'origine de la concentration industrielle dans un secteur est, généralement, imputée à trois facteurs : l'existence de rendements croissants, de contraintes issues de la rareté des ressources, et enfin de comportements anticoncurrentiels.

1 - Les rendements croissants

Un secteur dont les entreprises connaissent des *rendements croissants** présente une propension naturelle à la concentration industrielle. Pour de telles firmes, en effet, le coût moyen et le coût marginal de long terme sont décroissants. Le doublement de la production s'accompagne alors d'une augmentation des coûts moins que proportionnelle. Graphiquement, le passage de la production Q à la production 2Q s'accompagne d'une augmentation des coûts mesurés par la surface O – Q – A – CM(Q) dans la situation initiale et par la surface O – 2Q – B – CM (2Q) dans l'état final. Cette dernière surface est inférieure au double de la surface précédente. En cas de rendements croissants, il est donc profitable pour deux entreprises de mettre en commun leurs moyens de production. Par ce biais, elles réaliseront des économies et pourront obtenir à moindre coût le même niveau de production (*cf.* fig. 1).

Les industries faisant appel à un réseau physique de distribution (téléphone, transport ferroviaire, gaz, électricité) sont souvent soumises à des ***rendements croissants.*** Une fois créée l'infrastructure qui constitue le cœur du réseau, le développement de l'activité ne requiert qu'une extension périphérique peu coûteuse. Ainsi, une fois le réseau ferré installé – gares, voies, centres de contrôle – il suffit d'un investissement, marginal – motrice plus wagons – pour doubler la capacité de transport.

En cas de rendements croissants, la limite naturelle de la concentration est atteinte lorsqu'il ne reste plus qu'une seule entreprise sur le marché. On parle alors de **monopole naturel.** Économiquement, cette concentration est efficace puisqu'elle permet la réalisation d'une production au coût le plus faible possible. D'un point de vue social, il convient cependant de contrôler le fonctionnement de ce monopole pour limiter l'inefficacité qui pourrait résulter de la gestion d'un marché par une seule entreprise. Les monopoles naturels font donc l'objet d'une forte réglementation publique ou sont directement gérés par l'État.

Fig. 1 : Coûts moyens et marginaux en cas de rendements croissants

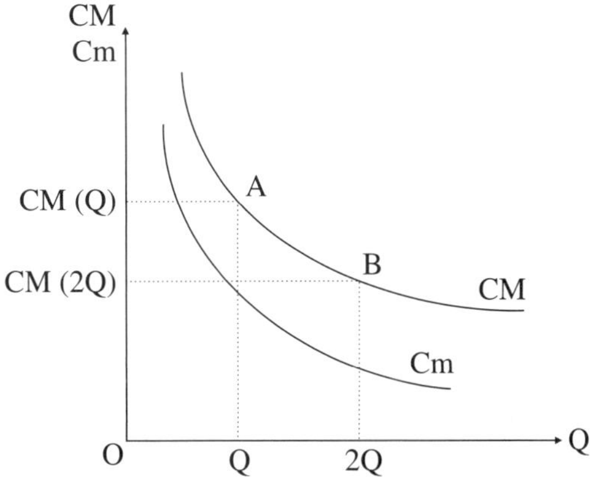

2 - Les contraintes physiques ou institutionnelles

Lorsque le processus de production requiert l'utilisation d'une ressource rare, les possibilités de production sont naturellement restreintes. La rareté peut provenir d'une origine physique. Le secteur des eaux minérales en France ou, à l'échelle internationale, l'industrie du pétrole sont, par exemple, contraintes dans leur développement par la découverte de nouvelles sources ou gisements. La rareté peut également être associée à une restriction d'accès à la technologie. Lorsqu'un brevet protège une nouvelle technique de production, son détenteur dispose d'un monopole sur ses droits d'utilisation. L'accessibilité restreinte sur les matières premières ou sur la technologie constitue une limite naturelle de la concurrence.

3 - Les comportements anticoncurrentiels

La concentration peut enfin être la conséquence d'un comportement mis en place par les firmes du marché pour limiter l'entrée de concurrents. On parlera alors de **pratiques anticoncurrentielles** ou de **comportement de prédation.** Plusieurs pratiques de ce type sont possibles.

Une première possibilité consiste à fixer un prix tel que l'entrée de concurrents potentiels ne soit pas rentable. Les firmes qui abaissent leurs prix renoncent alors à un profit immédiat pour se garantir un contrôle durable du marché et obtenir un profit conséquent — bien que plus faible — sur une plus longue période.

Un entrant potentiel sait que le prix subira une baisse du fait de sa production additionnelle. S'il est persuadé que les producteurs en place ne modifieront pas leur offre lors de son entrée, ces derniers peuvent facilement lui interdire l'entrée. Il leur suffit en effet de réaliser une offre telle que toute production additionnelle proposée par le nouvel entrant fasse descendre le prix en dessous du coût moyen. Pour le candidat à l'entrée, il est alors impossible de réaliser une production rentable. Le prix qui interdit l'entrée de nouveaux concurrents est appelé *prix limite** (voir exercice 2 en section méthodologie).

Prix limite : prix le plus élevé que peut fixer une entreprise qui maximise son profit tout en interdisant à un concurrent potentiel de réaliser une production rentable.

En pratiquant une politique de publicité agressive, ou en étendant plus que nécessaire la gamme de produits, les entreprises en place peuvent également limiter les possibilités d'entrée de concurrents qui ne trouvent plus de place sur le marché. Un exemple célèbre de ce type de pratique a été donné par les firmes de céréales américaines qui, dans les années 1960, réalisaient des profits importants en saturant le marché.

Le marché contestable. Si la définition théorique de la concurrence est simple, sa définition opérationnelle n'est pas évidente. Pour Baumol, Panzar et Willig, la concurrence sur un marché ne dépend pas du nombre de producteurs ou de la taille des firmes mais de la concurrence potentielle. Un marché peut en effet présenter un petit nombre de grandes entreprises et conserver un fonctionnement concurrentiel si le **marché est contestable,** c'est-à-dire si l'entrée de concurrents potentiels oblige les entreprises en place à se comporter comme en situation de concurrence.

Un marché sera dit contestable s'il n'existe aucune barrière interdisant l'entrée de concurrents sur le marché, si l'entrée sur le marché ne génère aucun investissement dont le coût serait irrécupérable en cas de sortie et s'il est possible d'entrer et de sortir du marché avant que la firme en place ne puisse réagir en adaptant sa politique commerciale. Sur un marché parfaitement contestable, quel que soit le nombre de participants au marché, l'entrée ponctuelle de concurrents réduit toute possibilité de profit anormal. Le marché présente alors les mêmes caractéristiques de prix et de quantités qu'un régime de concurrence parfaite. La concurrence se juge donc plus par le mode de fonctionnement d'un marché que sur le respect strict des quatre hypothèses fondamentales.

B

MARCHÉ ET CONCENTRATION INDUSTRIELLE

Plusieurs structures de marché peuvent survenir en fonction du nombre d'offreurs et de demandeurs. Dressons une typologie élémentaire de ces structures.

Les différents régimes de marché

Nom	Nombre de vendeurs	Nombre d'acheteurs
Monopole bilatéral	1	1
Monopole	1	très grand
Monopsone	très grand	1
Duopole	2	très grand
Duopsone	très grand	2
Oligopole	petit	très grand
Oligopsone	très grand	petit
Concurrence	très grand	très grand

À chaque structure correspond un comportement spécifique des intervenants et un équilibre en prix et en quantité. Nous nous concentrerons ici sur les régimes de marchés supposant un grand nombre de demandeurs et un nombre variable d'offreurs — la méthodologie permettant d'étudier le cas polaire est largement symétrique — en étudiant successivement les structures de marché de la plus concentrée à la moins concentrée.

1 - Le monopole

Une entreprise est en *situation de monopole** lorsqu'elle est l'unique producteur d'un bien sur un marché intégrant un grand nombre de demandeurs. Elle est alors la seule source du produit et, désignée sous le terme de monopole, elle peut décider du prix de vente de son produit sur le marché.

En situation de ***monopole strict,*** le bien produit par l'entreprise ne possède pas de substitut proche. Hors de tout phénomène de complémentarité entre les produits, l'élasticité croisée de la demande du bien par rapport au prix des autres produits est faible. Un monopole dont les produits possèdent des substituts proches est en situation de ***concurrence monopolistique*** (*cf.* infra).

a. Tarification optimale du monopole

Une entreprise en monopole n'a pas de concurrent. L'offre totale q sur le marché est donc identique à l'offre Q du monopole. La firme est alors confrontée à une demande qui correspond à la demande totale du produit sur le marché. Contrairement à la situation de concurrence où, quelle que soit la quantité offerte par un producteur, l'offre est écoulée à un prix constant, dans le cas de monopole, chaque niveau de production Q offert sur le marché impose un niveau de prix spécifique $p = p\,(Q)$ permettant d'écouler exactement cette quantité.

Cette fonction $p = p$ (Q), est donnée par la fonction inverse de la courbe de demande totale et est strictement décroissante (*cf.* fig. 2).

Fig. 2

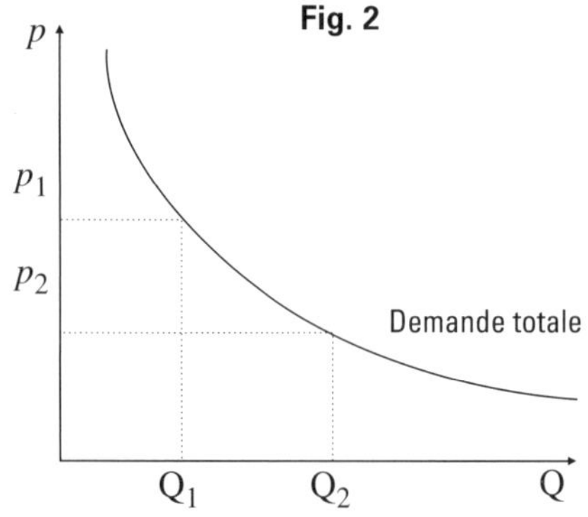

La firme en monopole — qui connaît la demande sur le marché — arbitre entre vendre une grande quantité (par exemple Q_2) à un prix réduit (P_2) ou au contraire restreindre sa production en écoulant (Q_1) à un prix (P_1) plus élevé.

Un monopole qui décide de produire la quantité Q attend en retour la **recette totale** RT (Q) :

$$RT\,(Q) = p(Q)\,Q$$

Il alors facile de calculer la **recette moyenne** RM (Q), c'est-à-dire la recette par unité de bien produit :

$$RM\,(Q) = \frac{RT(Q)}{Q} = p(Q)$$

On constate que la recette moyenne du monopole s'identifie à la courbe de demande du marché.

La **recette marginale** Rm(Q), est définie comme le surcroît de recette issu de la vente d'une unité supplémentaire de bien sur le marché. Pour une variation infinitésimale de la production, elle se mesure par la dérivée de la recette totale par rapport à la production, soit :

$$Rm(Q) = \frac{dRT(Q)}{dQ} = p'(Q)\,Q + p(Q)$$

Remarquons que, la fonction $p(Q)$ étant décroissante, le terme $p'(Q)\,Q$ est négatif. La comparaison des deux équations précédentes permet alors de vérifier que, quel que soit le niveau de production, la recette moyenne — c'est-à-dire le prix — est supérieure à la recette marginale. La figure 3 propose une représentation usuelle de ces deux courbes.

Remarque : contrairement à la situation de concurrence dans laquelle recette moyenne et recette marginale sont constantes et identiques au prix, en régime de monopole, ces deux grandeurs sont des fonctions spécifiques et décroissantes de l'offre Q.

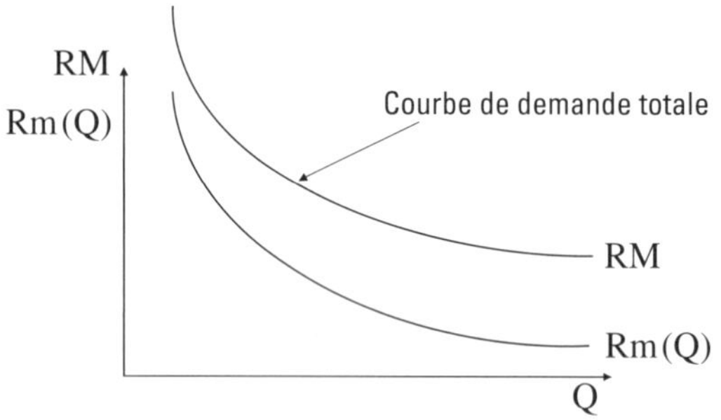

Fig. 3 : Recettes moyenne et marginale du monopole

Compte tenu de ces modifications, on vérifie facilement qu'**à l'optimum du profit le monopole réalise une production qui égalise recette marginale et coût marginal.**

Maximisation du profit en monopole. Notons CT(Q) le coût total supporté par monopole pour un niveau de production Q, le profit de l'entreprise s'écrit π (Q) :

$$\pi\,(Q) = RT(Q) - CT(Q)$$

Si le monopole cherche à maximiser son profit, la condition du premier ordre obtenue par annulation de la dérivée du profit par rapport à la production conduit à la condition d'optimalité :

$$\frac{d\pi\,(Q)}{d(Q)} = 0 => Cm(Q) = Rm(Q) = p'(Q)\,Q + p(Q)$$

À l'optimum du profit, coût marginal et recette marginale doivent être identiques. (***cf.* exercice 5.1, I**).

En reprenant les représentations des fonctions de coûts développées au chapitre précédent, on obtient la représentation suivante de l'optimum du monopole :

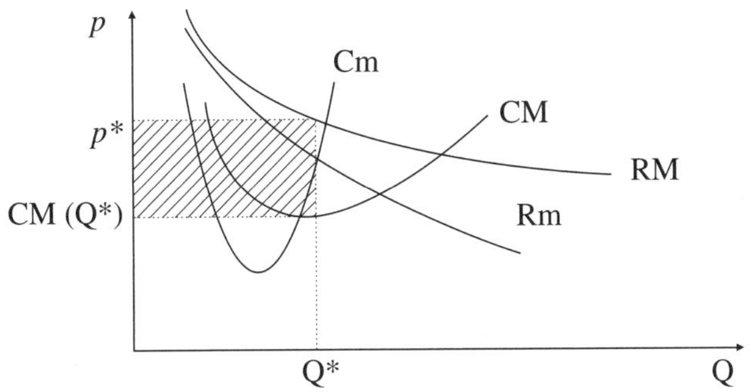

Fig. 4 : Équilibre du monopole

La production optimale Q* est définie par l'abscisse de l'intersection entre la courbe de coût marginal et la courbe de recette marginale. Le monopole peut écouler cette production au prix p^*. Ce prix se lit sur la courbe de demande du marché soit, comme la courbe de demande est identique à la courbe de recette moyenne, en regardant quelle recette moyenne (quel prix unitaire) peut être obtenue pour une production Q*. Le monopole réalise alors un profit égal au produit de la quantité Q* et de la marge bénéficiaire (p^* – CM (Q*)). Ce profit est représenté sur le graphique par la surface hachurée.

En régime de monopole, le prix d'équilibre est supérieur au coût marginal. Par comparaison avec l'équilibre d'un marché en concurrence, le monopole écoule une production plus faible pour un prix d'équilibre plus élevé.

La ***charge morte*** mesure la diminution du surplus global des producteurs et des consommateurs du fait du passage d'une tarification concurrentielle à une gestion monopolistique. Elle néglige la répartition du surplus et considère de la même façon un euro gagné par les producteurs ou par les consommateurs. La charge morte peut être calculée pour mesurer d'autres distorsions – par exemple, pour mesurer le coût d'une taxe proportionnelle à la valeur (TVA, charges sociales sur les salaires).

b. La charge morte du monopole

La gestion optimale du marché par un monopole conduit à un équilibre inefficace. La mesure de cette inefficacité est donnée par la *charge morte** du monopole, notion qui mesure l'évolution globale du surplus des consommateurs et du producteur en cas de passage d'un prix de concurrence à un prix de monopole.

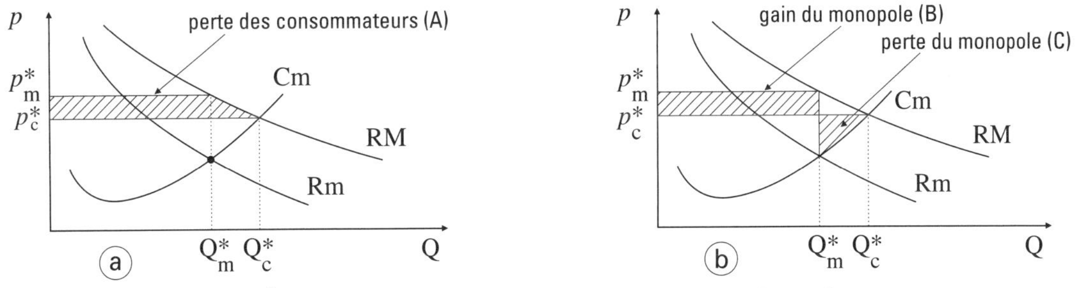

Fig. 5 : Évolution des surplus des consommateurs et du producteur

Le surplus du consommateur étant mesuré par la surface délimitée par le prix d'équilibre et la courbe de demande, le passage du prix concurrentiel p_c^* au prix de monopole p_m^* conduit à une diminution de ce surplus (*cf.* fig. 5). Cette perte est représentée par la surface hachurée (A) de la figure 5-a. Sur la figure 5-b est représentée l'évolution du surplus du producteur. Le surplus du producteur est mesuré par la surface comprise entre le prix d'équilibre et la courbe d'offre (et donc la courbe de coût marginal). Le rectangle (B) indique donc l'augmentation du surplus consécutif à la vente de Q^*_m unités du produit au prix plus élevé p^*_m. En contrepartie, la diminution des quantités vendues — passage de Q^*_c à Q^*_m — s'accompagne d'une diminution du surplus, diminution indiquée par la surface (C).

Remarquons alors que la surface (B) est comprise dans la surface (A). En élevant son prix, le monopole a réussi à s'approprier une partie du surplus perdu par les consommateurs. Globalement, cependant, la hausse du surplus du producteur ne suffit pas à compenser la baisse de celui des consommateurs. En sommant les gains et les pertes de tous les agents de l'économie, on voit apparaître une diminution totale du surplus (ou charge morte) représentée par la surface (A – B + C). Le passage d'un régime de concurrence à un régime de monopole réduit le surplus global perçu par la collectivité. Le monopole est donc socialement inefficace (*cf.* fig. 6).

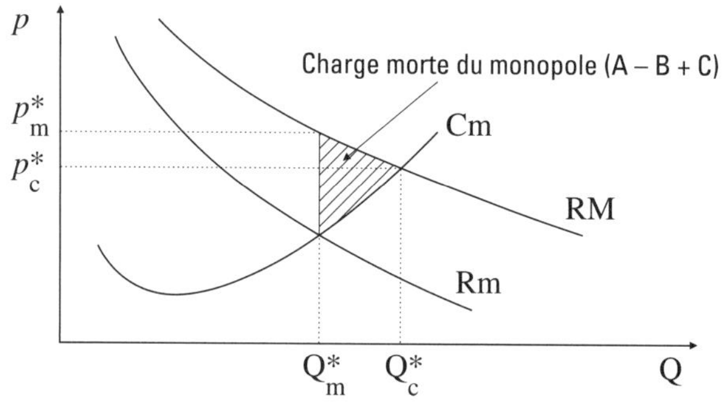

Fig. 6 : Charge morte du monopole

c. Le monopole discriminant

Un exemple de comportement de ***discrimination*** consiste à réaliser des soldes en fin de saison.
Comme les consommateurs prêts à payer le prix fort ont acquis le bien en début de saison, les soldes permettent d'augmenter la clientèle en vendant le produit à prix réduit à une population qui n'aurait pas consommé le produit au prix fort.

Un moyen de réduire l'inefficience du monopole consiste pour l'entreprise à pratiquer une *discrimination** entre les consommateurs. Le monopole va alors chercher à pratiquer des prix spécifiques pour chaque type de client. Pratiquer deux prix différents suppose que les marchés soient cloisonnés. Il ne doit pas être possible pour la population bénéficiant des prix bas de revendre le produit aux populations acceptant de payer le prix élevé.

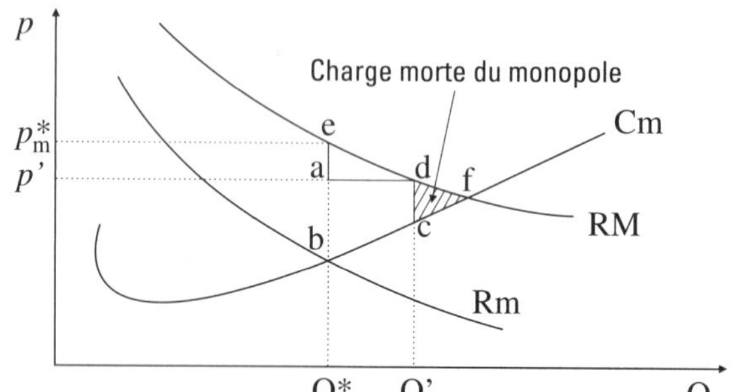

Fig. 7 : Charge morte et monopole discriminant

Supposons que l'entreprise (*cf.* fig. 7) après avoir vendu la quantité Q* au prix *p** abaisse son prix au niveau *p'*. Elle peut alors accroître son offre d'un montant (Q' – Q*). Le monopole augmente son profit pour un montant correspondant à la surface a-b-c-d, les consommateurs qui bénéficient de cette vente à prix réduit voient leur satisfaction augmenter pour le montant du surplus a-d-e et la charge morte diminue (surface c-d-f) puisque l'entreprise et les consommateurs s'en sont partagés une partie.

Un autre type de discrimination consiste à séparer les marchés suivant un *critère géographique**. Si le monopole peut repérer la courbe de demande spécifique de chaque région, il peut également adapter son comportement (tarification et quantités écoulées) de manière optimale sur chaque marché. L'encadré ci-dessous permet de vérifier que plus la pente de la fonction de demande d'un pays est forte en valeur absolue — ce qui traduit une demande inélastique au prix — plus le prix fixé par le monopole dans ce pays sera élevé. Le pouvoir du monopole dans un pays est alors croissant avec l'élasticité de la demande (*cf.* exercice 5.3).

Un exemple type de discrimination suivant le ***critère géographique*** est donné par les firmes automobiles qui modulent le prix de leurs véhicules selon les pays.

Discrimination entre marchés nationaux. Notons A et B les deux marchés nationaux, et $p_a = p_a\,(Q_a)$ et $p_b = p_b\,(Q_b)$ l'inverse des fonctions de demande des deux pays. Ces fonctions indiquent pour l'offre Q_i, $\forall i \in \{a, b\}$, proposée dans le pays i le prix qui permet d'écouler la production.

Le profit π de l'entreprise s'établit comme la différence entre les recettes RT (Q_a, Q_b) et les coûts CT (Q_a, Q_b), soit :

$$\pi = \text{RT}\,(Q_a, Q_b) - \text{CT}\,(Q_a, Q_b)$$

Avec : $\text{RT}\,(Q_a) = p_a(Q_a)\,Q_a$ et $\text{RT}\,(Q_b) = p_b(Q_b)Q_b$, on vérifie $\text{RT}\,(Q_a, Q_b) = \text{RT}\,(Q_a) + \text{RT}\,(Q_b)$; en outre on a $\text{CT}(Q_a, Q_b) = \text{CT}(Q_a + Q_b)$. La maximisation du profit conduit aux conditions du premier ordre :

$$\frac{\partial \pi}{\partial Q_a} = \text{Rm}_a - \text{Cm} = 0$$

$$\frac{\partial \pi}{\partial Q_b} = \text{Rm}_b - \text{Cm} = 0$$

$$\text{avec Cm} = \frac{\partial \text{CT}\,(Q_a, Q_b)}{\partial Q_a} = \frac{\partial \text{CT}\,(Q_a, Q_b)}{\partial Q_b} \text{ et } \text{Rm}_i = \frac{d\text{RT}\,(Q_i)}{dQ_i} \quad \forall i \in \{a, b\}$$

Au maximum de profit, le monopole égalise donc la recette marginale issue de chaque pays et le coût marginal de production. Or Rm_i s'écrit : $\text{Rm}_i = p_i + Q_i\frac{dp_i}{dQ_i} = p_i(1 + \frac{1}{e_i})$, où $e_i < -1$ représente l'élasticité prix de la demande dans le pays i. À l'optimum du profit, il en résulte :

$$p_i = \frac{\text{Cm}}{1 + \frac{1}{e_i}}$$

Plus la demande est inélastique au prix (e_i proche de – 1), plus le monopole peut fixer un prix élevé.

d. Rendements croissants et monopole publics

Comme nous l'avons déjà mentionné, en cas de rendements croissants, les coûts moyens et marginaux sont décroissants et le coût moyen est systématiquement supérieur au coût marginal. Deux entreprises qui se regroupent réduisent alors leurs coûts de production et augmentent leur profit global. Dans une telle situation, il existe donc une tendance naturelle à la concentration, tendance dont la limite extrême prend la forme d'un monopole.

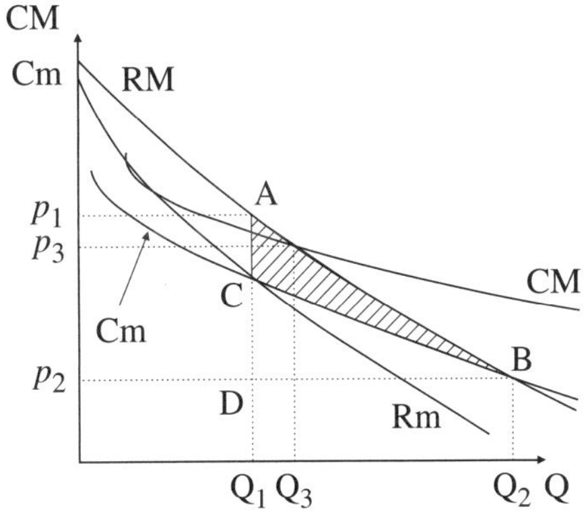

Fig. 8 : Charge morte du monopole avec rendements croissants

Dans cette configuration productive, la gestion privée du monopole impose une perte collective importante (*cf.* fig. 8). Le surplus total de l'économie serait maximal pour le prix p_2 (le surplus du producteur est négatif mais sa perte est plus que compensée par le gain des consommateurs). Lors du passage du prix p_2 au prix de monopole privé p_1, la diminution du surplus des consommateurs est mesurée par la surface p_1 – A – B – p_2 et le surplus du producteur augmente pour deux raisons : du fait de l'augmentation du prix de vente pour un montant représenté par p_1 – A – D – p_2 et de par la réduction des quantités vendues avec diminution de la perte du monopole pour un montant mesuré par B – C – D. La charge morte qui en résulte correspond à la surface A – B – C et prend un ordre de grandeur important.

Pour limiter cette inefficience, l'État peut alors décider d'intervenir en réglementant le marché (en fixant le prix de vente du bien) ou en gérant directement le monopole : le monopole devient public.

Le principe de ***tarification au coût marginal*** consiste à faire payer au consommateur le coût marginal de production du bien. Il donne lieu à de nombreuses applications pratiques en économie publique – par exemple, les modulations de prix pratiquées par EDF ou France Télécom en fonction des tranches horaires de consommation.

Un État qui gère un monopole public doit tenir compte de deux contraintes antagonistes : la maximisation du surplus collectif et la rentabilité de l'entreprise. S'il désire maximiser le surplus, l'État doit minimiser la charge morte du monopole et pratiquer une tarification plus proche du régime de concurrence. Il fixera alors le prix en p_2 par égalisation de la recette moyenne (correspondant à la demande des consommateurs) et du coût marginal (qui correspond à l'offre en concurrence). Cette tarification est généralement désignée sous le terme de *tarification au coût marginal**. Le prix obtenu annule alors la charge morte du monopole et maximise le surplus global de la population. Ce choix est cependant problématique puisque, le coût marginal étant décroissant, le prix obtenu sera obligatoirement inférieur au coût moyen. En pratiquant cette tarification, l'État accepte donc de gérer une firme en déficit. Celui-ci ne traduit pas une inefficacité de l'entreprise mais le désir exprimé par l'autorité publique de maximiser le bien-être collectif et de tirer parti au maximum des rendements croissants de l'entreprise.

En 1956, M. Boiteux généralise le principe de ***tarification au coût moyen***. Il s'agit alors de maximiser le surplus collectif associé aux entreprises publiques en fixant une contrainte d'annulation des profits. Le résultat est généralement désigné sous le terme de règle de Ramsey-Boiteux.

S'il ne désire pas supporter de déficit, l'État doit pratiquer une tarification maximisant le surplus collectif et compatible avec une perte nulle de l'entreprise. Il doit par exemple fixer le prix p_3 en choisissant une production telle que la recette moyenne (qui résume la demande des consommateurs) égalise le coût moyen (courbe de profit nul). On parle alors de *tarification au coût moyen**. À ce prix, l'État rentabilise sa production mais il n'élimine pas complètement la charge morte du monopole. (*cf.* exercice 5.4).

2 - Le duopole

En situation de duopole, l'offre est assurée par deux producteurs indépendants, chacun cherchant à maximiser son profit. Dans cette situation, les producteurs sont suffisamment peu nombreux pour prendre en compte l'influence de leur offre respective dans la formation du prix de marché. En revanche, et contrairement à la situation de monopole, une compétition existe et les deux firmes doivent définir leur comportement optimal en tenant compte du comportement de leur concurrent.

Historiquement, plusieurs analyses de cette situation ont été proposées. Chacune postule un cadre spécifique dans lequel les firmes peuvent évoluer. Suivant que l'on considère une concurrence fondée sur des quantités offertes ou sur le prix affiché, suivant que l'on admette une hiérarchie entre les firmes ou une totale symétrie, l'équilibre présente des solutions différentes. Pour présenter ces approches, nous envisagerons successivement les analyses de Cournot, de Stackelberg puis de Bertrand : (*cf.* exercices 5.1, II, III, IV et 5.5).

a. Le duopole de Cournot

Augustin Cournot : mathématicien et philosophe français, il publie en 1838 ses *Recherches sur les principes mathématiques de la théorie de richesse.* Il y présente une analyse qui préfigure les principaux résultats de la théorie du monopole, de l'oligopole et de la concurrence parfaite.

Supposons, suivant en cela la démarche de *Cournot**, que les deux producteurs s'interrogent sur leur niveau optimal de production, chacun cherchant à définir sa production compte tenu de celle de son concurrent et de manière à maximiser son profit. Les deux décisions de production sont prises simultanément. Il n'existe aucune hiérarchie entre les producteurs.

À nouveau, notons $p = p\ (q)$ la fonction qui indique pour chaque niveau de l'offre agrégée q, le prix p permettant d'écouler exactement cette quantité. En duopole, la quantité q est la somme des productions Q_1 et Q_2 réalisées par les deux producteurs.

Nous désignerons d'autre part par RT_1 et CT_1 la recette totale et le coût total de production de l'entreprise 1. Le profit de ce producteur s'écrit :

$$\pi_1(Q_1) = RT_1(Q_1) - CT_1(Q_1)$$
$$= Q_1 p(Q_1 + Q_2) - CT_1(Q_1)$$

Cette fonction de profit dépend de la production de l'entreprise 1 mais aussi du choix retenu par son concurrent. L'impact des quantités produites par chaque firme sur le profit de l'entreprise 1 peut être représenté à l'aide des *courbes d'isoprofit**. Ces courbes représentent les combinaisons de production (Q_1, Q_2) conduisant à un même profit pour une firme, ici la firme 1 (*cf.* fig. 9).

Les ***courbes d'isoprofit*** d'une firme représentent les combinaisons de production (Q_1, Q_2) qui conduisent à un même profit pour cette firme.

En partant de l'origine, la courbe d'isoprofit présente un segment croissant. En effet, en cas d'augmentation de l'offre de son concurrent, le prix de marché diminue et l'entreprise 1 doit augmenter sa production pour maintenir son niveau de profit. Le segment décroissant intervient lorsque l'offre globale induit un prix tel qu'une augmentation de l'offre Q_1 ne génère plus une recette suffisante pour compenser le coût supplémentaire de production. Le maintien du profit en cas de hausse de la production Q_1 n'est alors compatible qu'avec une diminution de la production Q_2 de l'entreprise concurrente.

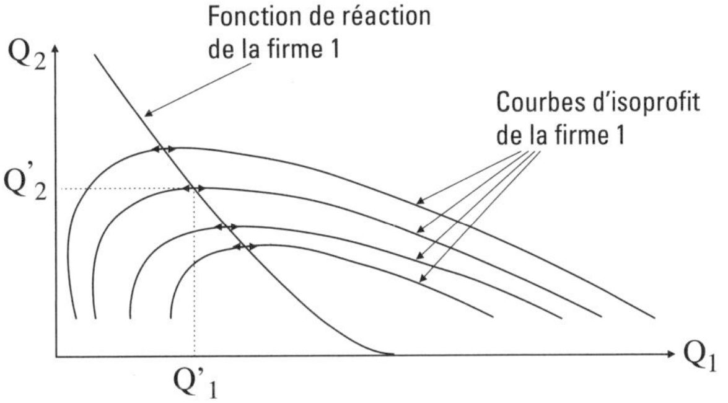

Fig. 9 : Courbes d'isoprofit et fonction de réaction

Sur ce graphique, les **courbes d'isoprofit** indiquent des niveaux de profit d'autant plus faibles que la courbe est élevée dans le repère. Pour le niveau de production Q'_2 de l'entreprise 2, le niveau maximal de profit obtenu par l'entreprise 1 est indiqué par la courbe d'isoprofit dont le sommet est défini pour le niveau de production Q'_2. La production Q'_1 qui lui correspond indique alors la meilleure réponse de l'entreprise 1 à la production de son concurrent. Pour la production Q'_2, la production Q'_1 maximise le profit de l'entreprise 1.

En reliant l'ensemble des sommets des courbes d'isoprofit de la firme 1, on définit une courbe qui indique, pour chaque niveau de production affiché par son concurrent, le niveau de production qui maximise le profit de cette entreprise. Cette courbe est appelée *fonction de réaction** de l'entreprise 1 et est notée $\Psi_1(Q_2)$ (*cf.* encadré page suivante).

La ***fonction de réaction*** d'un producteur en situation de duopole indique — pour chaque niveau de production de son concurrent — le niveau de production qui maximise son profit.

Par un calcul identique, on définit la fonction de réaction Ψ_2 de l'entreprise 2. Cette fonction indique la quantité Q_2 qui maximise le profit de l'entreprise 2 pour chaque niveau de production Q_1 réalisée par son concurrent, soit : $Q_2 = \Psi_2(Q_1)$.

L'équilibre du duopole obtenu par Cournot correspond à des situations de production (Q_1^*, Q_2^*) telles que les deux productions soient simultanément optimales. Dans cette situation, pour la production Q_1^*, la production Q_2^*, maximise le profit de l'entreprise 2 alors que la production Q_1^* est la meilleure réponse de l'entreprise 1 à la production Q_2^* de son concurrent. L'**équilibre** est donc caractérisé par **toute solution** (Q_1^*, Q_2^*) **qui satisfait simultanément les fonctions de réaction des deux firmes** : (*cf.* exercice 5.1, III)

$$Q_2^* = \Psi_2(Q_1^*)$$
$$Q_1^* = \Psi_1(Q_2^*)$$

La fonction de réaction. Si l'entreprise 1 maximise son profit, les conditions du premier ordre (annulation de la dérivée première du profit) imposent l'égalisation de la recette marginale et du coût marginal.

$$\frac{d\pi_1}{dQ_1} = 0 \Rightarrow Rm_1(Q_1) = Cm_1(Q_1)$$

La recette totale de la firme dépend du prix d'équilibre sur le marché, $RT_1(Q_1) = Q_1 p(Q_1 + Q_2)$, la recette marginale est donc affectée par l'offre de l'entreprise concurrente :

$$Rm_1(Q_1) = p(Q_1 + Q_2) + Q_1 \frac{dp}{dQ_1}$$

L'égalité entre recette marginale et coût marginal permet donc de définir implicitement une fonction Ψ_1 qui donne, pour chaque niveau de production Q_2, le niveau de production Q_1 qui maximise le profit de la firme 1, soit $Q_1 = \Psi_1(Q_2)$. Cette fonction est la fonction de réaction de la firme 1.

Par exemple, supposons que la fonction de demande soit linéaire $p = -\alpha(Q_1 + Q_2) + \beta$, avec α et β positifs et admettons que la fonction de coût de l'entreprise 1 soit donnée par l'expression : $CT_1(Q_1) = aQ_1 + bQ_1^2$ avec b positif. Le programme de maximisation du producteur s'écrit :

$$\underset{Q_1}{\text{Max}}\,[\pi_1(Q_1) = RT_1(Q_1) - CT_1(Q_1)] = \underset{Q_1}{\text{Max}}\,(Q_1 p(Q_1 + Q_2) - CT_1(Q_1))$$

La condition d'optimalité du profit s'écrit : $Rm_1(Q_1) = Cm_1(Q_1)$ avec :

$$Rm_1(Q_1) = p(Q_1 + Q_2) + Q_1 \frac{dp}{dQ_1} = -\alpha(2Q_1 + Q_2) + \beta$$

$$Cm_1(Q_1) = a + 2bQ_1$$

En égalisant ces deux équations, la fonction de réaction de l'entreprise 1 est définie par :

$$Q_1 = \Psi_1(Q_2) = \frac{-\alpha Q_2 + \beta - a}{2(b + \alpha)}$$

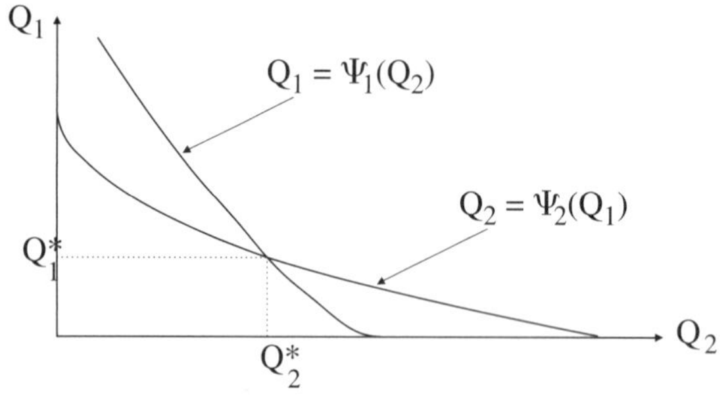

Fig. 10 : L'équilibre de Cournot

Comme les points (Q_1^*, Q_2^*) appartiennent simultanément aux deux courbes, un équilibre de Cournot correspond à toute intersection des deux fonctions de réaction. L'équilibre est illustré par la représentation graphique suivante (*cf.* fig. 10).

b. Le duopole de Stackelberg

L'analyse précédente confère à chaque membre du duopole un rôle symétrique. L'équilibre est modifié si les deux producteurs n'ont pas la même influence sur le marché. Supposons avec *Stackelberg** que le marché soit organisé de manière hiérarchique, avec une firme dominante — ou leader — qui choisit sa production en premier et une entreprise satellite qui adapte son offre de façon à maximiser son profit.

Heinrich von Stackelberg : économiste allemand, il publie en 1934 l'ouvrage *Marktform und Gleichgewicht* (« Structure de marché et équilibre ») consacré à l'organisation des marchés.

Dans cette organisation de marché, le comportement du satellite peut être décrit à l'aide de sa fonction de réaction. La firme dominée qui connaît l'offre du leader choisit son offre optimale comme dans l'analyse de Cournot. En revanche, la place de la firme dominante dans la hiérarchie modifie son mode de décision. Décidant en premier de sa production, le leader va devoir choisir sa production optimale en tenant compte de la réaction prévisible du satellite.

Le duopole de Stackelberg. Étudions le comportement de l'entreprise satellite : en considérant l'offre Q_d de la firme dominante comme fixée, le satellite définit son offre Q_s à partir de la fonction de réaction $Q_s = \Psi_s(Q_d)$.
Le comportement optimal de la firme dominante, qui connaît la fonction de réaction de son concurrent, se déduit facilement. Pour le leader, la recette totale $RT_d\ (Q_d)$ s'écrit :

$$RT_d\ (Q_d) = p(Q_d + Q_s)Q_d = p(Q_d + \Psi_s(Q_d))Q_d$$

L'expression du profit de la firme dominante prend alors la forme :

$$\begin{aligned}\pi_d &= RT_d\ (Q_d) - CT_d\ (Q_d)\\ &= p(Q_d + \Psi_s(Q_d))Q_d - CT_d(Q_d)\end{aligned}$$

Le profit de la firme dominante devient une fonction de sa seule production Q_d et la maximisation de cette fonction par rapport à cette variable permet d'établir l'offre optimale du leader. (*cf.* exercice 5.1, II).

Il est intéressant de comparer les solutions optimales des duopoles de Cournot et de Stackelberg. Pour cela, reprenons la figure 10, traçons les courbes d'isoprofit de l'entreprise dominante et les fonctions de réaction des deux firmes (*cf.* fig. 11).

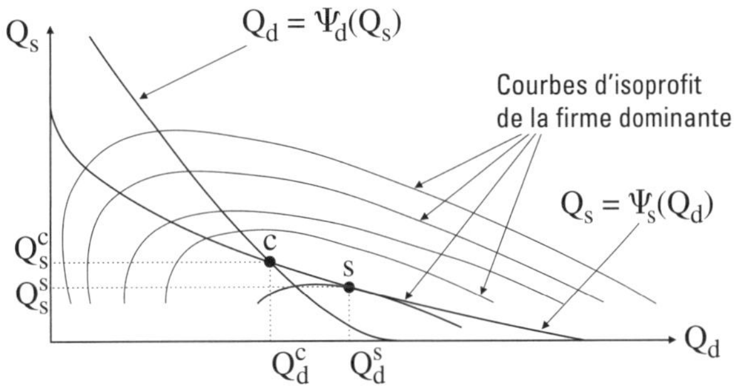

Fig. 11 : L'équilibre de Stackelberg

Sachant que la firme satellite décide de sa production en choisissant un point de sa fonction de réaction, la firme dominante décide de sa production de façon à maximiser son profit. L'équilibre est donné au point S par tangence de la courbe d'isoprofit de l'entreprise dominante et de la fonction de réaction du satellite. En ce point, le satellite adopte un point de sa fonction de réaction et la firme leader obtient le profit le plus élevé possible.

Par rapport à l'équilibre caractérisé par Cournot, point C du graphique avec les productions Q_d^c et Q_s^c, la solution de Stackelberg — point S avec les productions Q_d^s et Q_s^s — met en évidence un équilibre favorable à la firme dominante qui augmente son profit aux dépens du satellite (le point S est situe sur une courbe d'isoprofit plus basse que le point C).

L'équilibre présente en outre une caractéristique intéressante puisque la production de la firme dominante n'est pas la réponse optimale à l'offre du satellite. Remarquons, en effet, que le point S du graphique précédent n'appartient pas à la fonction de réaction du leader : en d'autres termes, pour la production Q_s^s du satellite, la fonction de réaction de la firme dominante indique une production optimale du leader inférieure à Q_d^s. Ce résultat peut être interprété en terme de comportement de prédation et de barrière à l'entrée. Parce que la firme dominante choisit la première le niveau de sa production, elle peut contraindre le satellite à une adaptation passive. Il est alors rationnel pour le leader de choisir un niveau de production qui limite la taille de la production de son concurrent et réduit la concurrence sur le marché.

c. Bertrand et la concurrence en prix

Pour *Bertrand**, ces différentes analyses sont contestables. Supposons en effet que les deux producteurs, loin de raisonner en termes de quantité cherchent à restaurer une concurrence en termes de prix. À partir de l'un des deux équilibres précédents, il suffit à l'un des producteurs d'abaisser son prix d'un montant infime pour attirer toute la clientèle du marché et, en augmentant sa part du marché, améliorer son profit aux dépens de son concurrent. En réponse à cette première baisse, le second producteur est à son tour incité à diminuer son prix.

Joseph Bertrand: mathématicien français, développe son analyse en réaction à une présentation des travaux de Cournot. Il publie ses recherches en 1883 dans *Théorie mathématique de la richesse sociale.*

En se fixant des ***quotas*** de production, deux producteurs qui limitent l'offre totale et s'entendent sur une répartition de la production vont permettre l'élévation du prix d'équilibre et l'accroissement des recettes pour un coût plus faible. Leur profit s'élève.

La compétition par les prix peut alors se poursuivre jusqu'à l'annulation des profits ; le prix serait alors identique au minimum du coût moyen de long terme. Un tel résultat dépend cependant implicitement de la capacité des firmes à satisfaire seules la demande totale du marché (*cf.* exercice 5.5).

3 - Cartel et collusion en duopole

L'analyse précédente étudie ce que l'on appelle généralement des équilibres non coopératifs. Dans ces équilibres, chacun cherche à tirer le maximum de profit de son activité sans se concerter avec son concurrent. Pourtant, il est clair qu'un accord entre les deux producteurs pourrait conduire à une amélioration du profit total.

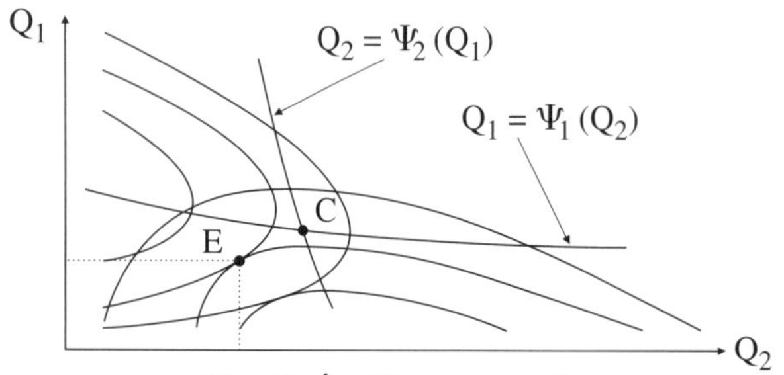

Fig. 12 : Équilibre avec collusion

Représentons sur un même graphique les courbes d'isoprofit des deux entreprises (*cf.* fig. 12). La solution non coopérative obtenue en duopole de Cournot se situe au point C, à l'intersection des deux fonctions de réaction. Supposons que les firmes s'entendent pour réaliser une production conforme au point E *(système de quotas*)*. On voit que les courbes d'isoprofit se rapprochent des axes, ce qui traduit l'augmentation simultanée du profit des deux entreprises par rapport à la solution de Cournot. Le profit peut donc être amélioré si chacune s'engage à réduire sa production.

Quand la formation d'une entente ou d'un *cartel** est possible, la recherche du profit optimal ne passe pourtant plus nécessairement par la maximisation du profit de chaque producteur. Il peut être en effet préférable de chercher la maximisation du profit de l'ensemble des deux producteurs (quelle que soit la répartition de ce profit entre les firmes), quitte à envisager ultérieurement une redistribution des profits. (*cf.* exercice 1, III).

Le cartel. Supposons que les deux firmes du duopole décident de s'entendre pour réaliser une production qui maximise le profit global π_c réalisé par le cartel en cas d'entente. Notons $RT_c(q_c)$ et $CT_c(q_c)$ la recette et le coût total du cartel en cas de production agrégée q_c (avec $q_c = Q_1 + Q_2$, où Q_i représente l'offre de la firme i) :

$$\pi_c = RT_c(q_c) - CT_c(q_c)$$
$$= (Q_1 + Q_2)\, p\,(Q_1 + Q_2) - CT_1(Q_1) - CT_2(Q_2)$$

La solution optimale du duopole en cas d'entente est obtenue en maximisant le profit par rapport aux deux productions Q_1 et Q_2. Par annulation des dérivées partielles, on obtient les conditions du premier ordre :

$$\begin{cases} \partial RT_c(q_c)/\partial Q_1 = Cm_1(Q_1) \\ \partial RT_c(q_c)/\partial Q_2 = Cm_2(Q_2) \end{cases}$$

À l'optimum, chaque producteur va produire jusqu'à égalisation de la recette marginale du cartel et du coût marginal de chaque producteur. Comme la recette totale du cartel est affectée de la même façon par une variation de la production du premier et du second producteur, $\partial RT_c(q_c)/\partial Q_1 = \partial RT_c(q_c)/\partial Q_2$, cette condition impose l'égalisation des coûts marginaux : $Cm_1(Q_1) = Cm_2(Q_2)$.

Cartel : regroupement d'entreprises qui forment une coalition de façon à restreindre la production et à soutenir les prix – par exemple, le cartel formé par les pays producteurs de pétrole.

Si les fonctions de coût des deux producteurs sont identiques, la solution coopérative obtenue dans le cadre du cartel conduit les producteurs à réaliser les mêmes productions et à percevoir des profits identiques. La répartition de la production et des profits ne sera cependant pas aussi simple si les fonctions de coûts sont différentes (ce qui traduit le recours à des technologies différentes). Dans ce cas, en effet, le cartel imposera au producteur dont les coûts sont les plus élevés une production plus faible que celle de l'équilibre de Cournot.

La répartition des profits peut alors être modifiée au profit de l'entreprise dont les coûts de production sont les plus faibles et aux dépens de l'autre producteur. Pour que la formation du cartel soit acceptable, l'accord de collusion doit donc prévoir une règle de rétrocession des profits afin que chaque participant y trouve son avantage (ce point sera illustré dans l'exercice 5.6).

Enfin, si la constitution d'un cartel semble avantageuse pour les deux participants, on notera, cependant, que l'accord de coopération est victime d'une contradiction interne. Concrètement, en effet, aucun des participants n'a intérêt à respecter les accords. Si l'une des entreprises accroît son activité alors que l'autre respecte l'accord, la première est certaine d'accroître son profit (*cf.* encadré ci-dessous). Chaque producteur est donc incité à tricher et à augmenter sa production. En conséquence, un cartel ne peut fonctionner que s'il existe un ensemble de procédures permettant de déceler et de punir toute situation de tricherie.

Instabilité de l'accord de collusion. Supposons que deux entreprises s'entendent pour réaliser les productions Q_1 et Q_2 qui maximisent le profit du cartel. Le profit réalisé par l'entreprise 1 s'écrit :

$$\pi_1 = RT_1(Q_1) - CT_1(Q_1)$$
$$= Q_1 p(Q_1 + Q_2) - CT_1(Q_1)$$

En cas de variation de la production, l'entreprise enregistrerait la variation de profit $\partial\pi_1/\partial Q_1$:

$$\partial\pi_1/\partial Q_1 = p(Q_1 + Q_2) + Q_1\partial p/\partial Q_1 - Cm_1(Q_1)$$

Or, en cas de cartel, on a $\partial RT_c(q_c)/\partial Q_1 = Cm_1(Q_1)$ avec $\partial RT_c(q_c)/\partial Q_1 = p(Q_1 + Q_2) + (Q_1 + Q_2)\partial p/\partial Q_1$. Par substitution dans l'équation précédente on obtient : $\partial\pi_1/\partial Q_1 = - Q_2\partial p/\partial Q_1$. Comme la demande est décroissante en fonction du prix on a : $\partial p/\partial Q_1 < 0$ et $\partial\pi_1/\partial Q_1 > 0$. Une entreprise qui ne respecte pas ses engagements et accroît sa production voit donc son profit augmenter. Cette incitation ressentie par chaque participant au cartel rend ce dernier très instable.

4 - OLIGOPOLE

Par définition, un régime d'oligopole est caractérisé par la confrontation sur le marché d'un petit nombre de producteurs et d'un grand nombre de consommateurs. Le traitement analytique de ce régime de marché peut être réalisé par simple généralisation de l'analyse du duopole.

Quand un petit nombre d'entreprises interviennent sur le marché, on peut en effet admettre que chaque producteur connaît la fonction de réaction de ses concurrents. Il peut alors en déduire son comportement optimal. Suivant l'organisation du marché, on retrouvera l'analyse de Cournot (les producteurs prennent simultanément leur décision de production) ou celle de Stackelberg (une firme dominante choisit la première sa production optimale et les autres firmes s'ajustent). Nous ne retiendrons ici que la première de ces deux approches, le point V de l'exercice 1 propose la généralisation de l'analyse de Stackelberg au problème de l'oligopole.

a. Oligopole et extension de l'analyse de Cournot

Considérons une situation d'oligopole avec n entreprises de même niveau hiérarchique, le profit d'une entreprise i qui réalise la production Q_i s'écrit :

$$\pi_i(Q_i) = RT_i(Q_i) - CT_i(Q_i) = Q_i p(Q_1 + Q_2 + \ldots + Q_n) - CT_i(Q_i)$$

Si l'entreprise cherche à maximiser son profit, considérant la production des autres producteurs comme une donnée, les conditions du premier ordre imposent :

$$d\pi_i(Q_i)/dQ_i = 0 \Rightarrow Rm_i(Q_i) = Cm_i(Q_i)$$
$$\Rightarrow p(Q_1 + Q_2 + \ldots + Q_n) = Cm_i(Q_i) - Q_i \frac{dp}{dQ_i}$$

Cette condition d'optimalité permet implicitement de définir la fonction de réaction $Q_i = \Psi_i(Q_1, Q_2, \ldots, Q_n)$ qui indique, pour chaque niveau de production de ses concurrents, la production qui maximise le profit de la firme *i*. Établie pour les *n* entreprises, cette fonction de réaction permet d'établir un système de *n* équations et, conformément à l'analyse de Cournot, la résolution de ce système livre la solution optimale pour chaque producteur.

L'analyse du cas particulier où les producteurs disposent de la même technologie et des mêmes fonctions de production permet de souligner certaines caractéristiques de l'équilibre en cas d'*entrée stratégique**.

On parle d'***entrée stratégique*** lorsqu'une entreprise qui entre sur un marché prend sa décision de production en tenant compte de ses conséquences sur le comportement des autres firmes sur le marché. Cette analyse s'oppose à l'approche de l'entrée concurrentielle et peut être formalisée à l'aide de la théorie des jeux (*cf.* chapitre 9).

Dans ce cas, en effet, les fonctions de réaction des *n* producteurs sont identiques et une solution du système d'équations est obtenue lorsque chaque intervenant réalise la même production. Il est alors possible de raisonner sur un seul producteur pour analyser les caractéristiques de cette solution. Examinons la condition d'optimalité : pour maximiser leur profit, les producteurs doivent retenir une production qui laisse une marge positive $-Q_i \dfrac{dp}{dQ_i}$ entre le prix $p(Q_1 + Q_2 + \ldots + Q_n)$ et le coût marginal de production $Cm_i(Q_i)$. Pour un prix de marché donné, la production de chaque producteur est donc inférieure en situation d'oligopole à celle qui serait réalisée en situation de concurrence, l'offre sera en revanche réalisée par un plus grand nombre d'opérateurs.

b. Oligopole et entrée stratégique à long terme

À long terme, le jeu du marché suppose que la réalisation d'un profit attire des producteurs supplémentaires (l'hypothèse de libre entrée reste valide). L'entrée sur le marché de ces nouveaux acteurs abaisse le prix d'équilibre et diminue les profits jusqu'à les annuler. Le système converge-t-il vers un régime de concurrence parfaite ?

Pour répondre à cette question, supposons que chaque nouvel entrant se comporte de manière stratégique en essayant de définir sa production optimale compte tenu de la réaction prévisible des autres opérateurs.

Sur la longue période, l'annulation du profit impose l'égalisation du prix et du coût moyen de production. Or, à l'optimum de profit, le coût marginal doit être inférieur au prix, il doit donc également être inférieur au coût moyen. Cela n'est possible qu'à gauche de l'intersection entre les deux courbes de coûts. En d'autres termes, la production optimale Q_o^* de chaque firme doit être inférieure à la production optimale Q_c^* du régime concurrentiel. Pour ce niveau de production, le prix p^* est alors supérieur au prix de l'équilibre concurrentiel (*cf.* fig. 13).

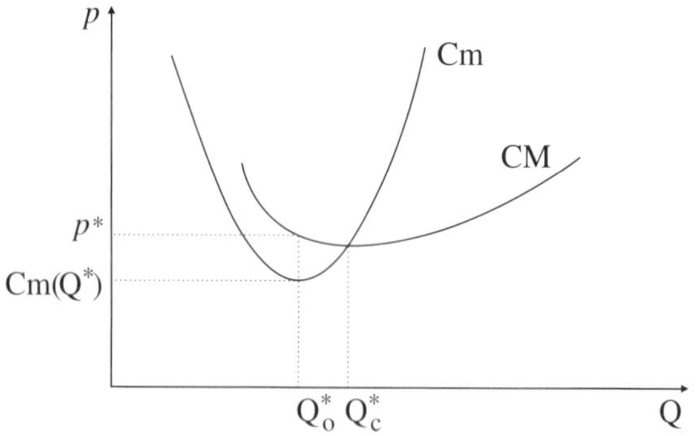

Fig. 13 : Équilibre à long terme en oligopole avec entrée stratégique

On observe ici les conséquences d'une entrée stratégique sur le marché. La prise en compte de l'influence des autres producteurs sur le prix conduit à un équilibre de long terme dans lequel, malgré la concurrence apportée par les nouvelles firmes, chacun produit des quantités moins importantes à un prix plus élevé que dans le régime de concurrence parfaite (*cf.* exercice 5.1, IV, V, et exercice 5.7).

Remarque : l'entrée stratégique n'est concevable que sur un marché intégrant peu d'agents. Avec la croissance du nombre d'opérateurs, l'influence marginale exercée par le dernier entrant est négligeable et l'entrée stratégique devient difficile. Dans ce cas, la solution de long terme de l'oligopole correspond à la solution de l'équilibre concurrentiel avec égalisation entre prix, coût moyen et coût marginal.

C

HÉTÉROGÉNÉITÉ DU PRODUIT ET CONCURRENCE MONOPOLISTIQUE

Jusqu'à présent, nous avons retenu l'hypothèse d'homogénéité des produits. Il faut maintenant remarquer que si cette hypothèse est utile pour simplifier le cadre d'analyse, elle ne correspond que très rarement à la réalité.

Par exemple, si sur le marché des matières premières les produits semblent identiques, une tonne de minerai produite dans deux mines distinctes ne sont pas totalement comparables. La qualité de la matière première est spécifique à chaque mine et les minerais ne sont jamais parfaitement substituables. De même, si l'on considère deux productions de qualité comparable, le fait qu'elles soient élaborées en des lieux qui imposent des coûts de transports différents contribuent à une hétérogénéité des produits. Si vous habitez à Lyon, une rame de papier vendue dans une librairie parisienne est-elle comparable à la même rame vendue dans votre librairie universitaire ? Plus généralement, sur chaque marché les produits offerts présentent souvent des caractéristiques propres à chaque marque ou à chaque producteur. Ainsi, sur le marché de l'automobile, peut-on considérer qu'une Renault Clio, une Fiat Punto ou une Mercedes Classe A forment un ensemble de produits homogènes ?

Harold Hotelling publie en 1929 le modèle de référence en économie spatiale dans *Stability in competition.* De la généralisation de cette approche résulte l'analyse de la différenciation horizontale.

Supprimer l'hypothèse d'homogénéité conduit naturellement à étudier les conséquences de la différenciation des produits. Deux niveaux de différenciation sont généralement envisagés : la différenciation horizontale qui étudie la spécification de biens similaires et découle de l'analyse initiale de *Hotelling** et la différenciation verticale qui porte sur la qualité du produit et résulte des travaux de *Chamberlain**.

L'analyse de la différenciation verticale est généralement associée aux travaux de ***Edward Chamberlain*** qui publie en 1933 *La Théorie de la concurrence monopolistique.* L'origine du concept est cependant antérieure. Elle est déjà présente chez des auteurs comme Dupuit, Walras ou Marshall.

1 - DIFFÉRENCIATION HORIZONTALE

La différenciation horizontale concerne les **différentes spécifications de produits** dont la **qualité** et le **prix** sont par ailleurs **identiques** (un stylo bleu ou noir, des vacances sur la côte bretonne ou sur la Côte d'Azur). Le consommateur va choisir entre les différentes spécifications suivant ses goûts ou la localisation du bien.

À l'origine, l'analyse présentée par Hotelling s'intéresse à la localisation optimale de deux firmes dans l'espace. Elle introduit l'idée d'une différence entre les biens du fait de leur localisation et de l'existence de coûts de transport. Pour un consommateur, deux biens homogènes se révèlent alors différents s'ils ne sont pas proposés au même endroit. Pour un producteur, il importe donc à la fois de choisir le prix de vente de son produit mais aussi le lieu de sa commercialisation (*cf.* encadré ci-dessous).

Cette approche initiale de la différenciation est facilement généralisable si les produits peuvent être distingués par une caractéristique dont le traitement serait similaire à celui des coûts de transport. Pour ne retenir qu'un exemple, le secteur automobile oppose traditionnellement les voitures familiales aux voitures plus sportives. Ces deux catégories se distinguent par leur plus ou moins grande sécurité ou leur plus ou moins grande puissance. Pour une gamme de prix donnée, chaque voiture peut être évaluée selon ces deux caractéristiques. Exprimons sur une échelle de 1 à 100 l'influence des deux facteurs dans un modèle spécifique, une voiture exclusivement sportive (Subaru Impreza) sera évaluée 0 et, à l'opposé, une voiture exclusivement familiale (806 Peugeot ou Espace Renault) sera notée 100. La différence en termes de puissance ou de sécurité se ramène à une distance entre les produits sur l'échelle de référence (0 à 100) et l'analyse de la différenciation spatiale peut être appliquée sans modification fondamentale à ce nouveau contexte.

Le problème de Hotelling. Considérons une plage de longueur unitaire sur laquelle les vacanciers se sont répartis uniformément. Supposons que deux vendeurs de glaces désirent chacun s'installer à un point fixe sur la plage. Compte tenu du fait que les vacanciers subissent un coût de transport proportionnel à la distance, le problème consiste à définir quel serait l'emplacement optimal des deux vendeurs et à quel prix ces derniers doivent vendre leurs glaces. Résoudre ce problème revient à remarquer que le prix ne peut être choisi indépendamment de la localisation. Si les deux producteurs se placent à chaque extrémité de la plage, la concurrence sera plus faible que s'ils choisissent une même implantation. Dans le premier cas, ils peuvent augmenter leur prix, quitte à perdre une part de marché, de façon à accroître leur marge sur chaque glace vendue. Dans le second cas, ils ne peuvent afficher un prix différent de celui de leur concurrent sans perdre instantanément toute leur clientèle.

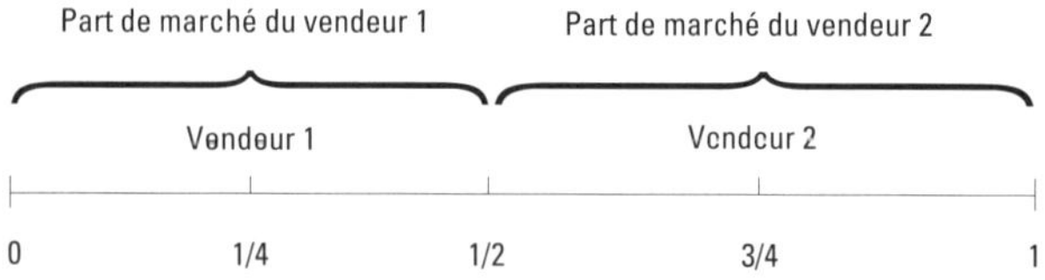

Fig. 14

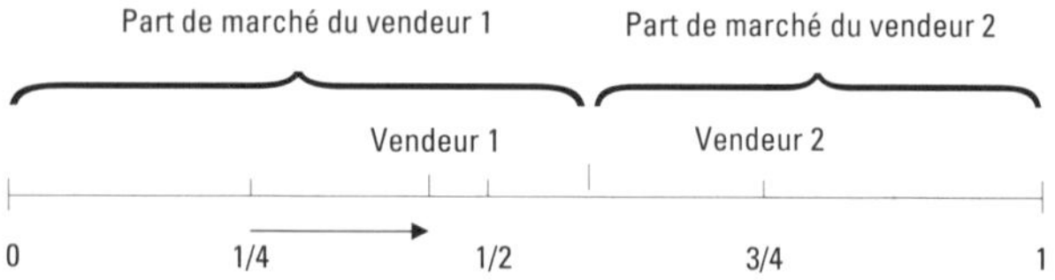

Fig. 15

Pour simplifier l'analyse, supposons que les prix pratiqués par les deux vendeurs soient identiques. Localisons nos vendeurs en mesurant la distance entre le bord gauche de la plage et leur emplacement. Du point de vue des vacanciers, la localisation optimale est 1/4, 3/4. Avec cette localisation, la distance totale parcourue par les acheteurs de glaces est la plus faible possible (*cf.* fig. 14).

Pourtant un tel équilibre n'est pas réaliste. Comme chaque vacancier s'adresse au vendeur le plus proche, le vendeur 1 a intérêt à se décaler vers le centre de la plage. Ce faisant, il se rapproche des clients de l'autre vendeur qui sont installés à proximité du centre ; il vole alors une partie de la clientèle de son concurrent sans remettre en cause sa part de marché (*cf.* fig. 15).

Face à cette agression, le vendeur 2 va réagir en se rapprochant également de centre. L'équilibre de cette compétition sera obtenu lorsque les vendeurs s'installent tous les deux au centre de la plage. La différenciation est alors minimale. Un tel résultat est cependant très sensible au choix des hypothèses. Ainsi, quand les coûts de transport sont quadratiques (proportionnels au carré de la distance à parcourir) et lorsque les marchands de glaces fixent indépendamment leur prix, il est possible de démontrer que les vendeurs ont intérêt à s'éloigner le plus possible l'un de l'autre. Ils s'installeront alors chacun à une extrémité de la plage pour limiter la concurrence et afficher des prix plus élevés. La différenciation est alors maximale.

L'enseignement majeur de l'analyse de la différenciation horizontale consiste à souligner que le jeu du marché peut générer des gammes de produit inadaptées. Suivant l'appréciation par les agents de la distance qui sépare le produit qu'ils désirent de celui proposé par les producteurs, le marché peut proposer des gammes trop extrêmes (uniquement des voitures très sportives et des voitures familiales en cas de coûts quadratiques) ou trop étroites (uniquement voitures intermédiaires ni sportives ni familiales — ex. : Volkswagen Golf — en cas de coûts proportionnels).

2 - Différenciation verticale

Le principe de **différenciation verticale** conduit à distinguer les biens par leur **qualité intrinsèque.** Les biens sont alors différenciés par des caractéristiques physiques (certains produits sont de meilleure qualité que les autres) ou subjectives (des produits présentent une meilleure image de marque) qui permettent aux consommateurs de reconnaître une hiérarchie entre les différents biens.

L'analyse de la différenciation verticale en microéconomie permet d'étudier le choix par les producteurs de la qualité offerte (on cherchera, par exemple, à définir la durée de vie optimale d'une ampoule électrique) et du prix de vente de leurs produits. Dans ce type d'analyse, on admet que les consommateurs préfèrent toujours, entre deux biens, celui qui présente la meilleure qualité. Pourtant comme chaque agent ne dispose pas de la même richesse, le prix va exercer une discrimination entre les agents permettant de sélectionner ceux qui auront accès à chaque niveau de qualité. La détermination de ces prix conduit à des équilibres de marchés dans lesquels, suivant le nombre de producteurs, les gammes de produits intègrent un nombre variable de niveaux de qualité, l'offre étant orientée vers des parties plus ou moins importantes de la population. À nouveau, l'enjeu essentiel consiste à déterminer si le nombre de variétés offertes par les producteurs se rapproche ou s'éloigne du nombre qui serait socialement optimal.

3 - Le marché en concurrence monopolistique

Il est maintenant logique de s'interroger sur le fonctionnement d'un marché sur lequel des entreprises produisent des substituts proches. Les règles de la concurrences sont-elles modifiées ?

Remarquons tout d'abord que la nature différenciée du produit permet à chacun, malgré la présence de concurrents, de se comporter comme dans un environnement de monopole. En *concurrence monopolistique**, chaque producteur réalise un produit spécifique. Il sait qu'une demande spécifique s'adressera à lui. Comme cette demande dépend du prix affiché, la firme peut fixer son prix de façon à maximiser son profit (*cf.* supra, le monopole). La présence de substituts proches impose l'existence d'une concurrence, celle-ci se traduit par une influence sur la fonction de demande spécifique.

Le concept de ***concurrence monopolistique*** formalise une situation concurrencielle dans laquelle chaque producteur bénéficie d'une situation de monopole local. Sur le marché des ordinateurs de bureau la concurrence entre producteurs est rude. Pourtant un Compaq, un MacIntosh ou un IBM ont des caractéristiques propres qui donnent aux producteurs une situation de monopole. Ainsi, sur le marché des MacIntosh, la société Apple dispose d'une situation de monopole.

a. L'équilibre de court terme

Considérons un marché en concurrence monopolistique sur lequel les entreprises proposent un produit de qualité identique mais de marque différente (Coca Cola, Pepsi Cola, Virgin Cola...). Admettons que les n entreprises du marché aient

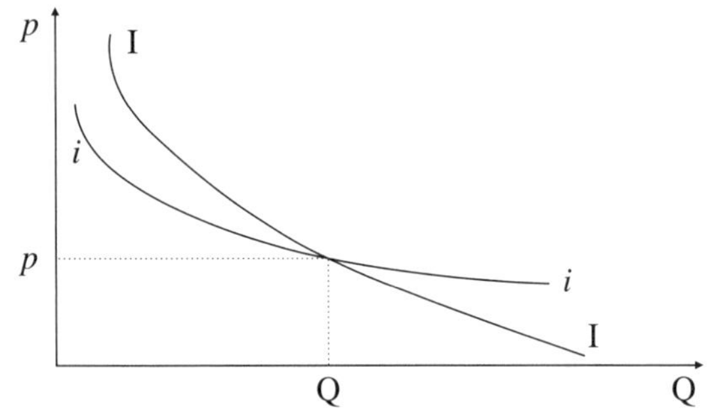

Fig. 16 : Les fonctions de demande en concurrence monopolistique

adopté un prix de vente identique *p*. Suivant le comportement supposé de ses concurrents, une entreprise *i* qui produit la quantité Q est confrontée à deux courbes de demande (*cf.* fig. 16).

La première (courbe *ii*) décrit la demande qui s'adresse à la firme quand celle-ci modifie son prix alors que les autres entreprises conservent le leur. La seconde (courbe II) indique la même demande quand toutes les firmes modifient leur prix dans les mêmes proportions que la firme *i*. La pente de la première courbe est plus faible en valeur absolue que celle de la seconde. En effet, si les firmes concurrentes réagissent à une baisse de prix (respectivement à une hausse de prix) en changeant proportionnellement leur prix, les parts de marché restent constantes, mais la demande qui s'adresse à la firme augmente (respectivement diminue) du fait de la variation de prix. En revanche, si les entreprises concurrentes ne réagissent pas à une baisse (respectivement une hausse) du prix de la firme *i*, celle-ci va bénéficier d'un report d'une partie de la clientèle des autres firmes (respectivement elle perdra une partie de sa clientèle au profit des autres firmes). Les variations de la demande qui s'adresse à elle seront donc supérieures dans ce cas.

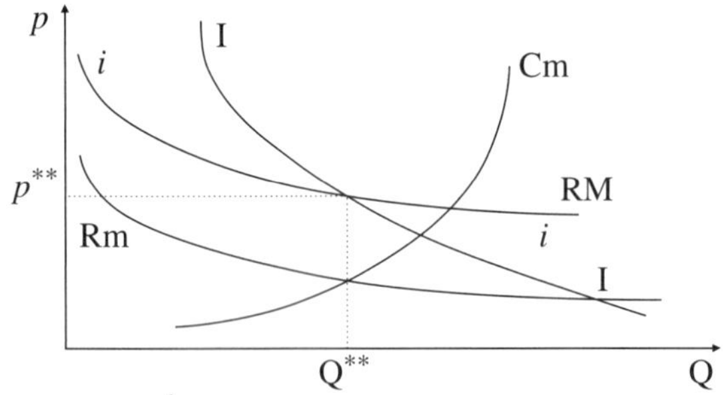

Fig. 17 : Équilibre de court terme en concurrence monopolistique

Supposons que les firmes soient identiques et admettons que chacune choisisse son prix en considérant le prix de ses concurrents comme donné et constant. En concurrence monopolistique, chaque firme qui dispose de sa propre marque se comporte comme en situation de monopole et choisit le prix et la quantité qui maximisent son profit. L'équilibre de court terme est alors obtenu quand l'intersection des deux courbes de demande correspond à une production qui égalise la recette et le coût marginal du producteur — condition d'optimalité du producteur en monopole (*cf.* fig. 17).

À l'équilibre de court terme, la courbe *ii* représente la demande qui s'adresse à l'entreprise représentative lorsque les entreprises concurrentes fixent leur prix à un niveau égal à p^{**}. Pour cette fonction de demande, l'intersection entre la recette et le coût marginal caractérise une production Q^{**} et induit un prix p^{**} optimaux. L'équilibre est atteint si, pour chaque producteur, le prix affiché est le meilleur prix possible étant donné le prix pratiqué par ses concurrents. Un prix p^{**} optimal pour toutes les firmes impose l'intersection des courbes *ii* et II au point caractérisé par ce prix et la production Q^{**} (*cf.* encadré page suivante).

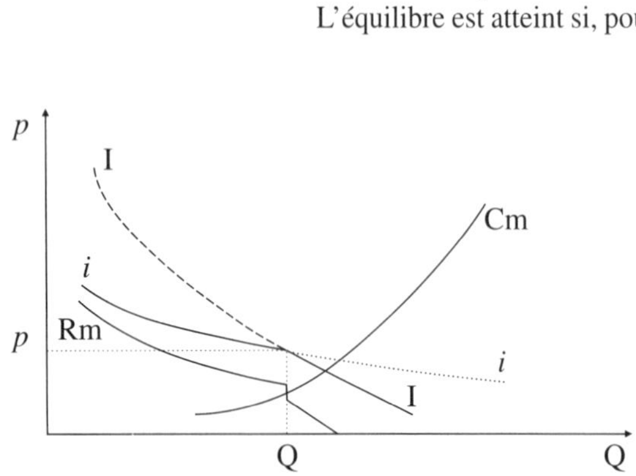

Fig. 18 : La courbe de demande coudée

L'équilibre de court terme peut être très stable et caractériser une situation persistante. En effet, si une firme suppose qu'elle sera suivie par l'ensemble de la branche en cas de baisse des prix, mais que les autres firmes conserveront leur prix en cas de hausse unilatérale, la demande spécifique qui s'adresse à elle prend la forme d'une demande coudée, courbe pleine *i*I sur la figure 18.

La convergence vers l'équilibre de court terme. Considérons la firme représentative *i*. À partir de la courbe de demande *ii*, il est possible de définir une courbe de recette totale et une courbe de recette marginale, cette dernière étant située en dessous de la courbe de demande *ii*. En suivant une démarche identique à celle du monopole, on vérifie facilement que l'intersection de la courbe de recette marginale et de coût marginal définit la production Q* qui maximise le profit. Le prix p^* que désirerait fixer la firme est donné par la courbe *ii* pour cette quantité (*cf.* fig. 19).

Malheureusement, cet objectif de la firme ne peut être une situation d'équilibre. Comme toutes les firmes raisonnent de la même façon, elles désirent toutes fixer le même prix p^*. La demande qui s'adresse à la firme dans ce cas se lit sur la courbe II et la firme représentative ne peut donc écouler que la quantité Q'. Or, étant donné le prix p^* qui s'affiche sur le marché, cette quantité n'est pas optimale. L'entreprise doit donc revoir sa décision de production.

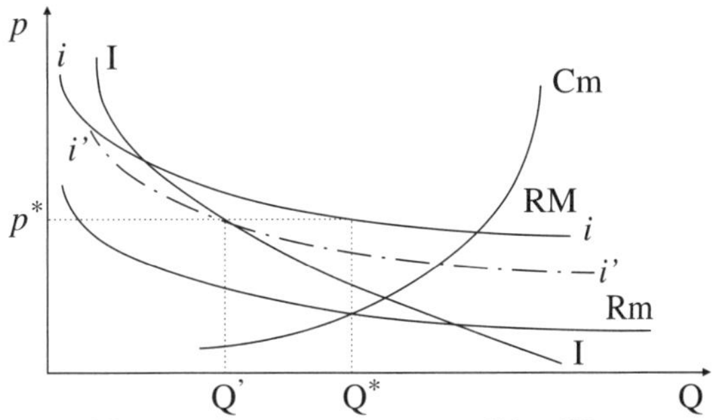

Fig. 19 : Convergence vers l'équilibre de court terme

Quand toutes les firmes affichent le prix p^*, il est possible de définir une nouvelle courbe de demande spécifique *i'i'*. Notons que, par rapport à la situation précédente, cette courbe s'est déplacée vers le bas. À partir de cette courbe, notre entreprise représentative va calculer une nouvelle courbe de recette marginale et définir un nouveau prix et une nouvelle quantité optimale (toujours sous l'hypothèse que les firmes concurrentes ne réagiront pas). Comme chaque entreprise adopte la même démarche, cette solution peut à nouveau ne pas correspondre à l'équilibre… Par itérations successives, le processus d'ajustement converge vers la situation d'équilibre de court terme. (L'exercice 5.8 illustre ce processus de convergence vers l'équilibre de court terme.)

La courbe de recette marginale associée à la fonction de demande *i*I est alors discontinue. En cas de faibles modifications de la fonction de coût total — et donc du coût marginal — la production optimale reste la même. Le prix de la firme est alors également inchangé (*cf.* exercice 5.9).

b. L'équilibre de long terme

Dans un univers de concurrence monopolistique, le nombre de concurrents présents sur le marché influence la forme de la fonction de demande qui s'adresse à notre entreprise. À prix constant, plus le nombre d'entreprises concurrentes est grand, plus la demande qui s'adresse à notre producteur sera faible et inélastique au prix. Avec l'entrée de nouveaux producteurs, la courbe *ii* indiquant la demande (ou la recette moyenne) qui s'adresse à l'entreprise se rapproche alors progressivement de la verticale et se décale vers la gauche.

Or, tant qu'une opportunité de profit existe sur le marché, de nouveaux producteurs seront incités à entrer sur le marché. À long terme, toute opportunité de profit doit donc disparaître. La courbe de demande se déplace jusqu'à devenir tangente à la courbe de coût moyen (une position autorisant une recette moyenne supérieure au coût moyen laisserait une opportunité de profit à l'entreprise). À l'équilibre, le point de tangence correspond à une production qui égalise recette et coût marginal (*cf.* fig. 20).

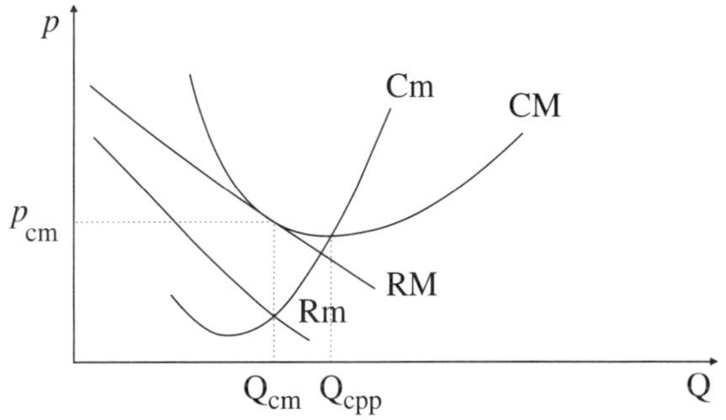

Fig. 20 : Équilibre de long terme en concurrence monopolistique

Comme la courbe de recette moyenne est décroissante, la tangence entre cette courbe et le coût moyen est obtenue pour une production de concurrence monopolistique Q_{cm} inférieure à la production Q_{cpp} minimisant le coût moyen et qui caractérise la production d'équilibre en concurrence pure et parfaite. À long terme, la production optimale réalisée par une entreprise placée en régime de concurrence monopolistique est inférieure à celle du régime concurrentiel. Le prix affiché à long terme en concurrence monopolistique est supérieur au prix d'équilibre de concurrence pure et parfaite.

Conclusion

L'étude du producteur réalisée dans cette partie nous a permis de définir l'offre sur le marché. Celle-ci résulte des comportements de maximisation du profit par les producteurs. Par confrontation de l'offre avec la demande — qui résulte des comportements optimaux des consommateurs —, nous avons abordé une première analyse de l'équilibre de marché. Cet équilibre est obtenu pour tout prix permettant l'égalité entre l'offre totale et la demande totale.

Cette approche correspond à ce que l'on appelle l'analyse de **l'équilibre partiel,** soit l'étude de l'équilibre sur le marché d'un bien unique.

Une telle approche est évidemment simpliste. Nous avons vu en effet que la demande et l'offre d'un bien dépendent de son prix mais sont également influencées par le prix des autres produits. Les caractéristiques de l'équilibre partiel dépendent donc des caractéristiques de l'équilibre sur l'ensemble des marchés. Étudier l'équilibre du système économique général impose d'étendre l'étude à la formation simultanée des prix sur tous ces marchés. Il convient alors de s'intéresser à la formation de **l'équilibre général**. Cela fait l'objet des prochains chapitres.

Questions à choix multiples

(Chaque question peut avoir une ou plusieurs réponses)

1 - Une firme est en situation de monopole naturel quand elle présente la caractéristique suivante :

a. le coût de production est minimum lorsqu'il n'existe qu'une seule firme sur le marché.

b. la firme dispose d'un monopole sur l'utilisation d'une ressource naturelle.

c. la firme dispose d'un monopole garanti par l'État.

d. la firme dispose d'un monopole sur l'utilisation d'une technologie.

2 - En régime de monopole strict :

a. la firme productrice est l'unique offreur sur le marché.

b. les biens produits ont une élasticité croisée de la demande par rapport aux prix des autres biens très faible.

c. la firme égalise coût marginal et recette marginale.

d. la firme égalise coût marginal et prix.

3 - La charge morte du monopole mesure :

a. la diminution de surplus du consommateur par rapport à la situation de concurrence.

b. le gain en termes de rente ou de surplus du producteur par rapport à la situation de concurrence.

c. l'économie réalisée par l'État en cas de gestion publique du fait de sa tarification au coût moyen.

d. la perte collective enregistrée du fait d'une gestion par un monopole privé par opposition avec un régime concurrentiel.

4 - La gestion optimale d'un monopole naturel par l'État peut consister à :

a. annuler la charge morte.

b. annuler la perte du monopole.

c. maximiser le profit.

d. limiter la concurrence par la mise en place de stratégies de prédation.

5 - Dans un duopole de Cournot :

a. la firme dominante choisit en premier le niveau de sa production.

b. les deux firmes s'entendent pour maximiser leurs profits.

c. la concurrence s'exprime en termes de quantités à produire.

d. les firmes adaptent leur comportement à la stratégie optimale de leur concurrent.

6 - Les courbes d'isoprofit indiquent :

a. les combinaisons capital/travail qui conduisent à un même niveau de profit pour une firme.

b. les combinaisons productives optimales d'un monopole.

c. les niveaux de profits atteints par une firme en duopole en fonction de son offre et de celle de son concurrent.

d. une augmentation du profit lorsqu'elles s'éloignent de l'axe des abscisses.

7 - La fonction de réaction d'une firme est importante pour :

a. formaliser l'offre optimale des deux firmes dans un duopole de Cournot.

b. formaliser l'offre optimale de la firme dominante dans un duopole de Stackelberg.

c. formaliser l'offre optimale de la firme satellite dans un duopole de Stackelberg.

d. formaliser l'offre optimale des deux firmes dans un duopole de Bertrand.

e. formaliser le comportement optimal de certaines firmes en situation d'oligopole.

8 - À l'équilibre de Stackelberg :

a. la firme dominante choisit une production hors de sa fonction de réaction.

b. la firme satellite choisit une production optimale à partir de sa fonction de réaction.

c. la courbe d'isoprofit associée à la production optimale de la firme dominante est tangente à la fonction de réaction de la firme satellite.

9 - Un cartel formé de deux firmes présente les caractéristiques suivantes :

a. les firmes s'entendent pour adopter des productions qui maximisent le profit total.

b. le profit de chaque firme est augmenté.

c. l'équilibre est stable et aucun producteur n'est incité à tricher et à offrir une production plus importante.

d. à l'optimum, le coût marginal des deux firmes doit être identique.

10 - En régime de concurrence monopolistique :

a. chaque firme est en situation de monopole dans la production de son propre produit.

b. la prise en compte de la concurrence passe pour une entreprise par l'influence du prix pratiqué par les firmes concurrentes sur la demande de ses propres clients.

c. l'équilibre de long terme intègre moins de firmes qu'en régime de concurrence.

(Les réponses se trouvent en fin d'ouvrage p.384)

EXERCICE CORRIGÉ 5.1

Les différents équilibres de marché

On se propose d'étudier le comportement de firmes sur un marché. Suivant le nombre de firmes et leur situation hiérarchique, il faudra déterminer les caractéristiques de l'équilibre. Chaque régime de marché peut faire l'objet d'une résolution indépendante, seule la comparaison des différents régimes suppose une résolution linéaire du problème.

On supposera dans tout le problème que la demande s'exprime par l'équation :

$$p = -q + 100$$

Où p représente le prix du bien et q la quantité totale de bien Q disponible sur le marché. On admettra que les firmes qui disposent d'une technologie identique présentent la même fonction de coût.

I - L'entreprise en monopole (B,1,a)

Supposons tout d'abord que l'entreprise (n) détienne le monopole de l'offre du produit. L'entreprise vous signale que sa fonction de coût est donnée par l'équation suivante :

$$C_n\,(Q_n) = -4\,Q_n + Q_n^2$$

Où Q_n indique la quantité produite par l'entreprise (n) en monopole.

1 - Donner l'expression du profit, dériver la condition d'optimalité de la firme en monopole et calculer la production optimale. (On vérifiera qu'il s'agit bien d'un maximum en calculant les conditions du second ordre.)

2 - À quel prix la firme va-t-elle écouler cette production et quel sera son profit ?

II - L'entreprise en duopole avec hiérarchie des firmes (Stackelberg) (B,2,b)

Attirée par la possibilité de réaliser des profits, une deuxième entreprise — l'entreprise (s) — entre sur le marché. La fonction de coût de cette entreprise présente la même forme que celle de l'entreprise (n) :

$$C_s\,(Q_s) = -4\,Q_s + Q_s^2$$

où Q_s représente la quantité produite par l'entreprise (s).

SCD LILLE 2

L'entreprise (n) dispose d'un avantage sur le marché et choisit sa production en premier. Elle vous demande quelle quantité produire et quelle sera la conséquence sur son profit de l'entrée de ce nouveau concurrent.

1- Donner la nouvelle expression du profit des entreprises (n) et (s) en fonction des quantités Q_s et Q_n.

2- Déterminer la fonction de réaction de l'entreprise (s).

3- Déterminer la quantité optimale produite par l'entreprise (n) et en déduire l'offre de l'entreprise (s).

4- Calculer le prix d'équilibre et le niveau de profit des deux firmes.

III - L'entreprise en duopole symétrique (Cournot) (B,2,a)

Après quelque temps, la hiérarchie des firmes se modifie. L'entreprise (s) acquiert une expérience du marché et les entreprises qui ont la même technologie vont bénéficier d'une influence identique sur le marché.

1- Établir les fonctions de réaction des deux firmes.

2- Déterminer la production optimale d'équilibre pour les deux firmes.

3- Calculer le prix de vente et le profit réalisé par les deux firmes.

4- Comparer le résultat avec celui obtenu en duopole avec hiérarchie.

IV- La formation d'un cartel (B,3)

Au lieu de se concurrencer mutuellement, les deux firmes décident de s'entendre et de former cartel. Elles décident alors d'adopter une production qui maximise le profit π_c de l'ensemble du groupe – quitte à modifier la répartition des profits qui résulteraient des productions optimales.

1- Écrire le programme de maximisation du cartel et donner les conditions d'optimalité.

2- Définir la production optimale des deux firmes, en déduire le prix d'équilibre sur le marché et le profit réalisé par les deux firmes. Est-il nécessaire de redistribuer le profit ?

3- Comparer les caractéristiques de l'équilibre en situation de cartel à celles du duopole de Cournot.

4- Supposons que l'entreprise (n) — contrairement à l'entreprise (s) — ne respecte pas ses engagements et porte sa production au niveau $Q_n = 18$. Calculer le profit des deux firmes. Interpréter le résultat de la question précédente en termes de stabilité des accords de collusion.

V - L'entreprise en oligopole (B,4)

On suppose maintenant que de nouvelles entreprises entrent sur le marché. On note k le nombre de firmes à une date donnée. Chaque entreprise i (avec $i = 1,\ldots, k$) possède la même fonction de production :

$$C_i\,(Q_i) = -\,4\,Q_i + Q_i^2$$

Supposons dans un premier temps que chaque firme dispose de la même influence sur le marché, de sorte que les firmes prennent leur décision de production au même moment (oligopole de Cournot). (cours : B, 4, a)

1- Écrire la fonction de profit de la firme i, en déduire sa fonction de réaction.

2- Donner la production optimale de chaque firme quand $k = 5$. En déduire le prix de marché et le profit de chaque firme.

3- Donner la production optimale de chaque firme pour un nombre k quelconque. En déduire le prix de marché et le profit de chaque firme.

Supposons maintenant que la première firme (1) réalise un investissement important qui lui permette d'adopter un comportement de leader sur le marché. Les autres firmes (i) se comportant alors comme des satellites ($i = 2,\ldots, k$). La firme dominante choisit sa production en premier et les autres firmes prennent ensuite leur décision (oligopole de Stackelberg). (cours : B, 4, b)

4- Écrire la fonction de profit d'une firme satellite *i*, en déduire sa fonction de réaction.

5- Donner la production optimale de chaque firme satellite *i* en fonction de la production de la firme dominante. On supposera que celle-ci se fixe à un niveau Q_1.

6- Écrire l'équation de profit de la firme leader et déterminer son offre optimale. En déduire l'offre des firmes satellites. Calculer le prix de marché et le profit de chaque firme.

7- Application numérique : trouver les offres optimales, le prix et les profits pour $k = 5$.

VI - L'entreprise en concurrence (B,4)

On suppose maintenant qu'un nombre suffisant d'entreprises a pénétré le marché, de sorte que celui-ci peut être considéré comme un marché en concurrence pure et parfaite (les entreprises considèrent le prix comme une donnée exogène).

La technologie utilisée par chaque entreprise est la même et la fonction de coût est toujours :

$$C_i\,(Q_i) = -\,4\,Q_i + Q_i^2$$

1- Donner la définition du profit, en tirer la condition d'optimalité des entreprises et définir la courbe d'offre d'une firme en concurrence.

2- Calculer le prix d'équilibre de court terme et la quantité de bien Q vendue lorsque le nombre de firmes est égal à *k*.

3- Comparer avec le résultat obtenu en cas d'oligopole symétrique (Cournot).

CORRIGÉ

I - La firme en monopole

1- *Expression du profit et condition d'optimalité de la firme en monopole.*

Le profit de la firme est défini par la différence entre les recettes pQ_n et les coûts $C_n(Q_n)$. Il s'écrit : $\pi_n = pQ_n - C_n\,(Q_n)$. En remplaçant le prix par sa valeur tirée de l'équation de demande et par définition de la fonction de coût on obtient : $\pi_n = (-\,Q_n + 100)\,Q_n + 4\,Q_n - Q_n^2$. Le monopole maximise son profit en choisissant la production qui annule la dérivée du profit par rapport à Q_n. La condition d'optimalité s'écrit :

$$\frac{d\pi_n}{dQ_n} = -\,2Q_n + 100 + 4 - 2Q_n = 0$$

La production optimale qui satisfait cette équation est donc : $Q_n = 26$. On vérifie facilement que cette solution correspond à un maximum en calculant les conditions du second ordre : $d^2\pi_n / dQ_n^2 = -\,4 < 0$, ce qui vérifie la condition suffisante pour un maximum.

2- *Prix et profit.*

Étant donné la fonction de demande, $p = -\,q + 100$, l'offre optimale du monopole $Q_n = 26$ ne peut être résorbée qu'au prix maximal $p = -\,Q_n + 100 = 74$. La recette du monopole est $pQ_n = 1924$, le coût de production s'élève à $C_n(Q_n) = 572$, le profit prend donc la valeur : $\pi_n = 1\,924 - 572 = 1\,352$.

II - Le duopole hiérarchique

1- *Expression des profits en duopole.*

Expression du profit de la firme dominante : $\pi_n = pQ_n - C_n(Q_n)$. En remplaçant le prix par sa valeur tirée de l'équation de demande avec $q = Q_n + Q_s$ et, par définition de la fonction de coût, on obtient : $\pi_n = Q_n\,(-\,(Q_n + Q_s) + 100) + 4\,Q_n - Q_n^2$. De même, le profit de la firme satellite s'écrit :

$$\pi_s = Q_s\,(-\,(Q_s + Q_n) + 100) + 4\,Q_s - Q_s^2.$$

2- *Fonction de réaction de la firme satellite (s).*

Par maximisation du profit, on obtient la condition d'optimalité suivante pour la firme satellite :

$$\frac{d\pi_s}{dQ_s} = -2Q_s - Q_n + 100 + 4 - 2Q_s = 0$$

On vérifie également $d^2\pi_s/dQ_s^2 = -4 < 0$, la solution de cette équation sera un maximum. En réorganisant les termes, on obtient pour chaque offre Q_n de la firme dominante la réponse optimale Q_s de la firme satellite : $Q_s = \frac{1}{4}(-Q_n + 104)$, ce qui caractérise la fonction de réaction de la firme satellite.

3- *Comportement optimal de la firme dominante.*

Le leader sait que la firme satellite va adapter sa production à l'offre Q_n à partir de sa fonction de réaction. Dans ces conditions, en remplaçant l'offre Q_s par cette fonction, le profit de la firme dominante s'écrit : $\pi_n = Q_n(-(Q_n + \frac{1}{4}(-Q_n + 104)) + 100) + 4\,Q_n - Q_n^2$

Cette fonction ne dépend plus que de l'offre de la firme dominante. Celle-ci peut donc déduire son comportement optimal de la maximisation de cette nouvelle fonction. La condition d'optimalité est donnée par annulation de la dérivée première de la fonction de profit :

$$\frac{d\pi_n}{dQ_n} = -2Q_n + \frac{1}{2}Q_n - 26 + 100 + 4 - 2Q_n = 0$$

On vérifie la condition du second ordre : $d^2\pi_n/dQ_n^2 = -3{,}5 < 0$, la solution de la condition d'optimalité correspond bien à un maximum. La production optimale qui satisfait l'équation précédente est enfin égale à : $Q_n = \frac{156}{7} = 22{,}28$. On en déduit l'offre de la firme satellite :

$$Q_s = \frac{1}{4}(-Q_n + 104) = \frac{1}{4}\left(-\frac{156}{7} + 104\right) = 20{,}42$$

4- *Prix et profits.*

L'offre totale s'écrit : $q = Q_s + Q_n = \frac{3}{4}Q_n + 26 = \frac{3}{4}\left(\frac{156}{7}\right) + 26 = 42{,}71$. Le prix d'équilibre qui en résulte est égale à : $p = -q + 100 = 57{,}28$; le profit de chaque firme s'élève alors à : $\begin{cases} \pi_n = 868{,}92 \\ \pi_s = 834{,}36 \end{cases}$

III - Le duopole symétrique

1. Fonctions de réaction des deux firmes.

Les deux firmes prennent en même temps leur décision de production. Leurs profits s'écrivent :

$$\begin{cases} \pi_s = Q_s(-(Q_s + Q_n) + 100) + 4\,Q_s - Q_s^2 \\ \pi_n = Q_n(-(Q_s + Q_n) + 100) + 4\,Q_n - Q_n^2 \end{cases}$$

Le comportement optimal de la firme i ($i = n$ ou s) est donné par annulation de la dérivée du profit π_i de cette firme par rapport au niveau de la production Q_i. On obtient les conditions d'optimalité suivantes :

$$\begin{cases} \dfrac{d\pi_n}{dQ_n} = -2Q_n - Q_s + 100 + 4 - 2Q_n = 0 \\ \dfrac{d\pi_s}{dQ_s} = -2Q_s - Q_n + 100 + 4 - 2Q_s = 0 \end{cases}$$

avec : $d^2\pi_i / dQ_i^2 = -4 < 0, \forall i = 1,2$, les solutions optimales sont des maximums. On déduit du système précédent les deux fonctions de réaction :

$$\begin{cases} Q_n = \dfrac{1}{4}(-Q_s + 104) \\ Q_s = \dfrac{1}{4}(-Q_n + 104) \end{cases}$$

2- *Solution optimale.*

L'équilibre en duopole symétrique (duopole de Cournot) est obtenu pour tout couple (Q_n, Q_s) qui satisfait simultanément les deux fonctions de réaction. Les productions optimales sont donc solutions du système :

$$\begin{cases} 4Q_n + Q_s = 104 \\ Q_n + 4Q_s = 104 \end{cases}$$

Ce qui livre la solution : $Q_n = Q_s = 20{,}8$.

3- *Prix d'équilibre et profits.*

L'offre totale sur le marché s'écrit $q = Q_n + Q_s = 41{,}6$, le prix d'équilibre sur le marché est donc égal à : $p = -q + 100 = 58{,}4$, le profit de chaque firme s'élève alors à : $\pi_s = \pi_n = 865{,}28$.

4- *Comparaison des résultats avec la situation de duopole hiérarchique.*

En situation de duopole avec hiérarchie, la production de la firme satellite est $Q_s = 20{,}42$ et celle de la firme dominante est $Q_n = 22{,}28$. Le profit de chaque firme s'élève alors à : $\pi_n = 868{,}92$ et $\pi_s = 834{,}36$. On observe que, dans un duopole de Stackelberg, la firme leader profite de sa position pour accroître sa production. Elle augmente alors son profit aux dépens du satellite qui est contraint de réduire son offre et enregistre une baisse de son profit. On peut interpréter ce résultat comme la conséquence d'un comportement de prédation, le comportement de la firme satellite est soumis au choix de la firme dominante dont le comportement va tendre à réduire la taille de son concurrent.

IV - Le cartel

1- *Condition d'optimalité du cartel.*

Le profit total des deux firmes réunies en cartel s'écrit :

$$\begin{aligned} \pi_c &= (Q_n + Q_s)\, p\,(Q_n + Q_s) - C_n(Q_n) - C_s(Q_s) \\ &= (Q_n + Q_s)\ (-(Q_n + Q_s) + 100) + 4Q_n - Q_n^2 + 4Q_s - Q_s^2 \end{aligned}$$

Le profit du groupe dépend des deux productions Q_n et Q_s. La maximisation du profit du cartel requiert l'annulation des deux dérivées partielles ; les conditions d'optimalité s'écrivent :

$$\begin{cases} \dfrac{\partial \pi_c}{\partial Q_s} = (-(Q_n + Q_s) + 100) - (Q_n + Q_s) + 4 - 2Q_s = 0 \\ \dfrac{\partial \pi_c}{\partial Q_n} = (-(Q_n + Q_s) + 100) - (Q_n + Q_s) + 4 - 2Q_n = 0 \end{cases}$$

Vérifions maintenant les conditions du second ordre, la matrice hessienne s'écrit : $H = \begin{vmatrix} -4 & -2 \\ -2 & -4 \end{vmatrix}$.

On vérifie que le premier mineur (– 4) est négatif, et que le déterminant de la matrice hessienne est positif (det H = 12). Les conditions d'optimalités ci-dessus conduisent à la définition d'un maximum.

2- *Solution optimale du cartel.*

Par soustraction membres à membres de ces deux équations, on vérifie facilement que les deux productions doivent être identiques, $Q_n = Q_s$. On vérifie, alors, à partir de l'une des deux équations, que $Q_n = Q_s = 104/6 = 17{,}33$. La production totale du cartel est donc égale à $q = 34{,}66$ et le prix d'équilibre du marché se fixe à $p = 65{,}33$. Parce que les deux firmes réalisent des productions identiques à partir d'une même technologie, leurs profits s'écrivent $\pi_s = \pi_n = 901{,}16$. Ils sont identiques — il n'est donc pas nécessaire de redistribuer le profit — et supérieurs aux profits de l'équilibre de Cournot.

3 - *Comparaison collusion et solution de Cournot.*

En cas d'équilibre symétrique, la production optimale est : $Q_n = Q_s = 20{,}8$. Le prix d'équilibre sur le marché est : $p = 58{,}4$ et le profit de chaque firme s'élève à : $\pi_s = \pi_n = 865{,}28$. Par rapport à l'équilibre de Cournot, le cartel permet la réduction concertée de la production. Le prix de vente des produits est donc plus élevé. Globalement, la hausse des prix associée à la diminution de la production induit une baisse des recettes (passage de 1 214,72 en cas de duopole symétrique à 1 132 en cas de cartel); mais cette diminution est plus que compensée par la baisse des coûts de production. Il en résulte une hausse des profits.

4 - *Non respect de l'accord de collusion.*

Supposons que la firme (n) produise $Q_n = 18$, alors que la firme (s) respecte la production de cartel $Q_s = 17{,}33$. Le prix d'équilibre se fixe à 64,67, le profit de la firme (s) est alors $\pi_s = 889{,}55$ et celui de la firme (n) s'écrit $\pi_n = 911{,}88$. La firme (n) qui ne respecte pas l'accord de collusion accroît son profit aux dépens de celle qui respecte l'accord. Il est facile d'en conclure l'instabilité des accords de collusion. Le non-respect des accords du cartel est récompensé alors que son respect est menacé d'une perte en cas de défaillance du concurrent. (On se retrouve ici dans une configuration proche de celle du dilemme du prisonnier traité par la théorie des jeux ; *cf.* chapitre 9.)

V - L'entreprise en oligopole

1 - *Expression du profit de la firme* i.

$$\pi_i = pQ_i - C_i(Q_i) = \left[100 - \sum_{j=1}^{k} Q_j\right] Q_i + 4Q_i - Q_i^2$$

La fonction de réaction de cette firme s'obtient par annulation de la dérivée de cette fonction par rapport à la production Q_i, toutes choses égales par ailleurs. Soit :

$$\frac{d\pi_i}{dQ_i} = \left[100 - \sum_{j=1}^{k} Q_j\right] - Q_i + 4 - 2Q_i = 0$$

avec $d^2\pi_i / dQ_i^2 = -4 < 0, \forall i = 1,\ldots,k$, l'optimum qui en résulte est un maximum. En notant $\sum_{j=1, j\neq i}^{k} Q_j$ la somme des productions de toutes les firmes concurrentes de la firme i, la fonction de réaction de la firme i s'obtient en isolant dans l'équation précédente la valeur de la production Q_i. Soit :

$$Q_i = \frac{1}{4}\left[104 - \sum_{j=1, j\neq i}^{k} Q_j\right]$$

2 - *Le cas* $k = 5$.

L'équilibre est obtenu quand la production de chaque entreprise — compte tenu de celle de ses concurrents — satisfait sa fonction de réaction. Dans le cas $k = 5$, l'équilibre est la solution du système de cinq équations obtenu à partir des fonctions de réaction des cinq firmes :

$$\begin{cases} 4Q_1 + Q_2 + Q_3 + Q_4 + Q_5 = 104 \\ Q_1 + 4Q_2 + Q_3 + Q_4 + Q_5 = 104 \\ Q_1 + Q_2 + 4Q_3 + Q_4 + Q_5 = 104 \\ Q_1 + Q_2 + Q_3 + 4Q_4 + Q_5 = 104 \\ Q_1 + Q_2 + Q_3 + Q_4 + 4Q_5 = 104 \end{cases}$$

Sommons ces cinq équations, on obtient : $Q_1 + Q_2 + Q_3 + Q_4 + Q_5 = 520/8 = 65$. En remplaçant cette expression dans chaque ligne du système précédent, on obtient $3Q_i = 39, \forall i = 1,\ldots, 5$.

La production de chaque firme est donc identique et égale à $Q_i = 13$. Le prix d'équilibre est alors égal à $p = 100 - \sum_{i=1}^{5} Q_i = 35$ et le profit de la firme i s'élève à : $\pi_i = 338$.

3 - *Le cas général.*

Dans le cas général, la solution optimale de l'oligopole avec k firmes est obtenue comme la solution d'un système d'équations défini par les k fonctions de réaction des firmes. La définition de la fonction de réaction permet de vérifier pour toute firme i : $3Q_i + \sum_{j=1}^{k} Q_j = 104, \forall i = 1,\ldots, k$.

En comparant cette équation définie pour la firme i et sa réplique pour la firme j, on conclut facilement que les productions réalisées par les deux firmes – et par extension celles de toutes les firmes – sont identiques. On vérifie alors : $(3 + k)\, Q_i = 104, \forall i$, il en résulte une offre optimale : $Q_i = 104/(k + 3), \forall i = 1,\ldots, k$. Le prix d'équilibre se fixe alors au niveau : $p = 100 - 104k/(k + 3)$ et le profit de la firme représentative i s'élève à :

$$\begin{aligned}\pi_i &= pQ_i - C_i(Q_i)\\ &= \left[100 - \frac{104k}{k+3}\right]\frac{104}{k+3} + 4\,\frac{104}{k+3} - \left(\frac{104}{k+3}\right)^2 = 2\left(\frac{104}{k+3}\right)^2\end{aligned}$$

4 - *Oligopole asymétrique.*

On généralise ici l'analyse de Stackelberg en l'appliquant à un problème d'oligopole. La démarche suit de très près celle du duopole. Il s'agit dans un premier temps de définir la réaction des firmes satellites à la décision de production du leader puis, compte tenu des fonctions de réaction des satellites, de déterminer l'offre optimale de la firme dominante.

Comme dans les questions précédentes, le profit de la firme i s'écrit :

$$\begin{aligned}\pi_i &= pQ_i - C_i(Q_i)\\ &= \left[100 - \sum_{j=1}^{k} Q_j\right] Q_i + 4Q_i - Q_i^2\end{aligned}$$

La fonction de réaction de cette firme s'obtient par annulation de la dérivée par rapport à la production Q_i, soit :

$$\frac{d\pi_i}{dQ_i} = \left[100 - \sum_{j=1}^{k} Q_j\right] - Q_i + 4 - 2Q_i = 0$$

Avec $d^2\pi_i/dQ_i^2 = -4 < 0, \forall i = 1,\ldots, k$, ce qui vérifie les conditions du second ordre. En notant $\sum_{j=1\ j\neq i}^{k} Q_j$ la somme des productions de toutes les firmes concurrentes de la firme i, on retrouve la fonction de réaction en isolant dans l'équation précédente la valeur de la production Q_i. Soit :

$$Q_i = \frac{1}{4}\left[104 - \sum_{j=1\ j\neq i}^{k} Q_j\right], \forall i = 2,\ldots, k$$

5 - *Production optimale des firmes satellites.*

Constatons que l'équation précédente peut être réécrite sous la forme :

$$Q_i = \frac{1}{3}\left[104 - \sum_{j=1}^{k} Q_j\right], \forall i = 2,\ldots, k;$$

Comme cette équation est vraie pour toute firme i, la production de toutes les firmes satellites doit être identique. On peut alors réduire la forme des fonctions de réaction de ces firmes. La production de chaque firme satellite en fonction de la production de la seule firme dominante (firme 1) s'écrit :

$$Q_i = \frac{1}{k+2}\,[104 - Q_1], \forall i = 2,\ldots, k.$$

6 - *Comportement de la firme leader.*

Compte tenu de la fonction de réaction des (*k-1*) firmes satellites, le profit de la firme dominante s'écrit :

$$\pi_1 = pQ_1 - C_1(Q_1) = \left[100 - \sum_{j=1}^{k} Q_j\right] Q_1 + 4Q_1 - Q_1^2$$

$$= \left[100 - \frac{k-1}{k+2}[104 - Q_1] - Q_1\right] Q_1 + 4Q_1 - Q_1^2$$

Le comportement optimal de la firme 1 s'obtient comme la production Q_1 qui annule la dérivée première du profit par rapport à cette production ; soit comme la solution de l'équation :

$$\frac{d\pi_1}{dQ_1} = \left[100 - \frac{k-1}{k+2}[104 - Q_1] - Q_1\right] - \frac{3}{k+2}Q_1 + 4 - 2Q_1 = 0$$

Avec $d^2\pi_1/dQ_1^2 = -(2k+10)/(k+2) < 0$, ce qui établit l'existence d'un maximum. Après manipulation des termes, on obtient la solution Q_1 qui satisfait cette équation : $Q_1 = 3\,\frac{104}{2k+10}$. On en déduit les productions des firmes satellites :

$$Q_i = \frac{104}{k+2}\left[\frac{2k+7}{2k+10}\right], \forall i = 2, \ldots, k$$

L'offre totale sur le marché est $q = Q_1 + \sum_{i=2}^{k} Q_i$ soit :

$$q = 3\frac{104}{2k+10} + (k-1)\frac{104}{k+2}\left(\frac{2k+7}{2k+10}\right) = \frac{104}{2k+10}\left(3 + (k-1)\frac{2k+7}{k+2}\right)$$

Le prix se fixe donc au niveau :

$$p = 100 - q = 100 - \frac{104}{2k+10}\left(3 + (k-1)\frac{2k+7}{k+2}\right)$$

7 - *Application numérique :* k = *5*

$$\begin{cases} Q_1 = \dfrac{312}{20} = 15{,}6 \\ Q_i = \dfrac{104}{7}\dfrac{17}{20} = 12{,}62 \quad \forall i = 2, \ldots, k \end{cases}$$

Le prix d'équilibre est alors $p = 33{,}88$ et les profits respectifs des firmes se portent au niveau : $\pi_1 = 347{,}56$ et $\pi_1 = 318{,}99$.

V - L'ENTREPRISE EN CONCURRENCE

1 - *Définition du profit et condition d'optimalité des entreprises.*

Pour une entreprise *i* du marché, le profit s'écrit :

$$\pi_i = pQ_i - C_i(Q_i) = pQ_i + 4Q_i - Q_i^2$$

En régime de concurrence parfaite le prix est considéré par les firmes comme une constante qui s'impose au producteur. La condition d'optimalité du producteur est donnée par l'annulation de la dérivée du profit par rapport à la production, soit :

$$\frac{d\pi_i}{dQ_i} = p + 4 - 2Q_i = 0$$

Avec $d^2\pi_i/dQ_i^2 = -2 < 0, \forall i = 1, \ldots, k$, ce qui vérifie les conditions du second ordre de maximisation. On en déduit la courbe d'offre de la firme i : $Q_i = \frac{1}{2}(p + 4)$. Cette offre maximise le profit puisque la condition du second ordre est vérifiée.

2- *Prix d'équilibre et quantités produites lorsque le nombre de firmes est égal à k.*

Quand le marché intègre k firmes, l'offre totale s'écrit :

$$q = k\mathrm{Q}_i = \frac{k}{2}(p+4)$$

Avec une demande telle que $q = -p + 100$, le prix d'équilibre s'établit en égalisant l'offre et la demande soit :

$$q = \frac{k}{2}(p+4) = -p + 100 \Rightarrow kp + 4k = -2p + 200 \Rightarrow p = \frac{200-4k}{k+2}$$

L'offre individuelle optimale qui lui correspond s'écrit :

$$\mathrm{Q}_i = \frac{1}{2}(p+4) = \frac{100-2k+2(k+2)}{k+2} = \frac{104}{k+2}$$

Le profit de chaque firme s'élève à :

$$\pi_i = \frac{104}{k+2}\,\frac{200-4k}{k+2} + 4\,\frac{104}{k+2} - \left(\frac{104}{k+2}\right)^2 = \left(\frac{104}{k+2}\right)^2$$

3- *Comparaison avec le résultat obtenu en cas d'oligopole symétrique (Cournot).*

En cas d'oligopole de Cournot, l'offre optimale pour chaque firme est $\mathrm{Q}_i = 104/(k+3)$. Le prix d'équilibre se fixe au niveau : $p = 100 - 104k/(k+3)$ et le profit de la firme représentative i s'élève à : $\pi_i = 2\left(\frac{104}{k+3}\right)^2$. Par comparaison avec l'équilibre en concurrence parfaite, on constate qu'avec un nombre d'entreprises k identique, le profit en régime de concurrence est plus faible que le profit en oligopole stratégique. On retrouve ici les conséquences de l'entrée stratégique sur le marché. Les firmes qui tiennent compte du comportement de leur concurrent sur le marché minorent leur propre production et obtiennent un prix plus élevé pour une production moins coûteuse.

EXERCICE CORRIGÉ 5.2

Le prix limite (A,3)

On considère deux firmes – (1) et (2) – dont les fonctions de coût sont données par :

$$\begin{cases} C_1(Q_1) = 4 - 4Q_1 + Q_1^2 \\ C_2(Q_2) = 10Q_2 - 4Q_2^2 + Q_2^3 \end{cases}$$

La demande sur le marché est donnée par :

$$p = 12 - (Q_1 + Q_2)$$

On considère que l'entreprise (1) est initialement en situation de monopole et que la firme (2) désire entrer sur le marché. La firme (1) va réagir en adoptant un prix qui interdit cette entrée, on s'intéresse ici aux caractéristiques de ce comportement. On admettra que la firme (2) n'entrera sur le marché que si elle pense pouvoir y réaliser un profit positif. On supposera également que le monopole qui annonce sa décision de production en début de période s'y tiendra quelle que soit l'attitude de la firme concurrente.

1 - Calculer la production minimale acceptable par la firme (2). À quel prix cette offre est-elle optimale ?

2 - Définir l'offre de la firme (1) telle que la production minimale de (2) s'accompagne d'un profit nul. Calculer le prix le plus élevé pratiqué par le monopole (1) qui interdirait l'entrée de la firme (2).

3 - Quel sera le comportement optimal du monopole ?

CORRIGÉ

1 - *Production minimale.*

La production minimale de la firme (2) est donnée au minimum du coût moyen. Avec :

$$CM_2(Q_2) = 10 - 4Q_2 + Q_2^2,$$

le minimum du coût moyen est donné par l'annulation de la dérivée première du coût moyen : $dCM_2(Q_2)/dQ_2 = -4 + 2Q = 0$. La production minimale est donc $Q_{2min} = 2$. Pour toute production inférieure à $Q_{2min} = 2$, le coût moyen sera supérieur au coût marginal et la firme (2) réalisera une perte. Cette production serait optimale pour un prix tel que $p = Cm_2(2)$. Comme $Cm_2(Q_2) = 10 - 8Q_2 + 3Q_2^2$, on vérifie $p = Cm_2(2) = 6$.

2 - *Le prix limite.*

Le profit de la firme (2) sera nul si, du fait de sa production, le prix d'équilibre se fixe à un niveau inférieur ou égal à $p = 12 - (Q_1 + Q_2) = 6$. À ce prix, comme l'offre optimale de la firme (2) est $Q_{2min} = 2$, l'offre de la firme (1) qui interdit l'entrée de la firme (2) est donc égale à $Q_1 = 4$.

En effet, si la firme (1) réalise une production $Q_1 \geq 4$, la production de son concurrent virtuel ne sera jamais rentable. Quelle que soit cette production $Q_2 \geq 2$, l'offre additionnelle porterait le prix à un niveau inférieur à $p = 6$ qui constitue le seuil de rentabilité de cette firme. Toute production $Q_1 \geq 4$ interdit alors l'entrée du concurrent (2). En situation de monopole, avec $Q_2 = 0$, donc $p = 12 - Q_1$, la firme qui peut offrir toute quantité supérieure ou égale à 4 fixe le prix limite $p = 8$.

3 - *Comportement optimal de la firme en monopole menacé.*

Si le monopole ignore la menace d'entrée, son comportement optimal sera décrit par la maximisation du profit. Comme ce profit s'écrit $\pi_1 = (12 - Q_1)Q_1 - 4 + 4Q_1 - Q_1^2$, la maximisation conduit à la condition d'optimalité : $d\pi_1/dQ_1 = (12 - Q_1) - Q_1 + 4 - 2Q_1 = 0$, soit $Q_1 = 4$. Le prix optimal est alors $p = 8$. Dans ce cas, la production optimale du monopole interdit naturellement l'entrée de ses concurrents. Le prix $p = 8$ est à la fois le prix optimal du monopole et le prix limite du marché.

EXERCICE CORRIGÉ 5.3

Le monopole discriminant (B,1,c)

Considérons une firme automobile en situation de monopole sur le marché international – par exemple la firme Rolls Royce – dont la fonction de coût s'écrit :

$$C(Q) = 50 + 10Q$$

Cette firme peut segmenter son marché en deux parties cloisonnées, Europe et États-Unis (chaque continent est indicé respectivement *e* et *a*). On admet que chaque marché présente une fonction de demande spécifique :

$$\begin{cases} p_a = 15 - 3Q_a \\ p_e = 150 - 6Q_e \end{cases}$$

1- Calculer la demande agrégée Q_i sur le marché mondial. Calculer l'offre optimale de la firme hors de toute discrimination par marché. En déduire le prix international p_i et le profit du monopole.

2- En supposant que la firme puisse pratiquer un prix différent sur chaque marché, calculer le prix et la quantité optimale à écouler sur chaque marché. En déduire le profit total du monopole et comparer avec le résultat de la question précédente.

3- Calculer l'élasticité de la demande sur chaque marché et comparer ce résultat avec le prix pratiqué en monopole. Interpréter le résultat.

CORRIGÉ

1- *Le monopole hors discrimination.*

La demande totale sur le marché s'établit par agrégation des deux demandes spécifiques d'Europe et des États-Unis. Soit :

$$\begin{cases} Q_a = 5 - \dfrac{1}{3}p_a \\ Q_e = 25 - \dfrac{1}{6}p_e \end{cases}$$

Si la firme pratique le même prix sur les deux marchés, la demande internationale Q_i s'obtient par simple sommation des deux demandes, elle s'écrit : $Q_i = 30 - 0{,}5\, p_i$, ou, sous une autre forme :

$$p_i = 60 - 2Q_i$$

Lorsque la firme maximise son profit, elle cherche la solution optimale du programme :

$$\underset{Q_i}{\text{Max}}\ \pi = (60 - 2Q_i)\, Q_i - (50 + 10Q_i)$$

La condition d'optimalité de ce programme est obtenue par annulation de la dérivée première du profit par rapport à la production :

$$\frac{d\pi}{dQ_i} = (60 - 2Q_i) - 2Q_i - 10 = 0$$

avec $d^2\pi_i / dQ_i^2 = -4 < 0$, la solution du programme d'optimisation correspond à un maximum. On en tire l'expression de l'offre optimale du monopole : $Q_i = 12{,}5$, le prix de vente se fixe à : $p_i = 35$ et le profit de la firme atteint $\pi = 262{,}5$.

2. *Le monopole discriminant.*

Si le monopole réalise une production spécifique sur chaque marché, la firme doit définir l'offre optimale Q_a et Q_e à écouler sur chaque segment de clientèle. Compte tenu des demandes spécifiques $p_a = 15 - 3Q_a$ et $p_e = 150 - 6Q_e$, le profit prend la nouvelle forme :

$$\pi = p_a Q_a + p_e Q_e - C(Q_a + Q_e)$$
$$= (15 - 3Q_a)Q_a + (150 - 6Q_e)Q_e - 50 - 10(Q_a + Q_e)$$

L'offre optimale est obtenue par annulation des dérivées premières du profit. Les conditions du premier ordre s'écrivent :

$$\begin{cases} \dfrac{\partial \pi}{\partial Q_a} = (15 - 3Q_a) - 3Q_a - 10 = 0 \\ \dfrac{\partial \pi}{\partial Q_e} = (150 - 6Q_e) - 6Q_e - 10 = 0 \end{cases}$$

On vérifie facilement que la matrice hessienne associée $\begin{vmatrix} -6 & 0 \\ 0 & -12 \end{vmatrix}$ présente deux mineurs principaux alternativement négatif (– 6) et positif (72), ce qui permet de vérifier les conditions du second ordre pour un maximum. On en déduit alors : $Q_a = 5/6$ et $Q_e = 70/6$. Les prix respectifs se fixent à $p_a = 12{,}5$ et $p_e = 80$; le profit du monopole s'élève en cas de discrimination au niveau : $\pi = 768{,}75$. En pratiquant une politique de discrimination suivant les marchés, le monopole a augmenté son profit.

3- *Élasticité de la demande et prix spécifiques en cas de discrimination.*

Calculons l'élasticité prix de la demande sur chaque marché. Sous forme générale cette élasticité s'écrit : $e_i = \dfrac{dQ_i}{dp_i}\dfrac{p_i}{Q_i}$ où $\dfrac{dQ_i}{dp_i}$ est obtenu à partir des fonctions de demande spécifiques. Pour chaque marché on obtient alors $e_a = -\dfrac{5 - Q_a}{Q_a} = -5$, et $e_e = -\dfrac{25 - Q_e}{Q_e} = -1{,}14$. On note que la demande est plus rigide en Europe qu'aux États-Unis. Il en résulte un plus grand pouvoir de monopole pour la firme sur le premier continent (un prix plus élevé ne modifie sensiblement pas la demande sur ce marché). En conséquence, la firme pourra pratiquer un prix de marché plus élevé en Europe sans trop remettre en cause son volume de vente. À l'optimum de profit, et par comparaison avec la tarification hors discrimination, le monopole pratique un prix plus élevé en Europe et plus faible aux États-Unis.

EXERCICE CORRIGÉ 5.4

Le monopole public (B,1,d)

On considère un secteur économique dans lequel la technologie de production — représentée par sa fonction de coût — prend la forme suivante pour chaque producteur sur le marché :

$$C(Q) = 220Q - \frac{1}{2}Q^2$$

On admet que la demande sur le marché satisfait l'équation suivante :

$$p = 250 - 2Q$$

1- Étudier la nature des rendements d'échelle, en déduire l'organisation normale du marché à long terme.

2- On suppose que le marché présente une situation de monopole avec un producteur unique. Calculer l'offre optimale Q_1 et le profit π_1 en cas de gestion privée du monopole.

3- Calculer la charge morte de ce monopole.

4- On admet que l'État nationalise la firme. Quel serait le prix optimal p_2 pour un État cherchant à réduire la charge morte ? Calculer la production Q_2 et le niveau du profit qui en résultent.

5- Si l'État désire un profit nul, quelle tarification doit-il pratiquer ?

CORRIGÉ

1 - *Nature des rendements et structure de marché.*

Calculons le coût marginal, on vérifie :

$$Cm(Q) = 220 - Q$$

La technologie de production présente un coût marginal décroissant, les rendements sont donc croissants. Deux firmes qui s'unissent pour réaliser en commun leur production diminuent leurs coûts et augmentent leurs profits. À long terme, le phénomène de concentration se généralise et impose la présence d'une firme unique sur le marché. Celle-ci bénéficie d'une situation de monopole naturel.

2 - *Offre optimale du monopole en cas de gestion privée.*

Le profit du monopole s'écrit : $\pi = (250 - 2Q)Q - (220Q - \frac{1}{2}Q^2)$. La production optimale est donnée par l'annulation de la dérivée de ce profit par rapport au niveau de production :

$$\frac{d\pi}{dQ} = (250 - 2Q) - 2Q - 220 + Q = 0$$

Notons Q_1 l'offre optimale, on obtient : $Q_1 = 10$ (on remarque que la dérivée seconde du profit est négative ce qui vérifie la condition du second ordre pour un maximum). Le prix de marché se fixe alors à $p_1 = 230$ et le profit de la firme s'élève à : $\pi_1 = 150$.

3 - *Charge morte du monopole.*

La charge morte du monopole est donnée par la surface hachurée de la figure 21. Elle est définie à l'intérieur du triangle défini pour $Q > 10$, borné inférieurement par le coût marginal $Cm = 220 - Q$ et supérieurement par la recette moyenne $RM = p = 250 - 2Q$. Pour calculer cette charge morte, calculons tout d'abord les coordonnées de l'intersection *d* entre la recette moyenne et le coût marginal. Ce point sera indicé 2 dans la représentation graphique. L'égalité $Cm = 220 - Q_2 = RM = 250 - 2Q_2$ impose $Q_2 = 30$ et $p_2 = 190$. La charge morte est donnée par la surface (*bcd*), elle se calcule comme la différence entre la surface (*acd*) et la surface (*abd*). Comme ces triangles rectangles ont une surface définie par la moitié du rectangle obtenu par le produit des deux petits côtés, la charge morte s'écrit :

Fig. 21

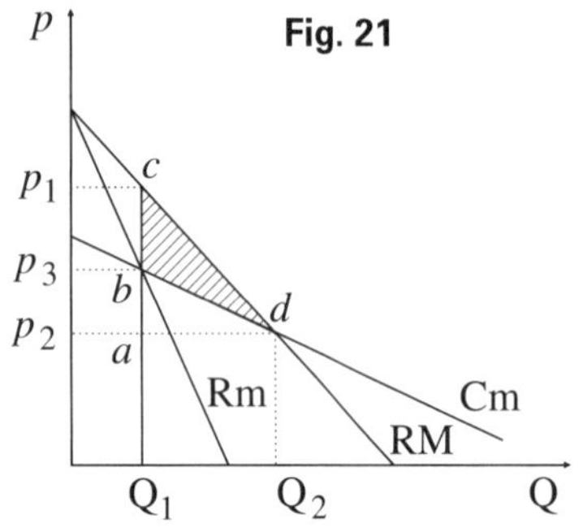

$$\text{Charge morte : } \frac{1}{2}(p_1 - p_2)(Q_2 - Q_1) - \frac{1}{2}(p_3 - p_2)(Q_2 - Q_1)$$

Soit comme $p_3 = 210$ (valeur du coût marginal pour un produit de 10 unités), la charge morte du monopole s'élève à 200.

4 - *Tarification au coût marginal.*

La tarification optimale pour le planificateur public qui cherche à réduire la perte collective consiste à fixer un prix tel que la production égalise recette moyenne (le prix) et coût marginal — on qualifie cette méthode de fixation du prix de **tarification au coût marginal.** L'intersection de la recette marginale et de la courbe de demande conduit à un prix égal à $p_2 = 190$ et à une production $Q_2 = 30$. Pour cette valeur de l'offre, la charge morte du monopole est nulle et le coût en terme de surplus d'une gestion monopolistique du marché disparaît. En contrepartie, le profit du monopole public est égal à : $\pi = -450$. En cas de tarification au coût marginal, une firme qui présente des rendements décroissants enregistre une perte normale d'exploitation.

5 - *Tarification au coût moyen.*

Si l'État veut minimiser la perte collective représentée par la charge morte tout en limitant le montant des pertes, il peut fixer un prix qui couvre les coûts moyens — **tarification au coût moyen.**

En posant p = CM = RM, le planificateur public annule les profits et réduit la charge morte du monopole. Cela sera obtenu pour une production telle que RM = (250 – 2Q) = (220 – (1/2) Q) = CM, soit Q = 20 et p = 210. On vérifie facilement que cette production conduit à une perte nulle pour le monopole public.

EXERCICE PROPOSÉ 5.5

Équilibres de marché avec 2 firmes (B,2)

On considère un marché sur lequel la demande s'écrit :

$$p = 160 - 2(Q_1 + Q_2)$$

Deux firmes interviennent sur ce marché. Leurs coûts respectifs sont donnés par l'expression suivante :

$$\begin{cases} C_1(Q_1) = 2Q_1^2 \\ C_2(Q_2) = 10Q_2 \end{cases}$$

1 - Calculer le prix d'équilibre et les productions optimales en cas de duopole de Cournot.

2 - Calculer le prix d'équilibre et les productions optimales en cas de duopole de Stackelberg lorsque la première firme est dominante sur le marché.

3 - Calculer le prix et les productions d'équilibre en cas de duopole de Bertrand.

4 - Calculer le prix et les productions d'équilibre en cas de cartel.

DÉMARCHE

1 - Calculer les fonctions de réaction des deux firmes puis résoudre le système formé par ces deux équations pour trouver un point commun aux deux fonctions.

2 - Écrire la fonction de profit de la firme dominante en remplaçant l'offre de la firme dominée par sa fonction de réaction. Tirer l'offre optimale du leader par maximisation de sa fonction de profit et en déduire celle du satellite à partir de sa fonction de réaction.

3 - Le prix baisse jusqu'à ce que l'un des offreurs arrête de faire pression sur les prix faute de rentabilité. Or, tant que le prix est supérieur à 10, la firme (2) ne trouve aucun intérêt à partager le marché. Elle diminue systématiquement son prix en le fixant à un niveau inférieur de 1 centime au prix de son concurrent. Celui-ci est alors contraint d'aligner son prix sur celui de (2) afin de reconstituer son marché. Par sauts progressifs, le prix converge alors vers p = 10 qui correspond au prix le plus faible compatible avec une offre positive de (2). À ce prix, calculer la demande totale, la production optimale de (1) — donnée au maximum de profit — vérifier que le profit de (2) est nul quelle que soit sa production et en déduire l'offre d'équilibre de la firme (2).

4 - Écrire la fonction de profit du cartel comme une fonction des deux productions individuelles, maximiser cette fonction suivant les deux productions Q_1 et Q_2.

RÉSULTATS

1 - $Q_1 = 340/28$ et $Q_2 = 880/28$ avec p = 72,85.

2 - $Q_1 = 85/6$ et $Q_2 = 365/12$ avec $p = 535/12$ = 44,58.

3 - Pour le prix p = 10, la demande s'élève à : $Q_1 + Q_2 = 75$, on trouve Q_1 = 2,5 Q_2 = 72,5.

4 - Q_1 = 2,5 et Q_2 = 35, avec p = 85.

EXERCICE PROPOSÉ 5.6

Répartition des profits en situation de cartel (B,3)

On s'intéresse à un marché sur lequel interviennent deux firmes distinctes. La première est caractérisée par la fonction de coût :

$$C_1(Q_1) = 100Q_1$$

La seconde firme qui dispose d'une technologie différente présente la fonction de coût :

$$C_2(Q_2) = 500 + Q_2^2$$

On suppose que la demande sur le marché respecte l'équation suivante :

$$p = 400 - 2q$$

où q représente l'offre totale sur le marché.

1 - Calculer les caractéristiques de l'équilibre en cas de duopole à la Cournot.

2 - Définir la production optimale des deux firmes en cas d'entente et en déduire le prix du marché et le profit de chaque firme.

3 - Comparer le profit dans le cas du duopole de Cournot et dans celui de l'entente. Quelle condition supplémentaire doit être intégrée aux règles de fonctionnement du cartel pour que celui-ci soit acceptable par les deux firmes.

DÉMARCHE

1 - Calculer et maximiser le profit de chaque firme pour obtenir sa fonction de réaction. Résoudre le système d'équations formé par les deux fonctions de réaction pour obtenir la solution d'équilibre du duopole de Cournot. En déduire le prix d'équilibre et le profit de chaque firme.

2 - Écrire le profit du cartel et maximiser ce profit en fonction des deux productions pour obtenir les deux productions optimales. En déduire le prix d'équilibre et le profit de chaque firme.

3 - Constater que le profit de la première firme diminue en cas de cartel et en déduire la valeur du dédommagement nécessaire pour que cette firme accepte de participer au cartel.

RÉSULTATS

1 - Solution de Cournot : $Q_1 = 50$ et $Q_2 = 50$. Le prix d'équilibre se fixe à $p = 200$. Les profits atteignent les niveaux respectifs : $\pi_1 = 5\,000$ et $\pi_2 = 7\,000$.

2 - Solution de l'entente : $Q_1 = 25$, $Q_2 = 50$. Le prix d'équilibre s'élève alors à $p = 250$ et le profit des firmes prennent les valeurs respectives et $\pi_1 = 3\,750$ et $\pi_2 = 9\,500$.

3 - En situation de cartel le profit total s'élève à $\pi_c = 13\,250$ pour un profit total de 12 000 en situation de duopole de Cournot. Le profit de la première firme passe de 5 000 à 3 750 alors que celui de la seconde firme s'élève de 7 000 à 9 500. Pour que la première firme accepte de participer au cartel, la seconde doit lui rétrocéder une somme minimale de 1 250. Par ce transfert, la firme (1) est indifférente entre l'entente et la solution de Cournot. Pour rendre la firme solidaire du cartel, la firme 2 doit donc lui verser une somme $x > 0$ supplémentaire dont la valeur dépend du rapport de force entre les deux firmes. Le transfert total s'écrit $t = 1\,250 + x$ et les profits des deux firmes sont $\pi_2 = 3\,750 + 1\,250 + x = 5\,000 + x$ et $\pi_2 = 9\,500 - 1\,250 - x = 8\,250 - x$ avec $x \in]0, 1\,250[$ pour que les deux firmes trouvent un intérêt au cartel.

EXERCICE PROPOSÉ 5.7

Oligopole et concurrence (B,4)

On considère un marché sur lequel n firmes présentant des fonctions de coût identiques se partagent le marché. La demande totale sur le marché s'écrit :

$$p = 500 - q$$

où $q = \sum_{j=1}^{n} Q_j$. On suppose en outre que chaque firme (i) présente une fonction de coût :

$$C_i(Q_i) = 600 + \frac{1}{2} Q_i^2$$

1- Calculer le prix d'équilibre et l'offre optimale de chaque firme en situation d'oligopole de Cournot. (On supposera que les n firmes adoptent des comportements stratégiques.)

2- Calculer les caractéristiques de la solution de long terme en cas d'entrée stratégique.

3- Calculer l'équilibre de courte période en cas de comportement concurrentiel de la part des n firmes.

4- Calculer les caractéristiques de la solution de long terme en cas d'entrée concurrentielle.

5- Comparer les situations à court et à long terme suivant les régimes.

DÉMARCHE

1- Calculer les fonctions de réaction de chaque firme en fonction de la production des autres firmes. Constater que la production de chaque firme est identique et en déduire à partir d'une fonction de réaction l'offre d'une firme représentative. Sommer les offres individuelles et par confrontation avec la demande en tirer le prix d'équilibre.

2- Écrire la valeur du profit d'une firme pour un nombre n d'entreprises sur le marché. Calculer le nombre n de firmes qui annule le profit à long terme. En déduire le prix d'équilibre et la production de chaque firme.

3- Maximiser le profit d'une firme en supposant que le prix est une grandeur exogène. En déduire l'offre de la firme représentative. Sommer les offres des n firmes et comparer à la demande pour en tirer le prix d'équilibre. En déduire l'offre individuelle de court terme.

4- Même démarche que pour la question 2.

5- Comparer, sur les deux horizons temporels, le nombre de firmes, la production individuelle et le prix d'équilibre. À long terme, l'entrée stratégique tend-elle vers la solution concurrentielle ?

RÉSULTATS

1- $Q_i = \dfrac{500}{n+2}$, $p = \dfrac{1000}{n+2}$.

2- $n = 23$, $Q_i = 20$, $p = 40$.

3- Fonction d'offre individuelle : $p = Q_i$, offre de marché : $q = nQ_i = np$, offre d'équilibre :

$q = \dfrac{500n}{n+1}$, prix d'équilibre $p = \dfrac{500}{n+1}$.

4- $n = 13$, $Q_i = 250/7 = 35{,}71$, $p = 35{,}71$.

5- Parce qu'une firme qui adopte un comportement stratégique restreint volontairement sa production, pour un nombre identique n de firmes sur le marché, le prix concurrentiel est plus faible que le prix en cas de comportement stratégique. À long terme, ce résultat reste valable. L'annulation du profit entraîne en outre la présence d'un plus grand nombre de firmes à long terme en cas d'entrée stratégique.

Exercice corrigé 5.8

La concurrence monopolistique (C,3)

On considère un marché en concurrence monopolistique. Sur ce marché, chaque firme agit en situation de monopole mais est confrontée à d'autres firmes qui produisent des substituts proches de son produit. Les conditions de l'offre des autres firmes affectent alors la demande qui s'adresse à chaque participant au marché. On admet que les firmes présentent des fonctions de coût identiques et égales à :

$$C(Q) = 200 + Q^2$$

En situation de concurrence monopolistique, une firme représentative (i) est confrontée à une courbe de demande qui dépend du prix pratiqué par ses concurrents. Désignons par ii cette courbe :

$$ii : p_i = 150 - Q + \frac{1}{2}\,\overline{p}$$

La courbe ii indique la demande qui s'adresse à la firme lorsque les entreprises concurrentes fixent leur prix à un niveau supposé constant et égal à $\overline{p}$.

La rationalité des firmes qui interviennent sur le marché est identique. Le prix optimal de la firme i sera repris à l'équilibre par toutes les autres firmes. À l'équilibre de court terme, le prix optimal doit être le même pour toutes les firmes.

1 - Calculer la demande qui s'adresse à la firme (i) lorsque tous ses concurrents affichent le même prix p_i. Cette seconde courbe sera notée II.

2 - On suppose $\overline{p} = 260$. Calculer le prix p_i pratiqué par la firme représentative et sa production optimale quand celle-ci considère que le prix de ses concurrents reste constant. En admettant que chaque firme pratique le même prix : $\overline{p} = p_i$, quelle demande s'adresse à la firme (i) ?

3 - Supposons que toutes les firmes affichent le prix obtenu précédemment : $\overline{p} = p_i$. Calculer le prix p_i' et la production Q optimaux pour la firme (i) quand celle-ci suppose que le prix de ses concurrents reste constant au niveau : $\overline{p} = p_i$. En admettant que chaque firme pratique le même prix : $\overline{p} = p_i'$, quelle demande s'adresse à la firme (i) ? En comparant avec la question précédente, interpréter les résultats.

4 - Mêmes questions en supposant $\overline{p} = 180$. Interpréter les résultats.

Corrigé

1 - Courbe II : cette courbe indique la demande qui s'adresse à la firme (i) lorsque les autres firmes fixent leur prix en l'ajustant exactement au prix fixé par (i). En posant $\overline{p} = p_i$ dans la courbe ii on obtient :

$$II : p_I = 300 - 2Q$$

Pour un prix général $\overline{p} = p_i$, la demande qui s'adresse à chaque firme se fixe au niveau :

$$Q^d = 150 - \frac{1}{2}\,p_I$$

2 - *Le cas $\overline{p} = 260$.*

En notant RT la recette totale et CT le coût total de la firme i, le profit s'écrit $\pi = RT - CT$ et la maximisation du profit impose l'égalisation de la recette marginale Rm et du coût marginal Cm. Soit :

$$Rm = Cm.$$

Étant donné la fonction de coût, on vérifie : Cm = 2Q.

Dans le cas $\overline{p} = 260$, la demande qui s'adresse à la firme i s'écrit ii : $p_i = 280 - Q$ et la recette marginale prend la forme : $Rm = 280 - 2Q$. À l'optimum du profit, les caractéristiques de l'optimum sont :

$$\begin{cases} Q = 70 \\ p_i = 210 \end{cases}$$

(On vérifie également $d^2\pi/dQ^2 = -4 < 0$, ce qui satisfait la condition de second ordre pour un maximum.)

Cette offre ne correspond cependant pas à l'équilibre puisque, si chaque firme retient ce prix optimal $\overline{p} = p_i = 210$, la demande qui s'adresse à la firme (i) est $Q^d = 45$. L'offre individuelle est donc excédentaire.

3- Dans le cas $\overline{p} = 210$, la demande qui s'adresse à la firme i s'écrit ii : $p_i = 255 - Q$ et la recette marginale prend la forme : $Rm = 255 - 2Q$. À l'optimum du profit, $Rm = Cm$, comme $Cm = 2Q$, l'équilibre prend les caractéristiques suivantes :

$$\begin{cases} Q = 63{,}75 \\ p'_i = 191{,}25 \end{cases}$$

Si chaque firme retient ce prix optimal, $\overline{p} = p_i' = 191{,}25$, la demande qui s'adresse à chaque firme est $Q^d = 54{,}375$. À nouveau, l'offre individuelle entraîne un excès d'offre ; on note cependant que cet excès d'offre s'est réduit.

Par un raisonnement identique, on vérifie que le cas $\overline{p} = 191{,}25$ conduit à une production individuelle optimale : $Q = 61{,}4$, $p_i'' = 184{,}22$ et la demande qui s'adresse à chaque firme lorsque chaque firme adopte ce prix est $Q^d = 57{,}89$. On note que chaque itération réduit la différence entre l'offre individuelle et la demande qui s'adresse à la firme compte tenu du comportement optimal de ses concurrents. Cette correction est réalisée grâce à une baisse progressive du prix qui converge vers une valeur stationnaire.

4- Dans le cas $\overline{p} = 180$, la demande qui s'adresse à la firme i s'écrit ii : $p_i = 240 - Q$ et la recette marginale prend la forme : $Rm = 240 - 2Q$. À l'optimum du profit, $Rm = Cm$, comme $Cm = 2Q$, la production de la firme prend les caractéristiques suivantes :

$$\begin{cases} Q = 60 \\ p_i = 180 \end{cases}$$

Si toutes les firmes retiennent le prix optimal $\overline{p} = p_i = 180$, la demande qui s'adresse à chaque participant au marché est $Q^d = 60$. L'offre individuelle est alors identique à la demande spécifique adressée à chaque firme. Cela caractérise l'équilibre de court terme.

EXERCICE PROPOSÉ 5.9

La courbe de demande coudée (C,3,a)

On considère une firme en situation de concurrence monopolistique. Lorsque ses concurrents pratiquent le prix $\overline{p}$, la demande qui s'adresse à elle s'écrit :

$$ii : p_i = 450 - 5Q_i + \frac{1}{2}\overline{p}$$

où p_i et Q_i représentent respectivement le prix et la production de la firme i

Sa fonction de coût est donnée par l'équation suivante :

$$C(Q_i) = 200 + 60Q_i + 3Q_i^2$$

1 - Supposons tout d'abord que le prix $\bar{p}$ soit égal à 500. Calculez la demande *ii* qui s'adresse à la firme en supposant que le prix affiché par la concurrence est fixe. Calculez la demande II qui s'adresse à la firme lorsque chaque firme affiche le même prix que la firme représentative.

Comparer les deux demandes lorsque $p_i = 500$.

2 - Vérifier que l'offre $Q_i = 40$ est optimale à court terme pour un prix $\bar{p} = 500$.

3 - Donner la définition mathématique de la courbe de demande coudée en supposant que les firmes concurrentes ne modifient pas leur prix en cas de hausse du prix par la firme *i* ($\bar{p} = 500$ si $p_i > 500$) mais affichent le même prix que *i* en cas de baisse ($\bar{p} = p_i$ si $p_i < 500$). En déduire la courbe de recette marginale.

4 - Vérifier les modifications apportées à l'équilibre si la fonction de coût de la firme *i* devient :

$$C(Q_i) = 100 + 30Q_i + Q_i^2$$

DÉMARCHE

1 - et **2 -** Calculer la recette marginale à partir de la courbe *ii* définie avec $\bar{p} = 500$ et en déduire la production optimale par comparaison avec la courbe de coût marginal. En déduire le prix optimal sur la courbe *ii*. Regarder la courbe II et interpréter la stabilité du résultat.

3 - et **4 -** Calculer les deux segments de la demande. En déduire la courbe de recette marginale (deux segments plus une discontinuité). Comparer cette courbe avec le nouveau coût marginal pour trouver le nouvel équilibre et interpréter l'effet du changement de coût.

RÉSULTATS

1 - Cas $\bar{p} = 500$, *ii* : $p_i = 700 - 5Q_i$, II : $p_i = 900 - 10Q_i$, si $p_i = 500$, les deux courbes traduisent une demande $Q_i = 40$.

2 - Cas $\bar{p} = 500$, la recette marginale de la firme est $Rm = 700 - 10Q_i$, le coût marginal : $Cm = 60 + 6Q_i$. La production optimale est donc $Q_i = 40$. Le prix optimal est alors $p_i = 700 - 5Q_i = 500$. Cela est cohérent à l'équilibre avec $\bar{p} = 500$ (*cf.* courbe II).

3 - Demande coudée, $\begin{cases} p_i = 700 - 5Q_i & \text{si } p_i > 500 \\ p_i = 900 - 10Q_i & \text{si } p_i < 500 \end{cases}$

$$Rm : \begin{cases} Rm = 700 - 10Q_i \text{ si } Q_i < 40 \\ Rm = 900 - 20Q_i \text{ si } Q_i > 40 \end{cases}$$

pour $Q_i = 40$, on vérifie $Rm \in [100,300]$

4 - $Cm = 30 + 2Q_i$, l'égalité recette marginale et coût marginal impose $q = 40$. La production optimale et le prix d'équilibre ne sont pas modifiés malgré le changement de coûts.

PARTIE 3

L'ÉQUILIBRE CONCURRENTIEL

Lorsque les marchés sont concurrentiels, les agents prennent les prix comme donnés. Leurs comportements consistent alors à maximiser leurs fonctions objectifs : la fonction d'utilité, pour les consommateurs et la fonction de profit, pour les producteurs. Ils doivent pour cela tenir compte des contraintes qu'ils subissent : la contrainte budgétaire, pour les consommateurs, et la contrainte technologique pour les producteurs. Lorsque ces objectifs sont atteints, les agents sont en situation d'équilibre. Avec des hypothèses sous-jacentes concernant les préférences du consommateur et la technologie à la disposition du producteur, il est possible de bien spécifier des fonctions d'offre et de demande individuelles correspondant à ces équilibres. C'est un des principaux enseignements des chapitres précédents. Mais l'analyse ne doit pas s'arrêter là.

Le producteur et le consommateur établissent en effet leurs plans indépendamment l'un de l'autre. Il n'y a donc a priori aucune raison pour que ces plans soient compatibles, et que les échanges aient effectivement lieu. Or, en concurrence parfaite, la coordination des actions isolées est assurée par les prix. La formation des prix nous renvoie aux marchés, c'est à dire à une institution où se rencontrent un grand nombre d'offreurs et de demandeurs. Notre première préoccupation consiste donc à agréger les fonctions d'offre et de demande individuelles, c'est à dire à calculer les offres et les demandes de tous les producteurs et de tous les consommateurs qui se manifestent sur chaque marché pour des prix donnés.

Dans le chapitre 6, nous partons des fonctions d'offre et de demande agrégées obtenues à partir des comportements individuels. Il s'agit ensuite de décrire l'état de l'économie, où les plans individuels sont compatibles. La condition pour cela, est que l'offre agrégée soit égale à la demande agrégée sur chaque marché. On désigne une telle situation par le terme d'équilibre général. Un équilibre général est donc un état de l'économie où les agents maximisent leurs fonctions objectifs en exécutant des plans qui assurent cette condition. Les échanges sont alors possibles à des prix, dits d'équilibre. Mais cet état d'équilibre ne va pas de soi. Il faudra en effet s'interroger sur les conditions nécessaires et suffisantes pour qu'il existe. D'autres questions fondamentales se posent à propos de l'équilibre. Est-il unique ? ou encore, est-il possible de l'atteindre, à partir d'une situation quelconque ? Toutefois, ce concept ne nous renseigne pas sur les capacités du marché à affecter de façon optimale les ressources entre les différents agents.

Dans le chapitre 7, nous montrons que l'allocation des ressources correspondant à un état d'équilibre est optimale, au sens où aucune autre ne pourrait améliorer la situation d'un agent, sans dégrader celle des autres. Mais ce principe d'efficience n'est inspiré d'aucune considération éthique. Nous serons ainsi amenés à réfléchir sur la façon de procéder pour atteindre un objectif social plus égalitariste, par exemple, que celui qui découlerait librement de la répartition initiale des ressources. Toutefois, les actions individuelles coordonnées par le marché ne conduisent pas toujours à un état d'équilibre optimal. Le marché montre en effet ses limites, lorsque les plans des agents ne sont plus indépendants les uns des autres. Par exemple, lorsque la production d'une firme a des conséquences sur la satisfaction des consommateurs. Il faut alors envisager d'autres procédures d'allocation des ressources, pour venir en aide au marché. Le cadre d'analyse retenu dans ces deux premiers chapitres est statique. La notion de temps est absente de l'étude ; par conséquent l'incertitude, qui lui est inhérente, l'est également.

Le chapitre 8 comblera cette lacune en inscrivant les comportements individuels dans la durée. Les consommateurs doivent alors maximiser à la période courante leur utilité pour toutes les périodes futures, en tenant compte de leurs dotations en biens présents et futurs. Les producteurs procèdent formellement de façon identique. Ils doivent maximiser la somme des profits présents et futurs, sous la contrainte que les plans de production pour les périodes présentes et à venir sont techniquement réalisables. La prise en compte du temps suppose donc que les agents forment des anticipations et savent calculer la valeur présente des revenus dont ils disposeront dans les périodes futures. Dans le modèle présenté dans le chapitre 6, les agents connaissent parfaitement les variables, dont ils doivent tenir compte dans leur calcul maximisateur. En revanche, l'introduction de la dimension temporelle dans le modèle d'équilibre général ajoute de l'incertitude. Le contexte est différent. Ces variables sont à présent aléatoires. L'introduction du temps et de l'incertitude enrichit le concept d'équilibre général statique étudié dans le chapitre 6. On parle alors d'équilibre général temporaire ou d'équilibre général sous incertitude.

6

L'ÉQUILIBRE GÉNÉRAL

Nous étudions dans ce chapitre le modèle concurrentiel, encore appelé « walrasien » ou « compétitif ». L'étude est menée à deux niveaux : au niveau descriptif, puis au niveau positif. Nous **décrivons** tout d'abord le concept d'équilibre général (A). Puis, nous nous proposons d'aborder la **théorie positive de l'équilibre** (B). Dans la section (A), nous étudions au préalable le concept **d'équilibre partiel,** c'est-à-dire, l'équilibre sur un seul marché (1). Dans cette étude, nous distinguons le court terme (*a*), du long terme (*b*). Nous décrivons ensuite le concept d'équilibre général, c'est-à-dire, **l'équilibre sur l'ensemble des marchés** (2). Pour cela, nous raisonnons dans le cadre simplifié d'une **économie d'échanges pure** (*a*), où les agents sont tous des consommateurs qui échangent leurs dotations initiales de biens. Puis, nous raisonnons dans le cadre d'une **économie de production,** où les agents sont cette fois des consommateurs et des producteurs (*b*). Dans cette section (A), nous faisons comme si un seul équilibre général existe sans qu'il soit nécessaire de poser un certain nombre de conditions. Ce qui n'est pas le cas. C'est pourquoi, nous examinons ensuite les questions sur lesquelles se penche la théorie positive de l'équilibre général : à savoir, l'existence, la stabilité et l'unicité de l'équilibre. Le premier paragraphe (1) est consacré au problème de l'existence d'un équilibre général. Nous définissons l'équilibre général (*a*), puis nous étudions les conditions sous lesquelles cet équilibre général existe (*b*). Le paragraphe (2) est consacré au problème de l'unicité et à celui de la stabilité de l'équilibre walrasien. Il faudra se poser les questions suivantes : si un équilibre général existe, est-il le seul réalisable ? (*a*). Est-ce que l'économie peut atteindre cet équilibre en partant d'une situation quelconque ou à partir d'un état voisin de cet équilibre ? (*b*). En abordant la question de la stabilité, on se préoccupe en même temps de la formation des prix d'équilibre dans le cadre du tâtonnement walrasien.

BIBLIOGRAPHIE DU CHAPITRE

GUERRIEN (B.), *La Théorie néo-classique – bilan et perspectives du modèle d'équilibre général* (3e édition), Paris, Économica. 1989.

Les chapitres 4 et 6 traitent de l'équilibre partiel et de l'équilibre général. Mais, on peut se reporter utilement à d'autres chapitres de l'ouvrage, notamment pour la critique du courant néo-classique.

VARIAN HAL (R.), *Microeconomic Analysis* (3e édition), New-York, 1992.

La lecture des chapitres 17 et 21 est conseillée. L'étude des marchés d'actifs financiers (chapitre 20) donne une excellente idée des développements de la théorie financière à partir du modèle d'équilibre. Démonstration du théorème d'existence (Brouwer) pp. 319-323.

MAS-COLELL (A.), WHINSTON (MD.), GREEN (J.-R.), *Microeconomic Theory, Oxford,* Oxford University Press, 1995.

Pour les étudiants ayant un très bon niveau en mathématiques, la lecture des chapitres 15-18 est très fortement conseillée. Démonstration du théorème d'existence (Kakutani) pp. 586-589.

KIRMAN (A.-P.) ET LAPIED (A.), *Microéconomie,* Paris, PUF, 1991.

La lecture de cet ouvrage très pédagogique est vivement conseillée. En particulier, le chapitre 3 sur l'équilibre général.

PICARD (P.), *Éléments de microéconomie, Théorie et applications* (5e édition), Paris, Montchrestien, 1998.

La lecture de ce manuel, très pédagogique, rend la microéconomie attrayante.

STARR (R.S.), *General Equilibrium Theory, An Introduction,* Cambridge University Press, 1997.

L'économie d'échanges (Edgeworth) et l'économie de Robinson sont exposées dans le premier chapitre. Le reste de l'ouvrage propose une étude très approfondie de l'équilibre général. Le sous-titre est trompeur.

MICHEL (P.), *Cours de mathématiques pour économistes* (2e édition), Paris, Économica, 1989.

La lecture de ce manuel est conseillée pour comprendre les notions de mathématiques utilisées dans les chapitres 6, 7 et 8. On peut également se reporter aux annexes mathématiques des 2e, 3e et 6e ouvrages ci-dessus.

TALLON (J.-M.), *Équilibre général, une introduction,* Paris, Vuibert, 1997.

Les chapitres V à X de ce manuel qui propose une étude très rigoureuse de l'équilibre général constituent un complément de lecture pour approfondir certaines analyses.

A

LA DESCRIPTION DE L'ÉQUILIBRE GÉNÉRAL CONCURRENTIEL (OU WALRASIEN)

Avant d'aborder le concept d'équilibre général, nous devons définir le cadre dans lequel nous nous situons : celui de la **concurrence parfaite.**

Les marchés sont en concurrence parfaite, lorsque les plans de consommation et de production sont établis par un grand nombre d'agents de petite taille sur lesquels ne pèse à l'équilibre aucune contrainte en quantité (rationnements sur les achats ou limitation des débouchés). La production ou la consommation d'un agent n'influence pas l'utilité ou le profit des autres agents.

De cette définition émergent quelques propriétés intéressantes :
- la faible importance relative de chaque agent ne permet pas la possibilité d'une action individuelle sur les prix. Ils sont considérés comme **des paramètres** (des données) par les agents. Ils constituent les seuls signaux (information), dont ces agents ont besoin pour établir leurs plans de production ou de consommation. On dit que ces derniers sont « preneurs de prix » (*price taker*) à l'opposé des « faiseurs de prix » (*price maker*), que l'on rencontre en concurrence imparfaite (en présence d'un monopole par exemple);
- si l'utilité d'un consommateur ou le profit d'une firme pouvaient **directement** être affectés (positivement ou négativement) par les actions d'un ou de plusieurs agents, on supposerait alors l'existence d'une *externalité** (chapitre 7).

La pollution constitue un exemple d'***externalité*** négative de production ou de consommation. La pollinisation d'un verger par les abeilles est un exemple d'externalité positive.

On peut compléter cette définition d'un marché concurrentiel en précisant que les biens sont homogènes, que les agents sont parfaitement informés du prix et de la qualité des produits et que les producteurs ont la libre entrée sur les marchés dans une perspective de longue période (*cf.* équilibre partiel); ce qui permet d'éviter les collusions.

Les principales notations utilisées sont consignées dans le tableau suivant.

Les notations utilisées :
I consommateurs $i = 1,\dots, \mathrm{I}$
J biens et services $j = 1,\dots, \mathrm{J}$
F producteurs $f = 1,\dots, \mathrm{F}$
Nous indiquons par :
x_{ij} la quantité du bien j consommée par l'agent i
ω_{ij} la dotation en bien j de l'agent i
$x_i = x_{i1},\dots, x_{ij},\dots, x_{iJ}$ le panier de consommation de l'agent i
$x = x_1,\dots, x_i,\dots, x_\mathrm{I}$ une allocation dans cette économie, c'est-à-dire, les paniers de consommation des agents.
$z_{ij} = x_{ij} - \omega_{ij}$ la demande nette de l'agent i en bien j
$x_j = \sum_{i=1}^{\mathrm{I}} x_{ij}$ la demande globale en bien j
y_f la production de la firme f
$z_j = \sum_{i=1}^{\mathrm{I}} z_{ij}$ la demande nette globale en bien j
$p = p_1,\dots, p_j,\dots, p_J$ la liste des prix des biens

1 - L'ÉQUILIBRE SUR UN SEUL MARCHÉ OU L'ÉQUILIBRE PARTIEL

Nous considérons un seul marché, le marché d'un bien j quelconque. **Le prix sur les autres marchés sont supposés fixes.** Nous nous intéressons alors seulement à la façon dont l'offre de ce bien peut s'égaliser à la demande. Si ce résultat est atteint, on dit alors que le marché j est en équilibre.

La fonction de demande (individuelle) en bien j du consommateur i est indiquée par : $x_{ij}(p_j)$, où p_j représente le prix du bien j. Elle ne dépend que de ce prix, puisque les autres prix sont fixés. Nous verrons que dans le cadre de l'équilibre général la demande nette individuelle dépend en revanche de la liste de tous les prix.

Un ***bien non Giffen*** est un bien dont la consommation varie en sens inverse de son prix.

On appelle **fonction de demande agrégée, ou fonction de demande globale,** la fonction de demande en bien j de tous les consommateurs, et on la note : $x_j(p_j) = \sum_{i=1}^{I} x_{ij}(p_j)$. Si les biens sont des *biens non Giffen**, les demandes individuelles varient en raison inverse du prix, et les demandes agrégées également.

La fonction d'offre individuelle en bien j de la firme f est indiquée par : $y_{fj}(p_j)$.

On appelle **fonction d'offre agrégée, ou fonction d'offre globale,** la fonction d'offre en bien j de toutes les firmes, et on la note : $y_j(p_j) = \sum_{f=1}^{F} y_{fj}(p_j)$. L'offre globale est fonction croissante du prix.

La **fonction de demande nette agrégée** en bien j, notée $z_j(p_j)$, est définie par : $x_j(p_j) - y_j(p_j)$. Sur le marché du bien j la demande nette globale est donc positive, si la demande globale est supérieure à l'offre globale. La demande nette globale est négative dans le cas inverse.

Nous devons distinguer le court terme, où le nombre de firmes est donné, du long terme, où il ne l'est pas.

a. L'équilibre de court terme

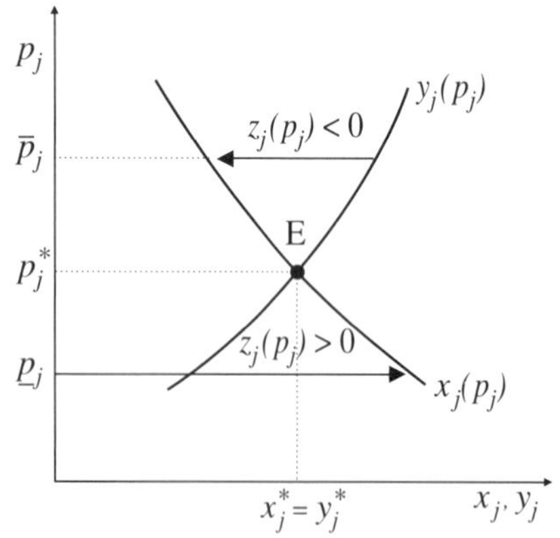

Fig. 1

L'équilibre de court terme est décrit dans la figure 1.

Si le bien est globalement non Giffen pour l'ensemble des consommateurs, l'équilibre sur le marché de ce bien j est représenté par le point E, à l'intersection des courbes d'offre et de demande. En ce point, chaque consommateur peut obtenir au prix p_j^* la quantité du bien qu'il désire, et chaque producteur peut également vendre à ce prix la quantité qu'il souhaite. Par conséquent, aucune offre ou demande ne doit plus varier. Le prix p_j^* ne change pas, puisque aucune force ne l'oblige à varier. C'est une propriété de l'équilibre (« où plus rien ne bouge »). Les quantités du bien j demandées et offertes, indiquées par x_j^* et y_j^*, sont alors effectivement échangées. Le prix d'équilibre p_j^* est donc solution de l'équation :

$$x_j(p_j) = y_j(p_j)$$

Si on se limite au « cas standard » (les fonctions de demande sont décroissantes) décrit dans la figure 1, nous pouvons montrer sans difficulté comment l'équilibre peut être atteint en partant d'une situation quelconque.

Au prix $\bar{p}_j$, nous observons que l'offre est supérieure à la demande.

La demande des consommateurs est satisfaite à ce prix $\bar{p}_j$. En revanche, les producteurs sont rationnés (rationnement du côté de l'offre, des débouchés).

Nous savons qu'en concurrence parfaite les rationnements sont exclus à l'équilibre. Par conséquent, les échanges ne peuvent avoir lieu à ce prix. Celui-ci va donc baisser, pour que l'offre excédentaire puisse être écoulée sur le marché. Symétriquement, au prix $\underline{p}_j$, l'offre est inférieure à la demande (rationnement du côté de la demande). Le prix va augmenter, puisque les consommateurs non satisfaits se trouvent en compétition pour l'obtention du bien.

À l'équilibre, la demande nette agrégée pour le bien j, $z_j\,(p_j^*)$, **est donc nulle.**

Pour exprimer autrement le processus qui conduit le marché à l'équilibre nous disons que si :

$$z_j\,(\bar{p}_j) = x_j\,(\bar{p}_j) - y_j\,(\bar{p}_j) < 0 \Rightarrow \bar{p}_j \searrow$$

$$z_j\,(\underline{p}_j) = x_j\,(\underline{p}_j) - y_j\,(\underline{p}_j) > 0 \Rightarrow \underline{p}_j \nearrow$$

Nous savons que lorsque le marché est concurrentiel, les agents sont **« preneurs de prix ».** On ne peut donc pas envisager une variation du prix qui serait décidée par les producteurs. Il faut donc imaginer une « fiction », celle du **« secrétaire de marché »** (commissaire-priseur), qui annonce un prix et qui enregistre à ce prix les quantités offertes et demandées (les intentions d'achat et de vente). Si la compatibilité des offres et des demandes n'est pas constatée, le « secrétaire de marché » fait varier le prix en fonction du signe de la demande nette globale, jusqu'à son annulation, de la façon indiquée ci-dessus.

Certains auteurs, A. Marshall notamment, ont privilégié l'ajustement à court terme par les quantités, et non par les prix (comme L. Walras). Dans le cas standard, il n'y a pas de différence entre les deux modes d'ajustement.

L'exemple suivant (le *Cobweb*, « toile d'araignée » en anglais) illustre le cheminement du marché vers une position d'équilibre. On parle souvent à cet égard de stabilité dynamique, même si le temps pendant lequel se déroule le processus est fictif. Nous supposons que l'offre courante (de la période présente t) d'un bien j, notée y_j^t, est proposée au prix, p_j^{t-1}, de la période précédente ($t - 1$). Nous supposons que les décisions des firmes prises en $t - 1$, à partir du prix observé p_j^{t-1} à cette période, se concrétisent par une quantité offerte à la période suivante. La production nécessite en effet un certain temps. La fonction d'offre globale est en outre supposée affine.

$$\forall t,\ y_j^t = ap_j^{t-1} + b,\ a > 0 \text{ et } b > 0$$

La demande globale de ce bien, x_j^t, dépend, quant à elle, du prix de la période courante p_j^t. La fonction de demande globale est également supposée affine.

$$\forall t,\ x_j^t = -\,cp_j^t + d,\ c > 0 \text{ et } d > 0$$

La condition d'équilibre sur le marché du bien j nous donne l'équation d'évolution du prix (équation récurrente linéaire d'ordre un avec un second membre constant).

$$y_j^t = x_j^t \Leftrightarrow ap_j^{t-1} + b = -\,cp_j^t + d \Rightarrow p_j^t = -\,\frac{a}{c}\,p_j^{t-1} + \frac{d-b}{c}$$

La solution particulière de cette équation peut être prise sous la forme : $p_j^t = p_j^*$ = constante (puisque p_j^* est le prix d'équilibre). En posant $p_j^{t-1} = p_j^t = p_j^*$, et en remplaçant dans l'équation précédente, on obtient :

$$ap_j^* + b = -\,cp_j^* + d \Rightarrow p_j^* = \frac{d-b}{c+a}$$

La solution de l'équation homogène associée, qui suit une progression géométrique de raison $-\,\frac{a}{c}$, est $(-\,\frac{a}{c})^t$ K. La solution générale de l'équation de récurrence est donc :

$$p_j^t - p_j^* = (-\,\frac{a}{c})^t\,(p_j^0 - p_j^*)$$

Cette équation nous aide à mieux comprendre les réactions « en chaîne » du marché, à partir d'une situation où le prix p_j^0 n'est pas un prix d'équilibre.

L'équilibre est (localement) **stable**, si $|- a/c| < 1$ (puisque $\lim_{t\to\infty}(- a/c)^t = 0$). Dans ce cas, les écarts de prix $p_j^t - p_j^*$ tendent vers 0.

L'équilibre est **instable**, si $|- a/c| \geq 1$, car la suite $(- a/c)^t$ est strictement croissante ou constante.

Nous représentons les cas $|- a/c| < 1$ et $|- a/c| > 1$ dans la figure 2.

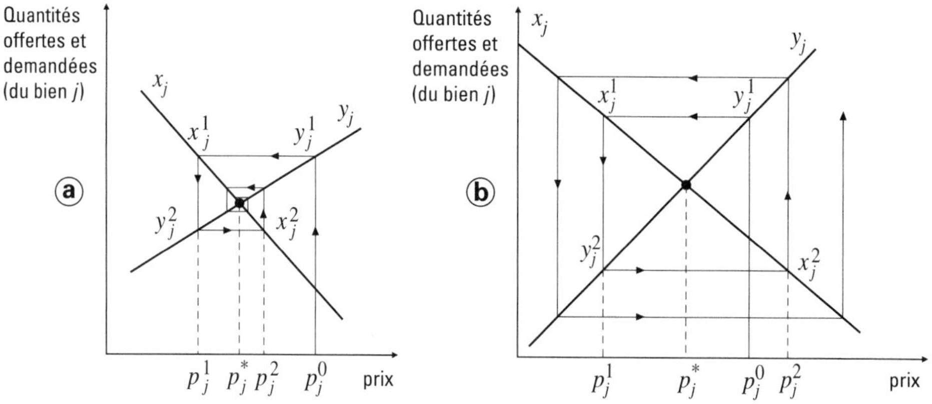

Fig. 2

Dans la figure 2(a), nous avons supposé que $|- a/c| < 1$, la pente a de la droite d'offre est plus faible que la pente c de la droite de demande (en valeur absolue). Au prix initial p_j^0, l'offre agrégée est au niveau y_j^1. Le niveau de la demande agrégée x_j^1, qui absorberait cette offre, est au prix p_j^1. À ce prix, l'offre diminue jusqu'en y_j^2, et la demande qui l'absorberait, x_j^2, est au prix p_j^2. Ce processus se poursuit, jusqu'à ce que le prix (re)trouve son niveau d'équilibre. Dans ces conditions, à la suite d'une perturbation, le processus des prix converge nécessairement vers p_j^*. Ce n'est en revanche plus le cas dans la figure 2(b), $|- a/c| > 1$, où les oscillations sont explosives. On dit alors de cet équilibre qu'il est **instable.**

Cf. exercice 6.1

Stabilité globale et stabilité locale. Soit f une application de A dans A, et $p^* \in$ A un équilibre pour la dynamique régie par l'équation : $u_{n+1} = f(u_n)$, $[f(p^*) = p^*]$.
A est un sous-ensemble fermé de $\mathbb{R}$.
L'ensemble de stabilité dans A de p^* est l'ensemble des points $u_o \in$ A, tels que la suite (u_n) solution de : $u_{n+1} = f(u_n)$, de premier terme u_o converge vers p^*. Cet ensemble est noté $S_A(p^*)$.
Un équilibre p^* est **globalement stable** dans A, si son ensemble de stabilité dans A, $S_A(p^*)$, est égal à A.
Un équilibre p^* est **localement stable** dans A, si son ensemble de stabilité dans A contient l'intersection avec A d'un voisinage de p^*.

b. L'équilibre de long terme

Pour des rendements d'échelle non constants, la différence avec le court terme réside dans le fait qu'**à long terme le profit des firmes s'annule**. L'explication est simple. À court terme, le nombre de firmes est donné. En revanche, sur le long terme, les firmes peuvent entrer librement sur le marché ou en sortir. Si une firme espère dégager un profit positif en produisant un bien j, par exemple, elle pénétrera sur ce marché. L'offre globale augmente alors, ce qui entraîne une baisse du prix.

Cette baisse engendre une diminution des profits, jusqu'à leur annulation. On peut donc dire qu'à l'équilibre de long terme les facteurs de production sont rémunérés à leur productivité marginale. Supposons un grand nombre de firmes ayant la même fonction de coût et un libre accès au marché (l'entrée se fait sans coût). Il est possible de calculer le prix p_j^* correspondant au seuil de rentabilité des firmes. À ce seuil, le profit de chaque firme est nul. **Le coût marginal s'égalise au coût moyen.** Ce résultat pose problème. Nous savons que dans l'hypothèse de rendements strictement décroissants un profit nul implique une production nulle. Il faudrait donc envisager le cas particulier de rendements croissants puis décroissants.

Le prix d'équilibre peut se situer juste au-dessus de p_j^*, parce que les firmes susceptibles d'entrer sur le marché en sont dissuadées par la perspective d'un profit négatif.

Cf. exercices 6.2 à 6.4

Dans la figure 3, nous avons tracé la courbe d'offre pour un nombre F croissant de firmes, jusqu'au nombre pour lequel leur seuil de rentabilité est atteint.

S'il y a un grand nombre de firmes, la courbe d'offre est représentée par la droite p_j^*A. Le prix d'équilibre p_j^* est alors égal au coût moyen minimum (*cf.* exercices 6.1 à 6.4).

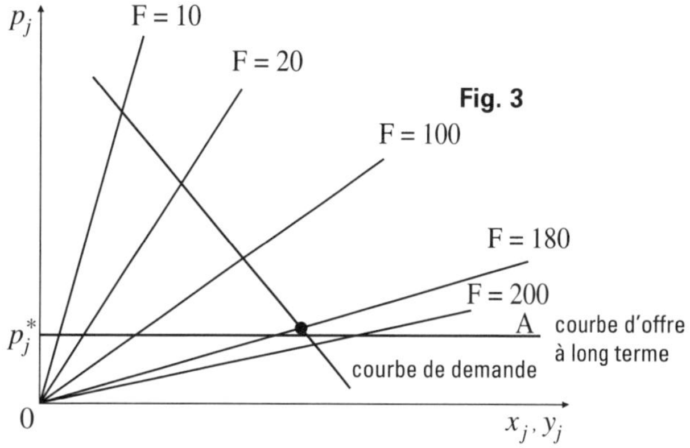

Fig. 3

2 - L'ÉQUILIBRE SUR TOUS LES MARCHÉS OU L'ÉQUILIBRE GÉNÉRAL

En raisonnant dans le cadre de l'équilibre partiel, nous avons volontairement isolé un marché des autres marchés. Or, les marchés sont à l'évidence **interdépendants**. Si un marché n'est pas à l'équilibre, la variation du prix sur ce marché peut se propager sur le prix des autres marchés. Par exemple, si le prix du café augmente, et que sa consommation diminue, cela peut entraîner une baisse de la demande de sucre, et donc de son prix. Pour étudier le lien entre tous les marchés, il faut prolonger l'étude dans le cadre de **l'équilibre général.** Il faut avoir à l'esprit que seules les informations sur les prix sont utiles aux agents économiques. Les informations sur le comportement des autres agents sont inutiles, puisque la concurrence parfaite exclut les interdépendances entre les agents.

Contrainte de revenu : les possibilités de choix du consommateur sont limitées par le fait que la valeur du panier de consommation ne doit pas dépasser son revenu ; cette condition, dépense inférieure ou égale au revenu est appelée « contrainte de budget ».

Les agents (producteurs et consommateurs) utilisent au mieux les ressources dont ils disposent, en tenant compte de leurs *contraintes** (de budget ou technologique). Leur calcul optimisateur les conduit à exprimer des offres et des demandes de biens sur tous les marchés à partir des prix observés. Lorsque ces marchés sont concurrentiels, les décisions individuelles, coordonnées par les prix, peuvent aboutir à un équilibre général (équilibre sur tous les marchés), dont on verra qu'il peut correspondre à l'utilisation la plus efficace des ressources existantes (optimalité) (*cf.* chapitre 7).

Contrainte technologique : le producteur doit choisir son plan de production dans son ensemble des possibilités de production, qui décrit toutes les combinaisons d'*inputs* et d'*outputs* qui sont technologiquement réalisables.

Nous décrivons tout d'abord le concept d'équilibre général dans le cadre d'une **économie d'échanges pure**. Ce type d'économie exclut la production. Tous les agents sont des consommateurs. Ils sont initialement dotés de biens, qu'ils peuvent échanger avec d'autres biens dans le but d'améliorer leur utilité.

a. L'équilibre général dans une économie d'échanges pure

Chaque consommateur i souhaite par l'échange obtenir le maximum de satisfaction. Il maximise donc sa fonction d'utilité $U_i(x_{i1},...)$ sous sa contrainte budgétaire, puis il exprime des offres et des demandes de biens sur les marchés en fonction de cet objectif. Sur chacun d'eux, se rencontrent donc toutes les offres et toutes les demandes individuelles pour un bien donné. L'approche en terme d'équilibre général consiste alors à déterminer **simultanément** le prix d'équilibre sur chaque marché. C'est-à-dire le prix pour lequel l'offre globale est égale à la demande globale. **La prise en compte des fonctions d'offre et de demande globale aboutit par conséquent au concept d'équilibre général dans le cadre de l'interdépendance des marchés.**

Dans une économie d'échanges pure, chaque consommateur i est initialement doté d'une certaine quantité des biens qui sont disponibles dans l'économie.

Nous indiquons par $\omega_i = \omega_{i1},\dots, \omega_{ij},\dots, \omega_{iJ}$ **la dotation initiale** d'un agent i. Pour une liste (vecteur) de prix $p = p_1,\dots, p_j,\dots, p_J$, cette dotation constitue ses ressources « monétaires » (revenu).

$$p\omega_i = p_1\omega_{i1} + p_2\omega_{i2} + \cdots + p_j\omega_{ij} + \cdots + p_J\omega_{iJ}$$

La dotation globale des consommateurs en bien j, notée ω_j, est égale à $\sum_{i=1}^{I} \omega_{ij}$. La **fonction de demande nette agrégée** en bien j, notée $z_j\,(p)$, est définie par : $x_j(p) - \omega_j$ où $x_j(p)$ indique la demande globale en bien j pour une liste de prix p. Il faut noter que **les fonctions de demande nette globale ne conservent pas toutes les propriétés des fonctions de demande nette individuelle, notamment l'axiome des préférences révélées. Les propriétés conservées par l'agrégation sont celles de continuité et d'homogénéité de degré** 0.

Notons bien qu'à présent la demande nette globale pour un bien j dépend de la liste des prix p de tous les biens.

> **Rappel du calcul vectoriel.** Un n – *tuple* est une liste ordonnée de n nombres réels.
> Nous indiquons l'ensemble de tous les n – *tuples* de nombres réels par $\mathbb{R}^n$. L'ensemble des n – *tuples* de nombres réels non négatifs est indiqué par $\mathbb{R}^n_+$. L'ensemble des n – *tuples* de nombres réels tous positifs est indiqué par $\mathbb{R}^n_{++}$.
> Les éléments de ces ensembles sont des vecteurs. La $i^{ième}$ composante du vecteur $x = (x_1,\dots, x_i,\dots, x_n)$ est x_i.
> Nous pouvons additionner deux vecteurs en additionnant leurs composantes. Soit : $y = (y_1,\dots, y_i,\dots, y_n)$
> $$x + y = (x_1 + y_1,\dots, x_i + y_i,\dots, x_n + y_n)$$
> Nous pouvons définir le produit scalaire, en multipliant chaque composante par un nombre réel :
> $$kx = (kx_1,\dots, kx_i,\dots, kx_n)$$
> Le produit de deux vecteurs x et y est donné par :
> $$xy^T = (x_1y_1 + x_2y_2 + \cdots + x_iy_i + \cdots + x_ny_n)$$
> [y^T indique le vecteur colonne (transposé de y)]

Nous supposons que notre économie comprend deux consommateurs (i = 1,2) et deux biens (j = 1,2). Le panier (vecteur) de consommation x_i de l'agent i est noté (x_{i1}, x_{i2}). Nous supposons que l'ensemble de consommation X_i de cet agent est dans $\mathbb{R}^2_+$, et que cet agent a une relation de préférence $\succsim_i$ sur les paniers de consommation dans cet ensemble X_i. Cette relation de préférence doit vérifier certaines propriétés **(convexité, continuité, monotonie)** étudiées dans le chapitre 1. Le vecteur des dotations initiales en biens de l'agent i est noté $(\omega_{i1}, \omega_{i2})$. Par conséquent, la quantité du bien j disponible dans l'économie est donnée par : $(\omega_{1j} + \omega_{2j})$. Nous supposons que cette quantité est strictement positive pour les deux biens. **Une allocation**, c'est-à-dire la quantité non négative de biens consommés par chaque agent, est indiquée par $x \in \mathbb{R}^4_+$, où $x = (x_1, x_2) = [(x_{11}, x_{12}), (x_{21}, x_{22})]$.

Une allocation réalisable. Une allocation $x = [(x_{11}, x_{12}), (x_{21}, x_{22})]$ est réalisable pour cette économie si :

$$x_{11} + x_{21} \leq \omega_{11} + \omega_{21} \text{ et } x_{12} + x_{22} \leq \omega_{12} + \omega_{22}$$

Cette définition signifie que la consommation totale de chaque bien ne peut pas être supérieure à la dotation initiale totale de ce bien.

Le revenu de chaque consommateur dépend du prix des biens et de ses dotations initiales. Par conséquent, pour chaque agent i, les dotations en biens étant données (exogènes), ainsi que le vecteur des prix $p = (p_1, p_2)$ (quelconque pour l'instant), l'ensemble de budget B_i de l'agent (i = 1,2) s'écrit :

$$B_i(p) = \{x_i \in X_i \subset \mathrm{IR}^2_+ : p_1 x_{i1} + p_2 x_{i2} \leq p_1 \omega_{i1} + p_2 \omega_{i2}\}$$

L'agent i doit choisir un panier de consommation x_i dans son ensemble de consommation X_i, dont la valeur, aux prix donnés, ne peut excéder la valeur de ses dotations initiales. **Si les préférences individuelles satisfont** l'*axiome de monotonicité** **(désirabilité), la contrainte budgétaire s'écrit sous la forme d'une égalité stricte.**

Axiome de non-saturation locale : étant donné un panier $x_i \in X_i$ et $\varepsilon > 0$, il existe un panier $y_i \in X_i$ avec $\|x_i - y_i\| < \varepsilon$, tel que $y_i \succ_i x_i$. $\|x_i - y_i\| = \sqrt{\sum (x_i - y_i)^2}$ est la distance euclidienne de x_i et y_i.

Monotonicité et saturation de la contrainte de revenu. Si l'axiome de monotonicité est vérifié, peut-on écrire : $px_i^* < pw_i$ (x_i^* indique le panier optimal) ? si oui, on peut toujours trouver un panier x_i dans X_i très proche de x_i^*, dont la valeur est inférieure strictement à $p\omega_i$ (ce panier est donc accessible). Mais, selon cet axiome, le panier x_i voisin de x_i^* est alors préféré à x_i^*. Dans ce cas, x_i^* ne maximise pas l'utilité de l'agent i sur son ensemble de budget $B_i(p)$. D'où la contradiction. Par conséquent, l'axiome de monotonicité (et donc de *non-saturation locale**) implique nécessairement que $px_i^* = p\omega_i$.

Cette économie d'échanges pure avec deux consommateurs et deux biens peut être représentée à l'aide de la **« boîte d'Edgeworth ».** Il faut bien comprendre dès à présent comment on la construit, car elle constitue un outil très efficace pour décrire différentes situations. Nous y avons recours très souvent par la suite. Il s'agit d'un artifice d'exposition, car l'on admet que l'existence de deux agents seulement ne remet pas en cause l'hypothèse de concurrence parfaite (on pourrait y voir l'expression d'un monopole bilatéral).

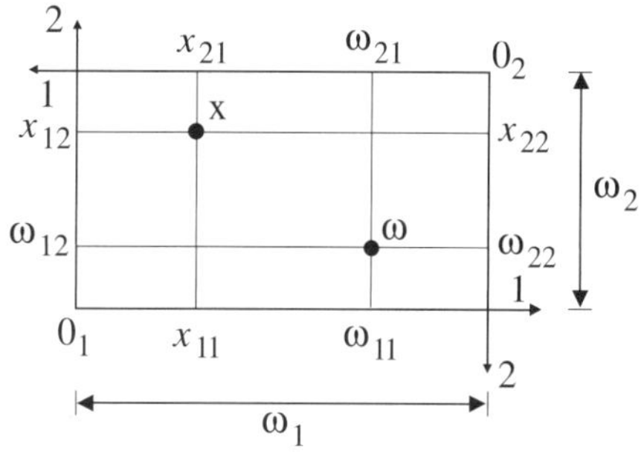

Fig. 4

Dans la figure 4, les dotations initiales en biens 1 et 2 de l'agent 1 et les quantités qu'il consomme sont mesurées à partir de l'origine sud-ouest des axes (0_1). Les dotations initiales en biens 1 et 2 de l'agent 2 et les quantités qu'il consomme sont mesurées à partir de l'origine nord-est des axes (0_2). Les deux axes verticaux mesurent les quantités du bien 2 pour les deux agents et les deux axes horizontaux mesurent les quantités du bien 1. Chaque point dans la « boîte d'Edgeworth » correspond à une allocation réalisable. L'allocation ω, par exemple, correspond aux dotations initiales (ω_{11}, ω_{12}) et (ω_{21}, ω_{22}) des deux consommateurs. Une autre allocation, (x_{11}, x_{12}) et (x_{21}, x_{22}), serait donnée par un autre point, x par exemple, dans la « boîte ». La longueur de la « boîte d'Edgeworth » est donnée par $\omega_1 = \omega_{11} + \omega_{21}$ et sa hauteur par $\omega_2 = \omega_{12} + \omega_{22}$. Elles indiquent respectivement les dotations globales en biens 1 et 2 de cette économie. La première allocation, indiquée par ω, est « autarcique », puisque les agents ne consomment que leurs dotations initiales. La deuxième allocation, indiquée par x, ne peut être obtenue que par l'échange de biens à partir des dotations initiales. Elle ne gâche pas les ressources existantes, puisque celles-ci sont employées en totalité ($0_1x_{11} + 0_2x_{21} = \omega_1$ et $0_1x_{12} + 0_2x_{22} = \omega_2$).

Axiome de monotonicité (au sens fort) : soient deux paniers de consommation différents x_i et x_i'. Si x_i contient des quantités supérieures ou égales à celles de x_i' pour tous les biens, avec des quantités strictement supérieures pour au moins un bien, alors $x_i \succ_i x_i'$. La monotonicité signifie que les consommateurs préfèrent dans toutes les circonstances plus à moins. La monotonicité au sens fort implique la ***non-saturation locale*** (la réciproque n'est pas vraie).

Avant d'aller plus loin, nous devons évoquer une loi, connue sous le nom de **« loi de Walras »,** et une propriété importante des fonctions de demande, la **propriété d'homogénéité.** Elles nous seront très utiles par la suite.

La loi de Walras résulte du fait que les consommateurs dépensent toutes leurs richesses. Ce qui est concevable dans une économie où tous les biens sont désirables (**monotonicité**). Dans une perspective temporelle, cela signifie que l'épargne dégagée aujourd'hui sera nécessairement utilisée pour des achats futurs.

La loi de Walras s'obtient simplement en agrégeant les contraintes budgétaires individuelles. Pour $i = 1{,}2$ et $j = 1{,}2$, on obtient ainsi :

$$p_1x_{11}(p) + p_2x_{12}(p) + p_1x_{21}(p) + p_2x_{22}(p) = p_1\omega_{11} + p_2\omega_{12} + p_1\omega_{21} + p_2\omega_{22}$$

qui peut s'écrire en mettant p_1 et p_2 en facteur :

$$p_1[x_{11}(p) + x_{21}(p) - (\omega_{11} + \omega_{21})] + p_2[x_{12}(p) + x_{22}(p) - (\omega_{12} + \omega_{22})] = 0$$

ou encore à partir de la définition des demandes nettes globales :

$$p_1z_1(p) + p_2z_2(p) = 0$$

Cette loi est indépendante du calcul optimisateur des agents et se vérifie pour n'importe quelle liste de prix (à condition que les dotations initiales globales en chaque bien soient strictement positives).

Les fonctions de demande de chaque consommateur sont homogènes de degré 0 **par rapport au prix.**

Nous savons que la demande de l'agent i pour un ensemble de prix p, notée $x_i\,(p, p\omega_i)$, doit vérifier la contrainte budgétaire, soit :

$$px_i\,(p, p\omega_i) = p\omega_i$$

Si nous multiplions tous les prix par un réel $\lambda > 0$, l'égalité :

$$\lambda px_i\,(\lambda p, \lambda p\omega_i) = \lambda p\omega_i$$

reste vérifiée si : $x_i(\lambda p, \lambda p\omega_i) = x_i(p, p\omega_i)$. Ce qui est effectivement le cas si on postule, en présence d'une monnaie numéraire, **l'absence d'illusion monétaire.** En effet, si par exemple les prix doublent, la valeur des dotations initiales de l'agent double également. Son ensemble de budget reste inchangé, ainsi que son panier de consommation. Nous disons alors que la fonction de demande $x_i(p, p\omega_i)$ est *homogène de degré 0** par rapport à la liste des prix p.

Définition : soit f une fonction de n variables, $X = x_1,\ldots, x_n$, A un sous-ensemble de $\mathbb{R}^{n,}$ tel que l'ensemble de définition A de f contient $\{\lambda X ; \lambda > 0\}$, et $\alpha \in \mathbb{R}$. On dit que f est ***homogène de degré*** α sur A si f vérifie : $\forall\lambda > 0$, $\forall X \in A$, $f(\lambda X) = \lambda^\alpha f(X)$.

Nous représentons à présent les ensembles de budget des deux consommateurs dans la « boîte d'Edgeworth ». La contrainte budgétaire de l'agent ($i = 1{,}2$) peut s'écrire :

$$x_{i2} = -\frac{p_1}{p_2}x_{i1} + (\frac{p_1}{p_2}\omega_{i1} + \omega_{i2})$$

Fig. 5

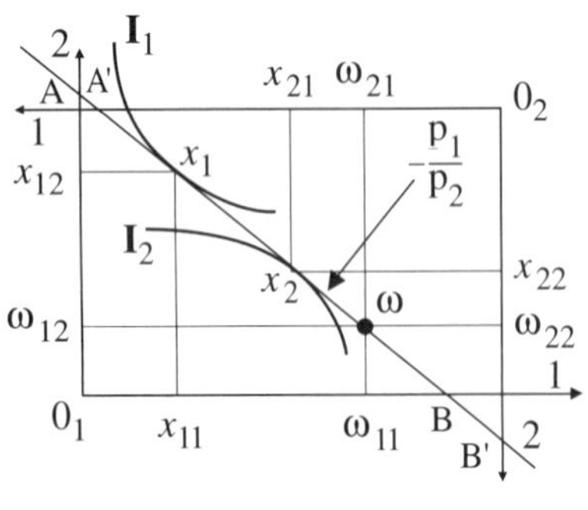

Dans la figure 5, nous indiquons les dotations initiales des deux consommateurs par ω, et leur panier optimal de consommation par x_1 et x_2. Nous avons tracé la ligne de budget commune aux deux consommateurs à partir de l'équation de budget ci-dessus. Il s'agit d'une droite de pente $-p_1/p_2$ qui passe par ω et par x_1 et x_2. Les ensembles de budget $B_1(p)$ et $B_2(p)$ des deux consommateurs sont donnés par les surfaces 0_1AB et 0_2A'B'.

Dans cette figure, les paniers de consommation des deux agents sont composés pour un prix relatif p_1/p_2 quelconque.

Nous constatons que la demande totale pour le bien 2 excède la dotation totale de ce bien, tandis que la demande totale pour le

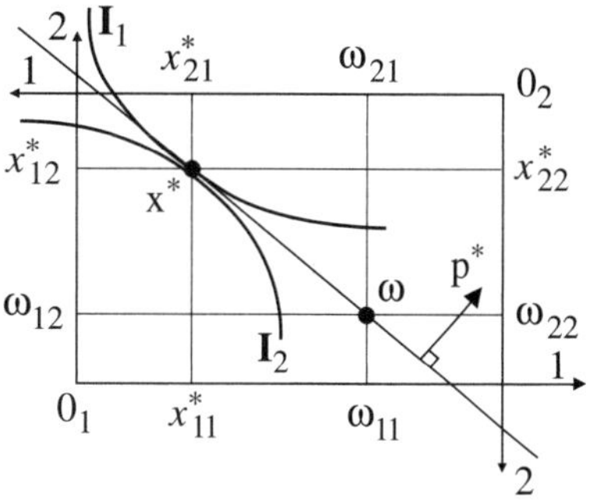

Fig. 6

bien 1 est inférieure à la dotation totale en bien 1. Autrement dit, la demande nette totale pour le premier bien, $z_1 = (x_{11} + x_{21}) - (\omega_{11} + \omega_{21})$ est négative, et la demande nette totale pour le second bien $z_2 = (x_{12} + x_{22}) - (\omega_{12} + \omega_{22})$ est positive. **Les plans de consommation sont donc incompatibles à ces prix. Un équilibre général** (représenté dans la figure 6) **est atteint lorsque les deux marchés sont en équilibre.**

L'équilibre général est donc obtenu, lorsque **les demandes nettes globales sur chacun des deux marchés s'annulent** $[z_1(p^*) = 0, z_2(p^*) = 0]$. Le prix $p^* = (p_1^*, p_2^*)$ est alors appelé **un prix d'équilibre** et l'allocation $x^* = [(x_{11}^*, x_{12}^*), (x_{21}^*, x_{22}^*)]$, qui en résulte, **une allocation d'équilibre**. À l'équilibre les plans de consommation des deux agents sont compatibles. Si l'un d'eux est demandeur net d'un bien, l'autre doit être offreur net de ce bien et pour le même montant. Dans notre exemple, le premier agent offre la quantité $\omega_{11} - x_{11}^*$ du bien 1, et le deuxième agent demande la quantité $x_{21}^* - \omega_{21} = \omega_{11} - x_{11}^*$ de ce même bien. Il en est de même pour le second bien, mais dans l'autre sens. De plus, pour l'allocation x^* les préférences des agents sont satisfaites, puisqu'en ce point **leurs courbes d'indifférence sont tangentes à la droite de budget.** Par conséquent, à l'équilibre, nous devons vérifier que :

$$\frac{\dfrac{\partial U_1(x^*)}{\partial x_{11}}}{\dfrac{\partial U_1(x^*)}{\partial x_{12}}} = \frac{\dfrac{\partial U_2(x^*)}{\partial x_{21}}}{\dfrac{\partial U_2(x^*)}{\partial x_{22}}} = \frac{p_1^*}{p_2^*}$$

Les taux marginaux de substitution (TMS) **des deux consommateurs calculés en x^* sont égaux au rapport des prix.** En effet, le rapport des prix p_1/p_2 étant commun aux deux consommateurs, le maximum de satisfaction pour chacun d'eux est obtenu lorsque leurs courbes d'indifférence sont tangentes entre elles et à la droite de budget. Nous savons de plus que tout point dans la boîte est une **allocation réalisable.**

Un équilibre walrasien (concurrentiel) dans la « boîte d'Edgeworth » est une liste de prix $p^* = (p_1^*, p_2^*)$ et une allocation $x^* = (x_1^*, x_2^*)$, tels que pour tout $i = 1,2$, $x_i^* \succcurlyeq_i x_i$, pour tout $x_i \in B_i(p^*)$ avec $z_1(p^*) = z_2(p^*) = 0$.

L'équilibre général dans la « boîte d'Edgeworth » peut être décrit d'une autre façon. On peut utiliser **les courbes d'offre des consommateurs,** lorsque les biens sont ordinaires (non Giffen). Pour tracer la courbe d'offre du premier consommateur, par exemple, nous représentons ses paniers optimaux, lorsque les prix varient, ses dotations initiales étant données. Nous avons pour cela reproduit dans la figure 7 une famille de courbes d'indifférence I, I'et I'' exprimant ses préférences ($\succsim_1$) sur son ensemble de consommation X_1. Nous supposons que le prix p_1/p_2 augmente.

Fig. 7

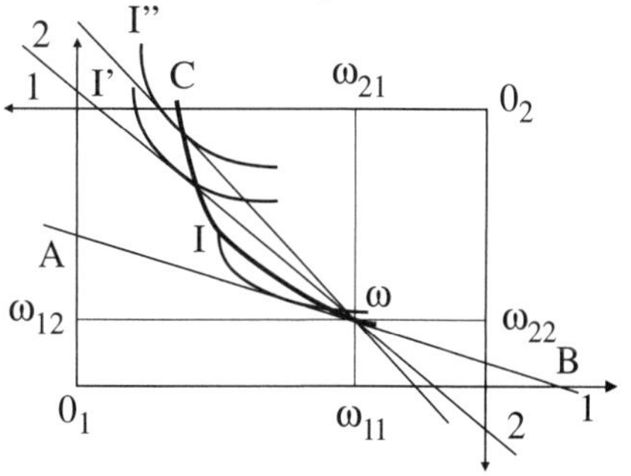

Nous savons depuis le chapitre 1 que le **panier optimal du premier consommateur au prix $p = (p_1, p_2)$ est indiqué par le point de tangence entre l'une de ses courbes d'indifférence et la droite de budget.**

Comme p_1/p_2 augmente, la droite de budget AB va pivoter à droite autour de ω. Les paniers de consommation optimaux demandés par le premier agent aux différents prix vont ainsi décrire une courbe ωC, que la littérature économique désigne sous le terme de courbe d'offre. Celle-ci passe nécessairement

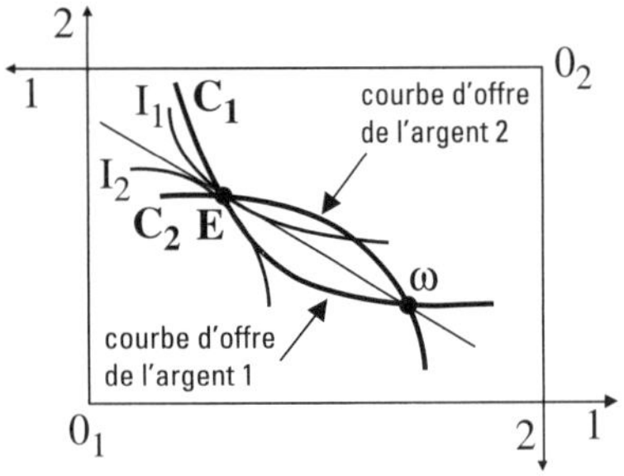

Fig. 8

par ω, puisque ses dotations initiales $\omega_1 = (\omega_{11}, \omega_{12})$ sont atteignables pour n'importe quelle liste de prix. Mais le consommateur doit pouvoir trouver sur cette courbe un point (un panier de consommation) au moins « aussi bon » que celui représenté par ses dotations initiales. Par conséquent, sa courbe d'offre est construite de telle façon qu'elle est tangente à la courbe d'indifférence passant par ω et située au-dessus de celle-ci ; c'est-à-dire, dans la région du graphique, où les courbes d'indifférence représentent des niveaux d'utilité plus élevés. À l'équilibre dans la « boîte d'Edgeworth », les courbes d'offre des deux consommateurs se coupent. En ce point E les paniers de consommation demandés par chaque agent sont compatibles avec les offres disponibles. L'équilibre est représenté dans la figure 8.

Le concept d'équilibre général dans le cadre d'une économie d'échanges pure est donc synonyme d'**équilibre sur tous les marchés** et de **satisfaction optimale pour les consommateurs.** À présent, comment définir cet équilibre, lorsque nous raisonnons dans une économie de production ?

cf. ***exercices 6.5 à 6.7.***

b. L'équilibre général dans une économie de production (l'économie de Robinson Crusoë)

Nous prolongeons l'étude précédente en considérant l'activité de production. Il faut évidemment ajouter certaines hypothèses concernant le producteur. Nous supposons que les rendements d'échelle de la production sont *non croissants**, afin d'éviter les discontinuités dans le comportement des firmes.

Les rendements d'échelle sont ***constants,*** lorsque les inputs étant multipliés par 2, par exemple, les *outputs* sont multipliés par 2. Ils sont ***décroissants***, lorsqu'ils sont multipliés par moins de 2. Il ne faut pas confondre les rendements d'échelle et les rendements factoriels (*cf.* chapitre 3).

Dans le cas d'un seul *input,* les rendements d'échelle locaux et le rendement factoriel peuvent être confondus.

Comme dans le cas d'une économie d'échanges pure, **les marchés sont en équilibre, lorsque les demandes des consommateurs égalisent les offres des producteurs et des ressources initiales sur chaque marché.** En effet, aux dotations initiales en biens des agents, il faut ajouter à présent la production des firmes, pour tenir compte de l'ensemble des ressources disponibles. Il faut rappeler que, par convention, les *outputs* des firmes sont écrits positivement, alors que les *inputs* le sont négativement. Lorsque l'offre est négative pour un bien, elle se retranche aux ressources initiales disponibles.

Notre **économie de Robinson Crusoë** comprend un consommateur et une firme, et deux biens : le travail – ou le loisir – et un bien de consommation produit par la firme.

Le consommateur a comme dans le cas précédent des préférences continues, strictement convexes et monotones sur le bien de consommation x_1 et sur le loisir x_2. On suppose qu'il dispose d'une dotation initiale de 24 heures par jour, notée $\overline{l}$, et aucune dotation initiale dans le bien de consommation. On désigne par $U(\cdot)$ sa fonction d'utilité représentant ses préférences. Le consommateur est le seul propriétaire de la firme, et reçoit donc les profits dégagés par celle-ci.

La firme utilise le travail du consommateur pour produire le bien de consommation. La technologie est représentée par une fonction de production $f(\cdot)$, qui est supposée croissante et strictement concave (les rendements d'échelle sont strictement décroissants). Pour justifier cette dernière hypothèse, on va supposer qu'il existe (implicitement) un deuxième facteur de production fixe, la terre, par exemple. Par conséquent, la fonction de production de la firme a en fait deux arguments, le travail et la terre. Mais, si la quantité de terre est fixe, la production ne dépend que du travail, et nous pouvons alors postuler raisonnablement pour ce facteur des rendements décroissants.

Une telle économie peut être désignée sous le terme **« d'économie de Robinson Crusoë ».** Un seul agent concentre les activités de production et de consommation.

Robinson est le seul propriétaire de la firme, le seul consommateur et le seul employé de la firme. Son île est assez éloignée de l'idée que l'on a d'un marché concurrentiel. Mais il s'agit d'un artifice commode pour illustrer le concept d'équilibre général de production, et comme nous le verrons dans le chapitre suivant, le concept d'allocation optimale dans une économie de production.

Définition de la concavité d'une fonction numérique. Une fonction numérique d'une variable réelle définie sur un intervalle J est concave, si elle vérifie :

$$\forall (x_0, x_1) \in \mathrm{J}^2, \forall \alpha \in [0,1], \mathrm{f}[\alpha x_1 + (1-\alpha)x_0] \geq \alpha \mathrm{f}(x_1) + (1-\alpha)\,\mathrm{f}(x_0)$$

La fonction f est strictement concave, si elle vérifie :

$$\mathrm{f}[\alpha x_1 + (1-\alpha)x_0] > \alpha \mathrm{f}(x_1) + (1-\alpha)\,\mathrm{f}(x_0)$$

Nous indiquons respectivement par p et s le prix du bien de consommation et le prix du travail et par t le travail. **Ces prix sont considérés comme des prix concurrentiels.** Le profit étant indiqué par $\pi(p, s)$, le programme de maximisation du producteur s'écrit alors :

$$\underset{t \geq 0}{\mathrm{Max}}\ \pi(p, s) = p\mathrm{f}(t) - st$$

La quantité produite est donnée par $\mathrm{f}(t)$, et la recette par $p\mathrm{f}(t)$. Les coûts de production sont donnés par st. La différence $p\mathrm{f}(t) - st$ indique donc le profit (recettes moins coûts de production).

Étant donné les prix (p, s), la demande optimale de travail de la firme est donnée par $t(p, s)$ et sa production par $y(p, s)$.

L'équation de la ***droite d'isoprofit*** s'écrit $y(p, s) = st(p, s)/p + \pi(p, s)/p$, à partir de la définition du profit : $\pi(p, s) = py(p, s) - st(p, s)$. Au point de tangence, on vérifie : $\frac{\mathrm{d}\mathrm{f}(t^*)}{\mathrm{d}t} = \frac{s}{p}$.

Le profit est maximum, lorsque **la productivité marginale du travail est égale au salaire réel.**

Étant donné les prix (p, s), le programme du consommateur est donné par :

$$\underset{x_1, x_2 \in \mathbb{R}^2_+}{\mathrm{Max}}\ \mathrm{U}(x_1, x_2)$$
$$\text{tel que : } px_1 = s\,(\bar{l} - x_2) + \pi(p, s)$$

Le consommateur choisit, sous sa contrainte budgétaire, sa consommation du bien (x_1) et du loisir (x_2), de telle manière que son utilité soit optimale. La contrainte du consommateur signifie que la valeur de sa consommation du bien x_1 est égale au montant de son salaire $s(\bar{l} - x_2)$ et des profits $\pi(p, s)$ qu'il reçoit.

Les demandes optimales du consommateur, au prix (p, s), sont données par : $x_1(p, s)$ et $x_2(p, s)$.

Comme dans le cas d'une économie d'échanges pure, l'équilibre général est obtenu, lorsque l'offre est égale à la demande globale sur le marché des deux biens. Par conséquent, un équilibre concurrentiel (p^*, s^*) s'écrit :

$$x_1(p^*, s^*) = y(p^*, s^*) \text{ et } [\bar{l} - x_2(p^*, s^*)] = t(p^*, s^*)$$

La première égalité exprime l'équilibre sur le marché du bien de consommation et la seconde l'équilibre sur le marché du travail, $\bar{l} - x_2\,(p^*, s^*)$ étant l'offre de travail du consommateur.

L'équilibre du producteur est représenté dans la figure 9.

Aux prix (p, s) donnés, **le maximum de profit est obtenu au point de tangence de la frontière de l'ensemble de production (zone hachurée) et de la droite d'isoprofit** (l'*input t* de la firme est lu négativement sur l'axe des abscisses). La *droite d'isoprofit** coupe l'axe $0_p y$ au point $\pi(p, s)/p$, qui indique le profit maximum en terme du bien de consommation.

Fig. 9

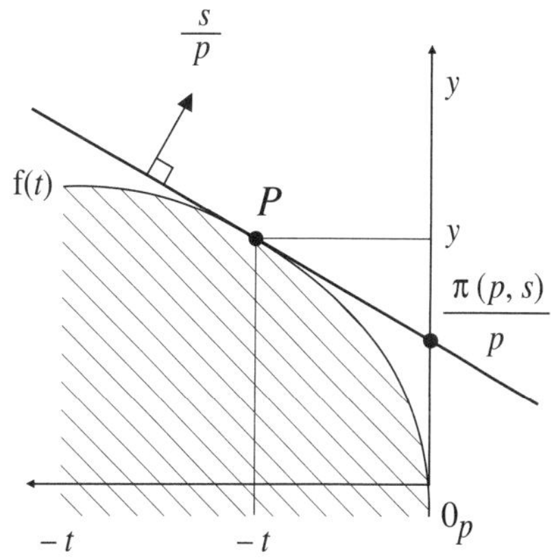

Les prix étant donnés, le producteur choisit la quantité de travail t qui maximise son profit, compte tenu de la technologie représentée par $f(t)$. Les prix étant donnés, le consommateur choisit la quantité du bien de consommation et la quantité de travail — loisir — qui maximise son utilité, compte tenu de sa contrainte budgétaire. **La condition du premier ordre (CPO)** du programme du consommateur de la page précédente indique que son utilité est maximale lorsque le **taux marginal de substitution du loisir au bien de consommation est égal au salaire réel,** soit :

$$\frac{\dfrac{\delta U(\cdot)}{\delta x_2}}{\dfrac{\delta U(\cdot)}{\delta x_1}} = \frac{s}{p}$$

Nous pouvons montrer aisément que la contrainte budgétaire du consommateur coïncide avec la ligne d'isoprofit du producteur pour différents taux de salaire réel. Pour un profit maximum, $\pi(p, s)$, l'équation de la ligne d'isoprofit et celle de la contrainte de revenu s'écrivent respectivement :

$$y(p, s) = \frac{s}{p}t(p, s) + \frac{\pi(p, s)}{p}$$

et

$$x_1(p, s) = \frac{s}{p}t(p, s) + \frac{\pi(p, s)}{p}$$

Cette identité signifie simplement qu'aux prix de marché, la valeur de la production optimale de la firme est distribuée à Robinson comme travailleur, $st(p, s)$, et à Robinson comme propriétaire de la firme, $\pi(p, s)$. Le revenu de Robinson est par conséquent suffisant pour acheter la production de la firme. Mais, il ne s'agit pas d'une condition d'équilibre, comme nous le montrons dans la figure 10 (a).

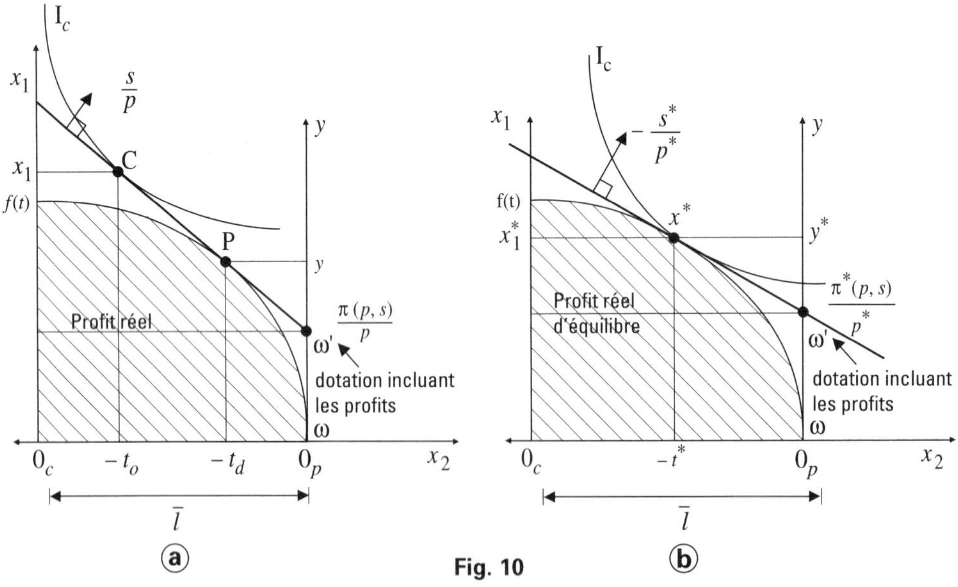

Fig. 10

À partir de l'origine 0_c, on mesure la quantité du bien x_2 (le loisir) et celle du bien x_1 (le bien de consommation). La dotation en heures $\bar{l}$ est représentée par le segment $[0_c, 0_p]$. L'ensemble de budget du consommateur, aux prix (p, s) et pour un profit $\pi(p, s)$, se trouve au-dessous de la droite de budget de pente $-s/p$ qui est aussi la droite d'isoprofit. Sa droite de budget ne passe pas par $\omega = (0, 0_p)$, car il reçoit les profits de la firme. Le montant de ces profits exprimés dans le bien de consommation est donné par : $\pi(p, s)/p$. Les dotations du consommateur sont donc indiquées par $\omega' = (\pi(p, s)/p, 0_p)$.

Au taux de salaire réel s/p donné, la demande du bien de consommation, x_1, est supérieure à l'offre y, et la quantité de travail offerte, t_0, par le consommateur est supérieure à la quantité de travail demandée, t_d, par la firme. L'équilibre du consommateur, au point C, et l'équilibre du producteur, au point P, sont incompatibles. Les marchés ne sont pas en équilibre. Il revient alors au taux de salaire réel de fournir les incitations pour que les décisions séparées des agents deviennent compatibles. Il doit baisser, pour inciter la firme à produire plus, et à Robinson-salarié à augmenter son temps libre. Dans la figure 10 (b), l'ensemble de prix (p, s) qui **équilibre les deux marchés** est (p^*, s^*). Pour l'allocation x^* le consommateur maximise son utilité et le producteur son profit, puisqu'en ce point **la courbe d'indifférence et la courbe de la fonction de production sont tangentes à la droite de budget (ligne d'isoprofit).** Par conséquent, nous devons vérifier en x^* :

$$\frac{\dfrac{\partial U(x^*)}{\partial x_2}}{\dfrac{\partial U(x^*)}{\partial x_1}} = \frac{df(t^*)}{dt} = \frac{s^*}{p^*}$$

À l'équilibre, **le taux marginal de substitution du consommateur doit être égal au taux marginal de transformation de la firme** (productivité marginale du travail dans ce cas particulier)**, tous deux égaux au salaire réel** (d'équilibre) s^*/p^*.

Un **équilibre général** dans une **économie de production** est donc synonyme d'**équilibre des marchés,** de **satisfaction optimale pour les consommateurs** et de **profit optimal pour les firmes.**

Dans une économie de production, les allocations de la firme et du consommateur sont nécessairement interdépendantes. Mais leurs décisions de production et de consommation prises à partir des prix observés sont séparées. Le rôle du salaire réel est alors de permettre de **décentraliser les décisions des agents** tout en les rendant cohérentes entre elles.

Nous pouvons en fait considérer les profits comme une rente pour le facteur fixe, la terre. Par conséquent, la valeur produite du bien de consommation est égale à la rémunération des facteurs ($p^*y^* = s^*t^* + \pi^*$) : le salaire pour le travail et la rente (profit) pour la terre, le facteur fixe. Le profit est donc nul, une fois que les facteurs de production ont été rémunérés.

L'étude de l'équilibre général a été menée jusqu'à présent **d'un point de vue descriptif.** Nous sommes partis des dotations initiales des agents, de leurs préférences et de la technologie de la firme pour représenter graphiquement les prix d'équilibre et les quantités échangées qui s'en déduisent. Les questions traitées sur un plan descriptif ne sont pas pour autant négligeables. Elles nous ont permis d'insister sur le rôle d'ajustement des prix. Ils assurent la cohérence de décisions séparées et interdépendantes quant à leurs conséquences dans le cadre d'une procédure décentralisée. La théorie de l'équilibre général adopte également une **démarche positive** qui complète la précédente. Elle répond à des questions que nous avons jusqu'à présent passées sous silence. En particulier, elle s'interroge sur les conditions (les plus générales possible) pour qu'un équilibre concurrentiel existe directement à partir de l'étude des fonctions de demande nette globale.

Cf. exercices 6.8 à 6.11

B

LA THÉORIE DE L'ÉQUILIBRE GÉNÉRAL

Les trois questions essentielles auxquelles cette théorie prétend répondre sont les suivantes. Quelles sont les conditions :

– pour qu'un équilibre général existe (1,b) ;

– pour que cet équilibre soit unique (2,a) ;

– pour que l'économie converge vers cet équilibre, à partir d'une situation quelconque (stabilité globale), ou bien retourne à celui-ci après une petite perturbation (stabilité locale) (2,b).

Nous raisonnons dans le cadre d'une économie d'échanges pure pour simplifier l'étude. Nous faisons encore très largement appel aux représentations graphiques pour examiner l'ensemble de ces questions. Les aspects plus techniques présentés sous la forme d'encadrés peuvent être laissés de côté en première lecture. Mais avant d'étudier ces trois questions, nous revenons sur la définition d'un équilibre général donnée précédemment (1,a).

1 - L'EXISTENCE DE L'ÉQUILIBRE GÉNÉRAL

Nous commençons par donner les deux définitions de l'équilibre concurrentiel.

a. Les définitions de l'équilibre concurrentiel

Nous supposons que les préférences de chaque consommateur sont continues, strictement convexes et localement non saturées. Nous supposons aussi que les dotations globales de chaque bien sont strictement positives ($\omega \gg 0$). Nous pouvons alors proposer la définition suivante.

Première définition d'un équilibre concurrentiel. Une allocation $x^* = (x_1^*,\ldots, x_i^*,\ldots, x_I^*)$ et un vecteur de prix : $p^* = (p_1^*,\ldots, p_j^*,\ldots, p_J^*) \geq 0$ constituent un équilibre concurrentiel si :

- pour chaque consommateur i, $x_i^* \in X_i$ est maximal dans son ensemble de budget, $\{x_i \in X_i : p\, x_i(p, p\,\omega_i) = p\,\omega_i\}$ où X_i désigne l'ensemble de consommation de l'agent i, pour la relation $\succsim_i$.
- pour chaque marché $j = 1,\ldots, J$, $\sum_{i=1}^{I} x_{ij}^*(p^*, p^*\omega_i) \leq \sum_{i=1}^{I} \omega_{ij} \Leftrightarrow \sum_{i=1}^{I} z_{ij}^*(p^*) \leq 0$.

Cette définition est sensiblement différente de celle proposée dans la partie précédente. À l'équilibre, chaque consommateur i maximise son utilité sous sa contrainte budgétaire et exprime des fonctions de demande $x_{ij}(p, p\omega_i)$ pour chaque bien j, dont la somme sur tous les consommateurs ne peut excéder la somme des dotations initiales de l'économie dans ce bien. **À l'équilibre, les demandes nettes globales sur chaque marché sont donc inférieures ou égales à zéro,** et non strictement égales à zéro, comme nous l'avons dit jusqu'à présent. Montrons le : avec l'axiome de non saturation locale, il vient que :

$\sum_j p_j x_{ij}(p, p\omega_i) - \sum_j p_j \omega_{ij} = 0, \ \forall_i,$ donc $\sum_i \left[\sum_j p_j x_{ij}(p, p\omega_i) - \sum_j p_j \omega_{ij}\right] = 0.$

En posant :

$\sum_i x_{ij} = x_j$ et $\sum_i \omega_{ij} = \omega_j$, il vient : $\sum_j p_j z_j(p) = 0$, qui est la loi de Walras.

Compte tenu de la définition de l'équilibre, nous avons sur chaque marché : $z_j(p^*) \leq 0, \forall_j$. Nous posons j = 1,2. À l'équilibre, l'expression $\sum_j p_j z_j(p) = 0$ devient donc : $p_1^* z_1(p^*) + p_2^* z_2(p^*) = 0$. Si $z_1(p^*) < 0$ et $z_2(p^*) = 0$, l'égalité précédente n'est vérifiée que si $p_1^* = 0$ ($p_2^* > 0$). Par conséquent, à l'équilibre, si la demande nette globale du bien 1 est strictement négative, son prix p_1^* est nul. On dit de ce bien qu'il est un **bien libre** (gratuit).

> **Définition des biens libres.** Si $p^* = (p_1^*, \ldots, p_j^*, \ldots, p_J^*)$ est un vecteur de prix d'équilibre, et si $z_j(p^*) < 0$, alors $p_j^* = 0$. Si la demande nette globale pour un bien j est strictement négative à l'équilibre, ce bien est un bien libre et son prix est nul. *Cf.* exercice 6.12.

Pour simplifier, nous supposons que les préférences de chaque consommateur vérifient **l'axiome de forte monotonicité** (en plus des axiomes de continuité et de convexité stricte). Un équilibre concurrentiel est alors obtenu pour une liste de prix strictement positifs ($p \gg 0$). Si ce n'était pas le cas, avec l'axiome de monotonicité, les consommateurs demanderaient une quantité illimitée des biens, dont le prix est nul.

> **Deuxième définition d'un équilibre concurrentiel.** Si les préférences individuelles sont continues, strictement convexes et monotones, et si $p^* = (p_1^*, \ldots, p_j^*, \ldots, p_J^*)$ est un vecteur de prix d'équilibre, alors $z_j(p^*) = 0$, pour tous les biens, et aucun prix p_j ne peut être nul ($p^* \gg 0$). Montrons le : Supposons que $z_j(p^*) \leq 0, \forall j$ et posons que : **(1)** $z_j(p^*) < 0$ pour un j donné alors $p_j^* = 0$. Comme les préférences individuelles sont fortement monotones **(2)** $z_j(p^*) > 0$. Il y a contradiction entre **(1)** et **(2)**. Par conséquent, $z_j(p^*) = 0, \forall j$.

Nous considérons dans tout ce qui suit que **les conditions d'équilibre se présentent sous la forme d'égalités strictes et que les prix d'équilibre sont tous strictement positifs.** La désirabilité des biens exclut l'existence de prix nuls à l'équilibre.

b. L'existence de l'équilibre en économie d'échanges pure

Nous montrons que l'existence d'un ou de plusieurs équilibres walrasiens suppose que les fonctions de demande nette globales vérifient quatre propriétés (*cf.* encadré ci-dessous).

Si les relations de préférence sont continues, strictement convexes et fortement monotones, les fonctions de demande nette globale définies pour des prix strictement positifs satisfont les propriétés suivantes. (On suppose aussi que les dotations globales $\omega = (\omega_1, \ldots, \omega_j, \ldots, \omega_J) \gg 0$).

> **Les propriétés des fonctions de demande nette globale :**
> - (1) elles sont continues ;
> - (2) elles sont homogènes de degré 0 ;
> - (3) elles vérifient la loi de Walras ;
> - (4) si un prix tend vers 0, l'excès de demande correspondant devient très grand.
>
> Inversement, si un prix est très élevé, l'excès de demande correspondant est négatif.

Cela équivaut à rechercher J – 1 prix normalisés d'équilibre, puisque le J^{ième} prix se déduit des précédents.

La première propriété permet d'exclure le cas où une petite variation des prix entraînerait une forte variation des quantités demandées (« pas de saut brusque » des fonctions de demande).

La deuxième propriété permet de **« normaliser les prix »**, c'est-à-dire de calculer des prix « équivalents », $\widehat{p}$, dont la somme est égale à l'unité.

La normalisation des prix. À partir de la propriété d'homogénéité des fonctions de demande, on peut écrire : $z_j(\lambda p) = z_j(p)$, $\forall_j = 1, \ldots, J$ et $\lambda > 0$. En posant :
$\lambda = \frac{1}{\sum_{j=1}^{J} p_j}$, il vient que : $z_j\left(\frac{1}{\sum_{j=1}^{J} p_j} p_1, \ldots, \frac{1}{\sum_{j=1}^{J} p_j} p_J\right) = z_j(\widehat{p}) = z_j(p)$, en posant $\widehat{p}_j = \frac{p_j}{\sum_{j=1}^{J} p_j}$, avec $\sum_{j=1}^{J} \widehat{p}_j = 1$

Fig. 11

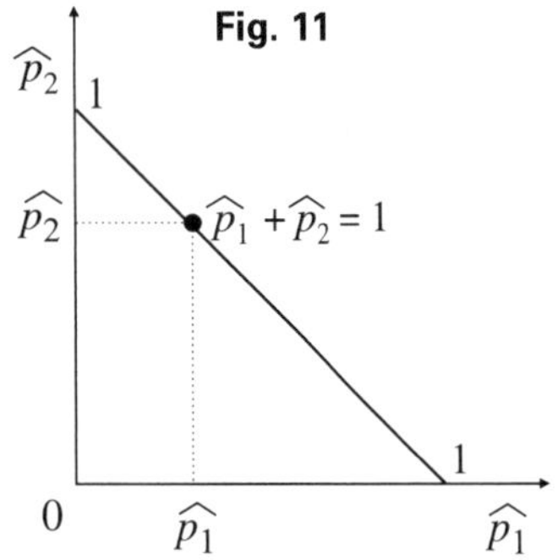

Avec deux biens, il est donc possible de considérer $\widehat{p}_1$ seulement, puisque, comme on peut l'observer aisément dans le Simplex de dimension 1 ci-contre, $\widehat{p}_2 = 1 - \widehat{p}_1$ (*cf.* fig. 11).

La troisième propriété associée à la seconde signifie que la demande nette globale sur un marché se déduit de la valeur des demandes nettes sur tous les autres marchés. **Si tous les marchés sauf un sont en équilibre, ce dernier marché est nécessairement en équilibre.** Il s'agit du **corollaire de la loi de Walras.**

Le corollaire de la loi de Walras. D'après la loi de Walras, et avec la normalisation des prix, on peut écrire :
$\sum_{j=1}^{J} p_j z_j(p) = \sum_{j=1}^{J} \frac{p_j}{\sum_{j=1}^{J} p_j} z_j\left(\frac{p_1}{\sum_{j=1}^{J} p_j}, \ldots, \frac{p_j}{\sum_{j=1}^{J} p_j}, \ldots, \frac{p_J}{\sum_{j=1}^{J} p_j}\right) = \sum_{j=1}^{J} \widehat{p}_j z_j(\widehat{p})$, en posant $\widehat{p}_j = \frac{p_j}{\sum_{j=1}^{J} p_j}$
et $\widehat{p} = \widehat{p}_1, \ldots, \widehat{p}_J \gg 0$. Ou encore :

$$\sum_{j=1}^{J-1} \widehat{p}_j z_j(\widehat{p}) + \widehat{p}_J z_J(\widehat{p}) = 0.$$

Il en résulte que : $z_J(\widehat{p}) = -\frac{\sum_{j=1}^{J-1} \widehat{p}_j z_j(\widehat{p})}{1 - \sum_{j=1}^{J-1} \widehat{p}_j}$. Si tous les marchés sauf un sont en équilibre, on écrit que : $\sum_{j=1}^{J-1} \widehat{p}_j z_j(\widehat{p}) = 0$
puisque : $z_1(\widehat{p}) = \ldots z_j(\widehat{p}) = \ldots z_{J-1}(\widehat{p}) = 0$. Et par conséquent : $z_J(\widehat{p}) = 0$ puisque $\widehat{p}_J > 0$.

La quatrième propriété signifie que lorsque le prix d'un bien tend vers 0, un consommateur au moins demande une quantité croissante de ce bien. Ce consommateur existe, puisqu'au moins l'un d'entre eux détient nécessairement une quantité strictement positive d'un autre bien (nous avons en effet supposé que $\omega \gg 0$). Prenons un exemple simple pour illustrer cette propriété. Supposons deux consommateurs, i et i', dont les dotations dans les deux biens (1 et 2) sont : $\omega_i = (0, \omega_2)$ et $\omega_{i'} = (\omega_1, 0)$. Si le prix du bien 2 tend vers 0, le revenu du second consommateur augmente relativement au bien 2, et sa demande pour ce bien est croissante, puisque son utilité marginale est positive.

Le bien 2 est choisi comme numéraire. Mais $\widehat{p}_1 = \frac{p_1}{p_1 + p_2}$ et $\widehat{p}_2 = \frac{p_2}{p_1 + p_2}$, avec $\widehat{p}_1 + \widehat{p}_2 = 1$ auraient aussi fait l'affaire.

Inversement, lorsque le prix d'un bien est élevé, il est offert en grande quantité. Mais cette offre est bornée par les dotations initiales. Notons en passant que les propriétés (1), (2), (3) et (4) se vérifient avec l'hypothèse de **non-saturation locale** (l'hypothèse de monotonicité forte est une condition suffisante).

Avec la *normalisation** des prix suivante ($\frac{p_1}{p_2} = \widehat{p}_1$, $\frac{p_2}{p_2} = 1$) et la loi de Walras, la recherche des prix d'équilibre dans une économie d'échanges avec deux biens équivaut à trouver la solution d'une simple équation : $z_1(\widehat{p_1},1) = 0$, puisque $z_2(\widehat{p_1},1) = 0$ s'en déduit. Ce problème est illustré dans la figure 12.

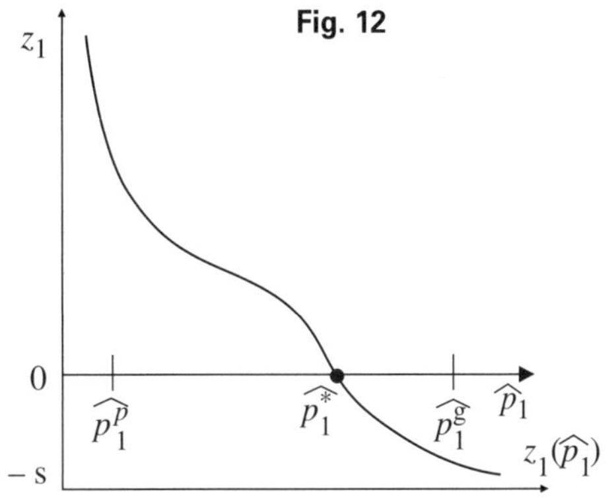

Fig. 12

Quand $\widehat{p_1}$ est très petit ($\widehat{p_1} = \widehat{p_1^p}$), la demande nette $z_1(\widehat{p_1}, 1)$ pour le bien 1 est positive. En revanche, quand $\widehat{p_1}$ devient très grand ($\widehat{p_1} = \widehat{p_1^g}$), la demande nette $z_1(\widehat{p_1}, 1)$ pour le bien 1 est négative, mais bornée par $s > 0$. [*cf.* propriétés (4) et (5) ci-dessus]. La fonction $z_1(\widehat{p_1}, 1)$ étant continue [propriété (1) ci-dessus], il existe au moins une valeur intermédiaire $\widehat{p_1^*} \in [\widehat{p_1^p}, \widehat{p_1^g}]$, pour laquelle $z_1(\widehat{p_1}, 1) = 0$, c'est-à-dire celle($s$) pour laquelle le graphe de la fonction de demande nette globale en bien 1, $[z_1(\widehat{p_1}, 1)]$, coupe l'axe $O\widehat{p_1}$. Par la loi de Walras [propriété (3) ci-dessus], $z_2(\widehat{p_1^*}, 1) = 0$, le vecteur de prix $(\widehat{p_1^*}, 1)$ est donc un vecteur de prix d'équilibre. **L'existence d'au moins un vecteur de prix d'équilibre est donc garantie, lorsque les fonctions de demande nette globale vérifient les propriétés énoncées ci-dessus** (somme toute assez générales).

Conformément aux conventions mathématiques en vigueur, la variable indépendante, $\widehat{p_1}$, est définie sur l'axe des abscisses. Dans le cadre de l'équilibre partiel, il est d'usage de mettre les prix sur l'axe des ordonnées, suivant en cela A. Marshall (1920), pour lequel le prix, à l'inverse de L. Walras (1874), est une variable dépendante.

Pour nous convaincre de l'importance de ces propriétés pour la démonstration de l'existence d'un équilibre général, nous pouvons montrer que si l'une d'entre elles n'est pas satisfaite, celui-ci peut ne pas exister. Supposons que l'agent 1 ait des préférences non convexes (fig. 13 a). Sa fonction de demande n'est alors pas continue (la 1re propriété n'est pas vérifiée). Dans ces conditions, le marché du bien 1 n'est pas en équilibre, si la courbe d'offre de l'autre agent coupe le segment AB (fig. 13 b).

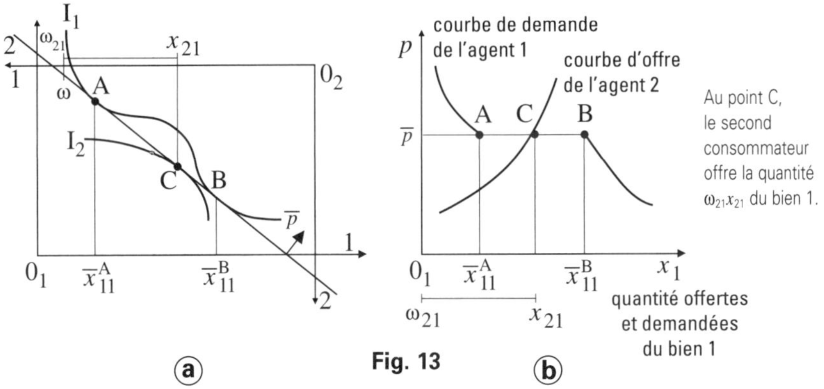

Fig. 13

Il est possible d'étendre la méthodologie de l'existence d'un équilibre général fondée sur les fonctions de demande nette globale au cas d'une économie avec production. Nous donnons, en guise d'illustration, la preuve, sous une forme analytique, de l'existence de l'équilibre général dans l'économie de Robinson Crusoë étudiée dans la première partie de ce chapitre.

Les propriétés des fonctions d'offre et de demande.

1 - Si le salaire $s = 0$ alors $x_2 = \overline{l}$, c'est-à-dire que la quantité de travail offerte est nulle. Comme $f'(t) > 0$, la quantité de travail demandée sera positive.

2 - Si $s = \overline{s}$ est grand, la quantité de travail demandée tend vers 0, et la quantité de travail offerte ne peut excéder $\overline{l}$, = 24 heures.

3 - Les fonctions de demande de travail $t(s)$ et de loisir $x_2(s)$ sont continues en s.

4 - La fonction de demande du bien de consommation $x_1(s)$ et la fonction d'offre de ce bien $y(s)$ sont continues en s. Nous avons posé $p = 1$ (le bien de consommation est choisi comme numéraire).

Nous appliquons le théorème des valeurs intermédiaires.

Le théorème des valeurs intermédiaires. Soit $[a, b]$, un intervalle fermé de $\mathbb{R}$, et f une fonction réelle continue sur $[a, b]$, telle que $f(a) < f(b)$. Alors, pour tout $c \in \mathbb{R}$, tel que $f(a) \leq c \leq f(b)$, il existe au moins un $x \in [a, b]$, tel que $c = f(x)$.
Ce théorème peut s'appliquer avec les propriétés énoncées à la page précédente.

En appliquant le théorème des valeurs intermédiaires avec les propriétés des fonctions d'offre et de demande énoncées ci-dessus, on peut apporter la preuve de l'existence d'un équilibre walrasien dans l'économie de Robinson.

La preuve de l'existence d'un équilibre général de production. La fonction de demande nette de travail-loisir est indiquée par : $z_t(s) = x_2(s) + t(s) - \bar{l}$. La demande nette de travail-loisir est égale à l'excès de la demande de loisir et de travail sur la dotation initiale en heures (24 heures).
Avec la propriété 1, nous avons : $z_t(0) > 0$, puisque $x_2(0) = \bar{l}$ et $t(0) > 0$
Avec la propriété 2, nous avons : $z_t(\bar{s}) < 0$ puisque $x_2(\bar{s}) = 0$ et $t(\bar{s}) = 0$
Avec la propriété 3, $z_t(s)$ est continue, puisqu'elle est la somme de fonctions continues.
En appliquant le théorème des valeurs intermédiaires, nous pouvons trouver s^*, $0 < s^* < \bar{s}$, tel que : $z_t(s^*) = 0$. s^* équilibre le marché du travail. Par le corollaire de la loi de Walras, nous avons aussi :
$z_x(s^*) = x_1(s^*) - y(s^*) = 0$, $z_x(s)$ est la fonction de demande nette du bien de consommation. (le lecteur peut faire le lien entre cette démonstration et la figure 12.)

Pour la démonstration de l'existence de l'équilibre, nous avons uniquement eu besoin de la continuité des fonctions d'offre et de demande et de leur comportement à la limite pour les valeurs extrêmes du prix. La loi de Walras termine la démonstration.

Pour étudier les deux autres questions — unicité et stabilité de l'équilibre —, il faut bien garder présent à l'esprit le fait que **les marchés sont interdépendants.** Il ne peut y avoir un équilibre général que si **tous les marchés sont en équilibre simultanément.** C'est cette idée que l'on retrouve dans la résolution du système (S) de l'encadré suivant. Walras (1874) est le premier auteur à avoir exploré cette voie, même si d'autres (Cournot, par exemple) avaient bien vu le caractère réducteur de l'équilibre partiel. Le modèle walrasien se présentait alors comme un système de J équations (les conditions d'équilibre), avec J inconnues (les prix). Comme les J – 1 équations sont ici linéaires et indépendantes, une solution, les prix relatifs d'équilibre, peut être trouvée sans difficulté. Nous avons pu entrevoir que cette méthode n'est plus appropriée, lorsque les équations ne sont pas linéaires, et que, par ailleurs, sont posées des contraintes supplémentaires sur le système (en particulier des conditions de non-négativité sur les quantités).

L'interdépendance des marchés. Avec la loi de Walras, pour vérifier qu'un vecteur de prix $p \gg 0$ équilibre les marchés (c'est-à-dire $z_j(p) = 0$, pour tous les biens j), il suffit de rechercher ceux qui équilibrent tous les marchés moins 1. Rechercher le vecteur de prix p^* et les quantités d'équilibre revient à calculer les solutions d'un système comprenant $(J - 1)$ équations (les conditions d'équilibre sur tous les marchés moins un) et $(J - 1)$ inconnues (les prix normalisés).

$$S = \begin{cases} z_1(\widehat{p}) = 0 \\ \vdots \\ z_{J-1}(\widehat{p}) = 0 \end{cases}$$

L'équilibre sur le dernier marché se déduit des équilibres précédents.

2 - L'unicité et la stabilité de l'équilibre général

Nous nous sommes jusqu'ici intéressés à la définition d'un équilibre général et nous avons précisé les conditions pour qu'un tel équilibre existe. Les questions que l'on doit se poser en complément sont celles de l'**unicité** et de **la stabilité de l'équilibre :**

– l'équilibre est-il unique ? Si ce n'est pas le cas, cela veut dire que **plusieurs vecteurs de prix normalisés peuvent solder (équilibrer) les marchés ;**

– peut-on revenir à un équilibre après une petite perturbation ? Si oui, on parle de **stabilité locale.** Dans ce cas, les prix résultant de cette perturbation devront être très proches des prix d'équilibre prévalant avant la perturbation ;

– peut-on parvenir à un équilibre à partir d'un système de prix quelconque (non négatif) ? Si c'est le cas, on parle de **stabilité globale.**

Nous consacrons la première partie de cette section au problème de l'unicité de l'équilibre, et la seconde à celui de la stabilité.

a. L'unicité de l'équilibre

Nous montrons simplement ici que **l'hypothèse de substituabilité brute** faite sur les biens assure l'unicité de l'équilibre général dans une économie d'échanges.

Les biens j et k sont des **substituts bruts**, si l'augmentation du prix du bien k n'entraîne pas une diminution de la quantité demandée du bien j, notée x_j. Il est équivalent de dire que ces biens ne sont pas fortement **complémentaires**. Une hypothèse voisine est celle d'une **relative indépendance des marchés**. L'influence du prix du bien j sur la demande nette exprimée sur le marché du bien j est plus forte que l'influence de tous les autres prix sur ce même marché.

Les biens j et k sont donc des substituts bruts pour une liste de prix p, si :

$$\frac{\mathrm{d}x_j(p)}{\mathrm{d}p_k} \geq 0, \text{ pour } j \neq k, \forall p$$

Supposons que le prix relatif p_1/p_2 diminue. Avec l'hypothèse de subtituabilité brute, et si les biens sont des **biens non Giffen**, alors :

{ lorsque p_2 augmente (p_1 restant constant), $z_2(p)$ diminue et $z_1(p)$ augmente ou reste constante ;

lorsque p_1 diminue (p_2 restant constant), $z_1(p)$ augmente et $z_2(p)$ diminue ou reste constante.

Au total, lorsque p_2 augmente et p_1 diminue, globalement $z_2(p)$ diminue et $z_1(p)$ augmente. Si l'équilibre est atteint en un point, il ne peut l'être en d'autres points.

En revanche, si les **biens sont complémentaires, il peut être possible de trouver plusieurs équilibres.** En effet :

{ lorsque p_1 diminue (p_2 restant constant), $z_1(p)$ augmente et $z_2(p)$ augmente ;

lorsque p_2 augmente (p_1 restant constant), $z_2(p)$ diminue et $z_1(p)$ diminue.

Les variations inversées de $z_1(p)$ et de $z_2(p)$ peuvent se compenser plus d'une fois et plusieurs équilibres sont alors possibles.

Si tous les biens sont des **substituts bruts** pour tous les prix, alors si p^* est un vecteur de prix d'équilibre, il est **unique.**

La preuve de cette proposition est simple à apporter. Mais le raisonnement intuitif ci-dessus peut suffire à comprendre l'importance de l'hypothèse de substituabilité brute pour résoudre le problème de l'unicité.

Substituabilité brute et unicité de l'équilibre. Nous supposons que $p^* = (p_1^*, p_2^*)$ est un vecteur de prix d'équilibre. En existe-t-il un autre $p' = (p'_1, p'_2)$, tel que : $z_1(p'_1, p'_2) = z_2(p'_1, p'_2) = 0$?

Nous pouvons écrire, avec l'hypothèse d'homogénéité des fonctions de demande et le fait que $p^* \gg 0$ est un prix d'équilibre, que :

$$z_j(p_1^*, p_2^*) = z_j\left(\frac{p'_1}{p_1^*}p_1^*, \frac{p'_1}{p_1^*}p_2^*\right) = z_j\left(p'_1, \frac{p'_1}{p_1^*}p_2^*\right) = 0, \text{ pour } j = 1,2$$

Supposons que : $\frac{p'_1}{p_1^*} = \max\left(\frac{p'_1}{p_1^*}, \frac{p'_2}{p_2^*}\right)$.

Est-ce que $z_2(p'_1, p'_2)$ s'annule ? Sachant que : $\frac{p'_1}{p_1^*} > \frac{p'_2}{p_2^*}$, soit $\frac{p'_1}{p_1^*}p_2^* > p'_2$, et comme p_1^* et p_2^* sont donnés,

p'_1 doit diminuer, puisque $\frac{p'_1}{p_1^*}p_2^*$ doit être égal à p'_2.

Avec l'hypothèse de substituabilité brute $\left(\frac{\mathrm{d}x_2(p)}{\mathrm{d}p'_1} \geq 0\right)$ il en résulte que : $z_2(p'_1, p'_2)$ devient $\leq$ à 0.

Par conséquent, p' ne peut pas être un équilibre. (Cette démonstration se généralise sans difficultés).

Nous pouvons montrer, *a contrario*, la multiplicité des équilibres dans la « boîte d'Edgeworth », lorsque les courbes d'offre (ωC_1 et ωC_2) des deux consommateurs s'intersectent aux points E_1, E_2, E_3, pour différents niveaux de prix relatifs p_1/p_2, comme cela est montré dans la figure 14. **Plusieurs prix relatifs annulent donc les demandes nettes globales.** Il y a multiplicité des équilibres.

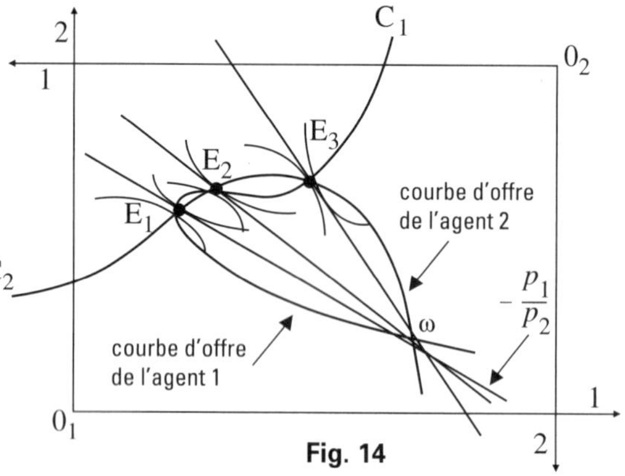

Fig. 14

Malgré les préférences individuelles habituelles (courbes d'indifférence convexes), on peut observer que la consommation du bien 1 par le premier consommateur diminue quand son prix augmente, puis augmente avec le prix, lorsque celui-ci a atteint un certain seuil. Pour le second consommateur, l'offre de bien 2 augmente avec p_1/p_2 puis diminue à partir d'un certain niveau de prix. Les biens 1 et 2 sont plutôt complémentaires (avec effet de snobisme) [jeans et baskets]. On peut comparer ce cas de figure « atypique » avec celui représenté dans la figure 8, où l'équilibre général est unique.

Nous avons considéré plusieurs configurations d'équilibre dans la figure 15 page suivante.

Pour cela, nous avons supposé l'existence de deux biens 1 et 2. Les biens étant supposés désirables, quand le prix relatif $p = p_1/p_2$ du bien 1 est grand, l'excès de la demande correspondante est négatif, et lorsque le prix relatif du bien 1 est petit, l'excès de la demande correspondante est positif. Il est aisé d'observer que si $\mathrm{d}z(p)/\mathrm{d}p < 0$ à tous les équilibres [la courbe de la fonction de demande nette globale coupe l'axe $0p$ « uniquement en descendant » (fig. 15 a)], il ne peut y en avoir qu'un seul. Il est possible de généraliser ce résultat, mais la preuve est hors du cadre de ce manuel. Dans les figures 15 b et 15 c, les équilibres sont en nombre impair (b) ou en très grand nombre (continuum d'équilibres) (c).

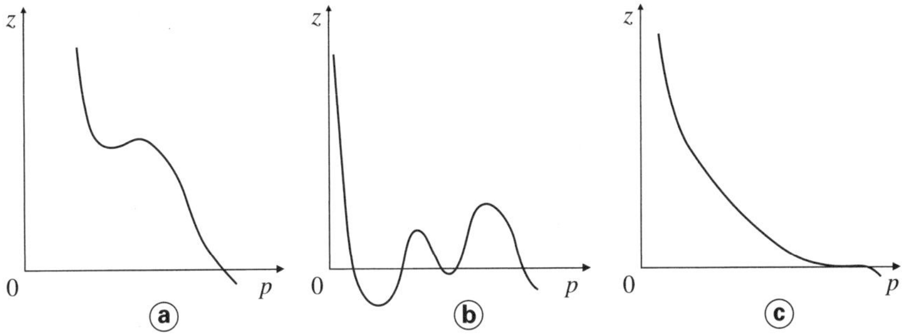

Fig. 15

Par conséquent, associée aux hypothèses habituelles, l'hypothèse de substituabilité brute pour tous les biens et pour tous les prix garantit l'unicité de l'équilibre. En d'autres termes, si p^* est une liste de prix d'équilibre, il n'en existe pas d'autres.

Cf. exercices 6.13 à 6.16

b. Le processus de tâtonnement et la stabilité

Il est toujours possible d'imaginer des processus stables **(qui convergent vers un équilibre)** ou instables (qui s'en éloignent) ; c'est-à-dire une suite d'allocations des ressources qui converge ou pas vers une situation d'équilibre.

Nous avons pu le constater en équilibre partiel, où la condition de stabilité suppose que la réaction de l'offre globale à une variation du prix est plus faible que celle de la demande globale.

Le problème est de savoir quels sont ceux qui pourraient donner l'idée la plus exacte possible des comportements individuels. Malheureusement, les hypothèses habituellement faites sur les préférences des agents ne fournissent aucune spécification précise sur les fonctions de demande nette globale, pour ce qui concerne le problème de la stabilité. La solution de ce problème ne peut donc pas être recherchée au niveau des comportements individuels. En fait, toute dynamique est *a priori* possible sur la base des propriétés « structurantes » des fonctions de demande nette globales. Notons aussi que la stabilité n'est pas une propriété propre à l'équilibre. Elle dépend du processus choisi pour représenter les variations des prix en dehors de l'équilibre et celles des demandes nettes globales qui en résultent.

Dans le modèle walrasien, la recherche des prix d'équilibre s'effectue dans un temps fictif selon une procédure d'essai-erreur, organisée par un agent fictif, le « secrétaire de marché » (commissaire-priseur). Celui-ci enregistre les offres et les demandes résultant du calcul maximisateur des agents à un prix quelconque. Le « secrétaire de marché » confronte alors les offres et les demandes globales pour chaque bien et révise les prix. **Le prix annoncé sur un marché augmente, lorsque la demande est supérieure à l'offre et diminue dans le cas contraire.** Ce processus, celui du **« tâtonnement walrasien »**, se poursuit jusqu'à l'égalisation des offres et des demandes globales sur chaque marché (si un équilibre existe). Ce n'est qu'à ce moment-là, c'est-à-dire à l'équilibre, que **les transactions entre les agents ont effectivement lieu.** Autrement, les agents devraient maximiser leur utilité (profit) sous la contrainte budgétaire (technologique) et sous une contrainte de rationnement sur la demande (offre).

La règle d'ajustement par les prix. La règle peut être représentée à l'aide de l'équation différentielle suivante : $\frac{\mathrm{d}p_j}{\mathrm{d}t} = k_j z_j[p_j(t)]$, $\forall_j = 1,\dots, J$, où : $\frac{\mathrm{d}p_j}{\mathrm{d}t}$ et $k_j > 0$ indiquent respectivement la variation du prix du bien j et la vitesse d'ajustement sur ce marché. Cette équation traduit l'idée générale selon laquelle sur les marchés, où la demande nette globale est positive, les prix augmentent ($\frac{\mathrm{d}p_j}{\mathrm{d}t} > 0$) et diminuent ($\frac{\mathrm{d}p_j}{\mathrm{d}t} < 0$) sur les marchés , où la demande nette globale est négative.

Cependant, l'interdépendance des marchés rend ici le processus d'ajustement plus complexe qu'en équilibre partiel. Supposons que le « secrétaire de marché » adopte la règle suivante : « j'augmente le prix du bien *j*, quand sa demande nette globale est positive, jusqu'à ce que ce marché soit en équilibre, le prix des autres biens étant fixés. Puis, le prix du bien *j* étant fixé, je fais varier le prix du bien *k* jusqu'à l'équilibre, et ainsi de suite,... ». Rien ne permet d'affirmer que l'on se rapproche ainsi de l'équilibre sur tous les marchés. En effet, lorsque le prix du bien *k* varie, les consommateurs peuvent modifier leurs demandes nettes en bien *j*. Le marché du bien *j* n'est plus alors à l'équilibre. Par conséquent, même si la règle d'ajustement par les prix définie ci-dessus a un sens, elle ne garantit pas la convergence. On peut donc aisément comprendre que postuler une indépendance relative des marchés, c'est-à-dire faire l'hypothèse que les biens sont des substituts bruts, garantit la stabilité.

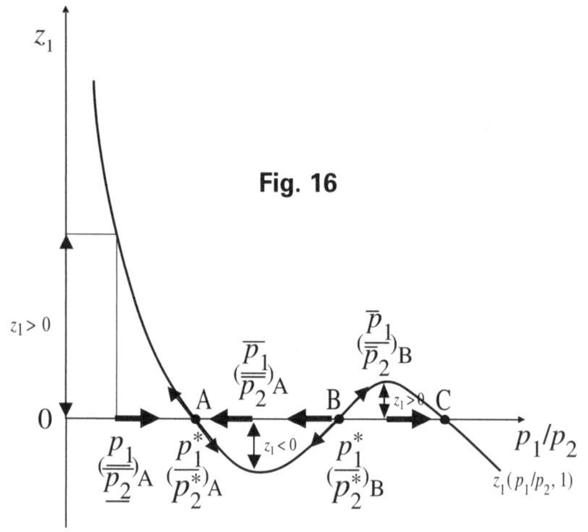

Fig. 16

Nous décrivons la stabilité des équilibres en présence de deux biens dans la figure 16.

Si la courbe de la fonction de demande nette globale du bien (1), $z_1(p_1/p_2, 1)$ coupe l'axe des abscisses « en descendant » (le point A), $[z_1'(p_1/p_2, 1) < 0$ au voisinage de A], A est un **équilibre localement stable** (le point C également). En effet, si le prix $(\overline{p}_1/\overline{p}_2)_A$ par exemple, est supérieur au prix d'équilibre $(p_1^*/p_2^*)_A$, la demande nette globale en bien 1 est négative et le prix $(\overline{p}_1/\overline{p}_2)_A$ **diminue jusqu'à retrouver sa position initiale d'équilibre (A),** compte tenu du tâtonnement ($\frac{dp_1}{dt} < 0$, quand $z_1(p) < 0$). Il en est de même pour un prix $(\underline{p}_1/\underline{p}_2)_A$, inférieur à $(p_1^*/p_2^*)_A$. En revanche, si la courbe coupe l'axe des abscisses « en remontant » (le point B) $[z_1'(p_1/p_2, 1) > 0$ au voisinage de B], un petit déplacement du prix à partir de $(p_1^*/p_2^*)_B$, soit $(\overline{p}_1/\overline{p}_2)_B$, par exemple, engendre **une instabilité locale**, puisque $(\overline{p}_1/\overline{p}_2)_B$ **s'éloigne alors de l'équilibre initial** (B). B est un **équilibre instable. La dynamique des prix est donc ici entièrement guidée par le signe de la demande nette globale. Le signe dépend du sens de variation de celle-ci, à la suite d'une petite variation initiale du prix relatif d'équilibre.** La stabilité dépend donc de la « forme » de la fonction $z_1(p_1/p_2, 1)$ de demande nette globale, dont on sait qu'elle est très libre dans le cas général. La stabilité de l'équilibre peut être décrite dans la « boîte d'Edgeworth » (*cf.* fig. 17).

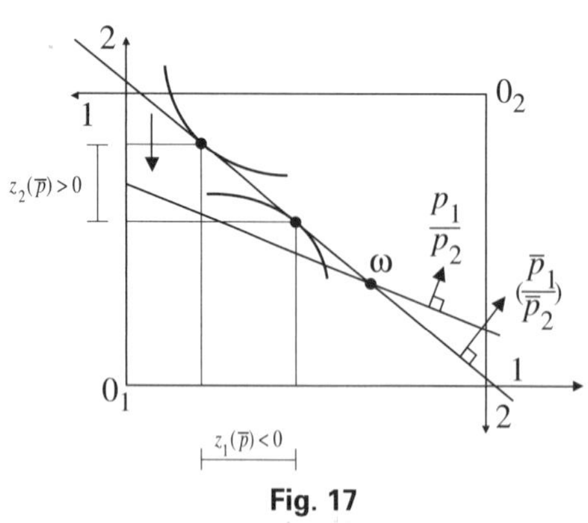

Fig. 17

Aux prix $(\overline{p}_1/\overline{p}_2)$, la demande nette globale du bien 2, $z_2(\overline{p}_1/\overline{p}_2, 1)$, est positive, et la demande nette globale du bien 1, $z_1(\overline{p}_1/\overline{p}_2, 1)$, est négative. Les prix $\overline{p}_2$ et $\overline{p}_1$ vont respectivement augmenter jusqu'à p_2 et baisser jusqu'à p_1. La droite de budget va pivoter vers la gauche autour de ω. Les excès de demande (positif ou négatif) à ce nouveau prix seront réduits jusqu'à leur annulation ; c'est-à-dire jusqu'à la coïncidence des points de tangence entre les courbes des deux consommateurs et la droite de budget (*cf.* figure 6).

La dynamique des prix peut être représentée par des trajectoires dans les figures 18. Nous supposons à nouveau que les prix varient comme les excès de demande, comme dans l'équation différentielle ci-dessus (on pose $k_j = 1, \forall_j$).

Près des bords, c'est-à-dire lorsqu'un prix est voisin de 0, l'excès de la demande nette correspondante est positif. Le prix doit donc augmenter. Les trajectoires des prix sont par conséquent orientées vers l'intérieur, en restant sur l'arc ou sur la surface de la sphère (avec la loi de Walras, on peut en effet démontrer que la « longueur des vecteurs de prix » — la norme euclidienne — reste constante pendant toute la durée du processus). Dans la figure 18 (a et b), l'équilibre (unique) est globalement stable.

Fig. 18

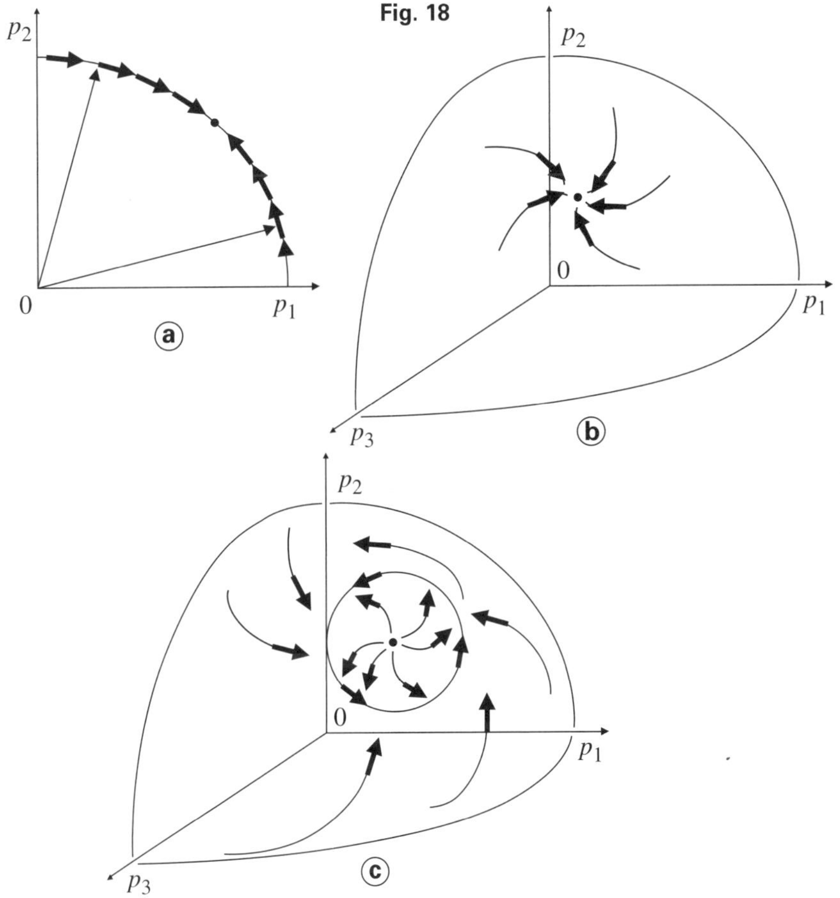

Mais on peut aussi rencontrer des situations qui se reproduisent à l'identique à chaque période, sans que les prix convergent vers le seul équilibre possible (*cf.* figure 18 c).

Si plusieurs équilibres sont possibles, et si le processus est globalement stable, on ne peut pas savoir à l'avance quel équilibre sera atteint. L'état terminal dépend en effet de la liste des prix initiaux annoncés par le « secrétaire de marché ». À moins que l'équilibre soit unique. Alors, quel que soit le vecteur des prix initiaux (positifs), l'économie convergera vers cet équilibre.

Cf. exercice 6.17

Nous avons **décrit** l'équilibre, puis nous nous sommes intéressés ensuite **aux conditions sous lesquelles un équilibre général existe, est unique et stable.**

La quatrième question qu'il faut se poser maintenant à propos de l'équilibre walrasien est celle de **l'optimalité.** Est-ce que l'équilibre général correspond à une situation optimale du point de vue de l'affectation des ressources ?

Pour répondre à cette question, il faut se proposer un critère d'appréciation. Celui de Pareto permet de savoir si une allocation est efficiente (efficace) ou pas. Il permet de porter un jugement sur la capacité du système économique à utiliser au mieux les ressources existantes. Mais, il ne dit rien sur le niveau des inégalités socialement acceptables. Il faut alors hiérarchiser tous les états que ce critère permet de sélectionner, sur la base de l'idée que la société se fait de la justice sociale. Un optimum, plus ou moins égalitariste, peut alors représenter le but recherché par la société. L'autre question que l'on doit se poser est la suivante : est-ce que le marché est en mesure d'allouer les ressources de manière à ce que le résultat qu'il obtient vérifie le critère d'optimalité ? Lorsque l'économie est parfaitement concurrentielle, la réponse est positive. La poursuite des fins individuelles, dans le cadre des marchés concurrentiels qui coordonnent les actions des agents, est collectivement efficace. L'affectation des ressources est optimale. En revanche, la procédure décentralisée du marché conduit à une situation sous-optimale, lorsque les actions individuelles sont interdépendantes ; et que ces interdépendances ne sont pas « corrigées » par des procédures spécifiques. Ces interdépendances peuvent résulter de la présence d'externalités ou de biens publics dans l'économie. Le résultat recherché, l'affectation la plus efficace possible des ressources, passe alors par des procédures particulières de mise en œuvre de l'optimum. L'intervention de l'État, ou des procédures contractuelles, peuvent alors s'avérer indispensables pour pallier les défaillances du marché.

QUESTIONS À CHOIX MULTIPLES

(Pour chaque question, il y a une ou plusieurs réponses)

1 - Dans l'approche de l'équilibre partiel, ces propositions vous paraissent-elles justes ?

a. la fonction de demande nette globale sur le marché du bien (j) s'écrit : $z_j(p_1,\dots,p_j,\dots p_J)$.

b. il y a équilibre sur le marché du bien (j), si on sait par ailleurs qu'il y a équilibre sur les autres marchés.

c. il y a nécessairement qu'un seul équilibre sur le marché.

d. la stabilité de l'équilibre dépend des grandeurs agrégées.

e. sur le long terme, le profit tend vers 0.

2 - Un équilibre walrasien est défini par :

a. $\forall j, \sum_{i=1}^{I} x_{ij} = \sum_{i=1}^{I} \omega_{ij}$

b. $\sum_{j=1}^{J} \sum_{i=1}^{I} x_{ij} = \sum_{j=1}^{J} \sum_{i=1}^{I} \omega_{ij}$

c. $\forall i, \sum_{j=1}^{J} x_{ij} = \sum_{j=1}^{J} \omega_{ij}$

d. $\forall j, \sum_{i=1}^{I} x_{ij} - \sum_{i=1}^{I} \omega_{ij} \leq 0$

e. $\sum_{j=1}^{J} \sum_{i=1}^{I} p_j x_{ij} = \sum_{j=1}^{J} \sum_{i=1}^{I} p_j \omega_{ij}$

3 - L'existence d'un équilibre général concurrentiel dans l'économie de Robinson avec des rendements d'échelle strictement décroissants implique que :

a. le profit est non nul.

b. le taux marginal de substitution du consommateur est égal au rapport des prix.

c. un marché au moins est à l'équilibre.

d. le taux marginal de substitution du consommateur, le taux marginal de transformation du producteur et le salaire réel sont égaux.

e. le profit est égal à la rémunération des facteurs de production.

4 - Quelles sont les propositions ci-dessous qui vous paraissent conformes à la définition d'un équilibre général concurrentiel ?

a. l'existence d'un équilibre général walrasien dans une économie d'échanges suppose que les conditions suivantes sont absolument vérifiées : la convexité stricte des préférences et la loi de Walras.

b. si un bien j est désirable, alors si son prix est nul à l'équilibre, il en résultera une demande agrégée positive ou nulle de ce bien.

c. si tous les biens j sont désirables, et si p^* est un équilibre, alors : $\forall j$, $z_j(p^*) = 0$.

d. si p^* est un équilibre, et si $z_j(p^*) > 0$, alors $p^* \geq 0$.

e. la somme des taux marginaux de substitution des consommateurs s'égalise au rapport des prix.

5 - La stabilité de l'équilibre général est conditionnée par :

a. les hypothèses faites sur les préférences individuelles.

b. la règle retenue par le « secrétaire » de marché.

c. le signe des demandes nettes globales.

d. par la plus ou moins forte interdépendance entre les marchés.

6 - Parmi ces propriétés, quelles sont celles qui vous semblent nécessaires pour garantir l'existence d'au moins un équilibre général dans une économie d'échanges ?

a. les demandes nettes globales sont invariantes à un changement proportionnel de tous les prix.

b. les demandes nettes globales augmentent dans les mêmes proportions que le prix de tous les biens.

c. les fonctions de demande nette globale sont continues.

d. les fonctions de demande nette globale sont strictement monotones décroissantes.

e. le comportement des fonctions de demande nette globale aux bornes est bien défini.

7 - Parmi les critères proposés, quels sont ceux qui correspondent à la définition de la concurrence parfaite ?

a. les relations de préférence individuelle sont strictement convexes.

b. les seuls agents dans l'économie sont des consommateurs.

c. les prix sont considérés comme des paramètres par les agents.

d. il n'y a pas de contraintes de rationnement.

e. les actions individuelles ne sont pas considérées comme interdépendantes.

8 - Dans la boîte d'Edgeworth :

a. tout point est un équilibre.

b. tout point est une allocation réalisable.

c. les droites de budget des consommateurs ont des pentes identiques.

d. à l'équilibre, les TMS des consommateurs sont égaux à la pente de la droite de budget.

9 - Quelles affirmations vous paraissent-elles erronées ?

a. si les biens sont désirables, la contrainte budgétaire du consommateur i s'écrit : $\sum_{j=1}^{J} p_j x_{ij} \leq \sum_{j=1}^{J} p_j \omega_{ij}$.

b. si les biens sont complémentaires, l'équilibre général est unique.

c. si les biens sont substituables, l'équilibre est stable.

d. si les biens sont désirables, les préférences individuelles sont fortement monotones.

10 - La stabilité de l'équilibre dans une économie d'échanges avec deux biens dépend :

a. de ce qui se passe sur les deux marchés.

b. de la « forme » du graphe des fonctions de demande nette globale.

c. du principe de tâtonnement retenu par le « secrétaire de marché ».

d. de la réaction des prix à la valeur absolue des demandes nettes globales.

(Les réponses se trouvent en fin d'ouvrage, page 384.)

EXERCICE CORRIGÉ 6.1

Marché en concurrence parfaite : l'équilibre à court terme (A,1,a)

La fonction de production de type Cobb-Douglas d'une entreprise est donnée par :

$$y = 10x_1^{1/4}x_2^{1/4}$$

Les prix de y, x_1 et x_2 sont indiqués respectivement par p, p_1 et p_2.

a. Quelles sont les fonctions de coût total CT (en l'absence de coûts fixes) et d'offre $y(p)$ de cette firme ?

b. En posant $p_1 = 800$ et $p_2 = 200$, calculer la fonction d'offre globale $Y(p)$ pour deux firmes identiques.

c. La demande globale $X(p)$ sur ce marché est donnée par : $X(p) = a - bp (a > 0, b > 0)$. Calculer le prix d'équilibre et étudier les propriétés de cet équilibre (stabilité ou instabilité), selon la valeur du paramètre b, lorsque l'on pose que :

$$X_t = a - bp_t \text{ et } Y_t = \frac{1}{8} p_{t-1}$$

CORRIGÉ

a. Le coût total (CT) est égal à :

$$p_1x_1 + p_2x_2 = CT$$

On minimise le coût total sous la contrainte technologique : soit :

$$\underset{x_1 \geq 0,\, x_2 \geq 0}{\text{Min}} \; p_1x_1 + p_2x_2 : y = 10x_1^{1/4}x_2^{1/4}$$

On construit le Lagrangien :

$$£(x_1, x_2) = p_1x_1 + p_2x_2 - \lambda(10x_1^{1/4}x_2^{1/4} - y)$$

On étudie les conditions du premier ordre :

$$(1)\ \frac{\partial £}{\partial x_1} = p_1 - 2{,}5\lambda x_1^{\frac{-3}{4}} x_2^{\frac{1}{4}} = 0$$

$$(2)\ \frac{\partial £}{\partial x_2} = p_2 - 2{,}5\lambda x_1^{\frac{1}{4}}\ x_2^{\frac{-3}{4}} = 0$$

En divisant (1) par (2), on élimine le multiplicateur :

$$\frac{p_1}{p_2} = \frac{x_2}{x_1} \text{ ou encore } x_2 = \frac{p_1}{p_2} x_1$$

On remplace x_2 par son expression dans la fonction de production :

$$y = 10x_1^{\frac{1}{2}} (\frac{p_1}{p_2})^{\frac{1}{4}} \text{ ou encore } x_1 = (\frac{p_2}{p_1})^{\frac{1}{2}} \frac{1}{100} y^2$$

$$\text{et } x_2 = (\frac{p_2}{p_1})^{-\frac{1}{2}} \frac{1}{100} y^2$$

La fonction de coût total est donc égale à :

$$\text{CT} = \frac{1}{50} y^2 \sqrt{p_1 p_2}$$

Le coût marginal est égal à :

$$(\text{CT})'_y = \frac{1}{25} y \sqrt{p_1 p_2}$$

La fonction d'offre de la firme est obtenue en égalisant le coût marginal aux prix p de concurrence :

$$\frac{1}{25} y \sqrt{p_1 p_2} = p \text{ et } y(p) = \frac{25}{\sqrt{p_1 p_2}} p$$

b. Il suffit de remplacer le prix des *inputs* dans l'expression de la fonction d'offre de la firme $y(p)$

$$y(p) = \frac{25p}{400} \text{ et } \text{Y}(p) = 2\frac{25p}{400} = \frac{1}{8}p$$

c. En égalisant l'offre globale et la demande globale, on calcule le prix p^* d'équilibre. Celui-ci est solution de l'équation :

$$\text{X}(p) = \text{Y}(p) \Leftrightarrow a - bp = \frac{1}{8}p$$

$$p^* = \frac{a}{\frac{1}{8} + b}$$

En remplaçant dans la condition d'équilibre X_t et Y_t par leurs expressions, on en déduit l'équation linéaire de récurrence suivante :

$$p_t = -\frac{1}{8b} p_{t-1} + \frac{a}{b}$$

La solution particulière de cette équation est la solution constante donnée par $p^* = \frac{a}{\frac{1}{8} + \text{b}}$. Par conséquent, la solution générale s'écrit :

$$p_t - \frac{a}{\frac{1}{8} + b} = (p_0 - \frac{a}{\frac{1}{8} + b})(-\frac{1}{8b})^t$$

p_t converge vers p^*, si $\lim_{t \to \infty} (-\frac{1}{8b})^t = 0$. Tel est le cas si : $\left| -\frac{1}{8b} \right| < 1$.

Si $\left|-\frac{1}{8b}\right| > 1$, l'évolution des prix a des oscillations explosives. Si $\left|-\frac{1}{8b}\right| = 1$, l'évolution des prix a une oscillation constante. Pour que l'équilibre soit stable, il faut donc supposer que $b > 1/8$; autrement dit que la valeur absolue de la pente de la droite de demande globale soit supérieure à la pente de la droite d'offre globale.

EXERCICE PROPOSÉ 6.2

L'équilibre à long terme (A,1,b)

Une firme, dont les charges fixes sont de 400 F par mois, peut produire chaque mois une quantité y d'un bien de consommation au plus égale à : $10x_1^{\frac{1}{4}}x_2^{\frac{1}{4}}$; x_1 et x_2 indiquent les facteurs de production, dont les prix sont indiqués par : $p_1 = 1\text{F}$ et $p_2 = 4\text{F}$. La fonction de demande totale pour le bien de consommation y est donnée par : $X(p) = 18\,000 - 1\,000p$, p est le prix du bien y.

a. Déterminer la fonction CT de coût total de l'entreprise.

b. Exprimer la fonction d'offre $y(p)$ de la firme.

DÉMARCHE

a. On minimise le coût total de l'entreprise sous la contrainte technologique pour un niveau $\bar{y}$ donné de production.

b. On calcule le coût marginal qu'on égalise au prix p.

RÉSULTATS

a. $\frac{1}{25}y^2 + 400$ **b.** $y = \frac{25}{2}p$.

EXERCICE CORRIGÉ 6.3

L'équilibre à long terme (A,1,b)

On considère à présent F firmes identiques à celle de l'exercice précédent.

a. Quel est le prix d'équilibre de concurrence ? Quel est le nombre maximum de firmes sur ce marché ?

b. Montrer que le profit de chaque firme est une fonction décroissante de F.

CORRIGÉ

a. Le prix d'équilibre de concurrence est celui pour lequel le coût moyen CM est égal au coût marginal Cm.

$$\text{CM} = \frac{1}{25}y + \frac{400}{y} \text{ et } \text{C}m = \frac{2}{25}y$$

$$\frac{1}{25}y + \frac{400}{y} = \frac{2}{25}y \Rightarrow y = 100$$

À partir de la fonction d'offre, il vient :

$$100 = \frac{25}{2}p \Rightarrow p = 8$$

La courbe d'offre de la firme est donc :

$$y(p) = \begin{cases} \frac{25}{2}p, \text{ si } p \geq 8 \\ 0, \text{ sinon} \end{cases}$$

Le prix d'équilibre est le prix qui égalise l'offre globale à la demande globale.

L'offre globale est égale à : $F\frac{25}{2}p$. Le prix d'équilibre p^* est solution de l'équation :

$$F\frac{25}{2}p = 18\,000 - 1000p \Rightarrow p^* = \frac{1\,440}{F + 80}$$

Le prix p étant ≥ 8, nous avons donc :

$$\frac{1\,440}{F + 80} \geq 8 \Rightarrow F \leq 100$$

b. Le profit $\pi(y)$ s'écrit : $\pi(y) = py - 1/25y^2 - 400$. Avec $y = (25/2)p$, il vient : $\pi = (25/4)p^2 - 400$. Avec : $p = 1\,440/F + 80$, π s'écrit encore :

$$\pi = \frac{25}{4}(\frac{1\,440}{F + 80})^2 - 400 \text{ et}$$

$$\frac{d\pi}{dF} = \frac{50}{4}(\frac{1\,440}{F + 80})[-\frac{1\,440}{(F + 80)^2}] < 0$$

Lorsque le nombre de firmes augmente sur le marché, le profit de chacune d'entre elles diminue.

EXERCICE PROPOSÉ 6.4

L'équilibre à long terme (A,1,b)

Nous avons F firmes identiques sur un marché, dont la fonction de coût est donnée par : $c(y) = y^2 + 4$.

a. Calculer le coût marginal Cm et le coût variable moyen CVM de chacune d'elles.

b. Calculer la fonction d'offre individuelle $y(p)$ et la fonction d'offre globale $Y(p)$. On indique par p le prix de concurrence.

c. Supposons que la fonction de demande globale s'écrive $X(p) = -cp + d$ ($c > 0$, $d > 0$). Quel est le prix p^* d'équilibre ?

d. Quel est le prix d'équilibre minimum correspondant au seuil de rentabilité des firmes ?

DÉMARCHE

a. Immédiat.

b. On égalise le coût marginal au prix de concurrence. La fonction d'offre globale est obtenue ensuite par sommation des fonctions d'offre individuelle.

c. On égalise l'offre globale et la demande globale.

d. On égalise le coût moyen et le coût marginal.

RÉSULTATS

a. Cm = $2y$; CVM = y, le coût fixe est de 4.

b. $y(p) = p/2$ et $Y(p) = Fp/2$

c. $p^* = \dfrac{d}{c + \dfrac{F}{2}}$. Le prix d'équilibre décroît, lorsque le nombre F de firmes augmente.

d. $p^* = 4$. Lorsque le nombre F de firmes augmente, le prix d'équilibre tend vers 4.

EXERCICE PROPOSÉ 6.5

L'équilibre dans une économie d'échanges pure : la boîte d'Edgeworth (A,2,a)

Soit une économie avec deux biens et deux consommateurs, dont les préférences sont représentées par les fonctions d'utilité $U_1(x_{11}, x_{12}) = x_{11}x_{12}$ et $U_2(x_{21}, x_{22}) = x_{21}x_{22}$. Les dotations initiales des deux consommateurs sont représentées par :

$$\omega_1 = (2,1) \text{ et } \omega_2 = (1,3).$$

a. Représenter dans le système d'axes $(x_{12}0_1x_{11})$ le point 0_2, dont les coordonnées sont égales à $\omega_{11} + \omega_{21}$ et $\omega_{12} + \omega_{22}$. Vous pouvez comme cela construire la boîte d'Edgeworth.

b. Tracer les courbes d'indifférence des deux consommateurs passant par ω_1 et ω_2.

c. Soit $p = (p_1, p_2)$, le vecteur des prix des deux biens. Tracer les droites de budget des deux consommateurs, et vérifier qu'elles sont confondues (On pose $\dfrac{p_1}{p_2} = \dfrac{4}{3}$). Tracer les courbes d'indifférence des deux consommateurs pour des utilités U_1 et U_2 respectivement égales à 3 et 4. Quel est le signe de la demande nette globale des deux biens ?

d. S'assurer que sous les hypothèses considérées les prix d'équilibre sont strictement positifs.

DÉMARCHE

a. Voir le cours.

b. On pose $U_1(\omega_{11}, \omega_{12}) = 2$ et $U_2(\omega_{21}, \omega_{22}) = 3$.

c. On pose $x_{11}x_{12} = 3$ et $x_{21}x_{22} = 4$.

d. On étudie les propriétés des fonctions d'utilité.

RÉSULTATS

La figure 19 représente les situations évoquées dans les trois premières questions.

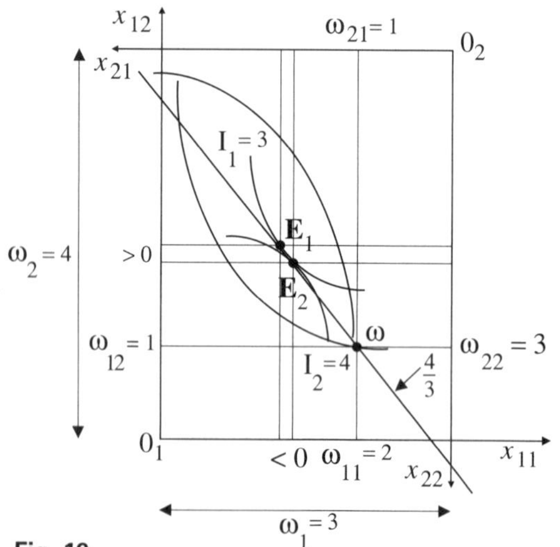

Fig. 19

EXERCICE CORRIGÉ 6.6

Calcul d'un équilibre général (A,2,a)

Soit une économie avec deux biens et deux consommateurs, dont les préférences sont représentées par les fonctions d'utilité $U_1(x_{11}, x_{12}) = 9x_{11}^{2/3}x_{12}^{1/3}$ et $U_2(x_{21}, x_{22}) = 18x_{21}^{1/3}x_{22}^{2/3}$. Les dotations initiales sont respectivement : $\omega_1 = (3,7)$ et $\omega_2 = (14,6)$. Quel est le prix relatif d'équilibre et les consommations correspondantes (les prix de concurrence des deux biens sont indiqués par p_1 et p_2) ?

CORRIGÉ

À l'équilibre, le TMS des deux consommateurs est égal au rapport des prix. Soit :

$$\frac{\frac{\partial U_1}{\partial x_{11}}}{\frac{\partial U_1}{\partial x_{12}}} = \frac{\frac{\partial U_2}{\partial x_{21}}}{\frac{\partial U_1}{\partial x_{22}}} = \frac{p_1}{p_2}$$

On calcule le rapport des dérivées partielles premières pour le premier consommateur :

$$\frac{\frac{\partial U_1}{\partial x_{11}}}{\frac{\partial U_1}{\partial x_{12}}} = \frac{6x_{11}^{-\frac{1}{3}}x_{12}^{\frac{1}{3}}}{3x_{11}^{\frac{2}{3}}x_{12}^{-\frac{2}{3}}} = 2\frac{x_{12}}{x_{11}} = \frac{p_1}{p_2} \Rightarrow x_{12} = \frac{1}{2}\frac{p_1}{p_2}x_{11}$$

La contrainte budgétaire du premier consommateur s'écrit :

$$p_1x_{11} + p_2x_{12} = 3p_1 + 7p_2$$

En remplaçant x_{12} par sa valeur dans la contrainte budgétaire, il vient :

$$x_{11} = \frac{2}{3}(3 + 7\frac{p_2}{p_1})$$

En remplaçant x_{11} par sa valeur dans la contrainte budgétaire, on obtient :

$$x_{12} = \frac{p_1}{p_2} + \frac{7}{3}$$

On procède à l'identique pour le deuxième consommateur :

$$\frac{\frac{\partial U_2}{\partial x_{21}}}{\frac{\partial U_2}{\partial x_{22}}} = \frac{6x_{21}^{-\frac{2}{3}}x_{22}^{\frac{2}{3}}}{12x_{21}^{\frac{1}{3}}x_{22}^{-\frac{1}{3}}} = \frac{1}{2}\frac{x_{22}}{x_{21}} = \frac{p_1}{p_2} \Rightarrow x_{22} = 2\frac{p_1}{p_2}x_{21}$$

La contrainte budgétaire du second consommateur s'écrit :

$$p_1x_{21} + p_2x_{22} = 14p_1 + 6p_2$$

En remplaçant x_{22} par sa valeur dans la contrainte budgétaire, il vient :

$$x_{21} = \frac{2}{3}(7 + 3\frac{p_2}{p_1})$$

En remplaçant x_{21} par sa valeur dans la contrainte budgétaire, on obtient :

$$x_{22} = \frac{4}{3}(3 + 7\frac{p_1}{p_2})$$

La condition d'équilibre sur le marché du bien 1 s'écrit :

$$\frac{2}{3}(3+7\frac{p_2}{p_1})+\frac{2}{3}(7+3\frac{p_2}{p_1})=17$$

$$\frac{20}{3}\frac{p_2}{p_1}=17-\frac{20}{3}\Rightarrow\frac{p_2}{p_1}=\frac{31}{20}\simeq 1{,}55$$

L'équilibre sur le marché du bien 2 s'en déduit à partir du corollaire de la loi de Walras. Il faut noter qu'on ne peut calculer que le **prix relatif d'équilibre.**

Les quantités consommées à l'équilibre sont égales à :

$$x_{11}=\frac{2}{3}(3+7\frac{31}{20})\simeq 9{,}2$$

$$x_{12}=\frac{20}{31}+\frac{7}{3}\simeq 2{,}98$$

$$x_{21}=\frac{2}{3}(7+3\frac{31}{20})\simeq 7{,}8$$

$$x_{22}=\frac{4}{3}(3+7\frac{20}{31})\simeq 10{,}02$$

EXERCICE PROPOSÉ 6.7

Calcul d'un équilibre général (A,2,a)

Même exercice que le précédent avec :

$U_1 = 10x_{11}^{0,6}x_{12}^{0,4}$ et $U_2 = 20x_{21}^{0,4}x_{22}^{0,6}$; $\omega_1 = (4,6)$ et ω_2 (12,8)

DÉMARCHE : voir corrigé de l'exercice 6.6.

RÉSULTATS

$\frac{p_2}{p_1}\simeq 1{,}295$; $x_{11}\simeq 7{,}06$; $x_{12}\simeq 3{,}64$; $x_{21}\simeq 8{,}94$; $x_{22}\simeq 10{,}36$

EXERCICE CORRIGÉ 6.8

L'économie de Robinson avec deux biens (A,2,b)

Robinson Crusoë dispose d'une dotation initiale de 24 heures. La fonction de production pour le bien de consommation est représentée par : $y = f(t)$, où t indique la quantité d'heures de travail utilisé dans la production. On suppose que f est strictement concave. Le loisir, le bien x_2, est donc : $x_2 = 24 - t$. Les préférences de Robinson sont représentées par une fonction d'utilité $U(x_1, x_2)$, qui a les propriétés habituelles. Le bien de consommation est choisi comme numéraire (son prix est égal à l'unité). Le profit de la firme est donné par : $\pi = f(t^d) - st^d = y^s - st^d$, où t^d et y^s indiquent respectivement la demande de travail et l'offre du bien de consommation. Le salaire horaire est indiqué par s. Le revenu de Robinson est donné par : $Y = 24s + \pi$. Il est le seul propriétaire de la firme, et, à ce titre, il reçoit le profit qu'elle fait. Il dépense son revenu au « rachat » de loisir x_2 et à l'achat du bien de consommation x_1, étant donné sa contrainte de budget : $Y = sx_2 + x_1$. Le salaire s et le profit π étant donnés, il choisit x_1 et x_2 afin de maximiser $U(x_1, x_2)$. Le salaire s étant donné, la firme choisit le niveau de production correspondant au profit le plus élevé, sous sa contrainte technologique, $y \leq f(t)$.

a. Définir précisément un équilibre général concurrentiel. Décrire le comportement de Robinson-firme, de Robinson-consommateur, et les contraintes d'équilibre.

b. Supposons que s soit inférieur à son niveau d'équilibre ($\underline{s} < s^*$). dans ce cas, $t^d + x_2 > 24$ et $y^s > x_1$.

Est-ce que la loi de Walras se vérifie pour $\underline{s}$? Si oui, pourquoi ?

c. Qu'en est-il à ce niveau de salaire $\underline{s}$ du plan de production de la firme qui maximise son profit et du plan de consommation du ménage qui maximise son utilité ? Comment $\underline{s}$ doit-il varier pour assurer l'ajustement ?

CORRIGÉ

a. Se reporter au cours.

b. La loi de Walras nous dit qu'aux prix prévalant sur les marchés (à l'équilibre ou en dehors) la valeur de la somme des demandes nettes sur les deux marchés s'annule. Nous avons en effet :

$$\pi = f(t^d) - \underline{s}t^d = y^s - \underline{s}t^d \text{ et}$$

$$\underline{s}(24 - x_2) + \pi = x_1$$

En remplaçant π par son expression dans $\underline{s}(24 - x_2) + \pi = x_1$, il vient :

$$\underline{s}(24 - x_2) + y^s - \underline{s}t^d = x_1 \text{ ou encore}$$

$$\underline{s}[(t^d + x_2) - 24] + (x_1 - y^s) \equiv 0$$

c. Pour $\underline{s}$, les plans de production et de consommation sont incompatibles. L'offre du bien de consommation est supérieure à la demande, et la demande de travail est supérieure à l'offre de travail. L'ajustement passe dans ce cas par une augmentation du salaire réel.

Supposons que $s = s^*$. L'équilibre concurrentiel est alors atteint. L'allocation d'équilibre correspond à la solution du problème : choisir x_1 et x_2 de telle manière que $U(x_1, x_2)$ soit maximum, quand $x_1 = y$, pour : $y = f(t)$ et $x_2 = 24 - t$.

EXERCICE PROPOSÉ 6.9

L'économie de Robinson avec deux biens et des rendements d'échelle constants (A,2,b)

La fonction d'utilité de Robinson-consommateur s'écrit : $U(x_1, x_2) = \alpha \ln x_1 + (1 - \alpha) \ln x_2$. Il dispose d'une unité de temps disponible pour le travail et le loisir (une journée : $\bar{l} = 1$). La firme a des rendements d'échelle constants : $x_1 = at (a > 0)$. On indique par p le prix du bien de consommation et par t la quantité de travail.

a. Calculer les fonctions de demande du bien de consommation et du bien loisir. (On indique le salaire unitaire par s.)

b. Quel est le salaire réel d'équilibre ? Quelles sont les quantités de x_1 et $(1 - x_2)$ à l'équilibre ?

DÉMARCHE

a. On maximise l'utilité du consommateur sous sa contrainte budgétaire.

b. On exprime la condition d'équilibre sur le marché du bien de consommation.

RÉSULTATS

a. $x_1(p, s) = \dfrac{\alpha s}{p}$ et $x_2(p, s) = 1 - \alpha$. Le profit est nul à l'équilibre.

b. $(\dfrac{s}{p})^* = a$; $x_1^* = \alpha^2$; $(1 - x_2)^* = \alpha$.

EXERCICE PROPOSÉ 6.10

L'économie de Robinson avec deux biens et des rendements d'échelle strictement décroissants (A,2,b)

La firme met en œuvre à présent une technologie représentée par la fonction de production : $x_1 = \sqrt{t}$. (Les variables ont la même signification que dans l'exercice précédent.)

a. Quelle est la fonction de demande de travail et la fonction d'offre du bien de consommation de la firme ?

b. Quelle est la fonction de demande de loisir ?

c. Quel est le salaire réel d'équilibre ? Quelle est l'expression du profit d'équilibre ?

DÉMARCHE

a. On maximise le profit de la firme.

b. On maximise l'utilité du consommateur en tenant compte du profit.

c. En appliquant la loi de Walras, il suffit de chercher la solution de l'équation correspondant à la condition d'équilibre sur le marché du travail.

RÉSULTATS

a. $t(s, p) = \dfrac{p^2}{4s^2}$ et $x_1(s, p) = \dfrac{p}{2s}$

b. $x_2 = \dfrac{1 - \alpha}{s}(s + \pi)$

c. $(\dfrac{s}{p})^* = \dfrac{\sqrt{2 - \alpha}}{2\sqrt{\alpha}}$ et $\pi^*(s, p) = \dfrac{p\sqrt{\alpha}}{2\sqrt{2 - \alpha}}$

EXERCICE CORRIGÉ 6.11

L'économie de Robinson avec trois biens et des rendements d'échelle strictement décroissants (A,2,b)

Dans notre économie de Robinson Crusoë, le consommateur a des préférences représentées par la fonction d'utilité suivante : $U(x_0, x_1, x_2) = \ln x_0 + \ln x_1 + \ln x_2$. Les deux biens de consommation sont représentés par x_0 et x_1, et le loisir par x_2. Il dispose d'une quantité $\overline{l}$ d'heures disponibles (pour le travail et le loisir). La firme produit les deux biens de consommation selon la technologie : $t = \sqrt{6x_0^2 + 2x_1^2}$, avec le travail t comme *input*. Les prix de concurrence sont désignés par p_1, p_2, et s, pour les deux biens de consommation et le travail.

a. Calculer les fonctions de demande des biens de consommation x_0 et x_1 et de travail-loisir x_2 (on indique ces fonctions de demande par l'exposant d).

b. Calculer les fonctions d'offre de la firme (on indique ces fonctions d'offre par l'exposant s).

c. Quels sont les prix relatifs d'équilibre $(\frac{p_1}{p_0})^*$ et $(\frac{s}{p_0})^*$ (on retient le premier bien de consommation comme numéraire) ?

CORRIGÉ

a. La contrainte pesant sur les heures disponibles du consommateur est :

$$t = \overline{l} - x_2$$

Sa contrainte budgétaire est :

$$p_0x_0 + p_1x_1 = st$$

En combinant ces deux expressions, il vient :

$$x_2 = \overline{l} - \frac{p_0x_0 + p_1x_1}{s}$$

En remplaçant x_2 par cette valeur dans la fonction d'utilité, il vient :

$$U(x_0, x_1, x_2) = \ln x_0 + \ln x_1 + \ln(\overline{l} - \frac{p_0x_0 + p_1x_1}{s})$$

Les conditions du premier ordre sont :

$$\frac{\partial U}{\partial x_0} = \frac{1}{x_0} - \frac{p_0}{s}\frac{1}{\overline{l} - \frac{p_0x_0 + p_1x_1}{s}} = 0 \text{ et}$$

$$\frac{\partial U}{\partial x_1} = \frac{1}{x_1} - \frac{p_1}{s}\frac{1}{\overline{l} - \frac{p_0x_0 + p_1x_1}{s}} = 0$$

On en déduit le système suivant :

$$\begin{cases} x_0 = \frac{s}{p_0}(\overline{l} - \frac{p_0x_0 + p_1x_1}{s}) = \frac{s}{p_0}x_2 \\ x_1 = \frac{s}{p_1}(\overline{l} - \frac{p_0x_0 + p_1x_1}{s}) = \frac{s}{p_1}x_2 \end{cases}$$

En remplaçant dans la contrainte budgétaire :

$$p_0 \frac{s}{p_0} x_2 + p_1 \frac{s}{p_1} x_2 = st \text{ ou encore}$$

$$2x_2 s = st \Rightarrow x_2 = \frac{t}{2}$$

Le loisir correspond à la moitié du travail, c'est-à-dire : $x_2^d = \frac{\bar{l}}{3}$. Les fonctions de demande en biens de consommation s'écrivent :

$$x_0^d = \frac{s}{p_0} \frac{\bar{l}}{3} \text{ et } x_1^d = \frac{s}{p_1} \frac{\bar{l}}{3}$$

b. La condition d'équilibre sur le marché du travail $t^s = t^d$ s'écrit :

$$\frac{2}{3} \bar{l} = \sqrt{6x_0^2 + 2x_1^2} \Rightarrow x_1 = \sqrt{\frac{2}{9} \bar{l}^2 - 3x_0^2}$$

La fonction de profit de la firme s'écrit :

$$\pi = p_0 x_0 + p_1 \sqrt{\frac{2}{9} \bar{l}^2 - 3x_0^2} - s \frac{2}{3} \bar{l}$$

En dérivant π par rapport à x_0, et après quelques calculs, il vient :

$$x_0^s = \frac{1}{3} \bar{l} \frac{p_0}{\sqrt{9p_1^2 + 3p_0^2}}$$

En remplaçant x_0 par son expression ci-dessus dans $x_1 = \sqrt{\frac{2}{9} \bar{l}^2 - 3x_0^2}$, il vient après quelques calculs :

$$x_1^s = \frac{1}{3} \bar{l} \frac{3p_1}{\sqrt{9p_1^2 + 3p_0^2}}$$

c. Les conditions d'équilibre sur le marché des deux biens de consommation s'expriment de la façon suivante :

$$\frac{1}{3} \bar{l} \frac{p_0}{\sqrt{9p_1^2 + 3p_0^2}} = \frac{s}{p_0} \frac{\bar{l}}{3} \text{ et}$$

$$\frac{1}{3} \bar{l} \frac{3p_1}{\sqrt{9p_1^2 + 3p_0^2}} = \frac{s}{p_1} \frac{\bar{l}}{3}$$

Par conséquent :

$$p_0 \frac{p_0}{\sqrt{9p_1^2 + 3p_0^2}} = p_1 \frac{3p_1}{\sqrt{9p_1^2 + 3p_0^2}} = s \Rightarrow p_0^2 = 3p_1^2 = s\sqrt{9p_1^2 + 3p_0^2}$$

D'où : $\left(\frac{p_1}{p_0}\right)^* = \frac{1}{\sqrt{3}}$ et $\left(\frac{s}{p_0}\right)^* = \frac{1}{\sqrt{6}}$

EXERCICE CORRIGÉ 6.12

La notion de bien libre (B,1,a)

Soit une économie avec deux consommateurs et **deux biens x_1 et x_2 complémentaires.** Les fonctions d'utilité définies dans $\mathbb{R}^2_+$ sont les suivantes :

$$U_1(x_{11}, x_{12}) = \text{Min}(2x_{11}, x_{12}) \text{ et}$$

$$U_2(x_{21}, x_{22}) = \text{Min}(x_{21}, x_{22})$$

Les dotations initiales des deux consommateurs $\omega_1 = (\omega_{11}, \omega_{12})$ et $\omega_2 = (\omega_{21}, \omega_{22})$ sont telles que $\omega_{11} + \omega_{21} = 1$ et $\omega_{12} + \omega_{22} = 1$.

a. Tracer dans la boîte d'Edgeworth (qui est ici un carré) les courbes d'indifférence des deux consommateurs.

b. Déterminer dans la boîte d'Edgeworth les équilibres concurrentiels, lorsque la répartition initiale des dotations varie, mais pas les dotations globales. Expliquer pourquoi les équilibres obtenus le sont nécessairement avec le prix d'un bien nul. En déduire l'ensemble des équilibres concurrentiels de cette économie.

CORRIGÉ

a. Pour les deux consommateurs, les deux biens sont combinés selon une proportion fixe. Pour le premier, à chaque unité du second bien (le café) est associée 0,5 unité du premier bien (le sucre). Pour le second consommateur, à chaque unité du premier bien est associée une unité du second. Les courbes d'indifférence des deux consommateurs sont représentées dans la figure 20a par des droites « coudées ».

b. Dans la figure 20b, pour des dotations initiales ω données, on peut observer qu'aucun équilibre n'est possible lorsque le prix des deux biens est strictement positif. Lorsque les dotations globales varient (ω, ω', ω''), comme dans la figure 20c (page suivante), l'ensemble des équilibres concurrentiels est indiqué par la surface grise 0_1A0_2, pour un prix p_1 égal à 0. Les fonctions d'utilité n'étant pas strictement concaves, les courbes d'indifférence, qui passent par ω'', se confondent avec le segment E_1E_2. Tous les points de ce segment sont des équilibres aux prix $(0, p''_2)$. Ces allocations d'équilibre sont telles que :

$$x^E_{12} + x^E_{22} = 1,\ x_{11} \geq x_{12/2},\ x_{21} \geq x_{22},\ x_{11} + x_{21} \leq 1, \text{ avec } p''_1 = 0$$

Fig. 20

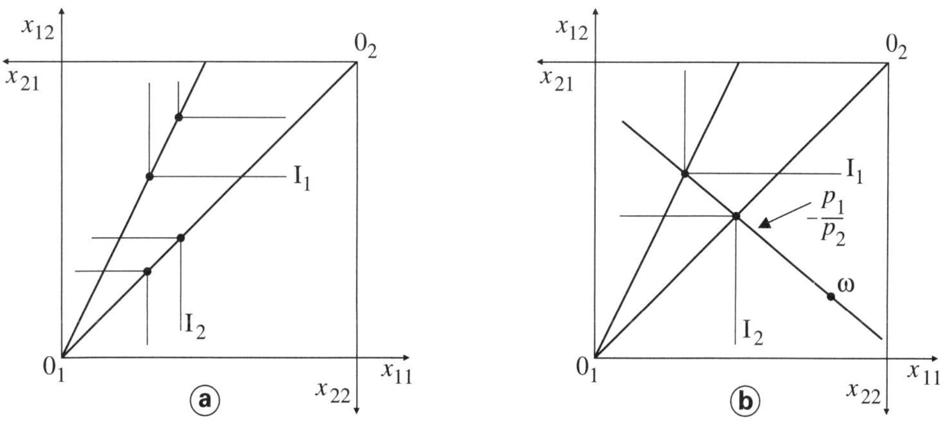

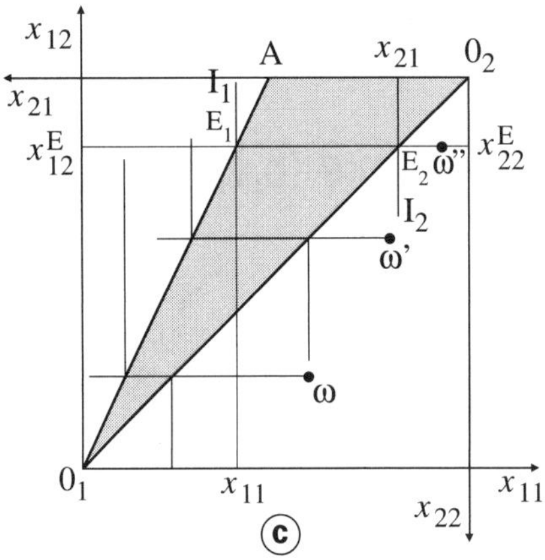

Fig. 20 c

Pour chaque équilibre, la demande du bien 1 est indéterminée et ≥ à la quantité juste nécessaire pour rendre maximal le niveau d'utilité de chaque consommateur. Il y a donc une **infinité d'allocations d'équilibre**, en fonction de la répartition du bien 1, dont le prix est nul à l'équilibre. On parle alors de **bien libre.** On peut détruire la quantité du bien 1 correspondant au segment E_1E_2, sans modifier les allocations d'équilibre. Comme le prix du bien 1 est nul à l'équilibre, les contraintes budgétaires des agents ne dépendent pas de la quantité consommée de ce bien. La destruction partielle de ce bien ne réduit pas l'ensemble des choix possibles des consommateurs, et par conséquent, les allocations d'équilibre.

Remarque : les comportements de demande des deux consommateurs sont dans cet exemple représentés par des **correspondances,** parce que les fonctions d'utilité ne sont pas strictement croissantes par rapport à leurs arguments. L'hypothèse de **désirabilité des biens (monotonicité)** ne tient pas dans cet exemple. Les demandes dans le bien de prix nul ne sont pas infinies, mais indéterminées.

Soient A et B deux ensembles. R(x, y) est une relation entre les éléments x de A et y de B, et Δ est son graphe. Pour $(x, y) \in \Delta$, on dit que y correspond à x par la correspondance (A,B,Δ).

Exemple : la relation $x_2 + y_2 = 1$ entre les éléments x de $\mathbb{R}$ et y de $\mathbb{R}$ définit une correspondance $(\mathbb{R},\mathbb{R},\Delta)$ avec $\Delta = \{(x, y) \in \mathbb{R}^2 : x^2 + y^2 = 1\}$. La relation n'est pas définie pour $x < -1$ et $x > 1$. Pour $x = 1$ et $x = -1$, l'unique correspondant est $y = 0$. Pour $x > -1$ et $x < 1$, il y a deux correspondants : $y_1 = \sqrt{1 - x^2}$ et $y_2 = -\sqrt{1 - x^2}$.

EXERCICE CORRIGÉ 6.13

La substituabilité brute (B,2,a)

Si la propriété de substituabilité brute est vérifiée pour tous le biens, montrer que la demande nette globale du bien j, $z_j(p)$, diminue, lorsque son prix p_j augmente (on suppose qu'il y a J biens dans cette économie).

CORRIGÉ

Avec la propriété d'homogénéité de degré 0 des fonctions de demande nette globale,

$$z_j(\lambda p_1,\ldots,\lambda p_j,\ldots,\lambda p_J) = \lambda^0 z_j(p_1,\ldots,\ p_j,\ldots,p_J) = z_j(p)$$

et en dérivant les deux membres de cette égalité par rapport à λ [on pose : $\lambda p_j = f_j(\lambda)$], on obtient la **formule d'Euler.**

$$p_1 z'_{jp_1}(p) + \cdots + p_j z'_{jp_j}(p) + \cdots + p_J z'_{jp_J}(p) = 0 \text{ ou encore}$$

$$p_1 z'_{jp_1}(p) + \cdots + p_J z'_{jp_J}(p) = -\,p_j z'_{jp_j}(p)$$

En appliquant la propriété de substituabilité brute, le membre de gauche de l'égalité ci-dessus est positif, puisque $z'_{jp_{j'}}(p) > 0$, pour $p \gg 0$, et $j \neq j'$.

Il s'ensuit que : $z'_{jp_j}(p) < 0$ (CQFD).

EXERCICE PROPOSÉ 6.14

Unicité avec des fonctions d'utilité de type Cobb-Douglas (B,2,a)

Soit une économie d'échanges, avec deux consommateurs, dont les fonctions d'utilité sont :

$$U_1(x_{11}, x_{12}) = \beta x_{11}^{\alpha_1} x_{12}^{1-\alpha_1} (0 < \alpha_1 < 1) \text{ et } \beta > 0$$

$$U_2(x_{21}, x_{22}) = \beta x_{21}^{\alpha_2} x_{22}^{1-\alpha_2} (0 < \alpha_2 < 1)$$

et deux biens, dont les prix de concurrence sont indiqués par p_1 et p_2.

a. Calculer le prix relatif d'équilibre. Interprétation ?

b. Montrer que cet équilibre est unique en utilisant la propriété de substituabilité brute définie ci-dessus.

DÉMARCHE

a. Vous pouvez vous inspirer de l'exercice corrigé 6.6.

b. Il suffit de montrer que le signe de la dérivée de la demande nette globale d'un bien par rapport au prix de l'autre bien est positif.

RÉSULTATS

a. $\dfrac{p_2}{p_1} = \dfrac{1-\alpha_1}{\alpha_2}$

b. Il suffit de montrer que z'_{1p2} (P) > 0, par exemple.

EXERCICE CORRIGÉ 6.15

Unicité avec des fonctions d'utilité quasi linéaires (B,2,a)

Nous considérons une économie d'échanges avec deux consommateurs, dont les fonctions d'utilité sont supposées quasi linéaires :

$$U_1(x_{11}, x_{12}) = U_1(x_{11}) + x_{12} \text{ et}$$

$$U_2(x_{21}, x_{22}) = U_2(x_{21}) + x_{22}$$

Nous posons que :

$$U_1(x_{11}) = \alpha x_{11}^{\frac{1}{2}} \text{ et } U_2(x_{21}) = \beta x_{21}^{\frac{1}{2}}$$

Les dotations sont : $\omega_1 = (2,2)$ et $\omega_2 = (2,0)$. Le bien 2 est choisi comme numéraire. Le prix du bien 1 est indiqué par p_1 et $p_2 = 1$.

a. Calculer le prix relatif d'équilibre.

b. Confirmer l'unicité de l'équilibre à partir de la propriété de substituabilité brute.

CORRIGÉ

a. La contrainte budgétaire du premier consommateur s'écrit :

$$p_1 x_{11} + x_{12} = 2(p_1 + 1), \text{ donc } x_{12} = 2(p_1 + 1) - p_1 x_{11}$$

En remplaçant x_{12} par sa valeur dans la fonction d'utilité du premier consommateur, il vient :

$$U_1(x_{11}, x_{12}) = \alpha x_{11}^{\frac{1}{2}} + 2(p_1 + 1) - p_1 x_{11}$$

$$\frac{\partial U_1}{\partial x_{11}} = \frac{1}{2}\alpha x_{11}^{\frac{-1}{2}} - p_1 = 0 \Rightarrow$$

$$x_{11} = \frac{\alpha^2}{4p_1^2} \text{ et}$$

$$x_{12} = 2(p_1 + 1) - \frac{\alpha^2}{4p_1}$$

En procédant à l'identique pour le second consommateur, on obtient :

$$x_{21} = \frac{\beta^2}{4p_1^2} \text{ et}$$

$$x_{22} = 2p_1 - \frac{\beta^2}{4p_1}$$

La condition d'équilibre sur le premier marché s'écrit :

$$\frac{\alpha^2 + \beta^2}{4p_1^2} = 4 \Rightarrow$$

$$p_1 = \frac{\sqrt{\alpha^2 + \beta^2}}{4}$$

L'équilibre sur le second marché se déduit de la loi de Walras.

b. Il suffit de calculer le signe de la dérivée de la demande nette globale du bien-numéraire par rapport à p_1. Le résultat est immédiat : $z'_{2p1} > 0$.

EXERCICE CORRIGÉ 6.16

Multiplicité des équilibres (B,2,a)

Nous considérons une économie d'échanges avec deux consommateurs et deux biens. Les préférences individuelles sont représentées par les fonctions d'utilité suivantes :

$$U_1(x_{11}, x_{12}) = 2x_{11} + x_{12} \text{ et}$$

$$U_2(x_{21}, x_{22}) = x_{21} + x_{22}$$

Les dotations initiales sont $\omega_1 = (4,6)$ et $\omega_2 = (6,4)$, et les prix des biens sont indiqués par p_1 et p_2.

Cette économie a-t-elle un équilibre ? Si c'est le cas, calculer les prix d'équilibre.

CORRIGÉ

Les courbes d'indifférence de chaque consommateur, les droites d'équation :

$$2x_{11} + x_{12} = K_1 \text{ et}$$

$$x_{21} + x_{22} = K_2$$

étant **convexes,** cette économie comporte **au moins un équilibre.**

– L'équation de la droite de budget du premier consommateur s'écrit :

$$x_{12} = -\frac{p_1}{p_2} x_{11} + 2(3 + \frac{p_1}{p_2})$$

Si $p_1/p_2 = 2$, la droite de budget est confondue avec la « courbe » d'indifférence la plus élevée. L'équilibre du consommateur est indéterminé. Si $p_1/p_2 > 2$, l'agent ne consomme que du bien 2. Si $p_1/p_2 < 2$, l'agent ne consomme que du bien 1 (fig. 21 a).

– L'équation de la droite de budget du second consommateur s'écrit :

$$x_{22} = -\frac{p_1}{p_2}x_{21} + 2(2 + 3\frac{p_1}{p_2})$$

Si $p_1/p_2 = 1$, la droite de budget est confondue avec la « courbe » d'indifférence la plus élevée. L'équilibre du consommateur est indéterminé. Si $p_1/p_2 > 1$, l'agent ne consomme que du bien 2. Si $p_1/p_2 < 1$, l'agent ne consomme que du bien 1 (fig. 21 b).

– Pour toute liste de prix (p_1, p_2), tel que $1 < \frac{p_1}{p_2} < 2$ ($\frac{p_1}{p_2} = 1{,}7$, par exemple), l'équilibre est réalisé.

Le premier consommateur ne consomme que du bien 1, et le second consommateur tout le bien 2 (fig. 21 c). Nous avons donc ici une **infinité d'équilibres**. Les allocations d'équilibre sont plus ou moins favorables à l'un ou à l'autre des deux consommateurs, selon que p_1/p_2 est proche de 2 ou de 1. On constate sur la figure 21 c que le second consommateur a une demande en bien 2 qui excède la dotation globale de ce bien (au prix $p_1/p_2 = 1{,}7$). C'est l'inverse pour le premier consommateur qui ne consomme pas toute la quantité disponible du bien 1, compte tenu de sa contrainte. On peut considérer que le second consommateur achète toute la quantité du bien 2 disponible plus la quantité résiduelle du bien 1.

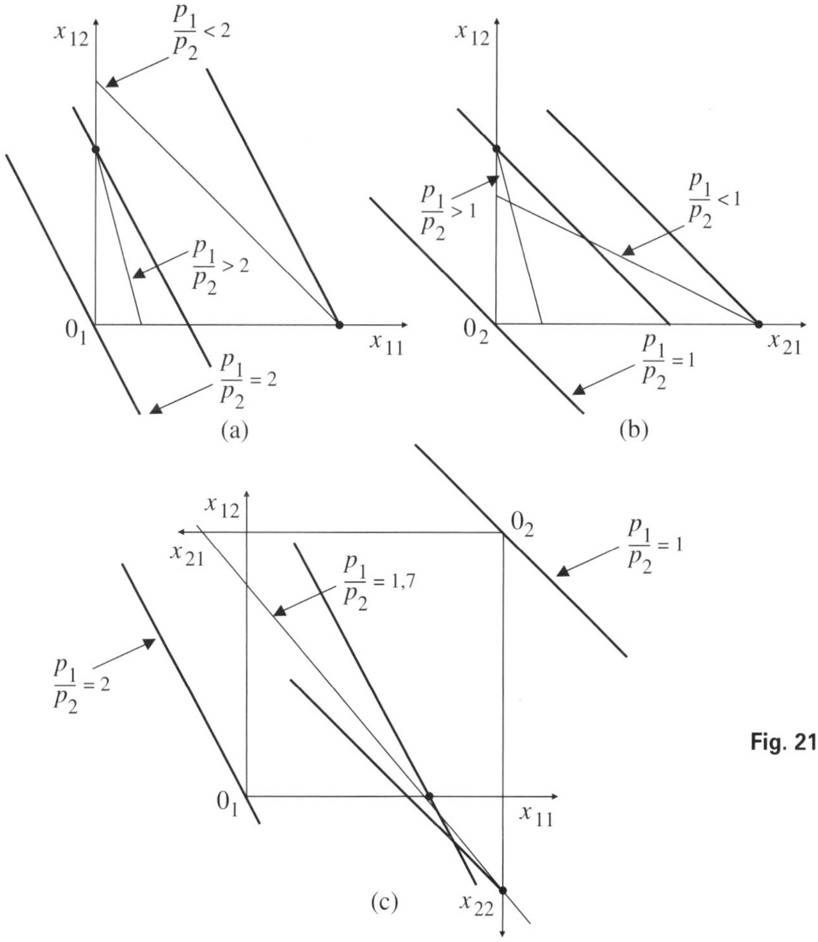

Fig. 21

EXERCICE CORRIGÉ 6.17

Stabilité de l'équilibre en économie d'échanges (B,2,b)

Dans l'économie décrite dans l'exercice 6.6, montrer que l'équilibre est stable.

CORRIGÉ

Dans cette économie avec deux biens seulement, le tâtonnement ne concerne qu'un seul marché, celui du bien 1 par exemple. Nous prenons le bien 2 comme bien-numéraire, et nous posons $p_2 = 1$. Nous avons déjà calculé les fonctions de demande individuelle du bien 1. Par conséquent, la fonction de demande nette globale du bien 1 s'écrit :

$$z(p_1, 1) = \frac{2}{3}(3 + \frac{7}{p_1}) + \frac{2}{3}(7 + \frac{3}{p_1}) - 17, \text{ ou encore}$$

$$z(p_1, 1) = \frac{20}{3p_1} - \frac{31}{3}$$

La dotation globale en bien 1 est égale à 17. Le vecteur $p^* = (0, 64 ; 1)$ est le vecteur des prix d'équilibre. Le tâtonnement séquentiel se limite à la seule équation de récurrence suivante :

$$p_{t+1} - p_t = f(\frac{20}{3p_t} - \frac{31}{3})$$

Supposons, pour simplifier que $f = az$ $(a > 0)$. La fonction f conserve le signe de z. L'équation de récurrence ci-dessus s'écrit alors :

$$p_{t+1} = p_t + a(\frac{20}{3p_t} - \frac{31}{3}) = g(p_t)$$

La linéarisation de cette équation au voisinage de l'équilibre E donne :

$$p_{t+1} - p^* = g'(p^*)(p_t - p^*)$$

qui est l'équation de la tangente au point E de la courbe représentative de $g(p_t)$, qu'on suppose dérivable au point p^*. Nous sommes ramenés au problème évoqué dans l'exercice 6.1 question c. Les écarts $p_t - p^*$ constituent une progression géométrique de raison $g'(p^*)$. Par conséquent, **l'équilibre est (localement) stable,** si : $|g'(p^*)| < 1$. Un rapide calcul montre que la valeur de $|g'(p^*)|$ dépend de a, dont la valeur est entièrement à la discrétion du secrétaire de marché.

Question de réflexion proposée

Comment fonctionne le système économique abstrait décrit par le modèle d'équilibre général ? Vous confrontez les principes généraux qu'il exhibe à votre propre perception du fonctionnement d'une économie « concrète ». En déduire son statut scientifique.

ANALYSER LA QUESTION

De quelle manière le modèle d'équilibre général contribue-t-il à la compréhension des phénomènes économiques ? Quel est l'intérêt du concept d'équilibre ? (statique) : sur quoi nous renseigne-t-il ?

RECENSER LES DIFFÉRENTS POINTS À ÉTUDIER

Le comportement des consommateurs.

Les hypothèses habituellement faites sur les comportements et la technologie des firmes.

Les conditions et le contexte « institutionnel » dans lesquels l'économie peut atteindre un équilibre concurrentiel : les conditions « techniques » ainsi que le rôle des prix et celui du « secrétaire de marché » dans la coordination des actions individuelles.

Évoquer des exemples qui peuvent déjouer les hypothèses du modèle sur les biens, les comportements, la formation des prix, les marchés…

DÉFINIR LES ARTICULATIONS

1 - Le modèle d'équilibre général et la représentation axiomatique de l'économie.

2 - La complexité de l'économie « concrète ».

3 - La vocation normative du modèle d'équilibre général.

Vous pouvez conclure sur le fait que l'équilibre général est un paradigme (« modèle théorique de pensée qui oriente la recherche et la réflexion scientifiques » : le Petit Larousse) et justifier cette assertion (cela peut expliquer la place importante qu'il tient dans la littérature économique).

7

OPTIMUM ÉCONOMIQUE ET DÉFAILLANCES DU MARCHÉ

Le précédent chapitre nous a permis de définir une allocation d'équilibre. Le problème que l'on doit se poser à la suite de celui-ci est de savoir selon quel critère on peut dire qu'une telle allocation est optimale. Nous allons voir que le critère de Pareto permet de répondre à cette question. Dans la section *A*, nous étudions donc le concept **d'optimum économique**. Nous verrons, en particulier, qu'une **allocation d'équilibre de concurrence** est optimale au sens du critère de Pareto. En revanche, en présence d'effets externes ou de biens publics, la procédure décentralisée du marché ne peut plus garantir l'optimalité des allocations. Il faut alors envisager diverses procédures (subventions, quotas, votes…) pour pallier les insuffisances du marché. C'est ce que nous étudions dans la section *B*.

BIBLIOGRAPHIE DU CHAPITRE

PICARD (P)., *Éléments de microéconomie*, vol. 1. « Théorie et applications » (5e édition), Paris, Montchrestien, 1998.

Le chapitre 13 est consacré à l'étude des biens publics et des externalités. On y trouve notamment l'exposé des procédures de mise en œuvre d'un optimum paretien en présence d'un bien public. La lecture des pages 497 à 531 est conseillée.

CROZET (Y.), *Analyse économique de l'État*, Paris, Armand Colin - Cursus -, 1991.

La lecture — aisée — de ce manuel d'économie publique est conseillée pour approfondir ses connaissances générales.

SALANIÉ (B.), *Microéconomie : les défaillances du marché*, Paris, Économica, 1998.

La lecture des chapitres I et II est conseillée, en tant que complément des connaissances.

Les manuels « fondamentaux » (Varian et Mas-Colell, Whinston et Green, cf. bibliographie du chapitre 6) peuvent être également consultés avec profit sur toutes ces questions.

A

L'OPTIMUM ÉCONOMIQUE

Nous définissons le critère paretien d'optimalité (d'efficience) dans la section 1. Toutefois, les états de l'économie qui répondent à ce critère sont nombreux, et un choix doit donc être fait. Pour sélectionner l'un d'entre eux, il appartient alors au décideur public de définir une préférence collective sur les différents états possibles de l'économie à partir de **l'agrégation des préférences individuelles**. Ensuite, il doit maximiser cette préférence collective, en respectant la contrainte imposée par les ressources qui sont disponibles dans l'économie. Ces questions sont étudiées dans la section 2.

1 - L'OPTIMUM DE PARETO

Une allocation x est pareto-optimale au ***sens faible***, s'il n'y a aucune allocation réalisable x', telle que tous les agents préfèrent strictement x' à x. Si les fonctions d'utilité sont strictement croissantes, l'optimalité paretienne (au sens faible) équivaut à interdire que $U_i(x'_i) > U_i(x_i)$ pour tous les agents. Nous ne distinguons pas dans ce qui suit les deux définitions.

Nous consacrons la section (a) à la définition du critère paretien d'optimalité, et la section (b) à l'énoncé des **deux théorèmes fondamentaux du bien-être**. Ces théorèmes illustrent les capacités du marché à atteindre l'optimalité paretienne en situation de concurrence.

a. Le critère paretien d'efficience

Nous raisonnons dans une économie d'échanges pure ; Nous disons alors qu'une allocation est **pareto-optimale ou pareto-efficiente**, si on ne peut la modifier au bénéfice de certains agents sans en léser aucun. Plus précisément :

Une allocation x est pareto-optimale, s'il n'existe aucune autre allocation réalisable x', telle que l'utilité $U_i(x'_i)$ procurée par le panier de consommation pour cette allocation soit supérieure ou égale à l'utilité $U_i(x_i)$ procurée par le panier de consommation correspondant à l'allocation x pour tous les agents i, et strictement supérieure pour au moins l'un d'entre eux.

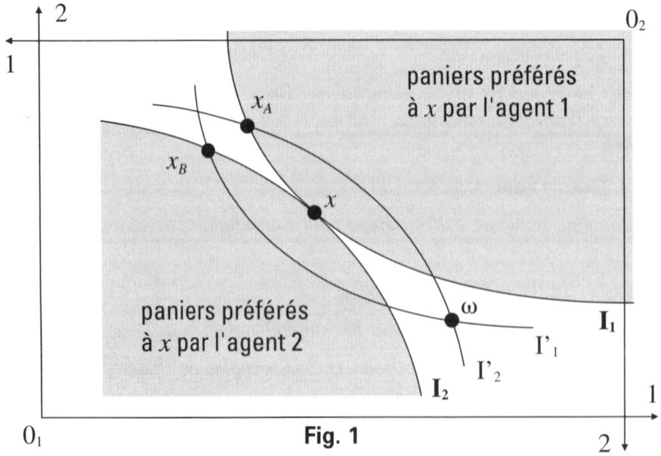

Fig. 1

En d'autres termes, **Une allocation x (réalisable) dans la « boîte d'Edgeworth » est pareto-optimale** (*au sens fort**), **si aucune autre allocation (réalisable) x' vérifie : $x'_{i=1,2} \succsim_i x_{i=1,2}$ et $x'_i \succ_i x_i$ pour un agent.**

La figure 1 représente un optimum de Pareto dans la « boîte d'Edgeworth ».

L'allocation x_A n'est pas une allocation pareto-optimale. Il suffit pour s'en convaincre de se déplacer depuis ce point sur la courbe d'indifférence I_1 de l'agent 1 vers x. On améliore l'utilité de l'agent 2 sans diminuer l'utilité du premier. Le raisonnement est symétrique à partir du point x_B. En revanche, au point x, il n'est plus possible d'augmenter l'utilité de l'agent 1 ou de l'agent 2, sans diminuer l'utilité de l'autre. L'allocation x est **pareto-optimale**. En fait, toute allocation dans le domaine intérieur délimité par les courbes d'indifférence I'_1 et I'_2 améliore l'utilité des deux agents par rapport à l'utilité que leur procurent leurs dotations initiales ω. L'optimum de Pareto peut être le résultat d'un processus de **marchandages bilatéraux**, pendant lequel les agents procèdent successivement à des échanges mutuellement avantageux. Cette procédure ne fait pas intervenir la procédure décentralisée du marché. Mais, de fait, on ne peut rien inférer quant à l'organisation économique sous-jacente d'un optimum de Pareto.

Montrons-le à partir de la figure 1. Au point ω, qui représente les dotations initiales, le taux marginal de substitution du premier consommateur est inférieur à celui du second. Leur évaluation des deux biens diffère et ils peuvent s'accorder sur un échange mutuellement avantageux. Disons que l'agent 1 est prêt à échanger 0,5 unité du bien 2 contre 1 unité du bien 1, et l'agent 2, 1,5 unité du bien 2 contre 1 unité du bien 1. S'ils **s'accordent** pour échanger une unité de bien 1 contre une unité de bien 2, le premier consommateur, en offrant une unité de bien 1 contre une unité de bien 2, augmente son utilité, et l'agent 2, qui reçoit une unité de bien 1 en offrant une unité de bien 2, en fait de même. Et ainsi de suite, jusqu'au point x par exemple, où aucun des deux ne peut plus augmenter son utilité sans faire diminuer celle de l'autre. En ce point x, intérieur à la « boîte d'Edgeworth », **les courbes d'indifférence des deux agents sont tangentes.**
Un optimum paretien doit par conséquent vérifier les deux conditions suivantes :

– **les taux marginaux de substitution des deux agents sont égaux** (nous rappelons que la pente en un point d'une courbe d'indifférence, en valeur absolue, est égale au rapport des utilités marginales calculées en ce point) ;

– **l'allocation est réalisable** (nous rappelons qu'une allocation est réalisable lorsque la consommation totale est égale aux dotations totales pour chaque bien).
Analytiquement, la recherche d'un optimum de Pareto consiste dans la résolution du programme de maximisation suivant :

L'optimum de Pareto

$$\max_{x_{11}\geq 0,\, x_{12}\geq 0} U_1(x_{11}, x_{12}) :$$
$$U_2(x_{21}, x_{22}) \geq \bar{U}_2 \text{ et}$$
$$x_{11} + x_{21} = \omega_{11} + \omega_{21} \text{ et } x_{12} + x_{22} = \omega_{12} + \omega_{22}$$

L'utilité de l'agent 2 ($\bar{U}_2$) étant fixée, il s'agit de maximiser l'utilité de l'agent 1, sans réduire l'utilité de l'agent 2 sous la contrainte que la nouvelle allocation soit réalisable (contraintes de rareté).
La solution de ce programme nous donne la première condition ci-dessus : $TMS_1 = TMS_2$.

Nous proposerons plusieurs applications de ce programme dans la section B.

L'ensemble des allocations pareto-optimales pour différents vecteurs des dotations initiales, décrit dans la figure 2, est appelé **l'ensemble de Pareto**. Il est décrit par la courbe $0_1 0_2$, où les courbes d'indifférence des deux consommateurs sont tangentes.

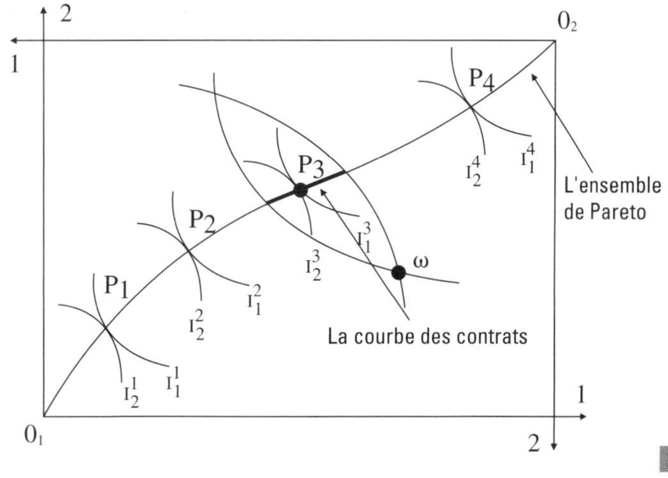

Fig. 2

Un optimum de Pareto est ***individuellement rationnel,*** si chaque agent préfère toute allocation sur la courbe des contrats à ses dotations initiales. Il va de soi qu'un équilibre général est individuellement rationnel, puisque chaque agent exprime des demandes à partir de la maximisation de son utilité, sous la contrainte de son revenu. Ces demandes sont satisfaites à l'équilibre.

Il existe évidemment pour différentes dotations initiales en biens une infinité d'optima de Pareto. **La courbe de contrats** (en trait gras sur la figure) est l'ensemble des allocations pareto-optimales pour des dotations initiales ω données. C'est aussi l'ensemble des allocations (réalisables) qui procurent aux agents une utilité au moins égale à celle qu'ils retirent de la consommation de leurs dotations initiales. C'est un « tronçon » de l'*ensemble de Pareto**.

Le critère de Pareto ne garantit aucune forme **d'équité**. Une allocation O_1, sur la figure 2, par exemple, où un agent consomme toutes les ressources disponibles est un optimum de Pareto.

La notion d'allocation équitable nous permet de considérer une certaine forme d'équité, même si d'autres définitions de l'équité sociale peuvent être évidemment proposées, comme nous le verrons par la suite.

Nous disons qu'**une allocation est équitable**, si chaque consommateur préfère son panier de consommation à celui de tout autre agent. Si c'est le cas, la consommation d'un agent n'engendre donc aucune frustration, aucune envie pour les autres. Nous pouvons préciser cette notion en observant la figure 3.

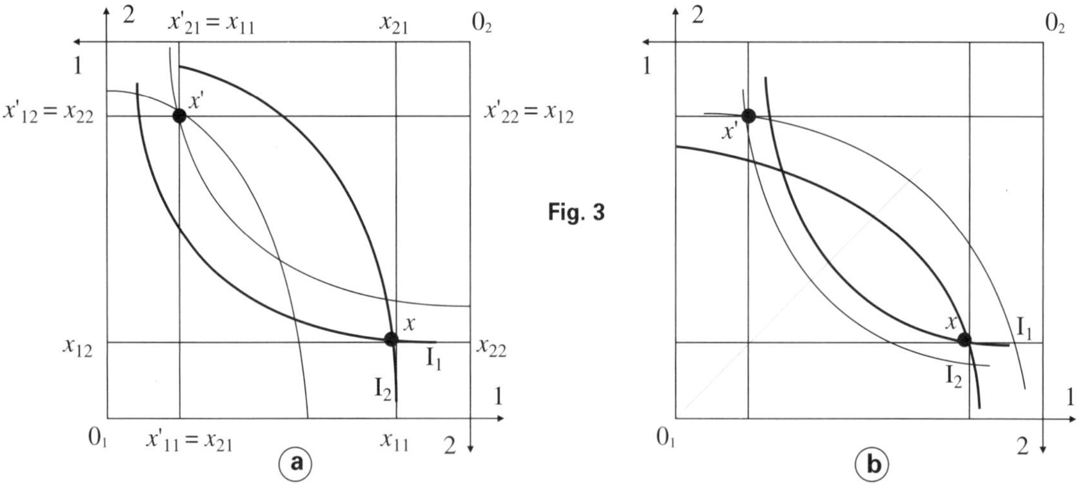

Fig. 3

Les dotations initiales globales sont égales (la « boîte d'Edgeworth » est donc un carré). Dans les deux figures, les allocations x et x' sont symétriques par rapport à la diagonale $0_1 0_2$. Par conséquent, l'allocation x' représente l'allocation, où le panier du premier consommateur correspond à celui du second dans l'allocation x, et inversement. Dans la figure 3a, l'allocation x' permet aux deux agents d'accéder à des niveaux d'utilité plus élevés. Leurs courbes d'indifférence passant par x' sont en effet plus éloignées de l'origine des axes, par rapport respectivement à I_1 et I_2. L'allocation x n'est donc pas équitable, car les deux agents augmenteraient leur utilité en permutant leur panier de consommation. On pourrait montrer que dans d'autres cas ni x, ni x' ne sont équitables, c'est-à-dire que, quelle que soit l'allocation, un agent est toujours désireux du panier de l'autre. Le lecteur peut vérifier ce résultat en utilisant l'axiome de non-saturation des préférences et en supposant, pour des dotations globales dans les deux biens égales à 8 par exemple, que, quelles que soient les allocations $x = (3,3,5,5)$ et $x' = (5,5,3,3)$, un des deux agents sera frustré. En revanche, dans la figure 3b, l'allocation x est équitable, car les paniers de consommation correspondant à l'allocation x' procurent aux deux agents des niveaux d'utilité moins élevés. Leurs courbes d'indifférence respectives passant par x' sont en effet plus proches de l'origine des axes. Pour l'allocation x, aucun des deux agents ne souhaiterait détenir le panier de l'autre.

Nous pouvons démontrer sans difficultés particulières qu'une allocation d'équilibre concurrentiel dans une économie d'échanges est équitable (nous verrons aussi qu'elle est efficiente, *cf.* premier théorème du bien-être), si les dotations initiales sont identiques pour les deux agents (ω est alors situé au centre de la « boîte d'Edgeworth »).

En effet, soit : (p, x_1, x_2), un équilibre de concurrence pour deux biens x_1 et x_2 et deux consommateurs, i et i'. Si leurs préférences vérifient l'axiome de monotonicité, on peut écrire :

$$p(x_{i1}, x_{i2}) = p(x_{i'1}, x_{i'2}) = p\frac{\omega_i + \omega_{i'}}{2}$$

Le panier de consommation (x_{i1}, x_{i2}) est atteignable par le consommateur i' (et inversement). Nous devons donc avoir $U_{i'}(x_{i'}) \geq U_{i'}(x_i)$, puisque $x_{i'}$ a été choisi par i'. Par conséquent, le panier de consommation de chaque consommateur n'est pas envié par l'autre consommateur.

Malheureusement, ce critère est peu applicable. Une allocation équitable n'est pas nécessairement optimale. Dans la figure 3b, nous avons vu que l'allocation x est équitable. Mais elle n'est pas optimale, puisqu'un agent à partir de x peut augmenter son utilité sans réduire celle de l'autre. De plus, cette notion d'équité ne peut pas définir un ordre de préférence. Comment expliquer en effet qu'une allocation engendre moins de frustration qu'une autre ?

Les deux **théorèmes fondamentaux du bien-être** vont nous permettre à présent d'établir un lien entre le concept d'équilibre et celui d'optimalité. Plus explicitement la question que l'on se pose est la suivante : est-ce qu'un équilibre est pareto-optimal ? et de façon (presque) symétrique, si un optimum de Pareto a été sélectionné, peut-il être un équilibre ?

cf. exercices 7.1 à 7.5

b. Les deux théorèmes fondamentaux du bien-être

Pour une économie d'échanges, nous avons pu voir dans le chapitre précédent qu'à l'équilibre le rapport des utilités marginales (TMS) s'égalise au prix relatif et entre les agents, puisque le prix relatif leur est commun. Les allocations d'équilibre sont de plus réalisables. Par conséquent, les allocations d'équilibre vérifient les deux conditions énoncées ci-dessus, conditions que doit remplir un optimum de Pareto. Une allocation d'équilibre concurrentiel appartient donc nécessairement à **la courbe de contrats de l'ensemble de Pareto**. Un équilibre walrasien suppose en effet que, pour des dotations initiales données, l'utilité de chaque agent soit au moins égale à celle que leur procurent leurs dotations initiales.

Premier théorème fondamental du bien-être : un équilibre concurrentiel (x^*, p^*) **est une allocation pareto-optimale** (lorsque les fonctions d'utilité sont croissantes).

Ce théorème est facile à prouver (par l'absurde).

Démonstration du premier théorème du bien-être. Supposons que l'allocation d'équilibre (x^*, p^*) n'est pas une allocation pareto-optimale. Alors, il existe une allocation x' réalisable que tous les agents préfèrent à x. Puisque x^* est un équilibre walrasien, il vérifie : $p^*x_i^* = p^*\omega_i$, $\forall_i = 1,\ldots,I$. Nous devons avoir par conséquent : $\forall_i, p^*x'_i > p^*\omega_i$, puisque, si x_i^* est le panier de consommation préféré de i dans son ensemble de budget pour les prix p^*, le panier x'_i ne peut appartenir à cet ensemble. En sommant sur l'ensemble des consommateurs, on obtient :
(1) $p^*\sum_{i=1}^{I} x'_i > p^*\sum_{i=1}^{I}\omega_i$.
De plus, x' étant une allocation réalisable, elle doit vérifier :
(2) $p^*\sum_{i=1}^{I} x'_i = p^*\sum_{i=1}^{I}\omega_i$.
d'où la contradiction entre les deux inégalités (1) et (2). x^* est donc une allocation pareto-optimale.

A. Smith (1776) a évoqué cette **« *main invisible* »**, qui en coordonnant les actions des agents dans une économie de concurrence, permettrait à celle-ci d'atteindre un état efficient. La poursuite des fins individuelles est en accord avec la réalisation de l'intérêt général.

Le premier théorème du bien-être est la traduction de « *la main invisible » d'Adam Smith**. Les marchés concurrentiels garantissent que les allocations d'équilibre sont pareto-optimales. Ce résultat est particulièrement bienvenu. Dans une économie avec un grand nombre d'agents, la procédure (centralisée) du marchandage, qui conduit à un optimum, devient extrêmement lourde. Il est heureux que l'alternative puisse être un système de prix concurrentiels. Les décisions séparées (procédure décentralisée) des nombreux consommateurs, que ces prix coordonnent, conduisent au même résultat d'efficience. Un système de prix permet à chaque agent d'agir séparément des autres agents. Le marchandage, suppose, en revanche, que chacun d'eux rentre en contact avec tous les autres pour définir un rapport d'échange mutuellement avantageux. Le système des prix permet de décentraliser les décisions concernant l'allocation des ressources.

Le second théorème fondamental du bien-être met en évidence le fait que sous certaines conditions l'économie peut atteindre un objectif fixé *a priori* d'optimalité, à partir des mécanismes du marché. Avant de l'énoncer, nous en donnons une intuition à partir de la « boîte d'Edgeworth » dans la figure 4.

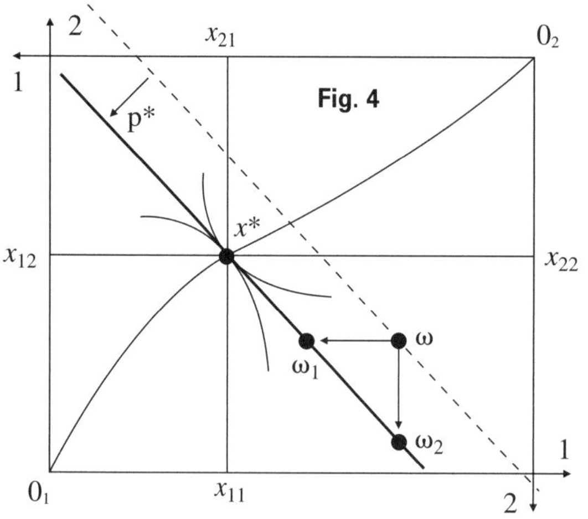

Fig. 4

Supposons qu'un planificateur central considère que l'allocation socialement désirée soit l'allocation pareto-optimale x^*. Au prix p^*, les échanges ne peuvent conduire à une allocation x^* d'équilibre pour les dotations initiales en biens ω. Pour qu'il en soit autrement, il faut envisager un transfert préalable des ressources initiales. Dans notre exemple, le prix du panier du consommateur 1 est inférieur à la valeur de ses ressources initiales. C'est l'inverse pour le consommateur 2. En effet, à ce prix, le panier (x_{11},x_{12}) est à l'intérieur de l'ensemble de budget de l'agent 1. Le panier (x_{21},x_{22}) est en dehors de l'ensemble de budget de l'agent 2.

Il faut donc envisager indifféremment un transfert du bien 1 mesuré par $\omega\omega_1$ ou du bien 2 mesuré par $\omega\omega_2$ du consommateur 1 vers le consommateur 2. Les nouvelles dotations sont alors ω_1 ou ω_2 après ce transfert. Pour l'une ou l'autre de ces nouvelles dotations, l'allocation (x^*,p^*) est aussi un équilibre walrasien. En fait, si tous les biens étaient librement transférables (ce qui n'est évidemment pas le cas, par exemple le capital humain), il serait possible d'imaginer un transfert de ressources initiales qui conduise l'économie directement en x^*, sans aucun échange.

Second théorème fondamental du bien-être : supposons que x^* soit une allocation pareto-efficiente, où chaque agent détient une quantité positive de chaque bien (x_i est intérieur à X_i, $\forall i = 1, \ldots, I$). Supposons aussi que les préférences des agents sont convexes, continues et monotones. Il existe alors une répartition des ressources initiales de l'économie (après transfert) et un système de prix p^*, tels que (x^*,p^*) est un équilibre walrasien. (La preuve de ce théorème, techniquement assez difficile à apporter dans le cas général, [théorème de séparation des convexes], peut être trouvée notamment dans A. Mas-Colell, MD. Whinston, JR. Green, pp. 551-554.).

En d'autres termes, sous ces hypothèses, et les ensembles $V_i = \{x_i \in X_i : x_i \succ x_i^*\}$ étant **convexes** (V_i est l'ensemble des paniers de consommation x_i que l'agent i préfère à x^*_i), **toute allocation pareto-optimale peut être décentralisée en équilibre concurrentiel**. On devine ici que l'hypothèse de convexité est cruciale pour la démonstration du second théorème. On peut illustrer son importance dans la figure 5 avec deux consommateurs.

Les ensembles convexes V_1 et V_2 sont séparés par une droite, dont l'opposé de la pente indique le prix relatif p^*. Si, par un transfert de ressources, la répartition des dotations initiales $\omega = (\omega_{11},\omega_{12},\omega_{21},\omega_{22})$ est sur cette droite, alors nous voyons que x^* est une allocation d'équilibre pour le prix relatif p*.

Le deuxième théorème du bien-être montre que le marché permet d'atteindre n'importe quelle allocation optimale socialement souhaitable. Même si la répartition initiale des ressources est inappropriée, la procédure décentralisée du marché permet d'atteindre une allocation pareto-optimale d'équilibre, après un transfert de ces ressources. C'est la position défendue par les tenants du « socialisme de marché ».

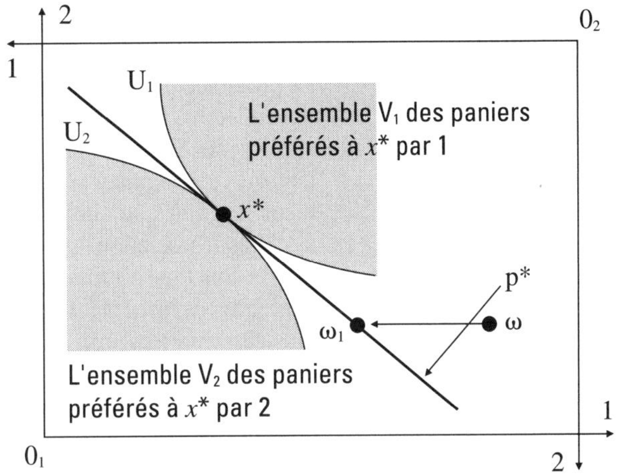

Fig. 5

Aperçu du second théorème du bien-être. Soit $V_i = \{x_i \in X_i : x_i \succ x^*_i\}$, $\forall i = 1{,}2$, l'ensemble des consommations préférées à x^*_i. Nous voulons montrer que V_i est un ensemble convexe, c'est-à-dire :

$$\alpha x_i + (1-\alpha)x'_i \succ_i x^*_i,\ \alpha \in [0,1]\ ,\ x_i \text{ et } x'_i \in V_i$$

Puisque les préférences sont complètes, nous pouvons ainsi supposer que :

$$x_i \succsim_i x'_i.$$

Les préférences étant convexes, nous avons :

$$\alpha x_i + (1-\alpha)x'_i \succsim_i x'_i.$$

Par transitivité, nous avons le résultat recherché :

$$\alpha x_i + (1-\alpha)x'_i \succ_i x^*_i$$

Par définition d'un optimum, $V_1 \cap V_2 = \emptyset$ et V_1 et V_2 ont le point $x^* = (x^*_{11},x^*_{12},x^*_{21},x^*_{22})$ en commun. On peut alors les séparer par une droite passant par ce point (*cf.* : théorème de séparation : A. Mas-Colell, MD. Whinston, JR. Green ; pp. 946-949). (***cf.* exercice 7.9**).

Mais on imagine aisément la quantité d'informations dont doit disposer le planificateur central.

2 - L'AGRÉGATION DES PRÉFÉRENCES ET LES FONCTIONS D'UTILITÉ COLLECTIVE

Nous venons de voir, d'une part, qu'il existe un grand nombre d'états de l'économie qui satisfont le critère d'optimalité paretienne et, d'autre part, que ces états sont décentralisables en équilibre de concurrence. Comment le planificateur va-t-il pouvoir choisir l'un d'entre eux en fonction de ses présupposés idéologiques ? À l'exception d'un régime dictatorial, où un seul individu choisit pour tous les autres, la seule réponse satisfaisante peut être trouvée dans la construction d'une **fonction d'utilité collective**. Dans une première section (a), nous définissons la procédure à suivre pour construire **un optimum social réalisable**. Pour illustrer cette notion, nous comparons ensuite, dans une section (b), l'optimum social, qui résulterait de courants de pensée opposés.

a. Un optimum social réalisable

Les préférences des agents i sur l'ensemble des états possibles E de l'économie sont données par leurs fonctions d'utilité :

$$U_i : E \rightarrow \mathbb{R} \text{ (E = les états possibles de l'économie)}$$

Le problème posé au planificateur central consiste à construire une fonction d'utilité collective indiquée par $W(U_1,\ldots,U_i,\ldots,U_I)$, qui reflète ses jugements de valeur sur la société, et qui tient compte des préférences individuelles. Chaque agent, en tant que consommateur, est concerné par l'utilité que lui procure son panier de biens. En tant que citoyen, il peut également trouver dans sa participation à un système démocratique par exemple, un motif de satisfaction. Ce sont ces éléments que la fonction d'utilité collective est censée représenter. À ce titre, elle ne se confond pas avec la fonction d'utilité individuelle, telle que nous l'avons à plusieurs reprises utilisée. Comme on peut le deviner, elle n'est pas facile à construire. Cette fonction d'utilité collective peut être représentée par une famille de **courbes d'indifférence collective**. Celles-ci représentent les combinaisons d'utilités individuelles, qui donnent lieu au même niveau d'utilité collective. Une courbe, plus éloignée de l'origine des axes, indique un niveau plus élevé d'utilité sociale. Les courbes d'indifférence sociale, sur la construction desquelles nous reviendrons un peu plus loin, et correspondant à deux sortes de fonctions d'utilité collective sont représentées dans la figure 7.

La recherche d'un **optimum social réalisable** revient donc à maximiser cette fonction d'utilité collective sous la contrainte définie par **l'ensemble des utilités sociales accessibles**. La frontière de cet ensemble est construite de la façon suivante. Pour cela, nous devons nous reporter à la figure 2. L'ensemble de Pareto peut être transféré de l'espace des biens à celui des utilités. Il suffit de considérer les points P_1, P_2, P_3, P_4 de cet ensemble et de reporter, comme sur la figure 6, les couples d'utilités, (I_1^1,I_2^1), (I_1^2,I_2^2), (I_1^3,I_2^3), (I_1^4,I_2^4), correspondant à ces points, dans le plan (U_1,U_2). En reliant tous les couples, on obtient la **frontière des possibilités des utilités sociales**. Elle correspond donc au lieu géométrique représentant le niveau d'utilité maximum qu'un des agents peut atteindre, pour chaque niveau donné d'utilité de l'autre agent. L'ensemble $\mathbb{U}$ des utilités sociales possibles se définit donc comme suit :

$$\{U_1,\ldots,U_i,\ldots,U_I\} \in \mathbb{R}^I : U_1 \leq U_1(E),\ldots,U_i \leq U_i(E),\ldots,U_I \leq U_I(E)\}$$

Fig. 6

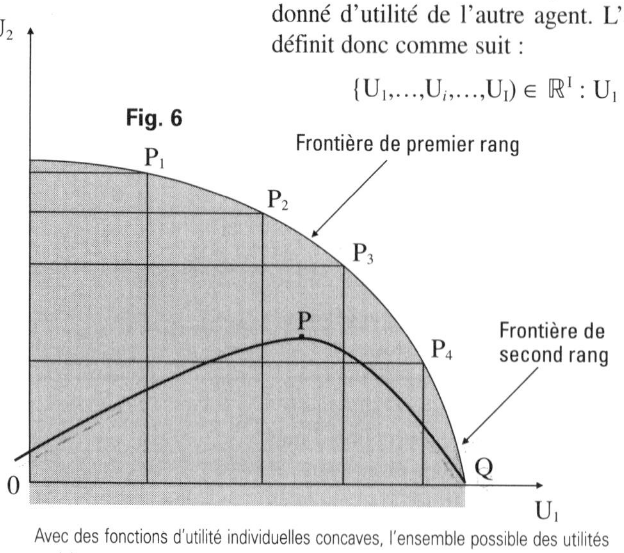

Avec des fonctions d'utilité individuelles concaves, l'ensemble possible des utilités sociales est convexe.

Nous rappelons que I indique le nombre d'agents. C'est-à-dire que pour chaque agent et chaque état, l'utilité retenue dans les arguments de la fonction W ne peut être supérieure à l'utilité maximale que lui procure sa dotation dans cet état de l'économie. La **frontière de l'ensemble des possibilités des utilités sociales est optimale au sens de Pareto**. C'est-à-dire que pour :

$$U = (U_1,\ldots,U_i,\ldots,U_I) \in \mathbb{U}$$

nous ne pouvons avoir

$$U' = (U'_1,\ldots,U'_i\ldots,U'_I) \in \mathbb{U}, \text{ avec } U'_i \geq U_i,$$

pour tout agent (i), et $U'_i > U_i$, pour au moins l'un d'entre eux. On dit de tout point de cette frontière qu'il est un **optimum de premier rang**. Les contraintes imposées au planificateur sont en fait les ressources et la technologie disponibles dans l'économie.

Pour le planificateur, choisir le meilleur état possible revient donc à résoudre le programme suivant :

$$\text{Max}\, W(U_1,\ldots,U_i,\ldots,U_I)$$
$$\text{tel que : } (U_1,\ldots,U_i,\ldots,U_I) \in \mathbb{U}$$

En revanche, si d'autres contraintes s'ajoutent, telle qu'une taxe redistributive sur le travail, le planificateur ne peut se fixer comme optimum atteignable qu'un **optimum de second rang**. Les optima de second rang sont représentés par PQ sur la figure 6. On peut en effet aisément vérifier que tous les points de la frontière ne sont pas optimaux, au sens de Pareto. Dans son « tronçon » ascendant, il est en effet possible d'augmenter simultanément l'utilité des deux consommateurs. En outre, le premier agent est dans une situation bien plus satisfaisante que le second. Si l'on souhaite réduire à 0 son utilité, il en est presque de même pour le second agent. L'inverse n'est pas vrai.

En guise d'illustration, nous étudions à présent l'optimum social qui serait retenu par le planificateur, si celui-ci adhérait, soit à la **philosophie utilitariste** (J. Bentham à la fin du XVIIIe siècle), soit à la *philosophie rawlsienne** (1971).

Les représentants les plus connus des théories sur la justice sociale sont ***J. Rawls*** et le récent Prix Nobel d'économie, **A. Sen**.

b. Illustration : Bentham et Rawls

La fonction d'utilité collective du courant utilitariste pur (Bentham) s'écrit :

$$W(U_1,\ldots,U_i,\ldots,U_I) = \sum_{i=1}^{I} U_i(x_i)$$

Le planificateur doit maximiser sous contrainte la somme des utilités individuelles. Dans le cas de deux agents, les **courbes d'indifférence sociale** sont des droites, comme dans la figure 7a.

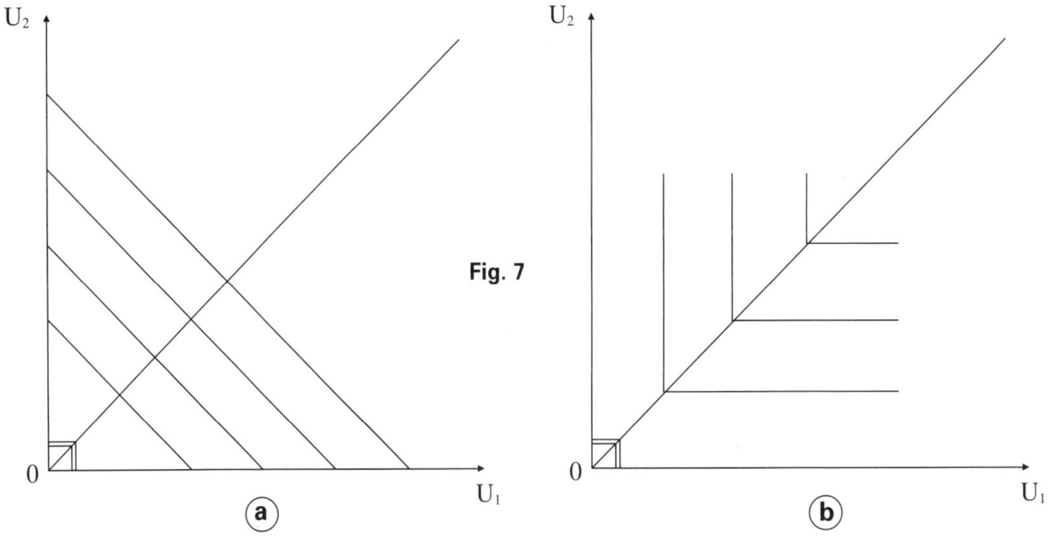

Fig. 7

La fonction d'utilité collective représentative de la **philosophie rawlsienne** s'écrit :

$$W(U_1,\ldots,U_i,\ldots,U_I) = \underset{i}{\text{Min}}\{U_1,\ldots,U_i,\ldots,U_I\}$$

Le planificateur doit maximiser l'utilité de l'agent le moins bien loti. Dans le cas de deux agents, les courbes d'indifférence sociale sont « coudées », comme dans la figure 7b. Notons, sans entrer dans le détail, que les hypothèses sur les préférences individuelles (mesurables, comparables) sont différentes dans les deux fonctions d'utilité collective. Pour construire ces courbes d'indifférence, il suffit de se référer à la façon dont sont construites les courbes d'isoproduit avec des fonctions à facteurs de production complémentaires, et à l'appliquer dans ce contexte.

Fig. 8

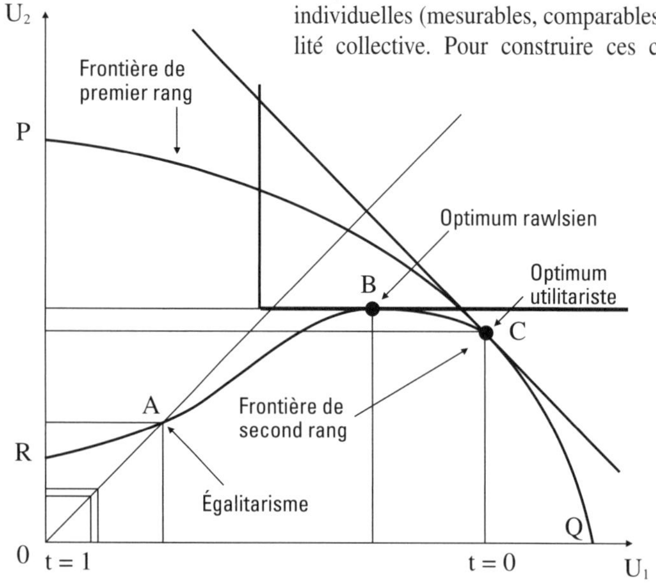

À partir du point R, par exemple, où la taxe est élevée, on peut augmenter l'utilité de l'agent 1, sans diminuer celle de l'agent 2, en réduisant la taxe, pour inciter l'agent 1 à offrir une quantité supérieure de travail, dont l'agent 2, le moins productif, bénéficiera au travers de la redistribution. La frontière de second rang n'est donc pas optimale.

Nous pouvons à présent observer ce que seraient les **optima sociaux** selon les jugements de valeur que le planificateur porte sur la société.

Prenons un exemple simple. Considérons deux agents qui sont différents du point de vue de leurs capacités productives, laquelle est source d'inégalité. L'agent 1 dispose d'une productivité du travail plus forte que celle de l'autre, et sa rémunération est de ce fait plus élevée. De plus, on suppose que leur utilité dépend du revenu de leur travail. Le planificateur peut souhaiter réduire, voire annuler cette inégalité « naturelle », en instaurant une taxe *t* linéaire sur les revenus du travail, ou maintenir les inégalités. Les optima sociaux correspondant à ces deux philosophies sont décrits dans la figure 8.

La frontière (pareto-optimale) de premier rang PQ de l'ensemble possible des utilités sociales ne coïncide avec la frontière RQ que pour une taxe nulle (CQ).

Si l'objectif du planificateur était d'égaliser les utilités individuelles, le résultat, au point A, qu'il obtiendrait, ne serait pas optimal. En effet, cet objectif étant assorti d'une forte taxe sur le travail, l'agent le plus productif serait victime de la désincitation au travail qu'elle ne manquerait pas de provoquer. L'objectif égalitariste n'est donc pas pareto-optimal. L'optimum rawlsien se situe en fait au point B de tangence entre la frontière de second rang et la courbe d'indifférence sociale la plus élevée. Le **critère rawlsien du maximin** n'est donc pas incompatible avec une petite dose d'inégalité. **L'optimum utilitariste** est, quant à lui, obtenu au point de tangence entre la frontière de premier rang et la droite d'indifférence sociale la plus élevée. Au point C, qui représente cet optimum, on constate que les inégalités sociales sont plus grandes que pour l'optimum rawlsien. Cet exemple simple illustre l'usage qui peut être fait du critère de Pareto. Celui-ci permet de sélectionner un optimum social, après que le planificateur eût exprimé ses préférences idéologiques à partir d'une fonction d'utilité collective particulière. Mais les mesures destinées à réduire les inégalités n'atteignent pas toujours le résultat d'efficience.

L'instauration d'un salaire minimum a pour vocation de profiter aux agents à faibles revenus. Elle réduit en quelque sorte les inégalités, mais en faisant perdre l'optimalité paretienne. Il suffira de montrer pour cela que cette mesure engendre une distorsion entre le taux marginal de substitution du consommateur et le taux marginal de transformation du producteur (*cf.* B, 1, c).

C'est la raison pour laquelle certains économistes sont plutôt favorables à des transferts de revenus. Ces transferts ont le même objectif que le salaire minimum, mais peuvent ne pas violer les conditions marginales de l'optimalité paretienne. Ils engendrent certes un déplacement des allocations d'équilibre, mais, comme le système des prix peut s'ajuster, le nouvel équilibre est efficient. Cependant, l'obtention de la pareto-optimalité dépend des modalités des transferts de revenus. Un impôt sur les revenus jugé trop lourd peut inciter les agents à substituer du loisir au travail, même si la valeur de la production perdue qui en résulte est supérieure à la valeur subjective attribuée par les agents au surcroît de loisir. La condition d'optimalité paretienne n'est plus satisfaite (*cf.* B, 1, c).

cf. exercice 7.8

Nous avons démontré dans cette section qu'un équilibre de concurrence est pareto-optimal, quand on suppose que l'utilité d'un consommateur ne dépend que de sa propre consommation, ou encore que tous les biens sont privés. Nous allons voir que le premier théorème du bien-être est remis en question, lorsque ces hypothèses sont éliminées. En effet, lorsque l'économie comprend des externalités, telles que la pollution, ou un bien public, tel qu'une autoroute, la procédure décentralisée du marché ne permet plus d'atteindre la pareto-optimalité. Autrement dit, l'optimum paretien n'est plus décentralisable. Nous étudions ces questions dans la section suivante.

B

LES DÉFAILLANCES DU MARCHÉ : EXTERNALITÉS ET BIENS PUBLICS

En régime concurrentiel, les prix reflètent l'évaluation que fait la société d'un supplément de bien-être apporté par la mise à sa disposition d'une quantité additionnelle des biens produits. Si les agents définissent leurs comportements à partir de ces prix, l'équilibre auquel ils aboutissent correspond au maximum de bien-être. En revanche, en présence d'externalités, le système des prix n'est plus en mesure d'inciter les agents à prendre des décisions qui mènent à une situation socialement optimale.

Dans la section I, nous montrons donc l'impossibilité du marché à atteindre le résultat d'efficience, lorsque l'activité économique est source d'externalités. Une étude semblable est menée ensuite en présence d'un bien public dans la section 2. Il faut savoir que les externalités et les biens publics ne sont pas les seules entorses à la vérification des théorèmes fondamentaux sur les économies walrasiennes. Les hypothèses de non-convexité sur les préférences ou sur les ensembles de production ont aussi des conséquences perturbatrices. En particulier sur le théorème d'existence de l'équilibre concurrentiel et sur le second théorème du bien-être. Le lecteur trouvera dans la bibliographie les références pour étudier cette question, qui sort du cadre de ce manuel.

1 - Les externalités

Les exemples d'externalités, positives ou négatives, ne manquent pas dans l'économie. la pollution, le bruit, sont des exemples d'externalités négatives souvent cités. Le ravalement de la façade de votre voisin est une externalité positive pour vous, si vous êtes sensible à la qualité de votre environnement. De façon générale, **il y a effet externe, lorsque les actions d'un agent ont des conséquences sur l'utilité ou le profit d'autres agents, sans que ces effets — positifs ou négatifs — puissent être pris en compte par le marché**. Les coûts et les avantages privés sont alors différents des coûts (coûts sociaux) et des avantages (bénéfices sociaux) de la collectivité.

En mettant en question le premier théorème du bien-être, les externalités limitent la portée du « laissez-faire » et justifient dans certaines situations l'intervention de l'État. Celle-ci s'avère nécessaire, lorsque **l'internalisation des externalités**, c'est-à-dire la création de marchés pour prendre en compte ses effets, est inopérante. Dans cette section, nous montrons à partir de trois types d'externalités pourquoi le marché est incapable à lui seul de parvenir au résultat d'efficience. Nous évoquons ensuite les procédures à mettre en œuvre pour pallier ses insuffisances, telles que la taxation, la création des marchés de « droit à polluer », l'intégration des entreprises, quotas… . On peut les distinguer, en disant qu'il existe des procédures de régulation par les prix et des procédures de régulation par les quantités.

Nous classons les externalités en trois catégories :

– (a) les externalités (positives ou négatives) entre consommateurs. Elles ont pour origine les décisions d'un agent qui affectent positivement ou négativement l'utilité d'autres agents, sans contrepartie monétaire. Nous pouvons citer l'exemple de l'agent qui, en agrémentant son environnement, en fait profiter les voisins; ou celui du nouvel abonné à un réseau qui, en élargissant le champ des interactions, apporte une satisfaction supplémentaire aux agents déjà abonnés;

– (b) les externalités entre producteurs. Elles ont pour origine les décisions d'une firme qui affectent positivement ou négativement le résultat d'autres firmes, sans contrepartie monétaire. Tel est le cas d'une firme innovatrice, qui peut faire bénéficier d'autres firmes des progrès techniques réalisés (à moins que ces innovations soient protégées par un brevet);

– (c) les externalités entre producteurs et consommateurs. La pollution industrielle, telle que l'évacuation de fumées toxiques préjudiciables à la santé des riverains, est un exemple parmi d'autres d'externalités négatives de production.

a. Les externalités entre consommateurs

Nous supposons que notre économie comprend deux consommateurs et deux biens. L'existence d'une externalité implique que le **niveau d'utilité du second consommateur, par exemple, dépend pour partie du niveau de consommation du premier consommateur**. On peut imaginer, par exemple, que la consommation du bien 1 (bien de luxe) par le premier consommateur crée chez le second une frustration, une envie, parce que celui-ci retire une certaine « désutilité » à voir son voisin consommer ce bien. Nous sommes ici en présence d'une **externalité de consommation négative. Les fonctions d'utilité ci-dessous sont alors interdépendantes**.

$$U_1(x_{11}, x_{12}) \text{ et } U_2(x_{21}, x_{22}, x_{11})$$

La consommation du bien 1 par le premier consommateur, x_{11}, influence **négativement l'utilité du second consommateur** ($\frac{\partial U_2}{\partial x_{11}} < 0$).

En l'absence de l'externalité, ($\frac{\partial U_2}{\partial x_{11}} = 0$), la procédure centralisée du marchandage entre les deux consommateurs et la procédure décentralisée du marché, où les prix coordonnent les décisions prises séparément par les agents, conduisent toutes deux à un optimum paretien, qui vérifie :

$\dfrac{\frac{\partial U_1}{\partial x_{11}^*}}{\frac{\partial U_1}{\partial x_{12}^*}} = \dfrac{\frac{\partial U_2}{\partial x_{21}^*}}{\frac{\partial U_2}{\partial x_{22}^*}} = \frac{p_1^*}{p_2^*}$, où $\frac{p_1^*}{p_2^*}$ indique le prix relatif d'équilibre et les x_{ij}^* les quantités consommées à l'équilibre.

En présence d'une externalité, la condition marginale pareto-optimale ne coïncide plus avec la condition marginale d'équilibre. Montrons-le. Pour rechercher les conditions sous lesquelles les allocations sont pareto-optimales, il suffit de maximiser la fonction d'utilité du premier consommateur, sous la contrainte que l'utilité du second consommateur soit à un niveau $\overline{U}_2$ prédéterminé (*cf.* encadré « optimum de Pareto » page 267). Ce qui donne lieu au programme suivant :

$$\max_{x_{11}\geq 0, x_{12}\geq 0} U_1(x_{11}, x_{12}) : U_2(\omega_1 - x_{11}, \omega_2 - x_{12}, x_{11}) = \overline{U}_2$$

Nous formons le Lagrangien, et nous annulons ses dérivées partielles premières.

$$£(x_{11}, x_{12}, x_{21}, x_{22}) = U_1(x_{11}, x_{12}) - \lambda[U_2(\omega_1 - x_{11}, \omega_2 - x_{12}, x_{11}) - \overline{U}_2]$$

$$\frac{\partial £}{\partial x_{11}} = \frac{\partial U_1}{\partial x_{11}} + \lambda\frac{\partial U_2}{\partial x_{21}} - \lambda\frac{\partial U_2}{\partial x_{11}} = 0$$

$$\frac{\partial £}{\partial x_{12}} = \frac{\partial U_1}{\partial x_{12}} + \lambda\frac{\partial U_2}{\partial x_{22}} = 0$$

Après élimination du multiplicateur λ, il vient :

$$\frac{\frac{\partial U_1}{\partial x_{11}}}{\frac{\partial U_1}{\partial x_{12}}} = \frac{\frac{\partial U_2}{\partial x_{21}} - \frac{\partial U_2}{\partial x_{11}}}{\frac{\partial U_2}{\partial x_{22}}}$$

Les contraintes de rareté apparaissent directement dans les arguments de la fonction d'utilité $U_2(.)$. On obtiendrait le même résultat en maximisant la somme pondérée des utilités des deux agents sous les contraintes de rareté. Les dotations globales en biens 1 et 2 sont indiquées par ω_1 et ω_2.

La condition d'optimalité paretienne ci-dessus ne coïncide pas avec la condition d'équilibre, c'est-à-dire **l'égalisation des** *taux marginaux de substitution privés* * **des deux consommateurs au prix relatif**. Le second membre de la condition d'optimalité représente le *taux marginal social** **du second consommateur**, qui tient compte de l'effet négatif sur son utilité de la consommation en bien 1 du premier consommateur. Le membre de gauche représente le taux marginal privé du premier consommateur. Notons que le taux marginal social du second consommateur est supérieur à son taux marginal privé, puisque

$$\frac{\partial U_2}{\partial x_{11}} < 0.$$

Nous rappelons que le ***taux marginal de substitution privé*** de x_{21} à x_{22} représente le nombre d'unités de x_{22} qui doivent être sacrifiées par unité de x_{21}, pour conserver le même niveau d'utilité. Le ***taux marginal de substitution social*** prend en compte les conséquences de la consommation en bien 1 du premier consommateur sur la satisfaction du second consommateur.

La prise en compte des interdépendances de consommation impliquerait que l'agent « pollué » soit en quelque sorte moins exigeant sur le rapport d'échange dx_2/dx_1. À l'optimum, une unité du bien 1 est équivalente à une quantité supérieure du bien 2 (par rapport au taux d'échange concurrentiel d'équilibre). En augmentant sa consommation du bien 1, il augmente simultanément son utilité et réduit sa désutilité. À ce nouveau rapport d'échange, le consommateur « pollué » a augmenté son utilité par rapport à celle que lui procure son panier de consommation à l'équilibre.

Nous pouvons utiliser la représentation graphique suivante (*cf.* fig. 9), pour montrer qu'un équilibre n'est pas pareto-optimal, en présence d'effets externes.

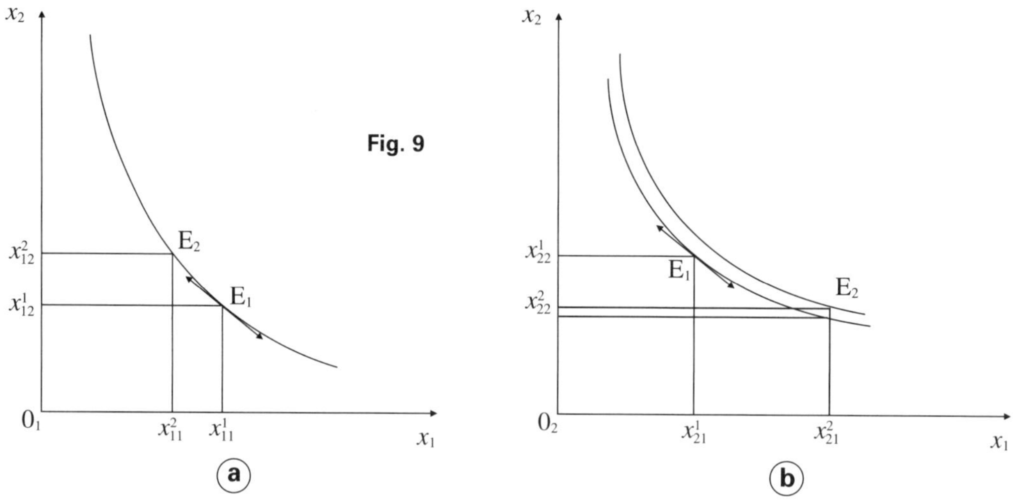

Fig. 9

L'allocation E_1 dans les deux figures 9a et 9b est une allocation d'équilibre. Les taux marginaux de substitution entre les deux consommateurs, indiqués par la pente de la tangente (en valeur absolue) à leurs courbes d'indifférence en ces deux points, sont égaux. Mais E_1 ne constitue pas une allocation optimale. En effet, si le premier consommateur vend la quantité $x_{11}^1 x_{11}^2$ du bien 1 au second consommateur contre la quantité $x_{12}^2 x_{12}^1$ du bien 2, celui-ci conserve le même niveau d'utilité en E_2, puisqu'il reste sur la même courbe d'indifférence. En revanche, le second consommateur peut atteindre une courbe d'indifférence représentant un niveau d'utilité plus élevé, car la frustration qu'il ressent à la suite de la consommation du bien 1 (le bien de luxe) par le premier consommateur a diminué. L'allocation représentée par E_2 dans les deux figures est socialement préférée à la première, puisque l'utilité d'un consommateur y est plus élevée, tandis que celle de l'autre n'a pas varié.

Si, en revanche, cette externalité est positive ($\partial U_2/\partial x_{11} > 0$), le raisonnement est symétrique. On peut, par exemple, supposer que l'altruisme du second consommateur l'amène à retirer pour lui-même un surcroît de plaisir de la consommation de son voisin. Le taux marginal social du second consommateur est alors inférieur à son taux marginal privé.

Notre exemple est caricatural. Une telle solution est évidemment mieux adaptée au cas d'un effet externe de production.

Quelle(s) procédure(s) faut-il mettre en œuvre pour atteindre une allocation d'équilibre efficiente ? Une solution, proposée par Meade (1952), consiste à créer un marché pour l'externalité. Supposons que les pouvoirs publics créent « *un marché de droits à polluer** », sur lequel un certain montant de droits à polluer est offert aux consommateurs pollueurs. Le montant des « droits à polluer » offert dépend du niveau optimal de pollution admis par les autorités. Ce marché permet une **évaluation de l'externalité négative**. On dit que **l'externalité est internalisée** par le marché. Le prix d'équilibre sur ce marché est déterminé par l'égalisation de l'offre et des demandes de droits à polluer. Ensuite, chaque unité du bien 1 consommée par l'agent 1 s'accompagne de l'achat d'un droit à polluer vendu par les pouvoirs publics au prix t d'équilibre. Les pouvoirs publics reversent ensuite le produit de la vente de ce droit au second consommateur. (On suppose que le « pollueur » et le « pollué » sont parfaitement identifiés.)

La condition d'équilibre est alors donnée par la solution du programme suivant :

$$\underset{x_{11}\geq 0, x_{12}\geq 0}{\text{Max}} \quad U_1(x_{11}, x_{12}) : x_{11}(p_1 + t) + p_2 x_{12} = p_1\omega_{11} + p_2\omega_{12} \text{ et}$$

$$\underset{x_{11}\geq 0, x_{12}\geq 0}{\text{Max}} \quad U_2(\omega_1 - x_{11}, \omega_2 - x_{12}, x_{11}) : p_1(\omega_1 - x_{11}) + p_2(\omega_2 - x_{12})$$

$$= p_1\omega_{21} + p_2\omega_{22} + t x_{11}$$

Pour le premier consommateur les conditions du premier ordre (**CPO**) du Lagrangien :

$$£(x_{11}, x_{12}) = U_1(x_{11}, x_{12}) - \lambda[x_{11}\,(p_1 + t) + p_2 x_{12} - p_1\omega_{11} - p_2\omega_{12}]$$

donnent :

$$\frac{\partial £}{\partial x_{11}} = \frac{\partial U_1}{\partial x_{11}} - \lambda(p_1 + t) = 0$$

$$\frac{\partial £}{\partial x_{12}} = \frac{\partial U_1}{\partial x_{12}} - \lambda p_2 = 0$$

La solution est : $$\frac{\dfrac{\partial U_1}{\partial x_{11}}}{\dfrac{\partial U_1}{\partial x_{12}}} = \frac{p_1 + t}{p_2}$$

Pour le second consommateur, les CPO du Lagrangien :

$$£(x_{11}, x_{12}) = U_2(\omega_1 - x_{11}, \omega_2 - x_{12}, x_{11}) - \lambda[p_1(\omega_1 - x_{11}) + p_2(\omega_2 - x_{12}) - p_1\omega_{21} - p_2\omega_{22} - t x_{11}]$$

donnent :

$$\frac{\partial £}{\partial x_{11}} = -\frac{\partial U_2}{\partial x_{21}} + \frac{\partial U_2}{\partial x_{11}} + \lambda p_1 + \lambda t = 0$$

$$\frac{\partial £}{\partial x_{12}} = -\frac{\partial U_2}{\partial x_{22}} + \lambda p_2 = 0$$

La solution est : $$\frac{\dfrac{\partial U_2}{\partial x_{21}} - \dfrac{\partial U_2}{\partial x_{11}}}{\dfrac{\partial U_2}{\partial x_{22}}} = \frac{p_1 + t}{p_2}$$

Les contraintes budgétaires des deux consommateurs tiennent compte à présent du prix t du droit à polluer.

En réunissant les deux solutions, nous avons :

$$\frac{\dfrac{\partial U_1}{\partial x_{11}}}{\dfrac{\partial U_1}{\partial x_{12}}} = \frac{\dfrac{\partial U_2}{\partial x_{21}} - \dfrac{\partial U_2}{\partial x_{11}}}{\dfrac{\partial U_2}{\partial x_{22}}} = \frac{p_1 + t}{p_2}$$

Par conséquent, la création d'un « droit à polluer » conduit à des **allocations d'équilibre** au prix $\frac{p_1 + t}{p_2}$ qui sont également pareto-optimales.

Le prix relatif d'équilibre est ici plus élevé que le prix concurrentiel d'équilibre. Le prix du bien qui pollue augmente relativement au prix de l'autre bien.

La création d'un marché de « droits à polluer » revient donc à demander au pollueur de révéler ses préférences par ses dispositions marginales à payer les droits. Comme la quantité de droits offerts (niveau de pollution optimale toléré) est donnée, le prix de ce droit est déterminé par la demande.

Dans un contexte plus réaliste, les firmes, pour lesquelles le coût de la dépollution par unité produite est inférieur au prix du droit, décideront de cesser le rejet des effluents. Les autres continueront de polluer en en payant le prix, étant donné que le niveau de pollution qu'elles émettent est considéré comme acceptable.

Il existe quelques exemples, cités par ***Salanié*** (1998) de marchés de « droits à polluer » : la régulation des centrales thermiques ou des émissions de dioxyde de soufre aux États-Unis. Au sommet sur le changement climatique qui s'est tenu à Kyoto en 1997, les participants ont initié une réflexion sur l'utilisation de marchés de « droits à polluer ».

Nous avons considéré que le pollueur (en l'occurrence, le consommateur envié) verse un dédommagement au pollué (en l'occurrence, le consommateur envieux). Un équilibre optimal n'exige pas l'application de ce principe. On pourrait envisager d'imposer aux pollués d'acheter des « droits à dépolluer » aux pollueurs pour atteindre l'optimalité. La dépollution d'une industrie jugée d'intérêt public pourrait ainsi être financée par l'achat de « droits à dépolluer ». L'exemple cité par Laffont (1988), puis *Salanié** (1998) est celui d'un citadin qui vient s'installer à la campagne. Est-il dans son bon droit, malgré le jugement favorable rendu par un tribunal de Bordeaux, lorsqu'il réclame un dédommagement au fermier pour les nuisances engendrées par le chant de son coq ?

b. Les externalités entre producteurs

Nous aurions pu considérer des externalités croisées, en supposant que la proximité des ruches contribue à la pollinisation des fleurs du verger. La logique serait la même, le calcul individuel ne conduit pas à une situation optimale.

Nous nous inspirons de l'exemple rendu célèbre par Meade. Nous considérons un producteur de pommes, dont la production est indiquée par y_p et sa fonction de coût par $C_p(y_p)$. La production d'un apiculteur localisé dans le voisinage est indiquée par y_a et sa fonction de coût par $C_a(y_a, y_p)$. Cette **fonction de coût est particulière : elle dépend négativement de la production de pommes** ($\frac{\partial C_a}{\partial y_p} < 0$), parce que cette production contribue positivement à la production de miel, en participant à la nourriture des abeilles. Il s'agit donc dans cet exemple d'un effet externe positif émis par le producteur de pommes. Nous supposons que les prix unitaires, p_p et p_a, des pommes et du miel sont des prix de concurrence, malgré le petit nombre d'agents considérés.

Ici encore, les décisions de production optimale de pommes et de miel prises séparément, à partir des prix de concurrence, n'aboutissent pas à un optimum de Pareto. Montrons-le. Chaque producteur, prenant les prix comme donnés, maximise son profit.

En concurrence parfaite, à l'équilibre, le prix est égal au coût marginal. Le coût marginal s'interprète comme la quantité de ressources à laquelle la collectivité doit renoncer pour obtenir une unité supplémentaire du bien. Le ***coût marginal privé*** est ici égal au coût marginal social. Dans certaines conditions particulières (externalités), il y a une différence positive ou négative entre le coût marginal privé, supporté par la firme, et le coût marginal social de la collectivité.

La maximisation séparée du profit π_p et π_a par les deux producteurs correspond aux deux programmes suivants :

$$\max_{y_p \geq 0} \pi_p = p_p y_p - C_p(y_p)$$

La CPO s'écrit : $$\frac{d\pi_p}{dy_p} = p_p - \frac{dC_p(y_p)}{dy_p} = 0$$

$$\max_{y_a \geq 0} \pi_a = p_a y_a - C_a(y_a, y_p)$$

La CPO s'écrit : $$\frac{d\pi_a}{dy_a} = p_a - \frac{\delta C_a(y_a, y_p)}{\delta y_a} = 0$$

À l'équilibre, **chaque producteur égalise le prix du bien à son** *coût marginal privé**.

L'équilibre de concurrence (non coopératif) n'est pas un optimum de Pareto, en présence d'une externalité, car les producteurs ne tiennent pas compte dans leur calcul maximisateur de l'interdépendance entre les fonctions de coût. Chaque agent maximise son profit par rapport à la seule variable sur laquelle il peut agir, sa propre production. Or, le pollen des fleurs du verger doit être considéré comme un *input* dans le processus de production du miel, avec une productivité marginale positive. Mais son prix est indéterminé, car aucun marché existant ne peut en fournir une évaluation. Comme le producteur de pommes ne peut protéger des abeilles le pollen de ses fleurs, ni se l'approprier, sauf à mettre en place un dispositif coûteux, il n'y a pas adéquation entre le facteur de production, le pollen, vu sous l'angle de la rareté, et ce même facteur, vu sous l'angle de la propriété. Comment internaliser cette externalité ?

Le produit social est mesuré par $p_p y_p + p_a y_a$, c'est-à-dire par le prix à payer par la collectivité pour se procurer la production de pommes et de miel. Le coût social est mesuré par $C_p(y_p) + C_a(y_a, y_p)$, c'est-à-dire le coût supporté pour produire y_p et y_a. Le bénéfice social est mesuré par la différence entre le produit social et le coût social. Maximiser le bénéfice social revient donc à calculer l'optimum social.

$$\max_{y_p \geq 0,\, y_a \geq 0} \Pi(y_p, y_a) = \pi_p + \pi_a = p_p y_p + p_a y_a - C_p(y_p) - C_a(y_a, y_p)$$

Les CPO s'écrivent :

$$\frac{\partial \Pi}{\partial y_p} = p_p - \frac{\mathrm{d}C_p}{\mathrm{d}y_p} - \frac{\partial C_a}{\partial y_p} = 0$$

$$\frac{\partial \Pi}{\partial y_a} = p_a - \frac{\partial C_a}{\partial y_a} = 0$$

L'optimum social est obtenu lorsque le prix du miel, p_a, est égal au coût marginal privé de l'apiculteur, et celui des pommes, p_p, égal au **coût marginal social,** $\frac{\mathrm{d}C_p}{\mathrm{d}y_p} + \frac{\partial C_a}{\partial y_p}$, qui tient compte de la contribution de la production des pommes à la baisse du coût marginal de l'apiculteur. Le coût marginal des pommes est égal au coût marginal privé, moins l'effet sur la baisse du coût marginal de l'apiculteur de la production de pommes. Le coût marginal social étant inférieur au coût marginal privé puisque, $\frac{\partial C_a}{\partial y_p} < 0$, le prix p_p étant donné, le producteur de pommes, émetteur de l'effet externe positif, devrait donc augmenter sa production, s'il était altruiste, jusqu'à l'égalisation du prix au coût marginal social.

Comme la maximisation du bénéfice social est équivalente à la maximisation du profit joint $\Pi(y_p, y_a)$, la **fusion (intégration) des entreprises** constitue un moyen d'atteindre une allocation d'équilibre efficiente. Au-delà de cet exemple, on pourrait objecter à cette procédure d'internalisation des effets externes, les critiques souvent faites à l'encontre de la constitution d'unités de production de grande taille, dont le pouvoir de marché peut devenir discriminatoire.

Si la mise en commun des moyens de production n'est pas envisagée, on peut imaginer que l'apiculteur verse une **subvention** de s euros par unité produite au producteur de pommes; chaque producteur continuant alors à égaliser le coût marginal privé au prix de concurrence. Dans ces conditions, le producteur de pommes peut accepter d'augmenter sa production jusqu'au niveau d'efficience. En effet, son coût marginal C_{mp} étant croissant, il acceptera une augmentation de la production y_p, qui engendre une baisse de son profit, si celle-ci est compensée ou plus que compensée par cette subvention. La maximisation du profit du producteur de pommes est alors représentée par le programme suivant :

$$\max_{y_p \geq 0} \pi_p = p_p y_p + s y_p - C_p(y_p)$$

La CPO s'écrit : $$\frac{d\pi_p}{dy_p} = p_p + s - \frac{dC_p}{dy_p} = 0$$

$$C_{mp} - s = p_p$$

Nous représentons cette procédure d'internalisation dans la figure 10, où nous utilisons la notion de surplus du producteur (p. 153). Si le producteur de pommes augmente sa production au-delà de y_p, qui maximise son profit, jusqu'au niveau optimum y_p^*, il produit à un coût marginal supérieur à p_p (fig. 10a). Son surplus va donc devenir négatif. En revanche, l'apiculteur, bénéficiant de l'externalité associée à une production de pommes plus importante, va augmenter son surplus, indiqué par la surface grise dans la figure 10b. Ses droites d'offre (de coût marginal) sont construites pour des niveaux y_p et y_p^* de production de pommes. Un « arrangement » entre les deux producteurs peut conduire à une situation efficiente, si le montant de la subvention versée au producteur de pommes, indiquée par le rectangle PP'QR, compense ses pertes, et si ce montant est inférieur au surplus marginal de l'apiculteur, lorsque son niveau de production passe de y_a à y_a^*.

cf. exercice 7.10

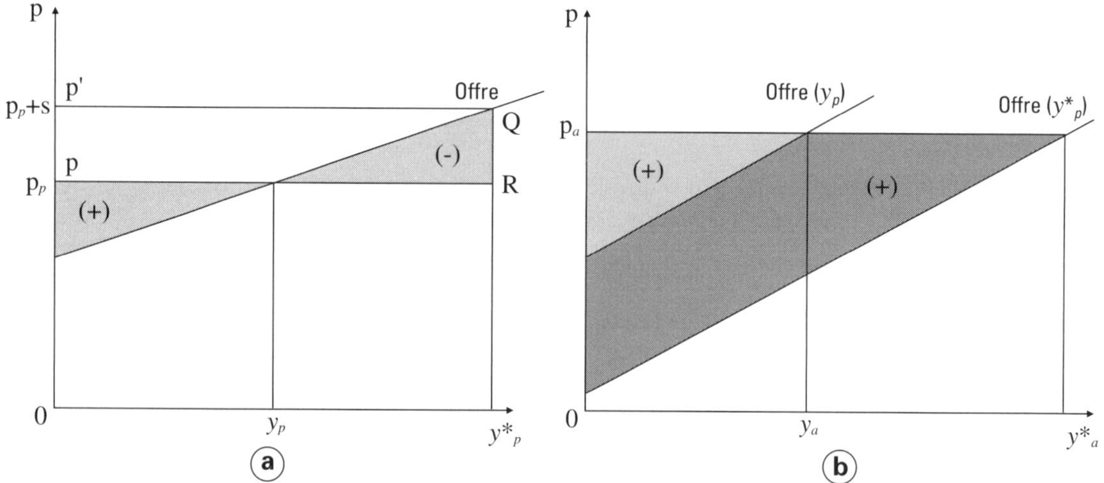

Fig. 10

c. Les externalités entre producteurs et consommateurs

Nous revenons à notre **économie de Robinson Crusoë** étudiée dans le précédent chapitre. Le consommateur dispose d'une dotation initiale en heures qu'il peut affecter au bien-loisir, le bien 2, et au travail, dont la quantité fournie est indiquée par t. La firme produit le bien de consommation 1 avec du travail. La fonction d'utilité du consommateur est indiquée par :

$$U(x_1, x_2, y)$$

La fonction de production de la firme est indiquée par :

$$y = f(t)$$

Le consommateur est localisé à proximité de la firme, si bien qu'il subit la pollution engendrée par son activité. **Cette externalité négative se traduit par la présence de y (la production de la firme) dans les arguments de sa fonction d'utilité**. Comme il s'agit d'une externalité négative, nous posons : $\frac{\partial U}{\partial y} < 0$.

Supposons pour l'instant que $\frac{\partial U}{\partial y} = 0$. **La procédure centralisée** consiste pour Robinson Crusoë à choisir la quantité de travail (et donc de loisir) et le niveau de la production du bien de consommation, sous les contraintes exprimées par ses dotations initiales $\overline{l}$ et la technologie donnée par $f(t)$, qui maximisent son utilité. L'optimum est obtenu, lorsque le nombre d'unités du bien de consommation à sacrifier, compte tenu de la technologie, pour réduire d'une heure la quantité de travail utilisé dans la production, est égal au nombre d'unités du bien de consommation à sacrifier, compte tenu de ses préférences, pour une heure de loisir supplémentaire. Analytiquement, cette condition est obtenue en maximisant le lagrangien suivant.

$$\text{Max}\,£(x_1, x_2, y, t) = U(x_1, x_2, y) - \lambda_1[y - f(t)] - \lambda_2(x_1 - y) - \lambda_3(x_2 + t - \overline{l})$$

Les CPO donnent la solution suivante :

$$\frac{\frac{\partial U}{\partial x_2}}{\frac{\partial U}{\partial x_1}} = \frac{dy}{dt} \Leftrightarrow \frac{\frac{\partial U}{\partial x_1}}{\frac{\partial U}{\partial x_2}} = \frac{dt}{dy}$$

Une allocation est pareto-optimale dans une économie de production, lorsqu'elle vérifie **l'égalité entre le taux marginal de substitution (*TMS**) du consommateur et le taux marginal de transformation (TMT) du producteur**. Si cette condition n'était pas satisfaite, le consommateur pourrait augmenter son utilité en substituant le bien de consommation au loisir, et la firme pourrait augmenter sa production. Montrons-le à partir d'un exemple numérique simple.

Nous rappelons que le ***TMS*** mesure ici la quantité du bien 1 que le consommateur peut échanger contre une unité du bien 2, tout en conservant le même niveau d'utilité. Le TMT mesure le nombre d'unités de loisir (x_2) qui doivent être sacrifiées — ou le nombre d'heures de travail ainsi libérées — pour produire une unité supplémentaire du bien de consommation (y). Il correspond à la valeur absolue de la pente de la courbe de transformation en un point (*cf.* figure 9 du 6e Chapitre). Dans notre exemple, il mesure donc aussi la productivité marginale du travail dy/dt.

Posons que le TMS = 1 et le TMT = 2. Le producteur peut augmenter sa production de deux unités en augmentant d'une unité la quantité de travail. Le consommateur, en renonçant à une unité de bien 2, le loisir, c'est-à-dire, en fournissant une unité de travail supplémentaire à la firme, peut obtenir deux unités du bien de consommation, et augmenter ainsi son utilité.

En l'absence d'externalité, la **procédure décentralisée** du marché aboutit au résultat d'efficience.

Malgré le petit nombre d'agents, il faut supposer que la firme, le consommateur et le salarié sont « preneurs de prix ». Les prix du bien de consommation et du travail (le salaire) sont respectivement indiqués par p et s. D'un côté, Robinson, en tant que salarié, vend son travail à la firme et, en tant que consommateur, reçoit le salaire et le profit de la firme, puisqu'il en est le seul propriétaire. De l'autre, Robinson, en tant que firme, décide du niveau d'activité en tenant compte du salaire qu'il verse, et de la technologie. Les décisions de consommation et de production sont à présent séparées mais **coordonnées par les prix de concurrence**. L'équilibre vérifie la condition suivante, où s^* et p^* sont les prix d'équilibre.

$$\frac{\frac{\partial U}{\partial x_1}}{\frac{\partial U}{\partial x_2}} = \frac{dt}{dy} = p^* \text{ (en posant } s^* = 1)$$

Si on prend à présent en compte l'effet externe ($\frac{\partial U}{\partial y} < 0$) (la pollution émise par la firme), l'allocation d'équilibre n'est pas efficiente.

Appelons $t = c(y)$ la fonction de coût de la firme, qui donne la quantité de travail nécessaire pour différents niveaux de production. Il s'agit alors de maximiser le lagrangien suivant pour établir la condition marginale d'optimalité.

$$\text{Max}\,£(x_1, x_2, y) = U(x_1, x_2, y) - \lambda_1\{y - f[c(y)]\} - \lambda_2(x_1 - y) - \lambda_3[x_2 + c(y) - \overline{l}]$$

La CPO s'écrit :

$$\frac{\frac{\partial U}{\partial x_1}}{\frac{\partial U}{\partial x_2}} = \frac{dt}{dy} - \frac{\frac{\partial U}{\partial y}}{\frac{\partial U}{\partial x_2}}$$

Le **coût marginal social** (en termes d'heures de travail), $dt/dy - \frac{\partial U}{\partial y} / \frac{\partial U}{\partial x_2}$, est supérieur au **coût marginal privé** dt/dy.

L'équilibre n'est pas efficient. La société supporte marginalement un coût plus élevé pour la production du bien de consommation, parce que cette dernière est source de désutilité.

Comment mettre en œuvre l'optimum ? Nous montrons que l'instauration d'une taxe (linéaire) peut pallier les défaillances du marché. Il s'agit d'appliquer le **« principe du pollueur-payeur »**. La production de la firme est une production jointe, puisqu'elle produit conjointement un bien utile (le bien de consommation) et un bien nuisible (la pollution). Elle engendre un produit social, indiqués par $B(y)$, qui correspond à la valeur du bien utile et de la pollution. Le produit social net est donc égal à : $B(y) - c_s(y)$, où $c_s(y)$ est la fonction de coût social. (Le coût social comprend le coût privé et le coût associé à la pollution.) La maximisation du produit social net définit la valeur optimale de y et le niveau optimal d'émission de pollution.

$$\max_{y \geq 0} [B(y) - c_s(y)]$$

La solution est $\frac{dB}{dy} = \frac{dc_s}{dy}$

À l'optimum, le **produit marginal social doit être égal au coût marginal social.** Cette condition peut encore s'écrire :

$$\frac{dB}{dy} = \frac{dt}{dy} - \frac{\frac{\partial U}{\partial y}}{\frac{\partial U}{\partial x_2}}$$

Lorsque y^* vérifie cette condition, l'expression $-\frac{\partial U}{\partial y^*} / \frac{\partial U}{\partial x_2}$ peut s'interpréter comme la quantité d'heures de loisir à laquelle l'agent est prêt à renoncer pour réduire d'une unité la pollution tout en conservant le même niveau d'utilité. Elle exprime en quelque sorte sa « disponibilité marginale à payer » pour une réduction de la pollution. Par ailleurs, nous avons vu que l'agent devait renoncer à une certaine quantité d'heures de loisir pour bénéficier de l'augmentation de la production du bien utile. Pour faire l'analogie entre les deux, il suffit de considérer ici que le bien utile est « moins de pollution ».

Supposons que la taxe unitaire optimale soit fixée de telle manière qu'elle soit égale à la « disponibilité marginale à payer ». Soit :

$$T^* = -\frac{\frac{\partial U}{\partial y^*}}{\frac{\partial U}{\partial x_2}}$$

En réunissant les deux conditions marginales, il vient :

$$\frac{\frac{\partial U}{\partial x_1}}{\frac{\partial U}{\partial x_2}} = \frac{dt}{dy^*} - \frac{\frac{\partial U}{\partial y^*}}{\frac{\partial U}{\partial x_2}} = p + T^*$$

En considérant cette taxe, la firme calcule son niveau de production, à partir du *coût privé**, mais aussi en tenant compte de la pollution qu'elle émet. La production et la pollution qui en résulte sont alors fixées au niveau jugé optimal par la « collectivité ». La taxe permet d'internaliser le coût de la pollution. Tout se passe comme si le consommateur maximisait son utilité au prix $p + T^*$ d'équilibre et recevait en compensation la taxe versée par les entreprises.

L'entreprise définit sa stratégie à partir des ***coûts privés***, mais aussi des coûts sociaux unitaires mesurés par la taxe.

Il est aisé de remarquer que le « principe du pollueur-payeur » n'est opératoire que si les informations sur les disponibilités marginales à payer du consommateur sont disponibles, puisque la fixation de la taxe optimale en dépend. L'application de ce principe se heurte au problème récurrent en économie publique : celui de la révélation des préférences individuelles. Dans notre exemple, un équilibre vérifiant le critère de Pareto passe par une baisse de la quantité produite.

Le théorème de Coase (1960) : le **principe de subsidiarité** (délégation de l'internalisation des externalités aux acteurs eux-mêmes) peut aussi conduire à la pareto-optimalité. Si la production de la firme est à un niveau trop élevé par rapport aux conditions marginales de Pareto, il est possible d'envisager une indemnisation du producteur pour l'inciter à moins produire et ainsi abaisser le niveau de pollution. Cette procédure peut *a priori* paraître choquante, puisqu'elle déroge au principe « les pollueurs sont les payeurs ». Nous pourrions pourtant montrer sans difficulté qu'elle peut bénéficier à la collectivité. Cependant, encore faut-il que les **droits de propriété** soient clairement définis. Il en est ainsi lorsque l'externalité est à l'origine d'une dégradation d'un droit de propriété (tel est le cas, lorsque la pratique d'un instrument de musique dans votre voisinage vous empêche de jouir pleinement de votre droit de propriété sur le silence dans votre logement). De plus, les **coûts de transaction** (recours aux avocats, par exemple) entre les parties doivent être négligeables.

Les conséquences, lorsqu'un bien public existe dans l'économie, sont comparables à celles qui résultent de la présence d'une externalité. Le marché ne garantit pas une allocation d'équilibre pareto-optimale. Notons que la séparation retenue habituellement entre l'étude des effets externes et celle de biens publics ne doit pas laisser penser qu'il s'agit de phénomènes exclusifs les uns des autres. Les biens publics peuvent être à l'origine d'externalités. Ainsi, un éclairage public inondant votre chambre de lumière et vous empêchant de dormir produit une externalité négative.

Nous étudions à présent l'inefficacité du marché en présence d'un bien public ; ainsi que les procédures spécifiques à mettre en œuvre pour atteindre l'optimalité paretienne.

cf. exercices 7.6, 7.7 et 7.11

2 - Les biens publics

Nous commençons cette section en donnant une définition des biens publics (a). Ensuite, nous étudions la condition pour qu'une allocation soit pareto-optimale dans une économie où un bien public est produit (b). Pour terminer, nous évoquons certaines procédures à mettre en œuvre pour pallier les défaillances du marché (c).

a. Une définition des biens publics

Les biens (services) que nous avons considérés jusqu'à présent sont des **biens privés**. Les deux propriétés qui les caractérisent sont les suivantes. La première répond au **critère de rivalité**. Deux agents ne peuvent simultanément bénéficier de l'usage du même bien. La deuxième propriété répond au **critère d'exclusion par le prix**. Un agent ne peut consommer un bien que s'il en paie le prix. Nous définissons les **biens publics purs** par opposition à ces biens privés. Les deux critères précédents appliqués simultanément permettent de les distinguer :

– les **biens publics sont non rivaux**. C'est-à-dire que l'usage de ce bien par un agent ne réduit pas la consommation de ce bien par les autres agents ;

– les **biens publics sont sans exclusion**. C'est-à-dire qu'aucun paiement direct n'est exigé en contrepartie de leur usage ;

– les biens publics sont **sans effet d'encombrement**. Il y a effet d'encombrement lorsque le niveau de satisfaction qu'un agent retire de la consommation d'un bien public dépend de celle des autres usagers. Ces effets d'encombrement doivent être rangés dans la catégorie des effets externes.

Pour être complet, il faut ajouter que les biens publics font l'objet d'une **obligation d'usage** ; leur usage ne dépend pas d'une décision des agents eux-mêmes. On peut trouver une classification détaillée des biens publics dans Picard (1998, p. 491).

La police, l'armée, les services de lutte contre les incendies, l'éclairage public... sont des biens publics purs qui répondent à ces deux critères. Mais certains biens ne répondent qu'à l'un d'entre eux. Il s'agit de biens publics intermédiaires (*club goods*). Nous pouvons citer, à cet égard, les émissions de télévision codées, ou les autoroutes à péage, par exemple, qui sont des biens publics avec exclusion, mais non rivaux. Leur consommation donne en effet lieu à un paiement en contrepartie, mais ne réduit pas celle des autres usagers. Un parking gratuit est un bien public sans exclusion par le prix, mais susceptible d'engendrer des effets d'encombrement. Le stationnement d'un véhicule peut en effet compromettre celui d'un autre. Un effet d'encombrement peut se manifester.

Il ne faut pas confondre un bien public et un bien privé produit par le secteur public, même si, sous certains aspects, la confusion est possible. L'éducation et la santé sont deux exemples de biens privés offerts par le secteur public, notamment en France. Ce sont, en effet, des services rivaux et avec exclusion. L'accès à l'éducation ou à la santé est coûteux (droits de scolarité, frais hospitaliers). Par ailleurs, le coût marginal de l'éducation d'un enfant ou de l'hospitalisation d'un malade supplémentaires est non nul, à la différence de celui des biens publics purs. Cependant, la volonté politique de tendre vers l'égalisation des chances d'accès aux services de l'éducation ou de la santé pour tous les citoyens donne à ces biens particuliers l'apparence de biens publics.

Nous retenons seulement dans cette étude les **biens publics purs**. Les caractéristiques de ces biens publics laissent entrevoir que la procédure décentralisée du marché est la plupart du temps inadaptée pour atteindre une allocation efficiente. Il faut alors recourir à d'autres procédures, que nous verrons un peu plus loin. Nous étudions tout d'abord la condition pour qu'une allocation entre biens privés et biens publics soit pareto-optimale.

b. L'allocation pareto-optimale avec un bien public

Pour étudier la condition de Pareto, nous raisonnons dans un cadre très simple : celui d'une économie avec deux biens, un bien privé, indiqué par x, et un bien public, indiqué par h. Nous supposons qu'il y a deux consommateurs ($i = 1{,}2$), dont les fonctions d'utilité sont représentées par $U_i(x_i^c, h_i)$, où x_i^c et h_i indiquent respectivement la consommation du bien privé et celle du bien public par le consommateur i. Elles sont croissantes en leurs deux arguments. Nous supposons également que le bien public est produit avec du bien privé, selon une technologie représentée par la fonction de production, $h = f(x)$, que l'on suppose croissante et concave (les hypothèses habituelles).

Il faut bien comprendre comment les contraintes de rareté sont écrites dans le cas d'un bien public. Pour le bien privé, il n'y a pas de différence avec les contraintes de rareté habituelles. La contrainte s'écrit donc : $x_1^c + x_2^c = \overline{x} - x$. Elle signifie que la consommation du bien privé par les deux consommateurs, x_1^c et x_2^c , doit être égale à la dotation initiale globale du bien privé, $\overline{x}$, à laquelle il faut retrancher la quantité de ce bien, x, utilisée dans la production du bien public comme *input*.

La contrainte de marché du bien public pur reflète quant à elle la spécificité de ce bien. Celui-ci étant non rival, sa quantité consommée est la même pour les deux consommateurs et elle est égale à la quantité offerte. Nous écrivons donc la contrainte de rareté du bien public de la façon suivante : $h_1 = h_2 = h$. Nous rappelons que h_1 et h_2 indiquent respectivement la quantité du bien public consommée par l'agent 1 et par l'agent 2, et que h indique sa quantité offerte. Nous appliquons à nouveau le critère d'optimalité paretienne, qui donne lieu au programme de maximisation suivant :

$$\begin{aligned}
&\text{Max } U_1(x_1^c, h_1) : \\
&U_2(x_2^c, h_2) = \overline{U}_2 \\
&x_1^c + x_2^c = \overline{x} - x \\
&h_1 = h_2 = h \\
&h = f(x)
\end{aligned}$$

Nous indiquons à présent par $x = c(h)$, la fonction de coût du bien public en bien privé x, qui exprime la relation entre la quantité du bien public produite h et la quantité du bien privé x utilisée pour sa production. Cette fonction est croissante et convexe. Nous pouvons simplifier le programme ci-dessus qui devient :

$$\begin{aligned}
&\underset{x_1^c \geq 0,\, h \geq 0}{\text{Max}} \quad U_1(x_1^c, h) : \\
&U_2(x_2^c, h) = \overline{U}_2 \\
&x_1^c + x_2^c = \overline{x} - c(h)
\end{aligned}$$

Le Lagrangien s'écrit :

$$£(x_1^c, x_2^c, h) = U_1(x_1^c, h) - \lambda_1[U_2(x_2^c, h) - \overline{U}_2] - \lambda_2[x_1^c + x_2^c - \overline{x} - c(h)].$$

On le maximise.

Les CPO donnent la solution :

$$\frac{\dfrac{\partial U_1}{\partial h_1}}{\dfrac{\partial U_1}{\partial x_1^c}} + \frac{\dfrac{\partial U_2}{\partial h_2}}{\dfrac{\partial U_2}{\partial x_2^c}} = \frac{dx}{dh}$$

Le terme $\frac{dx}{dh}$ indique le coût marginal (le taux marginal de transformation du bien public). Une allocation pareto-optimale avec un bien privé et un bien public doit vérifier que **la somme des taux marginaux de substitution des deux consommateurs est égale au coût marginal du bien public** (à son *taux marginal de transformation**). Cette condition est appelée « condition BLS », du nom des trois auteurs —Bowen, Lindahl, Samuelson— qui l'ont proposée les premiers.

Le **TMT** du bien x au bien h en un point de la frontière des possibilités de production AB est mesuré par la pente en valeur absolue de la tangente en ce point.

Ce programme de maximisation est illustré dans la figure 11.

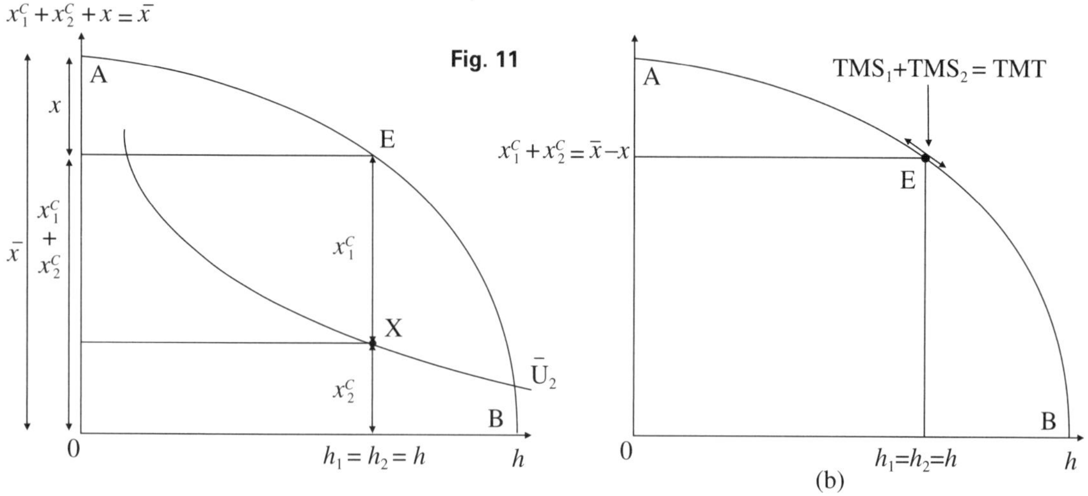

Fig. 11

La surface sous la courbe AB de la figure 11a représente les possibilités de production du bien public. Supposons que l'utilité du second consommateur soit fixée au niveau $\bar{U}_2$. Le point X choisi arbitrairement sur cette courbe d'indifférence définit le niveau de consommation du bien privé des deux consommateurs, $x_1^c + x_2^c$, et celui, égal pour les deux, du bien public, $h_1 = h_2$. L'optimum économique est atteint au point E de la figure 11b, où la somme des taux marginaux des deux consommateurs s'égalise au taux marginal de transformation du bien public. La quantité x d'*input* augmente à partir de A. Les quantités consommées sont lues à partir de l'origine des axes. En se déplaçant de A vers B sur la courbe, le coût marginal augmente.

Nous n'avons donc pas, comme pour les biens privés, **égalité entre les TMS de chaque consommateur et le TMT du producteur à l'optimum**. Pourquoi ?

L'expression $\frac{\partial U_i}{\partial h_i} / \frac{\partial U_i}{\partial x_i^c}$ mesure la quantité du bien privé que le consommateur i est prêt à sacrifier pour obtenir une unité supplémentaire du bien public, en conservant son niveau d'utilité. C'est en quelque sorte sa « disposition marginale à payer » le bien public (*cf.* section précédente). Cependant, comme il s'agit d'un bien public pur, une unité supplémentaire de ce bien profite également au second consommateur. Il faut donc **comparer le coût marginal du bien public à la somme des** « dispositions marginales à payer », donc à la somme des TMS ;

autrement dit, au sacrifice que les deux consommateurs sont prêts à consentir (renoncement à une certaine quantité du bien privé) pour l'obtention d'une unité supplémentaire du bien public. Formellement, ce problème serait identique à celui évoqué dans la section précédente, à propos de l'internalisation du coût de pollution par l'instauration d'une taxe, si nous avions eu deux consommateurs et une firme. La taxe optimale supportée par la firme serait alors égale à la somme des « dispositions marginales à payer » des deux consommateurs pour réduire d'une unité la pollution, ou pour augmenter d'une unité le bien utile « moins de pollution ».

On peut définir le profit π_h du producteur (privé) du bien public par : $\pi_h = p_h h - p_x x = p_h h - p_x c(h)$, où p_h et p_x indiquent respectivement le prix unitaire du bien public et celui du bien privé et $p_x c(h)$ le coût en bien privé x. Le profit maximum est atteint, lorsque : $p_h/p_x = \frac{\mathrm{d}x}{\mathrm{d}h}$, c'est-à-dire, lorsque le prix du bien public p_h s'égalise au coût marginal (on pose $p_x = 1$, en prenant le bien privé comme bien numéraire). Par conséquent, **un équilibre paretien est obtenu lorsque le prix du bien public est égal à la somme des prix que chaque consommateur est disposé à payer à la marge**. Par exemple, le prix à payer pour améliorer l'éclairage public doit être égal à la somme des prix que les consommateurs sont prêts à payer pour améliorer leur environnement. On mesure sans peine dans cet exemple la difficulté que l'on rencontre pour obtenir un optimum par une procédure décentralisée. Diverses procédures sont proposées : le vote majoritaire, l'équilibre de souscription (*cf.* Picard [1998], pp. 497 et suivantes). Nous en donnons une illustration avec **l'équilibre de Lindahl** (1919).

c. Un exemple de mise en œuvre d'une provision d'équilibre efficiente du bien public : l'équilibre de Lindahl

La mise en œuvre d'une provision efficiente du bien public passe par un **système de prix individualisés** de ce bien. Il est en effet proposé à chaque consommateur i la possibilité de payer le prix p_{ih} par unité du bien public. Chaque agent i maximise son utilité $U_i(x_i^c, h_i)$, sous sa contrainte budgétaire : $p_x x_i^c + p_{ih} h_i = p_x \overline{x}_i$. (Les notations utilisées sont celles définies plus haut.) Chaque consommateur égalise son TMS à son prix individualisé du bien public, soit :

$$\frac{\frac{\partial U_i}{\partial h_i}}{\frac{\partial U_i}{\partial x_1^c}} = p_{ih} \qquad (1)$$

Nous posons à nouveau : $p_x = 1$ et désignons par $h_i(p_{ih})$, la demande du bien public du consommateur i qui résulte de son programme de maximisation.

Nous supposons par ailleurs que le producteur du bien public maximise son profit par rapport à $p_h = \sum_{i=1}^{2} p_{ih}$. L'objectif est atteint, lorsque la quantité du bien public offerte vérifie l'égalité entre le prix p_h et le coût marginal $\frac{\mathrm{d}x}{\mathrm{d}h}$.

$$p_h = \sum_{i=1}^{2} p_{ih} = \frac{\mathrm{d}x}{\mathrm{d}h} \quad (2)$$

Les prix personnalisés (p_{1h}, p_{2h}) constituent un équilibre de Lindhal, lorsque, à ces prix, tous les consommateurs demandent la même quantité du bien public, l'entreprise choisissant de produire cette quantité; c'est-à-dire $h_i(p_{ih}) = h$, $\forall i = 1,2$.

Peut-on alors trouver un ensemble de prix personnalisés, pour lequel le montant du bien public est optimal ? Oui, car avec les expressions (1) et (2), nous pouvons écrire :

$$\frac{\frac{\partial U_1}{\partial h_1}}{\frac{\partial U_1}{\partial x_1^c}} + \frac{\frac{\partial U_2}{\partial h_2}}{\frac{\partial U_2}{\partial x_2^c}} = \frac{dx}{dh}$$

qui est la **condition d'optimalité BLS**. Chaque consommateur prend le prix sur son propre marché comme donné, et détermine son niveau optimal de consommation du bien public. La consommation du bien public par chaque consommateur est donc considérée comme un bien distinct, avec son propre marché. Si la quantité h^* du bien public est fournie à l'équilibre, alors chaque consommateur i doit payer une taxe $p_{ih}h^*$. Ces prix d'équilibre peuvent être en principe calculés selon la procédure du tâtonnement walrasien. Les autorités font augmenter le prix des agents ayant une forte demande du bien public, par rapport au prix de ceux dont la demande est faible, jusqu'à ce que les demandes individuelles du bien public s'égalisent.

Les prix individualisés d'équilibre du bien public, qui garantissent une allocation efficiente, sont couramment désignés sous le nom de **prix de Lindahl** et les taxes qu'ils permettent de calculer, sous celui de **taxes de Lindahl**. Une telle procédure décentralisée pourrait donc aboutir à la production optimale du bien public. Cette procédure est certes séduisante, mais elle se heurte au **paradigme du passager clandestin (*free rider*)**, qui la rend malheureusement difficilement praticable.

Le comportement du passager clandestin consiste à bénéficier comme tous les autres du bien public, tout en participant le plus faiblement possible à son financement. En présence de biens indivisibles (externalités ou biens publics), chaque consommateur est un passager clandestin potentiel. Les exemples abondent : qui ne sera pas incité à voyager gratuitement, si les contrôleurs de la SNCF sont en grève ? qui ne sera pas incité à téléphoner du bureau si le correspondant est fort éloigné ?... Cependant, si ce comportement se généralise, il conduit à une sous-estimation de la demande en bien public, et, par conséquent, à un sous-équipement. Des études empiriques montrent que le comportement du passager clandestin est moins fréquent lorsque les usagers sont associés à la décision. L'implication des citoyens dans la prise de décision en matière de biens publics pourrait donc aider à la révélation sans biais des préférences individuelles. *A contrario*, ce comportement s'intensifierait, lorsque les individus apprennent par l'apprentissage comment manipuler à leur profit les modes de financement, ou encore lorsque la production du bien public concerne un grand nombre d'individus. Dans ce cas, chacun minimise sa propre demande, considérant que cette attitude aura peu d'effet sur la quantité du bien public qui sera mise à la disposition de la collectivité. Le comportement du passager clandestin peut être étudié sur le plan théorique à partir du concept d'*équilibre de Nash** (*cf.* chapitres 8 et 9).

***L'équilibre de Nash** peut être défini comme une situation où aucun agent (joueur) n'a intérêt à changer unilatéralement de stratégie.*

Dans notre exemple, l'agent i qui paye une taxe élevée $p_{ih}h^*$, pour une quantité consommée semblable à celle des autres agents à l'équilibre, sera incité à minimiser ses préférences pour réduire sa contribution au financement du bien public.

On peut, en outre, se poser la question suivante : sur le marché du bien public « personnalisé », combien y a-t-il de demandeurs ? Dans notre exemple, si seulement l'un des deux usagers révèle ses préférences, nous sommes en présence d'un monopsone. Que deviennent alors les conditions marginales d'équilibre, qui supposent des agents « *price takers* » ?

La question récurrente dans ce type de problème est donc celle de savoir comment inciter les agents à révéler leurs vraies préférences.

Tout au long de ces pages, nous avons pu observer que le système des prix ne parvient à réaliser les conditions marginales de l'optimalité paretienne que si les hypothèses de la concurrence parfaite sont parfaitement respectées, et si les biens ne sont pas indivisibles. La portée du premier théorème du bien-être n'est donc absolument pas générale.

Selon la nature des externalités (positives ou négatives), la quantité des biens produits à l'équilibre est insuffisante, ou trop importante, par rapport aux conditions marginales paretiennes. Par exemple, chaque pêcheur retirant un filet bien rempli réduit la capacité de reproduction de certaines espèces. Il est de ce fait à l'origine d'un effet externe négatif sur les autres membres de la profession. L'équilibre (économique) conduit à un phénomène de sur-pêche par rapport aux conditions de Pareto. On laisse aux lecteurs le soin d'expliquer cela, en montrant simplement qu'à l'équilibre le coût marginal privé s'égalise au prix, alors que l'optimum exige l'égalisation du prix et du coût marginal social.

Les biens publics peuvent être également produits et consommés à un niveau incompatible avec l'optimalité. Par ailleurs, les procédures imaginées pour atteindre des allocations efficientes, en présence d'externalités ou de biens publics, sont souvent difficilement applicables ou généralisables, car elles reposent sur la connaissance des préférences individuelles, que les prix de concurrence ne peuvent révéler dans ce cas.

Nous avons pu observer sans peine que le critère de l'optimalité parétienne est omniprésent dans toutes les questions abordées dans ce chapitre. Nous allons le retrouver souvent dans les extensions de l'équilibre concurrentiel aux notions d'**incertitude** et de **temps**.

Questions à choix multiples

(Pour chaque question, il y a une ou plusieurs réponses justes)

1 - Parmi ces propositions, quelles sont celles qui vous paraissent justes ? Une allocation pareto-optimale doit vérifier que :

a. le principe de la justice sociale est respecté.

b. des prix d'équilibre existent pour cette allocation.

c. les taux marginaux de substitution des consommateurs sont égaux aux rapports des prix.

d. les taux marginaux de substitution des consommateurs sont égaux aux taux marginaux de transformation des producteurs.

e. les taux marginaux de substitution des consommateurs sont égaux aux taux marginaux de substitution technique des producteurs.

2 - À propos des défaillances du marché, quelles sont les propositions qui vous paraissent justes ?

a. En présence d'externalités négatives de production, le coût social est inférieur au coût privé.

b. En présence de « passagers clandestins », la demande du bien public est sous-évaluée.

c. Les prix individualisés définissent un équilibre de Lindhal, si pour ces prix la somme de la demande du bien public des consommateurs est égale à la quantité offerte de ce bien.

d. En présence d'une externalité, l'allocation d'équilibre est pareto-optimale, si les prix peuvent être fixés librement par les marchés.

e. Avec un bien public, une allocation est pareto-optimale, si la disposition marginale à payer de chaque consommateur est égale au coût marginal du bien public.

3 - Un optimum de Pareto est :

a. individuellement rationnel.

b. un équilibre.

c. une allocation réalisable.

d. sur la courbe des contrats.

e. une allocation équitable.

4 - La présence d'une externalité de production dans l'économie ne remet pas en cause :

a. l'égalité entre coût social et coût privé

b. la maximisation du profit.

c. le premier théorème du bien-être.

d. l'efficacité du marché.

e. le non-interventionnisme de l'État.

5 - La courbe des contrats décrit :

a. un ensemble d'allocations réalisables.

b. des situations, où les échanges peuvent être mutuellement avantageux.

c. n'importe quel sous-ensemble de l'ensemble de Pareto.

d. un ensemble d'allocations qui procurent à tous les agents une utilité supérieure à celle correspondant à leurs dotations initiales.

6 - Quelles sont les hypothèses qui ne vous paraissent pas nécessaires à la démonstration du second théorème du bien-être ?

a. Les fonctions d'utilité sont quasi concaves.

b. Les ensembles de consommation sont convexes.

c. Dans l'état optimal à atteindre, les agents détiennent des quantités positives de tous les biens.

d. Les agents ont des dotations initiales positives pour tous les biens.

e. Les pouvoirs publics doivent coordonner les échanges.

7 - Un point sur la frontière de second rang correspond à :

a. un optimum de Pareto.

b. une allocation socialement souhaitable.

c. une allocation réalisable après redistribution.

d. un optimum égalitaire.

8 - Quelles sont les procédures suivantes qui ne vous paraissent pas adaptées au problème de l'internalisation des externalités ?

a. La création d'un marché de droit à polluer.

b. La fusion des entreprises.

c. Les stratégies coopératives.

d. Les stratégies non coopératives.

e. La liberté des prix.

9 - Quels sont les biens qui vous paraissent répondre à la définition des biens publics purs ?

a. Théâtre.

b. École primaire.

c. Défense du territoire.

d. Station d'épuration des eaux.

e. Crèche.

10 - Quelles sont les définitions suivantes qui vous paraissent fausses ?

a. La frontière des productions possibles indique la production d'un bien qu'il est possible d'obtenir pour différents niveaux de production de l'autre bien.

b. La frontière des utilités possibles indique le niveau maximum d'utilité qu'un agent peut atteindre pour différents niveaux d'utilité de l'autre agent.

c. Le taux marginal de transformation est mesuré par la pente en valeur absolue en un point de la frontière des productions possibles.

d. Le taux marginal de substitution est mesuré par la pente en valeur absolue en un point de la frontière des utilités possibles.

e. Le taux marginal de substitution technique indique la quantité d'un facteur de production qu'il est nécessaire de diminuer, lorsque l'autre facteur augmente d'une unité, quand on conserve le même niveau de production.

EXERCICE CORRIGÉ 7.1

Le critère paretien d'optimalité (A,1,a)

Notre économie comprend deux biens $j = 1,2$, et deux consommateurs $i = 1,2$, dont les préférences sont représentées par les fonctions d'utilité suivantes :

$$U_i = U_i(x_{i1}, x_{i2})$$

Elles sont supposées strictement croissantes par rapport à leurs deux arguments, deux fois continûment différentiables et strictement quasi-concaves. Les dotations initiales individuelles sont indiquées par :

$$\omega_i = (\omega_{i1}, \omega_{i2})$$

et les dotations globales dans chaque bien par $\bar{\omega}_1 = (0{,}5\,;\, 1)$ et $\bar{\omega}_2 = (1\,;\, 0{,}5)$.

a. Tracer dans la « boîte d'Edgeworth » la courbe d'indifférence de chaque consommateur qui passe par le point représentant la distribution initiale des ressources. Quel est donc l'ensemble des allocations qui sont préférées aux allocations initiales ? Comparer les TMS des deux agents au point où il n'y a plus d'échanges mutuellement profitables.

b. Donner la définition d'une allocation répondant au critère paretien d'optimalité. Montrer qu'un optimum paretien peut ne pas vérifier la condition sur les TMS ci-dessus.

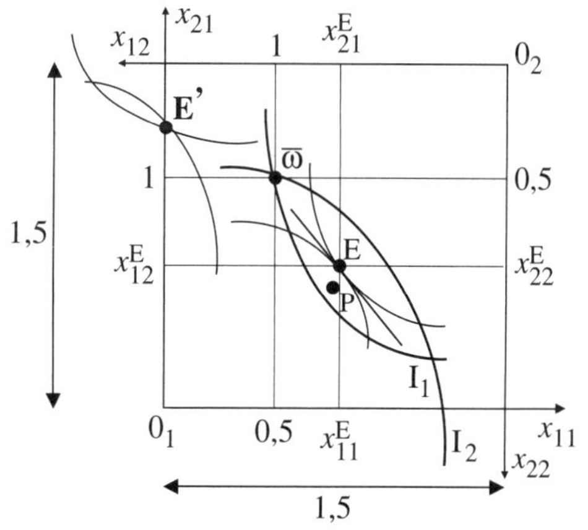

Fig. 12

CORRIGÉ

a. Dans la figure 12, l'aire délimitée par l'intersection des courbes I_1 et I_2 correspond à l'ensemble des allocations qui sont préférées aux allocations correspondant à la distribution initiale des ressources ($\overline{\omega}$), et strictement préférées pour au moins un agent. Tout point intérieur est une allocation qui est strictement préféré par les deux consommateurs (P, par exemple). À partir de $\overline{\omega}$, il existe des possibilités d'échange mutuellement avantageuses qui cessent lorsque cet ensemble est vide (E, par exemple). Le point E est un point de tangence des deux courbes d'indifférence. Leurs pentes en ce point sont égales. Sachant que celles-ci sont égales en valeur absolue aux rapports des utilités marginales au point considéré, nous avons :

$$\frac{U'_{1x_{11}}(x_{11}^E, x_{12}^E)}{U'_{1x_{12}}(x_{11}^E, x_{12}^E)} = \frac{U'_{2x_{21}}(x_{21}^E, x_{22}^E)}{U'_{2x_{22}}(x_{21}^E, x_{22}^E)}$$

b. Un optimum de Pareto est une allocation **réalisable, telle qu'il n'existe aucune autre allocation réalisable, pour laquelle l'utilité d'un consommateur serait strictement supérieure à l'utilité que lui procure la première allocation, sans que l'utilité de l'autre consommateur ne soit strictement inférieure.**

Le point E' correspond à une allocation pareto-optimale, parce que les possibilités d'échange mutuellement avantageuses sont épuisées, compte tenu des contraintes de non-négativité sur les consommations et des contraintes de rareté. L'égalité des TMS garantit la pareto-optimalité pour des allocations intérieures à la « boîte d'Edgeworth », c'est-à-dire pour des quantités non nulles de chaque bien pour les deux consommateurs.

EXERCICE CORRIGÉ 7.2

La pareto-optimalité dans une économie d'échanges : fonctions d'utilité strictement concaves (A,1,a ; A,1,b)

Notre économie comprend deux biens $j = 1,2$, et deux consommateurs $i = 1,2$, dont les préférences sont représentées par les fonctions d'utilité suivantes :

$$U_1(x_{11}, x_{12}) = x_{11}^{0,3}\, x_{12}^{0,7}$$
$$\text{et } U_2(x_{21}, x_{22}) = x_{21}^{0,6}\, x_{22}^{0,4}$$

Les dotations initiales individuelles sont données par :

$$\omega_1 = (3,5) \text{ et } \omega_2 = (8,3)$$

a. Calculer l'équation de **l'ensemble de Pareto.** Est-ce que les dotations initiales appartiennent à cet ensemble ?

b. Étudier l'équilibre général : le prix relatif d'équilibre et les consommations d'équilibre (on indique par p_1 et p_2 les prix des biens 1 et 2).

Vérifier que l'allocation d'équilibre appartient à l'ensemble de Pareto. Quel théorème est alors vérifié ? Montrer que l'allocation d'équilibre est donnée par l'intersection de l'ensemble de Pareto et de la droite de pente égale en valeur absolue au rapport des prix d'équilibre et passant par les dotations initiales. Est-ce que cette allocation d'équilibre est équitable ?

c. Calculer les optima de Pareto qui sont individuellement rationnels.

d. Représenter l'ensemble du problème et ses solutions dans la « boîte d'Edgeworth ».

CORRIGÉ

a. Nous maximisons l'utilité du premier consommateur en fixant arbitrairement l'utilité du second à $\bar{U}_2$, et en tenant compte des contraintes de rareté. Le programme est le suivant :

$$\begin{aligned}&\underset{x_{11}\geq 0, x_{12}\geq 0}{\text{Max}} \quad U_1(x_{11}, x_{12}) = x_{11}^{0,3} x_{12}^{0,7} :\\ &U_2(x_{21}, x_{22}) = \bar{U}_2\\ &x_{11} + x_{21} = 11 \Rightarrow x_{21} = 11 - x_{11}\\ &x_{12} + x_{22} = 8 \Rightarrow x_{22} = 8 - x_{12}\end{aligned}$$

La fonction de Lagrange s'écrit :

$$\pounds(x_{11}, x_{12}) = x_{11}^{0,3} x_{12}^{0,7} - \lambda[(11 - x_{11})^{0,6}(8 - x_{12})^{0,4} - \bar{U}_2]$$

Les CPO s'écrivent :

$$\frac{\partial \pounds}{\partial x_{11}} = 0,3x_{11}^{-0,7}x_{12}^{0,7} + 0,6\lambda[(11 - x_{11})^{-0,4}(8 - x_{12})^{0,4}] = 0$$

$$\frac{\partial \pounds}{\partial x_{12}} = 0,7x_{11}^{0,3}3x_{12}^{-0,3} + 0,4\lambda[(11 - x_{11})^{0,6}(8 - x_{12})^{-0,6}] = 0$$

On isole le multiplicateur de Lagrange dans les deux conditions ci-dessus,

$$\lambda = -\frac{0,3x_{11}^{-0,7}x_{12}^{0,7}}{0,6(11 - x_{11})^{-0,4}(8 - x_{12})^{0,4}}$$

$$\lambda = -\frac{0,7x_{11}^{0,3}x_{12}^{-0,3}}{0,4(11 - x_{11})^{0,6}(8 - x_{12})^{-0,6}}$$

puis, on égalise les deux expressions :

$$\frac{0,3x_{11}^{-0,7}x_{12}^{0,7}}{0,6(11 - x_{11})^{-0,4}(8 - x_{12})^{0,4}} = \frac{0,7x_{11}^{0,3}x_{12}^{-0,3}}{0,4(11 - x_{11})^{0,6}(8 - x_{12})^{-0,6}}$$

$$\Rightarrow \frac{0,3x_{11}^{-0,7}x_{12}^{0,7}}{0,7x_{11}^{0,3}x_{12}^{-0,3}} = \frac{0,6(11 - x_{11})^{-0,4}(8 - x_{12})^{0,4}}{0,4(11 - x_{11})^{0,6}(8 - x_{12})^{-0,6}}$$

Après simplifications, il vient :

$$\frac{3x_{12}}{7x_{11}} = \frac{3}{2}\frac{8 - x_{12}}{11 - x_{11}}$$

L'équation $x_{12} = h(x_{11})$ de **l'ensemble de Pareto** s'écrit :

$$x_{12} = \frac{168x_{11}}{66 + 15x_{11}}$$

Ses dérivées première et seconde :

$$h'(x_{11}) = \frac{11\,088}{(66 + 15x_{11})^2} > 0 \text{ et } h''(x_{11}) = -\frac{11\,088(30)}{(66 + 15x_{11})^3} < 0$$

nous indiquent que l'ensemble de Pareto est une courbe croissante à taux décroissant.

Les dotations initiales (3,5) n'appartiennent pas à cet ensemble, car elles ne vérifient pas l'équation de l'ensemble de Pareto.

$$\frac{168(3)}{66 + 15(3)} = 4,54 \neq 5$$

b. À l'équilibre, le TMS du premier consommateur :

$$\frac{\dfrac{\partial U_1}{\partial x_{11}}}{\dfrac{\partial U_1}{\partial x_{12}}} = \frac{0,3x_{11}^{-0,7}x_{12}^{0,7}}{0,7x_{11}^{0,3}x_{12}^{-0,3}}$$

est égal au rapport des prix :

$$\frac{3}{7}\frac{x_{12}}{x_{11}} = \frac{p_1}{p_2}$$

La contrainte budgétaire du premier consommateur s'écrit :

$$p_1x_{11} + p_2x_{12} = 3p_1 + 5p_2$$

On exprime les fonctions de demande du premier consommateur, en combinant ces deux expressions :

$$x_{11}(p_1, p_2) = \frac{3}{10}(3 + 5\frac{p_2}{p_1})$$

$$\text{et } x_{12}(p_1, p_2) = \frac{7}{10}(5 + 3\frac{p_1}{p_2})$$

À l'équilibre, le TMS du second consommateur :

$$\frac{\frac{\partial U_2}{\partial x_{21}}}{\frac{\partial U_2}{\partial x_{22}}} = \frac{0{,}6x_{21}^{-0,4}x_{22}^{0,4}}{0{,}4x_{21}^{0,6}x_{22}^{-0,6}}$$

est égal au rapport des prix.

$$\frac{3}{2}\frac{x_{22}}{x_{21}} = \frac{p_1}{p_2}$$

La contrainte budgétaire du second consommateur s'écrit :

$$p_1x_{21} + p_2x_{22} = 8p_1 + 3p_2$$

On exprime les fonctions de demande du second consommateur, en combinant ces deux expressions :

$$x_{21}(p_1, p_2) = \frac{3}{5}(8 + 3\frac{p_2}{p_1})$$

$$\text{et } x_{22}(p_1, p_2) = \frac{2}{5}(3 + 8\frac{p_1}{p_2})$$

La condition d'équilibre sur le marché du premier bien s'écrit :

$$\frac{3}{10}(3 + 5\frac{p_2}{p_1}) + \frac{3}{5}(8 + 3\frac{p_2}{p_1}) = 11$$

$$\Rightarrow \begin{cases} (\frac{p_2}{p_1})^* \simeq 1{,}606 \\ (\frac{p_1}{p_2})^* \simeq 0{,}623 \end{cases}$$

Nous savons que $(\frac{p_2}{p_1})^* \simeq 1{,}606$ est aussi le prix d'équilibre sur le second marché, compte tenu du corollaire de la loi de Walras. Les consommations à l'équilibre sont :

$$\begin{cases} x_{11}^* = \frac{3}{2}(\frac{3}{5} + 1{,}606) \simeq 3{,}309 \text{ et } x_{12}^* = \frac{7}{10}\,[5 + 3(0{,}623)] \simeq 4{,}808 \\ x_{21}^* = \frac{3}{5}[8 + 3(1{,}606)] \simeq 7{,}690 \text{ et } x_{22}^* = \frac{2}{5}\,[3 + 8(0{,}623)] \simeq 3{,}194 \end{cases}$$

Les consommations d'équilibre x_{11}^* et x_{12}^* vérifient l'équation de l'ensemble de Pareto :

$$\frac{168(3{,}309)}{66 + 15(3{,}309)} \simeq 4{,}808$$

Le premier théorème du bien-être est ainsi vérifié : dans une économie de concurrence pure et parfaite, toute allocation d'équilibre est pareto-optimale.

L'équation de la droite passant par les dotations initiales de pente $-(p_1/p_2)^*$ est :

$$x_{12} - 5 = -0{,}623(x_{11} - 3)$$

Les quantités $x_{11}^* = 3{,}309$ et $x_{12}^* = 4{,}808$ appartiennent à cette droite.

Les consommations d'équilibre pour le second consommateur sont : $x_{21}^* \simeq 7{,}690$ et $x_{22}^* \simeq 3{,}194$. Par conséquent, nous avons :

$$\begin{cases} U_1(x_{11}^*, x_{12}^*) = 4{,}299 \text{ et } U_2(x_{21}^*, x_{22}^*) = 5{,}411 \text{ et} \\ U_1(x_{21}^*, x_{22}^*) = 4{,}156 \text{ et } U_2(x_{11}^*, x_{12}^*) = 3{,}842 \end{cases}$$

Les allocations d'équilibre $(x_{11}^*, x_{12}^*, x_{21}^*, x_{22}^*)$ sont donc **équitables.**

c. Les utilités procurées aux deux consommateurs par leurs dotations initiales sont respectivement :

$$U_1(\omega_{11}, \omega_{12}) = 3^{0,3}5^{0,7} = 4{,}288 \text{ et } U_2(\omega_{21}, \omega_{22}) = 8^{0,6}3^{0,4} = 5{,}404$$

Les deux conditions pour que **les optima de Pareto soient individuellement rationnels** sont donc :

$$x_{11}^{0,3}x_{12}^{0,7} \geq 4{,}288 \text{ et } x_{21}^{0,6}x_{22}^{0,4} \geq 5{,}404$$

Il nous faut donc avoir :

$$x_{11}^{0,3}\left(\frac{168x_{11}}{66 + 15x_{11}}\right)^{0,7} \geq 4{,}288$$

Ce qui nous donne approximativement :

$$3{,}15 < x_{11} < 3{,}32 \text{ et } 4{,}673 < x_{12} < 5$$

On décrit ainsi tous les points de la **courbe de contrats** (en trait gras sur la figure 13).

d. Voir la figure 13.

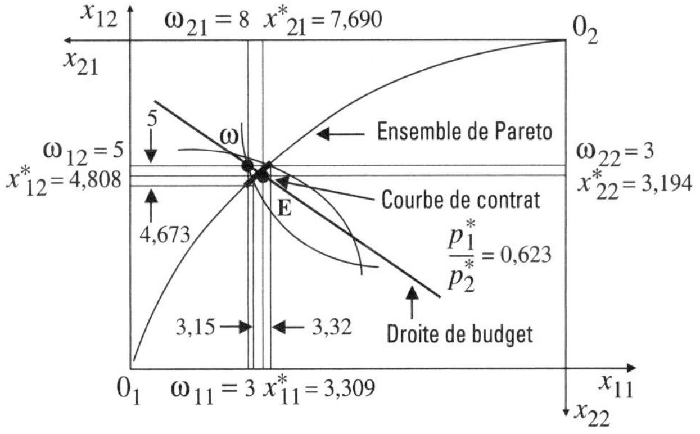

Fig. 13

EXERCICE PROPOSÉ 7.3

La pareto-optimalité dans une économie d'échanges : fonctions d'utilité strictement concaves (A,1,a ; A,1,b)

Même exercice que le 7.2 avec les fonctions d'utilité suivantes :

$$U_1(x_{11}, x_{12}) = x_{11}x_{12}^{1/2}$$

$$\text{et } U_2(x_{21}, x_{22}) = x_{21}^{1/2}x_{22}$$

Les dotations initiales individuelles sont : $\omega_1 = (6,0)$ et $\omega_2 = (0,6)$.

DÉMARCHE

Idem 7-2.

RÉSULTATS

a : $x_{12} = \dfrac{6x_{11}}{3(8 - x_{11})}$; b : $(\dfrac{p_1}{p_2})^* = 1$, $x^*_{11} = 4$, $x^*_{12} = 2$; $x^*_{21} = 2$; $x^*_{22} = 4$; cette allocation d'équilibre est équitable.

EXERCICE CORRIGÉ 7.4

La pareto-optimalité dans une économie d'échanges : fonctions d'utilité concaves (A,1,a)

Notre économie comprend deux biens et deux consommateurs, dont les préférences sont représentées par les fonctions d'utilité suivantes :

$$U_1(x_{11}, x_{12}) = x_{11}x_{12}$$

$$\text{et } U_2(x_{21}, x_{22}) = \text{Min}\,(x_{21}, x_{22})$$

Les dotations initiales individuelles sont les suivantes :

$$\omega_1 = (0,4) \text{ et } \omega_2 = (6,2)$$

Calculer, puis tracer l'ensemble de Pareto dans la « boîte d'Edgeworth » pour cette économie.

CORRIGÉ

Il y a gaspillage pour le second consommateur, lorsque :

$$x_{21} > x_{22} \text{ ou } x_{22} > x_{21}$$

Par conséquent, l'optimum implique que :

$$x_{21} = x_{22}$$

SCD LILLE 2

La fonction d'utilité du second consommateur s'écrit :

$$U_2(x_{21}, x_{22}) = \text{Min}(x_{21}, x_{22}) = x_{21} = x_{22}$$

L'égalité des taux marginaux de substitution des deux consommateurs :

$$\frac{\frac{\partial U_1}{\partial x_{11}}}{\frac{\partial U_1}{\partial x_{12}}} = \frac{\frac{\partial U_2}{\partial x_{21}}}{\frac{\partial U_2}{\partial x_{22}}} \Leftrightarrow \frac{x_{12}}{x_{11}} = 1$$

permet d'exprimer l'équation de l'ensemble de Pareto, soit :

$$x_{12} = x_{11}$$

Un optimum de Pareto pour cette économie procurant aux deux consommateurs une utilité $U_1^* = 4$ et $U_2^* = 4$ est représenté dans la figure 14. L'allocation représentée par le point P n'est pas optimale, puisque le premier consommateur peut augmenter par l'échange son utilité sans que l'utilité du second ne diminue.

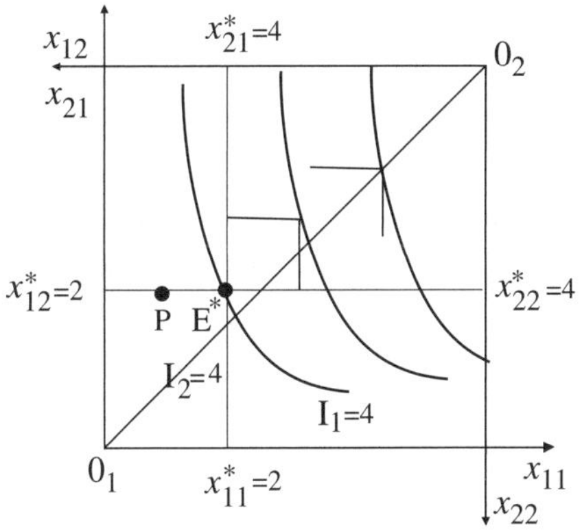

Fig. 14

EXERCICE PROPOSÉ 7.5

La Pareto-optimalité dans une économie d'échanges : fonctions d'utilité concaves (A,1,a)

Montrer qu'à la différence de l'exercice précédent, un optimum de Pareto admet la possibilité de destruction d'une certaine quantité des biens, lorsque le premier consommateur a une fonction d'utilité :

$$U_1(x_{11}, x_{12}) = \text{Min}(x_{11}, 2x_{12})$$

DÉMARCHE

Il suffit de tracer dans la « boîte d'Edgeworth » les courbes d'indifférence des deux consommateurs et de définir l'ensemble des allocations optimales.

RÉSULTAT

L'ensemble des allocations optimales est un ensemble d'intérieur non vide.

EXERCICE CORRIGÉ 7.6

La Pareto-optimalité dans une économie de production : deux entreprises (B,1,c)

Nous considérons deux entreprises $j = 1,2$, qui produisent chacune un bien différent avec deux *inputs* $k = 1,2$, selon les technologies suivantes :

$$x_1 = y_{11}^{1/2} y_{12}^{1/2}$$
$$\text{et } x_2 = y_{21}^{1/4} y_{22}^{1/4}$$

où, x_j indique la production de la firme j et y_{jk} les *inputs* utilisés par la firme j. Nous supposons que les ressources disponibles pour les deux facteurs de production sont respectivement égales à 5 et 10, c'est-à-dire que : $y_{11} + y_{21} = 5$ et $y_{12} + y_{22} = 10$

Calculer les optima de Pareto et tracer dans le plan $(x_1 0 x_2)$ la frontière des productions optimales.

CORRIGÉ

Les points efficaces sont obtenus en maximisant la production d'une firme, la production de l'autre firme étant fixée arbitrairement, et en tenant compte des contraintes sur les ressources productives. Soit :

$$\text{Max } y_{11}^{1/2}\ y_{12}^{1/2} :$$
$$y_{21}^{1/4} y_{22}^{1/4} = \bar{x}_2$$
$$y_{11} + y_{21} = 5 \text{ et } y_{12} + y_{22} = 10$$

La fonction de Lagrange s'écrit :

$$£(y_{11}, y_{12}) = y_{11}^{1/2} y_{12}^{1/2} - \lambda[(5 - y_{11})^{1/4}(10 - y_{12})^{1/4} - \bar{x}_2]$$

Les conditions du premier ordre sont :

$$\frac{\partial £}{\partial y_{11}} = \frac{1}{2} y_{11}^{-1/2} y_{12}^{1/2} + \frac{1}{4}\lambda[(5 - y_{11})^{-3/4}(10 - y_{12})^{1/4}] = 0$$

$$\frac{\partial £}{\partial y_{12}} = \frac{1}{2} y_{11}^{1/2} y_{12}^{-1/2} + \frac{1}{4}\lambda[(5 - y_{11})^{1/4}(10 - y_{12})^{-3/4}] = 0$$

On isole λ dans les deux conditions ci-dessus :

$$\lambda = -\frac{2y_{11}^{-1/2} y_{12}^{1/2}}{(5 - y_{11})^{-3/4}(10 - y_{12})^{1/4}}$$

$$\text{et } \lambda = -\frac{2y_{11}^{1/2} y_{12}^{-1/2}}{(5 - y_{11})^{1/4}(10 - y_{12})^{-3/4}}$$

puis on égalise les deux expressions :

$$\frac{y_{11}^{-1/2} y_{12}^{1/2}}{(5 - y_{11})^{-3/4}(10 - y_{12})^{1/4}} = \frac{y_{11}^{1/2} y_{12}^{-1/2}}{(5 - y_{11})^{1/4}(10 - y_{12})^{-3/4}}$$

$$\Rightarrow \frac{y_{11}^{-1/2} y_{12}^{1/2}}{y_{11}^{1/2} y_{12}^{-1/2}} = \frac{(5 - y_{11})^{-3/4}(10 - y_{12})^{1/4}}{(5 - y_{11})^{1/4}(10 - y_{12})^{-3/4}}$$

$$\Rightarrow \frac{y_{12}}{y_{11}} = \frac{y_{22}}{y_{21}}$$

Ce qui représente l'égalisation des **taux marginaux de substitution techniques** des *inputs* y_{jk} dans les deux processus de production.

En combinant la relation ci-dessus et les contraintes de rareté sur les ressources productives, $y_{11} + y_{21} = 5$ et $y_{12} + y_{22} = 10$, on obtient :

$$y_{12} = \frac{y_{11}(10 - y_{12})}{5 - y_{11}} \Rightarrow y_{12} = 2y_{11}$$

En remplaçant y_{12} par $2y_{11}$ dans $x_1 = y_{11}^{1/2}\ y_{12}^{1/2}$, nous obtenons :

$$x_1 = y_{11}^{1/2}\, 2y_{11}^{1/2}$$

En procédant de même pour y_{21} et y_{22}, on obtient :

$$x_2 = (5 - y_{11})^{1/4}(10 - 2y_{11})^{1/4}$$

On peut alors exprimer x_2 en fonction de x_1. Soit :

$$x_2 = h(x_1) = (5 - \frac{1}{\sqrt{2}}x_1)^{1/4}(10 - \sqrt{2}\,x_1)^{1/4}$$

La courbe de $x_2 = h(x_1)$ est représentée dans la figure 15. L'aire hachurée des productions réalisables sous la frontière des productions optimales AB est concave, les rendements d'échelle sont strictement décroissants. Le **taux marginal de transformation technique** est donné par la pente (en valeur absolue) de la courbe AB en un point.

Fig. 15

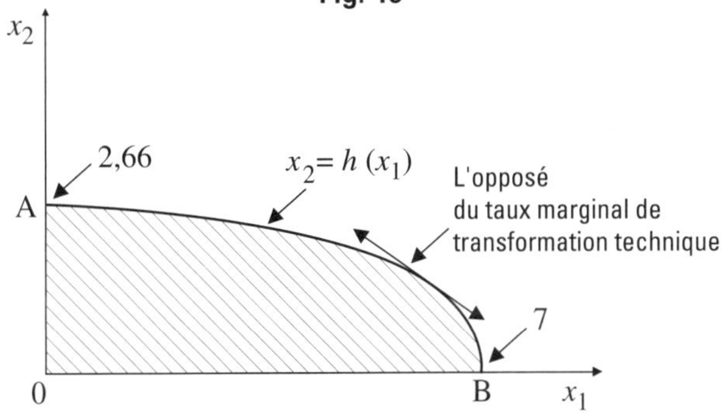

EXERCICE CORRIGÉ 7.7

Un consommateur et une entreprise (l'économie de Robinson Crusoë) (B,1,c)

Nous considérons une économie avec un seul consommateur, dont les préférences sont représentées par la fonction d'utilité suivante :

$$U(x_1, x_2) = x_1^{1/2}x_2^{1/2}$$

où x_1 et x_2 indiquent respectivement les quantités du bien de consommation et du loisir dont dispose le consommateur. Celui-ci a une dotation initiale de 24 heures, et aucune dotation initiale dans le bien de consommation. Cette économie comprend aussi une firme, dont la technologie est représentée par la fonction de production suivante :

$$y = \sqrt{2t}$$

où y et t indiquent respectivement la quantité du bien de consommation produite et la quantité d'heures de travail utilisée dans la production. Calculer l'optimum de Pareto pour cette économie et le représenter sur un graphique.

CORRIGÉ

Le consommateur maximise sa fonction d'utilité sous les contraintes de rareté et la contrainte technologique. Soit :

$$\underset{x_1 \geq 0, x_2 \geq 0}{\text{Max}} \ U(x_1, x_2) = x_1^{1/2} x_2^{1/2} :$$

$$x_1 = y$$

$$x_2 = 24 - t$$

$$y = \sqrt{2t}$$

En exprimant x_1 et x_2 en fonction de t, le programme peut être réécrit de la façon suivante :

$$\underset{t \geq 0}{\text{Max}} \ U(\sqrt{2t}, 24 - t) = (\sqrt{2t})^{1/2}(24 - t)^{1/2}$$

t doit vérifier la condition du premier ordre :

$$\frac{1}{2t} = \frac{1}{24 - t} \Rightarrow t = 8$$

Ce qui correspond à l'égalisation du **taux marginal de substitution du consommateur** U'_{x_2}/U'_{x_1} **et du taux marginal de transformation du producteur** dy/dt. (Le nombre d'unités du bien de consommation équivalent à une unité de loisir est égal au nombre d'unités de production qu'il faut sacrifier pour libérer une unité de loisir supplémentaire.) En remplaçant t par 8 dans $y = \sqrt{2t}$, on obtient : $y = 4$. Sur la figure 16, l'optimum (unique) dans cette économie est le point E, où la courbe d'indifférence du consommateur est tangente à la courbe de la fonction de production (la frontière des productions possibles, en assimilant le loisir à un bien produit).

Fig. 16

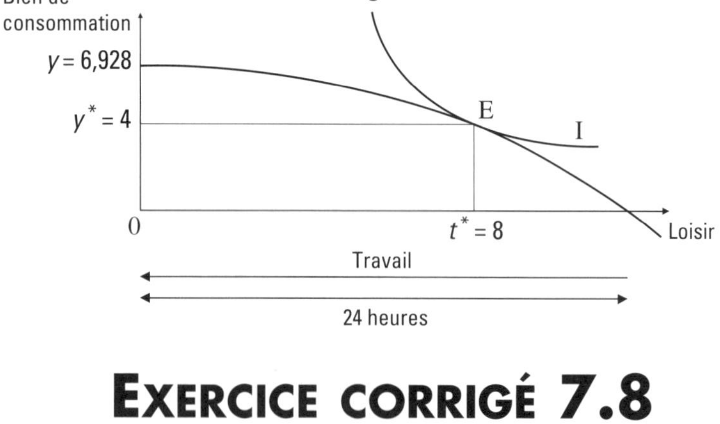

EXERCICE CORRIGÉ 7.8

Construction de la courbe des utilités possibles (A,2,a)

Notre économie comprend deux consommateurs, dont les fonctions d'utilité sont les suivantes :

$$U_1(x_{11}, x_{12}) = 10x_{11}x_{12}^{0,5}$$

$$\text{et } U_2(x_{21}, x_{22}) = 20x_{21}^{0,5}x_{22}$$

et deux producteurs, avec les fonctions de production :

$$y_1 = t_1 \text{ et } y_2 = t_2$$

où y_1 et y_2 indiquent la quantité produite des deux biens de consommation 1 et 2, et t_1 et t_2, les quantités de travail nécessaires à cette production dans chaque entreprise. Les dotations dans les ressources productives sont $t = t_1 + t_2 = 4$.

a. Quel est l'optimum de Pareto le plus avantageux pour le premier consommateur, puis pour le second ? Calculer le niveau d'utilité correspondant pour chacun d'eux.

b. Nous fixons arbitrairement U_1 à $\bar{U}_1$, dans le domaine des valeurs admissibles. Calculer en fonction de $\bar{U}_1$ les quantités consommées par les deux agents, correspondant à l'allocation pareto-optimale qui procure au premier l'utilité $\bar{U}_1$. En déduire l'**ensemble des utilités possibles.** Tracer la courbe des utilités possibles dans le plan $(U_1 0 U_2)$.

CORRIGÉ

Pour le premier consommateur : l'optimum paretien le plus avantageux pour lui est celui où toutes les quantités produites sont affectées à sa consommation. Dans ce cas : $x_{11} = y_1$ et $x_{12} = y_2$. Comme nous savons par ailleurs que $t_1 + t_2 = 4$, nous avons :

$$x_{11} + x_{12} = 4$$

Les quantités x_{11} et x_{12}, vérifiant la relation ci-dessus, qui maximisent l'utilité du premier consommateur doivent vérifier la condition du premier ordre du programme suivant :

$$\underset{x_{11} \geq 0}{\text{Max}}\ U_1 = 10x_{11}(4 - x_{11})^{0,5}$$

Nous avons :

$$\frac{dU_1}{dx_{11}} = 10(4 - x_{11})^{0,5} - 5x_{11}(4 - x_{11})^{-0,5} = 0$$

qui nous donne :

$$x_{11} = \frac{8}{3} \text{ et } x_{12} = 4 - x_{11} = \frac{4}{3}$$

Une démarche similaire appliquée au second consommateur fournit les valeurs de x_{21} et x_{22}, lorsque celui-ci consomme toutes les quantités produites, soit :

$$x_{21} = \frac{4}{3} \text{ et } x_{22} = 4 - x_{21} = \frac{8}{3}$$

En remplaçant dans la fonction d'utilité de chaque consommateur les quantités consommées par leurs valeurs calculées ci-dessus, il vient :

$$U_1 = 10\frac{8}{3}\left(\frac{4}{3}\right)^{0,5} = 30{,}792 \text{ et } U_2 = 20\left(\frac{4}{3}\right)^{0,5}\frac{8}{3} = 61{,}584$$

Par conséquent: $\bar{U}_1 \in [0;\, 30{,}792]$

b. Nous maximisons l'utilité du second consommateur en tenant compte du fait que $U_1 = \bar{U}_1 \in [0;\, 30{,}792]$ et que l'allocation soit réalisable. Soit :

$$\underset{x_{21} \geq 0,\, x_{22} \geq 0}{\text{Max}}\ U_2(x_{21}, x_{22}) = 20x_{21}^{0,5}x_{22} :$$

$$\bar{U}_1 = 10x_{11}x_{12}^{0,5}$$

$$x_{11} + x_{21} = y_1 \text{ et } x_{12} + x_{22} = y_2$$

En posant : $x_{11} + x_{21} + x_{12} + x_{22} = t_1 + t_2 = 4$ et $x_{12} = \bar{U}_1^2/(10x_{11})^2$, le programme peut être réécrit ainsi :

$$\underset{x_{21} \geq 0,\, x_{22} \geq 0}{\text{Max}}\ 20x_{21}^{0,5}x_{22} :$$

$$x_{11} + x_{21} + \frac{\bar{U}_1^2}{(10x_{11})^2} + x_{22} = 4$$

La fonction de Lagrange s'écrit :

$$£(x_{11}, x_{21}, x_{22}) = 20x_{21}^{0,5}x_{22} - \lambda[x_{11} + x_{21} + \frac{\bar{U}_1^2}{(10x_{11})^2} + x_{22} - 4]$$

(1) $\frac{\partial £}{\partial x_1} = -\lambda[1 - \frac{20\bar{U}_1^2}{(10x_{11})^3}] = 0$

(2) $\frac{\partial £}{\partial x_{21}} = 10x_{21}x_{21}^{-0,5}x_{22} - \lambda = 0$

(3) $\frac{\partial £}{\partial x_{22}} = 20x_{21}^{0,5} - \lambda = 0 \Rightarrow \lambda > 0$

À partir de (1), il vient que :

$$x_{11} = 0,271\,\bar{U}_1^{2/3}$$

En remplaçant x_{11} par sa valeur dans $x_{12} = \frac{\bar{U}_1^2}{(10x_{11})^2}$, il vient :

$$x_{12} = \frac{\bar{U}_1^{2/3}}{7,344}$$

En remplaçant λ par $20x_{21}^{0,5}$ à partir de (3) dans (2), il vient : $x_{22} = 2x_{21}$, et en remplaçant x_{22} par $2x_{21}$, x_{11} par $0,271\,\bar{U}_1^{2/3}$ et x_{12} par $\bar{U}_1^{2/3}/7,344$ dans $x_{11} + x_{21} + \frac{\bar{U}_1^2}{(10x_{11})^2} + x_{22}$, on calcule la valeur de x_{21}, soit :

$$x_{21} = \frac{4}{3} - 0,136\,\bar{U}_1^{2/3}$$

Enfin, sachant que : $x_{22} = 2x_{21}$, il vient :

$$x_{22} = \frac{8}{3} - 0,272\,\bar{U}_1^{2/3}$$

La dernière étape pour trouver l'équation $U_2 = h(U_1)$ de la **courbe des utilités possibles** est la suivante : on remplace dans la fonction d'utilité du second consommateur $20x_{21}^{0,5}\,x_{22}$, x_{21} et x_{22} par leurs valeurs ci-dessus calculées en fonction de $\bar{U}_1$:

$$U_2 = (53,33 - 5,44U_1^{2/3})^{3/2}$$

La courbe de la fonction $U_2 = h(U_1)$ est tracée dans la figure 17. Pour $U_2 = 0$, $U_1 \simeq 30,7$ et pour $U_1 = 0$, $U_2 \simeq 61,584$. Cette frontière indique le niveau maximum de satisfaction qu'un consommateur peut atteindre pour chaque niveau de satisfaction de l'autre agent. Elle dépend des dotations initiales. Cette frontière est ici convexe.

Commentaires : Soient x et x' deux états (allocations) réalisables. Selon la position de leurs images dans l'**espace** A0B **des utilités,** on peut hiérarchiser ces deux états selon le critère de Pareto; Ainsi, si les images respectives de x et x' sont P et Q, on observe que $x \succ x'$, puisque l'utilité du second consommateur est plus élevée dans l'état x, alors que l'utilité du second est la même dans les deux états. Les états, dont les images sont sur la courbe AB, sont tels qu'il ne peut y avoir d'état réalisable qui leur soit préféré selon le critère de Pareto.

Fig. 17

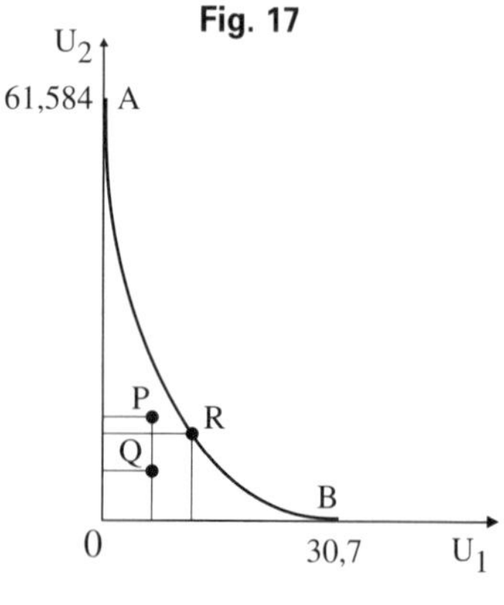

EXERCICE PROPOSÉ 7.9

La décentralisation de l'optimum (A,1,b)

Sur la figure 18, x^* est un optimum. Cette **allocation n'est pas décentralisable.** Pourquoi ?

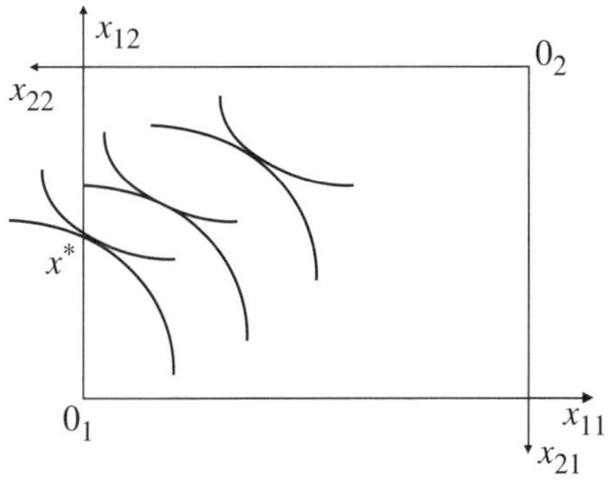

Fig. 18

DÉMARCHE

Se reporter au second théorème fondamental du bien-être.

RÉSULTAT

Une des hypothèses de ce théorème n'est pas satisfaite dans cet exemple.

EXERCICE CORRIGÉ 7.10

Les externalités entre producteurs (B,1,b)

Nous considérons deux entreprises 1 et 2, dont les technologies sont données par les fonctions de production suivantes :

$$y_1 = t_1^{1/2} \text{ et } y_2 = t_2^{1/4} - \frac{1}{5} y_1$$

où t_1 et t_2 indiquent les quantités de travail utilisées dans les deux entreprises. La production de la première entreprise exerce une influence négative sur la production de la seconde (existence d'une externalité négative de production). On indique respectivement par p_1 et p_2 le prix unitaire des deux biens produits, ainsi que par s le salaire unitaire.

a. Calculer les fonctions de demande de travail, lorsque les firmes maximisent leur profit de façon isolée.

b. Montrer qu'en présence d'une externalité négative, une stratégie coopérative implique une réduction de la production de la firme polluante.

CORRIGÉ

a. Pour la firme n° 1, le profit π_1 s'écrit :

$$\pi_1 = p_1 y_1 - st_1 = p_1 t_1^{1/2} - st_1$$

La demande de travail t_1 doit vérifier la condition du premier ordre :

$$\frac{d\pi_1}{dt} = \frac{1}{2} p_1 t_1^{-1/2} - s = 0$$

$$\Rightarrow t_1 = (\frac{p_1}{2s})^2$$

Pour la firme n° 2, le profit π_2 s'écrit :

$$\pi_2 = p_2 y_2 - st_2 = p_2 t_2^{1/4} - st_2$$

La demande de travail t_2 doit vérifier la condition du premier ordre :

$$\frac{d\pi_2}{dt} = \frac{1}{4} p_2 t_2^{-3/4} - s = 0$$

$$\Rightarrow t_2 = (\frac{p_2}{4s})^{4/3}$$

b. Le profit joint $\Pi(t_1, t_2)$ est égal à :

$$\pi_1 + \pi_2 = p_1 t_1^{1/2} - st_1 + p_2(t_2^{1/4} - \frac{1}{5} t_1^{1/2}) - st_2$$

Nous avons :

$$\frac{\partial \Pi}{\partial t_1} = \frac{1}{2} p_1 t_1^{-1/2} - s - \frac{1}{10} p_2 t_1^{-1/2} = 0$$

$$\Rightarrow t_1 = (\frac{5p_1 - p_2}{10s})^2 < (\frac{p_1}{2s})^2$$

Lorsque l'externalité est « internalisée » par la fusion des deux firmes, la firme polluante doit réduire son niveau de production. À présent, le conglomérat tient compte pour fixer le niveau de l'activité polluante de son influence sur la production de l'autre activité.

EXERCICE CORRIGÉ 7.11

Les externalités entre des consommateurs et un producteur (B,1,c)

Notre économie comprend I consommateurs « résumés » par un consommateur « représentatif » i, dont la fonction d'utilité est donnée par :

$$U_i(x_{i1}, x_{i2}, y) = \ln x_{i1} + x_{i2} - 0{,}5 \ln y$$

où x_{i1} et x_{i2} indiquent les quantités du bien de consommation et de loisir, et y la production de la firme. Nous supposons donc ici que l'activité de production émet un effet externe négatif (pollution) sur la collectivité. La firme produit le bien de consommation avec une technologie représentée par la fonction de production suivante :

$$y = \sqrt{t}$$

où y et t indiquent respectivement la quantité produite et la quantité de travail utilisée dans la production. Chaque consommateur dispose d'une quantité d'heures disponibles, normalisée à 1.

a. Quel est l'optimum de Pareto pour cette économie, et quelle est l'expression de l'utilité maximale du consommateur représentatif ?

b. On choisit le bien de consommation comme numéraire (son prix est l'unité), et on indique par s, le prix d'une heure de travail (le salaire unitaire). Quelle est la fonction d'offre de l'entreprise ? Quelle est l'expression du profit maximum en fonction de s ?

c. Chaque consommateur (i) reçoit un salaire et une part des profits dégagés par l'entreprise. Calculer l'expression des fonctions de demande du consommateur.

d. Calculer le prix (relatif) qui égalise l'offre et la demande sur le marché du bien de consommation et sur le marché du travail. Comparer les quantités consommées à l'équilibre avec les quantités optimales. Que peut-on en déduire ?

CORRIGÉ

Les contraintes de rareté s'écrivent :

$$(1)\ \sum_{i=1}^{\mathrm{I}} x_{i1} = \mathrm{I}x_{i1} = y$$

et

$$(2)\ \sum_{i=1}^{\mathrm{I}} x_{i2} + t = \sum_{i=1}^{\mathrm{I}} 1 \Leftrightarrow \mathrm{I}x_{i2} + t = \mathrm{I}$$

Sachant que : $y^2 = t$, (2) peut encore s'écrire :

$$(3)\ \mathrm{I}x_{i2} + y^2 = \mathrm{I}$$

En combinant (1) et (3), (3) peut encore s'écrire :

$$\mathrm{I}x_{i2} + (\mathrm{I}x_i)^2 = \mathrm{I},$$

$$\text{soit} : x_{i2} + \mathrm{I}x_{i1}^2 = 1$$

La recherche de l'optimum revient à maximiser l'utilité du consommateur « représentatif », sous la contrainte ci-dessus. La fonction de Lagrange s'écrit :

$$£(x_{i1}, x_{i2}) = \ln x_{i1} + x_{i2} - 0{,}5 \ln \mathrm{I} x_{i1} - \lambda(x_{i2} + \mathrm{I}x_{i1}^2 - 1)$$

Les variables x_{i1} et x_{i2} doivent vérifier les deux conditions du premier ordre suivantes :

$$(4)\ \frac{\partial £}{\partial x_{i1}} = \frac{1 - 0{,}5}{x_{i1}} - 2\lambda \mathrm{I} x_{i1} = 0$$

$$(5)\ \frac{\partial £}{\partial x_{i2}} = 1 - \lambda = 0 \Rightarrow \lambda = 1$$

En remplaçant λ par 1 dans (4), il vient :

$$x_{i1} = \frac{1}{2\sqrt{\mathrm{I}}}$$

En remplaçant x_{i1} par sa valeur dans $x_{i2} + \mathrm{I}x_{i1}^2 = 1$, il vient :

$$x_{i2} = \frac{3}{4}$$

On peut alors donner les expressions de y, t et U_i^*, l'utilité du consommateur « représentatif » à l'optimum.

$$y = \mathrm{I}x_{i1} = \frac{\sqrt{\mathrm{I}}}{2}$$

$$t = y^2 = \frac{\mathrm{I}}{4}$$

et :

$$U^*_i = \ln \frac{1}{2\sqrt{I}} + \frac{3}{4} - 0{,}5 \ln \frac{\sqrt{I}}{2}$$

b. La firme maximise son profit $\pi = \sqrt{t} - st$. La demande de travail t^d doit vérifier la condition :

$$\frac{d\pi}{dt} = \frac{1}{2\sqrt{t}} - s = 0 \Rightarrow t^d = \frac{1}{4s^2}$$

La fonction d'offre de la firme est donc :

$$y = \sqrt{t} = \frac{1}{2s}$$

et son profit optimal :

$$\pi = y - st = \frac{1}{4s}$$

c. La contrainte budgétaire du consommateur « représentatif » s'écrit :

$$x_{i1} = st + \frac{1}{4sI}$$

où $\frac{1}{4sI}$ représente la part des profits qu'il reçoit. Il maximise son utilité sous cette contrainte, soit :

$$\text{Max} U_i = \ln x_{i1} + x_{i2} - 0{,}5 \ln y :$$

$$x_{i1} = st + \frac{1}{4sI}$$

Si on considère y comme un paramètre, $0 < t < 1$ doit vérifier la CPO du programme suivant, après avoir exprimé x_{i1} à partir de la contrainte budgétaire et en posant $x_{i2} = 1 - t$. (y est considérée comme un paramètre, parce que les choix d'*un seul* consommateur n'influencent pas le niveau de production.)

$$\underset{0<t<1}{\text{Max}}\, U_i = \ln\left(st + \frac{1}{4sI}\right) + (1 - t) - 0{,}5 \ln y$$

Il vient :

$$\frac{dU_i}{dt} = \frac{1}{st + \frac{1}{4sI}} s - 1 = 0$$

Après quelques calculs simples, on peut exprimer l'offre optimale de travail $t°$, soit :

$$t° = \frac{4s^2I - 1}{4s^2I}$$

En remplaçant $t°$ par sa valeur dans $x_{i2} = 1 - t°$, on obtient la quantité de loisir qui maximise l'utilité du consommateur, soit :

$$x_{i2} = \frac{1}{4s^2I}$$

En remplaçant $t°$ par sa valeur dans la contrainte budgétaire, on obtient la quantité du bien de consommation, soit :

$$x_{i1} = s$$

d. Sur le marché du bien de consommation, la condition d'équilibre s'écrit :

$$\frac{1}{2s} = Is \Rightarrow s^{**} = \frac{1}{\sqrt{2I}}$$

Sur le marché du travail, la condition d'équilibre s'écrit :

$$\frac{1}{4s^2} = I\,\frac{4s^2I - 1}{4s^2I}$$

On peut observer que le salaire réel d'équilibre $s^{**} = 1/\sqrt{2I}$ est aussi solution de cette équation (corollaire de la loi de Walras). En remplaçant s par sa valeur d'équilibre, on obtient les quantités consommées à l'équilibre, soient :

$$x_{i1}^{*} = \frac{1}{\sqrt{2I}} \text{ et } x_{i12}^{*} = \frac{3}{4}$$

Les quantités consommées à l'optimum (*) et à l'équilibre (**) sont :

$$x_{i1}^{*} = \frac{1}{2\sqrt{I}} \text{ et } x_{i2}^{*} = \frac{3}{4}$$

$$x_{i1}^{**} = \frac{1}{\sqrt{2I}} \text{ et } x_{i2}^{**} = \frac{1}{2}$$

$$x_{i1}^{*} < x_{i1}^{**} \text{ et } x_{i2}^{*} > x_{i2}^{**}$$

Et les utilités correspondantes :

$$U_i^{*} = \ln\frac{1}{2\sqrt{I}} + \frac{3}{4} - 0{,}5\ln\frac{\sqrt{I}}{2}$$

$$\text{et } U_i^{**} = \ln\frac{1}{\sqrt{2I}} + \frac{1}{2} - 0{,}5\ln\sqrt{\frac{I}{2}}$$

$$U_i^{*} > U_i^{**} \text{(pour I = 1, par exemple : } U_i^{*} = 0{,}403 \text{ et } U_i^{**} = 0{,}326)$$

À l'équilibre, chaque consommateur décide de ses consommations optimales, sans tenir compte des nuisances générées par la production du bien de consommation. Le coût privé – le prix à payer pour obtenir le bien de consommation – est inférieur au coût social. La consommation (production) de ce bien est supérieur à l'équilibre par rapport à celle correspondant à l'optimum de Pareto. À l'optimum, la consommation du bien 1 est inférieure, et par conséquent, la quantité d'heures pour les loisirs est plus élevée. L'utilité à l'équilibre est inférieure à l'utilité que procure l'allocation pareto-optimale (le premier théorème du bien-être n'est pas vérifié).

Question de réflexion proposée

Faut-il opposer efficience économique et justice sociale ?

ANALYSER LA QUESTION

Après avoir défini les notions d'efficience (affectation optimale des ressources rares) et de justice sociale (réduction des inégalités, par exemple), vous devez réfléchir sur la question de savoir si ces deux objectifs sont exclusifs l'un de l'autre.

RECENSER LES DIFFÉRENTS POINTS À ÉTUDIER

- Le critère de Pareto et son rôle dans la théorie économique du bien-être.
- Les moyens de parvenir à une certaine équité : politique de redistribution des revenus financée par une taxe sur les ventes, impôt (proportionnel, progressif) sur les revenus, transferts directs de revenus, salaire minimu…
- Ces mesures conduisent-elles toutes à une perte d'efficience ? En d'autres termes, les conditions marginales ne sont-elles plus respectées ?
- La notion de frontière de second rang.

Un optimum paretien de second rang (l'exemple de l'optimum rawlsien).

- Les grands courants politiques dans la France contemporaine et leur doctrine sur cette question.

DÉFINIR LES ARTICULATIONS

Proposition de plan

1 - L'objectif d'efficience économique : comment le justifier ?

2 - La justice redistributive : comment la mettre en œuvre ?

3 - Efficience économique et/ou justice sociale : en théorie et dans les faits.

8

LES EXTENSIONS DU MODÈLE WALRASIEN

Dans le sixième chapitre, nous avons supposé que les agents établissent leurs plans (de consommation ou de production) en connaissant parfaitement toutes les variables utilisées pour leur calcul maximisateur (les prix et leur dotation initiale par exemple). En revanche, sur plusieurs périodes, ils se trouvent tout naturellement en situation d'incertitude, puisqu'ils ne connaissent pas aujourd'hui avec précision ce que seront ces variables dans les périodes futures. Nous prolongeons donc le modèle d'équilibre général étudié dans le chapitre 6 dans une double direction : d'une part, en considérant **les choix de consommation des agents en situation de risque** (A) ; d'autre part, en considérant **leurs choix intertemporels de consommation** (B). Nous terminons ce chapitre, en proposant une introduction à **l'équilibre général sous incertitude et à l'équilibre général temporaire** (C).

BIBLIOGRAPHIE DU CHAPITRE

PICARD (P.), *Éléments de microéconomie 1. Théorie et applications* (5e édition), Montchrestien, 1998.

Les choix intertemporels, épargne et investissement, sont étudiés dans la section 14 (pp. 539 et s.9). Elle constitue un excellent complément pédagogique.

GUERRIEN (B.), *La Théorie néoclassique - bilan et perspectives du modèle d'équilibre général* (3e édition), Économica, 1989.

On peut notamment s'y référer pour l'étude du modèle d'équilibre temporaire (pp. 233-249 et pp. 309-322) et ses prolongements (pp. 252-270 : équilibres stationnaires et semi-stationnaires).

VARIAN HAL (R.), *Microeconomic Analysis* (3e édition), 1992.

On peut s'y référer pour compléter ses connaissances sur le concept d'incertitude (pp. 172-194), et notamment sur les choix intertemporels (pp. 358-365). On peut également y trouver la démonstration du théorème de von Neumann et Morgenstern (pp. 173-175).

MAS-COLELL (A.), WHINSTON (M.D.), GREEN (J.R.), *Microeconomic Theory,* Oxford University Press, 1995.

Pour les étudiants avancés et ayant un très bon niveau de mathématiques exclusivement. Les chapitres 6, 19 et 20 notamment proposent une étude approfondie des choix sous incertitude et de l'équilibre intertemporel. La formalisation y est poussée.

A

LES CHOIX EN SITUATION DE RISQUE

La distinction entre risque et incertitude a été proposée il y a longtemps par Frank H. Knight (1921). Le risque correspond à la notion d'**incertitude mesurable**, alors que l'incertitude correspond à la notion **d'incertitude non mesurable**. Dans tout ce qui suit, nous supposons que l'incertitude est mesurable. La première question qu'il faut donc se poser est la suivante : comment saisir l'incertitude et comment la mesurer ? Pour répondre à cette question, nous définissons d'abord la notion de **loterie** (1). Ensuite, nous définissons la notion **d'utilité espérée** (2). Celle-ci guide les choix des consommateurs, lorsqu'ils sont en situation de risque.

1 - La notion de loterie

L'incertitude est « formalisée » par les **états de la nature**, c'est-à-dire par un ensemble d'événements qui peuvent se réaliser dans le futur. Ainsi, si cet ensemble ne comprend que deux événements, les deux états du monde seront, par exemple, « les prochains jours seront pluvieux » ou « les prochains jours seront ensoleillés ». Nous disons alors que l'incertitude représentée par ces deux événements est mesurable, si les agents sont capables d'attribuer des probabilités – objectives ou subjectives – à ces deux événements. Nous désignons, par s_1 et s_2, ces deux événements et par a_1, a_2, et a_3 les actions possibles d'un agent. Prenons l'exemple du lancement d'un nouveau produit. L'entreprise a pour cela le choix entre trois médias : la télévision (a_1), les journaux (a_2) et l'affichage (a_3). L'impact de la campagne publicitaire sur le public sera différent selon le média et l'état du monde considérés (si le temps est pluvieux, les consommateurs potentiels restant plus longtemps devant leur poste de télévision, celui-ci constitue alors un vecteur publicitaire efficace ; si le temps est ensoleillé, les promeneurs seront plus nombreux, et la campagne par voie d'affichage est plus efficace...). Nous pouvons alors construire une matrice des résultats (des conséquences de ces actions) de la façon suivante. Les résultats (étude d'impact) sont au croisement de chaque action choisie et de chaque événement.

	« les prochains jours seront pluvieux » (s_1) ($\pi = 0{,}25$)	**« les prochains jours seront ensoleillés » (s_2) ($1 - \pi = 0{,}75$)**
a_1	2	1
a_2	1	2
a_3	0	3

Les probabilités relatives aux deux états sont indiquées par π et $1 - \pi$.

Si, par exemple, l'événement s_1 se réalise, alors la conséquence de l'action a_1 est 2, la conséquence de l'action a_2 est 1, et ainsi de suite… Le choix du décideur est sans conséquence sur la réalisation future des événements. On dit que **l'incertitude est exogène**. Les conséquences des 3 actions dans chacun des états sont données par l'ensemble : $C^* = \{2, 1, 0, 1, 2, 3\}$. En ordonnant les éléments de C^*, et en les saisissant une seule fois lorsqu'ils sont semblables, on construit l'ensemble $C = \{0, 1, 2, 3\}$. On peut alors assimiler chaque action possible à une **loterie** (g), de la façon suivante. Par exemple : a_1 rapporte 2 avec la probabilité 0,25 et 1 avec la probabilité 0,75. Donc a_1 rapporte 0 ou 3 avec la probabilité 0. Cette manière de faire permet d'écrire de façon « homogène » les actions comme des loteries sur un même ensemble C de conséquences (gains). Nous avons donc :

$$a_1 \sim g_1\,(0{,}0;\ 1{,}\tfrac{3}{4};\ 2{,}\tfrac{1}{4};\ 3{,}0)$$

$$a_2 \sim g_2\,(0{,}0;\ 1{,}\tfrac{1}{4};\ 2{,}\tfrac{3}{4};\ 3{,}0)$$

$$a_3 \sim g_3\,(0{,}\tfrac{1}{4};\ 1{,}0;\ 2{,}0;\ 3{,}\tfrac{3}{4})$$

Pour le décideur, choisir une action parmi les trois actions possibles équivaut donc à ordonner les trois loteries selon ses préférences.

Notion de loterie. Une loterie simple g est une liste $g = (\pi_1, \pi_2,\ldots, \pi_h,\ldots,\pi_H)$ avec $\pi_1 \geq 0$, $\pi_2 \geq 0$, …, $\pi_H \geq 0$, et $\sum_{h=1}^{H} \pi_h = 1$, où π_h est la probabilité relative au résultat h.
Nous pouvons imaginer une telle loterie comme un point dans un **Simplex** Δ de dimension $H - 1$.
$\Delta = \{ \pi \in IR_+^H : \pi_1 + \cdots + \pi_h + \cdots + \pi_H = 1 \}$

Fig. 1

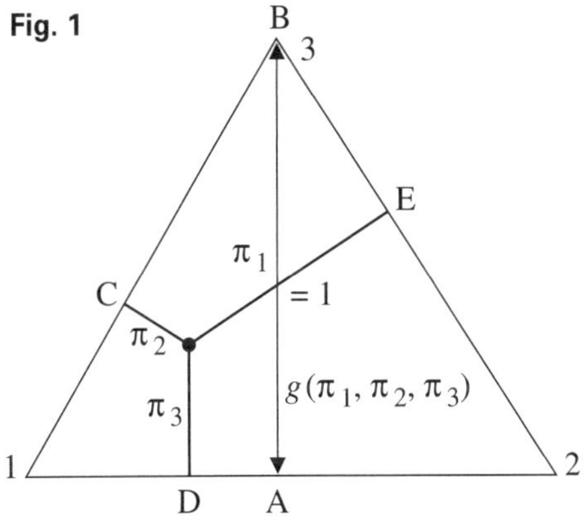

La figure 1 représente la loterie $g(\pi_1, \pi_2, \pi_3)$ par un point dans le Simplex de dimension 2 (H = 3).

Chaque sommet (3 par exemple) de ce triangle équilatéral représente une *loterie dégénérée** g (x_1, 0; x_2, 0; x_3, 1). Chaque point à l'intérieur du Simplex représente une loterie sur trois résultats (x) avec des probabilités, strictement positives. Nous avons, à la suite d'une des propriétés, des triangles équilatéraux, $\pi_1 + \pi_2 + \pi_3 = AB = 1$ (la somme des perpendiculaires, d'un point quelconque à l'intérieur du triangle aux côtés opposés, est égale à sa hauteur).

Nous indiquons par $g(x, \pi; y, 1 - \pi)$ une *loterie** qui donne le résultat x avec la probabilité π et y, avec la probabilité $1 - \pi$. Nous indiquons par G, l'ensemble des loteries **simples** g sur l'ensemble des résultats C.

Nous supposons que le décideur (i) a une relation de préférence $\succsim_i$ sur G, qui est **complète, réflexive et transitive**. Cette relation permet au décideur de comparer toutes les paires de loteries simples. Pour être complet, il faut ajouter deux hypothèses concernant les préférences sur les loteries. Il s'agit des **axiomes de continuité et d'indépendance**.

La ***loterie dégénérée*** est la loterie où un résultat est certain et les deux autres ont des probabilités nulles.

Le fait que cette loterie g n'ait que deux résultats n'est pas restrictif. Supposons une loterie g' avec les résultats x, y, z équiprobables, g' (x, 1/3; y; 1/3; z, 1/3). On peut toujours se ramener au cas d'une loterie avec deux résultats de la façon suivante. Nous construisons la loterie g'' [(x, 1/2, y; 1/2), 2/3; 1/3, z], qui est équivalente à g' (x, 2/3 1/2; y2/3 1/2; z, 1/3). L'agent considère $g'' \sim g'$, parce qu'il ne prend en considération que les probabilités sur les résultats, et non pas la façon dont la loterie se présente. La loterie g'' est une **loterie composée** avec deux résultats, dont l'un est la loterie simple (x, 1/2; y, 1/2).

Les préférences sur les loteries : axiomes de continuité et d'indépendance.
La relation de préférence $\succsim_i$ sur l'ensemble G des loteries simples est **continue**, si pour des loteries $g_1, g_2, g_3 \in$ G, et $\alpha \in [0,1]$, les ensembles $\{\alpha \in [0,1] : \alpha g_1 + (1-\alpha) g_2 \succsim_i g_3\}$ et $\{\alpha \in [0,1] : g_3 \succsim_i \alpha g_1 + (1-\alpha) g_2\}$ sont fermés.

Si, par exemple, une boisson agréable et sans danger pour la santé est préférée à la privation de boisson, alors une combinaison du premier résultat « une boisson agréable et sans danger pour la santé » avec une probabilité suffisamment faible d'« avoir une migraine » reste préférée au résultat « privation de boisson ».
La relation de préférence $\succsim_i$ sur l'ensemble G des loteries simples satisfait **l'axiome d'indépendance**, si pour $g_1, g_2, g_3 \in$ G, et $\alpha \in [0,1]$, nous avons : $g_1 \succsim_i g_2$ si et seulement si $\alpha g_1 + (1-\alpha)\, g_3 \succsim_i \alpha g_2 + (1-\alpha)\, g_3$.
Si nous combinons chacune des deux loteries g_1 et g_2 avec une troisième g_3, le classement des deux combinaisons ne dépend pas (est indépendant) de la troisième loterie.

Nous savons qu'en l'absence d'incertitude, le consommateur choisit dans son ensemble de consommation le panier qui lui procure l'utilité la plus élevée (sous sa contrainte de revenu). Nous procédons à l'identique ici, sauf que les choix, en situation de risque, portent à présent sur des loteries. Il faut donc imaginer un critère permettant de faire ce choix. Le **critère de l'utilité espérée** en est un. Sous les hypothèses de continuité et d'indépendance (et quelques autres), nous pouvons démontrer que la relation de préférence $\succsim_i$ du consommateur (i) sur l'ensemble des loteries peut être représentée par une fonction d'utilité espérée.

cf. exercices 8.1 à 8.4

2 - La théorie de l'utilité espérée

Nous nous proposons d'abord de construire la fonction d'utilité en situation de risque. Ensuite, nous précisons les propriétés de la fonction d'utilité représentant les préférences des agents qui ont un certain degré d'**aversion au risque** ; enfin nous définissons les notions d'**équivalent certain** et de **prime de risque**.

a. La fonction d'utilité

L'idée générale est la suivante. Si les relations de préférence sur les loteries vérifient certains axiomes, il est alors possible de représenter ces préférences par une fonction d'utilité.

Soient $g_1\,(x_1, \pi_1\,; x_2, \pi_2\,; x_3, \pi_3)$ et $g_2\,(y_1, \pi_1\,; y_2, \pi_2\,; y_3, \pi_3)$ deux loteries simples, et $V_i : G \longrightarrow \mathbb{R}$, une fonction d'évaluation. Nous dirons que : $g_1 \succ_i g_2$, si et seulement si : $V_i\,[g_1\,(x_1, \pi_1\,; x_2, \pi_2\,; x_3, \pi_3)] > V_i\,[g_2\,(y_1, \pi_1\,; y_2, \pi_2; y_3, \pi_3)]$. La loterie g_1 est préférée à la loterie g_2 par un agent (i), **si l'utilité que lui procure la première loterie est supérieure à l'utilité que lui procure la seconde.**

Le tableau suivant représente les deux loteries g_1 et g_2.

	résultat	π_1	résultat	π_2	résultat	π_3
g_1	2	0,25	3	0,50	1	0,25
g_2	1	0,25	6	0,50	0	0,25

Pour classer ces deux loteries selon ses préférences, le décideur va devoir représenter chacune d'elles par un point dans $\mathbb{R}$. Il faut donc envisager qu'à chaque résultat (x et y), il lui soit possible d'associer un poids U(x) et U(y). Si nous prenons $U(x) = 2x + 4$ et $U(y) = 2y + 4$, nous pouvons construire le tableau suivant :

	poids	π_1	poids	π_2	poids	π_3
g_1	8	0,25	10	0,50	6	0,25
g_2	6	0,25	16	0,50	0	0,25

En multipliant les poids par leurs probabilités respectives, nous obtenons :

$$g_1 \quad 0{,}25 \times 8 + 0{,}50 \times 10 + 0{,}25 \times 6 = 8{,}5$$
$$g_2 \quad 0{,}25 \times 6 + 0{,}50 \times 16 + 0{,}25 \times 0 = 9{,}5$$

La loterie g_2 est préférée à la loterie g_1 par le décideur muni dans cet exemple d'une fonction d'utilité affine.

Si les relations de préférence sur les loteries vérifient les axiomes de continuité et d'indépendance, il est possible de trouver une transformation monotone particulière de la fonction d'utilité dont la propriété remarquable est de résoudre le problème ci-dessus posé au décideur.

Le théorème de l'utilité espérée de von Neumann et Morgenstern affirme que si les relations de préférence $\succsim_i$ sur l'espace des loteries G vérifient les axiomes de continuité et d'indépendance (et quelques autres), alors $\succsim_i$ peut être représentée par une fonction d'évaluation qui a la propriété suivante :

$$V(g) = V[x, \pi ; y, (1 - \pi)] = \pi U(x) + (1 - \pi)\, U(y)$$

(L'énoncé de tous les axiomes et la démonstration du théorème de von Neumann et Morgenstern se trouvent notamment dans Varian H.R., cité en référence.)

Cette propriété signifie simplement que **l'utilité d'une loterie est** *l'espérance mathématique** **de l'utilité de ses résultats.** L'utilité espérée est donc cardinale.

L'espérance mathématique d'une variable aléatoire réelle discrète $\widetilde{X}$ qui prend les valeurs x_i avec les probabilités π_i, $i = 1, \ldots, n$, est définie par $E(\widetilde{X}) = \sum_{i=1}^{n} \pi_i x_i$

Pour calculer l'utilité d'une loterie, il suffit donc de multiplier l'utilité de chaque résultat par la probabilité correspondante et d'ajouter ensuite tous les termes. La fonction d'utilité est additivement séparable par rapport aux résultats de la loterie et linéaire par rapport aux probabilités.

Nous pouvons donner une illustration graphique du théorème de von Neumann et Morgenstern. La linéarité de la fonction d'utilité par rapport aux probabilités implique que les courbes d'indifférence entre les loteries sont linéaires dans le Simplex. Nous pouvons montrer sans difficultés particulières que si elles ne le sont pas, l'axiome d'indépendance est violé. Nous représentons ces deux cas dans la figure 2 suivante.

Fig. 2

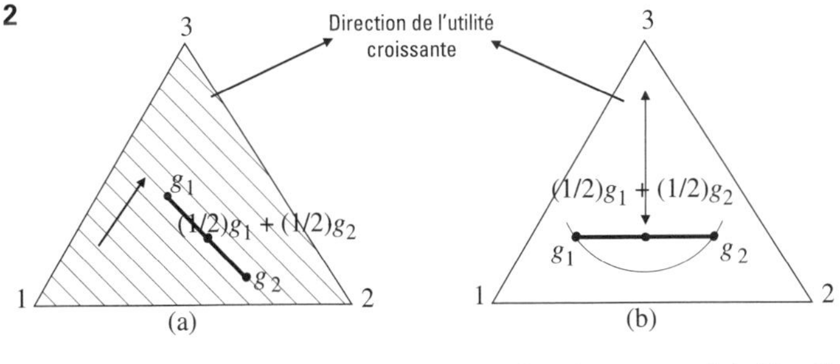

La figure 2a vérifie l'axiome d'indépendance. En effet, si $g_1 \sim_i g_2$, celui-ci implique que : $(1/2)g_1 + (1/2)g_2 \sim_i g_1$, puisque $(1/2)g_2 + (1/2)g_1 \sim_i (1/2)g_1 + (1/2)g_1$.

La figure2b, où les courbes d'indifférence ne sont pas linéaires, contredit en revanche l'axiome d'indépendance, puisque $(1/2)g_1 + (1/2)g_2 \succ_i g_1 \sim_i g_2$.

La figure 3 nous permet d'illustrer le théorème de l'**utilité espérée.**

Fig. 3

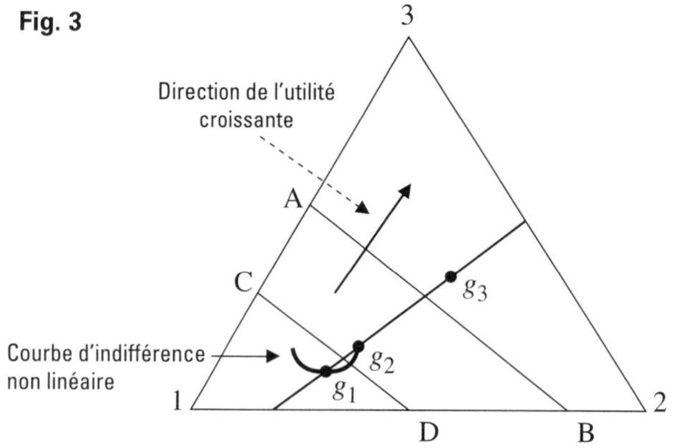

Les loteries g_1 et g_2 sont trop proches l'une de l'autre pour que le décideur soit capable de faire un choix entre elles. Cependant, si celui-ci adopte le critère de l'utilité espérée, il peut considérer la loterie g_3 (qui peut correspondre à un choix non réalisable). Si celle-ci est préférée à g_1, alors g_2 est préférée à g_1. En effet, si $g_3 \succ_i g_1$, il y a une courbe d'indifférence AB entre g_1 et g_3. Comme les courbes d'indifférence sont représentées par une famille de droites parallèles, il y aura nécessairement une courbe d'indifférence entre g_1 et g_2, c'est la droite CD sur la figure. De façon équivalente :

Si $g_3 \succ_i g_1$, alors $\forall \alpha \in [0,1]$, $\alpha g_3 + (1-\alpha)\, g_1 \succ_i \alpha g_1 + (1-\alpha)\, g_1$. Or, nous pouvons toujours trouver un $\alpha > 0$ tel que : $\alpha g_3 + (1-\alpha)\, g_1 \sim_i g_2 \succ_i g_1$.

En revanche, si les courbes d'indifférence ne sont pas des droites, alors le fait que g_3 soit préférée à g_1 n'implique pas que g_2 soit forcément préférée à g_1. Sur la figure, $g_1 \sim_i g_2$, puisque g_1 et g_2 sont sur une même courbe d'indifférence (non linéaire).

Notons que si $U(\cdot)$ est une fonction d'utilité, alors $aU(\cdot) + b$, $(a > 0)$, est aussi une fonction d'utilité. **La fonction d'utilité est unique** (à une transformation affine positive près). Les fonctions $U(\cdot)$ et $aU(\cdot) + b$ représentent les mêmes préférences.

Soit une loterie $g\ (x_1, \pi_1; \ldots; x_h, \pi_h; \ldots; x_H, \pi_H)$. L'utilité de cette loterie $V(g)$ est donnée par $\sum_{h=1}^{H} \pi_h U(x_h)$, c'est-à-dire par l'espérance de l'utilité des résultats.

L'utilité espérée n'est rien d'autre qu'un critère de choix pour les agents en situation de risque. Nous pouvons imaginer un panier de biens aléatoire. À partir de ce critère, le consommateur peut alors faire un choix entre tous les paniers de consommation aléatoires (atteignables) dans son ensemble de consommation. Il choisit celui qui maximise l'espérance mathématique de son utilité, sous sa contrainte de revenu.

En situation de risque, il faut s'interroger sur **l'attitude de l'agent vis-à-vis de ce risque.** Est-il averse ou indifférent au risque, ou manifeste-t-il une certaine propension pour le risque ? Cette question est essentielle, parce que la « forme » de la fonction d'utilité d'un agent en dépend. Lorsque plus haut nous avons envisagé que l'agent était muni d'une fonction d'utilité affine, nous avons supposé en fait qu'il était indifférent au risque.

b. Aversion au risque et mesure de l'aversion au risque

Nous pouvons décrire l'attitude du décideur face au risque par sa fonction d'utilité.

Un agent économique **averse au risque** est celui qui refuse un jeu dans lequel il peut gagner ou perdre un montant h avec des probabilités égales.

Une telle situation de risque peut être représentée par la loterie suivante :
$g(W_0 + h, \frac{1}{2}; W_0 - h, \frac{1}{2})$, où W_0 indique la richesse initiale (certaine) de l'agent.

Nous savons que l'utilité de cette loterie est égale à l'espérance de l'utilité de ses gains, c'est-à-dire : $V(g) = \frac{1}{2}U(W_0 + h) + \frac{1}{2}U(W_0 - h)$. Si l'agent est averse au risque, nous pouvons écrire :

$U(W_0) > \frac{1}{2}U(W_0 + h) + \frac{1}{2}U(W_0 - h)$, ou encore :

$2U(W_0) > U(W_0 + h) + U(W_0 - h)$, ou encore :

$2U(W_0) - U(W_0 - h) - U(W_0) > U(W_0 + h) - U(W_0)$, ou encore :

$U(W_0) - U(W_0 - h) > U(W_0 + h) - U(W_0)$

La fonction U(·) vérifiant cette dernière inégalité est par définition une **fonction concave**. Ce qui signifie que l'augmentation de l'utilité associée à un gain *h* supplémentaire est inférieure à la baisse de l'utilité associée à la perte d'une somme *h*. **L'utilité marginale des gains est décroissante.** Cette loi est à rapprocher de celle de l'utilité marginale décroissante du consommateur en situation non risquée.

Si on indique par $\tilde{W}_f$ la richesse finale (aléatoire) de l'agent, nous disons :
– qu'un agent est averse au risque, si :

$$U(W_0) > E[U(\tilde{W}_f)], \text{ ou encore } U[E(\tilde{W}_f)] > E[U(\tilde{W}_f)],$$
$$\text{puisque : } E(\tilde{W}_f) = \frac{1}{2}(W_0 + h) + \frac{1}{2}(W_0 - h) = W_0$$

Un agent est donc averse au risque, si l'utilité de l'espérance de sa richesse finale est supérieure à l'espérance de l'utilité de la richesse finale.

– qu'un agent apprécie le risque, si :

$$E[U(\tilde{W}_f)] > U[E(\tilde{W}_f)]$$

– qu'un agent est ***neutre (indifférent) au risque****, si :

$$E[U(\tilde{W}_f)] = U[E(\tilde{W}_f)]$$

La fonction d'utilité U(·) d'un agent neutre au risque est affine [U'(·) > 0 et U''(·) = 0].

Nous représentons dans la figure 4 la fonction d'utilité d'un agent averse au risque. Nous considérons par la suite que les agents sont toujours averses au risque.

L'équivalent certain (E.C. sur la figure) de la loterie $g(W_0 + h, \frac{1}{2}; W_0 - h, \frac{1}{2})$ est le montant de monnaie pour lequel l'agent est indifférent entre la loterie et ce montant certain, c'est-à-dire que : $U(E.C.) = V(g) = E[U(\tilde{W}_f)]$.

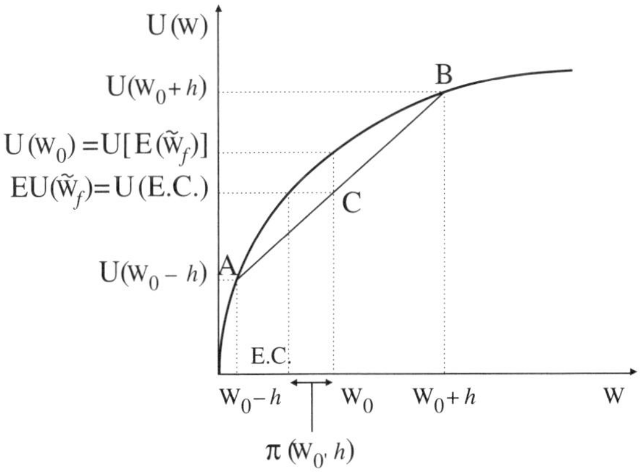

Fig. 4

La prime de risque, notée $\pi(w_0, h)$ sur la figure, est la différence (positive) entre l'espérance des gains, $E(\tilde{W}_f) = W_0$ et l'équivalent certain. Elle indique le montant que l'agent est prêt à verser pour ne pas participer à la loterie.

Si un agent est averse au risque, et s'il a une fonction d'utilité de von Neumann et Morgenstern, les trois propriétés suivantes sont équivalentes : U(·) est concave, ou $U[E(\tilde{W}_f)] > E[U(\tilde{W}_f)]$, ou $\pi(w_0, h) > 0$.

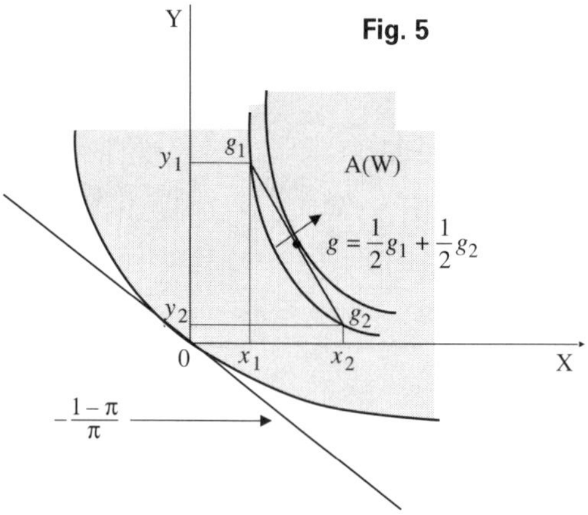

Fig. 5

Il faut bien avoir présent à l'esprit que la concavité de la fonction d'utilité d'un agent averse au risque implique la convexité de ses courbes d'indifférence.

Reportons-nous à la figure 5.

L'ensemble d'acceptation (grisé) de l'agent (i) est noté A(W). C'est l'ensemble des loteries que cet agent accepte pour un certain niveau de sa richesse initiale W. Pour un agent averse au risque, cet ensemble est *convexe**. Les loteries $g_1(y_1, \pi ; x_1, 1 - \pi)$ et $g_2(y_2, \pi ; x_2, 1 - \pi)$ sont jugées équivalentes par l'agent, puisqu'elles sont situées sur la même **courbe d'indifférence**.

La loterie $g = \frac{1}{2}g_1 + \frac{1}{2}g_2 \succ_i g_1 \sim_i g_2$, puisque selon la définition de l'aversion au risque (V est concave) :

$$V_i(\frac{1}{2}g_1 + \frac{1}{2}g_2) > \frac{1}{2}V_i(g_1) + \frac{1}{2}V_i(g_2) = V_i(g_1) = V_i(g_2)$$

Ensemble convexe : Un ensemble $E \subset \mathbb{R}^2$ est convexe si :

$\forall (X_1, X_2) \in E^2, \forall s \in [0,1], sX_1 + (1 - s) X_2 \in E.$

Le segment qui joint X_1 et X_2 est dans E.

La convexité des préférences signifie que l'agent averse au risque préfère une loterie qui lui procure un gain dans les deux états à une loterie qui lui procure un gain dans un état et rien dans l'autre (« ne pas mettre ses œufs dans le même panier »). Cette attitude consiste à se couvrir (parfaitement ou imparfaitement) contre le risque associé à la réalisation de l'événement futur. La couverture est parfaite, si le gain est le même dans les deux événements.

La figure 4 suggère une « mesure intuitive » de l'attitude envers le risque. Plus la courbure de U(·) concave est accentuée, plus l'agent est averse au risque. Si l'intuition est correcte, la mesure de l'aversion au risque par la pente de U(·), c'est-à-dire par la valeur de U'(·), est ambiguë. En effet, nous savons que si U(·) représente $\succsim_i$, alors toute transformation affine positive de U(·), $aU(\cdot) + b$ ($a > 0$), représente aussi $\succsim_i$. La mesure de l'aversion au risque n'est alors pas invariante au choix de la fonction d'utilité qui représente $\succsim_i$. C'est la raison pour laquelle **la mesure de l'aversion absolue au risque** (Arrow-Pratt) invariante par rapport au choix de la fonction d'utilité qui représente $\succsim_i$ est donnée par :

$$-U''(\cdot)/U'(\cdot)$$

cf. exercices 8.5 à 8.12

Dans cette section, nous avons présenté les outils d'analyse, dont nous aurons besoin dans la section C. C'est-à-dire **la fonction d'utilité et les courbes d'indifférence d'un consommateur averse au risque.**

B

LES CHOIX INTERTEMPORELS DES AGENTS

Nous étudions à présent le comportement du consommateur, lorsque celui-ci doit faire face, à la période initiale (courante), à un choix de consommation sur plusieurs périodes. Nous avons besoin pour cela de définir des nouveaux outils, la fonction d'utilité et les courbes d'indifférence intertemporelles (section 1). **L'équilibre temporaire du consommateur** est étudié ensuite dans la section 2.

1 - DÉFINITIONS DES NOUVEAUX OUTILS

Les agents établissent leurs plans de consommation pour la période courante ($t = 1$) et les périodes futures ($t > 1$). Ils doivent pour cela prévoir leur richesse future et donc les prix qui prévaudront sur les marchés qui sont ouverts plus tard. Nous supposons, pour simplifier, que les agents savent ce que seront leurs dotations initiales dans les périodes futures. Pour étudier l'équilibre du consommateur sur plusieurs périodes, il faut savoir comment il évalue sa richesse et les prix futurs, et comment sont représentées ses préférences dans le temps.

a. L'évaluation de la richesse future

L'évaluation de la richesse future fait intervenir **un coefficient d'actualisation**. La raison est simple. Une somme de 100 € disponible aujourd'hui n'est pas équivalente à cette même somme disponible dans un an (« un tiens vaut mieux que deux tu l'auras »).

L'actualisation. C'est la technique de calcul qui permet d'égaliser une certaine somme à recevoir dans le futur à sa valeur actuelle. L'actualisation est l'opération inverse de la capitalisation.
Si un agent économique dispose d'une somme S_0 qu'il place sur un compte épargne lui rapportant un intérêt composé r, au bout de T périodes, il dispose de la somme suivante : $S_T = S_0 (1 + r)^T$. Par conséquent, en sens inverse, la valeur actuelle S_0 d'une somme S_T à recevoir dans T périodes est égale à $\frac{S_T}{(1+r)^T}$.

Le facteur d'actualisation est égal à $\frac{1}{(1+r)}$. Avec $r = 10\ \%$, une somme de 100 € disponible dans un an vaut $\frac{100}{(1+0{,}1)} = 90{,}91$ € aujourd'hui. Cette somme disponible dans 5 ans vaut $\frac{100}{(1+0{,}1)^5} = 62{,}09$ €.

b. Les anticipations sur les prix

Dans les modèles d'équilibre temporaire, les hypothèses concernant les prévisions de prix sont diverses et conditionnent bien entendu les résultats que l'on obtient. Elles peuvent être **exogènes**. Elles sont alors indépendantes de toutes les variables qui peuvent être observées. Elles peuvent aussi dépendre de l'évolution passée des prix **(anticipations adaptatives)**. Elles peuvent être également « endogénéisées ». Il faut alors admettre que les agents analysent parfaitement l'ensemble des facteurs expliquant l'évolution des prix, et qu'ils sont en mesure de prévoir exactement les prix futurs (on parle d'**anticipations exactes ou d'anticipations rationnelles**, selon que les prix sont considérés comme une variable certaine ou une variable aléatoire).

c. La fonction d'utilité intertemporelle

Les préférences du consommateur ont une structure particulière, puisqu'elles portent sur des flux de consommation relatifs à plusieurs périodes. Nous allons supposer que l'agent connaît ses goûts présents et futurs. Les fonctions d'utilité doivent donc tenir compte de cette nouvelle donnée. Les préférences du consommateur sur son ensemble de consommation sont supposées vérifier les propriétés habituelles étudiées dans le chapitre 1. La **fonction d'utilité intertemporelle** qui leur est associée peut alors être exprimée sous la forme :

$$\mathrm{U}_i(x_1,\ldots, x_t,\ldots x_{\mathrm{T}}) = \sum_{t=1}^{\mathrm{T}} \alpha^{t-1} u_i(x_t)$$

où $x_t = x_{1t}, \ldots, x_{jt}, \ldots x_{\mathrm{J}t}$ représente le panier de consommation de l'agent (i) à la période (t) pour tous les biens $j = 1,\ldots \mathrm{J}$. C'est-à-dire que l'utilité intertemporelle de l'agent $\mathrm{U}_i(\cdot)$ est égale à la somme de ses utilités à chaque période $u_i(x_t)$, pondérée par un coefficient α. Ce coefficient $\alpha (< 1)$ mesure simplement **la préférence de l'agent pour le présent, son degré d'impatience.** La période allant de $t = 1$ à $t = \mathrm{T}$, sur laquelle le consommateur est censé établir ses plans de consommation est supposée finie, même si son horizon peut être très éloigné de la période initiale. Sans cette hypothèse, le nombre de biens différents serait lui-même infini ; ce qui est à la fois peu réaliste et techniquement plus compliqué. Cette fonction d'utilité est supposée strictement **croissante et concave.** Elle peut être — comme nous l'avons supposé — **additive par rapport au temps**. Enfin, la fonction d'utilité intertemporelle ci-dessus a été supposée **stationnaire** dans le temps ; ce qui signifie qu'elle ne dépend pas de la période considérée. Sans cette hypothèse, elle aurait la forme suivante :

$$\mathrm{U}_i(x_1,\ldots, x_t,\ldots x_{\mathrm{T}}) = \sum_{t=1}^{\mathrm{T}} u_{it}(x_t)$$

où $u_{it}(x_t)$ représente la fonction d'utilité à la période (t). Les préférences du consommateur dépendent alors de la période considérée.

d. Les courbes d'indifférence intertemporelle

Si on considère des quantités du même bien disponibles à deux périodes différentes (**bien daté**), on peut alors dessiner des courbes d'indifférence intertemporelles.

cf. exercice 8.13

Elles sont représentées par une branche d'hyperbole, lorsque les fonctions d'utilité sont concaves (*cf.* figure 7).

2 - L'ÉQUILIBRE INTERTEMPOREL DU CONSOMMATEUR

Nous savons que les critères permettant de classer les biens sont : ses caractéristiques physiques, le lieu où il se trouve et la période à laquelle il est disponible. Un ***bien daté*** est donc un bien disponible à une certaine période.

Nous considérons pour simplifier deux périodes seulement ($t = 1,2$), et un seul *bien daté**. (Le même bien « physique » aux deux périodes). Nous raisonnons donc dans une économie où deux biens sont en fait disponibles. Les dotations initiales du consommateur (certaines) dans ces deux biens en $t = 1$ et en $t = 2$ sont indiquées respectivement par ω_1 et ω_2. Son **revenu intertemporel**, c'est-à-dire la somme de la valeur de ses dotations présentes et de la valeur actualisée de ses dotations futures, est indiqué par :

$$p_1\omega_1 + \frac{1}{1+r}\, p_2^a \omega_2$$

où p_1 indique le prix du bien en $t = 1$ et p_2^a, le prix anticipé du bien pour $t = 2$, et $(1/1 + r)\,p_2^a\omega_2$ la valeur actualisée, au facteur d'actualisation $1/1 + r$, de sa richesse initiale en $t = 2$. Pour simplifier, nous supposons que le prix du bien en $t = 2$ est parfaitement anticipé ($p_2^a = p_2$). Le facteur d'actualisation $1/1 + r$ dépend de r, le taux d'intérêt sur la période ($t = 1$, $t = 2$). Il faut s'arrêter un instant sur cette variable. Supposons que l'agent renonce à consommer une quantité Q_1 du bien en $t = 1$. Il vend cette quantité sur un marché (marché à terme) contre la promesse de recevoir une quantité Q_2 donnée, mais supérieure de ce bien en $t = 2$. En renonçant à consommer Q_1 aujourd'hui, il reçoit une « récompense » mesurée par $Q_2 - Q_1/Q_1$. Le taux d'intérêt r ($t = 1$, $t = 2$) $= (Q_2/Q_1) - 1$ représente cette « récompense ». Il faut bien voir que r est ici un **taux d'intérêt réel**, car il correspond à un rapport d'échange entre le bien disponible en $t = 1$ et le bien disponible en $t = 2$. Si $Q_1 = 1$ et $Q_2 = 1{,}5$, alors $r = 0{,}50$. En renonçant à une unité du bien aujourd'hui, il reçoit 50 % de cette quantité en plus demain. *A contrario*, la valeur présente de sa dotation future ne représente que les 2/3 de la valeur future de cette dotation. On devine que l'existence d'un marché à terme pour un bien est indispensable dans ce type d'approche (*cf.* C, 2).

La contrainte budgétaire intertemporelle du consommateur signifie que la somme de la valeur de sa consommation présente et de la valeur actualisée de sa consommation future doit être égale à son revenu intertemporel. Elle s'écrit :

$$p_1x_1 + \frac{1}{1+r}\,p_2x_2 = p_1\omega_1 + \frac{1}{1+r}\,p_2\omega_2 \Leftrightarrow (1+r)\,p_1x_1 + p_2x_2 = (1+r)\,p_1\omega_1 + p_2\omega_2$$

où x_1 et x_2 représentent respectivement la consommation en $t = 1$ et en $t = 2$. **L'équation de la droite de budget intertemporel du consommateur** (*cf.* fig. 6) est par conséquent donnée par l'équation :

$$x_2 = -(1+r)\frac{p_1}{p_2}\,x_1 + (1+r)\,\frac{p_1}{p_2}\,\omega_1 + \omega_2$$

Pour faciliter l'interprétation, nous posons que $p_1/p_2 = 1$. La pente de la droite de budget (en valeur absolue) indique qu'une unité du bien disponible en $t = 2$ vaut moins qu'une unité du bien disponible en $t = 1$. Une unité du bien disponible en $t = 1$ équivaut à $1 + r$ unités du bien disponible en $t = 2$.

Fig. 6

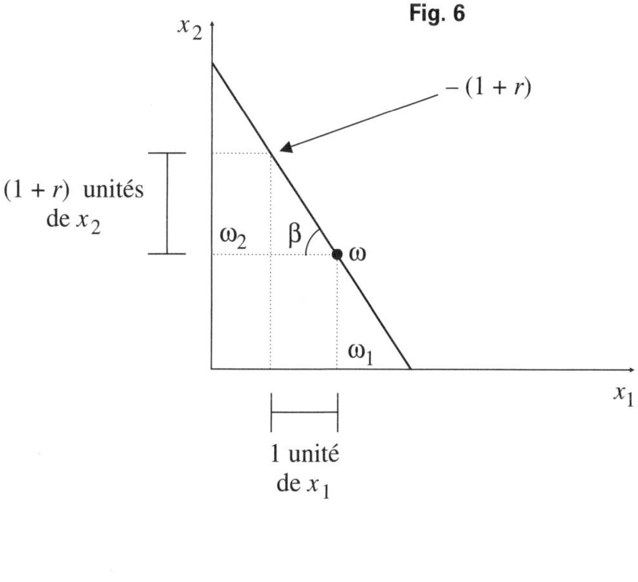

L'équilibre intertemporel du consommateur en $t = 1$ et $t = 2$ est obtenu en maximisant sa fonction d'utilité intertemporelle sous sa contrainte budgétaire intertemporelle. La condition d'équilibre est obtenue en résolvant le programme de maximisation suivant :

L'équilibre intertemporel du consommateur (solution analytique).

$$\text{Max}_{x_1 \geq 0, x_2 \geq 0} \text{U}(x_1, x_2) = u(x_1) + \alpha u(x_2) :$$
$$(1 + r)\, p_1 x_1 + p_2 x_2 = (1 + r)\, p_1 \omega_1 + p_2 \omega_2$$

Nous résolvons ce programme à l'aide de la méthode du Lagrangien.

$$£(x_1, x_2) = u(x_1) + \alpha u(x_2) - \lambda[(1 + r)\, p_1 x_1 + p_2 x_2 - (1 + r)\, p_1 \omega_1 - p_2 \omega_2]$$

Les conditions du premier ordre (CPO) sont : $\dfrac{\partial £(\cdot)}{\partial x_1} = u'(x_1) - \lambda(1 + r)\, p_1 = 0$

$$\frac{\partial £(\cdot)}{\partial x_2} = \alpha u'(x_2) - \lambda p_2 = 0$$

En faisant le rapport des deux conditions, nous avons : $\dfrac{u'(x_1)}{\alpha u'(x_2)} = \dfrac{(1 + r)\, p_1}{p_2}$

Le consommateur est donc à l'équilibre, lorsque :

$$\left| -\frac{dx_2}{dx_1} \right| = \frac{u'(x_1)}{\alpha u'(x_2)} = \frac{p_1}{\frac{1}{1 + r} p_2}$$

C'est-à-dire, lorsque le **taux marginal de substitution intertemporel** (TMSI) est égal au rapport des prix (actualisés). **Le** TMSI **mesure la quantité du bien futur auquel l'agent pourrait renoncer pour augmenter d'une unité sa consommation du bien présent tout en conservant le même niveau d'utilité intertemporelle.** Il exprime un rapport d'échange intertemporel subjectif (*cf.* fig. 7).

Fig. 7

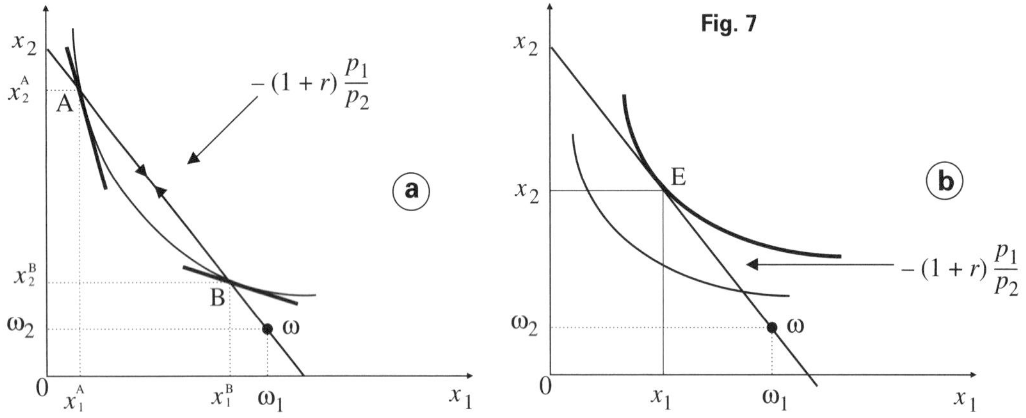

Dans la figure 7a, nous avons représenté deux situations opposées. Au point A, le TMSI du consommateur (mesuré par la pente en valeur absolue de la tangente à sa courbe d'indifférence intertemporelle en ce point) est supérieur à la pente en valeur absolue de la droite de budget intertemporel. En augmentant sa consommation présente d'une unité, l'agent peut accroître son utilité. Il doit en effet renoncer à une quantité du bien futur inférieure à celle qui lui aurait permis de conserver le même niveau d'utilité. Son taux marginal d'échange (subjectif) est ici supérieur au taux marginal d'échange (objectif) de l'économie. En se déplaçant depuis le point A vers la droite tout en restant sur sa ligne de budget, il peut accéder à une courbe d'indifférence plus éloignée de l'origine des axes. Au point B, c'est l'inverse. En renonçant à une unité du bien présent, il obtient au prix du marché (actualisé) une quantité du bien futur supérieure à celle qui lui assure le même niveau d'utilité. Il peut améliorer son utilité en se déplaçant vers la gauche à partir du point B.

L'équilibre intertemporel du consommateur est obtenu, lorsque sa droite de budget intertemporel est tangente à l'une de ses courbes d'indifférence intertemporelle. Dans la figure 7b, nous avons représenté cet équilibre au point E, c'est-à-dire au point où le TMSI est égal au rapport des prix actualisés. En ce point, la demande nette du consommateur pour le bien présent $(x_1 - \omega_1)$ est négative et sa demande nette pour le bien futur $(x_2 - \omega_2)$ est positive. Autrement dit, en $t = 1$, **le consommateur dégage ici une épargne positive, en vue d'une consommation future plus importante.**

Sous les hypothèses habituelles l'équilibre intertemporel du consommateur diffère peu de l'équilibre statique. L'étude se complique à partir du moment où nous raisonnons dans le cadre de l'équilibre général. En effet, lorsque des échanges au comptant ont lieu au cours des périodes futures, la cohérence intertemporelle entre les plans de consommation des agents n'est pas garantie. Les erreurs commises dans les anticipations de prix peuvent les conduire à réviser leurs plans. Nous étudions ces questions avec l'**équilibre général temporaire**, étudié dans la section C2.

cf. exercices 8.14 et 8.15

C

LES EXTENSIONS DE L'ÉQUILIBRE GÉNÉRAL

Nous étudions à présent le concept d'équilibre général, lorsque les **agents effectuent des choix de consommation en situation de risque** (1). Puis, nous étudions l'équilibre général, lorsque les agents effectuent **des choix de consommation sur plusieurs périodes** (2). Ces deux dimensions – incertitude et dynamique des choix – sont ensuite réunies au sein d'un modèle simple de choix intertemporel optimal de consommation/épargne, lorsque cette dernière peut être utilisée pour l'achat d'un actif financier risqué (3).

1 - Une introduction à l'équilibre général sous incertitude

Nous définissons tout d'abord les nouveaux concepts, en relation avec la notion de risque introduite à présent dans le modèle (a). Nous donnons ensuite une illustration de l'équilibre général, lorsque les agents sont en situation de risque, dans un cadre simple : celui d'une économie d'échanges pure, où les dotations initiales sont considérées comme des variables aléatoires (b).

a. Les nouveaux concepts de base

L'incertitude est formalisée par les états de la nature, c'est-à-dire par une liste finie

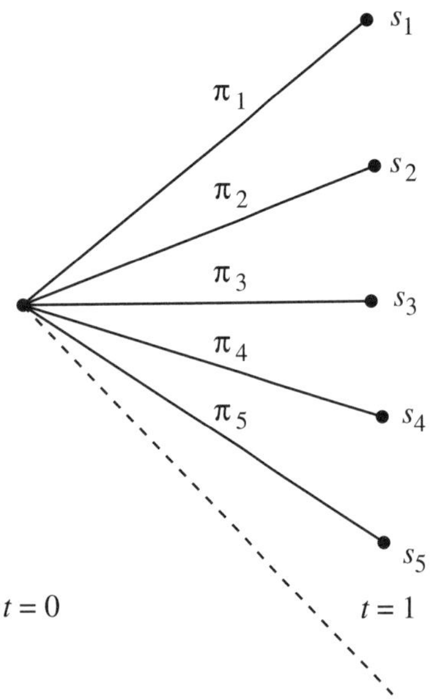

d'événements qui peuvent se réaliser dans le futur. Ils sont représentés dans la figure 8. Pour simplifier, nous raisonnons sur deux périodes. Mais, il serait possible d'étendre le modèle à un plus grand nombre (fini) de périodes; cela au prix d'une plus grande difficulté technique.

En $t = 0$, il n'y a aucune information sur l'état de la nature (s) qui surviendra à la période suivante ($t = 1$). En $t = 1$, en revanche, toute l'information est révélée. Les agents vont donc établir leurs plans de consommation en $t = 0$ pour $t = 1$ dans une situation d'incertitude mesurée par une distribution de probabilités (π_1, π_2, π_3,...) sur les états de la nature (s).

Les états de la nature $s = 1,\ldots,$ S représentent toutes les situations (aléatoires) futures susceptibles de se réaliser. Ils sont affectés de probabilités objectives ou subjectives.

Il y a homogénéité des informations, en ce sens que les agents ont la même perception de l'ensemble S des états de la nature qui peuvent survenir à la période suivante. De plus, la réalisation d'un événement est exclusive de la réalisation des autres.

L'exemple suivant montre que la signature de **contrats à terme** peut, sous certaines conditions, permettre aux agents de se couvrir parfaitement contre le risque affectant le résultat de leur activité.

Un **contrat à terme** se définit comme une convention juridique caractérisée par la non-immédiateté des droits et des obligations constitutives de ce contrat. Le contrat de vente lie les deux partenaires : il constitue un engagement du vendeur à livrer à l'échéance convenue la quantité d'un bien (ou d'une somme monétaire) faisant l'objet du contrat et un engagement de l'acheteur à prendre livraison du bien (ou d'une somme monétaire), et de payer le prix fixé dans le contrat, quelles que soient les conditions qui prévalent au moment de la livraison (en particulier, le prix sur le marché au comptant). Ces contrats portent sur des actifs physiques (céréales, par exemple) ou financiers (devises, par exemple), que le vendeur peut ne pas posséder au moment de la signature du contrat. On parle alors d'une « vente à découvert ».

De façon plus technique, cela signifie que l'agent ne sait pas *a priori* quel est l'état qui se réalisera, mais, en revanche, il connaît la fonction f qui, à chaque état $s \in S$ associe un montant du chiffre d'affaires à l'exportation (M) soit :
$f: S \to \mathbb{R}^+: f(s) = M$

Supposons trois exportateurs, dont deux d'entre eux exportent dans le pays A et le troisième dans le pays B. Les exportations dépendent de la conjoncture économique (haute ou basse) des pays importateurs. **Le chiffre d'affaires à l'exportation est *parfaitement évalué** *** une fois connue la conjoncture du pays importateur.** L'incertitude est formalisée dans cet exemple par quatre états de la nature (s) : $s = 1$: (basse en A, basse en B), $s = 2$: (basse en A haute en B), $s = 3$: (haute en A, basse en B), $s = 4$: (haute en A, haute en B). Les probabilités sur ces états sont fondées sur le diagnostic porté sur l'économie des pays importateurs (inflation, déficit public...). Dans le tableau suivant, on indique le chiffre d'affaires réalisé à l'exportation (aléatoire, avant que l'un des états se réalise). Le premier exportateur est supposé avoir une activité insensible à la conjoncture des pays importateurs (vente d'armes, par exemple).

	$s = 1$ (b, b)	$s = 2$ (b, h)	$s = 3$ (h, b)	$s = 4$ (h, h)
$\widetilde{w}_{f1}$	500	500	500	500
$\widetilde{w}_{f2}$	400	400	600	600
$\widetilde{w}_{f3}$	400	600	400	600

N'est-il pas possible d'envisager des transferts monétaires de telle manière que les deux exportateurs exposés à la conjoncture étrangère obtiennent le même chiffre d'affaires à l'exportation dans tous les événements ? On peut, par exemple, supposer que dans l'état $s = 2$, le troisième exportateur s'engage à offrir au deuxième exportateur une somme de 100 €. C'est l'inverse, si l'état $s = 3$ se réalise.

	$s = 1$ (b, b)	$s = 2$ (b, h)	$s = 3$ (h, b)	$s = 4$ (h, h)
$\widetilde{w}_{f1}$	500	500	500	500
$\widetilde{w}_{f2}$	400	500	500	600
$\widetilde{w}_{f3}$	400	500	500	600
$\sum \widetilde{w}_f$	1 300	1 500	1 500	1 700

On observe sans peine que les transferts ne modifient pas la richesse agrégée, qui dépend évidemment de la réalisation des états. Il est donc impossible de trouver dans ces conditions des transferts qui rendent le chiffre d'affaires à l'exportation insensible aux conjonctures. Si, en revanche, la richesse agrégée est indépendante des états (le risque agrégé devient nul), il est alors possible d'imaginer des transferts monétaires qui permettent une **couverture complète des risques individuels.** Supposons que le troisième exportateur ait décidé de localiser sa production dans le pays A, à partir duquel il exporte. Ses exportations sont pénalisées, lorsque la monnaie du pays A s'apprécie (haute conjoncture), et inversement, ses exportations sont stimulées par une dépréciation (basse conjoncture). On suppose que les paiements sont effectués dans la monnaie du pays exportateur.

	$s = 1$ (b, b)	$s = 2$ (b, h)	$s = 3$ (h, b)	$s = 4$ (h, h)
$\widetilde{w}_{f1}$	500	500	500	500
$\widetilde{w}_{f2}$	400	400	600	600
$\widetilde{w}_{f3}$	600	600	400	400
$\sum \widetilde{w}_f$	1 500	1 500	1 500	1 500

En envisageant le versement de 100 € effectué par un agent au profit d'un autre, lorsque ce dernier est victime de la conjoncture, on peut constater que leur richesse est alors indépendante de la réalisation des états. Lorsque l'un des états $s = 1$ ou $s = 2$ se réalise, le troisième agent verse 100 € au second. C'est le contraire, lorsque $s = 3$ ou $s = 4$ se réalise.

Les **risques individuels sont éliminables, lorsque la richesse agrégée est une variable certaine.** Il n'y a alors pas de risque agrégé (ou systématique). Il faut observer aussi que $\widetilde{w}_{f2}(s)$ et $\widetilde{w}_{f3}(s)$ sont parfaitement et négativement corrélés.

Si nous remplaçons la promesse de verser un certain montant en monnaie selon la réalisation des états par la promesse de livrer un certain montant d'un bien, nous avons alors une définition de ce qui est appelé un **bien contingent** (à un état de la nature).

Nous pouvons à présent donner une définition plus générale des ***biens contingents**** (aux états de la nature) : pour chaque bien $j = 1, \ldots,$ J et chaque état de la nature $s = 1, \ldots,$ S, la quantité d'un bien j contingent à l'état s, noté x_{js}, se définit comme le droit de recevoir cette quantité donnée du bien physique j si et seulement si l'état s se réalise. **Un bien contingent est un contrat échangé au comptant** (à la période $t = 0$), **qui stipule pour chaque état les quantités de chaque bien qui**

Nous pouvons compléter la notion de bien. Il se caractérise par sa description physique, le lieu et la date où il est disponible, et l'événement aléatoire dans lequel il est mis à disposition.

seront reçues ou délivrées en $t = 1$. À chaque bien, correspond donc S biens contingents. Par conséquent, l'ensemble des biens contingents est un vecteur :

$$X = x_{11}, \ldots, x_{1S}, \ldots x_{j1}, \ldots, x_{jS}, \ldots x_{J1}, \ldots x_{JS} \in \mathbb{R}^{JS}$$

Ce vecteur X peut être vu aussi comme une collection de J variables aléatoires :

$$X = \widetilde{x}_1, \ldots, \widetilde{x}_j, \ldots, \widetilde{x}_J$$

où $\widetilde{x}_1 = (x_{11}, \ldots, x_{1S}), \ldots, \widetilde{x}_J = (x_{J1}, \ldots x_{JS})$.

Cette notion peut paraître abstraite, voire curieuse. Un bien contingent n'est pas un bien que l'on peut consommer. Il est une promesse de livrer un bien ou un service particulier si un événement aléatoire aujourd'hui vient à se réaliser demain. Et pourtant de tels biens existent réellement. Un contrat de maintenance est un service contingent. Ce contrat engage une des parties à fournir une certaine prestation, dans le cas où votre appareil tombe en panne. Un contrat d'assurance-maladie complémentaire est un bien contingent, qui délivre des soins médicaux dans l'événement incertain où vous êtes malade.

Les propriétés du modèle walrasien (optimalité de l'équilibre) peuvent être étendues **au modèle d'Arrow-Debreu** en avenir risqué, lorsque l'hypothèse d'un système complet de marchés à terme est postulée.

Un système complet de marchés suppose qu'un marché de **contrats à terme ou de biens contingents** pour **chacun des biens** est ouvert pour **chacun des états** à la période initiale ($t = 0$). Les transactions effectives honorant les termes des contrats ont lieu en $t = 1$. (Et pour toutes les périodes futures, dans le cas où plus de deux périodes seraient envisagées.)

L'exemple bien connu suivant nous permet d'illustrer la portée de cette hypothèse. Supposons deux naufragés averses au risque, n'ayant aucune dotation initiale, et situés sur une île déserte ; et un bien (une bouteille de whisky). L'avenir est risqué, car nous envisageons deux états de la nature (équiprobables). Si l'état 1 se réalise, le premier agent dispose de la bouteille. Si l'état 2 se réalise, c'est le second agent qui la reçoit. Ces agents étant averses au risque, ils préfèrent obtenir avec certitude la moitié de la bouteille ($1/2l$) que sa totalité ($1l$), avec une probabilité de 0,5 et rien ($0l$) avec une probabilité identique. C'est-à-dire que :

$$U_i(1l \times \frac{1}{2} + 0l \times \frac{1}{2}) > \frac{1}{2} U_i\,(1l) + \frac{1}{2} U_i(0l), \forall_i = 1,2.$$

Si aucun engagement de livrer une certaine proportion de la bouteille selon la réalisation des états n'est pris entre ces deux individus (absence d'un marché à terme du whisky), il n'y a pas **optimalité**, au sens de Pareto, puisque **leur utilité augmente avec la signature d'un contrat.** Il est donc nécessaire du point de vue de l'efficience de cette allocation que les deux naufragés signent un contrat contingent qui stipule la quantité du bien transféré d'un agent à l'autre selon la réalisation des deux états.

L'hypothèse de marchés complets est généralement indispensable pour qu'une allocation en avenir risqué soit efficiente. En d'autres termes, le partage optimal des risques ne peut être assuré en l'absence d'un système complet de marchés.

Formellement, le problème des choix du consommateur i en avenir risqué se présente donc de la façon suivante :

– Ses dotations initiales en biens pour la période $t = 1$ sont représentées par un vecteur :

$$\omega_i = \omega_{i11}, \ldots, \omega_{i1S}, \ldots, \omega_{ij1}, \ldots, \omega_{ijS}, \ldots, \omega_{iJ1}, \ldots, \omega_{iJS} \in \mathbb{R}^{JS}$$

où ω_{ijs}, par exemple, indique la dotation du consommateur i en bien j, si l'état de la nature s se réalise. Par conséquent, sa dotation initiale, si l'état s se réalise est représentée par le vecteur :

$$\omega_i = \omega_{i1s}, \ldots, \omega_{ijs}, \ldots, \omega_{iJs} \in \mathbb{R}^J$$

Les dotations initiales (en $t = 1$) sont donc représentées par une collection de J variables aléatoires :

$$\Omega_i = \widetilde{\omega}_{i1}, \ldots, \widetilde{\omega}_{ij}, \ldots, \widetilde{\omega}_{iJ}$$

Beaucoup d'entre elles ne seront pas livrées, puisque les événements dans lesquels elles sont disponibles, ne se réaliseront pas. Cependant, toutes font partie de la contrainte budgétaire, puisqu'elles sont vendues conditionnellement.

Les préférences du consommateur i sur les biens contingents sont représentées par une relation $\succsim_i$ définie sur un ensemble de consommation $X_i \subset \mathbb{R}^{JS}$.

– Le consommateur évalue les paniers de biens contingents, à partir d'une fonction d'utilité espérée de von Neumann et Morgenstern, telle que :

$$EU(x_i) \geq EU(x'_i) \Leftrightarrow \pi_1 U(x_{i1}) + \cdots + \pi_s U(x_{is}) + \cdots + \pi_S U(x_{iS})$$
$$\geq \pi_1 U(x'_{i1}) + \cdots + \pi_s U(x'_{is}) + \cdots + \pi_S U(x'_{is})$$

où $\pi_1, \ldots, \pi_s, \ldots, \pi_S$ représentent les probabilités (objectives ou subjectives) sur les états de la nature.

Le panier de biens contingents $x_i \succsim_i x'_i \in X_i \in \mathbb{R}^{JS}$, si et seulement si, $EU(x_i) \geq EU(x'_i)$.

Avec les concepts décrits ci-dessus, celui d'**état de la nature**, qui formalise l'incertitude, celui de **biens contingents** (contrats à terme), et celui de **système complet de marchés,** qui garantit l'efficience des allocations d'équilibre (avec les hypothèses habituelles du modèle walrasien), nous pouvons maintenant évoquer l'équilibre général en avenir risqué dans un cadre simplifié : celui d'une économie d'échanges pure.

b. L'équilibre général dans une économie d'échanges pure en avenir risqué

Nous considérons une économie d'échanges avec deux consommateurs ($i = 1,2$) averses au risque, un bien ($J = 1$) et deux états de la nature ($s = 1,2$). Il y a deux biens contingents (x_1 et x_2). Nous nous intéressons à la manière dont les deux agents établissent de façon optimale leur plan de consommation pour la période future.

Les fonctions d'utilité espérée des deux consommateurs sont :

$$EU_i(x_i) = \pi_{i1} U_i(x_{i1}) + \pi_{i2} U_i(x_{i2}), \text{ avec } i = 1, 2, U'(\cdot) > 0 \text{ et } U''(\cdot) < 0$$

où π_{i1} et π_{i2} indiquent les probabilités subjectives des deux agents relativement aux deux états de la nature. Le signe des deux premières dérivées indique que la fonction d'utilité des deux agents est concave (aversion au risque). La variable aléatoire $x_i = (x_{i1}, x_{i2})$ indique la quantité du bien x_{i1} que l'agent i reçoit si l'état 1 se réalise et la quantité du bien x_{i2} qu'il reçoit, si l'état 2 se réalise. Il faut noter que ces fonctions d'utilité ne dépendent pas des états, sinon nous aurions :

$$EU_i(x_i) = \sum_{s=1}^{2} \pi_{is} U_{is}(x_{is})$$

Nous envisageons les trois scénarios suivants, qui se distinguent seulement par les hypothèses sur les dotations initiales et les probabilités des agents (Mas-Colell, Whinston et Green).

Premier scénario. Les dotations dans le bien des deux consommateurs dans les deux états de la nature sont représentées par : $\omega_1 = (1,0)$ et $\omega_2 = (0,1)$. Le premier agent détient initialement une unité du bien dans l'état 1 et rien dans l'autre état. C'est l'inverse, pour le second. Les dotations initiales sont telles que, quel que soit l'état qui se réalise, la quantité du bien disponible dans cette économie à la deuxième période ($t = 1$) est égale à l'unité, puisque $\omega_1 + \omega_2 = (1,1)$. On dit alors qu'il n'y a pas de **risque agrégé.**

Nous supposons en outre que : $\pi_{11} = \pi_{21}$ et $\pi_{12} = \pi_{22}$. Par conséquent :

$$\frac{\pi_{11}}{\pi_{12}} = \frac{\pi_{21}}{\pi_{22}} = \frac{\pi_1}{\pi_2}$$

Les probabilités subjectives sur chaque état sont les mêmes pour les deux consommateurs. La figure 9a représente cette économie. Nous notons que les **courbes d'indifférence des deux consommateurs sont convexes puisque leurs fonctions d'utilité sont concaves (strictement).**

Fig. 9

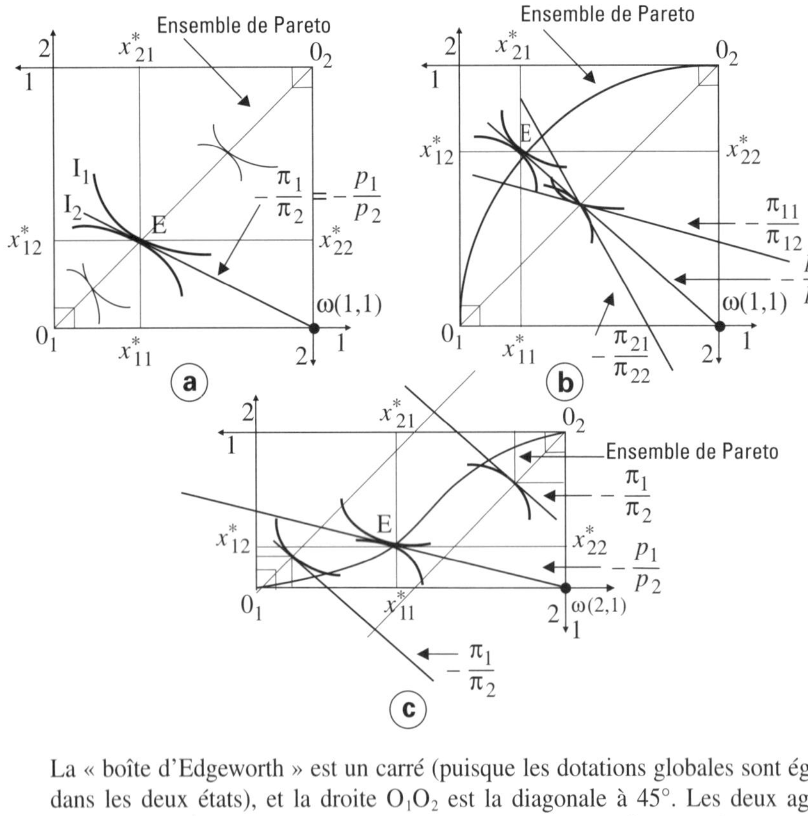

La « boîte d'Edgeworth » est un carré (puisque les dotations globales sont égales dans les deux états), et la droite O_1O_2 est la diagonale à 45°. Les deux agents procèdent à la période initiale à des échanges de **contrats à terme** les engageant à livrer ou à recevoir une certaine quantité du bien selon la réalisation des deux états. Si l'état 1 se réalise, le premier agent livre au second la quantité x_{21}. Le prix unitaire à payer aujourd'hui pour recevoir x_{21} demain est p_1. En revanche, si l'état 2 se réalise, le second agent s'engage à livrer au premier la quantité x_{12} au prix unitaire p_2. Nous supposons qu'un marché de contrats à terme (biens contingents) existe pour les deux états (système de marchés complets). Quelles sont alors les quantités efficientes (x^*_{11}, x^*_{12}, x^*_{21}, x^*_{22}) qui vérifient la condition d'équilibre suivante ?

L'**équilibre** vérifie de la même façon que dans le cas sans incertitude (aux probabilités près) la condition marginale :

$$\frac{\pi_1}{\pi_2}\frac{U_1'(x_{11})}{U_1'(x_{12})} = \frac{\pi_1}{\pi_2}\frac{U_2'(x_{21})}{U_2'(x_{22})} = \frac{p_1}{p_2}$$

Les allocations ($x_{11} > x_{12}$ et $x_{21} = 1 - x_{11} < x_{22} = 1 - x_{12}$) ne vérifient pas cette condition, puisque :

$$\frac{U_1'(x_{11})}{U_1'(x_{12})} < 1 \text{ et } \frac{U_2'(x_{21})}{U_2'(x_{22})} > 1, \text{ car } U_i''(\cdot) < 0.$$

Il en est de même pour l'allocation ($x_{11} < x_{12}$ et $x_{21} = 1 - x_{11} > x_{22} = 1 - x_{12}$).

La condition d'équilibre n'est donc vérifiée que lorsque $x_{11} = x_{12}$ et $x_{21} = x_{22}$. Celle-ci devient alors :

$$\frac{\pi_1}{\pi_2} = \frac{p_1}{p_2}, \text{ puisque } \frac{U_i'(x_{i1})}{U_i'(x_{i2})} = 1, \text{ si } x_{i1} = x_{i2}$$

Il faut noter que lorsque la fonction d'utilité ne dépend pas des états de la nature, le TMS du consommateur est égal au rapport des probabilités pour des quantités égales des deux biens (lorsque on se situe sur la diagonale principale).

L'ensemble parétien des équilibres coïncide donc avec la diagonale à 45°, sur laquelle les consommations sont identiques dans chacun des deux états pour chaque consommateur. L'échange de contrats à terme à la période initiale permet aux deux consommateurs de se couvrir parfaitement contre le risque d'une consommation nulle dans un état. À l'équilibre, **les risques individuels sont donc socialement éliminés,** puisque quel que soit l'état qui se réalise, les consommateurs disposent de la même quantité du bien.

Deuxième scénario. Les hypothèses sont les mêmes, hormis le fait que le premier consommateur attribue à présent une probabilité plus faible à l'état 1 :

$\pi_{11} < \pi_{21}$ (on pose : $\frac{\pi_{11}}{\pi_{12}} < \frac{\pi_{21}}{\pi_{22}}$).

La figure 9 b représente cette économie.

La condition marginale s'écrit une fois encore :

$$\frac{\pi_{11}}{\pi_{12}}\frac{U_1'(x_{11})}{U_1'(x_{12})} = \frac{\pi_{21}}{\pi_{22}}\frac{U_2'(x_{21})}{U_2'(x_{22})} = \frac{p_1}{p_2}$$

Lorsque $\frac{\pi_{11}}{\pi_{12}} < \frac{\pi_{21}}{\pi_{22}}$, nous devons avoir: $\frac{U_1'(x_{11})}{U_1'(x_{12})} > \frac{U_2'(x_{21})}{U_2'(x_{22})}$. Par conséquent, les allocations qui vérifient cette inégalité sont : ($x_{11} < x_{12}$ et $x_{21} = 1 - x_{11} > x_{22} = 1 - x_{12}$).

À l'équilibre, chaque consommateur souhaite donc détenir une plus grande quantité du bien dans l'état qu'il considère comme le plus probable, compte tenu des anticipations de l'autre consommateur. La consommation du premier consommateur est plus forte dans l'état 2 que dans l'état 1. C'est l'inverse pour le deuxième consommateur. **L'ensemble de Pareto est ici décrit par la courbe** 0_1E0_2.

Troisième scénario. Les probabilités sont à nouveau les mêmes pour les deux consommateurs, par conséquent :

$$\frac{\pi_{11}}{\pi_{12}} = \frac{\pi_{21}}{\pi_{22}} = \frac{\pi_1}{\pi_2}$$

Mais, à présent, les dotations individuelles sont : $\omega_1 = (1{,}0)$ et $\omega_2 = (1{,}1)$. Le premier consommateur détient une unité du bien dans l'état 1 et rien dans l'autre état. Le second consommateur détient une unité du bien dans chaque état. Il y a donc à présent un risque agrégé puisque : ω = (2,1). Cette nouvelle économie est représentée par la figure 9c. La « boîte d'Edgeworth » est un rectangle.

Réécrivons la condition marginale :

$$\frac{\pi_1}{\pi_2}\frac{U_1'(x_{11})}{U_1'(x_{12})} = \frac{\pi_1}{\pi_2}\frac{U_2'(x_{21})}{U_2'(x_{22})} = \frac{p_1}{p_2}$$

– Si $\pi_1/\pi_2 = p_1/p_2$, la condition marginale impose que $U_1'(x_{11})/U_1'(x_{12}) = U_2'(x_{21})/U_2'(x_{22}) = 1 \Rightarrow x_{11} = x_{12}$ et $x_{21} = x_{22}$, ce qui est impossible, compte tenu des dotations initiales.

– Si $\pi_1/\pi_2 < p_1/p_2$, la condition marginale impose que $U_1'(x_{11})/U_1'(x_{12})$ et $U_2'(x_{21})/U_2'(x_{22}) > 1 \Rightarrow x_{11} < x_{12}$ et $x_{21} < x_{22}$, ce qui est impossible. En effet : si $x_{11} < x_{12} \Rightarrow x_{21} = 2 - x_{11} > x_{22} = 1 - x_{12}$.

Par conséquent, $\pi_1/\pi_2 > p_1/p_2$. Si, par exemple, $\pi_1 = \pi_2$, alors $p_1 < p_2$. **Le prix d'un bien contingent est moins élevé dans l'état où sa dotation initiale est plus forte et inversement plus élevé dans l'état où il est plus rare relativement à l'autre état*.**

Ce résultat transposé à la théorie financière est bien connu. Si nous disons qu'un actif financier a_1 procure le rendement réel x_{11} dans l'état 1 et 0 dans l'autre et qu'un autre actif a_2 procure le rendement réel x_{12} dans l'état 2 et 0 dans l'autre (les rendements réels sont ici assimilés aux consommations contingentes), le prix p_1 du premier actif est inférieur au prix p_2 du second, si son rendement est positivement corrélé avec celui du portefeuille total (CAC 40 par exemple), assimilé ici aux dotations (ω) [en effet : $x_{11} > x_{12}$ et $\omega_1 > \omega_2$]. Le prix de l'actif financier a_1 est inférieur au prix de l'actif a_2, parce que le premier ne contribue pas à la réduction du risque agrégé représenté par la variable aléatoire ω.

Les allocations qui vérifient la condition marginale sont donc : ($x_{11} > x_{12}$ et $x_{21} > x_{22}$). **L'ensemble de Pareto** (0_1E0_2) **est dans le couloir délimité par les droites** 0_2A et 0_1B, où $x_{11} > x_{12}$ et $x_{21} > x_{22}$.

Revenons un instant sur la notion de pareto-optimalité. Nous savons depuis le chapitre précédent que lorsque l'équilibre existe, il est pareto-optimal (1er théorème du bien-être), si l'économie est parfaitement concurrentielle. Compte tenu de **l'équivalence formelle entre les biens contingents et les plans de consommation *ex ante*, l'optimalité paretienne des allocations d'équilibre de biens contingents est aussi une optimalité de ces plans de consommation.** Aucun réaménagement du portefeuille des biens contingents ne pourrait améliorer la situation de certains consommateurs sans en léser aucun. Il n'est pas difficile de démontrer ensuite que cette optimalité ex-ante des plans de consommation est aussi une optimalité ex-post. Lorsqu'un des états de la nature s'est réalisé, les agents n'ont aucune incitation à procéder à de nouveaux échanges au *comptant**. Une fois l'équilibre obtenu sur les marchés de biens contingents, la seule activité économique consiste alors à exécuter les contrats passés à la période précédente.

Dans le modèle avec un système complet de marchés, nous avons dit que les plans de consommation ne sont pas révisés au moment où l'un des états du monde se réalise. Cette hypothèse élimine la dynamique des choix. Les plans de consommation sont établis une fois pour toutes aujourd'hui pour toutes les périodes futures (il suffit d'imaginer pour cela des contrats à terme portant sur différentes périodes).

En revanche, si l'hypothèse d'un système complet de marchés est levée, les agents doivent procéder au moins pour certains biens à des échanges au comptant dans les périodes futures. Si nous supposons deux états de la nature « demain, il pleut » et « demain, il fait beau », et l'absence d'un marché à terme pour le parapluie, les agents, qui veulent se couvrir (contre la pluie et le risque de pluie), devront procéder à des échanges au comptant pour acquérir le parapluie, s'il n'est pas disponible dans leurs dotations initiales.

Postuler l'absence d'un marché à terme pour tous les biens, ce qui à l'évidence est plus réaliste, conduit à raisonner dans le cadre de ce que la littérature économique désigne parfois sous le nom de **structure de marchés restreinte** (par opposition au système complet de marchés). **En l'absence de marchés à terme pour certains biens, il faut nécessairement envisager qu'une partie des échanges se fait au comptant dans les périodes futures.** Par conséquent, les choix portant sur les consommations présentes dépendent des choix effectués en vue des consommations de demain, lesquelles pourront être révisées en fonction des choix de consommation d'après-demain… C'est cette **interdépendance entre les diffé-**

rentes périodes (en plus de l'interdépendance des marchés) que nous étudions à présent dans le cadre des modèles d'équilibre temporaire.

cf. exercices 8.16 et 8.17

2 - Une introduction à l'équilibre général temporaire

Nous définissons à présent le concept d'équilibre général, lorsque les agents effectuent des choix de consommation sur plusieurs périodes. Nous parlons d'**un équilibre général temporaire**, lorsque celui-ci est réalisé à un **moment donné** de la période de vie des agents. Il faut d'abord préciser les caractéristiques du modèle (les agents, les biens, les fonctions d'utilité, les anticipations sur les prix...) dans ce contexte dynamique. Ensuite, nous étudions l'équilibre des marchés.

a. La présentation du modèle et l'équilibre du consommateur

Nous raisonnons dans le cadre d'une économie d'échanges pure.

• ***Les consommateurs***

Notre économie comprend deux consommateurs ($i = 1,2$), deux biens datés ($j = 1,2$), et deux périodes ($t = 1,2$). Les biens sont périssables. Ils ne peuvent donc pas être conservés d'une période à l'autre. Les quantités des biens j consommées par i en t sont représentées par x_{ijt}. Les quantités du bien j, dont le consommateur i est initialement doté en t, sont indiquées par ω_{ijt}. Les fonctions d'utilité sont supposées identiques pour les deux consommateurs. Elles sont s**tationnaires, additives dans le temps, strictement croissantes et concaves.**

$$\mathrm{U}_i(x_{11}, x_{21}, x_{12}, x_{22}) = \sum_{j,\, t=1}^{2} \alpha^{t-1} u_i(x_{jt})$$

Nous appelons α ($\alpha < 1$) le facteur mesurant le « degré d'impatience » des deux consommateurs. Ce qui signifie que chacun d'eux manifeste une **préférence pour le présent**. Dans cette économie où la monnaie n'intervient pas, nous devons supposer qu'un des deux biens (le bien 2, par exemple) est choisi comme *bien numéraire**.

Nous avons étudié l'équilibre général statique dans des économies de troc, où les biens s'échangent contre d'autres biens, en l'absence d'une monnaie, numéraire et moyen d'échange. Les prix étudiés (les prix relatifs) sont alors des rapports d'échange entre chaque bien et le bien choisi comme ***numéraire***.

• ***Les marchés***

Il existe un marché au comptant sur lequel les deux biens sont échangés en $t = 1$ et en $t = 2$. Il y a aussi un **marché à terme pour le numéraire**. Son prix est évidemment égal à 1 en $t = 1$. Son prix à terme est égal à $1 + r$, où $r > 0$ est le **taux d'intérêt réel** entre $t = 1$ et $t = 2$. Nous savons que **le facteur d'intérêt réel** ($1 + r > 1$) mesure la quantité du bien numéraire que l'agent obtient en $t = 2$, lorsqu'il renonce à une unité de ce bien en $t = 1$. Le marché à terme permet aux agents de s'engager contractuellement en $t = 1$ sur la quantité du numéraire qui sera reçue ou livrée en $t = 2$. L'existence de ce marché à terme du bien numéraire donne donc aux agents la possibilité de transférer de la richesse entre les deux périodes. C'est la monnaie ou les actifs financiers qui joueraient ce rôle dans une économie monétaire. Le marché à terme du bien 2 doit être considéré comme un **marché de prêts et d'emprunts dans le numéraire**. Les prêts et les emprunts s'effectuent au taux d'intérêt réel r. L'agent qui épargne et prête à la première période une unité du bien numéraire détient en fait sur son emprunteur un titre de créance qui lui donne droit à $(1 + r)$ unités de ce numéraire à la période suivante.

En l'absence d'un marché à terme du bien 1, les agents doivent anticiper le prix de ce bien en $t = 2$. Nous supposons que le prix anticipé p_1^a du bien 1 en $t = 1$ pour $t = 2$ est fonction du prix observé en $t = 1$; soit : $p_1^a = \varphi\,(p_1)$

Nous ne spécifions pas les propriétés de la fonction d'anticipation φ pour ne pas compliquer l'étude, tout en sachant qu'elles influencent fortement les résultats du modèle. Rappelons que les prix sont exprimés en terme du bien 2 (si $p_1^a = 2$, cela signifie que le consommateur anticipe le rapport d'échange suivant en $t = 2$: **échanger au comptant** 2 unités du bien 2 contre 1 une unité du bien 1). Nous avons donc à la période courante ($t = 1$) quatre prix exprimés dans le numéraire : p_1 le prix (relatif) du bien 1 en $t = 1$, p_1^a le prix anticipé du bien 1, 1 le prix du numéraire en $t = 1$, et $1 + r$ le prix à terme du numéraire. Il faut bien avoir à l'esprit une des caractéristiques fondamentales des modèles d'équilibre temporaire : **il n'y a pas un système complet de marchés.** Dans notre modèle il n'y a pas de marché à terme pour le bien 1. Nous savons que l'équilibre intertemporel du consommateur est obtenu en résolvant le programme suivant.

• ***L'équilibre intertemporel du consommateur***

Les quantités x_{ijt} des biens ($j = 1{,}2$) demandées en ($t = 1{,}2$) par le consommateur ($i = 1{,}2$) qui maximisent son utilité intertemporelle, sous sa contrainte budgétaire intertemporelle, sont données par la solution du programme :

$$\underset{xj,\, t>0}{\text{Max}} \; U(x_{i11}, x_{i21}, x_{i12}, x_{i22}) = \sum_{j,\, t=1}^{2} \alpha^{t-1} u_i(x_{ijt}) :$$

$$p_1 x_{i11} + x_{i21} + \frac{1}{1+r}\,[\varphi(p_1)\, x_{i12} + x_{i22}] = Y_i, \text{ avec}$$

$$Y_i = p_1 \omega_{i11} + \omega_{i21} + \frac{1}{1+r}\,[\varphi(p_1)\, \omega_{i12} + \omega_{i22}]$$

Le premier membre de la contrainte **budgétaire intertemporelle** exprime la valeur de la consommation présente et la valeur anticipée et actualisée de la consommation future (en terme du numéraire). Le second membre Y_i exprime la valeur des dotations présentes (Y_{i1}) et la valeur anticipée et actualisée des dotations futures (Y_{i2}) (en terme du numéraire).

La résolution de ce programme à l'aide de la méthode du Lagrangien donne les résultats suivants :

$$\frac{u'_{x_{11}}}{u'_{x_{21}}} = p_1 \text{ et } \frac{u'_{x_{12}}}{u'_{x_{22}}} = \varphi(p_1)$$

À l'équilibre, le consommateur égalise le taux de substitution entre les deux biens avec le prix relatif pour chacune des deux périodes.

Après que chaque consommateur eût exprimé ses demandes $x_{ijt} = x_{ijt}(p_1, \varphi(p_1), r)$ dans les deux biens à chaque période, la question qui se pose est celle de la cohérence intertemporelle de leurs plans de consommation, c'est-à-dire de l'équilibre des marchés aux deux périodes.

b. L'équilibre général temporaire

De façon analogue à ce que nous avons vu jusqu'à présent, l'équilibre général temporaire en $t = 1$ est obtenu, lorsque les trois conditions suivantes sont vérifiées : équilibres sur les marchés du bien 1 et du bien 2 et sur le marché des prêts et des emprunts en numéraire.

– La demande nette globale en bien 1 doit s'annuler : $(x_{111} + x_{211}) - (\omega_{111} + \omega_{211}) = 0$.

– La demande nette globale en bien 2 doit s'annuler : $(x_{121} + x_{221}) - (\omega_{121} + \omega_{221}) = 0$.

– La somme des prêts (S) et des emprunts (P) en numéraire doit s'annuler : $P + S = 0$.

Nous savons d'après le corollaire de la loi de Walras (chapitre 6) que si les deux premières conditions d'équilibre sont satisfaites, la troisième l'est nécessairement.

Fig. 10

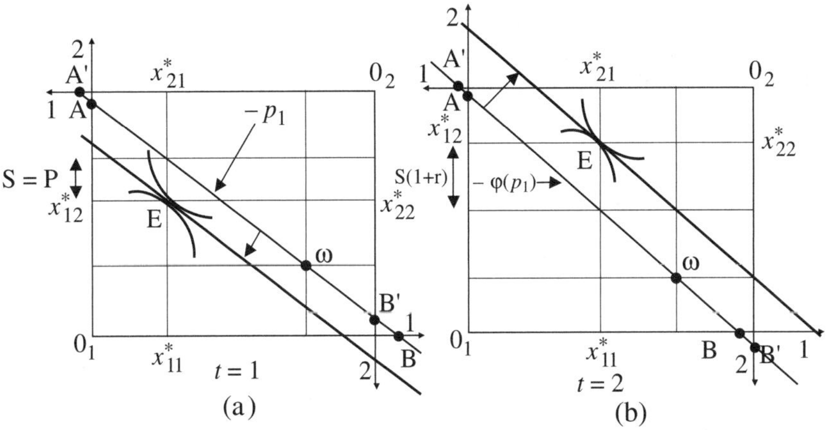

Sous les conditions habituelles étudiées dans le chapitre 6, il existe un vecteur de prix courants $(p_1,1)$ qui annule les demandes nettes globales. **L'équilibre temporaire en** $t = 1$ **est représenté au point** E, **où les courbes d'indifférence des deux consommateurs sont tangentes à la droite de budget de pente** $-p_1$ (*cf.* fig. 10 a). En ce point, le panier de consommation optimal du premier consommateur est représenté par un point intérieur à son ensemble de budget 0_1AB. Il épargne en effet la quantité S exprimée en terme du bien 2. C'est l'inverse pour le second consommateur. Son panier de consommation optimal, représenté par un point extérieur à son ensemble de budget (0_2A'B') est atteignable grâce à son emprunt en numéraire P. À l'équilibre, cet emprunt s'égalise au prêt (S = P).

L'épargne du premier consommateur est égale à :

$$S = p_1\omega_{111} + \omega_{112} - (p_1 x_{111} + x_{112})$$

son revenu futur anticipé et actualisé est égal à :

$$Y_2 = \frac{1}{1+r}\varphi(p_1)\,\omega_{112} + \frac{1}{1+r}\omega_{122} + S.$$

S est la valeur actualisée du remboursement de l'emprunt $(1 + r)$ S, accordé à la période initiale, que ce consommateur est assuré de recevoir (en l'absence de banqueroute du second consommateur).

Sa contrainte budgétaire en $t = 2$ s'écrit donc :

$$\frac{1}{1+r}\varphi(p_1)\,x_{112} + \frac{1}{1+r}x_{122} = Y_2$$

Pour bien voir les particularités des modèles d'équilibre temporaire, il faut bien comprendre que les équilibres futurs résument les arbitrages intertemporels de consommation dictés par des considérations portant à la fois sur les flux intertemporels de richesse, les anticipations de prix, les charges d'emprunt… Ainsi, un jeune ménage, par exemple, sera-t-il enclin à s'endetter au début de sa vie, quand ses ressources sont faibles, en comptant sur des revenus futurs plus élevés, qui rendront ses remboursements moins lourds.

Nous pouvons à présent représenter cet équilibre futur (en $t = 2$) (*cf.* fig. 10 b). Au prix futur anticipé, $\varphi(p_1)$, l'équilibre est obtenu au point E. En ce point, le panier de consommation du premier consommateur est un point extérieur à son ensemble de budget, puisque la valeur de ses dotations initiales est augmentée du remboursement du prêt S(1 + *r*). C'est l'inverse pour le second consommateur qui doit le rembourser. Cependant, l'obtention de cet équilibre est soumise à une condition très forte : **la réalisation des anticipations sur les prix.** Si, par exemple, les anticipations sur le prix s'avèrent fausses, les demandes nettes globales résultant des intentions individuelles initiales seront **non nulles**. Il faut alors s'attendre à ce que les agents révisent leurs plans de consommation, lorsque les marchés seront ouverts en $t = 2$.

Une précision : le taux d'intérêt réel n'est pas exogène. Il dépend de l'offre et de la demande du numéraire sur le marché à terme, c'est-à-dire de l'offre et de la demande de prêts, donc de la préférence pour le présent et de la valeur des ressources futures relativement à la valeur des ressources présentes.

De façon générale, **l'existence d'un équilibre temporaire en $t = 1$ ne garantit pas les équilibres temporaires qui lui succèdent, et les allocations intertemporelles des ressources résultant d'une suite d'équilibres temporaires n'est généralement pas pareto-efficiente.**

En revanche, si les allocations correspondant à une suite d'équilibres temporaires sont fondées sur des **anticipations exactes** (en horizon fini), celles-ci sont identiques à celles obtenues avec les hypothèses d'un système complet de marchés. Elles ont donc aussi la propriété d'efficience paretienne. En retournant cette proposition, on peut dire que le modèle de Arrow-Debreu est le premier modèle d'équilibre général avec des anticipations rationnelles.

Un état ***quasi stationnaire*** est un état de l'économie qui se reproduit à l'identique, à un coefficient proportionnel près.

Le prolongement logique de cette étude consiste à examiner les conditions sous lesquelles le modèle exhibe la propriété de stationarité. Il faut alors rechercher les conditions pour qu'une suite d'équilibres temporaires converge vers un *état d'équilibre stationnaire**. Un état stationnaire de l'économie est un état qui se reproduit à l'identique. Les prix et les quantités échangées sont les mêmes à chaque période. Si les conditions de stationarité sont vérifiées, **le modèle dynamique converge vers le modèle concurrentiel statique étudié dans le sixième chapitre**.

Beaucoup de recherches sont menées dans ce contexte théorique dynamique ; en particulier, dans le cadre des **modèles « à générations imbriquées »**. Ces modèles supposent que des (deux) générations d'agents se superposent et effectuent entre elles des transactions. C'est un cadre pertinent pour éviter l'hypothèse que les agents ont une durée de vie infinie, hypothèse que l'on fait, lorsque l'on étudie la stationarité.

Nous venons d'ajouter au modèle concurrentiel statique du chapitre 6 les deux dimensions qui lui faisaient défaut : l'incertitude et le temps. Nous avons successivement étudié le comportement maximisateur des agents, lorsque ceux-ci sont confrontés, d'une part, à l'incertitude (mesurable) et, d'autre part, à des choix intertemporels ; ainsi que les conditions pour que leurs plans de consommation qui en résultent soient cohérents (équilibre). Nous nous sommes interrogés également sur l'efficience paretienne de tels équilibres. Nous savons que l'hypothèse d'un système complet de machés garantit la pareto-optimalité. La succession d'équilibres temporaires, en revanche, ne satisfait pas, en règle générale, ce critère. Nous pouvons pour terminer réunir le temps et l'incertitude dans un **modèle dynamique de choix optimal en avenir incertain.**

cf. exercice 8.18

3 - L'OPTIMISATION INTERTEMPORELLE AVEC INCERTITUDE

Il est conseillé au lecteur de faire une lecture attentive des exercices corrigés 8.11 et 8.14 avant d'aborder cette section.

Nous raisonnons sur deux périodes, $t = 1$ et $t = 2$. Mais l'étude pourrait être étendue sans trop de difficultés à un plus grand nombre de périodes. Le consommateur dispose au début de la première période d'un revenu, noté R_1. Il consomme la valeur C_1 à la première période et épargne $R - C_1$ en vue de sa consommation $\widetilde{C}_2$ à la seconde période. La consommation à la deuxième période est aléatoire, parce que le consommateur a la possibilité à présent de transférer sa richesse dans le temps en achetant des actifs financiers à la première période, qui lui procure un revenu à la seconde. Nous supposons pour cela l'existence de deux actifs financiers : un **actif sans risque** (dépôt à terme), dont le rendement certain est indiqué par r_1, et un **actif risqué** (actions), dont le rendement aléatoire est indiqué par $\widetilde{r}_2$. Le rendement du second actif dépend de la réalisation des états de la nature. Le consommateur dépense tout son revenu à la seconde période. Nous supposons aussi qu'il n'y a pas de dotation initiale à la seconde période. Enfin, nous supposons qu'il est **averse au risque**. Le problème qui se pose alors au consommateur est le suivant : comment choisir son niveau optimal de consommation-épargne ?

Si le consommateur consomme C_1 à la première période, il épargne $R - C_1$. Cette épargne est affectée dans une certaine proportion ß à l'achat de l'actif risqué et dans une proportion $1 - ß$ à l'achat de l'actif sans risque. Son revenu aléatoire $\widetilde{R}_2$, qui dépend de la réalisation de l'état, est donc égal à :

$$\widetilde{R}_2 = ß(R - C_1)(1 + \widetilde{r}_2) + (1 - ß)(R - C_1)(1 + r_1)$$

où $ß(R - C_1)$ et $(1 - ß)(R - C_1)$ représentent respectivement le montant de l'épargne consacré à l'achat de l'actif risqué et celui consacré à l'achat de l'actif sans risque. Multipliées respectivement par $(1 + \widetilde{r}_2)$ et $(1 + r_1)$, ces expressions indiquent le revenu aléatoire total du portefeuille.

En posant : $1 + \widetilde{r}_2 = \widetilde{\rho}_2$ et $1 + r_1 = \rho_1$, les facteurs de rendement de l'actif risqué et de l'actif sans risque, et en mettant $R - C_1$ en facteurs, nous obtenons :

$$\widetilde{R}_2 = (R - C_1)\,[ß\widetilde{\rho}_2 + (1 - ß)\rho_1]$$

Pour le consommateur, choisir son niveau optimal de consommation-épargne revient ainsi à résoudre le programme suivant :

$$\underset{C_1 \geq 0, ß \geq 0}{\text{Max}}\ U(C_1, \widetilde{C}_2) = u(C_1) + \alpha E u(\widetilde{C}_2) :$$

$$\widetilde{C}_2 = \widetilde{R}_2 = (R - C_1)\,[ß\widetilde{\rho}_2 + (1 - ß)\,\rho_1]$$

où $\alpha < 1$ indique ici encore « le facteur d'impatience ». Son utilité de la deuxième période est une **utilité espérée**, puisque la **consommation de la deuxième période est aléatoire.** Elle dépend en partie du revenu aléatoire de l'actif risqué, et donc de la réalisation de l'état de la nature.

On peut encore écrire ce programme de la façon suivante, en remplaçant $\widetilde{C}_2 = \widetilde{R}_2$ par l'expression $(R - C_1)\,[ß\widetilde{\rho}_2 + (1 - ß)\,\rho_1]$ dans U et en posant : $ß\widetilde{\rho}_2 + (1 - ß)\,\rho_1 = \widetilde{\Phi}$. Φ exprime le rendement aléatoire unitaire du portefeuille du consommateur (1 *euro* placé dans les proportions ß et $1 - ß$ dans l'actif risqué et l'actif sans risque aux facteurs de rendement respectif, $\widetilde{\rho}_2$ et ρ_1). Il devient :

$$\underset{C_1 \geq 0, ß \geq 0}{\text{Max}}\ U(C_1, \widetilde{C}_2) = u(C_1) + \alpha E u[(R - C_1)\,\widetilde{\Phi}]$$

En dérivant la fonction d'utilité intertemporelle par rapport à C_1 et ß, on obtient les deux conditions du premier ordre :

$$u'(C_1) = \alpha E u'(\widetilde{C}_2)\,\widetilde{\Phi} \quad \text{et}$$

$$E[u'(\widetilde{C}_2)(\widetilde{\rho}_2 - \rho_1)] = 0, \quad \text{puisque } R - C_1 \neq 0 \quad \text{et} \quad \alpha \neq 0$$

La première condition dit que l'optimum intertemporel du consommateur en avenir incertain est obtenu, lorsque son **utilité marginale de la première période est égale à son utilité marginale espérée et escomptée de la deuxième période.** La deuxième condition dit, en substance, que le portefeuille de l'agent est composé de façon optimale, si la variation de l'utilité espérée à la deuxième période, consécutive à une petite modification dans la composition du portefeuille au profit de l'actif risqué, devient négative. (Le lecteur peut étudier ce problème d'optimisation en prenant, par exemple, une fonction d'utilité intertemporelle logarithmique, $\ln C_1 + \alpha E \ln \widetilde{C}_2$.)

Ce problème d'optimisation intertemporelle nous a permis d'appliquer certaines notions – aversion au risque, fonction d'utilité intertemporelle, espérance d'utilité... – qui sont utilisées dans les études portant sur la **dynamique des choix optimaux en situation d'incertitude.**

Jusqu'à présent, nous avons toujours supposé que les agents prennent leurs décisions indépendamment des décisions prises par les autres agents. Le marché se charge de la coordination des actions individuelles. Mais, en présence de coalitions et de comportements stratégiques, les outils de la microéconomie « traditionnelle » s'avèrent insuffisants, et il faut avoir recours à la **théorie des jeux** présentée dans le chapitre suivant.

QUESTIONS À CHOIX MULTIPLES

1 - Soient $p = (x, \pi; y, 1 - \pi)$ et $q = (x', \pi'; y', 1 - \pi')$ telles que : $p \gtrsim q$. En utilisant le critère de l'utilité espérée, il est équivalent de dire que :

a. $U(p) \geq U(q)$

b. $E(p) \geq E(q)$

c. $UE(p) \geq UE(q)$

d. $EU(p) \gtrsim EU(q)$

e. $EU(p) \geq EU(q)$

2 - Soient $p = (1, 0{,}5; 2, 0{,}5)$, $q = (1, 0{,}3; 2, 0{,}7)$ et $r = (p, 0{,}4; q, 0{,}6)$. La loterie r est égale à :

a. $r = (1, 0{,}38; 2, 0{,}62)$

b. $r = (1, 0{,}35; 2, 0{,}65)$

c. $r = (2, 0{,}62; 1, 0{,}38)$

d. $r = (1, 0{,}62; 2, 0{,}38)$

3 - Si un agent est averse au risque, il est équivalent de dire que :

a. sa fonction d'utilité est strictement concave.

b. son indice d'aversion au risque est < 1.

c. sa prime de risque est positive.

d. ses courbes d'indifférence sont convexes.

4 - Une fonction d'utilité intertemporelle peut avoir l'une des formes suivantes :

a. $U(x_1, x_2) = u(x_1) + u(x_2)$

b. $U(x_1, x_2) = u(x_1) + 1/2u(x_2)$

c. $U(x_1, x_2) = u_1(x_1) + u_2(x_2)$

d. $U(x_1, x_2) = u(x_1) + 2u(x_2)$

5 - Un bien contingent est un :

a. un engagement à terme.

b. une variable certaine.

c. une variable aléatoire.

d. un bien rationné.

6 - L'incertitude est représentée par :

a. une distribution de probabilités subjectives sur les états de la nature.

b. une distribution de probabilités sur les dotations initiales.

c. les relations de préférences individuelles.

d. l'attitude de l'agent vis-à-vis du risque.

7 - Les allocations $x_{i=1,2,\ s=1,2}$ vérifient un équilibre de Arrow-Debreu si :

a. $\dfrac{\pi_{11}}{\pi_{12}} \dfrac{U_1'(x_{11})}{U_1'(x_{12})} = \dfrac{\pi_{21}}{\pi_{22}} \dfrac{U_2'(x_{21})}{U_2'(x_{22})} = \dfrac{p_2}{p_1}$

b. $\dfrac{\pi_{11}}{\pi_{12}} \dfrac{U_1'(x_{11})}{U_1'(x_{12})} = \dfrac{\pi_{21}}{\pi_{22}} \dfrac{U_2'(x_{21})}{U_2'(x_{22})} = \dfrac{p_1}{p_2}$

c. $\dfrac{\pi_{11}}{\pi_{12}} \dfrac{U_1'(x_{11})}{U_2'(x_{22})} = \dfrac{\pi_{21}}{\pi_{22}} \dfrac{U_2'(x_{21})}{U_1'(x_{12})} = \dfrac{p_1}{p_2}$

d. $\dfrac{U_1'(x_{11})}{U_1'(x_{12})} = \dfrac{U_2'(x_{21})}{U_2'(x_{22})} = \dfrac{p_1}{p_2}$

8 - Parmi les affirmations suivantes, quelles sont celles qui sont erronées ?

a. Les allocations intertemporelles d'équilibre avec des anticipations exactes ne sont pas pareto-optimales.

b. Les allocations intertemporelles d'équilibre avec des anticipations exactes coïncident avec les allocations d'équilibre du modèle d'Arrow-Debreu.

c. Les allocations d'équilibre sont pareto-optimales, pourvu que pour certains biens il y ait un marché à terme.

d. Les allocations intertemporelles d'équilibre convergent nécessairement vers un état quasi stationnaire.

9 - Parmi les éléments suivants, quels sont ceux qui ne peuvent pas figurer dans le modèle d'Arrow-Debreu ?

a. Les dotations initiales globales sont représentées par des variables aléatoires.

b. Un prix d'équilibre est nécessairement un prix relatif.

c. Les anticipations sur les prix sont de « type adaptatif ».

d. Les prix ne sont pas anticipés.

e. Les préférences sont ordonnées selon le critère de l'espérance mathématique.

10 - Parmi les fonctions d'utilité $U(\tilde{X})$ suivantes, quelles sont celles qui peuvent représenter les préférences d'un agent averse au risque ($\tilde{X}$ est une variable aléatoire > 0) ?

a. $U(\tilde{X}) = a\tilde{X} + b \ (a > 0)$ **c.** $U(\tilde{X}) = \ln\tilde{X}$

b. $U(\tilde{X}) = 2a\tilde{X}^2 \ (a > 0)$ **d.** $U(\tilde{X}) = \exp(a\tilde{X}) \ (a > 0)$

(Les réponses se trouvent en fin d'ouvrage, page 384).

EXERCICE CORRIGÉ 8.1

Loterie composée (A, 1)

Soient deux loteries $p = (x, 0{,}3 \,;\, y, 0{,}1 \,;\, z, 0{,}6)$ et $q = (x, 0{,}6 \,;\, w, 0{,}4)$.

Montrer que : $r = [1/3, (x, 0{,}3 \,;\, y, 0{,}1 \,;\, z, 0{,}6) \,;\, 2/3, (x, 0{,}6 \,;\, w, 0{,}4)] \sim s = (x, 0{,}5 \,;\, y, 0{,}033 \,;\, z, 0{,}2 \,;\, w, 0{,}2666)$.

CORRIGÉ

$$Pb(x) = \frac{1}{3}(0{,}3) + \frac{2}{3}(0{,}6) = 0{,}5$$

$$Pb(y) = \frac{1}{3}(0{,}1) + \frac{2}{3}(0) = 0{,}033$$

$$Pb(z) = \frac{1}{3}(0{,}6) + \frac{2}{3}(0) = 0{,}2$$

$$Pb(w) = \frac{1}{3}(0) + \frac{2}{3}(0{,}4) = 0{,}2666$$

La loterie s avec quatre résultats, x, y, z, w, est équivalente à la **loterie composée** $r = (p, 1/3 \,;\, q, 2/3)$ avec deux résultats p et q qui sont eux-mêmes deux loteries.

EXERCICE PROPOSÉ 8.2

Loterie composée (A, 1)

Soient deux loteries $p = (10, 2/3 \,;\, 20, 1/3)$ et $q = (10, 1/3 \,;\, 20, 1/2 \,;\, 30, 1/6)$. Construire q comme une loterie composée avec deux résultats, la loterie p et une loterie r.

DÉMARCHE

On exprime $q = (p, \alpha \,;\, r, 1 - \alpha)$.

RÉSULTAT

$\alpha = \dfrac{1}{2}$ et $r = (20, 2/3 \,;\, 30, 1/3)$.

Exercice proposé 8.3

Loterie composée (A, 1)

Soient deux loteries $p = (1, 1/3 ; 3, 2/3)$ et $q = (1, 3/4 ; 3, 1/4)$. On sait que $p \succ q$ parce que le meilleur résultat (3) est obtenu avec une probabilité plus élevée dans p ($2/3 > 1/4$). Quel est le classement entre les deux loteries suivantes : $r = (p, 2/3 ; q, 1/3)$ et $s = (p, 1/2 ; q, 1/2)$?

CORRIGÉ

En utilisant la notion de **loterie composée**, on peut écrire :

$$r = \left[(1, \frac{1}{3} ; 3, \frac{2}{3}), \frac{2}{3} ; (1, \frac{3}{4} ; 3, \frac{1}{4}), \frac{1}{3}\right]$$

$$= \left[(\frac{2}{3}\frac{1}{3} + \frac{1}{3}\frac{3}{4}), 1 ; (\frac{2}{3}\frac{2}{3} + \frac{1}{3}\frac{1}{4}), 3\right]$$

$$= (1, \frac{7}{12} ; 3, \frac{5}{12})$$

En procédant à l'identique, on obtient :

$$s = (1, \frac{13}{24} ; 3, \frac{11}{24})$$

Par conséquent, $s \succ r$.

Exercice corrigé 8.4

Loterie composée (A, 1)

Nous devons savoir que si trois loteries, p, q, r, sont classées ainsi : $p \succ q \succ r$, alors il existe $\alpha \in [0,1]$, tel que : $q \sim \alpha p + (1 - \alpha)r$, c'est-à-dire que : $q \sim g(p, \alpha ; r, 1 - \alpha)$. Pour quelle valeur de α, la loterie $s = (p, \alpha ; r, 1 - \alpha)$ est-elle équivalente à q? On suppose que : $r = (1, 5/6 ; 3, 1/6)$ $p = (1, 1/3 ; 3, 2/3)$ et $q = (1, 3/4 ; 3, 1/4)$.

CORRIGÉ

La loterie s est égale à :

$$s = [(1, 1/3 ; 3, 2/3), \alpha ; (1, 5/6 ; 3, 1/6), 1 - \alpha]$$

$$= [\frac{1}{3}\alpha + \frac{5}{6}(1 - \alpha), 1 ; \frac{2}{3}\alpha + \frac{1}{6}(1 - \alpha), 3]$$

$$s = [\frac{2\alpha + 5(1 - \alpha)}{6}, 1 ; \frac{4\alpha + 1 - \alpha}{6}, 3] = (-\frac{1}{2}\alpha + \frac{5}{6}, 1\ \frac{1}{2}\alpha + \frac{1}{6}, 3)$$

Par conséquent, s est équivalente à q si :

$$\left.\begin{array}{l} -\frac{1}{2}\alpha + \frac{5}{6} = \frac{3}{4} \\ \frac{1}{2}\alpha + \frac{1}{6} = \frac{1}{4} \end{array}\right. \Rightarrow \alpha = \frac{1}{6}$$

EXERCICE CORRIGÉ 8.5

Fonction d'utilité espérée (A, 2)

Une entreprise évalue différentes campagnes publicitaires $A_{i=1,...5}$. L'investissement initial qu'elle supporte pour chaque campagne publicitaire est indiqué par (I_i), et les gains possibles qui lui sont associés par (G_i). L'entreprise estime que chaque campagne publicitaire peut réussir avec la probabilité π_i et échouer avec la probabilité $(1 - \pi_i)$. Le publicitaire demande au responsable de la politique commerciale de l'entreprise la probabilité de réussite minimale $\underline{\pi}_i$, à partir de laquelle il souhaite que la campagne publicitaire soit lancée. Les gains, les investissements et les probabilités minimales associés à chaque type (i) de campagne publicitaire sont consignés dans le tableau ci-contre.

G_i	I_i	$\underline{\pi}_i$
2	1	0,52
3	1	0,35
4	2	0,55
6	2	0,40
5	2	0,45

Il vous est demandé de construire et de représenter dans le plan [U(R),R] la fonction d'utilité espérée de l'entreprise que l'on définit sur l'intervalle [– 2,4]. On pose U(O) = 0 et U(1) = 1. R_i indique le résultat net de l'entreprise associé à chaque campagne publicitaire (i), c'est-à-dire $G_i - I_i$. Quelle est l'attitude de l'entreprise vis-à-vis du risque ?

CORRIGÉ

Si aucune campagne publicitaire n'est lancée, le revenu net est égal à 0, et l'utilité U(0) est nulle. Si la campagne publicitaire (i) est lancée, le résultat net R_i de la firme est $G_i - I_i$ en cas de succès et $-I_i$ en cas d'échec. La firme décidera de se lancer dans une campagne publicitaire (i) si :

$$EU(R_i) = \pi_i U(G_i - I_i) + (1 - \pi_i)U(-I_i) \geq 0$$

Par conséquent, nous avons :

$$EU(R_i) = \underline{\pi_i} U(G_i - I_i) + (1 - \underline{\pi_i})U(-I_i) = 0$$

Pour chaque campagne (i = 1,…, 5), nous avons donc :

$0{,}52U(1) + 0{,}48U(-1) = 0 \Rightarrow U(-1) = -1{,}08$

$0{,}35U(2) + 0{,}65U(-1) = 0 \Rightarrow U(2) = 2{,}011$

$0{,}55U(2) + 0{,}45U(-2) = 0 \Rightarrow U(-2) = -2{,}458$

$0{,}40U(4) + 0{,}60U(-2) = 0 \Rightarrow U(4) = 3{,}687$

$0{,}45U(3) + 0{,}55U(-2) = 0 \Rightarrow U(3) = 3$

Il suffit alors de porter dans le plan [R,U(R)] les points de coordonnées $[R_i, U(R_i)]$, en faisant une approximation linéaire par parties (*cf.* figure 11). La fonction d'utilité définie sur [– 2,4] est **concave**. Par conséquent, l'entreprise est **averse au risque**.

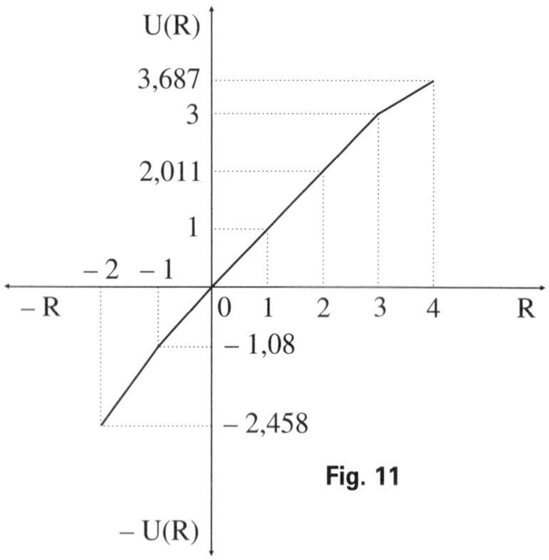

Fig. 11

EXERCICE PROPOSÉ 8.6

Les critères de l'utilité espérée et de l'espérance mathématique (A, 2)

Les campagnes publicitaires alternatives suivantes sont comparées par l'entreprise étudiée dans l'exercice précédent. La première campagne rapporte 3000 € pour un investissement initial de 1000 €, avec une probabilité de 0,60 et 0 € avec une probabilité de 0,40. La seconde campagne rapporte 5000 € avec une probabilité de 0,15, 2000 € avec une probabilité de 0,60 et 0 € avec une probabilité de 0,25, pour un investissement initial de 1000 € également. Quelle est la campagne publicitaire qui sera choisie par l'entreprise selon le critère de l'utilité espérée calculé dans l'exercice précédent et selon celui de l'espérance mathématique ? Pourquoi ?

DÉMARCHE

On calcule l'utilité espérée en se servant des résultats de l'exercice précédent.

RÉSULTATS

La campagne publicitaire n°1 est choisie selon le critère de l'utilité espérée – 1,20 contre 1,153 –. La campagne publicitaire n°2 est choisie selon le critère de l'espérance mathématique – 0,95 contre 0,80 –. La campagne publicitaire n°1 est moins risquée que la campagne publicitaire n°2.

Commenter les différences dans les choix effectués par l'entreprise selon le critère appliqué.

EXERCICE CORRIGÉ 8.7

Aversion absolue au risque et prime de risque (A, 2)

Un investisseur dispose d'une richesse initiale $W_0 = 1\,000$, qu'il peut placer. Le risque associé à ce placement est représenté par $\widetilde{X} = (100, 1/2\,; -100, 1/2)$. Il peut donc gagner ou perdre 100 avec les mêmes probabilités. Sa richesse finale aléatoire $\widetilde{W}_f = W_0 + \widetilde{X} = (1\,100, 1/2\,; 900, 1/2)$. Il est muni d'une fonction d'utilité $U(W_f) = \ln 2W_f$.

a. Calculer l'indice d'aversion absolue au risque A_a de Arrow-Pratt.

b. Calculer la prime de risque $P(W_0, \widetilde{X})$ en utilisant une approximation :

$P(W_0, \widetilde{X}) = -\dfrac{U''[W_0 + E(\widetilde{X})]}{U'[W_0 + E(\widetilde{X})}\,\sigma^2_{\widetilde{X}}$. $E(\widetilde{X})$ et $\sigma^2_{\widetilde{X}}$ désignent l'espérance (le rendement espéré du placement) et la variance (le risque du placement) de $\widetilde{X}$.

c. Est-ce une bonne approximation de la « vraie » mesure de la prime de risque ?

CORRIGÉ

a. L'indice d'aversion absolue au risque est donné par :

$$A_a = -\frac{U''(\cdot)}{U'(\cdot)}$$

$$U'(\cdot) = \frac{2}{\widetilde{W}_f},\ U''(\cdot) = -\frac{2}{\widetilde{W}_f^2}$$

Par conséquent :

$$A_a = \frac{1}{\widetilde{W}_f}$$

b.

$$E(\widetilde{X}) = \frac{1}{2}100 - \frac{1}{2}100 = 0$$

$$\sigma_{\widetilde{X}}^2 = E(\widetilde{X}^2) - E(\widetilde{X})^2 = \frac{1}{2}(100)^2 + \frac{1}{2}(-100)^2 = 10\,000$$

Par conséquent :

$$P(W_0, \widetilde{X}) = \frac{1}{W_0 + E(\widetilde{X})}(\frac{10\,000}{2}) = 5$$

c. Nous calculons la valeur exacte de la prime de risque. Nous calculons $EU(\widetilde{W}_f)$. Soit :

$$EU(\widetilde{W}_f). = \frac{1}{2}\ \ln[2(1000 + 100)] + \frac{1}{2}\ \ln[2(1000 - 100)] = 7{,}596$$

Sachant que :

$$U(EC) = EU(\widetilde{W}_f) \Rightarrow \ln 2EC = 7{,}596 \Rightarrow\ 2EC = \exp(7{,}596) = 1990{,}22 \Rightarrow EC = 995{,}11$$

Nous calculons $E(\widetilde{W}_f)$

$$E(\widetilde{W}_f) = \frac{1}{2}(1100) + \frac{1}{2}(900) = 1000$$

Sachant que :

$$P(W_0, \widetilde{X}) = E(\widetilde{W}_f) - EC$$

Il vient :

$$P(W_0, \widetilde{X}) = 1\,000 - 995{,}11 = 4{,}89 \simeq 5$$

EXERCICE PROPOSÉ 8.8

Prime de risque (A, 2)

Comme dans l'exercice précédent, calculer la prime de risque à partir de la formule d'approximation, et comparer le résultat obtenu à la « vraie » valeur de la prime de risque. Seule la loterie $\widetilde{X}$ est différente par rapport à l'exercice précédent. $\widetilde{X} = (100, 3/4\,; -100, 1/4)$. Pourquoi la prime de risque est à présent d'un montant inférieur à celle qui a été calculée dans l'exercice précédent ?

DÉMARCHE : *cf.* exercice 8.7

RÉSULTATS

$E(\widetilde{X}) = 50$, $\sigma_{\widetilde{X}}^2 = 7\,500$. La valeur approchée de la prime de risque est 3,571, et la valeur exacte est 2,825.

EXERCICE PROPOSÉ 8.9

Indice d'aversion absolue au risque (A, 2)

a - Calculer l'indice d'aversion absolue au risque pour les fonctions d'utilité suivantes.

$U(\widetilde{W}_f) = \widetilde{W}_f - \beta\widetilde{W}_f^2$, avec $\beta \in]0, 1/2\widetilde{W}_f[$

$U(\widetilde{W}_f) = -\exp(-\beta\widetilde{W}_f)$, avec $\beta > 0$

$U(\widetilde{W}_f) = \beta\widetilde{W}_f^{\beta}$, avec $\beta \in]-\infty, 1[$

b - Vérifier que celles-ci ne traduisent l'aversion au risque du décideur qu'avec les restrictions imposées sur β.

c - Comment l'indice d'aversion absolue au risque évolue-t-il avec la richesse finale ? Ces résultats vous semblent-ils confirmer l'intuition ?

DÉMARCHE

b - Les fonctions $U(\cdot)$ doivent être concaves.

c - Il faut dériver A_a par rapport à $\widetilde{W}_f$. L'intuition est que l'indice d'aversion absolue au risque devrait diminuer quant la richesse augmente. Est-elle toujours vérifiée ?

RÉSULTATS

$$A_a = \frac{2\beta}{1 - 2\beta\widetilde{W}_f},\ A_a = \beta,\ A_a = \frac{1-\beta}{\widetilde{W}_f}$$

EXERCICE CORRIGÉ 8.10

Application de la théorie de l'utilité espérée : demande d'assurance (A, 2)

Nous considérons un agent averse au risque, dont les préférences en avenir incertain sont représentées par une fonction $U(\cdot)$ d'utilité concave. Sa richesse initiale est indiquée par W_0. Il court le risque de perdre une somme de S euros avec une probabilité π. Mais il lui est possible de s'assurer contre ce risque. Une unité d'assurance lui coûte P euros, et il reçoit 1 euro d'indemnité par unité d'assurance, si le risque survient. Quel est le nombre optimal α^* d'unités d'assurance que cet agent va contracter ?

CORRIGÉ

Lorsque l'agent achète α unités d'assurance, sa richesse finale $\widetilde{W}_f$ est égale à :

$$\widetilde{W}_f = (W_0 - \alpha P, 1 - \pi\ ;\ W_0 - \alpha P - S + \alpha, \pi)$$

$W_0 - \alpha P$ représente sa richesse finale si le risque de perte n'intervient pas (avec une probabilité $1 - \pi$), et $W_0 - \alpha P - S + \alpha$, représente sa richesse finale si le risque survient (avec une probabilité π).

Choisir α de façon optimale revient pour l'agent à maximiser son utilité espérée, soit :

$$\underset{\alpha>0}{\text{Max}}\ EU(W_f) = (1-\pi)U(W_0-\alpha P) + \pi U(W_0-\alpha P - S + \alpha)$$

Si α^* est un optimum, il doit vérifier la condition du premier ordre suivante (CPO) :

$$\frac{d\,E\,U(\widetilde{W}_f)}{d\alpha} = -P(1-\pi)U'(W_0-\alpha P) + (1-P)\pi U'(W_0-\alpha P - S + \alpha) = 0$$

Supposons que l'assurance soit **actuariellement équitable**. L'espérance mathématique de la perte d'une somme de 1 € est alors égale au prix unitaire de l'assurance. Soit :

$$\pi(1\text{ €}) + (1-\pi)(0\text{ €}) = P = \pi$$

En remplaçant P par π dans la CPO ci-dessus, il vient :

$$\pi(1-\pi)[U'(W_0-\alpha^*P) - U'(W_0-\alpha^*P - S + \alpha^*)] = 0$$

Comme U est strictement concave et $\pi \neq 1$, on en déduit que :

$$W_0-\alpha^*P = W_0-\alpha^*P - S + \alpha^* \Rightarrow \alpha^* = S$$

Si l'assurance est actuariellement équitable, l'agent s'assurance **complètement** contre le risque. Sa richesse finale espérée peut encore s'écrire :

$$E(\widetilde{W}_f) = (1-\pi)(W_0-\alpha P) + \pi(W_0-\alpha P - S + \alpha) = W_0 - \pi S + \alpha(\pi - P)$$

Si $P = \pi$, $E(\widetilde{W}_f) = \widetilde{W}_f = W_0 - \pi S$, pour n'importe quel α. Il est **certain** d'obtenir $W_0 - \pi S$. Le choix de $\alpha^* = S$ traduit le fait que l'agent est averse au risque. C'est-à-dire qu'il préfère la richesse finale certaine $W_0 - \alpha^*P$ à une richesse aléatoire ($P\alpha^*$ est le **montant optimal de la prime d'assurance**).

EXERCICE CORRIGÉ 8.11

Application de la théorie de l'utilité espérée : la composition optimale du portefeuille (A, 2)

Un investisseur dispose d'une somme monétaire initiale de W_0, qu'il peut allouer à l'achat d'un actif sans risque et à l'achat d'un actif risqué. L'actif sans risque a un prix de 1 € et procure un revenu certain de 1,50 € à la fin de la période. L'actif risqué a un prix de 1 €, et procure à son détenteur un revenu aléatoire $\widetilde{R}$, qui prend les valeurs 1,50 €, 0,50 € et 3 € avec les probabilités respectives π_1, π_2, π_3. On indique par α le montant alloué à l'achat de l'actif risqué et $(1-\alpha)$, le montant alloué à l'achat de l'actif sans risque.

a. Quelle est l'expression de la richesse finale $\widetilde{W}_f$ aléatoire de l'agent ?

b. L'investisseur averse au risque choisit α de telle manière que l'utilité de sa richesse finale soit maximum. Quelle est l'expression de α^* ?

CORRIGÉ

a. $$\widetilde{W}_f = 1{,}50\,(W_0-\alpha) + \alpha\widetilde{R} = 1{,}50W_0 + \alpha(\widetilde{R} - 1{,}50)$$

b. $EU(\widetilde{W}_f) = \pi_1\,\{U[1{,}50(W_0-\alpha) + 1{,}50\alpha\} + \pi_2\{U[1{,}50(W_0-\alpha) + 0{,}50\alpha\} + \pi_3\,\{U[1{,}50(W_0-\alpha) + 3\alpha\}$

$= \pi_1U(1{,}50W_0) + \pi_2U(1{,}50W_0-\alpha) + \pi_3U(1{,}50W_0 + 1{,}50\alpha)$

Si α^* est un optimum, il doit vérifier la condition du premier ordre suivante (CPO) du programme :

$$\underset{\alpha\geq 0}{\text{Max}}\ EU(\widetilde{W}_f) = \pi_1U(1{,}50\,W_0) + \pi_2U(1{,}50W_0-\alpha) + \pi_3U(1{,}50W_0 + 1{,}50\alpha)$$

$$\text{soit } -\pi_2U'(1{,}50\,W_0-\alpha) + 1{,}50\,\pi_3U'(1{,}50W_0 + 1{,}50\,\alpha) = 0$$

Posons : $\alpha = 0$

La CPO s'écrit alors :

$$-\pi_2 U'(1{,}50W_0) + 1{,}50\pi_3 U'(1{,}50W_0) = U'(1{,}50W_0)(-\pi_2 + 1{,}50\pi_3) = 0$$

que l'on peut encore écrire :

$$U'(1{,}50W_0)[1{,}50\pi_1 + 0{,}50\pi_2 + 3\pi_3 - 1{,}50(\pi_1 + \pi_2 + \pi_3)] = 0$$

Comme $\pi_1 + \pi_2 + \pi_3 = 1$ et $1{,}50\pi_1 + 0{,}50\pi_2 + 3\pi_3 = E(\tilde{R})$, nous pouvons écrire :

$$U'(1{,}50W_0)[E(\tilde{R}) - 1{,}50] = 0$$

Par conséquent, $\alpha = 0$ est la valeur optimale – le portefeuille est composé de façon optimale – lorsque le rendement espéré de l'actif risqué est égal au rendement (certain) de l'actif sans risque (1,50).

Par conséquent, $\alpha^* > 0$, lorsque $E(\tilde{R}) > 1{,}50$.

EXERCICE PROPOSÉ 8.12

Demande optimale d'un actif risqué (A, 2)

Vous supposez que la condition précédente est vérifiée. Calculer la valeur optimale de α, dans le cas où la fonction d'utilité s'écrit : $U(\tilde{W}_f) = -\exp(-\beta\tilde{W}_f)$, avec $\beta > 0$.

DÉMARCHE

On remplace U(·) dans la CPO de l'exercice précédent par la dérivée première de la fonction d'utilité ci-dessus, et on calcule α^*.

RÉSULTAT

$$\alpha^* = \frac{\ln \dfrac{1{,}50\pi_3}{\pi_2}}{2{,}5\,\beta}.$$

EXERCICE PROPOSÉ 8.13

Actualisation (B, 1)

Une entreprise doit choisir entre trois projets d'investissement, dont le montant, identique pour les trois projets, est de 100 000 €. Les profits réalisés (P), correspondant à chaque projet durant les cinq années d'exploitation, sont consignés dans le tableau suivant :

	$t = 1$	$t = 2$	$t = 3$	$t = 4$	$t = 5$
projet *A*	20 000	20 000	30 000	40 000	40 000
projet *B*	20 000	30 000	40 000	60 000	70 000
projet *C*	40 000	40 000	30 000	20 000	20 000

Quelle est la valeur actualisée V_a en $t = 0$ des profits associés à chaque projet, sachant que le taux de rendement (r) d'un placement financier alternatif est de 5 % ?

DÉMARCHE

Il faut appliquer la formule : $V_a = \sum_{t=1}^{5} \frac{P_t}{(1+r)^t}$.

RÉSULTATS

$V_a(A) = 127\,35$ € : $V_a(B) = 185\,021$ € ; $V_a(C) = 132\,416$ €.

EXERCICE CORRIGÉ 8.14

L'équilibre intertemporel du consommateur (B, 2)

Un consommateur dispose d'un revenu R_1 à la première période et d'un revenu R_2 à la seconde période. Sa durée de vie est de deux périodes $t = 1$ et $t = 2$. Cet agent peut épargner ou emprunter à la première période. On suppose que le taux de rendement sur le marché des capitaux est indiqué par r. Les préférences intertemporelles de cet agent sont représentées par la fonction d'utilité suivante :

$$U(C_1, C_2) = \sqrt{C_1} + \alpha\sqrt{C_2}, \text{ avec } 0 < \alpha < 1$$

C_1 et C_2 représentent la valeur des consommations à chacune des deux périodes. α indique le « facteur d'impatience ».

a. Exprimer le revenu intertemporel de l'agent selon qu'il épargne ou qu'il emprunte à la première période. (on indique par S le montant épargné et par – S le montant emprunté).

b. Calculer le montant optimal de son profil de consommation et de son épargne.

c. Comment varie l'épargne optimale en fonction du revenu de la première période et de la seconde, ainsi que du taux d'intérêt ?

CORRIGÉ

a. Si l'agent épargne, son revenu en $t = 1$ est :

$$R_1 - S$$

et en $t = 2$:

$$R_2 + S(1+r)$$

Si l'agent emprunte, son revenu en $t = 1$ est :

$$R_1 + S$$

et en $t = 2$:

$$R_2 - S(1+r)$$

b. Il doit maximiser sa fonction d'utilité intertemporelle :

$$\underset{c_1 \geq 0, c_2 \geq 0}{\text{Max}} \; U(C_1, C_2) = \sqrt{C_1} + \alpha\sqrt{C_2}$$

Sous sa contrainte budgétaire intertemporelle :

$$C_1 + C_2 = R_1 + \frac{1}{1+r}R_2$$

$R_1 + \frac{1}{1+r} R_2 = R_a$ est l'expression du revenu total actualisé. On remplace C_2 par sa valeur déduite de la contrainte budgétaire dans la fonction d'utilité.

$$\underset{c_1 \geq 0}{\text{Max}}\, U(C_1) = \sqrt{C_1} + \alpha \sqrt{R_1 + \frac{1}{1+r} R_2 - C_1}$$

C_1 doit vérifier la CPO :

$$\frac{1}{2\sqrt{C_1}} - \frac{\alpha}{2\sqrt{R_1 + \frac{1}{1+r} R_2 - C_1}} = 0$$

dont on déduit :

$$C_1^* = \frac{(1+r)R_1 + R_2}{(1+r)(1+\alpha^2)} = \frac{R_a}{1+\alpha^2}$$

La valeur optimale de C_2 est obtenue en remplaçant C_1 par sa valeur dans la contrainte budgétaire intertemporelle. D'où :

$$C_2^* = \frac{\alpha^2[(1+r)R_1 + R_2]}{(1+r)(1+\alpha^2)} = \frac{\alpha^2 R_a}{1+\alpha^2}$$

L'épargne en $t = 1$ est égale à $R_1 - C_1$. On remplace C_1 par sa valeur dans cette expression, et on obtient :

$$S^* = \frac{\alpha^2(1+r)R_1 - R_2}{(1+r)(1+\alpha^2)}$$

L'épargne est positive si : $\alpha^2(1+r)R_1 > R_2$.

Le profil des consommations optimales dépend de la richesse actualisée et du « facteur d'impatience », qui a une influence négative sur la consommation de la deuxième période ($\alpha < 1$).

c. On calcule la dérivée partielle première de S^* par rapport à R_1 et R_2. Il vient :

$$\frac{\partial S^*}{\partial R_1} = 0 < \frac{\alpha^2}{1+\alpha^2} < 1 \text{ et } \frac{\partial S^*}{\partial R_2} = -\frac{1}{(1+r)(1+\alpha^2)} > -\frac{1}{1+r}$$

Lorsque le revenu R_1 ou R_2 augmente, **la consommation de l'agent augmente sur les deux périodes.** Son épargne à la date initiale augmente moins que R_1. Lorsque R_2 augmente, son épargne diminue d'un montant supérieur à $1/1 + r$. On calcule la dérivée partielle première de S^* par rapport à r. Il vient :

$$\frac{\partial S^*}{\partial r} = \frac{R_2}{1+r} > 0$$

Dans ce cas, lorsque le taux d'intérêt augmente, l'épargne de l'agent augmente. Il substitue de la consommation future à de la consommation présente **(effet de substitution)**. Mais l'effet d'une augmentation du taux d'intérêt pourrait être favorable à la consommation présente. En effet, l'agent pourrait être incité à réduire son épargne pour consommer plus à la première période sans changer son niveau de consommation à la seconde période **(effet revenu)**. Dans notre exemple, l'effet de substitution prime sur l'effet revenu.

EXERCICE PROPOSÉ 8.15

Équilibre intertemporel du consommateur (B, 2)

Le même exercice est proposé avec une fonction d'utilité intertemporelle :

$$U(C_1, C_2) = \ln C_1 + \alpha \ln C_2 \text{ avec } 0 < \alpha < 1$$

DÉMARCHE

Utiliser la démarche proposée dans l'exercice précédent.

RÉSULTATS

$$C_1^* = \frac{R_1(1+r) + R_2}{(1+r)(1+\alpha)} \; ; \; C_2^* = \frac{\alpha[R_1(1+r) + R_2]}{(1+r)(1+\alpha)} \; ; \; S^* = \frac{R_1(1+r)\alpha - R_2}{(1+r)(1+\alpha)}$$

Les commentaires sur la question **c** sont les mêmes que ceux de l'exercice précédent.

EXERCICE CORRIGÉ 8.16

Équilibre de Arrow-Debreu (C, 1)

Dans cette économie, nous avons un bien de consommation, deux états de la nature $s = 1{,}2$ et deux consommateurs $i = 1{,}2$. Les préférences individuelles sont représentées par une fonction d'utilité (identique dans les deux états) prenant la forme d'une utilité espérée.

$$E\,U_1(x_{11}, x_{12}) = \pi_{11}U_1(x_{11}) + \pi_{12}U_1(x_{12})$$
$$E\,U_2(x_{21}, x_{22}) = \pi_{21}U_2(x_{21}) + \pi_{22}U_2(x_{22})$$

où x_{is} représente le montant du bien contingent détenu par l'agent i dans l'état s, et π_{is} la probabilité subjective de l'agent i relativement à l'état s. $U_i(\cdot)$ est une fonction concave et deux fois dérivable. Les dotations initiales individuelles des biens contingents sont données par $\overline{\omega}_1 = (1{,}1)$ et $\overline{\omega}_2 = (1{,}1)$. Par conséquent, les dotations globales sont : $\overline{\omega} = (2{,}2)$. Le prix des biens contingents est indiqué par p_1 et p_2.

a. Nous supposons que le premier consommateur est neutre au risque, que le second consommateur est averse au risque, et que leurs probabilités subjectives sur les états sont les mêmes. Montrer qu'un équilibre d'Arrow-Debreu implique que le second consommateur (averse au risque) s'assure complètement.

b. Nous supposons à présent que les probabilités subjectives des deux agents sont différentes (par exemple : $\pi_{11}/\pi_{12} < \pi_{21}/\pi_{22}$). Montrer que le second consommateur (averse au risque) ne peut plus s'assurer complètement. Quelles relations y a-t-il entre le montant de biens contingents détenus à l'équilibre par chaque consommateur et leurs probabilités subjectives ?

CORRIGÉ

a. La condition marginale s'écrit :

$$\frac{\pi_{11}}{\pi_{12}}\frac{U'_1(x_{11})}{U'_1(x_{12})}=\frac{\pi_{21}}{\pi_{22}}\frac{U'_2(x_{21})}{U'_2(x_{22})}=\frac{p_1}{p_2}\text{, ou encore,}$$

$$\frac{\pi_1}{\pi_2}\frac{U'_1(x_{11})}{U'_1(x_{12})}=\frac{\pi_1}{\pi_2}\frac{U'_2(x_{21})}{U'_2(x_{22})}=\frac{p_1}{p_2}\text{, puisque : }\pi_{11}=\pi_{21}=\pi_1\text{ et }\pi_{12}=\pi_{22}=\pi_2$$

Supposons que le deuxième consommateur (averse au risque) ne se couvre pas complètement à l'équilibre. Dans ce cas, $x_{21} \neq x_{22}$, par exemple : $x_{22} > x_{21}$. Compte tenu du signe de la dérivée première de $U_2(\cdot)[U'_2(\cdot)\ 0]$, nous aurons : $x_{22} > x_{21} \Rightarrow U_2(x_{22}) > U_2(x_{21})$ et $\frac{U'_2(x_{21})}{U'_2(x_{22})} > 1$, compte tenu de la concavité stricte de $U'_2(\cdot)[U''_2(\cdot) < 0]$. Ces allocations ne vérifient pas la condition marginale, puisque la fonction d'utilité $U'(\cdot)$ du premier agent, neutre au risque, est telle que : $U'_1(\cdot)$ = constante, et donc $\frac{U'_1(x_{11})}{U'_1(x_{12})} = 1$.

Nous aurions alors : $\frac{\pi_1}{\pi_2} < \frac{\pi_1}{\pi_2}$. On vérifie aisément que les allocations $x_{21} > x_{22}$ ne vérifient pas non plus cette condition. Par conséquent, nous devons avoir : $x_{21} = x_{22}$. Les allocations d'équilibre supposent que l'agent averse au risque dispose du même montant du bien quel que soit l'état de la nature. Il est donc **complètement couvert à l'équilibre.**

b. On peut montrer que les allocations $x_{21} = x_{22}$ ne vérifient pas la condition marginale, puisque nous aurions alors : $\frac{\pi_{11}}{\pi_{12}} = \frac{\pi_{21}}{\pi_{22}}$, puisque :

$\frac{U'_1(x_{11})}{U'_1(x_{12})} = 1$ et $\frac{U'_2(x_{21})}{U'_2(x_{22})} = 1$. Or, nous avons posé $\frac{\pi_{11}}{\pi_{12}} < \frac{\pi_{21}}{\pi_{22}}$. En fait, nous devons avoir : $\frac{U'_2(x_{21})}{U'_2(x_{22})} < 1$, et donc : $U_2(x_{21}) > U_2(x_{22}) \Rightarrow x_{21} > x_{22}$. Les allocations du premier consommateur sont : $x_{11} = 2 - x_{21}$ et $x_{12} = 2 - x_{22}$, par conséquent : $x_{11} < x_{12}$. **À l'équilibre, chaque consommateur détient un montant plus élevé du bien dans l'état qu'il considère comme le plus probable ;** l'état 2 pour le premier agent et l'état 1 pour le second. Notons que le premier agent ne retire de l'échange de biens contingents aucun surcroît d'utilité par rapport au niveau que lui procurent ses dotations initiales. C'est la conséquence de son attitude supposée vis-à-vis du risque (neutre au risque).

EXERCICE PROPOSÉ 8.17

Équilibre de Arrow-Debreu (C, 1)

Dans le cadre de l'économie décrite dans l'exercice précédent, nous supposons à présent que les deux consommateurs sont averses au risque, et que leurs probabilités subjectives sont les mêmes. Leurs dotations initiales en biens contingents : $\omega_1 = (\omega_{11},\omega_{12})$ et $\omega_2 = (\omega_{21},\omega_{22})$ sont telles que $\omega_1 = \omega_{11} + \omega_{21} = \omega_2 = \omega_{12} + \omega_{22}$.

a. Montrer qu'une allocation, telle que les deux consommateurs détiennent un montant de biens contingents égal à la moyenne de leurs dotations initiales dans les deux états, est une allocation d'équilibre.

b. Montrer que si $\omega_1 < \omega_2$, cette allocation n'est plus une allocation d'équilibre. Quel doit être le sens de l'inégalité entre π_{11}/π_{12} et π_{21}/π_{22}, pour qu'une allocation où le premier consommateur détient un montant de biens contingents égal à la moyenne de ses dotations initiales soit une allocation d'équilibre ? Justifier votre réponse.

DÉMARCHE

a. La réponse est immédiate en remplaçant dans la condition marginale les allocations par la moyenne des dotations initiales individuelles.

b. En présence d'un risque agrégé – $\omega_1 < \omega_2$, par exemple –, si un agent a les mêmes consommations dans les deux états, il ne peut en être de même pour l'autre.

RÉSULTATS : $\pi_{11}/\pi_{12} > \pi_{21}/\pi_{22}$.

EXERCICE CORRIGÉ 8.18

Équilibre général temporaire (C, 2)

Nous avons une économie d'échanges avec deux consommateurs $i = 1{,}2$, dont la durée de vie est de deux périodes $t = 1{,}2$, et deux biens $j = 1{,}2$. Les préférences intertemporelles de chaque consommateur sont représentées par la fonction d'utilité suivante :

$$U_i = \quad \alpha_{j,t} \ln x_{j,t}$$

où $x_{j,t}$ indique la consommation de l'agent (i) en bien (j) à la période (t). Nous supposons que $\sum_{j,t} \alpha_{j,t} = 1$, et nous posons $\alpha = \alpha_{12} + \alpha_{22}$ et donc $\alpha_{11} + \alpha_{21} = 1 - \alpha > 0{,}5$. α est le « facteur d'impatience ». On suppose que le bien 2 est le bien numéraire. On indique par p_{jt} le prix du bien (j) en (t). Par conséquent, $p_{21} = 1$. Le taux d'intérêt réel est indiqué par r. Nous supposons aussi que les anticipations de prix sont exactes. Par conséquent, nous avons : $p_{12}^a = p_{12}$ (on pose $p_{12} = p_2$).

a. Quelles sont les consommations d'équilibre des deux consommateurs aux deux périodes ?

b. Quel est le montant optimal de l'épargne à la première période ?

c. Calculer le prix d'équilibre pour la première période.

d. Calculer le taux d'intérêt réel d'équilibre.

CORRIGÉ

Nous considérons un seul agent (nous supprimons pour l'instant l'indice). Le revenu présent et futur actualisé R_a d'un agent est égal à :

$$R_a = p_1\omega_{11} + \omega_{21} + \frac{1}{1+r}(p_2\omega_{12} + \omega_{22})$$

La contrainte budgétaire intertemporelle de l'agent s'écrit :

$$p_1x_{11} + x_{21} + \frac{1}{1+r}(p_2x_{12} + x_{22}) = R_a$$

Les consommations optimales sont obtenues en résolvant le programme suivant :

$$\underset{xj,t\geq 0}{\text{Max}} \sum_{j,t} \alpha_{j,t} \ln x_{j,t} = \alpha_{11} \ln x_{11} + \alpha_{21} \ln x_{21} + \alpha_{12} \ln x_{12} + \alpha_{22} \ln x_{22} :$$

$$p_1x_{11} + x_{21} + \frac{1}{1+r}(p_2x_{12} + x_{22}) = R_a$$

Les solutions sont données par la CPO du Lagrangien :

$$\pounds(x_{11}, x_{21}, x_{12}, x_{22}) = \alpha_{11} \ln x_{11} + \alpha_{21} \ln x_{21} + \alpha_{12} \ln x_{12} + \alpha_{22} \ln x_{22}$$
$$- \lambda\, [p_1 x_{11} + x_{21} + \frac{1}{1+r}(p_2 x_{12} + x_{22}) - R_a]$$

$$\frac{\partial \pounds}{\partial x_{11}} = \frac{\alpha_1}{1} - \lambda p_1 = 0 \Rightarrow \alpha_{11} = \lambda p_1 x_{11}$$

$$\frac{\partial \pounds}{\partial x_{21}} = \frac{\alpha_{21}}{x_{21}} - \lambda = 0 \Rightarrow \alpha_{21} = \lambda x_{21}$$

$$\frac{\partial \pounds}{\partial x_{12}} = \frac{\alpha_{12}}{x_{12}} - \lambda \frac{1}{1+r} p_2 = 0 \Rightarrow \alpha_{12} = \lambda \frac{1}{1+r} p_2 x_{12}$$

$$\frac{\partial \pounds}{\partial x_{22}} = \frac{\alpha_{22}}{x_{22}} - \lambda \frac{1}{1+r} = 0 \Rightarrow \alpha_{22} = \lambda \frac{1}{1+r} x_{22}$$

Par conséquent :

$$\lambda\, [p_1 x_{11} + x_{21} + \frac{1}{1+r} p_2 x_{12} + \frac{1}{1+r} x_{22}) = 1 \Rightarrow \lambda = \frac{1}{R_a}, \text{ avec } \alpha_{11} + \alpha_{12} + \alpha_{21} + \alpha_{22} = 1$$

En remplaçant λ par sa valeur dans les expressions ci-dessus, nous obtenons :

$$x_{11} = \alpha_{11} \frac{R_a}{p_1} \quad x_{21} = \alpha_{21} R_a \quad x_{12} = \alpha_{12} \frac{(1+r)R_a}{p_2} \quad x_{22} = \alpha_{22}(1+r)R_a$$

Le profil des consommations optimales de chaque consommateur correspond à un pourcentage $\alpha_{j,t}$ de sa richesse réelle.

b. L'épargne S optimale est donc donnée par :

$$S = p_1\omega_{11} + \omega_{21} - (\alpha_{11}R_a + \alpha_{21}R_a) = p_1\omega_{11} + \omega_{21} - R_a(\alpha_{11} + \alpha_{21}) = p_1\omega_{11} + \omega_{21} - (1-\alpha)R_a$$

L'épargne dégagée à la première période est donc positive si : $p_1\omega_{11} + \omega_{21} > (1-\alpha)R_a$. C'est-à-dire **si la valeur des dotations initiales de l'agent pour la première période est supérieure à la part $(1-\alpha)$ de la richesse totale (R_a) affectée à la consommation présente.**

c. Compte tenu du corollaire de la loi de Walras, l'examen des conditions d'équilibre sur les deux premiers marchés suffit. L'équilibre sur le troisième, le marché de l'épargne, s'en déduit. Les conditions d'équilibre sur les marchés des deux biens à la première période s'écrivent (nous réintroduisons l'indice des consommateurs) :

$$x_{111} + x_{211} = \omega_{111} + \omega_{211} \quad \text{et} \quad x_{121} + x_{221} = \omega_{121} + \omega_{221}$$

En introduisant l'expression des consommations optimales dans les conditions d'équilibre ci-dessus, nous obtenons :

$$\alpha_{11}\frac{R_{1a}}{p_1} + \alpha_{11}\frac{R_{2a}}{p_1} = \omega_{111} + \omega_{211} \quad \text{et} \quad \alpha_{21}R_{1a} + \alpha_{21}R_{2a} = \omega_{121} + \omega_{221}$$

dont on déduit le prix relatif d'équilibre (par rapport au bien 2) $p_1^* = \frac{\alpha_{11}}{\alpha_{21}}\left(\frac{\omega_{121} + \omega_{221}}{\omega_{111} + \omega_{211}}\right)$

Celui-ci est d'autant plus (moins) élevé que les dotations initiales totales en bien 1 sont faibles (abondantes) relativement aux dotations totales dans le bien 2, et que le bien 1 est jugé relativement plus (moins) utile que le bien 2.

d. Pour calculer le taux d'intérêt réel d'équilibre, on égalise l'épargne et l'emprunt entre les deux agents.

$$p_1\omega_{111} + \omega_{121} - (1-\alpha)R_{1a} = p_1\omega_{211} + \omega_{221} - (1-\alpha)R_{2a}$$

On remplace dans cette expression R_{ia} par : $p_1 x_{i11} + x_{i12} + \frac{1}{1+r}(p_2 x_{i12} + x_{i22}) = R_{ia}$. On obtient après quelques calculs simples :

$$\frac{1}{1+r} = \frac{\alpha}{1-\alpha} \, \frac{p_1(\omega_{111} + \omega_{121} + \omega_{211} + \omega_{221})}{p_2(\omega_{112} + \omega_{122} + \omega_{212} + \omega_{222})}$$

Le facteur d'actualisation $1/1 + r$ est d'autant plus élevé (le taux d'intérêt d'autant plus faible) que la préférence pour le présent est faible et que la valeur des dotations globales en bien 1 et 2 de la première période est forte relativement à la valeur de ces mêmes dotations globales de la seconde période.

Question de réflexion proposée

Que pensez-vous des décisions de consommation intertemporelle suscitées par les structures de marché suivantes ?

Nous considérons une ressource naturelle non renouvelable, telle que le pétrole, dans une économie où l'horizon est fini. Dans chacun des deux cas suivants, il s'agit de savoir si les décisions individuelles concernant l'utilisation de cette ressource peuvent conduire à repousser dans le temps le moment où elle sera épuisée.

Premier cas. Il existe pour cette ressource et pour toutes les dates futures des marchés à terme.

Deuxième cas. Il n'y a pas de marchés à terme, mais les anticipations sur les prix futurs sont supposées exactes. Les agents peuvent emprunter et dépenser, ou épargner et prêter sur un marché des capitaux parfait, à un taux d'intérêt d'équilibre, et en fonction de leur contrainte budgétaire intertemporelle.

ANALYSER LA QUESTION

Il s'agit de savoir si les décisions de consommation intertemporelle guidées selon le cas par les prix des contrats à terme ou des prix parfaitement anticipés peuvent conduire à une allocation pareto-optimale de la ressource non renouvelable.

RECENSER LES DIFFÉRENTS POINTS À ÉTUDIER

■ Le modèle d'Arrow-Debreu

L'hypothèse d'un système complet de marchés à terme et la façon dont ces marchés fonctionnent (nature des transactions, prix,…)

Le modèle d'équilibre temporaire avec des anticipations exactes sur les prix.

■ Le comportement des agents en l'absence d'un système complet de marchés, mais en présence d'un marché de prêts et d'emprunts.

DÉFINIR LES ARTICULATIONS

A. La présentation synthétique des deux modèles et leur équivalence formelle.

B. Les allocations sont pareto-optimales : illustration avec le bien non renouvelable.

C. Le degré de réalisme des deux hypothèses (système complet de marchés ou anticipations exactes). Si ces deux hypothèses sont levées, que peut-on dire sur la vitesse à laquelle les gisements s'épuiseront ?

9

LA NOUVELLE MICROÉCONOMIE

L'exercice qui consiste à tenter de réunir sous une même appellation, en l'occurrence « la nouvelle microéconomie », l'ensemble des développements récents de l'analyse microéconomique est par définition difficile. Toutefois, l'ensemble de ces travaux relève d'une même motivation généralement fondée sur les limites du modèle d'équilibre général tel qu'il a été exposé dans les chapitres précédents. En effet, ce modèle qui fonde l'analyse microéconomique moderne résiste généralement mal à une confrontation avec la « réalité » économique et il devient rapidement nécessaire de relâcher certaines de ses hypothèses.

La partie de cet ouvrage qui a été consacrée à l'étude de la concurrence imparfaite relève de cette logique et il en est de même des développements récents de l'analyse microéconomique que l'on regroupe sous le terme de « nouvelle microéconomie ». Celle-ci ne se définit donc pas par opposition au modèle d'équilibre général qui reste le modèle de référence, mais plutôt par sa volonté d'approfondir l'analyse formelle de certaines caractéristiques des décisions économiques individuelles négligées par celui-ci. Sans souci d'exhaustivité, nous avons choisi de présenter deux des principales directions de recherches développées au cours de ces trente dernières années.

La première a trait à la modélisation des interactions entre les agents économiques sur les marchés. Celle-ci est entièrement effectuée par le système de prix dont nous connaissons les propriétés à l'équilibre. En forçant quelque peu le trait, nous pourrions dire que la conscience qu'a un agent économique des autres intervenants dans l'économie s'arrête au système de prix. Or, l'observation des comportements d'agents économiques réels fait apparaître l'extrême dépendance qui lie leurs décisions. Nous ne faisons pas ici uniquement référence à l'existence d'externalités qui peuvent se modéliser par des interdépendances entre fonctions d'utilité et/ou de production, mais au fait que les agents ont conscience que leurs choix conditionnent les choix des autres agents et réciproquement.

L'étude formelle de ces **interactions stratégiques** est un des principaux domaines d'application de la **théorie des jeux** en économie. C'est à la présentation de cette théorie que nous consacrerons la première des deux parties de ce chapitre.

La seconde, toujours liée au rôle central du système de prix, concerne le caractère symétrique des informations disponibles pour chaque agent. Tous les agents possèdent les mêmes informations. Ici encore, l'observation du fonctionnement réel des marchés semble indiquer que la règle est plutôt en faveur de l'existence d'asymétries d'information entre les agents. Ainsi le vendeur d'un bien possède souvent plus d'informations sur la qualité de ce bien (par exemple, une voiture) qu'un acheteur potentiel et cherchera généralement à tirer parti de cette information privée dans la fixation des conditions de vente. Dans le même ordre d'idée, un individu qui offre sa force de travail contre un salaire connaît plus précisément sa productivité que son employeur potentiel. L'analyse de ces **asymétries d'information** constitue la seconde partie de ce chapitre.

Est-il utile de préciser que la nouvelle microéconomie ne se limite pas aux deux aspects que nous avons choisi de développer ? Toutefois, ils devraient permettre de montrer que le modèle d'équilibre général en concurrence pure et parfaite n'est pas l'aboutissement de l'analyse microéconomique moderne mais plutôt son point de départ. La bibliographie qui suit devrait permettre à chacun de compléter et d'approfondir l'étude des deux thèmes présentés ici.

BIBLIOGRAPHIE DU CHAPITRE

Les références bibliographiques qui suivent sont classées en deux catégories. La première contient des ouvrages et articles dont le niveau correspond à des étudiants de premier cycle. La lecture de ces textes ne pose pas de difficultés techniques et elle est donc fortement conseillée. Les ouvrages de la seconde catégorie sont d'un niveau nettement plus élevé. Une lecture exhaustive de ces ouvrages n'est ni conseillée, ni souhaitable. Ils doivent être utilisés comme des textes de référence, notamment pour leurs présentations rigoureuses des thèmes abordés de manière introductive dans ce chapitre. Le texte contient également quelques références à des ouvrages et articles « fondateurs » des développements théoriques que nous allons présenter.

Textes dont la lecture est conseillée :

BAUDRY (B.), « L'économie des coûts de transaction », *Cahiers français*, n° 272, pp. 12-20.
BROUSSEAU (E.), « Contrats, incitations et organisations », *Cahiers français*, n° 254, pp. 60-64.
CAHUC (P.)., *La Nouvelle Microéconomie*, La Découverte, 1998.
GUERRIEN (B.), *La théorie des jeux*, Économica, 2002.
GUERRIEN (B.), « La théorie des jeux répétés », *Cahiers français*, n° 254, pp. 48-52.
PAREL (V.), « La théorie des jeux », *Cahiers français*, n° 272, pp. 21-32.
SALANIÉ (B.), « Incitations et théorie des contrats », *Cahiers français*, n° 272, pp. 3-11.
VARIAN (H.), *Introduction à la microéconomie*, De Boeck, 2006, chapitres 28 et 37.
VERGARA (F.), « Éléments de théorie des jeux », *Cahiers français*, n° 254, pp. 42-47.

Textes de référence :

LAFFONT (J.-J.), *Cours de théorie économique, II : économie de l'incertain et de l'information*, Économica, 1985.
MAS-COLLEL (A.) WHINSTON M., GREEN J., *Microeconomic Theory*, Oxford University Press, 1995.
SALANIÉ (B.), *Théorie des contrats*, Économica, 1994.
VARIAN (H.), *Théorie microéconomique*, De Boeck, 1995.

A

LA THÉORIE DES JEUX

L'étude formelle des **interactions stratégiques** évoquées précédemment est un des principaux domaines d'applications de la **théorie des jeux** en économie. Il nous semble important de préciser dès à présent que la théorie des jeux ne constitue pas une branche de la théorie microéconomique contemporaine. Il s'agit d'un outil mathématique qui, suivant l'ouvrage fondateur de Von Neumann et Morgenstern (1944) [*Theory of Games and Economic Behavior,* Princeton University Press, Princeton], s'applique naturellement à l'économie mais peut également trouver d'autres domaines d'applications comme la sociologie, les sciences politiques, la sélection naturelle des espèces. En ce sens, notre choix d'effectuer une introduction peu formalisée masque une des caractéristiques essentielles de cette théorie.

1 - Les représentations d'un jeu

Lorsque l'on désire modéliser des comportements économiques faisant apparaître des interactions stratégiques sous la forme d'un jeu, il est nécessaire de définir précisément les éléments suivants :

- qui sont les **joueurs** ? Ce qui implique d'identifier toutes les parties impliquées et éventuellement d'en éliminer certaines ;
- quelles sont les **règles** ? Il est notamment nécessaire de connaître précisément l'ordre d'intervention des joueurs et l'information disponible pour chacun ;
- quelles sont les **actions** (choix) possibles pour chaque joueur ? Il importe également de préciser les différentes possibilités de combinaison de ces actions de manière à constituer des stratégies ;
- quels sont les **gains** ou **pertes** pour chaque combinaison de stratégies ? Ces valeurs peuvent aussi bien représenter des sommes d'argent que des niveaux d'utilité.

a. La représentation stratégique

Considérons le cas d'une collectivité locale qui désire effectuer une série de travaux. Deux entreprises ayant les mêmes caractéristiques transmettent leur offre de manière indépendante. Elles ont la même évaluation du coût des travaux et peuvent soit effectuer une offre de prix élevée (1 million), soit une offre de prix faible (0,8 million). Elles savent que le mieux-disant emportera le marché et, qu'en cas d'égalité des offres, la collectivité, pensant réduire les risques d'une malfaçon générale, décidera de partager le marché en parts égales. Dans cet exemple trivial, nous pouvons identifier deux joueurs, les deux entreprises, chaque joueur possédant deux actions possibles : annoncer un prix élevé, E, ou faible, F. Les joueurs interviennent simultanément : ils ne connaissent donc pas l'annonce de l'adversaire mais ils connaissent les gains pour chacune des quatre combinaisons d'offres possibles.

Si, dans chaque couple, le premier terme représente le choix de l entreprise 1 et le second celui de l'entreprise 2, nous avons quatre possibilités : (E, E) procure 500 000 euros à chacune, (F, E) procure 800 000 euros pour l'entreprise 1 et rien pour l'entreprise 2, (E, F) ne procure rien pour l'entreprise 1 et 800 000 euros pour l'entreprise 2, (F, F) procure 400 000 euros à chacune. Le problème de la théorie des jeux est de déterminer des critères pour classer les différents couples et sélectionner l'ensemble des issues les plus probables.

		B	
		b_1	b_2
A	a_1	(5,5)	(0,8)
	a_2	(8,0)	(4,4)

Fig. 1

Cet exemple illustre, notamment, la lourdeur d'une description littéraire d'un jeu même simple. La théorie des jeux offre une représentation appropriée pour le type de jeu simultané que nous venons d'évoquer : **la forme stratégique ou forme normale.** Si nous convenons de nommer par une lettre majuscule chaque joueur et par la minuscule correspondante indicée par un chiffre les différentes actions possibles pour chacun d'entre eux, la figure 1 donne la représentation sous forme stratégique du jeu correspondant à notre exemple. Cette représentation est construite autour d'une **matrice des paiements** dont le nombre de lignes et de colonnes correspond aux actions possibles pour chacun des joueurs. Les joueurs A et B sont les deux entreprises, les actions indicées par 1 correspondent au choix d'annoncer un prix élevé et celles indicées par 2 à celui d'annoncer un prix faible. Dans chaque cellule de la matrice, un couple de valeurs donne les gains et pertes de chaque joueur pour la combinaison de choix correspondante. L'unité de compte représente 100 000 euros. Cette représentation contient toute l'information pertinente pour la résolution du problème de décision des deux joueurs. Il devient ainsi inutile de préciser qui sont les joueurs A et B (firmes, nations, consommateurs, etc.), ce que représentent les actions (proposer un prix, choisir un niveau de production, déclarer la guerre, etc.), et les paiements (monnaie, niveau d'utilité atteint, etc.). **La résolution du jeu abstrait ne nécessite pas que l'on connaisse l'histoire qui a permis de le définir.**

Si nous modifions les règles d'un jeu, il devient nécessaire d'adapter la représentation. Reconsidérons le jeu précédent (fig. 1) et analysons l'information dont dispose chaque joueur. Chaque joueur connaît : les décisions qu'il peut prendre, les décisions que peut prendre l'autre joueur, ses gains possibles et ceux de son adversaire. Les théoriciens des jeux supposent de plus que son adversaire sait qu'il dispose de toutes ces informations et lui sait que son adversaire sait, qui en retour sait qu'il sait qu'il sait, cela jusqu'à l'infini : c'est l'hypothèse de **connaissance commune** formalisée par Auman (1974) [« Subjectivity and Correlation in Randomized Strategies », *Journal of Mathematical Economics*, vol. 1 pp. 67-96]. Toutefois, dans ce jeu, il est une information dont aucun des joueurs ne dispose, c'est le choix de l'autre lorsqu'il effectue son propre choix. Les jeux de ce type sont nommés : **jeux simultanés.**

La possibilité d'une ***double représentation*** d'un même jeu indique que la théorie des jeux privilégie l'aspect informationnel au détriment de l'aspect temporel qui n'est pas toujours modélisé de manière satisfaisante.

b. La représentation extensive

Fig. 2

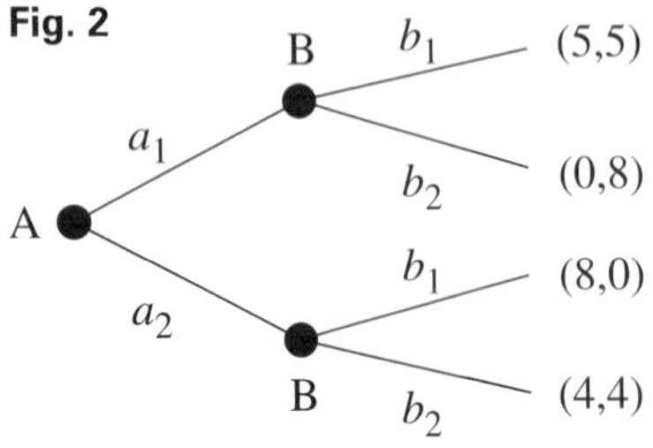

Si nous supposons maintenant que A joue en premier, B observe et joue ensuite. Les actions ne sont plus simultanées mais séquentielles. La représentation usuelle d'un **jeu séquentiel** s'effectue en utilisant une *représentation** arborescente : c'est la **forme extensive.**

Chaque nœud de l'arbre indique l'intervention d'un joueur, chaque branche correspond aux actions possibles et les nœuds terminaux indiquent les paiements des joueurs. La figure 2 indique clairement que B connaît le choix de A avant de jouer.

Si nous devons représenter le fait que B intervient après A mais ne connaît pas le choix de A, il suffit de réunir les deux nœuds correspondants au joueur B dans un **ensemble d'information.** Graphiquement, nous avons choisi de réunir les nœuds d'un même ensemble d'information à l'intérieur d'un rectangle. C'est le cas de la figure 3 qui indique que B ne sait pas à quel nœud de l'arbre il se situe lorsqu'il joue. Cette représentation est particulièrement intéressante car elle nous montre que nous pouvons assimiler des actions simultanées des deux joueurs avec des actions séquentielles lorsque l'action du premier n'est pas connue du suivant. Ainsi les représentations 1 et 3 correspondent au même jeu. Nous pourrions donner une seconde représentation extensive, équivalente de la figure 1 faisant intervenir le joueur B en premier.

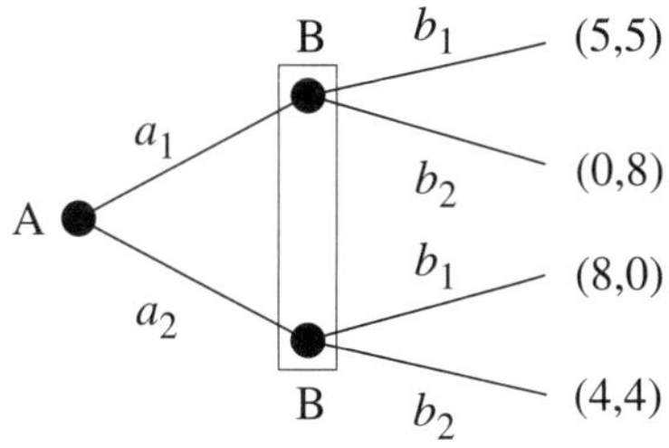

Fig. 3

c. Le choix d'une représentation

La représentation précédente nous conduit naturellement à la question suivante : est-il possible de représenter sous forme stratégique un jeu séquentiel du type décrit par la figure 2 ? La réponse est affirmative, mais il est nécessaire de redéfinir les actions possibles du joueur B en utilisant le concept de **stratégie** que nous définissons, ici, comme un plan d'actions. Ainsi lorsque B observe le choix de A, il dispose de quatre stratégies : jouer b_1, lorsque A joue a_1, jouer b_2 si a_1, jouer b_1 si a_2 et jouer b_2 si a_2. Si nous convenons de noter par le couple (b_i, b_j) le fait de jouer b_i si a_1 et b_j si a_2, alors la figure 4 correspond à une représentation sous forme stratégique du jeu séquentiel de la figure 2.

		B			
		(b_1, b_1)	(b_2, b_2)	(b_1, b_2)	(b_2, b_1)
A	a_1	(5,5)	(0,8)	(5,5)	(0,8)
	a_2	(8,0)	(4,4)	(4,4)	(8,0)

Fig. 4

Le problème du choix entre une représentation stratégique et une représentation extensive dépend évidemment du problème traité, mais également de l'utilisation qui doit être faite de la représentation. Comme nous le verrons dans la section suivante, nous assimilerons la résolution d'un jeu à la recherche de situations d'équilibre stratégique. La forme stratégique permet plus facilement de recenser la totalité des **équilibres** d'un jeu. La forme extensive permet plus facilement de trier les équilibres et d'éliminer ceux qui correspondent à des choix peu rationnels. Il faut noter que la représentation stratégique d'un jeu séquentiel non trivial devient rapidement excessivement lourde.

Cette dualité dans la représentation d'un jeu nous indique que les difficultés résident essentiellement, pour un problème donné (économique ou pas), en l'identification des éléments constitutifs d'un jeu : les joueurs, les actions possibles, les informations disponibles, les règles.

Nous allons maintenant nous intéresser aux différentes méthodes de résolution d'un jeu. Le principe consiste à établir des critères permettant de sélectionner certaines stratégies qui sont des choix plus probables que les autres. On comprend aisément que toute sélection correspond à des choix sur le type de **rationalité** qui dirige les choix des joueurs. En ce sens, nous pouvons considérer que l'étude de la rationalité des décisions individuelles est un des objectifs principaux de la théorie des jeux.

2 - La résolution d'un jeu simultané

Nous allons limiter notre étude au cas de deux joueurs qui jouent simultanément, chacun disposant d'un nombre fini d'actions. Ce type de jeu permet d'exposer de manière simple les concepts de solutions proposés par la théorie des jeux. Formellement, il ne permet pas de traiter des cas particulièrement intéressants en microéconomie comme le duopole de Cournot. Dans ce cas, les deux joueurs (les firmes) disposent d'un ensemble d'actions infini (la fixation d'un niveau de production). Toutefois, la généralisation des principes que nous allons exposer ne pose pas de problème particulier. Les différents concepts que nous allons présenter sont étudiés dans les exercices 9.1 à 9.8.

a. L'équilibre de Nash

		B *Pile*	B *Face*
A	*Pile*	(1, – 1)	(– 1, 1)
A	*Face*	(– 1, 1)	(1, – 1)

Fig. 5

Considérons la figure 5 qui décrit un jeu qui pourrait correspondre à l'histoire suivante : chaque joueur cache une pièce d'un euro et dévoile en même temps que son adversaire le côté pile ou le côté face. A gagne s'il y a égalité des choix et B gagne dans l'autre cas. Chaque joueur a conscience que si son adversaire anticipe parfaitement son choix, il perdra. Une façon d'éviter ce cas de figure consiste à choisir de manière aléatoire pile ou face. Supposons que A décide de jouer *Pile* avec la probabilité p et donc *Face* avec la probabilité $(1 - p)$. Ce type de stratégie aléatoire se nomme **stratégie mixte**. Choisir $p = 1$ revient à choisir de jouer *Pile*. Une action est donc une stratégie mixte particulière qui donne une probabilité égale à 1 pour cette action et zéro pour les autres : c'est une **stratégie pure**. Le problème de A est donc de déterminer p de manière optimale. En examinant les gains possibles de B, il remarque qu'il ne peut pas contrôler avec certitude ses gains, mais il peut choisir p de manière à ce que l'espérance des gains de B soit identique quel que soit son choix. Lorsque B choisit *Pile*, son espérance de gain est : $-1 \times p + 1 \times (1 - p) = 1 - 2p$ et lorsqu'il choisit *Face*, son espérance est : $1 \times p + (-1) \times (1 - p) = 2p - 1$. Puisque $1 - 2p = 2p - 1$ lorsque $p = 1/2$, la stratégie mixte sélectionnée par A (qui est une distribution de probabilité sur ses actions possibles) consiste à choisir de manière équiprobable entre *Pile* et *Face*. Puisque le jeu est symétrique, B sélectionnera la même stratégie mixte. Cette combinaison de stratégies mixtes possède les propriétés d'un équilibre. En effet, aucun des joueurs n'a intérêt à dévier de ce choix puisque alors l'autre joueur aura intérêt à choisir l'action qui lui donne la plus grande espérance de gain. Ainsi, si A décide de jouer *Face* avec une plus grande probabilité que 1/2, B a intérêt à jouer *Pile* plutôt que *Face*. Cette situation d'équilibre est un **équilibre de Nash** en référence à l'article fondateur de Nash (1951) [« Noncooperative Games », *Annals of Mathematics*, vol. 54, pp. 289-295] qui démontre l'existence d'au moins un équilibre de ce type pour tous les jeux comprenant un nombre fini de joueurs, chacun disposant d'un nombre fini de stratégies pures. **Cet équilibre est constitué par la sélection, pour chaque joueur, de la *meilleure réponse** qu'il peut effectuer lorsque chacun de ses adversaires joue sa meilleure réponse.**

Plus généralement, on peut définir une ***fonction de meilleure réponse*** qui pour chaque choix des adversaires donne le choix du joueur qui maximise l'espérance de ses gains.

Un aspect remarquable de l'équilibre de Nash est qu'il ne définit pas uniquement la façon dont chaque joueur effectue ses choix, mais il fixe également les croyances de chaque joueur sur le comportement de l'autre joueur. Ainsi, lorsque A joue suivant sa stratégie mixte d'équilibre, il croit (anticipe) que B fait de même et ses croyances se réalisent à l'équilibre. L'équilibre de Nash correspond donc à une conjonction de stratégies et de croyances. C'est une des caractéristiques de l'équilibre de Nash qui peut être critiquée. D'autres critiques ont porté sur le fait que l'équilibre utilise le concept de stratégie mixte et que dans certaines situations il est difficile d'accepter le fait qu'un joueur effectue ses choix aléatoirement. Il faut cependant noter que les stratégies pures étant des cas particuliers des stratégies mixtes, il est possible que l'équilibre de Nash corresponde à des choix non aléatoires.

Ainsi, si nous reconsidérons le jeu de la figure 1, il apparaît que le couple de stratégies pures qui consiste à annoncer un prix faible pour les deux entreprises est l'équilibre de Nash de ce jeu. En effet, lorsqu'une des deux entreprises annonce un prix faible, la meilleure réponse que peut faire l'autre entreprise est de proposer un prix faible et réciproquement. Aucun joueur n'a intérêt à dévier de sa stratégie d'équilibre. Un autre exemple particulièrement important pour les économistes est le cas du dilemme du prisonnier.

Le dilemme du prisonnier. Deux malfaiteurs sont arrêtés, fortement soupçonnés de cambriolage, ils sont interrogés séparément. Chacun peut décider de se taire ou de dénoncer l'autre. Si les deux se taisent, ils sont condamnés à une peine d'emprisonnement de principe d'un mois chacun. Si l'un décide de dénoncer l'autre qui se tait, il est libre et l'autre est condamné à cinq mois d'emprisonnement. S'ils se dénoncent mutuellement, ils sont condamnés à quatre mois de prison chacun. Comme il est assez facile de le vérifier, le couple de stratégies pures (dénoncer, dénoncer) est le seul équilibre de ce jeu. En effet, si un individu décidait de se taire, la meilleure réponse que peut faire l'autre est de le dénoncer. Ce résultat nous montre que des décisions individuelles rationnelles peuvent conduire à un équilibre qui n'est pas optimal au sens de Pareto puisque le passage du couple (– 4, – 4) au couple (– 1, – 1) permet d'améliorer la situation de chaque joueur sans dégrader celle de l'autre. Il est courant de rencontrer, en économie, des situations dont la structure stratégique est identique à cet exemple. On pourra penser au choix du membre d'un cartel quelconque qui est tenté de produire plus qu'il ne devrait pour profiter des prix élevés assurés par une limitation de la production collective. On peut également considérer le choix d'un individu de participer volontairement au financement d'un bien public et qui à l'équilibre ne sera pas construit par défaut de financement. La sous-optimalité de l'équilibre de ce jeu est certainement liée à l'absence d'un mécanisme de coordination des décisions individuelles (on pensera au commissaire-priseur de l'équilibre général). Toutefois, même si les deux individus avaient l'occasion de se concerter avant d'être interrogés, il serait individuellement rationnel de décider de dénoncer l'autre en l'absence d'une quelconque punition venant sanctionner la violation de l'engagement préalable.

		B: se taire	B: dénoncer
A	se taire	(– 1, – 1)	(– 5, 0)
A	dénoncer	(0, – 5)	(– 4, – 4)

Fig. 6

b. Le problème de la multiplicité des équilibres

Le problème le plus gênant posé par le concept d'équilibre de Nash est que rien ne garantit son unicité. Il est assez facile de construire des jeux simples qui possèdent plusieurs équilibres. La figure 7 qui décrit une situation de « guerre des sexes » est certainement l'exemple le plus connu. Léa et Bob, qui ne peuvent se joindre, se souviennent qu'ils doivent sortir ensemble ce soir. Chacun peut décider d'attendre l'autre devant l'entrée du cinéma ou du stade de football. S'ils se rencontrent, ils iront au spectacle et les paiements indiquent que Léa préfère le cinéma et Bob le football. S'ils ne se rencontrent pas, ils n'iront pas au spectacle et les paiements sont nuls. Ce jeu possède deux équilibres de Nash en stratégies pures : (*ciné*, *ciné*) et (*foot*, *foot*). Un troisième équilibre, cette fois en stratégies mixtes, apparaît lorsque Bob joue *ciné* avec la probabilité 1/3 et 2/3 pour *foot*, Léa joue *ciné* avec la probabilité 2/3 et 1/3 pour *foot*. Cette multiplicité des équilibres ne permet pas de prédire de manière satisfaisante l'issue de ce jeu.

		Bob: *Ciné*	Bob: *Foot*
Léa	*Ciné*	(2,1)	(0,0)
Léa	*Foot*	(0,0)	(1,2)

Fig. 7

Dans certains jeux, il est possible d'éliminer plusieurs équilibres de Nash en exigeant que les stratégies d'équilibres satisfassent des critères plus restrictifs que ceux imposés par celui-ci. Nous avons vu que les stratégies qui composent un équilibre de Nash correspondent pour chaque joueur à la meilleure réponse (en termes d'espérance de ses gains) qu'il peut faire lorsque les autres jouent leur stratégie d'équilibre. Un critère plus sélectif consiste à supposer qu'il sélectionne

		b_1	b_2
A	a_1	(1,1)	(0,1)
	a_2	(1,0)	(2,2)

(B : colonnes ; A : lignes)

Fig. 8

une stratégie si elle est la meilleure réponse quels que soient les choix des autres joueurs. Cette stratégie sera dite **strictement dominante** si les gains qu'elle offre sont strictement supérieurs aux gains des autres stratégies. Lorsque l'inégalité est considérée au sens large (d'autres stratégies peuvent donner des gains égaux) elle sera **faiblement dominante**. Si nous considérons la figure 8, ce jeu possède deux équilibres de Nash en stratégies pures : (a_1, b_1) et (a_2, b_2). Il est clair que la stratégie qui consiste à jouer a_2 domine celle qui consiste à jouer a_1 puisqu'il y a égalité des paiements (1) lorsque l'adversaire joue b_1 et le paiement est égal à $2 > 1$ lorsqu'il joue b_2. Donc, un joueur rationnel n'envisagera pas de jouer a_1. Puisque le jeu est symétrique le même raisonnement s'applique aux deux joueurs, il ne subsiste donc que le couple (a_2, b_2) qui est un **équilibre en stratégies dominantes**. Nous savons que c'est également un équilibre de Nash. Et, puisque le critère qui a conduit à sélectionner cet équilibre est plus restrictif que celui utilisé pour l'équilibre de Nash, nous pouvons en conclure que **tout équilibre en stratégies dominantes est un équilibre de Nash, la réciproque étant fausse.**

Nous voyons que le fait d'utiliser un critère plus restrictif permet d'éliminer certains équilibres et donc de préciser l'issue attendue du jeu. Malheureusement, il n'est pas toujours possible de sélectionner une stratégie dominante parmi l'ensemble des stratégies possibles. Dans ce cas, il est parfois possible de déterminer certaines stratégies qui en dominent certaines autres. Le principe qui est utilisé pour résoudre le jeu consiste à éliminer une stratégie dominée par au moins une autre stratégie et à analyser le sous-jeu résultant. Cette procédure d'élimination doit être reconduite autant de fois que nécessaire pour aboutir finalement à un jeu ne faisant pas apparaître de stratégies dominées. Cette procédure, **l'élimination itérative des stratégies strictement dominées,** est illustrée par la figure 9. La stratégie pure b_3 est strictement dominée par b_2 son élimination donne la figure 9a. Dans ce jeu, c'est la stratégie a_2 qui est dominée par a_1 son élimination donne la figure 9b dans laquelle la stratégie b_2 domine la stratégie b_1. L'élimination de b_1 donne la figure 9c dans laquelle nous pouvons éliminer a_3. Finalement, le seul couple de stratégies subsistant est (a_1, b_2) qui constitue l'équilibre de la figure 9 d.

		b_1	b_2	b_3
A	a_1	(1,0)	(1,2)	(0,1)
	a_2	(0,3)	(0,1)	(2,0)
	a_3	(2,1)	(0,2)	(4,1)

Fig. 9

		b_1	b_2
A	a_1	(1,0)	(1,2)
	a_2	(0,3)	(0,1)
	a_3	(2,1)	(0,2)

Fig. 9 a

		b_1	b_2
A	a_1	(1,0)	(1,2)
	a_3	(2,1)	(0,2)

Fig. 9 b

		b_2
A	a_1	(1,2)
	a_3	(0,2)

Fig. 9 c

		b_2
A	a_1	(1,2)

Fig. 9 d

Lorsqu'elles peuvent être appliquées, la sélection d'une stratégie dominante ou l'élimination itérative des stratégies strictement dominées permettent de sélectionner des équilibres plus robustes mettant en œuvre une rationalité des joueurs plus difficilement contestable. Malheureusement, il est assez commun de rencontrer des jeux résistant à ces procédures, seul subsiste alors le concept d'équilibre de Nash qui, malgré les critiques, est le concept le plus employé dans les applications économiques de la théorie des jeux.

3 - Les jeux séquentiels

Précédemment, nous avons vu que les jeux simultanés peuvent représenter des situations dans lesquelles les joueurs interviennent successivement mais ne connaissent pas les choix des autres joueurs. Dans la représentation extensive de ce type de jeu, l'ordre d'intervention des joueurs importe peu. En économie, il est courant de rencontrer des situations dans lesquelles l'ordre d'intervention des agents n'est pas neutre comme dans le modèle de duopole de Stackelberg. Les **jeux séquentiels** constituent le cadre de référence pour étudier ce type de relations stratégiques. Dans ces jeux, il est indispensable de préciser les informations dont dispose chaque joueur avant de jouer. Nous dirons qu'un jeu séquentiel est en **information parfaite** si chaque joueur connaît les choix de tous les autres joueurs jusqu'à son intervention. Dans le cas contraire, nous dirons que le jeu est en **information imparfaite**. Les jeux simultanés peuvent être vus comme des jeux séquentiels en information imparfaite. Nous allons centrer notre discussion sur les jeux en information parfaite, dont la résolution est également étudiée dans les exercices 9.9 à 9.11.

a. L'équilibre de Nash parfait en sous-jeux

Considérons le cas représenté par la figure 10. Il décrit une situation dans laquelle le joueur A intervient en premier. S'il joue a_2 le jeu se termine et les paiements sont égaux à 2 pour les deux joueurs. S'il joue a_1 il donne l'occasion à B de jouer. Celui-ci peut jouer b_1, et les paiements sont nuls, s'il joue b_2 il gagne 1 et A gagne 3. À partir d'une représentation stratégique de ce jeu, nous pouvons identifier deux équilibres de Nash en stratégies pures : (a_2, b_1) et (a_1, b_2). Toutefois, le caractère séquentiel allié à la perfection de l'information permet d'éliminer un de ces deux équilibres. En effet, sous l'hypothèse de connaissance commune, le joueur A peut anticiper le comportement rationnel du joueur B s'il décide de jouer a_1. La réponse rationnelle de B sera de jouer b_2 qui lui donne 1 alors que b_1 lui donne 0. A peut considérer que a_2 lui donnera 2 et a_1 lui donnera 3 qu'il choisira donc de jouer. Seul l'équilibre (a_1, b_2) correspond à un comportement rationnel des deux joueurs. Le principe du raisonnement que nous venons d'effectuer est nommé : **induction à rebours.** Il consiste donc à résoudre le jeu en commençant par la fin et à remonter progressivement jusqu'au début. Il est assez facile de voir que ce principe revient à résoudre le jeu séquentiel en résolvant une série de jeux « emboîtés » dans celui-ci. Si nous convenons d'appeler « sous-jeu », un jeu extrait du jeu de référence ayant comme point de départ un des nœuds intermédiaires et constitué par l'ensemble des nœuds qui lui succèdent, il apparaît que notre exemple possède deux sous-jeux : celui débutant par la décision de B et le sous-jeu débutant par la décision de A (qui est le jeu complet). Nous avons commencé par résoudre le premier, le second étant résolu conditionnellement au résultat du premier. Ces deux jeux sont représentés sur la figure 11. L'équilibre de Nash sélectionné par cette procédure est nommé : **équilibre de Nash parfait en sous-jeux.**

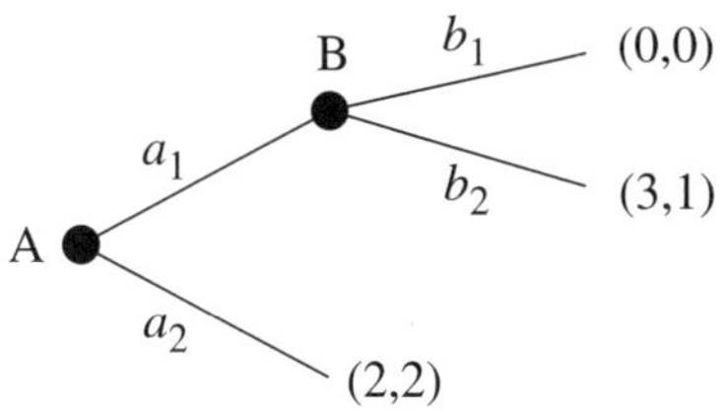

Fig. 10

Il est remarquable que dans ce jeu, B ne puisse pas obtenir son paiement maximal correspondant à l'autre équilibre de Nash qui n'est pas parfait en sous-jeux puisqu'il impliquerait que A effectue le choix irrationnel a_2 dans le sous-jeu correspondant à la figure 11.

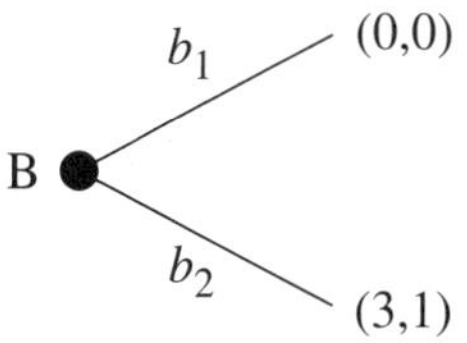

Fig. 11

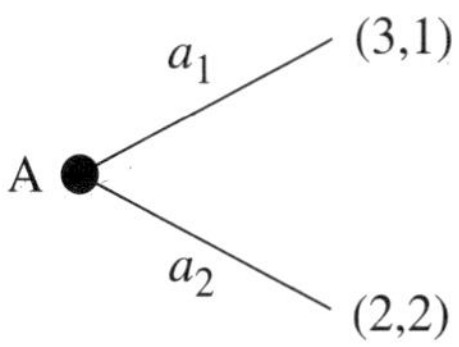

Toutefois, B pourrait envisager de menacer A de jouer b_1 s'il joue a_1 ce qui implique des gains nuls pour tous les deux. Mais la crédibilité d'une telle menace est extrêmement faible puisque si A joue a_1, B n'a aucun intérêt à mettre en œuvre sa menace. Ce sont justement ces équilibres fondés sur des **menaces non crédibles** qui sont éliminés par la résolution à rebours du jeu. Cependant, la crédibilité de la menace de B serait renforcée si celui-ci décidait de confier à un tiers son application effective. A pourrait alors décider de céder en jouant a_2. Il serait donc optimal pour B de restreindre volontairement l'ensemble de ses stratégies et d'en informer A. Mais une étude précise de cette éventualité correspond à un jeu différent de celui que nous venons de présenter et dans lequel le statut de la tierce personne qui apparaît comme un nouveau joueur devrait être précisé.

b. La rationalité de l'induction à rebours

Plusieurs remarques critiques peuvent être faites sur le principe d'induction à rebours et la sélection par les joueurs d'un équilibre parfait en sous-jeux. La première est en partie liée au caractère ambigu de la dynamique modélisée par les jeux séquentiels. En effet, la sélection des stratégies d'équilibres par les joueurs nécessite que ceux-ci résolvent complètement le jeu avant de commencer à jouer ce qui confère un aspect instantané à la façon dont le jeu est joué. Un jeu séquentiel ne permet donc pas de modéliser de manière totalement satisfaisante un processus de décision dynamique.

Une autre critique peut porter sur la capacité de calcul effective des joueurs lorsque le jeu séquentiel est complexe. Si nous envisageons le cas de deux joueurs intervenant à tour de rôle cinq fois chacun et disposant de trois choix à chaque coup, nous obtenons un total de $1 + 3 + 3^2 + \ldots + 3^9 = 29\,524$ sous-jeux à résoudre pour chacun. Il est donc pertinent de s'interroger sur les limites de l'application de la procédure d'induction à rebours. Un autre problème posé par l'équilibre sélectionné par cette procédure est qu'il peut être fortement sous-optimal. Cette possibilité est clairement illustrée par le jeu du mille-pattes de Rosenthal présenté dans l'encadré.

Le jeu du mille-pattes. Dans ce jeu séquentiel deux joueurs jouent à tour de rôle cinquante fois chacun. Chaque joueur peut décider de stopper le jeu ou de continuer. Lorsque A qui commence le jeu décide de stopper, le montant total de la cagnotte est partagé en deux parts égales. Si B décide de stopper, il obtient 3 unités de plus que A. À chaque étape le montant total augmente d'une unité. Ce jeu peut être représenté par la figure 12 dont l'aspect explique l'intitulé du jeu. La résolution de ce jeu ne pose pas de difficultés. À la dernière étape, B décidera de jouer *s* plutôt que *c* puisqu'il obtient 101 > 100.

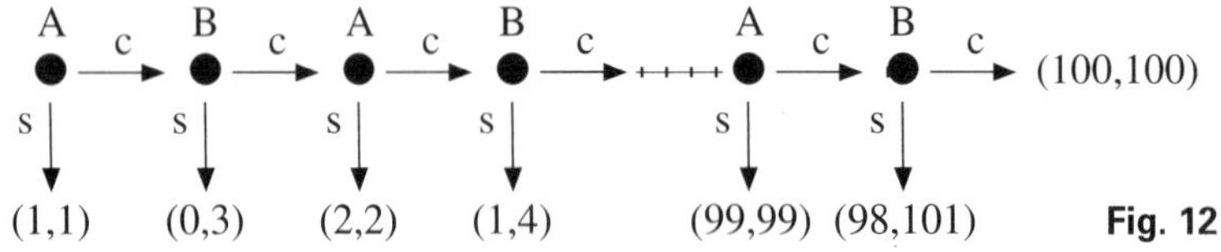

Fig. 12

À l'avant-dernière étape, A anticipe le choix de B et donc décidera de jouer *s* qui lui donne 99 au lieu de 98 s'il laisse le choix à B au tour suivant. Ce raisonnement est appliqué à rebours et finalement la solution du jeu correspond au fait que A décide de jouer *s* à la première étape. Les deux joueurs obtiennent 1 alors qu'ils pourraient obtenir 100 en jouant *c* à chaque coup. Mais, dans ce jeu, l'équilibre de Nash parfait en sous-jeux représente le seul comportement rationnel possible pour chacun des joueurs. Si le joueur A décidait de jouer *c* au premier coup, quelle interprétation peut donner le joueur B de ce choix ? Il est possible que A ait décidé de laisser l'occasion à B de coopérer, il est possible qu'il n'ait pas résolu le jeu par induction comme il est également possible que ce soit une erreur. Si le joueur B est rationnel, il choisira de jouer sa stratégie d'équilibre *s* quelle que soit l'explication du choix de A.

Malgré les limites du raisonnement par induction à rebours et celles de l'équilibre de Nash parfait en sous-jeux, ces deux concepts sont couramment utilisés dans la résolution de jeux séquentiels économiques. Ce principe de résolution s'applique également au cas où un même jeu est rejoué plusieurs fois par les mêmes joueurs.

4 - Les jeux répétés

Que ce soit dans les jeux simultanés ou dans les jeux séquentiels, les équilibres correspondant à des situations sous-optimales semblent liés à l'absence de coopération entre les joueurs et à l'absence de mécanisme susceptible de « punir » un joueur qui ne respecterait pas l'accord passé. Il est donc naturel d'envisager l'émergence de comportements coopératifs dans le cadre de la répétition d'un même jeu par les mêmes joueurs. Il est d'usage pour introduire les principaux résultats des jeux répétés d'utiliser un jeu simultané simple dont l'équilibre n'est pas optimal au sens de Pareto. Le dilemme du prisonnier présenté dans l'encadré 1 correspond parfaitement à ces critères.

Lorsqu'un jeu est répété, il est indispensable de distinguer le cas où le nombre de répétition est fini et connu des joueurs du cas où le nombre de répétition est infini. Le cas infini permet également de modéliser le cas où le nombre de répétition est inconnu des deux joueurs.

a. Le cas d'un nombre de répétition fini

Supposons donc que le dilemme du prisonnier soit répété un nombre fini de fois. La résolution de ce jeu qui s'apparente à un jeu séquentiel s'effectue également par induction à rebours. À la dernière répétition, nous nous retrouvons avec le jeu résolu dans l'encadré 1 et l'équilibre de Nash, qui est également un équilibre en stratégie dominante, correspond au choix « dénoncer » pour les deux joueurs. Les deux joueurs anticipent parfaitement le résultat du dernier jeu et donc ne peuvent pas envisager rationnellement de coopérer lors de l'avant-dernier jeu et ainsi de suite jusqu'au premier jeu. La stratégie d'équilibre consiste donc pour chacun à jouer « dénoncer » à chaque occasion. Il n'y a donc rationnellement pas de coopération possible lorsque le jeu est répété un nombre de fois fini connu.

b. Le cas d'un nombre de répétition infini

Si nous considérons maintenant le cas infini, les choses diffèrent sensiblement. Pour éviter que les gains ou pertes de ce type de jeu ne soient pas bornés, il est nécessaire d'introduire un taux d'escompte qui peut représenter la préférence pour le présent des joueurs. Ainsi, si ce taux est noté α et que le gain d'un joueur dans le jeu de référence est égal à 1, le montant total de ses gains sera de $T = \sum_{i=0}^{\infty} \alpha^i$.

Ce paramètre α permet également de modéliser des jeux dont le nombre de répétitions est inconnu des joueurs. Dans ce cas, $1 - \alpha$ représente la probabilité que le jeu ne soit pas rejoué à une étape et T représente l'espérance des gains du joueur.

Simplement parce que la probabilité que le jeu soit répété i fois est égale à α^i.

Si nous continuons avec le dilemme du prisonnier, il est assez facile de vérifier une nouvelle fois que la stratégie qui consiste à dénoncer systématiquement est un équilibre parfait en sous-jeu puisque dans le jeu statique de référence l'équilibre de Nash correspond à la dénonciation mutuelle. Toutefois cette stratégie n'est pas le seul équilibre parfait en sous-jeu. Un théorème particulièrement important, le **théorème « folk »**, établit que tout couple de stratégies qui assure à chaque joueur un flux de gains au moins égal à celui obtenu en rejouant systématiquement l'équilibre de Nash du jeu statique, est un équilibre parfait en sous-jeu.

Ainsi, si la probabilité α que le jeu soit rejoué est suffisamment élevée, ce qui revient à dire que le taux de préférence pour le présent des joueurs est suffisamment faible, la stratégie qui consiste à commencer par nier (coopérer) et à dénoncer indéfiniment dès que l'autre joueur ne coopère plus est un équilibre parfait en sous-jeu. Une autre *stratégie particulièrement efficace** consiste pour chaque joueur à commencer par coopérer (nier) et à jouer ensuite systématiquement le choix effectué par l'adversaire au coup précédent. Ces résultats positifs sur l'émergence d'un comportement coopératif sont intimement liés à la crédibilité des menaces dans un jeu répété indéfiniment. Malheureusement, il est nécessaire de tempérer la portée de ces résultats en tenant compte du fait que l'application du « folk » théorème indique qu'il existe beaucoup d'équilibres parfaits en sous-jeux, ce qui rend d'autant plus difficile la prévision du comportement des joueurs.

L'efficacité de cette stratégie a été étudiée par Axelrod R. (1992) *Donnant, donnant. Théorie du comportement coopératif,* éditions Odile Jacob.

5 - Les jeux en information incomplète

Dans les jeux étudiés jusqu'à présent, nous avons toujours supposé que les gains de chaque joueur étaient connus de chacun d'eux. Cette hypothèse informationnelle forte définit la classe des **jeux en information complète**. Cette classe permet d'analyser un certain nombre de problèmes économiques. Toutefois, de nombreux problèmes relevant de l'analyse économique ne peuvent pas être représentés par un jeu en information complète. Ainsi, nous pouvons désirer étudier le cas d'un duopole en ne faisant pas l'hypothèse que chaque firme connaît parfaitement les profits de son concurrent.

Nous pouvons également désirer étudier le cas d'un modèle d'enchères où chaque participant connaît la valeur de son gain défini par la différence entre la valeur de réserve qu'il affecte à l'objet vendu (la valeur maximale qu'il est prêt à payer pour obtenir celui-ci) et le prix. Puisque sa valeur de réserve n'est pas connue de ses concurrents, ceux-ci ne connaissent pas ses gains potentiels.

Dans le même ordre d'idée, lorsqu'un employeur propose un taux de salaire, il ne connaît pas avec certitude les salaires de réserve de ses employés potentiels. Il ne connaît donc pas leurs gains s'ils décident d'accepter ou de refuser le contrat.

Les jeux correspondants aux situations que nous venons de décrire sont caractérisés par le fait que la matrice des paiements n'est pas complètement connue par tous les joueurs. C'est la classe des *jeux en information incomplète**. L'étude exhaustive de cette classe de jeux devient rapidement très technique. Nous allons donc nous contenter d'illustrer les principes de résolution à partir de l'étude de quelques jeux simples.

Un jeu est dit en ***information incomplète*** lorsqu'au moins un des joueurs ne connaît pas parfaitement la matrice des paiements.

a. Les jeux simultanés

Considérons le cas d'un jeu simultané comportant deux joueurs disposant chacun de deux actions possibles : (a_1, a_2) pour le joueur A et (b_1, b_2) pour le joueur B. Ici le joueur B ne connaît pas parfaitement la matrice des paiements, mais il sait qu'il n'y a que deux possibilités décrites par les figures 13 et 14.

A \ B	b_1	b_2
a_1	(1,1)	(0, 0)
a_2	(0,0)	(– 1, 1)

Fig. 13

A \ B	b_1	b_2
a_1	(– 1, 1)	(0, 0)
a_2	(0, 0)	(1, 1)

Fig. 14

Remarquons, ici, que l'incertitude de B concernant les paiements se limite au paiement obtenu par A pour les combinaisons d'actions (a_1, b_1) et (a_2, b_2). On passe d'un jeu à l'autre en permutant les paiements de A pour ces deux combinaisons. Le joueur A qui connaît les paiements dispose donc d'une **information privée**. Autrement dit, il sait si c'est le jeu de la figure 13 ou le jeu de la figure 14 qu'il est en train de jouer.

La résolution de ce type de jeu passe par sa transformation d'un jeu simultané en information incomplète en un jeu séquentiel en information imparfaite suivant la **procédure d'Harsanyi**. Cette procédure consiste à attribuer des **types** différents au joueur A suivant les différents paiements possibles. Ici, A sera de deux types : A_1 pour le jeu de la figure 13 et A_2 pour le jeu de la figure 14. On introduit, ensuite, un joueur supplémentaire fictif nommé Nature qui joue en premier en choisissant de quel type est le joueur A. Celui-ci observe le choix de N, il connaît donc son type. B lui n'observe pas le choix de N, il ne connaît pas le type de A. Mais il formalise ses croyances *a priori* sous la forme d'une distribution de probabilités sur les différents types possibles. De plus, nous faisons l'hypothèse que le joueur A connaît les croyances de B. Ici, nous supposons que p_n représente la probabilité que A soit de type A_1 et $(1 - p_n)$ celle qu'il soit du type A_2. La figure 15 donne la représentation extensive de ce nouveau jeu séquentiel (*cf.* aussi exercice 9.12).

Les jeux de ce type sont également nommés jeux bayésiens.

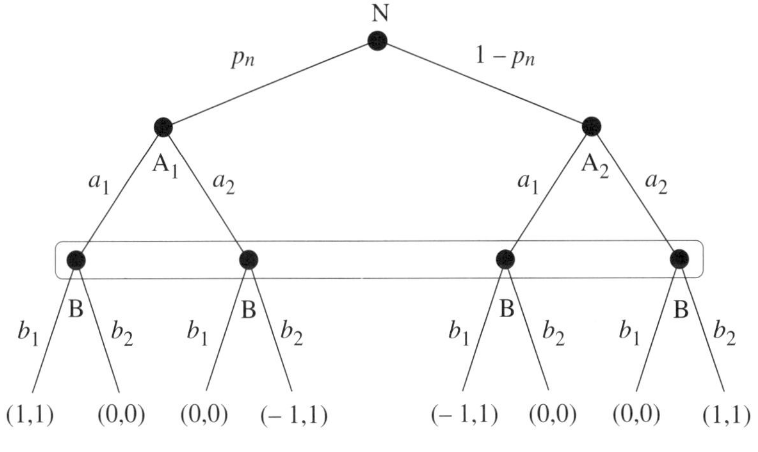

Fig. 15

Dans la figure 15, les quatre nœuds correspondants au joueur B sont réunis dans un même ensemble d'information pour représenter l'ignorance de B concernant le choix de A (le jeu est simultané) et le type de A. La résolution de ce type de jeu passe par la détermination des équilibres de Nash qui prennent le nom d'**équilibres de Nash bayésiens.**

Dans notre exemple, la résolution est simplifiée par le fait que le joueur A possède une stratégie strictement dominante différente pour chacun de ses types : a_1 lorsqu'il est de type A_1 et a_2 lorsqu'il est de type A_2. Le joueur B qui anticipe un comportement rationnel du joueur A peut éliminer les choix a_2 pour A_1 et a_1 pour A_2. Ainsi pour lui tout se passe comme si A joue a_1 avec la probabilité p_n et a_2 avec la probabilité $1 - p_n$. Son gain espéré est donc égal à : $1 \times p_n + 0 \times (1 - p_n) = p_n$ s'il joue b_1 et $0 \times p_n + 1 \times (1 - p_n) = 1 - p_n$ s'il joue b_2. Il maximisera son gain espéré en jouant b_1 si $p_n > 1/2$ et b_2 si $p_n < 1/2$. Lorsque $p_n = 1/2$ il sera indifférent entre les deux alternatives.

Une particularité importante de l'équilibre de Nash bayésien est qu'il peut correspondre à des combinaisons de stratégies qui ne correspondent pas aux équilibres des deux jeux B contre A_1 et B contre A_2 pris séparément. Ainsi si $p_n > 1/2$ mais que A est du type A_2, le couple (a_2, b_1) qui correspond à l'équilibre de Nash bayésien n'est pas un équilibre du jeu de la figure 14. Le rôle des croyances de B est ici très important, il le serait également pour A si celui-ci ne possédait pas de stratégies strictement dominantes pour chacun de ses types possibles.

b. Jeux séquentiels

Dans les jeux séquentiels en information incomplète, les joueurs ne connaissent pas le type de chacun de leurs adversaires, mais ils peuvent observer les choix des joueurs qui les précèdent. Cette information supplémentaire sur les caractéristiques cachées de ses adversaires doit être utilisée de manière optimale pour réviser les croyances *a priori* que chaque joueur possède sur les types des autres. Le processus de révision des croyances est fondé sur l'application de la règle de Bayes. Dans ce contexte, le concept d'équilibre pertinent est celui d'**équilibre de Nash bayésien parfait.**

Pour illustrer la détermination d'un équilibre de Nash bayésien parfait, nous allons reprendre une version simplifiée et légèrement modifiée du jeu étudié précédemment. Nous allons supposer que si le joueur A joue a_1 le jeu s'arrête et le joueur B n'a pas l'occasion de jouer. En revanche, si le joueur A joue a_2, il offre la possibilité au joueur B de jouer. La représentation extensive de ce jeu est donnée dans la figure 16. Le problème se pose pour B lorsqu'il observe que A joue a_2. Il doit utiliser cette information pour réviser ses croyances sur le type de A.

Supposons que la nature affecte une probabilité égale à 1/3 pour le type A_1, et égale à 2/3 pour le type A_2. Cette distribution de probabilité peut correspondre aux croyances de B mais également à la réalisation d'un événement aléatoire exogène au modèle.

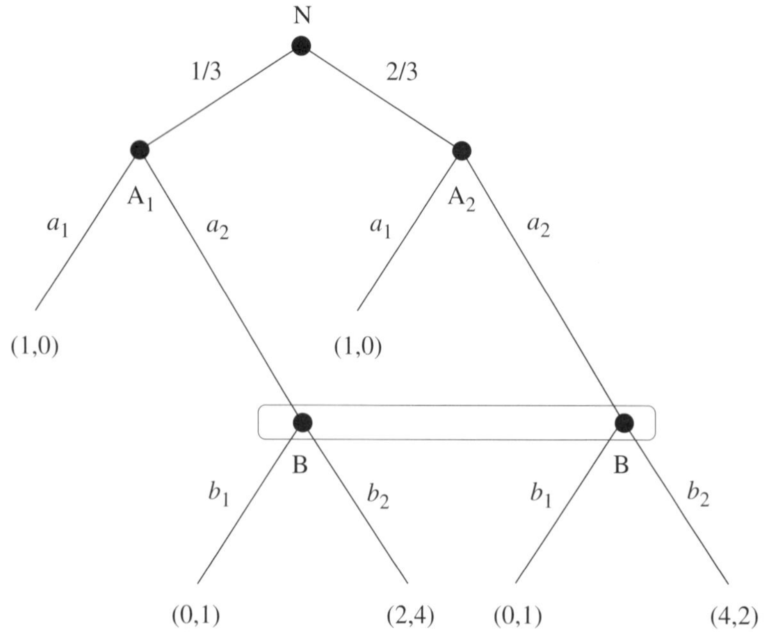

Fig. 16

Pour compléter les données de ce jeu, il faut préciser les croyances de B concernant les choix de A pour chacun des types possibles. Ces croyances prennent la forme de quatre probabilités conditionnelles. Ainsi, la croyance de B sur le choix de a_2, par A lorsque celui-ci est de type A_1 sera notée $Pr(a_2|A = A_1)$ et sera supposée égale à 1/3. Donc $Pr(a_1|A = A_1) = 2/3$ puisque $Pr(a_1|A = A_1) = 1 - Pr(a_2|A = A_1)$. Nous supposons également que B estime que la probabilité que A joue a_2 alors qu'il est du type A_2, $Pr(a_2|A = A_2)$, est égale à 2/3. Pour résoudre son problème, B doit évaluer la probabilité que A soit du type A_1 ou A_2 après avoir observé qu'il a joué a_2. En appliquant la règle de Bayes, nous obtenons :

$$Pr(A = A_1|a_2) = \frac{Pr(a_2|A = A_1) \times Pr(A = A_1)}{Pr(a_2|A = A_1) \times Pr(A = A_1) + Pr(a_2|A = A_2) \times Pr(A = A_2)}$$

$$Pr(A = A_1|a_2) = \frac{\frac{1}{3} \times \frac{1}{3}}{\frac{1}{3} \times \frac{1}{3} + \frac{2}{3} \times \frac{2}{3}} = \frac{1}{5}$$

En utilisant le fait que $Pr(A = A_2|a_2) = 1 - Pr(A = A_1|a_2)$, nous obtenons : $Pr(A = A_2|a_2) = 4/5$.

Il devient alors possible de calculer l'espérance des gains de B conditionnellement au fait que A joue a_2. Nous obtenons :

$$\begin{aligned} E(b_1|a_2) &= 1 \times P_r(A = A_1|a_2) + 1 \times P_r(A = A_2|a_2) \\ &= 1 \times \frac{1}{5} + 1 \times \frac{4}{5} = 1 \end{aligned}$$

$$\begin{aligned} E(b_2|a_2) &= 4 \times P_r(A = A_1|a_2) + 2 \times P_r(A = A_2|a_2) \\ &= 4 \times \frac{1}{5} + 2 \times \frac{4}{5} = \frac{12}{5} \end{aligned}$$

Lorsque A joue a_2, la meilleure réponse que peut faire B est celle qui maximise l'espérance de ses gains : b_2. Le joueur A qui connaît les croyances de B, peut effectuer le même calcul et le jeu se réduit pour lui à la figure 17.

Quel que soit le type de A, le choix a_2 domine strictement a_1. Il faut noter que ce résultat pour A dépend des croyances de B sur ses propres caractéristiques.

Ainsi, le couple (a_2, b_2) est l'équilibre de Nash bayésien parfait en stratégies pures de ce jeu étant donné le système de croyances du joueur B. Les stratégies d'équilibre de **chacun** des joueurs sont dépendantes des croyances des joueurs dont l'information est incomplète.

Les jeux séquentiels en information incomplète que nous venons de présenter succinctement sont particulièrement importants en microéconomie. Ils fondent, notamment, l'étude microéconomique des situations d'information asymétrique entre les agents qui est l'objet de la seconde partie de ce chapitre.

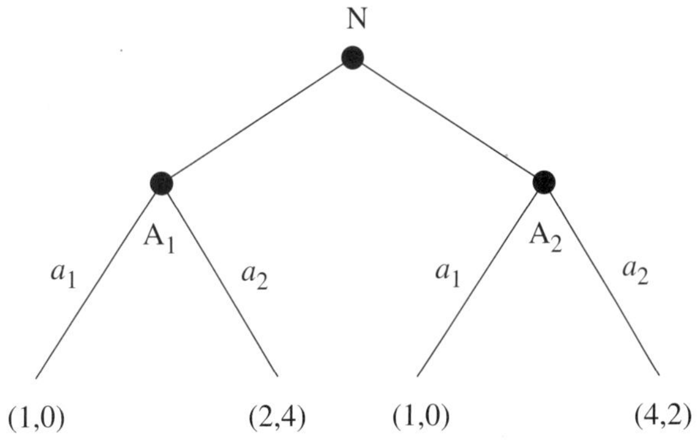

Fig. 17

B

L'ÉCONOMIE DE L'INFORMATION

Dans le modèle d'équilibre général, l'information nécessaire pour chaque agent est entièrement contenue dans le vecteur de prix. L'information est ainsi **symétriquement** partagée par tous sans coûts. L'économie de l'information regroupe l'ensemble des modèles qui s'appliquent à donner un traitement plus satisfaisant de l'information dans les échanges économiques. Les développements récents qui se sont centrés sur l'analyse des **asymétries** d'informations entre agents ont donné lieu à de nombreuses applications en économie industrielle et en économie publique (*cf.* exercices 9.13 à 9.15).

1 - Le modèle principal-agent

Le cadre d'analyse qui a été privilégié pour l'analyse des asymétries d'information est le modèle **principal-agent.** Ce modèle décrit les relations d'échanges entre deux agents : **le principal** et **l'agent**. Les termes de l'échange sont définis par un **contrat** qui est à l'initiative du principal. L'agent peut refuser ou accepter le contrat qui lui est proposé et dans le second cas, il agira de manière à maximiser son utilité. Le problème du principal est qu'il doit agir en situation d'information incomplète. C'est-à-dire que l'agent est mieux informé que lui sur ses caractéristiques. Nous pouvons distinguer deux cas qui seront traités dans les sections suivantes : soit le principal ne connaît pas le type de l'agent avec lequel il passe un contrat, soit le principal ne peut observer directement l'action choisie par l'agent pour atteindre l'objectif fixé dans le contrat. Nous pouvons vérifier que la structure du modèle principal-agent correspond à celle d'un jeu séquentiel en information incomplète.

2 - Le modèle avec actions cachées

Considérons le cas d'un assureur (le principal) qui propose un contrat d'assurance à un individu (l'agent). Supposons que l'assureur possède suffisamment d'information sur les caractéristiques de l'agent pour évaluer précisément le risque du sinistre contre lequel il se propose de le prémunir. Toutefois, il ne connaît pas les efforts que fera l'agent pour éviter l'apparition du sinistre. Or le niveau de précaution choisi par l'agent influence la probabilité de réalisation du sinistre. Dans cet exemple, il est assez facile de constater que l'agent choisira un degré de précaution maximum lorsqu'il n'est pas assuré. C'est-à-dire lorsqu'il sait qu'il supportera la totalité des pertes. Suivant le même raisonnement, il apparaît que le degré de précaution sera minimum (voire nul) s'il peut acheter un contrat qui lui garantit un remboursement total de ses pertes. Ce type de comportement porte le nom de **hasard moral.** Dans ce type de contrat, le principal supporte la totalité du risque, il en résulte une absence d'**incitation** pour l'agent à se prémunir contre le risque assuré. Les situations de hasard moral sont courantes dans les relations économiques. Ainsi dans le cadre d'une relation entre un employeur (principal) et un employé (l'agent) où la quantité produite ne dépend pas parfaitement de l'effort fourni par l'employé. L'employeur peut observer la quantité produite, mais il ne peut observer le niveau d'effort choisi par l'agent. Si la rémunération de celui-ci est fixe, il choisira le niveau d'effort minimum.

Le résultat peut par exemple dépendre des conditions climatiques.

Après avoir analysé le problème posé par ce type d'asymétrie d'information, la théorie de l'information propose des outils pour le résoudre. La solution passe par la définition d'un **contrat optimal** qui doit posséder deux propriétés essentielles. Premièrement, il doit garantir à l'agent un niveau d'utilité minimum suffisamment élevé pour que celui-ci accepte le contrat : c'est la **contrainte de participation.** Deuxièmement, le mécanisme de rémunération doit garantir qu'il sera optimal pour l'agent de choisir le niveau d'effort souhaité par la principal : c'est la **contrainte de compatibilité du mécanisme incitatif.**

La théorie de l'information se transforme alors en une **théorie des contrats**.

Sans entrer dans les détails de cette théorie qui devient rapidement très complexe, nous pouvons illustrer l'application de ses conclusions sur nos deux exemples. Dans le cas d'un contrat d'assurance, il s'avère optimal pour l'assureur d'offrir un montant de remboursement suffisamment élevé mais pas total. Ainsi les contrats prévoient généralement une franchise fixe qui reste à la charge de l'assuré. Certaines clauses imposent également un certain degré de précaution. Ainsi le remboursement d'un vol peut être conditionné à l'existence de preuves d'une effraction. Dans le cas de la relation de travail, une partie de la rémunération doit dépendre des résultats obtenus. Cette part est dépendante du partage des risques entre le principal et l'agent qui est elle-même dépendante du degré d'aversion pour le risque de celui-ci.

3 - Le modèle avec types cachés

Toujours dans le cadre du modèle principal-agent, le second type d'asymétrie d'information qui a été analysé en détail dans la littérature est celui où le principal n'observe pas le type de l'agent. Nous nous retrouvons ici dans une structure de jeu en information incomplète très proche de celle étudiée dans la première partie de ce chapitre. La nature joue en premier et attribue un type à l'agent. Celui-ci connaît son type, mais le principal ne le connaît pas.

Pour illustrer les conséquences de ce type d'asymétrie, reconsidérons l'exemple d'une compagnie d'assurances (le principal) qui propose un contrat à un agent dont elle ne connaît pas complètement les caractéristiques : **le type.** Pour simplifier, nous allons supposer que l'agent peut être de deux types différents : la probabilité de sinistre est élevée pour le premier type et faible pour le second. Nous supposons également que les contrats ne diffèrent que par la prime exigée. En situation d'information complète, la compagnie proposera un contrat différent à chacun des deux types : un contrat avec une prime élevée pour le premier type et une prime faible pour le second. Dans le cas présent, supposons qu'elle décide de proposer un contrat basé sur le risque moyen. La prime de ce contrat sera comprise entre les deux primes des contrats précédents. La prime de ce contrat « moyen » tend vers la prime la plus élevée lorsque le pourcentage d'individus du type risqué augmente. Elle peut donc être supérieure à la prime maximale que les agents du type le moins risqué sont prêts à payer. Dans ce cas, les seuls individus qui souscrira ce contrat d'assurance sont les individus du type le plus risqué. La compagnie a involontairement sélectionné le sous-groupe qu'elle ne désirait pas : c'est le *phénomène d'antisélection**. La prime de ce contrat moyen est alors trop

Le ***phénomène d'antisélection*** est également nommé « sélection adverse ».

faible et la compagnie qui observera des pertes trop importantes peut décider de ne plus proposer ce type de contrat d'assurance. Dans ce cas limite, l'asymétrie d'information a pour conséquence la disparition d'un marché. Un autre exemple d'antisélection est donné en encadré ci-dessous.

Le marché des voitures d'occasion. Le phénomène d'antisélection a été initialement analysé par Akerlof G. (1970) [«The Market for *Lemons**: Quality Uncertainty and the Market Mechanism», *The Quaterly Journal of Economics*, vol. 84, pp. 488-500]. Le marché étudié était celui des voitures d'occasion. Dans ce modèle, le principal représente l'acheteur potentiel. L'agent représente le vendeur dont le type correspond à la qualité de la voiture qu'il vend. Puisque le principal ne peut observer la qualité de la voiture, nous supposons pour simplifier qu'il propose un prix d'achat moyen qui se situe entre le prix d'une voiture de mauvaise qualité et celui d'une voiture de bonne qualité. À ce prix là, seuls les vendeurs de voitures dont la valeur (donc la qualité) est inférieure ou égale à ce prix sont prêts à céder leur véhicule et les vendeurs des véhicules dont la valeur est supérieure se retirent du marché. L'acheteur qui anticipe ce comportement propose un nouveau prix inférieur au précédent, à nouveau les vendeurs de voitures dont la valeur est supérieure à ce prix se retirent du marché. La limite de ce processus peut correspondre à la disparition complète du marché.

Le terme anglais ***lemons*** désigne les voitures d'occasion de mauvaise qualité.

La solution générale au problème d'antisélection nécessite que le principal propose autant de contrats qu'il y a de types différents d'agents. Ces contrats doivent être construits de manière que le choix optimal de chaque agent soit le contrat correspondant à son type. Ainsi, dans le cas des assurances, l'assuré a généralement le choix entre plusieurs contrats offrant des combinaisons différentes de niveaux de garanties et de primes.

D'autres solutions envisagent la possibilité pour chaque agent d'envoyer un signal au principal pour l'informer de son type. Les modèles qui étudient ces comportements sont nommés **modèles de signaux.** Ainsi, dans le marché des voitures d'occasion chaque vendeur peut décider de proposer un certain niveau de garanti. La durée de la garantie peut être interprétée comme un signal de qualité par le principal. L'introduction d'un tel système de garantie permet d'améliorer sensiblement le fonctionnement du marché.

Les développements les plus récents de la théorie des contrats ont essentiellement porté sur l'analyse dynamique des décisions de contractualisation. Ils ont permis de préciser dans quels contextes les choix de **renégociation** ou d'**engagement** étaient optimaux. Ces développements qui sont très techniques dépassent l'objectif de ce chapitre. Les références bibliographiques permettront au lecteur intéressé d'approfondir ces sujets.

QUESTIONS À CHOIX MULTIPLES

(Pour chaque question, il y a une ou plusieurs réponses justes)

1 - Dans le cadre d'un jeu simultané comportant un nombre fini de joueurs, chacun disposant d'un nombre fini d'actions, une stratégie strictement dominante :

a. garantit à un joueur un gain supérieur à celui de n'importe lequel de ses adversaires.

b. garantit des gains maximum quels que soient les choix de ses adversaires.

c. est celle dont la somme des gains possibles (qui sont dépendants des choix de ses adversaires) est la plus importante.

2 - Dans le même type de jeu que précédemment, une stratégie mixte :

a. représente l'indécision d'un joueur sur la stratégie optimale qu'il devrait jouer.

b. consiste à effectuer un choix aléatoire parmi les stratégies pures d'un joueur.

c. est une distribution de probabilités sur les actions d'un joueur.

3 - Si nous réduisons le nombre de joueurs à deux, chacun disposant de trois actions :

a. il existe toujours une stratégie strictement dominante pour chaque joueur.

b. il existe autant de stratégies pures que d'actions pour chaque joueur.

c. il existe une infinité de stratégies mixtes.

d. il existe toujours un équilibre de Nash, éventuellement en stratégies mixtes.

e. le nombre de joueurs et d'actions ne conditionne pas les propriétés de ce type de jeu.

4 - Le dilemme du prisonnier, décrit un jeu:

a. dans lequel l'équilibre de Nash n'est pas optimal au sens de Pareto.

b. qui ne possède pas d'équilibre de Nash (en stratégies pures et mixtes).

c. qui possède une infinité d'équilibres de Nash.

5 - Si le dilemme du prisonnier est rejoué par les mêmes joueurs un nombre de fois fini et connu :

a. la coopération apparaît lorsque le nombre de répétitions est suffisamment élevé (une centaine de fois).

b. l'équilibre de Nash de ce jeu correspond à la répétition de l'équilibre de Nash du jeu initial.

6 - Un jeu en information imparfaite :

a. est utilisé lorsqu'au moins un des joueurs n'observe pas complètement les choix des joueurs qui le précèdent.

b. est utilisé lorsque les joueurs ne jouent pas simultanément.

c. peut être utilisé pour représenter un jeu en information incomplète.

7 - Dans un jeu en information incomplète :

a. au moins un des joueurs ne connaît pas parfaitement les paiements.

b. un joueur peut ne pas connaître parfaitement ses propres paiements.

c. il ne peut pas y avoir d'équilibre puisque l'information est incomplète.

8 - Dans le modèle principal-agent :

a. le principal est toujours mieux informé que l'agent.

b. l'agent est toujours mieux informé que le principal.

c. toute l'information est commune mais le principal joue en premier.

9 - Dans le cadre du modèle principal-agent, le phénomène d'antisélection correspond à une situation où :

a. le principal ne peut observer les actions de l'agent.

b. le principal ne peut observer le type de l'agent.

c. L'agent ne peut observer le type du principal.

10 - Dans le cadre du modèle principal-agent, le phénomène du hasard moral correspond à une situation où :

a. le principal ne peut observer les actions de l'agent.

b. l'agent ne peut observer le type du principal.

c. le principal ne peut observer le type de l'agent.

(Les réponses se trouvent en fin d'ouvrage, page 384)

EXERCICE PROPOSÉ 9.1

Équilibre en stratégies strictement dominantes (A,2)

Dans le jeu suivant qui comporte deux joueurs chacun possédant deux stratégies pures :

		B	
		b_1	b_2
A	a_1	$(2, x)$	$(1, 2)$
	a_2	$(1, 0)$	$(0, -1)$

1 - Caractérisez les stratégies du joueur A.

2 - Déterminez les valeurs de x pour lesquelles b_1 est une stratégie strictement dominante pour le joueur B.

3 - En supposant que x satisfait la condition définie précédemment, déterminez l'équilibre en stratégies strictement dominantes de ce jeu.

4 - L'équilibre précédent est-il un équilibre de Nash en stratégies pures ?

DÉMARCHE

Une stratégie strictement dominante offre des gains strictement supérieurs à ceux des autres stratégies possibles quels que soient les choix des adversaires.

RÉSULTATS

1 - a_1 est une stratégie strictement dominante.

2 - $x > 2$.

3 - (a_1, b_1).

4 - Oui.

EXERCICE CORRIGÉ 9.2

Élimination itérative des stratégies dominées (A,2)

Dans le jeu suivant :

		B		
		b_1	b_2	b_3
A	a_1	$(1, 1)$	$(0, 0)$	$(1, 3)$
	a_2	$(2, 1)$	$(1, 2)$	$(2, 1)$
	a_3	$(1, 0)$	$(3, 2)$	$(0, 1)$
	a_4	$(-1, 2)$	$(2, 1)$	$(1, 0)$

1 - Ce jeu possède-t-il un équilibre en stratégies strictement dominantes ?

2 - Quelles stratégies subsistent à une élimination itérative des stratégies strictement dominées ?

3 - Les stratégies sélectionnées par la procédure précédente constituent-elles un équilibre de Nash en stratégies pures ?

CORRIGÉ

1- S'il existe un équilibre en stratégies strictement dominantes, il doit exister une stratégie de ce type pour chaque joueur. Par définition, si celle-ci existe elle sera unique. Les gains du joueur A peuvent se résumer sous la forme de quatre triplets correspondant à chaque action possible : $a_1 = (1, 0, 1)$, $a_2 = (2, 1, 2)$, $a_3 = (1, 3, 0)$ et $a_4 = (-1, 2, 1)$. Puisqu'il est impossible de vérifier une inégalité du type $a_i > a_j$, il n'existe pas de stratégie strictement dominante pour A. Les gains du joueur B peuvent s'écrire : $b_1 = (1, 1, 0, 2)$, $b_2 = (0, 2, 2, 1)$ et $b_3 = (3, 1, 1, 0)$. En effectuant le même raisonnement pour A, nous concluons que le joueur B ne possède pas de stratégie strictement dominante. La réponse à la question 1 est donc négative.

2- L'élimination itérative des stratégies strictement dominées est décrite par la suite de jeu ci-dessous. Nous avons indiqué en caractères gras la stratégie strictement dominante et en caractères italiques la stratégie strictement dominée :

A \ B	b_1	b_2	b_3
a_1	(*1*, 1)	(*0*, 0)	(*1*, 3)
a_2	(**2**, 1)	(**1**, 2)	(**2**, 1)
a_3	(1, 0)	(3, 2)	(0, 1)
a_4	(– 1, 2)	(2, 1)	(1, 0)

A \ B	b_1	b_2	b_3
a_2	(2, 1)	(1, **2**)	(2, *1*)
a_3	(1, 0)	(3, **2**)	(0, *1*)
a_4	(– 1, 2)	(2, **1**)	(1, *0*)

A \ B	b_1	b_2
a_2	(2, 1)	(1, 2)
a_3	(**1**, 0)	(**3**, 2)
a_4	(–*1*, 2)	(2, 1)

A \ B	b_1	b_2
a_2	(2, *1*)	(1, **2**)
a_3	(1, *0*)	(3, **2**)

A \ B	b_2
a_2	(*1*, 2)
a_3	(**3**, 2)

A \ B	b_2
a_3	(3, 2)

3- À la fin de la procédure, il ne subsiste que le couple : (a_3, b_2). Ce couple est effectivement un équilibre de Nash en stratégies pures du jeu initial. Il suffit de vérifier dans le premier jeu que b_2 est la meilleure réponse du joueur B lorsque A joue a_3 et réciproquement. Il est également clair qu'il n'existe pas d'autre équilibre de Nash en stratégies pures. En effet, ces équilibres ne peuvent être éliminés par la procédure que nous venons d'appliquer. Sans démontrer formellement ce résultat, nous pouvons remarquer que la disparition d'un couple de stratégies implique que, pour au moins un des joueurs, la stratégie correspondante devienne strictement dominée lors de la procédure d'élimination. Donc, quel que soit le choix de son adversaire, elle n'est jamais une meilleure réponse. Ce qui implique qu'elle ne pouvait pas appartenir à un équilibre de Nash par définition.

EXERCICE CORRIGÉ 9.3

Équilibre de Nash en stratégies pures (A,2)

Soit le jeu incomplet suivant :

A \ B	b_1	b_2	b_3
a_1	(1, 0)	(0, x)	(3, 2)
a_2	(2, 3)	(0, 1)	(1, y)
a_3	(0, 2)	(z, 3)	(2, 1)

1- Est-il possible de déterminer x, y et z telles que $x = y = z$ et que ce jeu contienne trois équilibres de Nash en stratégies pures ?

CORRIGÉ

On vérifie aisément que si $x < 2$ alors (a_1, b_3) est un équilibre. Si $y < 3$ alors (a_2, b_1) est un équilibre. Si $z > 0$ alors (a_3, b_2) est également un équilibre. Si nous prenons une valeur commune comprise dans l'intervalle $]0,2[$, par exemple 1, nous obtenons trois équilibres.

EXERCICE PROPOSÉ 9.4

Les limites de l'élimination itérative (A,2)

Dans le cadre d'un jeu comportant deux joueurs, chacun disposant d'un nombre fini quelconque d'actions, l'élimination itérative des stratégies strictement dominées permet-elle toujours de sélectionner un seul couple d'actions ? Illustrez votre réponse par un exemple.

DÉMARCHE

Prendre comme exemple le jeu de l'exercice 6 auquel on ajoute une stratégie a_3 strictement dominée par a_1.

RÉSULTATS

La réponse est négative.

EXERCICE PROPOSÉ 9.5

Propriétés des équilibres (A,2,a)

Dans un contexte identique à celui de l'exercice 4, répondez aux questions suivantes en illustrant vos réponses par des exemples :

1- Existe-t-il toujours un équilibre en stratégies strictement dominantes ?

2- Peut-il y avoir plusieurs équilibres en stratégies strictement dominantes ?

3- Un équilibre en stratégies strictement dominantes est-il toujours un équilibre de Nash en stratégies pures ?

4- Un équilibre de Nash en stratégies pures est-il toujours un équilibre en stratégies strictement dominantes ?

DÉMARCHE

La réponse à la première question peut s'obtenir en construisant un contre-exemple inspiré du jeu de la figure 5 (A,2,a). Les réponses aux questions suivantes s'obtiennent directement à partir des définitions correspondantes (A,2,a,b).

RÉSULTATS

1 - non

2 - non

3 - oui

4 - non

EXERCICE CORRIGÉ 9.6

Équilibre de Nash en stratégies mixtes (A,2)

Soit le jeu suivant :

A \ B	b_1	b_2
a_1	(2, 1)	(1, 2)
a_2	(1, 1)	(2, 0)

1 - Ce jeu possède-t-il des équilibres en stratégies pures ?

2 - Déterminer l'équilibre de Nash en stratégies mixtes.

CORRIGÉ

1 - Lorsque le joueur A choisit a_1, la meilleure réponse du joueur B est b_2, mais la meilleure réponse de A à ce choix est a_2, donc a_1 ne peut appartenir à un équilibre de Nash en stratégies pures, ce qui élimine les couples (a_1, b_1) et (a_1, b_2). Si maintenant A joue a_2, la meilleure réponse de B est b_1, mais la meilleure réponse de A à ce choix est a_1 dont a_2 ne peut appartenir à un équilibre en stratégies pures ; ce qui élimine les deux couples restants : (a_2, b_1) et (a_2, b_2). Ce jeu ne possède pas d'équilibre de Nash en stratégies pures.

2 - Pour déterminer l'équilibre de Nash en stratégies mixtes, nous allons supposer que A joue a_1 avec la probabilité p_a et a_2 avec la probabilité $1 - p_a$. Les gains espérés de B sont égaux à : $1 \times p_a + 1 \times (1 - p_a) = 1$ lorsqu'il joue b_1 et $2 \times p_a + 0 \times (1 - p_a) = 2p_a$ lorsqu'il joue b_2. La stratégie d'équilibre pour A est celle qui égalise ces deux espérances de gains : $p_a^* = 1/2$. Si nous supposons que B joue b_1 avec la probabilité p_b et b_2 avec la probabilité $1 - p_b$, l'espérance des gains de A est égale à $2 \times p_b + 1 \times (1 - p_b) = p_b + 1$ lorsqu'il joue a_1 et $1 \times p_b + 2 \times (1 - p_b) = 2 - p_b$ lorsqu'il joue a_2. La stratégie d'équilibre pour B est celle qui égalise ces deux espérances, soit $p_b^* = 1/2$. L'équilibre de Nash en stratégies mixtes correspond à la situation où A et B choisissent équiprobablement une action.

EXERCICE PROPOSÉ 9.7

Multiplicité des équilibres de Nash (A,2)

Soit le jeu suivant :

A \ B	b_1	b_2
a_1	(0, 0)	(3, 1)
a_2	(1, 3)	(2, 2)

Déterminer l'ensemble des équilibres de Nash en stratégies pures et en stratégies mixtes.

DÉMARCHE :

Il suffit de procéder suivant le modèle de l'exercice 9.6.

RÉSULTATS

En stratégies pures nous avons : (a_1, b_2) et (a_2, b_1). En stratégies mixtes : $(p_a, 1 - p_a) = (1/2,1/2)$ et $(p_b, 1 - p_b) = (1/2,1/2)$.

EXERCICE CORRIGÉ 9.8

Duopole (I) (A,2)

Soit un modèle de duopole de Cournot simplifié dans lequel chaque entreprise décide de la quantité à produire d'un même bien. Le coût marginal de production est supposé constant et unitaire pour les deux entreprises. La fonction de demande qui dépend de la quantité totale offerte, notée $q = q_1 + q_2$, s'écrit : $p(q) = 11 - q$.

1 - Préciser l'ensemble des actions possibles pour chaque entreprise.

2 - Préciser l'expression des paiements qui correspondent aux profits.

3 - Calculer la fonction de meilleure réponse ou fonction de réaction de chaque entreprise.

4 - Représenter graphiquement les deux fonctions de réaction. Que représente l'intersection de ces deux fonctions ?

5 - Déterminer analytiquement l'équilibre de Nash de ce jeu.

6 - À quelle situation correspond la solution coopérative de ce jeu ?

7 - Comparer les prix, les quantités et les profits de la solution coopérative et de l'équilibre de Nash.

CORRIGÉ

1 - Les actions possibles pour chaque entreprise correspondent aux choix de production : $q_i \in [0, 11]$ pour $i = 1,2$. Il faut noter qu'ici l'ensemble des actions est infini pour chacun des joueurs.

2 - Si l'entreprise $i = 1,2$ décide de produire q_i cela lui coûtera q_i puisque le coût marginal est constant et unitaire. La quantité q_i sera vendue sur le marché au prix : $p(q_1 + q_2)$. Donc les profits peuvent s'écrire :

$$\Pi_1(q_1, q_2) = (11 - q_1 - q_2) \times q_1 - q_1 = 10\, q_1 - q_1^2 - q_1\, q_2$$

$$\Pi_2(q_2, q_1) = (11 - q_1 - q_2) \times q_2 - q_2 = 10\, q_2 - q_2^2 - q_1\, q_2$$

3 - La fonction de réaction de chaque entreprise qui indique le choix optimal, c'est-à-dire celui qui maximise ses profits, dépend du choix de production de l'autre entreprise. Il suffit de maximiser les profits de chaque entreprise par rapport à son choix de production. En dérivant Π_1 par rapport à q_1, on vérifie aisément que la condition du premier ordre impose :

$$10 - 2q_1 - q_2 = 0$$

La solution de cette équation nous donne l'expression de la fonction de réaction de l'entreprise 1 :

$$R_1(q_2) = \frac{10 - q_2}{2}$$

Le problème étant symétrique, nous avons pour l'entreprise 2 :

$$R_2(q_1) = \frac{10 - q_1}{2}$$

4 - R_1 qui s'annule pour $q_2 = 10$ est maximale pour $q_2 = 0$. Nous avons le même résultat pour R_2. Ce qui nous donne le graphique suivant :

Fig. 18

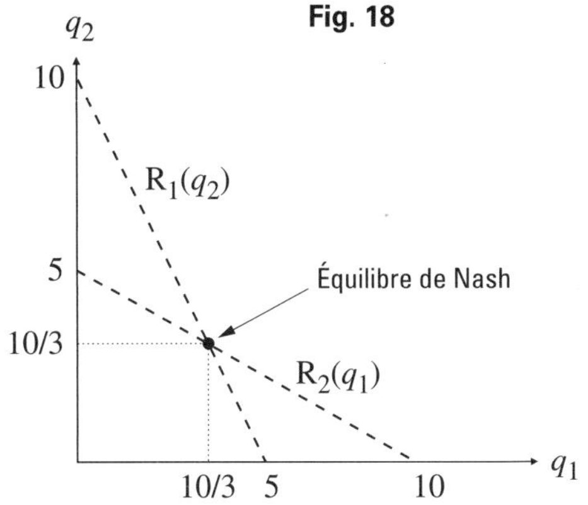

5 - L'équilibre de Nash (q_1^*, q_2^*) qui correspond au point d'intersection des deux fonctions de réaction satisfait donc le système de deux équations linéaires à deux inconnues suivant :

$$q_1 = \frac{10 - q_2}{2} \text{ et } q_2 = \frac{10 - q_1}{2}$$

La solution est : $(q_1^*, q_2^*) = (10/3, 10/3)$.

À l'équilibre, la production totale sera égale à 20/3, elle sera vendue au prix :

$$p(20/3) = 11 - (20/3) = 13/3$$

6 - La solution coopérative correspond ici à la réunion des deux entreprises en un monopole.

7 - Le monopole doit choisir q avec $p(q) = 11 - q$. Le coût marginal de production est constant et unitaire. Donc, son profit est égal à : $\Pi_m(q) = (11 - q) \times q - q = 10q - q^2$

La condition du premier ordre correspondant au problème de maximisation du profit impose que : $10 - 2q = 0$. La quantité totale produite par le monopole, $q^* = 5$, est inférieure à la somme des quantités produites par le duopole. Le prix de vente du monopole sera $p(5) = 11 - 5 = 6$ est supérieur au prix de vente du duopole. Le profit du monopole $\Pi_m^* = 25$ est également supérieur à la somme des profits obtenus par le duopole.

EXERCICE PROPOSÉ 9.9

Jeu séquentiel (A,3)

Soit une entreprise A candidate à l'entrée sur un marché où l'entreprise B occupe une position de monopole. Si A décide de ne pas entrer (D), elle obtient évidemment un gain nul et B conserve son gain initial égal à trois unités. Si A décide d'entrer (E), B observe le choix de A et peut adopter deux attitudes : soit B entame une guerre commerciale (G) et les deux entreprises réalisent des pertes égales à deux unités pour A et une unité pour B ; soit B adopte une attitude passive (L), son gain se réduit à une unité et A obtient un gain de deux unités.

1 - Donner une représentation sous forme extensive de ce jeu.

2 - Donner une représentation sous forme normale (également nommée « forme stratégique ») équivalente.

3 - Déterminer les équilibres de Nash de ce jeu.

4 - Quel équilibre correspond à un comportement rationnel des deux joueurs ?

DÉMARCHE

La structure de ce jeu est identique à celle de celui de la figure 10 (A, 3, a). La résolution peut donc s'effectuer en suivant la même démarche.

RÉSULTATS

1 -

Fig. 19

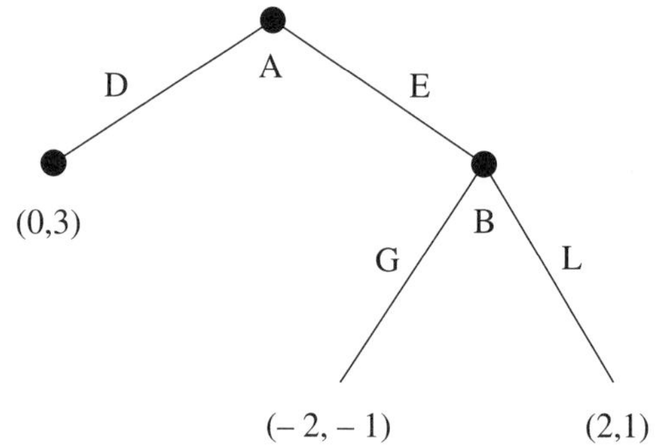

2 -

A \ B	G	L
D	(0, 3)	(0, 3)
E	(–2, –1)	(2, 1)

3 - (D, G) et (E, L).

4 - (E, L).

EXERCICE PROPOSÉ 9.10

Duopole (II) (A,3)

Dans le même cadre d'analyse que celui de l'exercice 8, nous supposons maintenant qu'une des deux entreprises commence par choisir son niveau de production, la seconde observe son choix et choisit son niveau de production.

1 - Préciser à quel modèle de duopole ce jeu peut faire penser, calculer les productions correspondantes à l'équilibre de Nash. Comparer ces résultats avec ceux de l'exercice 8.

DÉMARCHE :

Dans ce modèle simplifié de duopole de Stackelberg, l'entreprise qui joue en premier connaît la fonction de réaction de l'autre entreprise, elle peut donc substituer dans sa fonction de profit le choix de son adversaire par l'expression de la fonction de réaction qui a été établie dans l'exercice 8.

RÉSULTATS :

Si l'entreprise 1 est le leader de Stackelberg, son profit est :

$$\Pi_1(q_1) = (11 - q_1 - \frac{10 - q_1}{2}) \times q_1 - q_1$$

En maximisant cette expression, on obtient : $q_1^* = 5$. La meilleure réponse de l'entreprise 2 est donc : $q_2^* = 5/2$. Le prix d'équilibre est $p^* = 7/2$. Les profits sont : $\Pi_1^* = 25/2$ et $\Pi_2^* = 25/4$. Par rapport à la situation symétrique de l'équilibre de Cournot, l'entreprise 1 obtient des gains supplémentaires du fait de sa position dominante.

EXERCICE CORRIGÉ 9.11

Jeu séquentiel à trois joueurs (A,3)

Soit un jeu à trois joueurs dont la représentation sous forme extensive est :

Fig. 20

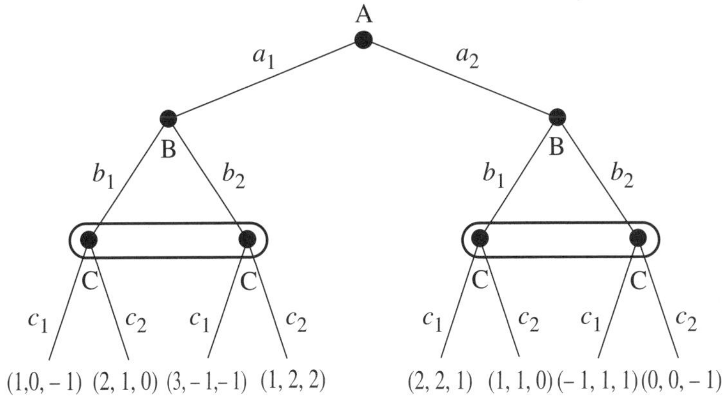

1 - Préciser si ce jeu est en information parfaite ou imparfaite.

2 - Préciser l'information disponible pour chaque joueur.

3 - Quel type d'équilibre de Nash correspond à ce jeu ?

4 - En supposant que les joueurs sont rationnels, quel résultat peut-on anticiper ?

CORRIGÉ

1 - Les trois joueurs connaissent les paiements. Le joueur A qui joue en premier n'observe pas les choix de ses adversaires. Les joueurs B et C observent le choix de A. Le joueur B joue avant C, il n'observe pas le choix de C qui lui aussi n'observe pas le choix de B puisque les ensembles d'information réunissent les choix b_1 et b_2. Cette représentation peut correspondre à une situation où A joue, B et C observent le choix de A et jouent simultanément ensuite.

2 - Les remarques précédentes impliquent que ce jeu est en information imparfaite.

3 - L'équilibre de Nash parfait en sous-jeux.

4 - La résolution à rebours est ici assez simple. Pour le joueur C, la stratégie c_2 est strictement dominante lorsque A joue a_1 et la stratégie c_1 est strictement dominante lorsque A joue a_2. Le jeu peut donc être réduit au graphe suivant :

Fig. 21

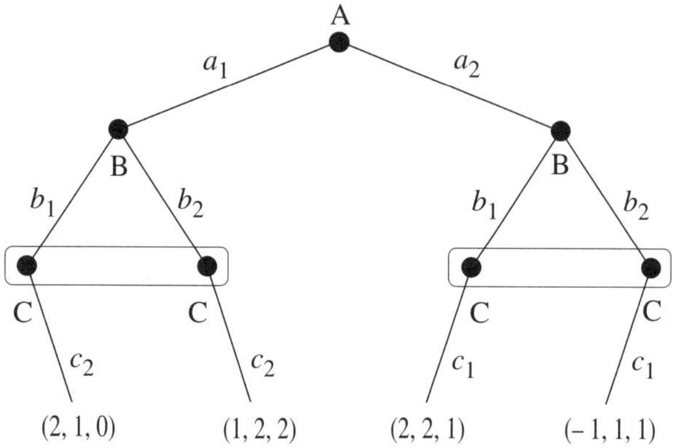

Pour le joueur B, il est strictement dominant de jouer b_1 si A joue a_2 et b_2 si A joue a_1. Le jeu se réduit à :

Fig. 22

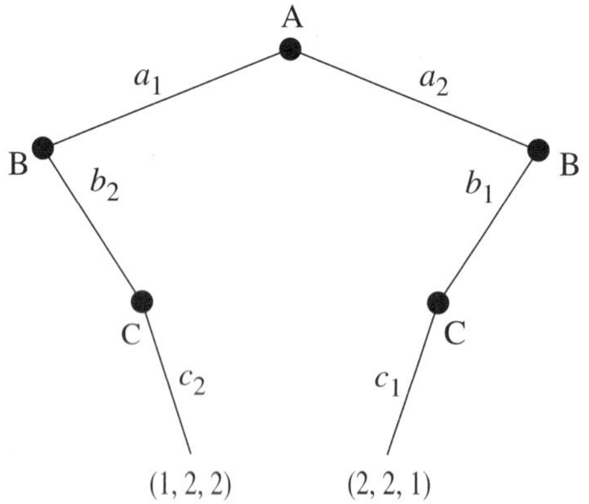

Pour le joueur A, il est strictement dominant de jouer a_2.

L'équilibre de Nash parfait en sous-jeux est : (a_2, b_1, c_1).

EXERCICE CORRIGÉ 9.12

Jeu en information incomplète (A,5,a)

Considérons le cas d'un jeu simultané comportant deux joueurs disposant chacun de deux actions possibles : (a_1, a_2) pour le joueur A et (b_1, b_2) pour le joueur B. Ici le joueur B ne connaît pas parfaitement la matrice des paiements. Mais il sait qu'il n'y a que deux possibilités décrites par les jeux suivants :

A \ B	b_1	b_2
a_1	(2, 0)	(1, – 1)
a_2	(1, 1)	(0, 2)

Jeu 1

A \ B	b_1	b_2
a_1	(– 1, 1)	(– 1, 2)
a_2	(0, 2)	(0, 1)

Jeu 2

1 - Appliquer la transformation d'Harsanyi à ce jeu. Donner une représentation sous forme extensive du jeu en information imparfaite résultant de la transformation.

2 - Quel type d'équilibre de Nash devons-nous utiliser ici ? Le déterminer.

CORRIGÉ

1 - Le joueur A possède deux types, A_1, avec la probabilité p_n et A_2 avec la probabilité $1 - p_n$. On obtient le graphe suivant :

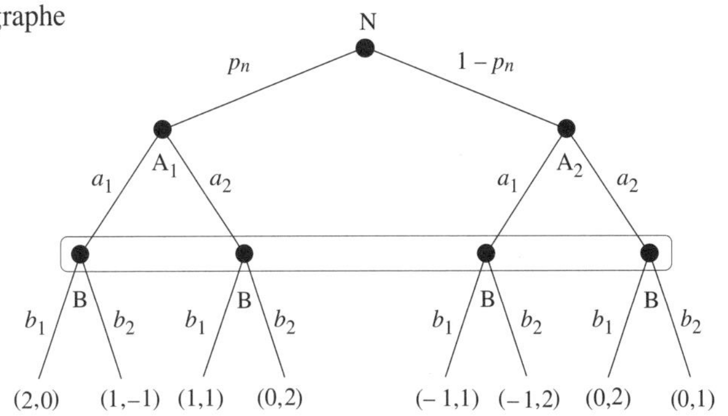

Fig. 23

2 - L'équilibre de Nash bayésien en stratégies pures de ce jeu se détermine en remarquant que A possède une stratégie strictement dominante différente pour chacun de ses types : a_1 lorsqu'il est de type A_1 et a_2 lorsqu'il est de type A_2. Le joueur B qui anticipe un comportement rationnel du joueur A peut éliminer les choix a_2 pour A_1 et a_1 pour A_2. Ainsi, pour lui, tout se passe comme si A joue a_1 avec la probabilité p_n et a_2 avec la probabilité $1 - p_n$. Son gain espéré est donc égal : $0 \times p_n + 2 \times (1 - p_n) = 2 - 2p_n$ s'il joue b_1 et $-1 \times p_n + 1 \times (1 - p_n) = 1 - 2p_n$ s'il joue b_2. Quel que soit p_n, b_1 est une stratégie strictement dominante pour le joueur B.

EXERCICE CORRIGÉ 9.13

Asymétrie d'information (B,3)

Depuis quelques années en France, les automobiles doivent passer régulièrement un contrôle technique. Pour justifier l'imposition de cette obligation, l'État a mis en avant l'amélioration de la sécurité des automobilistes et des autres individus. Pouvez-vous proposer une autre justification ?

CORRIGÉ

Le certificat de contrôle technique doit être présenté par le vendeur d'un véhicule d'occasion à l'acheteur potentiel. Celui-ci possède donc une information objective sur la qualité du véhicule, c'est-à-dire sur le type du vendeur. L'imposition du contrôle technique permet de résoudre en partie le problème analysé dans le modèle d'Akerlof. On remarquera que l'information sur la qualité du véhicule n'est pas parfaite puisque le contrôle ne porte que sur certains points et qu'une partie des vérifications est effectuée par un simple examen visuel qui ne permet pas de détecter certains défauts.

EXERCICE CORRIGÉ 9.14

Anti-sélection (B,3)

Lors de certains vols aériens, l'hôtesse isole une partie des passagers, en tirant un rideau, pour pouvoir leur offrir une collation différente des autres. Ce comportement vous paraît-il fondé sur un raisonnement économique cohérent ?

CORRIGÉ

Supposons qu'un voyageur puisse être de deux types différents. S'il est du premier type, il est prêt à payer au maximum p_1 pour voyager en avion. S'il est du second type il est prêt à payer p_2. Supposons de plus que $p_1 > p_2$. Optimalement, la compagnie désirerait faire payer à chaque client le prix qui correspond à son type. Si le service rendu est strictement identique, chaque client déclarera appartenir au second type. Si la compagnie fixe le prix du billet à p_1, elle perdra les clients du second type qui préféreront prendre le train par exemple. Pour inciter les voyageurs à annoncer leur type, elle doit proposer deux contrats qui diffèrent par le prix du billet et par les services rendus qui seront plus nombreux ou de meilleure qualité pour le contrat destiné au premier type d'agent. Le comportement décrit dans l'énoncé est une des multiples manières de différencier les contrats.

EXERCICE CORRIGÉ 9.15

Hasard moral (B,2)

Certains contrats d'assurance multirisques habitation imposent que la porte d'entrée soit équipée de trois verrous. Comment interprétez-vous cette clause restrictive ?

CORRIGÉ

La compagnie ne peut observer parfaitement les précautions prises par chaque agent pour prévenir la survenance du sinistre garanti. Dans cette situation de risque moral, elle décide généralement d'inclure dans les contrats proposés des clauses qui conditionnent le remboursement des dommages subis. Ainsi elle impose un niveau de précaution minimal.

INDEX

DOCUMENTA

RÉPONSES AUX QCM

Chapitre 1 : **1:** b – **2:** c – **3:** b – **4:** c, d – **5:** d – **6:** b, c, d – **7:** b, c, d – **8:** b, d – **9:** c – **10:** d

Chapitre 2 : **1:** c – **2:** a, b, f, g – **3:** b, e – **4:** a – **5:** c – **6:** a – **7:** b, d, (f ou h) – **8:** c – **9:** c + e = h – **10:** b, e, c

Chapitre 3 : **1:** c – **2:** a, c – **3:** c – **4:** b – **5:** c, d – **6:** c – **7:** d – **8:** a, c – **9:** b, d– **10:** b, c

Chapitre 4 : **1:** c – **2:** a, b – **3:** b, d – **4:** a, c – **5:** b, c – **6:** b – **7:** a, c – **8:** c – **9:** a, c – **10:** **a,** b, d

Chapitre 5 : **1:** a – **2:** a, b, c – **3:** d – **4:** a, b – **5:** c, d – **6:** c – **7:** a, c, e– **8:** a, b, c – **9:** a, d – **10:** a,b

Chapitre 6 : **1:** b, e – **2:** a, d – **3:** a, d – **4:** a, c – **5:** b, c, d – **6:** a, b, c – **7:** c, d, e – **8:** b, c – **9:** a, b, c – **10:** b, c,

Chapitre 7 : **1:** d, e – **2:** b – **3:** c,d – **4:** b – **5:** a – **6:** d, e – **7:** c – **8:** d, e – **9:** c, d – **10:** d

Chapitre 8 : **1:** e – **2:** a, c – **3:** a, c – **4:** b,c – **5:** **a,** c – **6:** **a,** b – **7:** b – **8:** a,c, d – **9:** c, e – **10:** c

Chapitre 9 : **1:** b – **2:** (b, c) – **3:** b,c, d, e – **4:** a – **5:** b – **6:** (a,c) – **7:** a, b – **8:** b – **9:** b – **10:** a

SERVICE COMMUN LILLE 2 DE DOCUMENTATION

Aubin Imprimeur *- Ligugé, Poitiers* D.L. septembre 2007 / Impr. : L71316 / Réf. : 0706002/01